개교 70주년 기념 전북대신문방송사 문학상 당선작 전집 ❷

학술문학상 II (1970~1979)

일러두기

1. 유실된 부분은 □:한글 ■:한자 이렇게 표기하였습니다.

학술문학상 II

전북대신문방송사 문학상 당선작 전집 ❷

1970~1979

전북대학교 개교 70주년 기념

전북대학교 출판문화원

목차

1970

1971

1972

1973

1974

1976

1977

1978

1979

제15회

문학상

•

1970~1979

당선

개교 18주년기념-제333~334호 1970년 6월 15일 월요일

제15회 전국고교문예작품현상 : 소설

샌드윗치맨

· 한 식 (여수고등학교 2학년) ·

쿵작쿵작 빰빠라빵 빰빠라빵

거리에서 소리가 들려왔다 점점 크게 들려왔다. 늘어선 상가의 아크릴 네온을 걸어 젖히고 무수한 사람들을 비켜오는 소리. 이윽고 그 소리의 모습이 보무당당하게 나타났다. 기묘한 모습이었다. 등에다 북을 걸머지고 머리 위에는 삐에로의 얼룩달룩한 무지갯빛 모자가 꿩털에 어울려 비스듬히 눌려 있었다. 기다란 고무 코 그 밑으론 멋들어진 가짜 카이젤 수염. 빠알간 루즈를 짙게 칠한 입술엔 낡아빠진 나팔이 불려있고 카우보이식 쫄쫄이 쓰봉과 조끼의 군데군데 「XX포마드」「○○비누」라고 똑똑히 새겨져 있었다 커다란 장화가 움직일 때마다 쿵하고 북이 울렸다. 뒤에는 올망졸망한 아이들이 조잘대며 따라오고 있었다. 모두들 재미있다는 듯이 히히덕거리며 입을 헤헤 벌리곤 하였다. 오가는 어른들도 잠시 걸음을 멈추고 잠깐 그에게 시선을 던졌다. 사내는 한사코 무표정이었다.

그의 하루는 이런 종류의 구경에서부터 시작되는 예가 많다. 아침 출근길이면 떠벌이는 옷 나부랭이 장사의 고함을 지나 저녁은 싸구려 책

장사의 널려진 책더미를 슬그머니 들추기도 하는 나의 일상 아무튼 그렇게 지나는 수가 태반이다.

간혼 재수가 좋은 때면 법석이는 사람들의 틈새에서 누나와 곧잘 마주치기도 한다. (지금은 그렇지 않지만) 참, 올여름 어느 날이었다. 나는 쾅쾅 울리는 가슴을 조이면서 누나의 뒤를 추근추근 쫓았다. 상의는 누나가 여름이면 의례껏 입는 오렌지빛 브라우스, 아래는 코발트빛 주름치마, 그리고 샌들은 언제나 하얀 빛깔이었다.

-헤이 누나!

나는 싱긋 웃으면서 그녀를 앞질러 가로막았었다. 그녀는 우뚝 섰다. 다시 샌들 스커트, 브라우스 순으로 더듬어 갈 때.

-아마 잘못 보셨나 보죠?

-어엉 죄소옹 하압……

나는 잠깐 머리를 허공으로 돌리고 곤란할 때의 특유의 표정, 알 수 없는 말로 잠깐 얼버무렸다. 누나 아닌 그녀는 시선을 총알같이 쏘아대고선 유독 구두 뒤축에 힘을 주면서 뺏짝뺏짝 걸어갔었다.

그렇지, 누나는 저런 롱헤어 스타일이었지. 착각이다.

나는 웃음이 빙긋이 나온다. 그렇지 빙긋이 웃고 있었지. 라스트 · 씨인에서 참말로 사랑하는 여인과 기구한 운명에 싸여 헤어질 때 그 사나이는 빙긋이 웃고 있었지.

일전에 그 영화를 보고 난 뒤로 내 웃는 법은 엉망이었다. (객관적인 입장에서 볼 때) 가령 성낼 때 가서 웃는다든지 미소를 띄워도 충분할 터인데 폭소를 터트린다든지 남들이 자지러지게 웃는데도 나만 유독 야릇한 조소를 머금는 달지.

그날 밤이었다.

-그래 눈깔이 거꾸로 달렸어? 이게 책자로 나와 버렸다면 어쩌려고 그랬어!

이런 조로 H고교 교감에게 꾸지람을 들 때도 그랬다. 나는 빤히 바라보고 있었다. 하필이면 그 극성스러운 교감의 권두언에 박혀있는 사진이 꺼꾸로 나올게 뭐람

그 홀랑 빗겨진 이마, 갠질갠질한 두 눈, 어색스레 인자한 웃음을 빚어내는 툭 까진 입술, 그래도 복 있게 보이는 두툼한 아래턱—훗후훗 나는 잔뜩 이나 우스운 것을 가까스로 참고 있었다. 그 밉상스러운 흉상이 내 시야에 저주로 알른거리는 것을.

-뭐가 무서워, 임마! 연판을 빼내 당장 옳게 놓으란 말이야.

제법 카랑카랑 목소리가 나를 움찔하게 했다. 하지만 다시 한번 그 사진을 내려다본 순간, 나는 또 찔끔찔끔 웃음을 빚어내기 시작했다.

내가 공장 안에 들어섰을 때, 밤새껏 밀린 인쇄물을 치다꺼느리고, 우중충한 공장 안은 수많은 직공들로 법석대고 있었다.

활판 인쇄기를 돌리는 사람(아직 이 공장에는 윤전기가 도입되지 않았으므로) 문선 하는 사람, 식자하는 사람, 교정을 보는 사람, 주자기를 다루는 사람, 조판을 짜는 사람, 지형을 뜨는 사람……등등으로 분주하게 일하고 있는 것이다. 칙칙한 천정 위로 저마다 입김이 느실 느실 피어 올라간다.

덜커덕덜커덕

인쇄기의 어지러운 소음도 이제는 한가닥의 아름다운 리듬으로 고막을 건반처럼 때린다. 바둑판처럼 무수히 널려진 활자들은 산에서 내려다 보이는 이 고장 Y도시 원경이고,

「공장장님, 밤새껏 안녕하셨읍니까?」

「안녕이고 뭐고 빨리 대학 신문 교정이나 봐. 문선도 좀 하구」

이리하여 나의 직장 근무는 시작되는 것이다. 날날이 나보다 연세가 위인 식자공, 활자공, 문성공들에게 지극히 형식적인 인사를 던지고선, 재교차 나온 대학 신문들을 들추며 원판의 활자들을 고르기 시작한다.

펼쳐 든 대학신문 틀 짜인 편집 때문인지, 제법 모 개인전에서 본 한 폭의 추상화다, 맞아 그림이다.

나는 토끼똥처럼 널려진 활자들을 시선으로 주워 모으기 시작한다. 활자들은 이리저리 한 대 모으고 어울려 그림이 된다. 그렇다. 그림은 자연의 모방이다. 변형이다. 그리고 개성이다. 아니, 그림은 추억이다. 연상이다. 그렇지 이렇게 생겼지. 어지러운 활자들을 추려내고 있노라면, 문득 누나가 생각나기도 한다. 몽롱한 시선 위에 질펀히 깔린 활자들은 점점이 모이면서 누나의 얼굴을 그려 내린다. 아참 생각난다.

-어휴, 웬놈의 여자가 손뼉을 치고 지랄발광이야 열렬한 프로 레스링 팬이군. 그래 혼인 발 안 서겠군.

-흥, 별 것을 다 간섭이야. 여자 레슬러도 있다던데 뭐.

-아 하. 그랬던가.

-저렇게 웃통 아랫 통 홀랑 벗어 젖힌 채 삼각 팬츠 하나만 차고 마구 때리고 맞는 것이 징그럽지 않아요? 여자가 보긴……

-뭐가 징그러워요. 재미있지, 저렇게 통쾌하게 움직이는 원시적인 모습이 다분히 매력적이란 말에요. 아휴 사무실에나 앉아 담배나 뻐끔뻐금 피우면서 사장님, 사장님 하는 족속들. 월급봉투에 다 머리칼을 쭈뼛 세우는 기계적인 인간들은 도시 싫단 말에요.

누나는 박수를 치고 소리를 지르고 손을 쥐었다 폈다 하고, 아랫입술을 깨물기도 하며 또 이렇게 옆 사내들과 토시락 거리기도 했다.

하여튼 실내 체육관도 역시 바둑판이었다. 사람들은 활자였다. 두 사내는 상기된 얼굴로 맞붙었다. 한 사내가 그의 특기라는 박치기로 한 사내를 링 밖으로 쓰러트려 버렸다. 활자라는 사람들이 환호성을 울리는 모습이 이교 정지 위에 보인다.

「아이구 허리야. 몸이 뻗쳐 죽겠네. 빌어먹을, 동지섣달 밤샘하구, 이거 어디 지탱하겠나」

열심히 문선을 하던 영감이 기지개를 켜며 이렇게 내뱉는다. 동시에 내 머리를 순회하던 환상이 무너져 버렸다. 군중은 없다. 다만 무질서이 널려진 까아만 활자뿐이다. 모자이크 마냥 어울렸던 누나의 모습도 온데간데없이 흐트러졌다. 다만 그 영감은 내 옆에서 코 끝에 걸린 돋보기를 고쳐 쓰더니 다시 활자를 뽑기 시작한다.

사방을 휘둘러 본다. 체육관은 아니다. 탁탁한 공기 속에 환성 대신 덜커덕 거리는 인쇄기의 소리다. 그렇지 누나는 이질적이었다.

「주간보 인쇄 다됐나?」

참 헤프디 헤픈 음성은. 프로 레슬러마냥 체격 좋은 공장장이다.

앞면은 다 됐습니다만……

이렇게 또록또록한 김 형의 목소리. 그는 콧잔등을 한번 씨익 문대더니 코를 시큰거린다. 피로하다는 표정이었다. 나는 개구쟁이 마냥 달아나는 시선을 다시 교정지 위에다 가져 놓는다. 「한국 전위 문학에 대한 소고」라 흠 겸손한 채 하는 어마어마한 타이틀이군. 필자 약력이라 많기도 하다. 근데 이게 빠졌다고 「XX문학 신인상 후보」 이것도 다 넣나. 내가 간섭할 게 뭐람. 뭐, 6호 꼬딕으로 넣어 달라구.

「이 활자만 만지작 거리고 살자니까. 신문을 봐도 잡지를 뒤적여도 오자를 추려내는 습성이 배어 버렸어」

김 형은 허리가 뻗치다는 듯이 상체를 크게 뒤로 젖히면서 한마디 내뱉는다.

「원고 뭉탱이를 수없이 넘기다 보니 작품이 좋다 나쁘다 정도 그냥이지」

입을 쩝쩍이며 영감이 이렇게 응수한다.

「아마츄어 평론가론 중견인 셈이죠」

「그렇지. 한자도 모르는 건 드물 걸세. 서당 접장질 정돈 능히 자신이 있단 말야」

하며 영감은 싱긋 웃는다. 나도 한마디 끼어든다.

「영감님, 신경통 관절염 같은 건 없어요?」

「왜 없어 늙은 것들은 다 있지」

「그래도 영감님은 유독 심하잖아요」

「뻔하지. 이렇게 온 종이 선 채로 문선을 보려니 더 하지, 더해 자네들은 나 마냥 활자 뽑다 흰머리 털 만들어선 안되네. 어디 해먹을 직업인가」

영감은 신경통 같은 건 없느냐는 나의 질문을 받아서 푸념을 거쳐 따금 한 충고까지 끌어올린다.

「그래도 말이요. 다른 이들은 ㅇㅇ출판사에 있다문 무슨 저널리스트나 될 줄 알고 은근히 부러워하는 눈치거든」

김 형이 담담하게 자위하는 표정으로 한마디 곁들었을 때

「허허, 빨리 하고 점심이나 먹을 채비 하지 무슨 놈의 잡담들인가」

밤도둑처럼 나타난 공장장이 메스처럼 들어댄다.

다시금 좀 더 침잠되어 가는 나의 주변. 팔들은 제각기 속력을 늘여 활자를 만지작거린다. 웃음이 나온다. 불현듯 다행히도 큰소리는 아니

어서 도어 옆으로 바짝 조여드는 공장장의 비위를 거슬리지 않는 데 성공했다.

인쇄기는 멍멍해진 곰 가을 무감각하게 때린다. 100촉의 전등알. 문선 하고 있는 영감의 흰머리 칼 등듬이 칼꽃처럼 날리는 그 바로 위, 올빼미처럼 버티고 있다. 안개마냥 탁한 공기 탓인지 거리의 가스등처럼 희멀건 눈초리다

덜커덕 덜커덕 덜커덕.

그렇지 그날 밤 야간 3등 완행열차는 손님이 별로 없었지. 덜커덕 덜커덕 덜커덕 가장 조용할 때 귀를 기울이면 분명히 기차 바퀴는 레일 위를 구르며 이런 소리를 내고 있었다.

내가 앉은 좌석의 천정 위엔 불이 꺼져 있었다. 때문에 다른 주위에 비해 조금 어두웠다.

Y시로 내려가는 열차 안의 손님들은 거의 꾸벅이며 졸고 있었다. 밀크, 달걀, 대중잡지, 과자류, 주류를 팔고 지나가는 판매원의 발걸음도 무척 뜸해졌고 공안원 차장들은 눈을 껌벅이며 지나갔었다.

아마 ○시가 넘었을 것이다

나와 마주 앉은 누나는 조금 빙긋 웃었다. 맞아 시선을 잠간 옆으로 돌렸지, 옆 사내는 누나의 등을 아니 정확히 말하자면 불룩한 젖가슴 쪽으로 머리를 돌리고 있었다. 수면 중이라는 시늉으로 자기를 변명하고 있는 셈이지. 누나는 나를 보며 다시 빙긋 웃더니 자리를 바꾸자고 머리를 흔들었지. 나는 일어섰다. 누나를 기대고 있는 사내의 머리를 팔로 잠시 받쳐 들고 일어섰을 때(내 자리는 비워 있었다) 나는 슬그머니 누나의 좌석에 앉았다. 누나와 내가 자리를 교환한 지 얼마 안 되어 사내는 가끔 코까지 드르렁드르렁 골아가며 나의 허벅다리 위로 손을 올렸

다. 이제는 머리를 내 복부까지 깊숙히 추겨올려 제법 포옹하는 자세였다. 나는 가만히 두었지. 누나는 또 빙그레 웃었다. 사내는 나를 더 억세게 포옹하는 것이었다. 나는 좀 무식하게끔 그 사내의 굵다란 팔을 잡아서 내 하반신에서 불쑥 빼냈다. 그 사내는 이윽고 음음하더니 섬짓 놀란 표정으로 눈을 추켜올렸다. 조금 겸연쩍은 듯이 입맛을 쩝쩝 다시는 것이었다. 그는 나와 누나를 번갈아 쳐다보다가 귀퉁이로 몸을 돌려 다시 드르렁 곯아떨어졌다. 누나와 나는 다시 얼굴을 마주 보며 소리 없이 웃었다. 그때 나의 좀 떨어진 앞좌석에서 술 취한 사내의 유행가 가락이 눈발처럼 쌓이는 침묵을 녹이고 있었다. 우울려고 내가왔나 누우굴 찾아서 여기에 왔나, 낯설은 타향 땅앙에… 누나는 나의 이야기를 다시 재촉했다.

-그래 이태원 동에서 만난 아줌마는?

-변했더군.

(사실 나는 이태원동 소방서 뒷골목에서 깡패에게 실컷 두들겨 맞았다)

-어떻게…

손가락 새의 다이아 반지가 눌릴 정도로 비만해 있었어요. 어울리지 않은 의자 위에 날 앉혀 놓고선 케이크와 하얀 맥주 거품을 곁들었지요. 그러나 나는 정중히 그리곤 묵묵히 앉아만 있었지요. 아줌마는 아마 진인 것 같은 술을 글라스에 그득히 따르고 있었어요. 그리고 마시더군요. 나는 엄숙한 어조로—아저씨께서 무척 기다리고 계십니다. 그랬더니 그녀는 야릇한 미소를 띄우면서—그래요, 신념이 더욱 강해졌군요. 하며 금세 표정이 싱싱해지더군요. 나는 그 활달한 상상력을 빌려 내 나름대로 픽션의 나래를 퍼덕였다. 누나는 은은히 도취하여 가는 것만 같았다. 나는 더욱 신이 났다.

여자란 돈이 없으면 마음이 가난해지나 보죠.

나는 힘을 주어 또록또록 제법 어른 같이 지껄였다. 누나는 심각한 표정으로 연신 고개를 끄덕거렸다.

-그래 실패?

누나는 간략하게 결론을 물었다. 그녀의 물음을 나는 빙긋 웃음으로 흘려보냈다.

부끄럽다는 자세로.

-그 아저씨 어떤 표정일까

-글쎄

(흠 어떻게 꾸민담. 가급적이면 멋있게) 돈은 빈약하니까 전보다 막걸리를 더 마시겠죠. 빈속에 마시면 더 취한다나요. 알코홀이 돌기 시작하면, 난 마누라를. 빼앗긴 놈일세, 하고 말로는 못하고 옷차림으로 대신하겠죠. 그리고 쌈지 담배도 많이 애용할 거에요. 나는 옆방에서

-아저씨, 아줌마는 후회하고 있는지도 몰라요. 허지만 겉으로 그런 거래요. 여자의 공통된 심리나 보죠.

그러면 아저씬 갑자기 표정이 좋아져서.

-그래, 그럴까? 기다려도 좋겠지? 기다려도…

-물론 기다려야지요.

내가 이렇게 맞장구를 치면 아저씬 콧노래를 흥얼댈 거예요. 그러다가 다시 훌쩍이는 거지요.

-상상력이 풍부한데…

나는 웃음 띤 표정으로 악의 없이 말했다. 나는 보통이라는 듯이 어깨를 위로 추켜 올렸다.

-안 졸려요?

-오늘 낮 실컷 잤는걸요. 아줌마 집서 싱글·베드에 누워…

(사실 난 번민으로 인해 잠 한숨도 제대로 청하지 못했다. 단순히 그녀와 이야기를 나누기 위해서) 나는 차창에 몸을 기대고 앉아서 창 너머로 무수히 찍힌 별들을 넌지시 바라보고 있었다. 밤은 아름다웠다. 남산 공원의 벤취에서 뜬눈으로 밤을 새울 때도 밤은 여전히 아름다웠다. 그날도 달은 떴고 살별은 비단 올처럼 풀어지곤 했다. 나는 슬며시 졸음이 오는 척했다. 다리를 펴고 누워 보려고 했으나, 완전히 잠이 든 옆 사내는 완강히 버티고 있었다. 누나는 기미를 알아차렸다. 나에게 오라는 듯 자리를 내주는 것이었다. 일단 성공한 셈이다. 나는 한번 싱긋 웃고선 말없이 앉았다. 다리를 쭉 폈다. 시원하다. 눈을 껌벅이며 나는 한동안 누나의 말 없는 자태를 주시하다가 졸리는 척 몸을 뒤척였다. 아니 눈을 감고 보니 정말 잠이 오는 것이었다. 나는 한동안 생리적인 현상과 한바탕 벌렸지만 별수 없었다. 술 취한 넥타이의「울려고 내가 왔나.」점점 피아니시모로 흘러내려 갔다. 내가 눈을 퍼득 추겨 올렸을 때 나는 이미 그녀의 다리 위를 벼개로 하는 것이었다. 한사코 포근했다. 향긋한 체취가 코안으로 사랑 홉 게 스며왔다. 누나는 조용히 턱을 괴고 차창 너머로 진흙 빛 창공을 응시하고 있었다. 나는 의식적으로 몸을 조금 뒤척이며 눈꺼풀을 내리깔았다. 누나는 민물고기 같은 팔로 나를 더 강하게 안았다.

그렇지. 하얀 누나였지. 스물셋. 말하자면 나의 네 살 위인 누나였지. 누나는 살았으면 나만 한 남동생이 있다고 했지, 근데 호열자로 죽었다고 했다. 나는 그래서 지금 살아있으면 누나와 비슷한 연령의 누나가 있었다고 했지.

(순 거짓말이었다. 그때 누난 더욱 가녀린 미소로 다수운 표정이었지)

새벽 5시 30분 Y역에서 누나와 나는 헤어졌다. 서울로 옆방 아저씨의 심부름 다녀온 소년이 아닌 취직 하러 올라갔다 고생만 잔뜩 하고 내려온 고교 2년 중퇴의 소년이 누나의 헤어짐을 아쉬워하고 있었지.

덜커덕 덜커덕 덜커덕 여전히 인쇄기는 돌아간다. 나는 이제까지 은근히 웃고 있었다. 참 복스러운 미소였다.

「이젠 점심이나 들고 하도록 하지」 공장장의 반가운 소리. 허트러진 신경을 한 곳으로 몰아세운다. 서서히 인쇄기의 덜커덕 소리가 멎기 시작하고, 직공들은 하나둘 공장문을 나서기 시작한다. 이젠 사무실이나, 로비나 아무 데나 걸터앉아 도시락 뚜껑을 여는 것이다. 뭐, 반찬은 보나 마나 장아찌 징글징글하다. 밥해 주는 할멈의 쭈글쭈글한 얼굴 같은 그놈의 짱아지 젓가락으로 보리알 웅글웅글한 밥 덩이를 떠올려 입안으로 떠올릴 때, 아무런 맛감각을 느끼지 못한다. 혓바닥이란 놈은 아무래도 요정이나 일류 요릿집에서 기술 발휘하는 모양인지 이윽고, 성냥 쏘시개로 이빨새를 건드리고 나면 인쇄기는 움직이기 시작하는 것이다. 직공들은 하나, 둘 다시 제자리로 들어선다.

덜커덕 덜커덕 덜커덕 대학신문이 한 장 한 장 옷감처럼 첩첩이 쌓여간다. 직공들은 지극히 독신적인 표정으로 제일만 바빠진다. 나는 다시 팔과 눈의 속도를 메조포르테로 올린다. 오자, 필요 없는 자, 꺼꾸로 밑으로 누운 자 글자 사이를 띄우고 붙이고 빠진 글자를 넣고 나쁜 글자를 잡고 고딕을 명조로. 줄을 고르게 하고 위치를 바꾸고 딴 줄을 잡고……… 무수한 교정 기호에 의해 조판 위의 손은 시선과 일치된다 어깨가 빼근하다. 허리가 자꾸만 쑤신다. 나는 한번 기지개를 기일게 켠다. 좀 시원하다. 허나 눈망울이 탁하다. 오후에 접어드니 자꾸 졸음이 오는 것 같다. 집에서라면 뜨뜻한 아랫목에서 화툿짝이나 만지작거리며 하루 신수나 볼걸, 허지만 편한 돈벌이가 있을까.

자꾸만 아래로 처지는 눈꺼풀이 중압감을 느끼게 한다. 사람들은 제각기 기계와 혼연일체가 되어 움직이고 있다. 부우옇게 흐린 공기는 어지러운 권태를 만들어낸다

손만큼이나 까맣다. 게다가 마장 공사라고는 아예 손질조차 보지 않은 공장의 내부. 조그만 유리창이 어쩜 그리도 교도소 철장과도 닮았을까. 새삼스러운 관찰이다. 모나리자의 보드라운 미소라도 있었음 좋을 것인데, 까아만 돌벽에는 어제나 오늘이나 「정숙 · 성실 · 완수」라는 벽 글씨가 늑실 늑실 웃고 있다. 아무래도 위축감을 느낀다. 차라리 그립다. 이토록 한사코 수고를 끼쳐가며 활자 하나하나를 낱낱이 다룰 필요가 없고, 그저 큼직한 목판을 쿡쿡 찍어 내면 그만이니까. 아냐, 그럼 나 같은 건 대번에 실직이다.

사람들의 입에서 뽀오얗게 천정을 향해 치닫는 입김들 으음 맞아 그렇지. 노릇 노릇 피어올랐지. 뮤직홀에서도 어린 입김들이 푸실푸실 피어오르고 있었지. 듬듬이 앉은 감상 객들이 뿜어낸 담배 연기의 해체였다. 굳게 닫힌 창문이 어울리게끔 공기는 탁했지. 진한 코발트 빛을 띄우는 커텐으로 갑갑하게 막힌 공기는 사운드 츄랙으로 흐르다. 「다뉴브강의 잔물결」 그 리듬을 따라 서서히 걷히기도 했다.

나의 잔에는 짙은 담홍색 빛의 커피가 연하게 고여 있었다. 나는 벽에 걸린 괘종시계에 신경을 썼다. 5시 2분 전, 시선은 오른쪽 도어를 찾았다. 성에 낀 도어의 유리창에 검을 물체가 어슴푸레 형상을 빚어냈다. 삐걱 열렸다. 순간 누나가 나에게 다가섰다. 나의 앞에 앉았다. 술 내음이 급작이 화악 풍겼다. 그녀는 숨을 가쁘게 몰아쉬고 있었지만, 입가의

미소는 잃지 않았다. 누나는 왼쪽 팔을 슬쩍 내밀며 내려다보았다. 허나 손목시계가 없다. (전당포?)나는 고개를 흔들었다. 나는 머리를 들어 괘종시계를 가리켰다. 정각 5시였다. 누나는 참 순하게 소리 없이 웃었다. 옷차림은 무척 화사했다. 밍크코트 안으로 남빛 저고리와 녹색 치마가 슬그머니 유들유들했다. 한복은 처음이다. 얼굴의 화장도 짙은 빛깔이다. 처음에는 눈 화장 빠알간 루즈—뮤직홀이 어울리지 않는 모습이었다. 깜장 투피스는? 가을에나 입나 보지.

나는 누나가 술을 마셨을 때는 어떻게 대해야 하는 것쯤은 잘 알고 있었다. 가령 비 오는 날 오후라면 퇴색한 작업복 차림으로 우산 없이 누나와 동행해야 하고 때아닌 밤중이면 말없이 철로 길을 걸어야 하고 오늘 같은 이런 날이면 어떻게 대해야 한다는 것쯤 잘 알았다. 그래서 누나와 나는 시선으로만 이야기를 주고받기에 이르렀다. 분명히 말하자면 내가 누나의 역을 맡고 또 내 역도 맡고 일인이역인 셈이지.

-누나. 많이 변했군요.

-잘 봤어

-누나. 절 속인 것이 아닌가요? 직업이 타이피스트라더니………

-그래 나는 네가 날 속인 것처럼 나도 널 속였지. 난 이런 옷차림을 요구하는 직업을 가지고 있어.

-누나 괴롭지요. 때문에 지금 소리 없이 웃고 있잖은 걸까요.

-아냐. 후련한걸.

-누나. 이야길 바꾸지요.

바다르체흐스카의 「소녀의 기도」그 멜로디에 귀를 기울이고만 있는 누나는 이렇게 대답하고 있는 거야. 나는 또 누나와의 대화를 머릿속에 명주 올 마냥 잡아 빼내고 있었다.

-얘 사랑이란 어떤 빛깔이니

-아이참 누나도

-난 저런 빛깔이라고 생각해

영화 포스터를 응시하고 있던 누나를 주시하며 나는 또 이렇게 끌고 나갔다. 잘생긴 남녀가 포옹하고 있는 반라의 모습이었다. 그 밑에는 수심에 잠겨있는 여자가 보였다. 대개 스토리를 말해주는 광고였다. 포스타는 대부분 빠알간 색이었고 그리고 잘생긴 사내와 그 두 여자는 공동으로 좋은 옷을 입고 있었다. 만능 적이고 육감적인 매혹스러운 빛깔이었다. 누나는 빤히 쳐다보고 있었다.

-사랑이란 가난한 사람은 못하나 부지.

누나는 그 포스터에서 눈을 돌렸다. 싫증 난 모양이다. 이젠 그 시선이 나의 온몸을 파헤치기 시작했다. 술 내음이 은근히 코끝을 후벼왔다. 표정이 조금 우울해졌다. 자신을 발견한 걸까. 글쎄 이제 누나는 자기의 입은 옷자락을 훑어보기 시작했다. 좀 초조한 표정이었다. 그러다가 추운 듯이 몸을 움츠렸다. 난로가 바로 그 옆에 있는데도 덜커덕 덜커덕 덜커덕. 이제는 펜글씨 학원 안내서가 한 장 한 장 손수건처럼 수북히 쌓여진다. 100촉의 전등알. 분명히 코 아래까지 내려온 전등알의 주위가 차츰 선명해지는 것은 벌써 오후에 깊이 접어들었다는 표현이리라 퇴근 시간이 가까와 오는데 나는 다시 무수히 시야 속에 널려진 활자를 주워 모으기 시작한다. 모당지, S대학 신문, H고교 교지, 시집, 동인지, 수필집, 평론집, 각종 학술서적, 심지어 ○○ 박 씨 족보에 이르기까지 까만 색깔로 빛나는 이 활자군(群), 어느 땐 누굴 헐뜯기도 하고 아주 시시한 삼류 기인의 넋두리로 아니면 K은행까지 침입한 45구경 권총의 깽단의 명부로 둔갑하고 더불어 귀하신 몸들의 고유명사로 위치를 차지

했던 활자들이 사방은 낱낱이 흩어져있다. 낡아 불선명한 활자들은 다시 주자기로 들어가고 나는 그 이미 치졸해 버릴 것들은 하나하나 일일이 가려내고 추려서 차곡차곡.

덜커덕. 더커어덕. 덜컹.

이윽고 창 너머로 빠알간 낙조를 받아 인쇄기가 멈춘다.

아. 무수히 흩어졌던 침묵들이 서서히 공장 안에 채워진다.

저녁 싸구려 책 장사의 책더미가 듬뿍 쌓여진 거리를 힐끗 쳐다보며 나는 걷는다. 아니 잠깐 발걸음을 멈춘다. 그리고 책더미에서 가장 말초신경을 건드리는 대중잡지 한 권을 펴 든다. 화보를 훑어본다. 언제나 잊지 않고 누드모델은 교태를 떨며 나를 향해 반갑게 웃는다. 허나 나의 옆 엉터리로 생긴 사내 녀석이 이 잡지를 펴들 때도 그 녀석 이렇게 웃는 것이 아닌가. 나는 나체의 여인에게 가장 고소하다고 생각되는 비웃음을 던지곤 책을 덮어 제자리에 갖다 놓는다. 파이프를 입에 물고 있는 그 주인 녀석은 슬그머니 인상을 쓰는 눈치다. 날마다 몇 페이지씩 훔쳐보는 단골손님을 알아보신 모양이지. 아서라. 자리를 비키자. 나는 다시 늘어선 상가의 간판 짝들을 걷어 젖히며 걸어간다. 나의 활자를 만지작거리는 일과처럼 또 해는 서쪽으로 기울었다.

사람들은 오고 간다. 샐러리맨, 주부, 건달, 아까씨, 학생들…자기가 디딜 영역에 눈을 헤치며 앞을 내지른다. 그렇지. 뮤직홀에서 그냥 헤어진 그 날 저녁 나는 분명히 이 거리를 걷고 있었지. 지금 모든 사람이 다 그런 것처럼 결코 목적 없는 방황은 아니었지. 맞다. 나는 신경을 곤두세우며 그녀를 미행하고 있었지. 나는 과연 타이피스트라고 속인 그녀가 어떤 빠이나 캬바레에 들어가나 골똘히 생각에 잠기며 쫓고 있었지. 낙동강? 텍사스? 썰물? 청파? 목포집? 에덴? 과연 어느 곳일까.

아니 그녀는 술집 천지의 H동과 반대 방향인 K로로 가잖은가. 으음. 그러면 그렇지 다방 레지다. 기다림? 녹음? 호수? 오아시스? 레만? 프린스? 도대체 어딜까

아니 그녀는 거만하게 버티어선 6층 맘모스 빌딩의 ○○보험주식회사 열차 간에서 이야기하던 그곳으로 들어가고 있었다. I·Q138의 내 추리력은 산산이 조각나고 말았다. 허나 어쩐지 콧노래라도 부를 만큼 기분이 좋아졌다. 내가 한참 동안 그곳 정문을 주시하고 있을 때 이윽고 그녀를 혼자 아닌 둘이었지 사내의 몸은 비만했다. 이마는 홀랑 벗어지고 아무래도 나이는 속이지 못할 탓인지. 50이 넘어 보임은 머리의 빤질한 포마드도 기력 상실이다.

○○보험주식회사 타이피스트임에 틀림이 없을까. 근데 그 옷차림은? 야간 3등 완행열차 안에서의 그녀는 분명히 깜장 투피스로 숄-헤어어 스타일이었지. 모를 일이다. 그녀는 분명히 그녀가 말한 데로 비서실에서 근무하는 타이피스트여야 한다. 동행한 사내 녀석은 정말이지 꼭 ○○보험주식회사 사장이 되어야 하고 그러면 그녀는 그 사내의 세컨드가 되어야만 눈앞의 현실은 비로소 성립된다. 찌링 찌링 가슴 안으로 고압선의 시퍼런 전류가 흐르는 것만 같다.

그들은 나의 시선을 등지고 정답게 아스팔트 도로를 걷고 있었다. 그 사내의 곁에 누나는 아니 그녀는 바짝 달려들었다. 겨울바람이 그녀의 밍크코트 깃을 나무라듯 흔들고 지나갔었다. 사내는 그녀의 등을 오른팔로 어루만지고 있었다. 나는 불현듯 발작적으로 그들의 뒤에 바짝 달려들었다. 눈에는 잠시 불똥이 튀었다. 그때 사내가 그녀에게 뭐라고 씨부렁거리자. 호호호, 하하하 호호호 하하하. 이런 웃음이 일제히 하모니를 이루었다. 나는 그와 동시에 쫓을 만한 힘을 잃고 말았다. 다리가 후

들후들 떨렸기 때문이다. 아니 툭 털어놓고 말하자면 그녀는 여지껏 나에게 저런 유쾌한 웃음을 보여준 일이 없었기 때문이었다. 미소와 폭소. 폭소와 미소 나는 어느 것이 무겁게 작용한다는 것쯤 알만한 I · Q138이었다.

나의 발걸음은 서서히 반대 방향으로 움직이고 있었다. 사관생도처럼 걸으려고 애를 썼건만 어쩐지 자꾸만 발걸음이 부자연스러워졌다.

앗차, 이런 참 쓸데없는 기억을 몰아세우다 보니 J은행 앞까지 육박해 왔구나. 정말 이제까지 이야긴 나에게 필요 없는 거다. 다만 한 폭의 그림으로 추억이다. 연상이다. 도태. 망각. 도태. 망각. 아니? 저런! 아니? 저런! 나의 앞 바로 앞 깜장 투피스의 여자가 아니 가슴 위 그 불룩한 가슴의 그, 그 나비, 나비 브롯치가 거꾸로 꼭, 꼭 옳게 놔야 할텐데. 옳게 교정을 동판 10평 남짓의 그 나비 브롯치. ─뭐가 우스워, 임마! 연판을 빼내 당장 옳게 놓으란 말야.

이 거꾸로 달린 브롯치들이 브롯치! 나비 브롯치를 얼른 옳게 놔야지.

덜커덕 덜커덕 덜커덕─헤! 신문 다 됐어?

「아이구머니! 사람살류! 아니 이 여자가 소리를 지른다? 나를 뿌리친다? 이 브롯치를 옳게! 옳게! 이렇게. 꼭 이렇게 놔야지. 그래야 책 작가가……난 욕을 안 먹지. 사람이 막 모여 이네, 사람이 난 샌드 윗치 세드위치 · 맨이 아닌데 쿵짝쿵작 빰빠라 빵!」

「임마! 꿇어 앉어 쬐만놈이……못 꿇어 앉어? 다리 몽생이가 부러져야 알겠어!」

얼떨떨하다. 정신이 멍하다. 나는 꼬꾸라지듯 힘없이 털썩 주저앉는다. 콩크리트 바닥의 차가운 감촉이 냉기를 끼얹는다. 창 너머로 네온싸인이 자랑처럼 반짝인다. 경찰은 험상 궂은 눈초리로 나를 내려다본다.

시선끼리 마주친다.

「야 이 짜식아! 째려보긴…그 인상 좀 걷어치우지 못해. 하필이면 파출소 앞에서. 흐흠. 처녀 유방을 더듬어. 짜아식. 보기보담 대담한 녀석인걸 임마! 콩밥 좀 꾹꾹 눌러 자셔야 할 것 같어!」

아이 녀석들은 파출소의 창 너머로 나의 행동을 하나하나 놓치지 않을 자세다. 어른들도 신기한 눈초리로 바라본다.

「변태 성욕자나 부지」

「갑자기 발작이야. 그 여자의 가슴밖에 손을 얹으면서 억세게 껴안던데」

「저렇게 브롯치를 들고 있음은 누가 날치기로 알 까봐서……」

「날치기는 날치기지. 처녀 날치기」

「아니지 젖가슴을 만지작거리느라고 속옷을 젖히자니 브롯치가 걸릴게 아냐」

나의 손에 쥔 나비 브롯치를 내려다본다. 옳게 들고 본다. 정말 이젠 속이 후련해 온다. 아 후련하다. 그 나비는 가만 놓으면 정말 날아갈 것만 같다. 참 잘 만들었다. 사람들은 여전히 나를 보고 있다. 이상한 눈초리다. 북도 나팔도 카이젤 수염도 더구나 카우보이 옷차림도 아닌 나에게 유행을 창조하는 ○○양복점, 신사의 멋은 ○○양복점에 썼다 꺼지며 ○○양복점. 아 저 네온은 빨간빛 근데 근데 변태성욕자라? 날치기? 풍기문란? 하, 허,

「으으흐헛허으하하!……」

「아니 저게 머리가 돈 모양이로군」

「에헷헤헤헤……」

당선

개교 18주년기념-제333~334호 1970년 6월 15일 월요일

제15회 전국고교문예작품현상 : 시

탑

· 박경옥 (전주상업고등학교 3학년) ·

〈1〉

비췻빛 하늘이 너머 간
사월의 언덕 위에 서면
어디선지 아우성쳐 오는 푸른 목소리.

슬기로운 마음으로
영혼을 불사르며
젊은 꽃들은 먼 길을 떠났다.

백 하고도 여든이 넘는
숨진
평화의 넋은, 이제
내면의 아득한 계단에서
시심(詩心)처럼 조용히 잠자고

귀 기울이면
그날의 아팠던 기억들이
거센 음정으로 노래 부르며
떼 지어 달려온다. 자꾸만 떼 지어 달려
온다.

〈2〉
쉬지 않고 흐르는 기억의 강물 위로
떠내려간 젊은 꽃, 꽃 이파리들이여.
여기
마음의 차거운 돌비에
하나하나 그대를 이름을 새기나니….

이 겨레의 경건한 기도 속에서
소중한 자유에의 하늘을 향한
깃발을 지키는
탑은
우리의 가슴 속에서
끝없이 타오르는 역사의 횃불.

〈3〉
성스럽단 말 오히려 치사롭고
거룩하단 말 오히려 목이 메인 채
언제나

기다리는 자세로
역사를 응시하는
의지로운 탑이여.

일월이 분주히 지나가
개인 하늘 향해
평화한 노래가 메마른 산하에
가득 넘치는 날

탑의 진정한 영원은 다시 숨을 타고
백 하고도 여든이 넘는 꽃의 넋은 피어
조국의 자애로운 품속에서
비로소
영원한 눈을 감으시리다.
회한 없는 눈을 감으시리다.

가작

개교 18주년기념-제333~334호 1970년 6월 15일 월요일

제15회 전국고교문예작품현상 : 시

절대(絶對)

· 송근배 (보문고등학교 3학년) ·

성당을 끼고 도는 은백의 철책
넌출장미의 마른 가지 늘어진
그 철책을 따라 걷다가

불현듯
나는 들었네.

난해한 믿음의 숲을 헤집으며
은밀히 다가서는
아주 조용하고 위엄에 찬
신(神)의 음성(音聲)을,

절대자(絶對者)의 그 낮은 목소리를…

그때

모든 것들이 경이(驚異)의 숨결로
가득 도취하여 흘러가던
내 혈관(내血管)의 좁은 랑하(廊下)에서는

아, 잔잔한 파도가 일 듯
은빛 출렁이며 주악(奏樂) 돼 오던
주일 아침 예배의
은총스런 찬송가 소리.

짚어보면
나의 과거란
하루하루가
흡사 휴지처럼 기력 없이 구겨져 가던
가난한 일상(日常)이었던 것을

오늘 하루의
그 시험 많은 난항의 길을 나서기 위해.
지난밤 나고 또한
얼마나 많은 기도와
설계를 마련해 놓았던가.

순수로워 반짝이는 햇살을 받아
슬기롭게 흔들리는
내 간구(懇求)의 머리칼 위를

겨울 비둘기 떼들
낭낭한 울음소리 던지며
바삐 바삐 질러가고

다시금 믿음의 숭엄한 복도에 돌아와
무릎 꿇어 엎드리고
진리의 말씀 나리는 하늘에 두 손 모아
오래고 축복 된 구원함을 노래해가는

정말 나는
절대의 다수운 품 안에서
오늘의 하루를 고이고이 수놓아가는
하나같이 소담스런
어린양이었네.

가작

개교 18주년기념-제333~334호 1970년 6월 15일 월요일

제15회 전국고교문예작품현상 : 수필

전환기

· 김선경 (법성상업고등학교 2학년) ·

자잘한 차돌들이 두둑이 깔린 교정 옆길에 서서 푸른 잎새들의 가만한 흔들림을 지켜본다. 어색한 스타일로 잔디 위에 방향을 잡다가 무심코 벤치에 몸을 기대본다. 내려다뵈는 텅 빈 운동장엔 지금 마악 엷은 사양이 젖어 들고, 연두색 한복차림의 중년 부인이 얌전한 걸음걸이로 교문을 향해가고 있다.

영어 선생님이다. 명랑한 성격과는 대조적으로 오늘은 유달리 더 쓸쓸해 보인다. 특강 때문에 더 늦은 모양이다.

얼른 달려가 동반하고픈 충동을 억제하며 교사 옆 우물가로 간다. 목을 늘여 우물 안을 들여다본다. 나를 닮은 새촘한 표정의 소녀가 우물 속에 환상처럼 나타나 있다.

문득 윤동주 시인의 〈자화상〉이란 시가 생각난다. 마음으로만 조용히 읊조려보다 자못 착잡한 기분이 되어 교문을 나섰다.

하학 후만 되면 벌떼같이 시끄럽게 조잘거리며 교문을 메우곤 하던 짓궂은 제복의 남학생도 수다스러운 말괄량이 여학생도 보이지 않는다. 모두들 집으로 돌아간 모양이다.

뭐 별 할 일도 없이 그렇게 해서 늦어지곤 하는 나의 귀로는 다른 날에 비해 오늘따라 몹시도 더딘 느낌이다.

남들처럼 별나게 감상적인 성격도 아니건만, 그 명랑한 대열에 끼지 못하고 못난이처럼 남겨졌다. 홀로 돌아가는 버릇이 생긴 그 날 이후부터 나는 줄곧 꽤 심각한 표정으로 어떤 불가사의에 집착되는 자신을 발견하곤 하는 것이다. 그러면서 며칠 전에 사업하는 남편을 따라 3년간의 교단생활을 청산하는 마지막 가정 시간에 남겨준 가정 선생님의 그 절절한 말들을 되새김질해 보기도 하는 것이다.

「…우리는 여자예요. 아무리 몸부림해도 어쩔 수 없는 여자예요. 여성 상위시대. 시대적 조류. 남녀평등권 운운해도 한 겹 접힌 운명을 안고 태어난 여자예요….」

갑자기 낡은 구박화물의 깨진듯한 크락숀 소리가 모든 소음을 단절시키더니 이어 목쉰 극장 스피커가 일격을 가한다.

「세계의 모든 여성을 사로잡았던 세계적 문호 토마스 하디 원작 테스를 완전 영화화한 여성 필견의 명화 청춘 무정을 오늘 밤부터 당 극장에서 상영케 되었사오니….」

문득 나는 그 열광적(?)인 영화 프로 선전에 현혹되듯 어색한 자세로 잠시간 멍하니 걸음을 멈춘다. 언젠가 그 소설을 읽은 기억이 난다. 다시 한번 실제 영화화된 작품을 보고픈 충동을 느낀다. 포켙속에 손을 넣어본다. 동전 몇 개가 손에 잡힌다. 한동안 생각에 잠긴다. 이어 나의 고개가 가로저어 짐을 인식한다. 다음 순간 나의 신분이 단발머리 여학생임을 깨닫는다. 계속해서 어설픈 상념들이 꼼꼼히 머리를 스치며 지나간다. 고개를 든다. 단골 상점의 간판이 다급하게 내 앞에 다가와 있다. 문턱을 넘어선다. 노상 파리한 얼굴을 한 쥔 아줌마가 여전히 눈으로만 나를 반긴다. 의식적으로 나의 눈은 그 아줌마의 불룩한 배로 쏠린다. 어제보다 더 튀어나와 있는성싶다. 책가방을 진열장 위에 놓고 아줌마 옆 빈 의자에 가 앉는다. 임산부의 가쁜 호흡 소리를 듣는다. 태아의 애잔한 숨소리를 듣는다. 그 아기는 지금 깨어있을까? 잠들어 있을까? 문득 몇 년 후의 나를 생각한다. 헤픈 웃음이 나의 눈가로 스치고 있음을 느낀다. 갑자기 심각해진다. 우울한 표정이 된다. 내가 모호해진다. 괘종시계가 7시를 친다.

예의 동전을 꺼내어 한 개를 아줌마에게 내민다. 똑같은 부피인데도 그중에 더 두꺼워 보이는 원고지 세 권을 싸인 뭉치 가운데서 골라 가방 속에 넣고 아줌마를 향해 눈웃음을 보내고, 상점을 나선다.

거리엔 아까보다 더 한산한 분위기다. 사람들이 줄어 있을성싶다.

죄지은 사람처럼 고개를 떨군 채 극장 앞을 빨리 지나친다.

「……학생으로서 첫째 목적은 두말할 것도 없이 공부이겠지만 그러나 나는 그 학과 공부보다도 더 중요한 공부가 있다고 믿어요. 그것은 자기가 부정할 수 없는 여자임을 깨닫고 분명한 여자가 되는 공부를 더 많이 하는 것이라고 믿어요. 똑바루 사고하는 버릇을 길러서 완전하고 분명한 여자가 되세요…」

별안간 이 지역에서만이 맡을 수 있는 특이한 내음(?)이 콧속을 자극해 온다. 선창이다. 오로지 그 비린내를 통해서만이 생활을 배우고 아는 지역. 남루한 옷을 입은 40대 여인이 양철봉을 이고 바짝 내 옆을 스쳐 앞선다.

부두에 사람들이 몰려서 있다. 서너 명 어부를 싣고 고깃배 한 척이 탁한 연기를 내 뿜으며 부들부들 향해온다. 오직 행동으로서만이 가능한 생활을 엮으며 비린내와 함께 외롭잖이 인생을 살아오는 사람들. 낮엔 번잡하지 않아서 좋고 밤엔 화려하지 않아서 좋아 나도 정 붙혀 자라온 이 포구.

그러나 웬일인지 오늘따라 그 숱한. 유행가 속의 갈매기들은 보이지 않는다. 갑자기 비린내가 더 짙게 콧속을 메어오자 나는 버릇처럼 그 판잣집 앞에 걸쳐진 커텐(?)을 걷어 올리고 몸을 들이민다. 종전의 비린내와는 대조적으로 구수한 내음이 나를 낡은 의자 위에 앉힌다. 예의 할머니가 밀가루 반죽을 멈추고 갸름한 눈을 들어 나를 맞는다.

「오늘은 좀 늦었구나.」

「…….」

대답은 그냥 눈으로 하고 남은 동전 한 개를 탁자 위에 올려놓는다.

잠시 후 김이 무럭무럭 나는 접시가 내 앞에 내밀어진다. 한 개 풀빵을 집어 먹다가 불현듯 내키지 않아 안 먹고 그냥 놔둔 가방 속이 점심 도시락이 있음을 생각해 낸다. 이 할머니를 드리고 가고픈 충동을 느낀다.

수개월을 두고 사귀어온 불행한 지기, 오직 이 판잣집 안에서만 홀로 자기 인생 역정을 가늠해온 고독하고 불우한 노파, 그래도 죽을 수 없는 질긴 목숨이었기에 이 좁은 한 평 땅에 자신의 영역의 푯말을 굳게 세우고 빵을 구워 생활해 나가는 그 의지와 집념… 나는 언젠가부터 이 할머니한테서 한 여자를 느껴온 줄도 모른다.

「할머니! 오늘 점심을 안 먹었어요. 저는 집에 가면 저녁이 있으니까 이거 할머니가 데워 잡수세요.」

「원, 고마워서….」

도시락의 밥을 식기에 비워드리고, 비교적 빠른 속도로 빵을 주워 먹고 몸을 일으킨다.

황혼이다.

옆 가게 생선 장수 할아버지가 문턱에 걸터앉아 담배를 피우고 있다.

「…17세, 18세, 19세…자칫 잘못하면 어설픈 낭만이나 고독. 그리고 감상 같은 것에 휘말려 이성을 잃기가 쉬운 때이기도 합니다….」

문득 중학교 3학년 때 문학을 좋아한다는 어떤 남학생으로부터 의외의 편지를 받고 얼굴을 붉혔던 일이 생각난다.

「나는 최초로 너를 택해서 〈괴테〉나 〈톨스토이〉들이 말한 그 아름다운 의미를 내 자신이 실제로 한번 확인해 보고 싶다. 협조를 바란다. …운운.」

유난히도 성숙해 보이던 그 남학생, 나는 바보처럼 얼굴만 빨개져서 그 남학생을 피해 다니곤 했다. 그러면서도 항시 포켇속에서 그 편지만은 꺼내어 읽어보곤 했다. 끝내는 닳을 대로 닳고 헤질 대로 헤져서 휴지로 버려졌다. 왠지 아쉬운 생각마저 했었다. 그러나 지금은 잊었다. 그 남학생도 도시로 진학해 가고 없다. 그것으로 끝난 것이다.

또 가정 교사의 말이 떠오른다.

「…앞으로 나서는 여자도 뒤로 처지는 여자도 나는 찬성하지 않아요. 다만 중간쯤에 서서 자기 위치를 확실히 지켜나가는 여자가 되세요….」

콘크리이트 담을 끼고 비교적 걸음을 빨리한다. 네 갈래 골목길 저쪽에서 남자의 술주정하는 소리가 들린다. 앙칼진 여자의 욕지거리도 들린다. 자연적으로 나의 방향이 뒤틀린다. 돌아가는 반대편 길을 택한다. 벌써 가로등에 불이 와 있다.

(아. 오늘도 하루가 완전히 저물었군.)

가로등 밑에 이르자 가만히 발을 멈춰 본다. 나의 그림자를 주시해 본다. 그러다 문득 나의 미니 스카트를 생각해 낸다. 지난 일요일, 엄마를 졸라 했던 옷. 양장점에서 찾자마자 한번 입어 보고는 곱게 놔뒀다. 토요일 오후나 일요일이면 보란 듯이 입고 포구를 누비곤 하는 나의 친구들, 얼마나 입어보고 싶던 미니스카트였던가, 그런데 지금 웬일인가.

(입지 않아야지 사회에 나와서…)순간적일까?

「…분명한 여자를 배우세요…안녕!」 옅은 어둠이 내린다. 발걸음이 더 빨라진다

(오늘 밤엔 〈여자의 일색〉을 기어코 끝내고 자야지.) 그러면서 내일 하학 후엔 꼭 고서점(古書店)을 들려 오리라 마음먹는다.

가작

개교 18주년기념-제333~334호 1970년 6월 15일 월요일

제15회 전국고교문예작품현상 : 수필

수련

· 김창섭 (전주고등학교 3학년) ·

선생님!

뜰에는 느지막한 봄비가 내리고 있습니다. 지루했던 중간고사도 끝나고 모처럼 휴일다운 휴일을 맞는가 싶었으나, 이렇게 아침부터 비가 내리고 있으니 무척이나 따분하면서도 일면 마음이 착잡히 가라앉는군요.

옛날만 같아도 휴일에 비가 내리면 온종일 짜증만 내었었는데 요즈음에 와서는 이렇게 비라도 내려주길 은근히 기다리게 된 것은 아마도 작년 이맘때 선생님과 저 사이에서 있었던 인상이 짙은 토요일 밤과 비 오는 일요일 아침을 기억하고 있기 때문일 테지요.

책꽂이 위에서 연신 고개를 흔들고 있던 목인형도 늦은 봄비에 취했는지, 아니면 그 일요일 아침 선생님과 제가 정답게 유리상회에 들려 저를 사주던 기억을 되살렸음인지 멍청한 시선을 저에게 보내고 있습니다. 밉살스러운 녀석의 목을 건드려 보다가 뭣인가 자꾸 생각해서 쓰고 싶은 마음에 그날을 더듬어 봅니다.

토요일 밤(Y저수지에서 새운 그 밤과 비가 내렸던 일요일 아침은 너

무도 생생한 기억이 되었습니다). 차갑도록 맑은 하늘에 돋은 달과 소슬한 바람을 맞으며 선생님께서는 벌레 소리만 곁들이면 영락없는 가을밤 기분이 되겠다고 말씀하셨죠.

인가에서 멀리 떨어진 산기슭이라 밤의 고요는 해가 지자마자 찾아왔었습니다. 빨강과 흰 줄이 선명한 「찌」는 달빛이 하얗게 반사되는 잔잔한 수면위에서 이따금 움직거리며 저의 마음을 착잡하게 해줬습니다.

발바닥 밑에서 촉촉이 젖어오는 진흙의 감촉이며, 기다랗게 휘어져 물속에 늘여진 낚싯대며, 깊게 빨아들인 후 천천히 내어 뿜는 선생님의 담배연기의 모양이며, 산기슭에서 은은히 풍기어 오는 아카시아의 향기이며 시간이 지나 저쪽 산으로 넘어가 버린 달의 잔영은 물가에서 자랐던 저를 어릴 때의 즐거웠던 동심으로 흠뻑 젖게 했습니다.

선생님의 낚싯줄에 심심하지 않게 물리어 오는 밤빛에 번쩍이는 고기의 빛깔은 싱싱하면서도 퍽이나 탐스러웠습니다.

사방의 고요 속에서 이따금 정적을 깨뜨리는 바구니 속의 고기의 물방울 튕기는 소리는 끝내 한 마리도 물어주지 않는 낚싯대에 시선을 둔 저의 마음을 더욱 초조하게 하였고, 전 그 일을 저의 장래에까지 연관지어 퍽이나 암담하게 생각하였습니다.

함초롬한 별빛이 새어드는 텐트 속에서 저는 선생님께 이런 말들을 지껄여댔죠. 저 자신 너무 초라한 재기불능의 인간이라고, 저의 인생에서 성공은 고기란 놈이 저의 낚싯줄을 동이 터올 때까지 한 번도 물지 않는 것처럼 희박하면서도, 연약한 낚싯줄에 터무니없는 중량의 큰 고기가 문 것처럼 암담한 것이라고, 학교란 어쩜 우리 10대들이 개성적인 특질을 박탈당하는 장소라고, J도시는 저의 고향에 비해 너무도 갑갑한 곳인 데다가 선생님들이나 제 주위에 있는 기계의 부속품처럼 생각이 드는 아무 변화도 발견할 수 없는 지겹도록 싫은 곳이라고, 그리고 제 앞에 놓여있는 「대입」 역시 아무런 의미도 없는 것이라고…저는 모든 면에 있어서 실패할 용기와 의욕을 잃은 보잘것없는 인간이라고 말입니다.

솔잎 사이에서 사이로 반짝이는 별빛은 시간을 좇아 이슬을 머금다가 이윽고 동쪽 산에서부터 거무스레한 수면위로 날이 밝아오기 시작하자 오랫동안 침묵을 지키고 계시던 선생님께선 저에게 「self control」이란 말씀을 자신 있게 내놓으셨습니다.

인생이란 제가 말한 것처럼 하룻밤 새에 잉어를 낚는다는 도박이 아니라 하룻밤 새에 잉어를 낚아야겠다는 용기와 의욕을 가지고 개척해 나아가야만 하는 것이기 때문에 「self control」의 진정한 의미는 모든 사람과의 싸움에 용기로써 뛰어들어 최후의 승자가 되기 위해 자기 주위에서 일어나는 여러 가지의 난관을 극복하는 가장 귀중한 그리고 의미 깊은 것이라고 말씀하셨습니다.

계속하여 선생님께선 험한 환경과 고달픈 생애 속에서 탄생하여지는 고결한 인간상을 말씀하셨고 그것을 최후의 승자와 연관을 지으셨습니다.

선생님의 기다란 이야기가 끝났을 때 밖에는 생각지도 않았던 봄비가 내리고 있었습니다. 그때 풀잎과 저수지 위로 떨어지는 빗소리는 지금 저의 뜰에 내리는 빗소리처럼 불협화음은 아니었습니다.

전 선생님이 무척이나 좋아졌습니다. 저 같은 불쌍한 제자를 위하여 바쁘신 시간을 틈내시어 이렇게 먼 곳까지 와서 하룻밤을 지새워 준 선생님의 계획적인 의도가 싫지 않고 좋았습니다.

재기불능의 문학도 역시 그것은 아주 쓸모가 없는 사람이었습니다.

선생님의 여러 가지 말씀에 스스로 문학도라고 자처하는, 용기와 의욕이 없는 저 자신은 말할 수 없이 부끄러웠으며, 그때부터 저는 선생님 뜻대로 「self control」하는 인간이 되기로 작정하였습니다.

비는 더욱 기세를 올려 마구 쏟아져 오기 시작하였습니다. 그때 저의 눈을 끈 것은 저수지 위에서 자라고 있는 윤기 있는 초록빛 둥그런 잎의 수련이었습니다. 그것은 아무리 비가 쏟아져도 물기를 몸에 받지 않은 제 고향의 토란과 흡사한 것이었습니다. 그것을 본 순간 제 머리에 퍼뜩 떠오른 것이 있었습니다.

저의 가슴속 속속들이 배어 있는 본질적인 것—제가 과연 선생님의 뜻대로 살 수 있는가 하는 것이었습니다.

선생님!

그때 선생님께서 저의 마음을 꿰뚫고 계셨더라면, 빗물을 튕기고 있는 수련을 뚫어져라 쳐다보고 있는 저의 눈을 보셨더라면 선생님은 저 자신을 몹시도 원망하고 멸시하셨을 것입니다.

빗소리에 취해있는 것만 같은 제 마음은 수련을 보고 있는 동안 저도 모르게 저 자신 스스로 물을 받지 않는 수련이 되어감을 의식할 수 있게 되었습니다. 학교가 어떻고 가정이 어떻고 사회가 어떻든 간에 선생님의 말씀은 제 가슴속 깊이 순수하게 자라고 있는 수련만은 적셔주질 못하였습니다.

그렇지만 선생님! 그 토요일 밤과 일요일 아침을 겪은 뒤 저는 되도록 선생님의 뜻대로 살고파, 제 가슴속에서 자라나고 있는 수련에 물을 담아보고 싶어 발버둥 쳐봤지만, 오늘에 이르기까지 저는 아무것도 실천하지 못한 인간이 되어버리고 말았습니다. 저 역시 선생님의 젊은 시절처럼 패배를 짓씹는 재기불능의 인간으로서 존재할 가치밖에 없다는 것입니까?

선생님!

목이 말라옵니다. 오늘따라 선생님께서 사주신 목인형이 몹시도 말라 보입니다.

숨을 쉴 줄 아는 목인형! 어쩜 저 자신이 아닐까요. 잉크를 흠뻑 적신 스폰지처럼 선생님의 진리를 메마른 제 가슴속에 속속들이 적셔보고 싶습니다.

당선

개교 18주년기념-제350호 1971년 1월 8일 금요일

제15회 학예상 : 시

종소리

· 진동규 (문리과대학 국문과 4학년) ·

살아 있는 나와
너까지의 거리를
아침 이슬로 내린다.
가랑머리 누이의
빨가장한 귓불에 내린다.
합장하신 어머님
늙은 옷고름으로 내린다.
흰 구름이 턱밑으로 띄우시는
할아버지 약주 잔에 내린다.
별들이 길어 올리는 숨길
지피는
송홧가루로 내린다.

당선

개교 18주년기념-제350호 1971년 1월 8일 금요일

제15회 학예상 : 수필

울타리와 창

· 정옥자 (문리과대학 국문과 4학년) ·

1

내 방은 남쪽으로 조그만 창이 하나 나 있다. 그 창문을 열면 이웃집의 담(울타리)이 곧바로 보인다.

아침. 잠에서 깨어나 창문을 열어젖히면, 내 방으로 쏟아져 들어 올 아침 햇볕을 그 담이 그만 중간에서 가로채 버리고 말기 때문에, 그 담은 내 방 벽에 그림자로 드러난다.

그러나 그것은 용서해줄 수도 있다. 나를 더욱더 불쾌하게 만드는 것은 그 담 그림자의 형상이다. 아침이 햇살로 인하여 마치 스포트라이트(spot light)를 받은 것처럼 내방 벽에(이때 내방 벽은 말하자면 활동사진을 돌릴 때의 스크린 비슷한 역할을 한다)투영되는 그 담 그림자의 형상은 윗부분이 뾰쪽뾰쪽 아주 날카롭고 매듭이 있는 선으로 뒤엉켜져 있는 것이다.

나는 방 안이 어느 정도 환기되면은 곧바로 창문을 닫아 버리고 만다. 창문을 통한 내 시야가 차단되는 부분만이라도 때로는 와락 헐어 버리고 싶은 충동을 받기도 한다.

2

우리 주위에는 많은 울타리(담)들이 있다. 현실적으로 집과 집 사이에 있는 유형의 시멘트 블록 담이나 탱자나무가 그것이고 비현실적으로는 국가와 국가 간의 관계도 일종의 울타리이다. 너와 나를 의식게 하는 관념 사이의 벽 그것은 너무도 견고한 울타리이다.

울타리는 곧 경계선이다. 나의 것과 남의 것의 구별을 나타내놓은 현상이다. 우리 인간이 가장 최초로 만든 이기의 수단인지도 모른다.

울타리는 또한 나에게서 너의 세계로 통하는, 너에게서 나의 세계로 통하는, 우리들의 고통을 스스로 밀폐시킨 우리 서로의 배반, 그것의 내용이다. 따라서 거기에는 〈나〉나 〈너〉만이 있을 뿐 〈우리〉라는 것은 찾아볼 수가 없다.

이러한 울타리를 우리는 누구나가 다 가지고 있다. 그것이 어떤 내용 어떤 형태의 것이든 간에 적어도 하나의, 또는 그 이상의 울타리를 가지고 있으며 그 〈석〉에서 우리는 사는 것이다. 그리고 이 사실은 또한 우리가 서로 다른 울타리〈밖〉에서 살고 있다는 뜻이 되기도 한다.

때로 나는 창 앞에 서서 가능한 한 날카롭고 뾰족뾰족한 유리 조각을 꽂고 가시철사를 쳐 놓은 울타리를 보며, 가장 최초로 울타리를 만들 줄 알았던 사람은 누구였던가, 어떤 내용의 사람이었던가를 생각해 보곤 한다.

3

창문을 열어 본다. 방안이 어느 정도 환기되면은 울컥 닫아 버렸던 창문, 그 창문을 열어 본다. 환기를 위해서 뿐 아니라 무작정 열어보는 경우도 많다.

때때로 뭔가 꽉꽉 찬 가슴. 답답함이여. 바늘 끝만 닿으면 여지없이 터져버릴 팽팽한 풍선 같은 가슴. 빵 소리를 내며 이윽고 목놓아 울어버리고 싶은 마음. 아아, 나는 방 안을 아무 뜻 없이 서성거리다가 와락 창문을 열어젖혀 보는 것이다.

이웃집 담이 미처 다 점령하지 못한 하늘 가르는 한 점 구름이 흘러가고, 그 하늘만큼이나 푸른빛의 바람은 일시에 쏟아져 들어와 나의 옷깃을 날린다.

나는 또 그때 그만 봐버리고 마는 것이다. 이제껏 내 안에서만 있던 그 어떤 것들이 옷깃처럼 날리다 창으로 술술 빠져나가는 것을, 그리고 흘러가던 한 점 구름 자 내 가슴 어딘가에 그림자를 드리웠다 가는 것을, 제발 단 한 번만이라도 놓쳐버리고 싶어지는 그것들을, 나는 그만 봐 버리고 마는 것이다.

나는 또 창문을 닫아 버린다. 나의 시야도 물론 닫친다. 바람도, 구름도 내 창을 비집고 들어오는 것을 그만 단념하고 만다.

창문을 닫으며 나는 아주 그곳을 다른 벽처럼 밀폐시켜 버리고 싶은 충동을 받기도 한다.

4

창은 그러나 밀폐된 세계로 통하는 우리들의 단 하나의 비상구이다. 너와 나의 세계를 구태여 밀폐시키고 거기에서 비롯되는 그(창의) 크기만 한 우리들의 양심의 반영이다.

사람들은 곧잘 울타리를 만들고 그것을 좋아한다. 그러나 곧바로 후회하고 만다. 내 울타리 〈안〉의 세계가 아닌 내 울타리 밖의 세계가 궁금한 까닭에 사람들은 곧잘 그곳에 구멍(창)을 내고 만다.

여기에 우리 인간의 모순과 비극과 그들에게서 비롯되는 고독이 있다.

나는 내 울타리에 드러난 담 그림자를 보며, 누가 가장 최초로 창을 만들 줄 알았던가. 그는 또 어떤 내용의 사람이었던가를 생각해 보곤 한다.

그러면서 나는 내 방 벽에 드러난 저 담 그림자를 없애는 방법을, 이미 만들어져 있는 창과는 전연 다른, 창 아닌 창을 만들 방법을, 짜보곤 한다. 내 마음의 울타리, 그리고 내 마음의 창을.

가작

개교 18주년기념-제351·352호 1971년 2월 19일 금요일

제15회 학예상 : 소설

끝

· 최재한 (문리과대학 영문과 1학년) ·

그 포화의 하늘 밑을 나는 가본 적이 없다. 그 땅의 밀림 속을 야수처럼 울부짖으며 포효(咆哮)하다. 한 마리 순한 양이 되어 돌아온 나의 벗에게 이 글을 준다.

하늘은 찌푸렸어도 이곳은 분명히 고국(故國), 열차(列車)는 객차들을 이끌고 밤 속을 끝없이 달린다.

사람들은 저마다의 마음의 표정을 담은 채 거의 한결같은 모습으로 목적지로 이끌려 간다. 더러는 눈을 감은 채로.

밤으로 짓이겨진 유리창은 천정의 불빛이 깜박깜박 되비쳐, 승객들의 얼굴이 잠겨 보이는 흐린 거울 노릇을 하고 있었다.

그 속에서 또 하나의 〈나〉가 나를 바라보았다.

스물다섯! 소리 없이 허물어진 시간. 나는 놈을 언제부터인가 혐오하고 있었다. 어쩌다가 놈의 눈과 정면으로 한동안 부딪칠 때마다, 나는 놈이 정말 쥐어박고 싶도록 미웁다가 또 측은해지기도 한 것이다.

(참 좋은 나이고만, 우리 막내도 살었으면 골골헌 장정 일틴디)

무엇인가를 위해, 마치 이 기관차의 두부(頭部)처럼 펄펄 끓어야 할

나이. 찔끔찔끔 눈물을 짜던 노인은 내 어깨를 베개 삼고 그새 잠이 들었다.

얼굴에 주름살이 맺힌 것인지, 갈기진 주름살들이 모여 어렴풋이 얼굴의 윤곽을 형성하고 있는지 분간할 수 없는 할멈의 얼굴에서 나는 일종의 부드러운 연민의 정을 느낀다. 따라서 그 어둡게만 상상되던 죽음도 마치 햇빛을 받고 빛나며 웃는 유야한 여자의 얼굴처럼 윤곽이 환해지고 점차로 낯익어 오는 것이다.

〈카-키〉빛배낭에 얼굴을 묻었다. 자신의 몸 냄새를 맡듯 천천히 숨을 들이켰다. 메케한 땀 냄새와 함께, 정글 속 새벽 안개의 냄새, 쨍쨍 불붙어 내리던 햇살 끝이 없는 원시림을 우박처럼 때리던 빗방울 해발 2,405m의 추양산(山) 〈나트랑〉과 〈콰나이〉, 〈다낭〉의 하늘은 까맣게 나르던 폭격기, 즐비한 뼈와 죽어 자빠져 부패한 짐승, 아 다행히 그곳엔 검은 소리로 까옥거리며 날아가는 날짐승은 없었지. 화약 냄새처럼 진하게 전쟁의 냄새가 묻어왔다.

촉촉한 비린내가 풍겨오는 부산 부둣가에서 군중들은 물결처럼 태극기를 흔들어 주었지. 나에게 꽃다발을 걸어준 입술이 가늘고 목이 하얀 여자는 쌩끗 웃었지. 참으로 오랜만에 쥐어보는 여자의 손이었다. 고국(故國)의 여자, 그녀는 분명히 고국의 여자였다. 쓸려 나오는 동료들에게 일일이 악수를 교환해주고 화환을 걸어주고 설사 그것이 공식적이라 하더라도 생끗 웃음을 선사해주는 그녀의 가슴에서 귓볼에서 나는 우유 냄새, 그것은 고국의 젖 냄새였다.

이따금 발견되는 처참히 가슴을 뚫리고 쓰러져 있는 월맹군 생산 대원(여병)의 몸에서는, 다가가면 시체가 또다시 외마디 신음을 내뱉고 꿈틀거릴 것만 같은 공포뿐 나는 어디서도 고국의 젖 냄새를 맡을 수가 없었다.

〈나트랑〉 북방에 수색 전을 폈을 때 잔류부대는 거의 없었다.

나와 한 병장은 폭격이 지나간 폐허의 잿더미로 화한 수풀 속을 뒤지며 교묘히 위장된 그들의 요새를 찾고 있었다. 발을 헛디뎌 벼랑으로 돌 구르는 소리에도 머리끝이 쭈뼛해지고 등골 마디가 서늘해지곤 했다. 그때마다 한 병장과 나는 기계적으로 납작 엎드려 방아쇠울을 건드릴 자세를 취했다가 부스스 일어나 기어갔다.

한참을 풀숲을 뒤지다가, 땀 줄기에 지쳐 소대원 있는 쪽으로 돌아가자는 나의 제안에, 불개미에 온통 목을 쥐어뜯긴 한 병장은 잔뜩 찡그린 채 고개를 주억거렸다.

「아아, 물, 물」

한 병장은 나를 바라보았다. 손가락으로 내 수통을 두들겨보고는 통통 소리가 나자 참는 표정이 더욱 역력해졌다. 그때 갈증을 축여주는 듯, 어디서 물 흐르는 듯한 미세한 소리가 사람 소리에 섞여 들려왔다.

그가 내 눈을 쳐다보았다. 물소리지? 하고 묻듯이.

한 병장이 계곡으로 내려간 지 채 삼분이 못돼서 탕! 하고 일발의 총성이 들렸다. 나는 황급히 계곡 쪽을 노렸으나, 총구가 가리키는 쪽마다 무성한 나뭇잎새들이 가려서 보이지 않았다.

나는 바위틈에 몸을 숨기고 엎드려 걸핏하면 사정없이 내갈길 자세로 긴장하고 있었다.

이때 풀 숲 헤치는 소리와 함께 보이지 않는 저쪽에서 「최 병장! 포로다!」 하는 한 병장의 외침이 들려왔다.

한 병장의 총구에 밀려 정규 월맹 군복이 아닌 검은 옷의 사나이가 손을 든 채 볼품없이 떨고 있었다. 가까이 보니 사내가 아니었다.

「여자잖아? 한 병장」

「꽁까이(여자)다」

「어떻게 된 셈인가?」

「물을 마시려는 걸 공포를 쏘았다」

「어떡할 거야?」

「너는?」

한 병장은 오히려 반문하듯 나의 표정을 살폈다.

한 병장은 눈썹을 험악하게 치켜뜨고, 「어이!」하고 여자의 어깨에 손을 얹었다. 그 서슬에 입술을 달싹거리며 달달 떨고 있던 여자는 제자리에 폭 주저앉고 말았다.

그리고 공포에 질린 까만 눈으로 연신 우리의 표정을 살폈다.

검은색의 윤택한 피부, 풀 포기에 씻긴 얕은 상처들, 해어진 옷 사이로 내비치는 가슴만으로는, 우리는 그녀의 신분을 알아낼 아무런 증거도 없었다.

「전투병은 아니다. 준 전투원이거나 놈들에게 납치돼온 마을의 처녀였던 것 같다.」

「그건 재판에 맡기기로 하고, 자, 우선 끌고 가자」

한이 서두르듯 말했다.

「한(韓), 이 여자는 결국 포로수용소로 가게 된다」

「죽는 것보다는 깜빵이 낫다」

우리는 입술을 꾹 다물었다.

〈래이숀〉상자 하나 없는 이곳에 버려진 대야 굶주림 속에 죽거나 설사 그렇지 않다 치더라도 중무장으로 포위한 이 지역을 무사히 통과할 수 없을 것이었다.

그녀는 우묵한 눈으로 또렷하게 우리를 살피다가, 자기 가슴에 겨냥되어있는 총구를 보고 비척비척 일어섰다.

「도망가야 소용 없어」

서툰 베트남어로 한이 나지막하게 말했다. 그러자, 그녀는 표정치곤 이상하게 그 처참한 얼굴 모습도 지운 채 검은 눈을 반짝이며 살폿 웃는 것이 아닌가.

그리고는 해어진 상의의 단추를 하나씩 하나씩 끄르는 것이었다. 우리는 잠시 멍청해진 채 그녀의 행동을 주시했다. 윗옷이 툭 땅에 떨어짐과 함께 앞섶이 열리고 이윽고 탄력 있는 유방이 노출되었다. 그 부분만큼은 눈이 부시도록 희었다. 여자는 웃고 있었다. 밀림의 가지 사이로 작열하고 햇빛 속에서 하얗게, 하얗게.

작전이 끝나 본대로 돌아온 후에도, 나는 곰곰 잠을 못 이뤘다.

〈여자는 왜 옷을 벗었는가? 우리는 왜 그녀를 도주시키고 싶었는가? 그녀는 왜 하필이면 소대장에게 발견되어 사살당했나? 죽은 여자의 손에 왜 다른 데서 노획한 무기를 들려주었는가?〉

〈아아, 어지러워. 나는 지금 도대체 무엇하는 놈인가〉

모든 문제 들은 아득한 미궁 속에서 헤매기만 했다. 온갖 상상을 동원한 채 밤을 새운 나는 어쩐지 서서히 내가 전쟁에 진절머리를 내고 있다는 것을 느꼈다.

나는 적을 생포한 일이 한 번도 없다. 싸움 자체가 생포의 여유를 줄만한 한가한 장난이 아니었지만, 그보다도 적의 퇴각 후 정글 속의 가지에 걸려 전시된 아군의 시체, 악랄한 방법과 갖은 모욕으로 살육되어 거꾸로 매달린 벌거벗은 몸뚱이들이 우리가 발견하는 대로 즉각 사살케 하는 것이다. 총격전이 멎은 후에도 나는 내가 살아있다는 데 실감을 느낄 수가 없었다.

살아있다는 것을 미처 느낄 사이도 없이 우리는 포탄 속으로 휩쓸려서 갔고 메케한 그 화약 연기 속에 묻혀 있는 동안만큼은 죽음의 나라와 삶의 나라와의 구별은 없었다. 아니, 죽음과 삶은 따로 이름 지을 수 없는 동체(同體)였다.

그러나, 초소 보초라도 서게 되는 밤이 되면 죽음과 삶은 큰 소리로 서로의 정체를 드러내며 갈라졌다.

죽음은 온통 하늘로 몰려가고, 삶은 땅을 배회하며 있는 것도 같고 더러는 그 위치가 반대로 생각되는 때도 있었다.

은하수는 남국(南國)의 하늘에도 있다.

솨아— 솨아— 물살 소리가 들릴 것 같이 총총 박혀있는 별 무리는 제가끔 전쟁은 아랑곳없는 듯이 빛을 발할 뿐이다.

이 질색하고 말 이 땅의 비극, 인류의 비극엔 아랑곳없이 모든 자연은 덩달아 말이 없는 것이었다. 아무런 이상한 일도 일어나지 않은 것처럼 침묵하고 있는 어두운 산과 산, 계곡과 계곡 수풀과 수풀, 하늘과 하늘, 별과 별, 그런 것들 속에 있노라면 나는 갑자기 아연 해지는 것이 있었다. 설명할 수 없는 일종의 무감이, 아니 구태여 표현한다면 우울한 회색의 향수(鄕愁) 같은 것이 온몸을 엄습해오는 것이었다.

무엇 때문에 우리는 싸워야만 하는가?

돌이나 바윗덩어리가 숨을 쉬는 듯한 정적 속에서 현기증을 일게 하는 그 어려운 문제들은 내 의식(意識) 깊숙이 빠져 들어와 나약한 정신을 사정없이 쥐어뜯고 할퀴다 가는 것이었다.

한 장의 가랑잎처럼 부피 없이 약해졌을 때 사방에서 바람 소리에 붙혀 우우우 하는 죽은 전우의 울음소리가 들려오는 착각에 빠질 때면 나는 덜컥 무서워지는 것이었다.

마치 어두운 벌판에 홀로 서 있는 어린애처럼. 그럴 때면 죽음의 빛은 캄캄한 암흑이었다. 그리고 그 죽음은 어두운 산과 산, 계곡과 계곡, 수풀과 수풀에 연이어 어디에도 검게 도사리고 있었다.

「최 병장, 뒤차로 와라. 뒤차로…………」

기총소사의 연속음이 들려오고 있었다. 한(韓)의 목소리와 함께 이제는 아주 먼 곳에서.

굴을 벗어난 기관차는 언덕배기를 기어오르는지 끽끽하는 금속성을 냈다.

쇠붙이의 마찰음은 경쾌하게 아랫도리를 자극해왔다. 나는 나의 육신을 의심했다.

한의 얼굴이 떠올랐다. 불개미 떼에 쥐어뜯긴 선명한 목덜미, 한은 부상으로 혼수상태에 빠져 누웠을 때도 영숙이란 여자의 이름만 연거푸 불렀었다.

기차는 역(驛)에서 멈췄다. 하늘은 잿빛으로 얼어붙어 있었다. 그리고 싸늘한 공기가 사람들의 목을 내리누르고 있었다.

나는 사람들을 따라 집찰구 쪽으로 휘청거렸다. 〈헬멧〉을 쓴 헌병 둘이 다가와 매무시를 살폈다.

잿빛 하늘은 점점 깜깜해 갔다. 장교복을 입은 한패의 무리가 가도 위로 걸어갔다.

나는 별을 달아준대도 그들이 부럽지 않았다. 나에게는 단지 영숙이란 여자를 찾아야 하는 성급한 의무만이 남아있을 뿐이었다.

내 눈에는 까닭 모를 슬픔이 고여 들고 이슬 속으로 굴려 보낸 스물다섯 해의 세월이 보였다. 까맣게 그슬린 역구에서 껌을 파는 소녀와 구두닦이 소년들, 〈펨푸〉들, 땅콩 장사의 눌러쓴 덥모자와 손수레 위에서 펄럭이는 밤을 할퀴는 연약한 〈카바이트〉 불꽃, 모든 것들은 그때와 변함이 없었다.

몇 장의 휴지가 돌개바람에 춤을 추는 노천 대합실에 나는 몸을 지탱했다.

오랜만의 휴식이듯 담배 한 개비를 입에 물었다.

그 숱한 인파 중에서 나에게 눈을 주는 사람은 하나도 없었지만, 나는 어느 누구의 따뜻한 대화보다도 그 영숙이란 여자를 만나야 했다.

아, 동족끼리도, 이웃끼리도, 부자끼리도, 심지어는 〈나〉와 나 사이에도 눈에 보이지 않는 공간의 벽은 존재한다. 승패와 배신과 득실거리는 아부와 돈부피 만큼의 교만이 도로의 뿌연 먼지처럼 일고 있는 현실에서, 저 서서 다니는 동물들은 존재 가치를 찾기에 제법 이제는 울상이다.

사람들의 얼굴 모습은 예나 다름없는 듯하다. 승리한 자는 승리한 자대로, 또 패배자는 패배자대로 한결같이 나름대로의 표정들을 짓고 걷는다.

아, 이 무표정한 대열 속에서 한사람이 웃는다. 저쪽 〈콜 · 박스〉 곁에서 사과를 판매하는 검으테테한 수염의 사나이가 앞을 다가오는 다색〈스웨터〉의 여자를 보고 봉지를 집어 들며.

여자가 쭈뼛쭈뼛 안경 밖으로 물건들을 살피고, 그냥 스쳐 지나간 뒤, 나는 너무 빨리 지나 가버린 사나이의 웃음과 원상 복구(?)된 얼굴을 비교하고 있었다.

웃음은 상호 간에 유리한 일이 부딪쳐왔을 때, 목적을 위한 덤으로 사용된다. 아무나를 쳐다보고 무료로 웃어주었다가는 영락없이 얼간이가 된다. 설사 사람이 아닌 전봇대를 쳐다보고 웃는다고 치더라도………

꼭 웃어야 한다는 생각이 얼핏 들었을 때, 기계적으로 얼굴을 수그려야 하는 것이다. 적어도 내가 생각하고 있는 웃음에 대한 견해는 그러하다. 그러하다.

누구의 눈자위에도 잔재한 욕망이 번득일 뿐, 반겨줄 리 없는 모든 풍경은 전지(戰地)의 고지처럼 쓸쓸했다.

목이 말랐다. 으스스 손도 떨려왔다. 포장을 걷고 오뎅을 청했다. 아이녀석은 새까만 얼굴을 찡그려 보채대고 아낙은 연신 아이를 채술렀다. 나는 조금의 시간이라도 낭비할 수가 없었다. 단숨에 국물을 마셨다.

불현듯 한(韓)의 모습이 생생하게 되살아 올랐다. 놈은 빤질빤질하게 손수건으로 닦아 윤이 나는 해골을 조롱박 대용으로 가져와 큰소리를 쳤다.

「마셔, 임마! 이별주다. 나는 이제 고것(영숙)한테로 가는 거다. 암말없이 꼭 안겨들겠지만, 내가 이런 바가지로 술을 마신 것을 알면 키스맛이 대변에 바뀔걸. 아냐, 아냐. 그래도 고게 입술을 떼지는 않을 것이다. 흐흐흐…… 안 그래? 최! 부지런히 뒤차로 와라. 뒤차로…….」

놈은 내 입술에다 흰 바가지를 드려대고, 나는 쓴 물을 들이키듯 벌컥벌컥 마셨었다. 놈의 귀국과 장도를 위해서.

한은 물 묻은 손으로 늘상 꺼내보던 어린아이 손바닥만 한 사진을 내놓고는 재잘거렸다.

「요게 말이다. 사진이 덜 나와서 그렇지, 정말 실물은 그게 아니다. 〈히루〉만 신으면 말이다. 요 기집애 키가 내 모가지까지는 닿는다. 고놈의 입술이 말이다. 〈쏘피아 · 로렌〉은 아득한 옛날이지. 이제 집에 가면 꼭 이천 이백 구십 여덟 번째 키스다」

녀석의 익살에 소대원들은 저마다 배를 뒤틀고 웃었다.

「외로운 가시내니라. 현지제대를 할까 해도 눈 빠질 생각 하면 가슴에 발동이 걸려서……쵞! 흐흐흐. 안 그래?」

녀석은 제멋에 겨우면 눈을 가늘게 뜨고 그 하마 같은 입을 벌리고 흐흐 웃다가 버릇처럼 안 그래? 하고 반문하는 것이었다. 마치 제 기쁨에 동조해 달라는 것처럼.

한의 그런 얼굴에서는 특유의 잔인한 모습이 하나도 없었고, 소년처럼 오직 순진해 보일 뿐이어서 나는 퍽 좋았다.

그날 밤 VC들의 대거 공세와 매복 기습이 있었다.

달이 없는 그믐밤이나, 혹은 구름장에 가려버린 어둑한 때를 타 그들의 상습적인 기습은 더욱 심한 것이었다.

깜깜 칠흑의 어둠 속에서도 살육과 공포에 질려 흥분한 병사들의 눈에서 불이 켜졌다. 몸을 숨긴 저마다는 눈부터 가렸다. 셋째와 넷째 손가락 사이에 간격을 벌리고 그 틈으로 적을 노리는 것이다.

그때 저쪽 수풀에서 약간 푸르스름한 빛이 번쩍했는가 싶더니만 으악! 아이구! 하는 비명과 함께 아비규환(阿鼻叫喚)의 수라장으로 돌변하고 말았다. 몇 보 앞에 뻔득 다가선 그림자가 적인지 아군인지를 분간할 수 없는 어둠 속에서 마치 땡수의 안광처럼 빛을 발하는 푸스름한 불을 먼저 발견한 자기의 눈을 가리고 포복해가는 것이다. 그리고 재빨리 놈을 식별하면 깜짝할 사이에 윽! 아이구! 하는 비명이 이는 것이다.

새벽까지는 놈들의 악질적인 발악과 공세와 기습은 계속되는 것이고, 여명 속에서 차츰 주위로 환히 빛살이 트이면 놈들은 뿔뿔이 흩어져 그림자도 볼 수 없이 완전히 퇴각한다.

그리고, 사방에 널린 시체와 피비린내는 아랑곳없이 태양이 웃는 것이다. 뜨거운 폭양(曝陽)아래 나뭇잎들은 반짝거리고, 산은 산대로 계곡은 계곡대로 말이 없는 것이다.

내가 막사에 들어갔을 때 한은 천정에 향해 반듯이 누워 눈을 뜨고 있었다.

「소대장이 화랑무공훈장과 함께 일제급 특진 됐더군」

놈의 눈이 끔벅했다. 그리고 희미하게 흐릿한 눈동자로 나를 바라보았다. 그리고는 얼굴을 고통스럽게 찡그렸다. 그 모습은 흡사 생명을 잃고 있는 데 대한 자포자기의 빛이 역력한, 언젠가 상상했던 죽음처럼 검은 절망의 옷자락 같은 것이었다.

나는 조용히 무릎을 꿇고 수건을 꺼내 이마에 엉겨있는 땀을 닦아주었다.

한은 애써 몸을 일으키려고 했다.

그의 상처는 왼편 옆구리를 가볍게 찔린 대단한 것은 아니었지만, VC들의 칼날엔 제거할 수 없는 무서운 독이 묻어 있었다.

그는 이미 파상풍으로 심장까지 번져있을 것이었다. 나는 한의 머리를 부축하고 가만히 어깨를 두드려 주었다.

한은 온순한 어린애처럼 몸의 힘을 풀었다. 그리고 갑갑한 듯 다시 얼굴을 찡그리다가 뭐라고 중얼거렸다. 나는 그의 입에 바싹 귀를 대고 들었다.

내가 그의 손에서 반지를 빼내어 고개를 끄덕거리자, 한은 창백하게 발린 볼을 움직여 조금 웃었다. 나도 고개를 끄덕여 웃어주었다.

물을 주지 말라던 선임 하사관의 말에도 아랑곳없이 내가 탄약창고 옆 약간 떨어진 곳에서 물을 부대에 가득 담아왔을 때 두 명의 의무병이 들것에 하얀 베로 눈을 가린 시체를 운반해 나왔다.

한은 끝내 그렇게도 갈망하던 이천 이백 구십 여덟 번째의 키쓰를 하지 못한 채 고혼이 되었다.

그 후로 한의 반지는 내 손에 끼어 있었고, 세수할 때나 얼굴의 땀을 씻을 때, 나는 그 살에 닿는 매끄러운 반지의 감촉에서 한의 피부와 고국에서 기다리고 있을 반지의 새로운 임자 영숙이라는 여자의 환상을 느꼈다.

나는 다닥다닥 판잣집이 붙어선 골목길을 빠져나와 목로주점, 상가, 음식점으로 혼잡한 골목으로 접어들었다.

어디서 불쑥 나타나 쉬었다가 가라는 〈펨푸〉 소년을 하나 붙잡고 다그쳐 물었다.

「꼬마, 영숙일 알지?」

「영숙이라뇨?」

「좀 키가 작고 곱살한 여자 말이다. ××하숙에 있다는데」

놈은 모습과는 달리 조금 총명하게 보이는 눈을 반짝거리다가 (영숙이, 영숙이) 중얼거리고는 (아, 아, 그 색시 말이군요. 이리 오세요.)하며 소매 끝을 잡아당겼다.

찾았다는 대견 감에 서서히 가슴이 술렁여 왔다. 소년이 안내한 집의 대문 밖에서 나는 초조히 담배를 꼬나물었다.

라이타를 꺼내어 불을 붙이자, 훅하고 휘발유 냄새가 끼얹어 왔다. 저고리 춤에서 한과 여자가 찍은 사진을 꺼내 바라보았다.

「누구세요?」

「한 병장 심부름입니다. 한강현이라고」

나는 나의 목소리가 떨리고 있는 것이 추위 때문만이 아님을 알았다.

안에서 신발 끄는 소리가 났다. 그리고 닫혔던 대문이 열리고 이마에 손을 가린 여자가 유심히 나를 살폈다.

여자가 코가 마주 닿을 정도로 더욱 가까이 얼굴을 가져왔다.

병적으로 납작한 코와 후리후리한 키가 도저히 사진과는 닮아 먹지가 않았다.

「쉬었다 가시려구요?」

여자는 교태 섞인 웃음을 지었다.

「색시가 영숙이란 여자요?」

「그 색시가 영숙이예요. 어디 영숙이는 뭐가 다르답디까? 따뜻하니 쉬었다 가시구려」

빤질빤질하게 닳아먹은 말소리로 포주인듯한 할멈이 지껄였다. 불쑥 치밀어 오르는 역정이 목구멍을 두드렸다.

자르는 듯 대문 닫는 소리를 등 뒤로 받고, 나는 그곳에서 빠져나와 부근의 온 사창가를 수소문했으나 정작 내가 찾는 영숙의 소식을 아는 사람은 하나도 없었다.

버쓰 합동 배차장, 역 주변 유흥업소 및 숙박업소를 배회하던 나는 우연히 한 밤색시로부터 내가 찾고 있는 영숙이가 고향으로 돌아갔다는 소식을 들었다.

「갸는 곧잘 바다가 그립다고 울곤 했죠」

「그간은 쭉 이곳에서?」

「아녜요. 공교롭게도 단속에 걸려들었댔죠」

「아니, 그럼?」

「네, 잠시 동안 경찰서 신셀 졌었죠. 그리곤 나와서 그곳에서 알선해 준 자수 공장에 다녔어요. 근데 아주머니가 저녁마다 잡으러 다녔죠. 필경엔 도루 끌려 오구 말았어요. 근데 그 이튿날 도망쳐버렸죠」

「고향으로 간 것은 어떻게 아나?」

「제게만 가만히 일러줬어요. 군복을 입은 사람이 언젠가 꼭 찾아줄 거라고 그러든데 이제 오셨군요. 영숙이, 갸는 퍽 착한 아이였어요. 밤마다 일기두 쓰구, 또…………. 오늘은 기차도 없고, 여기서 주무시고 가세요」

나는 영숙이라는 여자의 거처를 알아낸 것만으로도 족했다. 그리고 역시 그녀의 말대로 지금은 어쩔 수 없다고 생각되어 그 집으로 들어가 구석진 방으로 몸을 사렸다.

그녀가 물을 떠 왔다. 그녀의 〈아이 라인〉은 너무 짙어 불빛에 반사되는 그 모습이 흡사 깜깜한 밀림 속에서 살기가 번져 불을 켜던 전우들의 눈을 연상케 했다.

그녀의 〈아이 라인〉이 불쑥 그러한 생각을 불러일으키지만 않았더라면 나는 그녀와 함께 어쩌면 고적한 방의 분위기를 위안하려 했을는지도 몰랐다.

「필요하시다면 부르세요」 필요? 나는 순간 쓴웃음이 지어졌다. 뭐가 필요하시면 부르란 말인가.

그 압박할 듯한 육중한 젖가슴이란 말인가. 자리끼라도 더 갖다 달라는 나의 잔심부름이란 말인가. 뭐라도 좋다. 당분간 우리는 아무 데나 필요하여진 것인지도 모른다.

그래, 그래. 우리는 무엇인가 소모되고 필요하여져야 한다. 불필요한 존재가 되었을 때, 할 일이 없이 핀둥핀둥한 몸뚱이가 되었을 때 엄습해 오는 무감의 공포와 권태, 실업병이라고 할까? 그런 자들은 하다못해 전쟁터에서 소모품이라도 되어야 한다.

자는 잠을 청했으나, 갖가지 상념이 기어 다니는 사방 연속무늬의 낡은 천정만이 이마에 닿을 듯 드리워 왔다. 촉촉이 우울이 젖어왔다.

「언니, 눈이 오시네」

「얘, 저쪽 성당 지붕 좀 바라보렴」

「저 산머리랑 언니, 펑펑 좀 내렸으면 쓰겠죠」

「건물이며, 도시며, 온통 저 빌딩까지도 잠기게끔 눈이 쌓였으면 쓰겠지」

「어머 싫어요. 언니, 참! 그런 일이 일어날 리 없어요. 어렸을 적 교회당에서 들은 이야긴데 세상은 불로 망한댔어요. 불로…… 온통 빨갛게.」

「불?」

손님이 없는 탓인지 도란도란 말소리가 묻어왔다. 나는 문의 장지를 조금 열고 밖을 내다보았다. 뿌옇게 나풀거리며 눈송이가 내려 덮이고 있었다.

「언니, 참 이상하지요」

「뭐가?」

「그런 것 생각하면 참 이상해요」

「언닐 도대체 누가 났수?」

「난 날 낳아준 이가 죄 많은 여자라는 것밖에는 몰라」

「어마, 언니두. 언니 울구 있수?」

웃음소리가 들려왔다. 그리고 잠시 말소리가 뚝 그쳤다.

「언니 이상하지요? 바로 이것 말예요. 엄마의 엄마는 엄마가 낳고 엄마의 엄마의 엄마는 엄마가 낳고, 엄마의 엄마의……… 이런 식으로 쭉 거슬러 올라가면 꼭 하나가 모자라거든요」

「언니, 처음 엄마는 도대체 누구일까요?」

「처음 엄마가 어디서? 그 처음 엄마의 엄마도 여자라는 것만 알면 돼.

그건 아마 틀림없을 꺼야.」「아이, 언니두. 우리를 낳아준 엄마들 중 가장 처음의 엄마인데두요. 처음인데두……아냐, 언니 말대로 그렇게 끝이 없을지도 몰라. 끝없이 끝없이 엄마가 있고, 그런데 그 끝은 정말 없을까요?」

「그런 어려운 건 집어치우고 넌 우리가 이렇게나 살아가야 하는 이율 아니?」

「그것두……… 그것두……… 그 문제도 역시 끝이 없군요」

다시 대화가 끊기었고 사락사락 눈 쌓이는 소리가 들릴 만큼 정적에 잠겼다.

나는 턱에 반지를 문질러 댔다. 신병 훈련 시의 야간사격장이 떠올랐다.

나는 그 실병기 손질하는 재미로 나의 자살을 유예시키고 있었다.

첫 사격훈련에서 총알을 열 개 배급받았을 때 나는 소리를 내며 물살져 오는 듯한 하늘을 바라보았다.

다섯 개의 원이 겹을 이룬 목표를 향해 총구를 겨냥했을 때, 중심의 붉은 점은 나의 심장이었다.

나는 왜 그렇게도 갈망하던 탄알을 배급받았는데도 마지막 총알로 죽고 싶었는지를 어떠한 설명으로도 할 수가 없다.

나는 아홉 개의 심장을 쏘았다.

총성이 울릴 때마다 5점짜리 점수신호기가 펄럭이며 올랐다. 등 뒤에서 교관은 싸늘한 눈으로 제법 만족하고 있을 것이었다. 나는 열 번째의 심장을 겨눠야 했다.

〈돌려라! 가슴으로. 너는 죽고 싶었던 놈이 아니냐〉

뒤통수를 강하게 채임과 동시에 나의 총구는 불을 뿜었고 영점 짜리 점수신호기가 펄럭이며 올랐다.

덕분에 나는 특등사수 아닌 일등사수였고, 지금껏 살면서 죽음의 얼굴을 어렴풋이나마 익히고 있는 것이다. 만약, 밖의 창부가 나에게로 와 〈선생님, 우리가 오늘을 사는 이유는 무엇이지요?〉 끝없는 어려운 문젤까요? 라고 물었다면 나는 분명히 〈열 번째 총알〉이라고 엉뚱한 대답을 들려주었을지도 몰랐다.

그때 와장창하고 거세게 문 여는 소리와 함께 〈어이 덥다!〉하고 한 사람 사나이가 이 지독한 추위를 더위로 착각하는 양 소리 지르며 들어왔는데, 장지 밖으로니 아닌 게 아니라 부담한 사나이의 이마엔 송골송골 땀이 배어 있었다.

「아저씨, 그 꾸러미 속 뭐죠? 뭐, 먹을 거예요?」

「으흠, 이놈아. 술병이다. 술병. 이건 이천 칠백 원을 주고 산 거다. 병의 내부가 하나로 보일 테지만 실상은 넷을 등분돼 있어, 포도주, 인삼주, 위스키, 정종 이런 식으로 따러 놓고, 마시고 싶은 술의 마갤 열면 그 술이 나오게 돼 있지」

「이쪽〈카나다〉술병은 말이다. 이 용머리 같은 곳에서 술이 나오는데, 병 속에 술이 아무리 많더래도 따루면 한잔 이상은 나오지 않게 돼 있지. 봐라. 용의 입이 닫히게 돼 있지 않느냐」

「아저씬 빈 술병 수집가시군요」

여자들의 시시덕거림 속에 술병자랑은 한참 계속되는가 싶더니만, 왁자지껄 방으로 몰려 들어가는 소리가 났다.

나는 뒤척이다 퀴퀴한 냄새가 나는 이불을 이마까지 뒤집어씌웠다.

마치 동질(同質)의 공통처럼 친숙하기도 한 냄새 속에서 나른히 잠이 몰려왔다.

굉장히 많은 불개미들이 무엇인지 열심히 물어가고 있었다.

수억으로 붙어나 꾸물거리는 개미는 마치 비킬 새도 없이 몸에 에워싸고 줄지어 어디론가 향하고 있었다.

M16총은 무력한 도구처럼 내 어깨에 걸린 채, 순식간에 개미는 지평을 까마득하게 덮고 목에까지 차올랐다.

동, 서, 남, 북은 없었다.

방향을 알 수 없는 곳으로 내 놈은 서서히 산적된 개미들의 이동을 따라 옮겨지고 있었다.

개미떼들의 이동이 멈췄다고 생각됐을 땐, 나의 살은 이미 온통 개미에게 뜯긴 채였고, 개미떼는 사방으로 다시 물결처럼 이동해갔다.

두 개의 몸뚱이가 내 곁에 꼼짝하지 않고 누워 있었다. 나는 구원을 청하기 위해 그들의 손을 잡았다. 순간, 으악! 하고 소리를 질렀다.

흰 뼈만 나란한 두 개의 시체는 한(韓)과 사살된〈나트랑〉의 처녀였다.

눈을 떴을 땐 밖이 소란했다. 창틈으로 빛살이 눈부셨다.

「이 봐, 지랄병을 하는 가시낼 주고도 화대를 받아 처먹어?」

「지랄병 하는 여자는 색시가 아냐?」

어젯밤 술병자랑을 늘어놓던 예의 사나이와 포주가 험악한 인상으로 옥신각신 엉겨 붙어 언쟁을 하고 있고 저 쪽방에서 계집의 흐느껴 목놓은 울음소리가 들려왔다. 눈이 빌딩을 덮도록 산적해 쌓여, 영원히 녹지 않았음 좋겠다던 계집의 울음소리였다.

「에이, 드럽다. 드러워」

사나이가 마당에다 지폐 몇 장을 팽개치듯 쥐어뿌린 다음 술병꾸러미를 들고 잽싸게 대문을 나서자, 펄럭하는 외투 깃과 함께 탁! 하고 가래침 뱉는 소리가 들려왔다.

더 큰 흐느낌 소리가 들려왔다.

나는 배낭을 지고, 투박한 신발을 끌며 채 눈도 쓸지 않은 가도로 나왔다. 하늘은 점점 걷혀오고, 이른 아침의 공기가 한기처럼 스며들었다.

방금 문을 연 전파사에 〈징글벨〉의 음곡이 울려 나오고 하나둘씩 사람들이 속속 거리로 바쁘게 몰려나왔다.

여자의 몸뚱어리가 빈 병이 되고, 벗은 여자의 몸뚱어리가 빈 병이 되는 이상한 환상 속에서 눈송이처럼 어지럽게 지폐 다발이 팔랑거렸다.

나는 배낭에 얼굴을 묻은 채 매끄러운 반지를 얼굴에 비벼대며, 기적 소리가 들려오는 정거장 쪽으로 비척거리며 끝없이, 참으로 끝없이 걷고 있었다.

가작

개교 18주년기념-제351·352~356호 1971년 2월 19일~1971년 4월 2일

제15회 학예상 : 소설

대열

· 김원영 (농과대학 농화학과 2학년) ·

사람들은 어디를 그렇게 가는지 아니면 어디를 갔다 오는지 무슨 용무가 그렇게 많은지 알 수는 없지만 그래도 조금은 한적한 편에 속한다고 말할 수 있는 이 골목이, 분주하게들 움직여 가는 사람 수가 몇 해 전보다는 훨씬 많아졌다는 것은 직감적으로 느낄 수가 있을 것 같았다. 까무러져 가는 가로등의 불빛이 어쩐지 측은하기만 하다.

거미는 환경이 좋지 않아 벌써 이사를 했는지, 아니면 입에 풀칠하기가 어렵고 귀찮아서 아예 생을 단념하고 편한 길을 택했는지는 모르나, 아무튼 이제 주인을 잃었음이 2개월 전쯤이나 되어 보인 거미줄만이 흙먼지에 퇴색되어 껍질만 남은 하루살이, 이화명충, 모기들로 장식하고 가로등을 기둥으로 하여 초라하게 걸려 있다.

자기도 안타깝긴 하지만 꺼져가는 불빛을 어쩔 수 없다는 공통 운명이라고 방관하고 있는 것 같이만 보여 괜히 가슴이 답답해지고 양다리가 식탁 밑에서 이리저리 안절부절못함은 나의 지나친 신경과민이라고나 할까?

어떻든 그렇게 가슴이 답답해질 바에야 차라리 처음부터 무기력한 거

미줄과 가로등을 쳐다보지 않아야 했을 텐데 하고 은근히 후회가 나서 고개를 아예 돌려버릴까도 생각했지만 그래도 꺼져가는 불빛에서 가끔가다가 뻔득 뻔득 하는 꼴이 최후까지 살아보겠다는 의욕과 끈기를 보여주는 것 같아서 꽤 재미가 있고 그래서 시큰해진 눈시울을 가까스로 참아가며 차마 눈길을 쉽게 떼버릴 수가 없었다.

여기에서부터 전신주로 두 구간쯤을 가면 붉은 벽돌담이 상당히 길게 쳐져 있다. 계속하여 뻗어있는 골목길은 붉은 벽돌담을 따라서 이루어진 길처럼 그렇게 담은 웅장하고 길었다.

아마 무슨 공장 담이든지 아니면 배 큰 부잣집의 담일 것이라고 내가 여길 제일 처음 지나면서 생각했지만, 지금까지도 확실한 것을 모르고 있는 것은 내게는 아무런 흥미가 없는 일이어서였든지 나의 사물을 관찰하는 통찰력이 부족해서였든지 그 둘 중에 하나에 속할 것으로 생각하여진다.

어찌 됐든 그 붉은 벽돌담은 나에겐 꽤 인상이 깊은 담이고, 그담의 중간지점쯤이 바로 지금 나와 함께 사는 할머니(나이는 56세밖에 안 되지만, 나이에 비해 너무 늙어 보였기 때문에 나는 아주머니라고 하지 않고 할머니라고 부른다.)와 내가 인연을 맺게 되는 역사적인 장소가 된 곳이기도 하다. 내가 이 골목에 다시 들어선 지는 조금 오래된 것 같다. 한 4개월 전엔가 한번 지나갔던 적이 있고 그전에도 서너 번 밖에는 기억에 없다. 활동하는 방향이 달라지니 오늘 같은 특이한 경우를 제외하고는 좀처럼 와지는 일이 없고, 오늘은 이 동(洞)을 맡은 배달 아저씨가 자기가 맡은 주문을 무슨 급한 일이 생겨 못 가겠다면서 특별히 내 처지를 동정해주고 생각해서 나더러 배달해주라는 부탁을 받게 되어 이 골목을 다시 들릴 수 있게 된 것이다. 지금부터 2년 전 초여름의 일이다.

어느 토요일 그날은 몸이 너무 피곤하고 지쳐 집에서 쭉 쉬다가 오후 늦게 D공원엘 갔었다. 항상 같은 길만 보행하면 싫증이 날 것 같아서 다른 길로 한번 돌아와 보자고 한 것이 붉은 벽돌담의 골목으로 접어들게 되었다. 햇빛이 비스듬히 비쳐 더 했는지 모르나 저쪽에서 몹시도 창백한 얼굴을 한 꽤 늙어 보이는 수척한 여인이 휘청거리는 걸음걸이로 다가오고 있었다. 나는 내게 무슨 상관할 바 있겠느냐고 대수롭지 않게 여기고 그냥 지나쳤었다. 하지만 몇 발자국을 옮겨 놓았을 때 어쩐지 뒤를 한번 돌아보고 싶어져 그저 무심히 고개를 돌렸다. 순간 나는 벽을 잡고 힘없이 쓰러지는 여인을 보지 않을 수가 없었다. 조금 전 내 옆을 스쳐 간 얼굴 핼쑥한 바로 그 여인이다. 뒤미쳐 생각할 사이도 없이 나는 언제 달려가 여인을 둘러업고 있었다. 여인은 이미 눈을 감아버렸으며 맥이 풀려 있었다.

너무 갑자기 이런 일을 당한 나는 당황하여 어찌할 줄을 몰랐다. 몸에 땀이 배고 겨우 골목을 빠져나와 택시를 탔을 때는 파출소가 머리에 떠오르고 방망이 찬 순경 앞에서 심문받는 나를 연상하게 되었다. 진상이야 곧 밝혀지겠지만 시끄러운 것을 싫어하는 편인 나는 억세게 재수 없는날이라고 생각이 되었다. 병원은 멀리 있지 않은 G라는 내과로 옮겼다.

여인을 보고 난 의사 말이 죽지는 않겠다면서 링겔과 근육 주사를 놓아주니 겨우 안도의 숨을 쉴 수가 있었다.

나는 챠ー드를 쓰면서 누구냐고 묻는 의사 말에 나도 모르게 「어머니」라고 대답한 자신을 발견하고 흠칫 놀라지 않을 수가 없었다.

왜 내가 어머니라고 대답했느냐고 누가 나에게 묻는다면 나는 지금도 할 말이 없겠다.

여인은 한 시간 반쯤 되어서야 정신이 들었다. 의사의 말에 의하면 지나친 수혈의 원인으로 졸도를 한 것이라 말했으며 여인의 눈에서 눈물이 주르르 흐른 것을 보아서, 확실히는 모르나 짐작이 가는 것도 같아 가슴이 찡해왔다.

치료비가 있을 리 없었다. 택시비라도 치를 수 있게 몇 푼이라도 가지고 나온 것만도 천만 다행한 일이었다. 할 수 없이 나는 너무 급해서 지금은 돈이 없으니 다음에 치르겠다고 말하고 알량한 야간대학 학생증을 내밀었다.

의사는 한참을 무엇인가 생각한 듯 망설이더니 고개를 끄덕거렸다. 나의 학생증이 그렇게도 큰 가치 있는 것이라고 보람을 느껴 보기는 아마 그날이 처음이었을 것이다. 나는 여인과 함께 병원을 나와 곧장 집으로 왔다.

저녁밥 하기엔 조금 늦긴 했지만 나는 제법 정성을 들여서 찌개 국도 만들고 밥상을 차려 여인과 마주 앉았던 것이다. 항상 쓸쓸하기만 한 텅 빈 느낌인 내 방이 이 여인 한 사람이 밥자리를 같이했다고 해서인지, 가족적인 분위기가 되는 것도 같고 공기가 조금 부드러워진 것 같아 나는 어지간히 흐뭇해하지 않을 수가 없었다.

여인은 나의 정성 어린 친절에 감동했든지 눈물을 흘리며 내가 묻기도 전에 기구한 자기 처지를 털어놓기 시작했다. 그녀의 고향은 원래 여기이고 남편과 느지막이 하나 낳은 아들이 있었는데 1·4후퇴 때 한꺼번에 잃어버렸다는 것이다. 그저 눈물로 세월을 보내다가 점점 생활이 궁해지고 끼니를 지탱하기가 어렵게 되자 할 수 없이 일찍 출가한 서울에서 사는 딸의 집에 갔었단다.

그런데 처음에 사위가 미안할 정도로 봉양도 하고 정성껏 대접을 하더니만 햇수가 점점 늘어감에 따라 학대를 하기 시작하더란다. 터무니 없는 트집으로 무식하다느니, 촌스럽다드니, 추물스러워서 더 같이는 못 살겠다느니 심하게 직접 대고 마구 나가라고 발악을 하기도 했단다. 견디다 못해 창피하고 더러워서 어느 날 딸 몰래 고향으로 내려와 버렸지만 누가 밥을 먹여 준 사람은 없더라고 말했다.

그러다가 생각한 것이 수혈을 생각해 냈고 계속해서 그 일을 반복하여 겨우겨우 지금까지 지탱해 왔다는 것이다.

오랜만에 이 골목을 들어서니 그때 할머니(여인)의 이야기를 아니 생각할 수가 없고, 할머니는 나보다 더 불행한 주인공이라고 생각이 되어 더욱 측은하게 느껴진다. 나는 그때 할머니의 이야기를 듣는 순간 소름 쭉 끼치는 일이 있었다. 그렇게 몸이 잡쳐 버린 여인을 아무런 제재도 가하지 않고 수혈하는 청을 허락해 의사를 생각하고, 그리고 그 할머니 딸의 행동은 도무지 실감이 나지 않았다. 너무도 사람이 많이 사는 세상이니까 그런 사람도 있는가 보구나 하고 생각했을 뿐이다. 그 뒤 할머니와 나는 현재까지도 함께 살고 있지만, 딸이 말한 촌스럽다거나 무식하다는 느낌은 한 번도 느껴보지 못했다. 다만 공부를 많이 못 한 점은 있지만, 추물스럽다는 말은 당치도 않는 말이며, 내게 차려준 밥상은 오히려 깔끔하고 정성이 가득한 것만 같이 여겨졌다. 벌써 국이 다 식어 버렸다. 시래기 된장국에 콩나물도 넣고 두부도 조금 썰어 넣어 처음엔 제법 맛이 있는 듯도 싶더니만 이젠 식어 빠져서 별수 없는 가난한 술집 음식이라는 본색을 드러낸 것 같아 한 번이라도 더 떠먹고 싶은 마음이 싹 사라져 버려 들었던 숟가락을 놓을 수밖에 없었다. 허지만 떠 있는 두 조각의 두부를 그냥 남겨 두기엔 조금 아까울 것 같아서 결국 나는 젓가락으로 집어 목구멍 저 깊숙이까지 운반하고 말았다. 혹시나 한 개라도 더 남아 있는가 싶어 다시 한번 허적여 본 것은 생화학 시간에 배운 두부에는 고급 Protein이 많이 들어 있다는 지식이 머릿속에 담겨져 있기 때문에 어쩔 수 없는 일인 것 같다.

내가 이런 좌석에 익은 것은 벌써 2년 전이다. 일요일 밤이면 어느 집이 됐든 들어가서 이렇게 조용히 막걸리를 한 잔씩 마신다. 그 집은 대개 내가 있는 곳에서 멀지 않는 선술집이 될 것이다.

그러니까 2년 전 ○○ 야간 대학을 입학하고 S연탄 공장에 취직을 한 뒤부터 일요일 밤에는 항상 가지는 나의 성스럽고도 즐거운 꼭 나에게만 주어진 특권의 시간이 됐던 것이다.

처음엔 일주일의 번 돈을 계산하고 너무 좋아서 나른한 노동자들의 무드를 한번 맛보고자 시작한 것이 지금은 몸에도 익숙해져 이렇게 행복한 순간을 보내고 있는 것이다. 지금 이 순간에 교회당에 앉아서 기도를 드리고 있는 사람들의 의자도 결코 내가 앉아있는 이 토막의 자 보다는 안정하고 포근하지 못할 것이라는 엉뚱한 생각으로 자신을 웃기기도 한다. 다음 요일은 야간학교 준비로 시간이 없을뿐더러 또 매일 술집을 드나들면 주정뱅이가 될까 싶어 일요일 밤만으로 정했으므로 따라서 이 일요일만은 내게 가장 소중하고 즐겁고 편안하게 보내야 하고 또 그래야 한다고 다짐해 왔다.

S연탄 공장 B사장님은 무척 훌륭하시고 좋은 분이라고 생각한다.

사람들은 대개 자기에게 잘 대하고 친절하면 칭찬하고 좋아하고 자기에게 잘못 대하면 욕을 하고 헐뜯고 빈정거린다. 대학생들도 그런 점에서 마찬가지라고 생각한다. 교수가 학점이나 좀 잘 주고 친하게 하면 훌륭하신 교수님이라고 하고 학점은 나쁘게 주면서 학생이 인사를 하면 제법 권위를 생각한답시고 거만하게 고개만 까딱거리는 교수는 엉터리

교수라고 욕을 한다. 심지어는 「저따위가 무슨 교수야」하고 크게 떠드는 배짱 좋은 친구들도 있다.

그래서 나도 그분이 좋은 분이라고 생각하는지는 몰라도 아무튼 나에겐 퍽으나 친절하고 많은 도움을 주신 분이다. 지금은 서울로 이사를 하셔서 다른 사업을 하고 계시지만 그때 그분이 아니었더라면 지금의 나의 상황은 조금은 달라졌을 줄도 모른다. 그리고 그때 나는 꽤 용감했다고 생각한다. 그렇게 당돌하게 사장님한테 애원할 수 있었던 용기는 아마 대학을 입학한 뒤라 새 출발을 하는 것 같은 의욕적인 기분 때문이었을 것이라고 말하고 싶다.

「사장님! 전 고아원 출신입니다. 이번에는 야간대학에 입학을 했습니다. 저는 이제 가정교사라도 할 수 있습니다. 허지만 그런 것은 저의 자라온 과정에서의 성격이 용납을 못 합니다. 전 좀 더 고생하며 보람되게 빌면서 살고 싶습니다.

사장님! 절 채용해 주십시오. 충실한 배달꾼이 한번 되어 보겠습니다.」

지금 돌이켜 생각해 보면 너무 두서도 없는 나의 감정만을 이야기했던 것 같다.

삼자가 들으면 「응! 떠들고 있구나 꽤 흥분을 했구만. 잔뜩 급했던 모양이지. 고아였었다고?」 이 정도로 흘려 버렸을지도 모를 그런 어설픈 동정이었을 것만 같은 느낌이다. 허지만 사장님께서 곧 응해 주셨던 것은 그때 내가 너무 억양을 강력히 말해서였는지는 몰라도 무엇보다 그 사장님의 넓은 아량 때문이었을 것이라고 나는 지금도 그렇게 생각하고 있다.

그 뒤에 사장님과는 무척 친하게 되었으며 나를 친 아들처럼 사랑해

주고 H동에 넓은 방까지 얻어 주셨다. 얻어주신 방은 사장님이 서울로 이사하신 2개월 후에 유감스럽게도 현재 나와 동거하고 있는 할머니의 치료비와 약간의 보약을 사드리느라고 내놓게 되었다. 나머지 돈으로 N동에 더 작은 방을 얻어서 현재까지 살고 있다.

지금 내가 사는 집에는 주인까지 합해서 네 세대가 살고 있다. 고물상을 하는 주인집이 한집이고 바깥양반이 아모레 화장품 외무사원인 젊은 부부가 본채에 붙은 우리 방의 오른쪽에서 살고 있다. 우리와 같은 채를 하는 옆방에는 고등학교 학생 셋이서 자취를 하고 있다.

지난번 집보다 흠이 있다면 방이 조금 작은 것이 흠이지만 오히려 아담하고 조용해서 좋다. 어린애라곤 아모레 화장품 부부의 세 살 난 딸애 하나뿐이며 그리도 또 하나 좋은 점은 주인도 고물상은 하고 있지만 생활 수준이 거의 우리와 같은 정도이고 이 집에는 차원이 다른 사람이 없이 모두 한결같이 비슷하여 나에겐 부담감을 덜 준다는 점이다.

차라리 음식은 주변들보다 우리가 제일 잘해 먹는 편이다. 그것은 나도 별로 먹는데 만은 궁하지 않고 또 할머니의 음식 솜씨가 보통이 아니셔서 그런 것 같다. 음식을 잘해 먹는다는 말은 내가 하는 말이 아니라 옆방 자취하는 고등학생들이 딱하여 더러 주기도 하는데 그네들이 공개적으로 판정을 내린 인정 해줄 만한 확실성이 있는 이야기이다. 그리고 또 하나 가장 좋은 점의 하나는 아주 멋있는 목욕탕이 있다는 점이다.

주인이 고물상을 해서인지 어디 무슨 미국 육군 부대에서나 구해온 듯싶은 입이 딱 벌어진 이색적인 큰 솟이 하나 있는데 그 솟을 그냥 이 집 안에 있는 사람들은 목욕탕으로 쓰고 있다. 그 탕의 애용은 내가 제일인자로 나같이 연탄 배달을 하는 사람에게는 무엇보다 중요한 필수적인 것이 될 것이다. 문만 잠그면 아무도 볼 수 없어 독탕으로도 아주 일

류독탕이 된다. 내가 이 집 방을 얻게 된 것도 그 목욕탕에 마음이 들었으며 그렇게 조금 싼 방을 구하려면 아마 목욕탕 있는 집은 거의 드물 것이다.

생활이 너무 지칠 때는 배달 생활을 청산하고 싶지만, 이제는 리어카와 정을 떼고 싶지가 않아서 그대로 계속하고 있다. 오늘은 나를 생각해 주는 그 바쁘다는 아저씨 덕분으로 네 탕을 했다.(네번 배달했다.) 공장엔 지금 탄의 부족으로 매일 리어커들이 줄을 서서 있다. 아마 아침마다 출근 시간에 입석 시내버스 승강장에서 번잡하기나 흡사하다면 틀린 말은 아닐 것이다. 욕심 같아서는 열 번이라도 다니고 싶지만, 탄이 적어서 서로 싸움질들을 해야 하니 하루 세 번을 배달할 정도면 다행인 것이다. 나는 오늘 네 번을 배달할 수 있었으니 분명히 그 아저씨에게 감사를 해야 한다. 호주머니엔 지금 8,400원에서 7,200원을 공장탄 값으로 빼주면 1,200원이 남는 것이다. 그러니까 오늘 순수입이 1,200원이 되는 것이다.

지금 J은행에는 나의 재산이 일백이십만 원이 보관되어 있다.

나의 때 묻은 저금통장에는 중학 시절 구두닦이의 고충과, 고등학교 때의 신문 배달 신세, 그리고 대학교 때의 연탄배달 하는 생활이 일기로 적혀 있는 것만 같다.

「오늘은 할머니가 좋아하시는 군고구마와 호떡을 좀 사서 들어가야지」 지금쯤은 윗목에 특별한 일요일 만찬을 준비해놓고 까막까막 내가 들어오기를 기다리고 계실 할머니가 보고 싶어졌다. 그리고 오늘도 예삿날과 같이 대학신문으로 덮여 있을 밥상을 빨리 맞이하고 싶은 것이다. 판닥 거리는 가로등 불빛에 보이는 저 나의 시커먼 리어커가 빨리 집에 가자고 재촉하는 것 같아서 더 앉아 있을 수가 없다. 어디서 먹었는지 곤드레만드레 된 주정꾼이 몸을 가누지 못하고 누구에게 부축 되어 들어 온다. 아마 더 퍼먹어〈Over eat〉를 하고 퍼져 버려야 직성이 풀릴 모양이다. 나는 저 주정뱅이가 보기 싫어서도 그만 일어서야 한다.

찬바람이 확 화끈거리는 얼굴을 어루만져 더없이 상쾌한 기분이다. 하늘의 별들은 유난히도 총총하다. 항상 느끼는 기분이지만 가을은 특히나 더 세월의 빠름을 알려주는 계절인 것 같아 쓸쓸하나 생각도 든다. 사람들의 걸음도 빨라진 것 같다. 내 앞에 지나가고 있는 두 미니스커트 아가씨도 상당히 빠른 속도로 걷고 있다고 생각이 된다.

바퀴가 구르는 리어커를 따라가니 내가 더 빠를 것이지만 그녀들은 떨어지지 않고 계속해서 내 앞을 가고 있으니 말이다. 언제 네온싸인이 밝게 물결치는 번화가에 들어서고 말았다. 상점의 형광등들이 너무 밝아서 시커먼 리어커와 나의 모습이 초라하게 보일까 봐 왈칵 미안한 생각이 든다. 부끄럽다거나 창피하다는 것 정도는 어렸을 때부터 족히 익혀서 안심이지만 미관상으로나 지금 이 번화한 밤거리의 분위기로 봐서 나의 이 시커먼 차림이 불청객이 되고 행인들의 눈살을 찌푸릴까 염려가 되어 자연 걸음을 더 빨리하지 않을 수가 없다. 하지만 아직은 내 초라한 차림에 어울릴만한 어둠컴컴한 골목이 없으니 조금은 더 참고 그냥 지나가야지 별도리는 없다.

New style 양복점 쇼윈도우의 〈마네킹〉이 옛날 일을 회상케 한다.

언젠가 차비가 모자라서 50리(里)길을 걸은 적이 있었다. 길은 꼬불퉁꼬불퉁 조잡하기만 하고 사람은 10리(里) 거리에서나 한 사람씩 만났을까 했다. 참으로 심심하고 지루했었는데 마침 신작로모퉁이에 놋쇤가 함석으론가 페인트칠을 하여 만들어 세워놓은 교통순경이 정중하게 웃으며 거수경례를 하고 서 있었다.

나는 사람이 있을까 봐 몸을 빙 돌려 사방을 한번 살펴보았다. 다행히 아무도 눈에 띄지 않아서 안심하고 「안녕하십니까? 아! 이거 얼마나 수고가 많으십니까? 자 그럼 안녕히 계십시오.」하고 큰소리로 외쳤던 것이다.

방금 그 마네킹을 본 순간 그때 그 일이 떠올라서 다시 한번 나의 입이 슬그머니 옆으로 벌어지는 것을 어쩔 수가 없는 일이었다. 사람들이 웅성웅성 모여 있다. 이상한 옷차림을 하고 머리를 길게 길러 기름을 번지르르하게 바르고 팔짱을 끼고 서 있는 서너 명의 청년들이 제일 먼저 눈에 띄었다. 교복을 입고 모자를 쓴 고등학교 학생들도 몇 있고 그 옆에는 머리가 조금 벗어진 대머리 신사도 있었다.

양손을 코트 포켓에 푹 찌르고 제법 의젓이 서서 무엇인가 열심히 구경하는 모습이 진실성을 보여 주는 것도 같은 느낌이 들었다. 이쪽 가(변두리)에는 꼬마들이 껌을 딱딱 씹으면서 무어라고 손짓을 하며 조잘거리면서 구경하고 있는 모습도 눈에 띄었다. 아마 국민학교 4~5학년쯤으로 되어 보인다.

나도 도대체 무엇을 저렇게 보고들 있는가 호기심이 생겨 걸음을 멈추지 않을 수가 없었다. 겨우 틈이 날까 말까 하는 머리들 사이로 안쪽을 끼웃거려 보았다. TV브라운관에서 검정 유니폼을 입은 여자 선수들과 흰 유니폼을 입은 여자 선수들이 바쁘게 들어 공을 튕기며 뛰어다니는 모습이 눈에 들어왔다. 아마 농구시합을 하는 모양이다.

어젯밤 내가 열 시쯤 집에 돌아왔을 때 옆방에서 자취하고 있는 고등학교 학생들이 트랜지스타를 이리저리 가지고 다니면서 무슨 중계방송을 듣는다고 소란을 피우던 것이, 우리나라 여자 농구선수들이 자유중국을 이겼다고 좋아라고 흥분을 해서 떠들어대던 일들이 어렴풋이 떠오른다. 무슨 아시아 친선 여자 농구대회나 하든지 아니면 누구 배 쟁탈전이나 하는 모양이다.

TV 상점에서 상품을 선전하기 위해 특별히 오늘 밤은 공개 시청을 시키고 있는 듯했다. 정복과 정모를 갖춘 고등학생들이나, 의젓하게 서서 구경을 하고 있는 대머리 신사는 그래도 우리 집 고등학생들과 마찬가지로 상당한 농구팬같이도 생각이 되고 제법 나라를 사랑하는 애국정신이 열열한 사람 같이도 보이지만 유별나게 히피족들처럼 머리를 기르고 기름을 바른 저 젊은 친구 둘은 그저 건성으로만 서 있는 것처럼 보였다. 정말 할 짓도 없고 심심해서 시간이 남아 돌아가니까 시간을 메우기 위해서 서 있는 것처럼만 보였다.

그리고 그들은 돈을 충분히 마련하고 푹푹 쓸 수도 있는 능력이 있는 사람들일 거라는 생각도 들었다. 저 사람들은 지금 내가 리어카로 연탄을 팔고 술을 한잔 마셨다는 사실을 물론 모를 일이지만, 너무 아무런 관심의 대상조차도 될 수 없는, 내가 지금 이곳을 지나가는지조차 아랑곳 없다는 듯 구경만 하고 있는 것 같아서, 순간적으로나마 조금은 섭섭한 감정을 아니 가질 수가 없기도 하다. 「내일은 우리나라하고 일본하고 결승전을 한다고 옆방 학생들이 떠들어 댔었지.」 나도 저 사람들의 무리 속에 밀치고 들어가 구경을 좀 할까 하는 생각이 없지도 않았지만 이런 때는 거추장스런 리어카가 내 손에 꽉 잡혀 있다.

아니 리어카가 내 손을 꼭 잡고 나를 이끄는 것만 같아 어떻게 할 수가 없다.

「그렇다. 텔레비전은 내겐 아직 관심이 없는 분에 넘친 물품이다. 어서 집에 가거든 옆방 학생들의 라디오 소리를 조금 엿들어도 될 것 같고, 또 아니면 그냥 결과만 알아도 충분히 될 일이다. 만일 우리나라가

이기면 어제와 같이 혹시 어제보다 더 뛰고 손뼉을 치면서 좋아라고 할 것이고, 일본이 이긴다면 풀이 죽어 조용히 잠잠할 테니까 구태여 신경을 안 써도 쉽게 알 수 있는 일이다.」

불이 조금 침침하고, 도로포장이 안되고 사람들의 왕래가 적은 골목까지는 아직도 조금은 더 가야 한다. 저 밝은 보석상회를 지나야만 되기 때문이다.

보석상회는 번화가의 과시를 마음껏 해 보자는 속셈마냥 호화롭고 찬란하기만 하다. 진열대의 각종 보석— 귀걸이, 목걸이, 팔찌, 반지 등들이 현란한 빛을 발하며 눈 속에 들어왔다.

저 유리 진열장에서는 이름만 들어온 루비, 사파이어, 에머랄드, 다이아몬드, 그리고 흑진주도 틀림없이 있을 것이라고 생각이 된다. 덩실덩실 춤 빛을 내고 웃음을 흘리는 것 같고, 야단법석들을 떠는 것처럼 보이지만 내겐 한갓 바짝 마른 판자 조각을 보는 것처럼 동요되지 않고 덤덤하게만 느껴진다. 그것들을 이해하기에는 아직은 정서교육이 부족한 줄도 모른다. 그렇지만 언젠가는 나도 사랑하는 약혼녀를 데리고 이 상점에 들릴지도 모른다고 생각이 되었다. 그럴 리야 없겠지만 이보다 더 큰 보석 상점으로 가고 싶어 하는 어처구니없는 허영심을 발휘할는지도 또 모를 일이다.

B사장님의 딸 민희와 데이트를 하던 기억들이 마치 차를 탔을 때 전신주가 스쳐 가듯 뇌리를 스쳐 간다.

이 년 전 어느 가을 우린 D공원에 서 휘황한 시가지를 내려다보고 있었다. 그때 그녀는 입시 준비를 하는 때라 시간이 없는 데도 일요일 밤만은 꼭 짬을 내주곤 했었다.

난 그때 「공부하는데 얼마나 애쓰냐」는 둥 「몸은 괜찮냐」는 둥 지나친 관심으로 매끄러운 어휘만을 애써 골라가며 위로와 격려를 해주곤 했었다. 덕분인지 다행으로 지금은 S대 영문과에 합격하여 다니고 있다.

사실 B사장님이 서울로 이사하신 이유는 물론 사업문제도 문제지만 주된 이유는 하나밖에 없는 딸의 교육문제 때문이었으리라고 생각한다. 민희가 합격했다는 사실을 알았을 때 B사장님이 좋아하시던 모습이 지금도 역력하다. 보통 때는 그렇게 말이 없이 무거우신 분이 그날만은 성격의 변혁이라 할 만큼 소란을 피우시고 기뻐하셨으니까 말이다.

그날 밤 나도 합격 축하파티라고 해서 참석을 했었다. 그때 내가 먹었던 음식은 고아원을 나와서 줄곧 한 번도 먹어 본 일이 없었던 걸게 차려진 음식상이었다. 시가지를 내려다보면서 우린 이렇게 종알거렸었다.

「민희! 지금 이 순간에도 숱한 역사들이 이루어지겠지?」

그녀는 눈알을 반짝반짝 굴리며 대답했었다.

「정말! 아마 입시생들이 공부하는 역사가 제일 많이 이루어질 거야.」

「재미있군. 합격은 자신 있나」

「오빠를 위해서라면 꼭.」

「나를!?」

나는 그녀의 눈을 지금도 똑똑하게 기억하고 있다. 그 초롱초롱한 눈망울은 희망과 동경과 그리고 자신력과 연민 같은 것도 분명히 곁들여 있었다. 그때 내가 그녀를 자신도 모르게 껴안아야만 하게 되었던 일은 그녀가 너무 귀엽고 깜찍하고 예뻤던 탓이었을 거라는 생각이 든다. 그녀를 안았다는 의식은 조금은 뒤에 깨달았던 것 같다. 가슴이 방망이질하는 소리가 귀를 통하여 뇌리까지 전달되었을 때는 나는 몹시도 당황하고 있었으니까 말이다.

그냥 놓아 버리기도 멋쩍어 저지른 행동에 합리화시킬 수 있는 말을 찾느라고 꽤 떨리고 있었다. 엉겁결에 혀 속에서 튀어나온 말이 「정이 그립다.」고 외치긴 했지만, 그녀의 「아빠한테 다 들었어요」하고 아무 거리낌도 없이 껴 안김을 수락해 주지만 않았던들 나의 꼴은 몹시도 어설프고 위축되었으리라.

그때 일을 생각하면 지금도 귀밑이 화끈거려 온다. 오히려 태연하게 나를 감싸 주었음은 나보다 더 어른스럽게 느껴졌으며 마음속으로 몇 번이나 고맙다고 외쳤는지 모른다. 정이 그립다는 한마디로 우린 좀 더 긴 시간 동안 포옹할 수가 있었던 것이다.

지금 한 오십여 세나 되어 보이는 중년 부인이 자기 남편이나 싶은 중년 신사에게 보석 박힌 바지 하나를 들고 무어라고 열심히 이야기를 하고 있다. 아마 그 보석 반지를 사주어야 한다고 남편에게 떼를 쓰며 설득 작전을 펴고 있는 모양이다.

남편인 듯한 신사는 그저 흐뭇한지 인자한 웃음으로 부인의 말에 귀를 기울이고 있는 듯했으며, 그 옆에는 보석상 주인인지 종업원인가가 어떻게 하면 한 개라도 팔아볼까 하는 심산으로 비위 맞춘 웃음을 흘리고 있다.

나는 그들 부부의 화목한 분위기를 보고 나의 부모를 연상해 보지 않을 수가 없었다. 저분들이 혹시 내 부모일는지도 모른다고 여겨지기도 하지만, 곧 터무니없는 얼토당토않은 생각이라는 것을 알자 쓴웃음이 입언저리를 스쳤다.

나는 나의 부모를 모른다. 다른 부모 없는 사람들은 그래도 부모를 한번쯤 보았던 사람들이 많을 것이다. 하지만 나는 유감스럽게도 부모의 입이 어디에 붙었는지 코가 어떻게 생겼는지를 모르고 자랐다. 부모의 모습은 고사하고 내가 어떻게 해서 고아원에 들어가게 되었는지 그것마

저도 아리송한 정말로 귀찮게 태어난 염치없는 존재다.

무기력한 인간들! 죽도록 욕해 주고 싶고 원망하고도 싶지만 뚜렷한 대상도 없는 원망이 우습게 될까 봐 이젠 그런 낡아 빠진 원망 따위는 포기하기로 작정한 지가 이미 오래다. 오히려 한 번쯤은 보고 싶은 간절한 심경이 될 때가 한두 번이 아니고 이때는 한참 동안 보지도 못한 부모의 얼굴을 그려 보려고 애를 쓸 때면 너무 허전하고 쓸쓸하고 쎈치해져서 배가 고파오기도 했다.

이 세상에는 나와 운명을 비슷하게 간직하고 태어난 숱한 사생아들이 있다. 그런 사생아들은 문명이 발달 되고 문화 수준이 높은 부자나라일수록 더 많이 생산해 낼 줄도 모른다. 이 사생아들의 공통적인 성격은 대개 거칠고 반항적이고, 감정과 정서 면이 죽은 잔인성의 요소를 다분히 소유하고들 있다고 생각이 된다. 그것은 자라나는 과정이 거칠었고 사회의 어두운 면만 먹고 자랐기 때문에 어쩔 수 없이 가져야만 하는 기구한 팔자들인가도 모른다.

깡패가 들끓고 강조사건 살인사건 등이 빈번히 일어나는 사회악은 이 사생아들의 방치와 잘못된 사회와 교육에 커다란 비중을 차지할 것이라고도 생각이 된다.

언젠가 내가 기차를 타고 D시를 간 일이 있었는데 도중에 차내에서 두 꼬마 구두닦이들과 자리를 같이하게 되었었다. 아마 과거의 나의 처지를 생각해서 내가 그들 쪽으로 가깝게 있어 보려고 노력을 했으리라고 기억이 된다. 나는 그 꼬마들의 너무 지나친 언어와 행동에 굉장한 불안을 느꼈다.

「이 애들이 완전히 성장해서 힘이 센 장정들이 되었을 때 이들은 어떤 애들이 될 것이며 그리고 사회에 어떤 영향을 미칠 것인가?」

차라리 나의 성격을 닮아 주었으면 하고 바라는 쓸데없는 생각을 하기도 했었다. 그 애들은 하루를 완전히 치 속에서 지내며 생활한다고 말했다.

내가 국민학교 5학년 때 고아원을 뛰쳐나와 할 짓이 없어 구두통을 멨던 일이 짓궂게도 자꾸 떠올랐었다.

그때 그 누군가가 나를 바라보고 지금 내가 이 꼬마들 앞에서 한 생각을 했으려니 하고 마음먹으니 콧잔등이 찡해지며 눈물이 돌았었다.

저주스러운 인간! 허지만 그땐 얼마나 고아원을 뛰쳐 나오고 싶었던가 아이들이 「저 애는 고아원 아이」라고 손가락질을 했을 때 나는 얼마나 이해할 수 없는 울분이 치솟았던가. 그땐 어린 심정에 부모가 없다는 것이 어떻게나 부끄럽고 창피한 일이라고 생각이 되어 같은 고아원 아이들과 같이 어울리기를 피하려고 부단히 애쓰기도 했었다. 고생스럽더라도 하루라도 빨리 탈출해서 다른 사람들에게 부모 없다는 눈치를 안보이려고 날이면 날마다, 밤이면 밤마다 생각했던 것이다.

결국은 성공하여 구두통을 메고, 남의 빈지문 짝 옆에서도 자고, 역대합실 객차 내에서 자던 일이, 그것도 고아원에서 있는 것보다는 훨씬 낫다고 좋아라고 했던 때가 어제 그제 일만같이 생각이 되어진다. 저주스러운 부모다. 원망을 아니 할 수가 없다. 분명히 욕을 하고 미워해야 한다. 헌데 그렇게 몰인정하고 잔인한 부모를 그리워할 이유가 뭐란 말인가. 나의 나약한 성격 때문이라면 당장에라도 집어내어 하수도 수챗구멍에라도 쑤셔 처넣어 버리고 싶은 심정이다.

나는 못된 깡패 녀석과 불량한 계집애의 불장난으로 엉킨 배설물의 산물은 아니었을 것이라고 믿고 싶다.

차라리 나의 이 잘생긴 모습을 보면 어느 훌륭하고 핸섬한 대학교수와 청초하고 아름답고 마음씨 고운 여제자 사이에 로미오와 줄리엣과 같은 애달픈 사연으로 사련의 정을 맺고 만들어 주신 선물이라고 믿고 싶다. 엄마는 몰래 나를 낳고 세상을 하직해야 됐고 아빠는 엄마의 죽음으로 상심해서 따라 죽었어야 됐다. 허지만 나의 부모는 또 그렇게 나약하고 어리석지 않았다고 생각하고 싶다. 나의 생각이 그릇된 착각이고 망상일 뿐이지만 자신의 행동을 충분히 책임지고 조절할 수 있는 현명하고 이지적인 분들이었을 것이라고 본다.

다만 어떤 피치 못할 운명으로 나와 인연을 잃어야 했던 거룩한 분들이라고 생각하고 싶은 것이다. 내가 B사장님 같은 훌륭한 분의 은혜를 입은 것도, 나를 성심성의껏 수바라지 해주는 할머니의 만남도 다 나의 부모님이 보이지 않는 곳에서 조화를 부리고 나를 보살펴준 까닭 때문이라고 믿어 보고 싶은 심정이다. 나는 그때 그 붉은 벽돌담 골목에서 뒤를 돌아보던 일이 천만 다행한 일이라고 지금도 그렇게 생각된다. 지금 그 할머니가 내게 없었다면 나는 더 외롭고 고달팠을 것이다.

어느새 나의 차림에 어울릴 것 같다고 생각한 골목은 지나쳐 버리고 벌써 집 대문 앞에 이르고 말았다. 피치 못한 담배지만 그 골목을 오면서 담배를 물고 왔더라면 참 멋있었을 것이라고 생각하면서 나는 대문을 밀고 안으로 들어갔다. 항상 내가 늦게 올 때까지는 꼭 켜져 있는 15촉짜리 전구가 여전히 나를 반겨주는 것 같았다.

「어마! 저게 웬 하이힐일까?」

언제나 할머니의 옥색 고무신과 내 연탄 배달 이외에 학교 갈 때나 나들이 갈 때에만 신는 구두 외에는 아무것도 없어야 할 마루 밑에 웬 낯모를 하이힐이 한 켤레 더 놓여 있으니 말이다. 나는 혹시 아까 보석상회 앞에서 생각했던 B사장님의 딸 민희가 오지 않았을까? 서울에서 민희가 급행열차나 고속버스를 타고 조금 전에 와있는 것만 같이 생각이 되어 괜히 마음이 설레어 지기 시작했다. 그저껜가 B사장님께 지난달까지 해서 꼭 일백이십만 원이 저축이 됐다고 편지를 냈었는데 그녀의 아버지가 한번 내려갔다 오라는 청을 받고 날 위로해 주려고 내려온 것이 아닌가 하고 생각이 되기도 하였다. 「정말 민희가 내려와 있으면 얼마나 좋을까? 어제는 토요일이었고 오늘은 일요일이지 성의를 부리면 충분히 내려올 수도 있겠구나」 상상이 여기까지 미치자 나는 다급해져서 리어카를 마당 한쪽 구석에 내동댕이치고 방문 앞으로 급히 달려가지 않을 수가 없었다. 군화끈이 쉬 풀리지 않아 속이 터질 것만 같았다.

「할머니! 누가 왔어요.」하고 방문을 활짝 열어젖혔다. 「이게 어찌 된 일인가」방금전 대문에서 방문 앞까지 내가 좋아라고 날뛰던 생각은 일순간에 산산조각이 나고 말았다. 나를 「이제 오시느냐」고 웃으면서 반기는 얼굴은 민희가 아니라 내가 그렇게도 싫어하는 같은 과에 다니고 있는 미스 조였기 때문이다. 차라리 당연한 일인 줄도 모른다. 민희가 그렇게 갑자기 온다는 것은 처음부터가 허무맹랑한 망상이었으니까. 나는 머리가 아찔하고 현기증이 난 것을 가까스로 참으며 「오! 미스 조가 우리 집엘 다 웬일이야」하고 인사가 아직은 늦지 않았구나 할때쯤 겨우 입을 열어 인사를 할 수가 있었다. 그러고 나서 곧바로 「아! 나 잠깐! 샤워좀 하고 오거든. 할머니 목욕물 데워 놨어요?」하고 말하고 나서 나는 급히 방문을 열고 밖으로 나와 버렸다. 어서 그 자리를 피하고 싶었던 것이다.

「응! 데워놓고말고. 왜 그렇게 늦었어」

「저 집 찾느라고 얼마나 고생했는지 몰라요」하는 할머니와 그녀의 두 사람의 목소리를 한꺼번에 등 뒤로 느끼며 나는 목욕탕 문을 열었다. 옷을 홀홀 벗고 몸을 물에 푹 담갔다. 매일 하는 목욕이지만 오늘은 유달리 물이 더 알맞게 데워진 것 같았다.

피곤했던 온 삭신이 한꺼번에 녹아 내리는 것 같기도 하고, 포근함이 꼭 엄마의 품속처럼 느껴진다. 뜨끈뜨끈해진 하부의 촉감이 괜찮았다.

「저여자가 어쩌자고 내집엘 찾아왔을까? 집은 어떻게 알고 찾아왔지?」

그녀는 다분히 태만하고 불량기 있는 처녀다. 도청 행정과에 근무하면서 나와 같은 대학에 적을 두고 있으며, 어느 땐가 내가 그녀 집인 줄도 모르고 연탄을 날랐었는데 그 뒤부턴 자칫하면「오! Mr.리, 멋있어」하면서 치근덕거린 여자다. 나는 적어도 이를 악물고 보다 떳떳한 대열 속에 끼어 보고 싶어서 가진 챙피를 무릅쓰고 일을 했는데 겨우 내가 무슨 멋을 부려보려고 연탄리어카를 끌었던가. 아니면 여자를 유혹하기 위해 매력의 포인트로 생각하고 부러 그런 것을 했던가. 주제넘은 여자다. 나와는 어울릴 수 없는 차원이 다른 여자다. 내가 그녀 집을 방문했던 약한 달 후 어느 수요일 밤 일이다. 그날은 마지막 강의시간이 되는 물리학 시간이었다. 교수는 한참을 열심히 기기(機器)에 대해서 설명을 하고 있는데 뒤쪽에서 조그마한 종이쪽지가 넘어왔다. 그냥 꾸겨서 호주머니 속에 넣어 버릴까도 생각했지만 그렇게 하면 보낸 사람이 위신을 너무 모독한 일 같아서 차마 그러지는 못했다. 쪽지의 내용은 간단했다.

중대하게 드릴 말씀이 있으니 집에 가시지 말고 교정 뒤에 나와 달라는 것이었다.「이 여자가 내게 무슨 그렇게 중대한 할 말이 있을까」아무리 생각해 봐도 도무지 짐작될만한 일이 떠오르질 않았다. 그녀를 직접 대하는 일은 몹시도 마음에 내키지 않았으나 잠깐이라도 만나서 감수를 해야지 피하는 도리는 없었다. 그녀는 제법 진지하게 고개를 땅에 떨어뜨리기도 하고 갑자기 하늘을 쳐다보기도 하면서 이야기를 시작했다. 「나오시게 해서 죄송해요」

「뭐 별로. 긴한 말씀이란……」

「긴한 말씀은요? 허지만 드릴 말씀은 있었어요」

「어서 말씀해 보시지요」

그녀는 남궁누구를 무척 사랑했다 한다.

그의 와일드하고 텁텁한 멋에 자기는 홀딱 반했었지만, 지금은 그것이 모두 위선이고 연극이었다는 것을 알았다고 말했다. 그리고 또 한 번 내가 놀랜 것은 자기는 이미 처녀가 아니라고 서슴도 없이 내뱉는 용기에 놀라지 않을 수가 없었으며, 나의 연탄 배달하는 모습이 몹시도 마음에 들었다면서 앞으로 좀 더 가까이 지낼 수 없느냐는 이야기였다.

「이 여자가 혹시 좀 돈 게 아닌가?」

나는 그 이야기를 들으면서 그런 생각을 하고 있었다. 뭐 무당이 공들이는 데는 정신이 있다더니 어린 여자에게도 내년이면 학사증이 주어질까 생각을 하니 내가 이제껏 「나는 꼭 대학 졸업장을 받아야 한다」고 마음속 깊이 다짐하면서 일을 해왔는데 그런 보잘것없는 시시한 것에 이제껏 얽매인 것 같고 부질없는 생각에 나 자신이 어리석고 처량하게까지 여겨지기도 했다. 나는 그녀의 부끄럼 없는 노골적인 행동들이 싫었고 또 미웠던 것이다. 내가 만일 저런 여자들과 결혼을 한다면 나는 틀림없이 나의 2세를 사생아로 만들어 버릴 것 같다는 생각이 들어 몸이 오싹해졌다.

「왜? 어떻게? 찾아와서 나의 가장 즐거워야 할 이 일요일을 망치고 말까?」

그녀는 정말 귀찮게 찾아온 염치없는 존재다. 나는 목욕탕을 나가고 싶지 않았다. 이대로 밤새도록 이라도 있고만 싶었다. 〈끝〉

제16회

학예상

1970~1979

당선

개교 19주년 기념-제364~6호 1971년 6월 18일 금요일

제16회 전국남녀고교생 문예작품현상 : 시

보리

· 문정근 (전주상업고등학교 3학년) ·

내면의 베일이 열린다
숨은 그림 속에 내음이 있어
알알이 창 속에 맺히며
황금빛 노래를 가다듬고 있다.

어둡고 음산한 바람도 삼키고
하이얀 꽃 이파리 나래에 쌓여
온갖 풍성한 흙내음을 얻었다.

하늘 끝으로 생명의 수를 잡으며
밝고 굳게 자랐다.

생명의 줄기를 타고
꽃 향을 뿌리던 봄비의 보람으로
이젠

진실을 가득한 알몸이 되었다.

축복을 부르는 계절의 숨 속에서
보리는
지금
읽는다.
함박꽃만 한 입을 벌리며
기쁨을 토하는 농부와 더불어…

1등

개교 19주년 기념-제364~6호 1971년 6월 18일 금요일

제16회 전국남녀고교생 문예작품현상 : 소설

미아(迷兒)

· 신점란 (마산여자고등학교 3학년) ·

비늘이 약하게 번득였다. 유리 밖으로 말끔히 비치는 흰 배의 움직임이 아주 미미한 탓에 그것은 겨우 알아차릴 수 있었다. 등은 엷은 갈색이었다. 뱀에게선 차가움도 매끄러움도 느껴지지 않아서 거의 추했다. 이미 부패하여 있는 듯해서 하얀 배의 움직임이 눈에 퍽 어설프다. 꽉 다물어진 유리병의 아구리에는 뜻을 알 수 없는 문신이 핏줄처럼 섬세하게 퍼진 손이 얹혀있다. 뱀은 그 밑에서 조용히 꿈틀거림을 계속하고 있다. 검버섯이 핀 늙은 손의 문신은 조금도 아름답지 않다. 손은 나뭇등걸처럼 구부러져 유리병 위에 죽어 있다.

구부러져 유리병 위에 죽어있다.

문신이 새겨진 손이 병의 아구리에서 미끄러진다. 뱀은 이제 움직이지 않는다.

이 녀석, 왜 종일 그러구 들여다보고 있냐. 네게 소용될 것은 아무것도 없다.

노인이 내려다보고 말했다. 어서 가거라. 흡사 파리를 쫓듯 손을 내두르며 한편, 하늘을 올려다보았다. 해도 얼마 안 남었군. 나도 노인이 하

듯 하늘을 올려다보았다. 길 건너 큰 성당에서 솟은 십자가가 가즉히 높고, 더 위로는 네 쪽으로 잘린 하늘이 푸르다. 노인은 멍하니 하늘을 본다. 노인의 푸슥푸슥한 머리칼로 낡은 샤쓰의 때 묻은 칼라로 햇빛이 느근히 미끄러진다. 나는 급히 하품을 한다. 겨울날 오후 성당이 벽면을 기어드는 햇살, 무료히 머무는 햇살을 본다. 나는 다시, 하품을 깨문다.

뱀들은 각각 다른 모양의 병 속에서 아주 비굴한 자세로 몸을 뒤틀고 있다. 뱀은 조금도 지혜로워 보이지 않았다. 사악한 아름다움도 없었다. 단지 더러웠다. 어이, 춥군. 노인이 어깨를 움츠렸다.

할부지, 저 뱀 산 거예요?

나는 공연히 멋쩍어져서 노인에게 물었다.

네 눈엔 죽어 뵈니?

노인이 나에게 물었다.

아니요, 나는 이내 부인했다.

뉘 집 아인지 실없는 소리 말고 어서 집에 가라.

노인은 더 이상 군말질 시키지 말라는 듯 가래를 타악 뱉었다. 나는 좀 전의 몇 배나 무한해진다.

노인이 주섬주섬 좌판을 걷기 시작했다. 나는 노인이 열여섯 개가 유리병 아구리를 단단히 비틀어 잠그고 낡은 트렁크에 차곡차곡 넣은 후 조그만 헝겊 의자를 접어 옆구리에 끼고 사라져 갈 때까지 그곳에 쭈그리고 앉아 있었다. 노인이 안쓰러운 듯 한 번 뒤돌아보며 어서 집에 가라고 손짓했다.

어서 가거라, 저물면 날씨가 사나울라,

노인의 모습이 시야에서 완전히 사라졌을 때 나는 흠칫 몸을 떨었다.

발밑의 햇볕은 점점 엷어지고, 마침내 문득 땅으로 스며들 듯 사라지고 말았다. 나는 몸을 일으켰다. 따뜻한 곳으로 옮겨야겠다는 생각이었다. 주위를 둘러 보았다. 길 건너 성당건물의 벽에 한 뼘만치의 햇살이 노오랗게 비치고 있다. 나는 흡사 비를 피하듯 달렸다. 추워서 으쓱 올라간 어깨축지가 아프다. 나는 햇볕이 쪼이는 성당의 층계에 주저앉았다. 성당은 비스듬히 언덕진 위에 자리 잡고 있어서 거리가 빤히 내려다 보인다. 어깨의 힘을 빼고 두 무릎을 가지런히 모은다. 아래 제법 높은 건물의 유리창이 온통 금빛이다. 마구 불빛을 반사하고 있다. 성당은 이층부터 꼭대기까지 빼꼭 유리창이다. 맨 위창 거기에도 햇빛이 너울대며 머무르고, 그 아래는 땅 그림자 때문에 푸른빛으로 먹혀있다. 햇빛이 있는 쪽은 어디나 훨씬 따스해 보인다. 거리 쪽에서부터 땅이 점점 검어진다. 마른 바람결에 문득, 누나의 체취가 풍겨왔다. 나는 유리창 헤기를 그만두고 눈을 크게 치켜떠 누나가 오기를 기다린다. 어디서든지 어두운 길을 달려 누나가 내게 올 것 같다. 나는 아슴히 퍼지는 어둠 속에서 누나와 만날 것이다. 그러나 밤이 되면 나는 누나를 잃어버리고 만다. 불빛 때문에 생겨나는 숱한 골목골목들, 그 낯선 곳에서는 누나를 찾을 수 없는 것이다.

무릎을 꼭 모두었는데도 다리는 제멋대로 달달 떨고 있다. 햇살은 아직 남아 있었지만, 그것은 이미 추위에 대한 두려움을 달래주는 위안에 불과했다. 추위는 이제 실재하는 적으로 침입하는 것이다. 등을 대고 있는 회백색 문은 번쩍이는 쇠장식이 군데군데 박혀 있어서 차고 견고해 보였다. 나는 그 앞에서 잠시 몸을 떨었다. 문이 실제 이상으로 크고 단단하게 느껴졌다. 나는 주먹 쥔 손가락을 뻗어서 문을 조용히 밀었다. 그리곤 이내 팔을 감추었다. 아, 무엇일까, 쇠빛장이 견고하게 박힌 문은 흡사 마법의 문처럼 소리 없이 열렸다. 결국, 아주 연약한 심장과 거머리같이 가느린 팔을 가진, 겨울날 저녁 아직 굳어지지 않은 살과 뼈를 풍화시키고 마침내는 흔적 없이 사그라뜨리는 비정한 추위 앞에선 단지 떨 수밖에 없는 어린아이를 불 곁으로 인도하듯 아니면 아직도 가슴 한 구석에서 생생하게 살아있는 유아기로 인도하듯 내 앞에 열린 것이다.

어서 들어오렴, 추운 아기야, 문은 빠끔히 열려있고 흘러나오는 어둠은 음흉하게 팔을 내밀고 있다. 나는 차가운 빗장을 움켜쥐고 힘껏 밀었다. 그리고 재빨리 몸을 들이밀었다.

어서 들어와, 누군가 문 뒤에서 은밀하게 속삭이며 나를 끌어들이는 것 같이 생각되었다. 어쩌면 누구의 모습이 희뜩 보인 것도 같았다.

안은 무척 어두웠다. 어둠 속에서 나란히 놓인 의자 사이의 좁은 간격이 어슴푸레 떠보였다. 안은 무척 넓고 바람이 없는데 제단이 촛불들은 흔들리며 파지직 타오르는 소리가 가득했다. 너무 조용해서 현실감이 전혀 없었다. 너무나 종교적이어서 거의 죽음을 연상시켰다. 나는 비틀거렸다. 토할 것만 같이 기분이 나빠졌다. 나는 의자들을 잡고 비틀거리며 구석으로 갔다. 나는 의자에 길게 누웠다. 너무 은밀하고 형체를 드러내는 것은 아무것도 없다. 모두가 아슴푸레하다. 누나가 죽어있던 방에서도 그랬다.

저 안에 누나가 있단다. 강펄로 지렁이를 캐러 나갔던 누나가 북통 같은 배를 하고 죽어서 들것에 실려 왔던 날, 보모 어머니는 나에게 말했다. 나는 휘장에 가려서 보이지 않았다. 누나는 저 속에서도 엎드려 있을까. 아침이면 수북이 부은 눈등을 비비며 일어날까. 그리고 내 세숫물을 떠다 줄까. 대낮이었다고 생각되는데도 방은 어스름이 끼었고 연기 냄새 같은 게 풍겼다. 나는 구토를 느꼈다. 자꾸 헛구역질이 났다. 저런, 기분이 나쁜 게로구나. 보모 어머니는 나를 그 방에서 내보내 주었다.

그 방안에서는 두려워서 눈만 멀뚱거리던 나는 밖으로 나오자 그만 울음을 터뜨리고 말았다.

누나가 갖고 있던 게야, 네게 주려던 거였나 보다, 가지려므나, 누나를 무덤에 묻고 와서 보모 어머니는 조그만 보따리를 내밀었다. 나는 뒷걸음질 치며 그것을 피했다. 그 보따리에서도 누나가 죽어 있던 방에서와 같은 냄새가 나서 나는 또다시 토할 것만 같았던 때문이다. 보따리 속에 들어 있는 물건들이 무언지 나는 생각을 해 보았다. 틀림없이 누나가 남긴 잡동사니들일 게다. 나는 보모 어머니 앞에서 세차게 도리질을 했다. 누나가 죽어 있던 그 무서운 모습이 그 물건들에 배어있을 것 같아 조금도 소유하고픈 마음이 없었다. 그래서 누나의 그 보따리와 하찮은 잡동사니들은 불에 태워졌다. 그 불타는 정경을 지켜보면서 나는 아픈 눈물을 흘렸다. 보따리 속의 물건은 어쩌면 내게 꼭 맞을 것 같은 옷가지들이었다. 내가 누나의 무릎을 베고 잠들었을 때도 누나는 늘 그냥 바느질을 하던, 헝겊 조각을 이어서 옷을 만들던 그 일이 가슴을 몹시 때렸다.

보육원에서는 누나가 자살을 했다고 수근들댔다. 왜 그랬느냐에 대해선 아무도 입 밖에 내지 않고 어른들만이 사뭇 심각해 했다. 누나가 죽어버린 지금, 아니 누나의 소유물들이 불에 태워지는 이 상황은 내가 보육원을 떠나야 할 가장 타당하고 확고한 계기가 된 듯 생각되었다. 다시는 돌아오지 않으리라고 굳게 결심했다. 나는 치솟는 불길을 바라보며 내가 최초로 이곳을 떠나려 했던 몸서리 나는 기억을 담담히 더듬고 있었다.

그해 여름, 나는 누나와 단둘이서 보육원을 잠시 떠나 외딴섬으로 어떤 볼일을 보러 갔었다. 누나가 일을 볼 며칠 동안 나는 바다에서 놀았다. 어디 있니? 내가 옷을 벗고 바다에 뛰어 들어 자맥질하면 누나는 두 손을 입에 모으고 나를 불렀다.

어디 있니? 멀리는 가지 말아라. 흰 모래 위에 펼쳐진 누나의 보랏빛 스카트와 흰 블라우스가 꽃잎처럼 나부끼는 것이 재미있어서 나는 멀리 멀리 헤엄쳐갔다. 이윽고 누나의 모습이 완전히 흐려지고 단지 보랏빛과 흰빛이 곱게 어울려질 때야 고개를 들어 누나를 바라보곤 했다.

누나 내가 보여?

그럼, 잘 보이고 말고, 어서 돌아오너라. 해변에는 끊임없이 파도가 흰 말떼처럼 달리고 누나는 꽃처럼 보였다. 여름밤의 무성한 별들은 언제나 맑았다. 누나의 무릎을 베고 누우면 하늘은 바다가 되었다. 하늘이 바다처럼 보이네, 나는 중얼거리다가 잠이 들었고, 그러한 밤에는 물에 씻긴 별들이 쟁강쟁강 소리를 내며 내려와 잠기는 꿈을 꾸었다.

그러나 이러한 행복은 얼마나 갑작스럽게 내게서 나를 둘러싼 주위에서 빠져나갔던가.

어부는 구성지게 목청을 돋워 노래를 부르고, 나는 팔베개를 하고 뱃바닥에 누워 여러 겹으로 기운 돛과 그 위의 하늘을 바라보고 있었다. 뱃머리에 던져 놓은 낚싯대와 바구니에서는 크고 작은 생선들이 아직도 싱싱하게 비늘을 떨구며 퍼덕이고 있었다. 바다에서 지내는 마지막 날이었다. 누나와 내가 묵고 있던 주인집의 남자를 졸라 바다낚시에 따라 나선 것이다. 어부는 뱃전을 잡고, 많이 귀에 익은 유행가에 젖어 있었다. 섬으로 돌아오는 길이었다. 배가 섬의 구비를 돌 때였다. 아주 멀리서 아아, 라고 부르는 소리가 바람 소리처럼 들리곤 했다. 어부가 손을 들어 해를 가리고 간혹 소리 나는 쪽을 살폈다. 굴 밭에서 검정 통바지를 입은 여자가 이 켠을 손짓하고 있었다. 배가 가까이 다가가자 여자는 물길을 뎅겅뎅겅 건너 물소리를 요란스럽게 내며 뛰어왔다.

좀 건네다 줘요.

어부와는 친근한 사이인 듯 여자가 어리광스럽게 말했다.

많이 땄어,

남자는 대답을 기다리지 않고, 뱃전으로 기어오르는 여자의 바구니에 흘깃 눈을 주었다. 여자가 딴청을 피워 고기 많이 잡았네 라고 말하며 히힝 웃었다. 이번에는 남자가 고개를 외로 꼬았다. 남자가 급작스럽게 배의 방향을 돌렸다. 그 서슬에 서 있던 여자가 허둥거렸다. 나는 눈길을 바다로 돌렸다. 바다는 기름밭처럼 매끄럽고 바람은 한 점도 없어서 돛을 뵐락 말락 흔들렸다. 가만 있으래두 남자의 거친 음성이 들려왔다. 나는 반사적으로 고개를 돌렸다. 남자의 벗은 윗몸이 땀과 기름으로 번들거렸다. 여자의 소금기 내 솟은 얼굴이 킬킬 웃었다. 여자가 뱃머리 쪽으로 무릎걸음을 했다. 이 내 남자의 손이 여자의 검정 동바지를 잡아챘었다. 배가 심하게 흔들렸다. 배는 어느새 섬에서 다시 멀어져 몇 구비인가를 되돌고 있었다. 가만있어, 남자의 성낼듯한 말투에도 여자의 검은 얼굴은 마냥 킬킬거렸다. 나는 수면에 눈을 박고 그들에게 등을 대고 있었지만, 배가 흔들림을 통해 그들의 움직임을 낱낱이 느끼고 있었다. 한 번도 그들을 돌아보지 않았으나 배가 심하게 기울 때마다 어부의 구릿빛 등판이 눈앞을 가로막았다. 나는 왜 그를 따라나섰을까? 그러나 사내의 억센 근육이 팽팽히 긴장되어 줄을 던질 때 길게 호를 그리며 펼쳐져 감기던 것은 얼마나 아름다웠는가 줄을 좀 더 멀리 던지기 위해 구부러진 될 과 그 위의 거슬거슬한 털들을 나는 얼마나 놀라운 감동으로 보았던가. 나는 달아오른 낯을 식히기 위해 바닷물을 한 줌 떠올렸다.

꿈속에서는 밤새도록 비바람이 사나웠다. 나는 창을 때리는 빗소리를 들었고 그 너머로 사납게 넘실거리는 바다를 보았다. 시시로 가만 있으래두, 라고 내뱉는 탁한 음성과 구릿빛 탄탄한 잔등에 짓눌려 신음했다. 어부는 빗소리가 저리도 험하게 들리는 데도 여전히 여자의검정 통바지를 낚아챘고 여자는 마냥 킬킬거렸다 저 아이가 보는데, 사나이가 사나운 기세로 얼굴을 돌렸다. 나는 바닷물을 한 줌 떠올리는 대신 그의 얼굴을 똑바로 바라보았다. 아, 웬일일까? 나를 보기 위해 사내의 어깨너머로 얼굴을 내민 그 여자의 얼굴은 내가 그리도 익히 알고 있는 누나의 얼굴이었다.

나는 꿈속에서 깨어 나오기 위해 몸을 뒤틀어 안간힘을 썼다. 한밤중이었다. 너무 어두워 누나의 누운 모습도 보이지 않았다. 꿈속에서처럼 바람은 바다 쪽에서 사납게 불어왔다. 마른번개가 쳤다. 나는 일어났다. 다시 잠들 것이 두려웠기 때문이다. 누나는 통망울 같이 부은 눈으로 나를 멀거니 바라보았다.

누나는 잠도 자지 않고 울고 있었다. 나는 어둡기만 한 머리를 누나의 가슴에 묻었다. 그리고 엉엉 소리 내어 울었다.

참 좋은 여름이었나 보구나. 참 건강해졌구나, 내년에도 보내 줄까. 보모 어머니는 다시 그 바다에 보내주길 약속했으나 나는 그곳에 다시 갈 수 없음을 알고 있었다. 끊임없이 구불구불 달리던 흰 말떼들, 이제는 해변을 따라 그들의 시체들이 밀리곤 할 뿐이었다.

가만 있으래두,

사내의 거친 음성은 가녀린 영혼을 가르고 사악하게 웃었다.

내년에도 또 보내 주마,

보모 어머니가 머리를 쓰다듬어 주었다.

아녜요, 갈 수 없어요. 나는 다른 바다로 가야 해요. 이젠 아무 데도 안 가요. 나는 누나의 무릎에 얼굴을 묻고 소리 내어 울었다. 누나는 쓸쓸히 웃었는데 나는 그것이 다시는 바다에 갈 수 없다는 것을 더 잘 알고 있는 탓이라고 생각돼 더욱 흐느꼈다.

나를 낯선 곳으로만 데려가게 한 불타오르던 집의 정경을 생생하게 그려낼 수 있다. 무너져버린 집 속에서 울리던 처절한 울음소리. 그리고 이야기 속의 사람처럼 움직이지 않던 아버지와 어머니의 모습이 뛰어오르는 불티 속에 번득이는 것을 기억할 수 있다.

어린이들, 집으로 돌아가세요. 운동장에서 공차기를 하는 어린이들 어서 집으로 가세요. 스피커에서 선생님의 독촉이 몇 번이나 되풀이되고서야 우리는 신발 속의 흙을 털고 가방을 챙겨 교문을 나섰다. 모두 땀을 흘려 상기되었지만 배고픈 얼굴들을 하고 있었다. 한때의 아이들은 부지런히 집을 향해 달렸다. 한 아이가 문득 달리기를 멈추고 잔뜩 겁먹은 표정으로 우리를 불러 세웠다. 얘 이제 우린 어떡하니? 조그만 얼굴들이 일제히 그 애를 주시했다. 우리가 아까 상여 나가는 걸 그냥 지나쳐 왔지? 두 손을 그냥 내놓고 왔지?

모두 자기의 두 손을 내려다보았다. 말을 꺼낸 아이가 불안하게 둘러보았다. 상여 나갈 땐 말야, 두 손을 감추고 지나야 해, 거짓말 마, 한 아이가 나서서 그 애를 멸시하는 투로 말했다.

아냐, 정말야 우리가 손을 모두 내놓았기 때문에 아버지나 어머니가 돌아가실지 몰라.

그 애는 거의 필사적으로 말했다. 모두 자기들의 두 손을 흘깃 훔쳐보곤 등 뒤로 감췄다.

어떡하니?

한 아이가 두려움에 찬 표정을 지었다.

누가 그러든?

말을 꺼낸 아이가 머뭇거리며 대답했다.

할머니가 그렇다고 하더라. 나는 내 두 손을 다시 내려다보았다. 그것은 바알갛게 드러나 있었다.

걱정들 마, 좋은 수가 있어.

우리들의 표정을 몰래 살피던 먼저의 아이가 의기양양하게 둘러 보았다

뭔데?

한 아이가 급히 물었다. 말을 꺼낸 아이는 만족한 웃음을 지으며 천천히 대답했다. 우리가 용서를 지으며 천천히 대답했다. 우리가 용서를 비는 표시로 집에 갈 때까지 손을 휘두르면 돼. 아주 힘껏 말야, 그 애가 교활한 눈초리로 우리를 둘러보았다. 모두 침울하게 서 있었다.

누가 그러든?

다시 한 아이가 다그쳐 물었다.

할머니가 그랬다.

불길한 말을 퍼뜨린 아이가 입속으로 우물거리며 수수께끼처럼 말했다. 우리들, 한 떼의 아이들은 약속이나 한 듯 팔을 휘두르기 시작했다. 갈라지는 길에서도 여느 때처럼 욕지거리를 섞어가며 소리 지르는 대신 더욱 세게 팔을 휘두르며 헤어졌다. 마지막으로 남은 것은 불길한 이야기를 꺼낸 아이와 나와 둘뿐이었다. 팔이 떨어져 나갈 듯 아팠다. 그러나 아버지가 돌아가실 것을 내가 팔을 휘두름으로써 살아나실 수 있다면 이까짓 아픔은 아무것도 아니라는 생각이었다. 그는 흘끔흘끔 곁눈질로 나를 보았다. 갈림길에서 길을 가로질러 뛰어가면서 그 애는 소리쳤다. 이제 그만해, 그건 새빨간 거짓말이야.

나는 약이 올랐지만, 그보다 마음이 놓였다. 우리 아버지가 돌아가실

리 없지. 우리 아버진 의사란 말이야.

나는 휘파람을 불며 집을 향해 걸었다.

집으로 돌아가는 골목 입구에 닿았을 때 나는 걸음을 멈추었다.

공중으로 굵은 물줄기가 쉴 새 없이 솟았고 어디에서고 불내가 풍기고 그을음이 날렸다. 나는 모여선 사람들 틈에 숨었다. 우리 집이 불타고 있었다.

나는 몰래 두 손을 내려다보았다. 두 손은 여전히 바알갛다. 나는 두 손을 급히 주머니에 숨겼다. 사람들 사이에 숨어 선 채 아버지의 서재와 어머니가 쓰시던 방, 피아노가 놓인 방들이 차례로 불길에 먹히는 것을 지켜보았다. 언제나 질서정연하던 집의 불타는 모습은 생경했다. 골목에는 흙탕물이 도랑 지어 흘러내렸다. 나는 흙탕물을 한 줌 가득 쥐어 올렸다. 그러나 미처 들어 올리기도 전에 손가락 사이로 흘러버리고 손안에는 가득 불탄 재만 남았다. 나는 오랫동안 범죄자의 손과 그 안에 담긴 더러운 불탄 찌끼를 들여다보았다. 꽝꽝 곡괭이를 휘두르는 사람들의 실루엣이 일정하게 움직여서 그림자놀이 같았다. 집의 미처 불길이 닿지 않은 부분이 헐렸다. 집이 무너지기 시작했다. 불길은 급작스레 수그러들었다. 모여있던 사람들이 무너진 집 주위로 몰렸다. 큰 개가 타 죽었다. 등 뒤에서 조심스럽게 소곤거리는 소리가 들렸다. 그곳에는 조그만 계집애가 동그란 눈을 호기심으로 반짝거리며 서 있었다. 나는 사람들을 헤집고 나섰다. 누군가 바짝 그으른 개의 사체에 거적을 덮었다. 거적 위로 뿌연 김이 오르고 있었다. 나는 입속으로 메리 메리, 부르며 다가갔으나 곧 멈추지 않을 수 없었다. 거적 밖으로 비죽이 내민 개의 다리에는 아주 깜깜한 밤에도 새파랗게 숫자판이 드러나던 누나 공부방에 있던 야광 시계가 번들번들 빛나고 있음을 발견한 때문이었다. 나는 두 손을 내려다보았다. 범죄자의 두 손은 여전히 조그맣고 천연덕스러웠다.

나는 골목을 되돌아 달려 나왔다. 아무리 달려도 하늘의 붉은 빛은 빗겨지거나 엷어지지 않았다. 내가 달리기를 멈추었을 때, 나는 완전히 헐벗고 지친 모습으로 낯선 곳에 닿았음을 알았다.

나는 새로운 세계에 익숙해질 수 없었다. 낯선 아이들과 함께 덮는 얄팍한 이불의 한귀를 얻어 덮고 밤마다 어머니를 생각하고, 언제나 따뜻하고 아늑하게 불이 밝혀지던 집을 생각하고, 이어 찾아드는 불타오르던 집, 여전히 뻔뻔스러운 범죄자의 손을 학대하다가 잠이 들었다. 그리고 어디선가 들려오는 어머니의 우리 아가야, 라는 슬픈 음성을 듣고, 아버지의 병원에서 풍기던 크레졸의 청결한 냄새를 맡았다. 그러나 문득 몸 위에 얹히는 다른 아이의 다리를 감각하고 눈을 뜨면 언제나 한밤중이었다. 눈을 떠서도 이곳이 누나와 내가 몸을 의지하게 된 고아원이라는 것을 상기하는 데는 오랜 시간이 걸렸다. 나는 줄곧 피해의식에 사로잡혀 있었기 때문에 언제나 낯설기만 한옆 아이의 난잡한 잠버릇에서 한껏 떨어져 나가 새우처럼 등을 웅크리고 누웠다. 바람이 사나워 유리창이 덜컹거리면 나는 무서워서 쭈그리고 앉아 소리죽여 울었다. 부모님과 친분이 두터웠던 원장님의 친절로 크게 부족함 없이 지내온 터였지만 이젠 누나가 죽어버렸으므로 더 이상 배 길수 없었다.

누나가 죽은 며칠 후 나는 보육원을 뛰쳐나왔다. 보육원의 간판에 다수없이 돌팔매질을 해대며 나는 거리 쪽으로 내달았다. 다시는 이곳에 오지 않으리라는 사실을 자신에게 다짐시키는 행위였다. 숨도 한번 쉬지 않고 줄곧 달음질쳐 나오면 오래지 않아 거리에 다다르게 된다. 다시 눈에 익은 거리를 달리면 이윽고 지난날 상여가 지나가던 지점에 다

다른다. 나는 비로소 어깨를 펴고 숨을 크게 몰아쉰다. 그때부터 한 걸음을 걷는 순간 팔을 들어 올린다. 그리고 되도록 큰 동작으로 팔을 휘두른다. 처음엔 천천히, 크게 원을 그리던 팔의 동작이, 걸음이 빨라짐과 동시에 빨라진다. 숨이 차다. 팔이 떨어져 나갈 듯 아프다. 그러나 그럴수록 더욱 힘차게 휘둘러야만 된다는 걸 알고 있다. 가슴이 두근거리기 시작한다. 집 가까이 도달했음을 알았기 때문이다. 매일 집으로 들어가는 골목 입구에 다다를 때는 가눌 수 없이 가슴이 떨리곤 한다. 불탄 더위에 우리 집의 모습이 거짓말처럼 생겨 있을까. 아니 불타던 집과 더러운 고아원은 모두 꿈일지 몰라. 매일 나는 이렇게 팔을 휘두르며 속죄하고 있지 않은가 내가 대문을 들어서면 어머니는 반가이 뛰어나오시며 얼마나 팔이 아프겠니, 우리 아기야, 모두 거짓말이란다. 라고 말씀하실 것이다. 나는 골목 입구에서 걸음을 멈추고 망설인다. 팔의 감각이 전혀 없었다. 다시 팔을 들어 휘두른다. 스스로 고무하기 위해서 이까짓 것 하나도 아프지 않다 나는 이렇게 외치며 골목을 들어선다

어슬어슬 기어드는 어둠 속에서 무너진 집은 유령처럼 서 있었다. 타다남은 집의 뼈대는 앙상하고 낯설었다. 상금도 불타고 있는 듯 불내가 풍겼다.

아버지는 다시 살아나지 않았다. 나는 무거운 어깨를 늘어뜨리고 골목을 되돌아 나왔다. 그리고 심한 배고픔을 느꼈다. 나는 더 먼 먼 곳으로 떠나야만 했다. 고아원에서 사람들이 나를 찾아 나선 것이었다. 나는 멀리멀리 알지 못하는 생판 낯선 길을 자꾸 헤맸다.

속이 메스껍다. 등과 엉덩이에 의자가 딱딱하고 차갑게 감각되었다. 누나가 죽어있던 방의 어스름과 묻어오던 연기 냄새의 비현실감, 몽롱하고 비밀스러운 침묵이 성당 안에 가득 차 있어서 나는 자꾸자꾸 토하

고 싶어진다. 높이 매달린 창문은 누나의 소유물 중에서 고운 색 헝겊 조각들이 함부로 붙여진 듯 여러 가지 빛깔로 전해져 있다. 노란빛의 하늘이 아른아른 비쳐들어 벽면에 무늬를 만들고 있다. 나는 그것을 만져보고 싶다. 비스듬히 경사져서 올라간 천정이 그대로 와르르 무너져 앉을 듯 가슴이 뛴다. 나는 의자에서 일어났다. 다리가 휘청거린다. 의자 사이를 빠져나와 맞은편으로 간다. 빛이 만드는 벽의 무늬는 손으로 만져보면 판판하고 냉랭한 돌에 불과하다. 울퉁불퉁하거나 따숩지도 않다. 나는 자꾸 쓸어보다가 비로소 창문으로 비쳐드는 노을빛의 조각임을 알고 실망한다.

보육원에서 누나와 나는 나팔꽃 덩굴이 뻗어간 사이로 불빛이 소낙비처럼 쏟아지는 그늘에 몸을 숨기고 개미들을 살피며 잘 놀았다. 누나는 항상 내가 놀이에 싫증을 느낄 쯤이면 재빨리 알아차리고 새 놀이를 구상했다. 그중 가장 오래 재미있어 했던 것이 개미를 지켜보는 것이었다. 내가 어떤 놀이에 싫증을 느꼈을 때였다. 누나가 은밀히 눈짓하며 나를 뒤뜰로 유인했다.

이것 좀 봐라.

무어가 있는데?

누나는 내 표정을 살피며 슬그머니 손가락으로 땅바닥을 가리켰다. 개미떼들이 줄지어 이사하고 있었다. 조그만 개미들은 서로 경쟁이나 하듯 부지런히 오가면서 이삿짐을 날랐다. 자기보다도 더 큰 짐을 낑낑거리며 굴려가고 있는 개미들이 나는 금방 신기해 호기심을 품었다. 누나는 잠자코 나를 지켜보다가 문득 굵은 나무토막을 하나를 가지고 왔다. 자 지금부터가 진짜다. 누나는 약간 심술스런 눈을 해서 개미 행렬을 중간 지점에다 나무토막을 가로질러 놓았다. 근사한 장벽이었다. 지금껏, 질서정연하던 개미들은 순식간에 행렬이 무너지며 우왕좌왕했다. 한동안 질서를 잃고 어쩔 줄 모르던 개미들 중 몇 마리는 장벽을 넘어 건너편에 진지를 쳤고 대부분 개미들은 오던 길을 되돌아 진지를 구축했다. 나는 점점 흥미를 느끼며 눈을 굴렀다. 누나는 만족한 미소를 지었다. 양쪽 진지로 갈린 개미들은 각각 그들의 새 임금을 맞이하여 서로 적의 침입을 막을 준비를 했다. 나는 처음 개미들이 무슨 짓들을 하는 것인지 몰랐으나 누나는 어쩌면 소상히 얘기해 주었다. 그러면서 누나는 나무토막을 치워 버렸다. 그런데도 개미들은 용케 장벽이 있었던 자리를 알아보고 절대로 상대방의 진지로는 가지 않았다. 누나는 또 한쪽의 개미를 집어서 다른 쪽 진지에 다 넣어 보았다. 그랬더니 개미떼들은 단번에 왈칵 달려들어 침입자를 물어 죽이고 말았다. 나는 치가 떨렸다. 마치 큰 죄라도 지은 듯 얼굴을 빨갛게 붉혔다. 싫어 싫어, 나는 마구 소릴 질렀다.

왜 그러니, 왜 그래?

누나는 슬픈 눈으로 낮은 목소리로 속삭였다. 나는 열심히 토막 자국을 지웠으나 개미들은 절대로 그 보이지 않는 선을 넘으려고 하지 않았다. 나는 성이 나서 침을 탁 뱉었다. 누나는 더욱 슬프게 나를 건너다보았었다.

나는 걷기 시작한다. 자박자박, 마룻장 밟히는 소리가 들린다. 나는 때때로 걸음을 멈추고 누나야, 라고 낮게 부른다. 그러나 자박자박 마룻장 밟히는 소리뿐이다. 누나의 대답은 들리지 않는다. 나는 마치 굶주리고 외로운 쥐새끼처럼 생각되어 슬퍼진다. 나는 의자를 만져본다. 딱딱하다.

성당 안은 아주 어두워졌다. 의자들을 건드리지 않으려면 일일이 더 듣지 않으면 안 된다. 눈을 가린 것처럼 어둠은 급작스레 밀어닥쳤다. 나는 돌아다니기를 그만두고 의자에 다시 누웠다. 벽면의 무대는 조금 어두워졌다.

두 손으로 눈을 가린다. 어느새 누나가 옆에 와서 손가락을 헤집으며 웃는다. 나는 손바닥 안에서 눈을 감는다. 절대로 눈을 뜨지 않는다. 밝은 곳에서는 누나의 모습을 잃어버리기 때문이다.

누나는 언제나 어두울 때만 오는 것이다. 내일은 또 어떤 곳이 눈 앞에 펼쳐지려나, 누나 누나야,

가작

개교 19주년 기념-제364~6호 1971년 6월 18일 금요일

제16회 전국남녀고교생 문예작품현상 : 수필

낙엽 소묘

· 손종철 (대전보문고등학교 1학년) ·

낙엽이 지고 있다. 현란한 색채에 감싸인 낙엽은 추억의 한 파편이다. 오랫동안을 두고 살아왔던 가지와의 추억이, 햇빛과 바람과 이슬을 마시며 함께 성장을 노래하던 온갖 이웃들과의 정(情)의 간절함이 저리도 눈 시리고 안타깝도록 현란한 종말의 빛깔에 전신을 불태우게 하는 것일까, 조락(凋落)의 때에서야 비로소 화려한 색채에 감싸이는 역설(逆說)이 눈물 나도록 아름답기만 하다

낙엽, 아니 잎사귀의 일생에 그것은 오직 하나의 신앙 속에 스스로를 불태워 가는 성자(聖者)의 그것과 같이 숭고(崇高)하기 이를 데 없다. 한 가지 위에 태어나서 자신의 출생(出生)의 모든 것에 미흡(未洽)을 느껴 생일을 바꾸고 이름자를 바꾸는 변덕스러움이 없이, 묵묵히 태양과 이슬과 바람 속에서 목숨의 기름을 얻고 드넓은 우주를 향유(享有)한다.

타인의 것을 욕심내기는커녕 오직 제게 주어진 뜻과 분수만을 알아 꽃을 피우고 열매를 맺어야 한다는, 자기가 속한 커다란 사회의 목적과 뜻에 순응하여 쉼 없이 희망찬 생(生)을 노래하며 일한다.

또한 한 무리 이웃들과 함께 마을을 이루고 때때로 그것으로 집 없는

새들의 보금자리를 마련해 주곤 한다.

협동(協同)은 또한 유일한 그들의 삶의 방법으로서 저 먼 땅속의 뿌리털과 완연한 협동체가 되어 가지가 줄기가 뿌리가 요구하는 커단 목적에 여념 없이 집중하고 성실히 자신의 몫을 다한다.

결코, 송충이같은 잔인한 벌레들이나 손때 묻은 인간들의 외부로부터의 해침이 없는 한 그들은 거의 안으로부터 허물어짐 없이 한여름의 그 세찬 폭우며 소나기의 위협을 받으면서도 오직 견인주의자(堅忍主義者)처럼 모든 시련과 고난을 참고 이겨낸다.

허나 보다 슬기로운 의미는 이런 그들의 성장 과정 속에 있는 것이 아니라 그 마지막에 있는 것 같다. 그토록 한여름이 다하도록 나무라는 사회의 뜻에 따라 꽃을 피우고 열매를 맺기 위하여 모든 것을 이기며 성장했지만 그토록 강인한 삶의 의지를 때맞아 포기할 줄 아는 자이기도 하다. 물러나는 때를 잘 알아야 영웅이라는 말이 있듯이 그들은 결코 어떤 아집(我執)이나 공덕(功德)에 사로잡힘 없이 자신의 몫이 다하는 때 떠날 것을 또한 안다.

가지 끝에서 연한 불길처럼 부풀리어 드설레이던 가슴을 흐느끼어 전율하던 전신을, 가을이 되면 고요히 가라앉힌다.

그리고 산까마귀 때로 희살 짓는 하늘, 더욱 푸르게 높아가는 가을 하늘을 우러르며, 멀어져 가는 가을 강을 먼발치로 바라보며 그들은 고요히 하늘의 소리에 귀를 기울인다. 최종의 작업과 함께 서서히 기능(機能)의 길들인 팔을 내리며 겸허한 눈빛으로 자신이 가야 하는 길을 헤아리는 것이다.

이윽고 저 차고 맑은 가을바람 속에서 한 줄기 푸른 통찰(洞察)에 젖는 때, 아니 저 근본의 가지 끝에 무섭도록 고요한 생명의 정적(靜寂)이 사무치는 때 그들은 한 줄기 바람 자락에, 혹은 바람이 없는 공간에 아낌없이 스스로를 던진다. 그들은 결코 두려워하거나 거부(拒否)하는 몸짓이 아니다. 아니 오히려 이미 퇴색한 육신과는 달리 「어서 가자. 다음 장소에 지각하지 않기 위해 부지런히 서둘러 가자.」고 안으로 애타듯 외치는 것만 같다.

지난날의 공로(功勞)와 영광(榮光)만을 앞세워 늙도록까지 물러설 줄 모르는, 고귀한 희생정신이 아닌 권위주의와는 달리, 집념(執念)을 버리고 지난날의 온갖 업적이나 공덕을 내던지고 소리 없이 낙하(落下)해 가는 숭고한 저 율동. 자신 생명의 내용(內容)을 충분히 살찌우고 가는 저 몸짓은 완전한 삶의 승리, 승리의 교향시(交響詩)가 아니고 그 무엇이겠는가. 깊고 고된 겨울잠을 예비하는 더 커단 생명의 줄기를 위해서, 뒤에 올 새로운 잎사귀들의 탄생을 위해서, 아니 대지의 더 크낙한 질서를 위해서 그들은 아낌없이 스스로 자기 몸을 거친 흙 위에 내던지는 것이다.

떨어져, 차디찬 흙 위에 누워, 바람의 가는 진로에 따라 휘몰아 다니는 낙엽은 그러나 결코 가지 끝을 떠났다고 해서 그것이 하나의 죽음으로 귀착했다는 것을 의미하지는 않는다. 진실로 위대하고 훌륭한 자는 죽어서도 역사의 새로운 밑거름이 되듯이 떨어져 누운 낙엽은 다시 썩어서 흙이 되고 그 후 뿌리의 자양(滋養)으로 변신한다. 토양화된 그들의 육신은 먼 훗날에 다시 저 첨예한 뿌리털 끝에 뽑아 올려져 어쩌면 옛날의 정든 나무의 수맥(水脈)을 타고 올라 자신의 옛 고향, 그 눈물 나게 그리운 가지 끝에 돌아와 부활할런지도 모른다.

낙엽이 지고 있다. 지는 낙엽의 뒤에는 결실을 자랑하지 않는 낙엽의 겸허의 눈빛과는 달리 조용한 약속의 열매들이 경악하리 만치 완연한 무르익음이 되어, 가지 끝에 남아 어진 이의 손길을 고요히 기다린다.

낙엽처럼, 나뭇잎처럼 세상을 살고 싶다. 늘 푸르고 부지런한 육신과 안으로 뜨거운 인내의 가슴 그리고 겸허한 눈빛으로, 살아서 열매를 남기고 죽어서 새 역사의 밑거름이 되는 그런 낙엽처럼 오래오래 나를 가꾸며 살고 싶다.

가작

개교 19주년 기념-제364~6호 1971년 6월 18일 금요일

제16회 전국남녀고교생 문예작품현상 : 수필

나는 방을 사랑한다

· 전미화 (전주영생여자실업고등학교 3학년) ·

나는 나의 방을 사랑한다. 좋아하는 정도를 넘어서 마음속 깊이 사랑하는 것이다 방을 사랑한다—, 얼핏, 사람들을 피해 방구석만 찾아다니는 음침한 인물을 연상하겠지만, 결코 그렇지 않다. 나는 내게 주어진 삶을 보다 성실하고 풍부하게 꾸미고 있기에 나의 방을 사랑하는 것이다.

나의 방.

그것은 꼭 나를 주인으로 모실만하게 생겼다. 방 한켠으로 책상 걸상이 큰 면적을 차지하고 그 위에는 차분하고 스스럼없는 모나리자의 미소가 있다. 오른쪽으로 내 키보다 약간 높게 창문이 달려 있으며 한쪽 남은 벽엔 옷들이 걸려있다. 그 밖에 이것저것 자질구레한 것들이 있고……. 참 평범하고, 어찌 보면 살풍경한 방이다. 오밀조밀한 맛도 없고 각별한 장식품 하나 없다. 구태여 자랑할만한 것을 들추자면 상단계식 책꽂이에 빼곡하게 들어찬 책정도라고나 할까? 그렇지만 나의 방은 나를 위하여 여러 가지 훌륭한 요건을 갖추고 있다. 우선 나의 방은 독특한 향기를 지니고 있다. 문을 쓱 열고 들어서면 뭐랄까, 희미하지만

격조 높은 어떤 향내가 피부에 와 닿는다. 향기 없는 물체를 오랫동안 갈고 닦고 또 다듬으면 스스로 독특한 향기를 발산한다고 한다. 그렇다면 내 방의 향기는 오랜된 벽지와 두꺼운 책 속에서 흘러나오는지도 모른다. 또한, 나의 방은 친근스러워 좋다. 정갈하면서도 구석구석 고운 때가 묻어있는 방 안, 나를 감싸주는 듯한 너그러움이 있음을 나는 정말 고맙게 여긴다. 너무 매끄럽고 반들거리는 방은 주인을 거부하는 느낌을 준다. 대체적으로 비싼 가구가 오만스럽게 버티고 앉아 있고 벽 한 칸이 새 책으로 치장된 방이 바로 그런 방이다. 물론 그 번쩍거림은 사람을 황홀하게 한다. 일순 그 값비싼 책을 욕심내게 한다. 그러나 그 모든 것은 보기 위한 것이지 감히 손도 댈 수 없다. 가구에서 발산하는 그 싸늘한 빛과 책장에서 풍기는 휘발유 냄새는 일정한 간격을 유지한 채 주인의 다스림을 거부하는 것이다. 그러니 그 책은 서점의 물건이요 가구는 가구점의 물건이요. 주인은 한날 그 물건을 지키는 상점 주인일 수밖에 없다. 행여 물건이 다칠세라 항시 조바심하는 주인에게, 방은 이미 안식처로서 존재하는 것이 아니라 주인도 손대기 어려운 거만한 물건으로 존재하는 것이다. 그러기에 나는 검소하고 친근스러운 나의 방을 기쁜 마음으로 소유하는 것이다. 내가 부담 없이 다스릴 수 있는 방, 그 방엔 또한 창문이 있어 온갖 자연의 혜택을 주고 있다. 새벽이면 먼동은 꼭 창 쪽에서 터오고 종소리는 햇살을 통해 내 귓전에 울려 광명의 아침을 알려 준다. 좀 한가한 시간이면 난 창턱에 붙어 앉아 있기를 좋아한다. 내 창문 바로 밑엔 개울이 흐르고 그 개울 건너편에 기다란 골목길이 있는데 난 거리를 지나가는 사람들을 바라보곤 하는 것이다. 어딘가에서 지켜보는 눈을 인식하지 못하는 사람들은 적나라한 자신의 실제 모습으로 내 앞을 스쳐 지나간다. 그들 개개인의 생활은 알 수 없지만 가장 순수한 표정들 속에서 난 뭔가를 알 것도 같다. 자박자박 걸음을 떼어 놓는 어린이 서부터 지팡이에 의지해 걷는 노인네들. 저들은 내 눈앞을 스쳐서 모두 어디로 가는 것일까? 그들은 모두 별개이면서 인생이라는 하나의 미묘한 화음을 이루고 있는 것이다. 그것은 엄숙하고도 장엄한 행진곡이라는 것을 나는 배웠다. 인생은 한때의 유희가 아니요. 성실하고 참되게 걸어가야 할 긴 여정이기에 무심히 걷는 저들의 모습에서도 난 가슴 뿌듯한 감회를 맛보며 새삼 나의 여정을 측정해 보곤 한다. 자칫 자기도취에 빠져 공상주의자가 되기 쉬운 나에게 방은 명확한 현실로 나를 깨우쳐 주면 진지한 사색에 잠기게 해주는 것이다. 방은 또한 자연의 아름다움도 한껏 맛보게 해 준다. 밥이 되면 밤은 모든 추함을 감추고 별과 청량한 풀벌레 울음소리를 더불어 나의 창문을 가만가만 노크한다. 나는 별 하나 하나에 꿈을 키우고 울음소리에 나의 벗을 떠올린다. 사방이 모두 어두움 속에 묻혀 더욱 아늑한 방에서 나는 말끔히 개인 머리로 오직 별과 달과 풀벌레의 노래에 묻혀버린다. 창문을 통한 밤의 세계는 나에게 꿈과 가능성과 내일에의 기다림을 가져다준다. 난 무한한 설렘 속에 지금이라고 곧 나의 꿈이 이루어질 것이라고 생각한다. 그러나 이루어지지 않으리라는 것은 명백하다. 창문을 통한 세계는 어디 까지나 차원 높은 세계이지 그것이 곧 현 세계는 아니다. 현 세계는 어디까지나 내가 딛고선 이방인 것이다. 여기에 방은 또한 중대한 의미를 가진다. 더 높은 곳으로 오르기 위해서 지금 내가 딛고 선 이곳이 건강하고 충실한가 그렇지 않은가는 커다란 차이가 있을 것이다. 그러기에 나는 나의 방에 좀 더 애착을 가져 내일의 기반을 튼튼히 하고 있다.

방.

방의 고마움과 중요성은 내가 성장할수록 더욱 더 많아지고 커질 것이다.

내게 있어서 방은 이미 네모진 공간이 아니고 생명체인 양 여겨진다. 방은 나의 모든 것을 알고 있으리라. 주욱 나를 지켜보며 내가 어떻게 생활해 나왔는지 내가 무엇을 위해 노력하는지 속속들이 알고 있을 것이다. 내가 왜 괴로워하는지 그리고 내 기도의 내용이 어떤 것인지도 알 것이다. 아마 나의 이런 것들을 받아들여 방은 하나의 독특한 향기를 지니게까지 되었는지도 모른다. 방은 결코 나와 분리될 수 없다. 방은 나를 형성하는 무형의 의상이라고도 생각된다

방 속에서 무수히 앓아 본 사람만이 인간다운 인간이라면 지나친 역설일까? 자신의 내부를 형성해 가는 곳은 바로 자신의 방이라는 것을 나는 확신한다. 방은 조그만 방이면서 우주를 품을 수 있다.

나의 방.그것은 나의 침실이요, 나의 내면세계이며 또한, 나의 우주이다.

훗날 내 방은 나를 완전히 나타낼 수 있고 방의 향기와 나의 향기가 똑같을 때 방은 진정 나의 분신일 것이다.

나의 방.—. 도약을 시도하는 나비의 날개가 쉼 없이 퍼덕이고 성실한 생활의 기폭이 힘있게 나부끼는 나의 방을 나는 정말 사랑한다. 사랑하지 않을 수 없다.

호랑이와 여자

· 이경자 (서울풍문여자고등학교 2학년) ·

장소 : 서커스단의 무대

시간 : 저녁

나오는 사람들

A(허약한 젊은 남자)

B(건장한 젊은 남자)

해설자(중년 신사)

단장(노인)

여순경(젊고 아름다운 여자)

서막

해설자가 막(幕) 앞으로 나와 가장자리에 자리를 잡는다.

해설자 ; (모자를 벗어들고) 여러 손님들! 이렇게 오랫동안 참을성 있게 기다리시느라고 수고가 많으셨습니다.

오늘 저녁 보여드릴 공연은 이미 여러분들께서 그 줄거리를 거의 다

아시고 계신 호랑이와 여자올시다 오늘 저녁도 역시 그동안 이 이야기로 곳곳의 수많은 손님을 즐겁게 해드린바 있는 두 젊은이들이 나오겠습니다만 그들은 어젯밤 우리 단원들에게 티끌만큼의 의심도 품을 사이도 주지 않은 채 이곳을 도망쳤드랬습니다. 허나, 저희는 그들을 보기 위하여 이렇게 나와 주실 여러분께 그들의 프로를 선서해 드리기 위해 열두 마리의 사냥개를 풀어 결국 그들을 잡아 오는 데 성공했습니다. 여기서 특히, 손님들께서 기억해 두셔야 할 점은 이번 공연에서 그들은 도망 중에 겪었던 일들을 첨가해서 다뤄보겠다고 한 것입니다. 자, 그러면 이제부터 호랑이와 여자가 시작되겠습니다.

제1장

무대는 막 뒤의 풍경. 정면에는 나무로 짠 조그만 분이 있고 문 옆에 조그만 창문이 하나 있다. 무대 양쪽에 사람의 전신을 비출 수 있는 커다란 거울이 하나씩 세워져 있다. 되도록 조명에 반사되지 않도록 배치해야 할 것이다. 무대 바닥은 색색의 옷가지들이 흩어져 있으며, 그 위에 액세서리들이 반짝인다. 전체적으로 밝은 편. 이윽고, 객석의 불이 꺼지고 막이 오른다. 정면의 좁은 문이 열리고, A가 나오자마자, 옷 속으로 미끄러지듯 들어가 엎드린다. 잠시 후 희한한 소리를 지르면서 옷들과 엉켜 뒹굴다가, 다시 반대편 방향으로 몸을 돌려 엉켜진 옷들과 떨어진다. 여러 차례 되풀이하는 A. 차츰 속도를 늦춰 갈 때, 무대 한쪽에서 B가 허둥지둥 나오다 누워있는 A에 걸려 넘어진다. 아파하는 B를 A가 미안해하며 일으켜 준다.

A ; (털어주면서) 못나서 선견력은 없다 해도, 발 앞에 뭐가 있는지는 알고 다녀야지,

B ; 자네와 같이 다녀서 이 꼴이 됐지 뭔가. 그러나저러나 어서 준비하게. 우리 차례가 됐다네.

A ; (귀찮다는 듯) 날 제발 내버려 두게. 더 이상 귀찮게 굴면 호랑이로 되돌아가겠네. (B에게 달려들면서) 어흥.—.

B ; (놀라며 뒤로 물러선다)

A ; (네발로 기어가면서) 난 이제 호랑이가 됐다네. 이해하게나. 호랑이였을 때가 훨씬 편했었거든.

B ; 뭐라고 설명해줘야 좋을련지…… 난 자네 집 족보를 본 적이 있었는데, 자네 선조 중엔 그 어떤 분도 호랑이라든지, 사자, 또는 고양이 등 기타 여러 동물 중 하나였다는 기록이 남아 있지 않았더군. 그러니, 자넨 호랑이였을 때가 없었네 자네가 보여 줬으면서도……. 제발 착각일랑 하지 말게. 자넨 짐승이 될 수 없어. 내가 귀찮게 굴었다고 그렇게 쉽사리 호랑이가 되어서야 쓰나.

A ; 솔직히 말해서 이 문제는 자네 잘못으로 빚어진 게 아닐세, 말하기가 무척 괴로운 일일세.

B ; (정색을 하며 A에게 돌아서면서) 어려워 말고 말해 보도록 하게.

A ; (망설이다가) 그 왜 있잖아? 벌거벗은 여자가 부리던 그 큼직한 호랑이 말야. 그 여잔 항상 우리 공연 전에 나왔었지.

B ; 그래, 생각나는군. 호랑일 부리는 데는 아주 능숙한 여자야. 지난 핸가? 이젠 기억도 희미해졌군, 아무튼, 그 여잔 호랑일 타고 도망쳤었지. (회상조로) 지금쯤 어디를 달리고 있을까…?

A ; 자넨 잘못 알고 있군그래. 호랑일 타고 도망친 게 아니라, 그 여잘 호랑이가 업고서 달아났단 말일세.

B ; 무엇이 어찌 됐든 둘 다 없어진 것은 사실이었지. 그보담 단장이

화를 내는 꼴이 볼만했었지. 그 여자가 그 앞에 있었다면 눈썹하나 안 남았을걸? 단장은 호랑이가 아깝다고 아주 서운해하더군

A ; 난 오히려 여자가 더 아까워. 그처럼 순진해 보이는 여자는 처음이었는데……. 몸매도 정말 고왔어. 솔직히 말하자면 난 여러 차례 호랑이에게 질투를 느꼈다네. 자넨 눈치도 못 챘나?

B ; (두 손으로 A를 밀치며) 글쎄. 전연 몰랐는걸. 하지만 난 자네가 호랑이에게 욕을 퍼부으면서 먹이 대신 돌을 던지고 침을 뱉는 것은 봤네. 대부분의 단원은 자네가 호랑일 꽤 못살게 군다고 하더군. 설마 자네가 호랑이에게 질투를 느낄라구. 자넨 엄연한 사람인데.

A ; 말 말게나. 동물에게 얻은 질투야말로 생사람 잡는 격이 된다네. 어느 날 저녁 난 그 여자가 호랑이 우리 속에 잇는 것을 우연히 발견하고서 그 여자의 행동을 숨어서 봤었네.

B ; (흥미로워서) 그래 뭘 하고 있던가.

A ; (침통해지며) 호랑이에게 사랑을 바치고 있었어. 무릎을 꿇고, 울며불며, 정말 눈뜨고는 그런 참상을 보기가 어려웠어. 난 애가 타더군.

B ; 호랑인 뭐라고 하던가?

A ; 커다란 눈만 껌벅일 뿐 거만스레 앉아 있더군. 그 꼴이 그 여자의 마음을 더욱더 사로잡았을 거라고 생각하니 마음이 아팠어. (설움이 복받친 듯 고조된 목소리로) 그 여잔 울고 있었다구. 참으로 오랫동안 눈이 큼직한 호랑이 앞에서 말야.

B ; 옳아! 자넨 그 여자 생각을 하고 있었구만, 호랑이가 되어 그 여자의 사랑을 받겠다는 건가?

A ; (수줍어하며 고개를 끄덕인다)

B ; 가엾어라! 사나이 대장부가 한낱 호랑이가 되어서야 어디 쓰겠나

자 무대로 나가세. (창문 쪽을 가리키며) 저것 봐. 단장이 우릴 찾고 있어. 어서 가세.

A ; (주저앉으며) 난 이제 지쳤어. 정말이라구. 우린 새로운 줄거리를 찾아야 돼. 이것을 언제까지 반복할 테야?

난 질려버렸네.

B ; 자네가 싫어해도 손님들은 즐거워한다는 사실을 잊지 말게.

A ; 이봐! 난 죽어도 못 나가겠어. 그보다도 시급한 일이 있어. 그 여자를 태우고 달아난 호랑일 경찰에 신고할 테야.

B ; 단장이 이미 그 여잘 신고했어.

A ; 그 사람은 진짜 바보군. 놀랄 정도로 뛰어난 바본가 봐. 호랑이가 그 여잘 꾀여서 낚아 갔는데 오히려 가련한 그 여자를 신고하다니 당장 가서, 설명해 주고 증거들도 보여서 수정해야지. 자네도 그 여자가 호랑일 훔쳐 달아났다고 믿고 있나?

B ; (어리둥절해서) 아냐, 몰라. 자네 말도 그럴 듯하군. 정말 호랑이가 그 여잘 낚아 갔어? 자네 그 여자가 울면서 사랑을 바치더라고 하지 않았나? 그렇담 그 여자가 호랑일 꾀이고 있었던 것이 아닐까?

A ; 아, 아, 자네 머리도 단장 못지않으이. 아니, 호랑이가 그 여잘 꾀이지 않았다면 그 여자가 그렇게 반하고 날뛸 리가 있겠나?

B ; 그럼, 인제 와서 어떻게 하겠단 말인가? 경찰이 지금 열심히 그 여잘 찾고 있는데도, 호랑이 털 하나도 못 주웠다고 하던데.

A ; 내가 가서 그놈의 호랑일 잡아 오겠네.

B ; 참게, 참아. 그 호랑일 부릴 수 있는 사람은 그 여자뿐일세. 괜히 가서 덤벼들었다가는 자네가 먹힐걸. 더군다나 자넨 경찰보다 경험도 적구.

A ; 어떠한 역경에 처하드래도 난 기어코 잡아내겠어.

B ; 쓸데없는 질투 그만두고 어서 무대로 나가세. 손님들이 기다리고 있겠어. 우린 단장과 사십 년간의 공연 계약을 맺었지 않았나? 약속은 지켜야 한다구.

A ; 이제 난 자네에게 내 결정을 말해 주겠네.

B ; 뭔가?

A ; (단호히) 그만둘 작정이네.

B ; (놀라서) 자네 헛것을 봤나? 정신 차리게. 도대체 어떻게 할 작정인가?

A ; 호랑이가 되려구. 그 여자가 부리는 훌륭한 호랑이야. 늠름하고 홀딱 반할 만할 호랑이가 되고파

B ; (빈정대듯) 꽤 열심히 연습해야겠군그래.

A ; 자넨 아직도 내 뱃속까지 알아내는 기질을 버리지 못하고 있군.

B ; 몇 년을 같이 살아왔는데. 난 자네를 사랑한다네.

A ; 고맙군. 하지만 난 믿음직한 호랑이가 되는 게 좋아.

B ; 난 자네 사랑 받는 그 여자였어야 했을 걸…….

A ; 어쩌면 자넨 내가 사랑하는 그 여자인지도 몰라

A ; 자네가 호랑일 사랑했었나?

B ; 그 여잘 질투했었지.

A ; 난 호랑인데?

B ; 난 그 여자야.

둘은 무대 오른쪽에 세워 둔 거울로 가서 다시 확인하는 A와 B

A ; (거울을 보면서) 자넨 분명히 그 여자야. 남자 탈을 쓰고 있군

B ; 자넨 분명히 그 호랑이야. 남자 탈로 가려져 있군.

A ; 거울은 못 속이지.

B ; 물론이구 말구. 두 개 다 정확해.

둘은 서로를 묵묵히 응시한다. 문을 누가 마구 두드린다. 둘은 여전히 움직이지 않는다.

제2장

무대는 어느 낡은 사무실 방. 무대 가운데에 넓은 나무 책상 하나와 크고 기다란 의자가 서로 떨어져 있다. 바닥에는 휴지와 지푸라기가 널려있다. 무대는 어두운 편이다. A가 스포트를 받으며 무대 앞으로 나온다.

A ; 이제부터 저희가 도망 중 가장 인상에 남는 곳을 보여드리기로 하겠습니다. 저는 끝내 여잘 잊지 못했고 지금도 역시 마찬가지입니다. 원인은 여러분께서 이미 아시는 바와 같이 그 여자를 사랑하는 데서 온 호랑이에 대한 질투였습니다. 그러나 저는 결국 거울 속에서 그 여자를 찾아냈고 저는 호랑이가 될 수 있었던 것입니다. 그리하여 저는 그 여자를 등에 업고 서커스단을 빠져나오는 데 성공했습니다. 참, 여기서 확인해 두어야 할 것이 있습니다. 즉, 저흰 호랑이와 여자란 탈을 쓰고 행동했었습니다만 그 당시엔 조그만 착오로 말미암아 남자 탈을 하나씩 쓴 호랑이와 여자라고 생각했던 것입니다. 그 착오는 함께 뛰어서 달아날 수 있었던 것도 업고 기어가는 것으로 전락시켰습니다.

처음. 저희는 어느 낡은 창고에서 숨었었습니다. 그러나, 그곳은 영원한 안식처가 될 수 없었을 뿐만 아니라, 단원들이 풀어 놓은 사냥개들의 성화로 저흰 딴 곳으로 옮겨 가야만 했습니다. 그러나 저는 곧 길을 잃게 되었고 물론, 길이 어두운 탓도 있었겠습니다만, 제일 큰 이유는 앞문으로 나가도 제대로 알까 말까 할 길을 뒷문으로 나간 때문입니다. 그 뒤, 저흰 밥 속을 헤매다가 미아보호소를 찾아냈고, 그곳으로 들어가게 되었습니다. 여러분! 여기는 미아보호소입니다(조명은 커단 책상 위에 앉은 여순경과 좀 떨어진 곳에 있는 기다란 의자를 비춘다. B를 업고 기어오는 A. 둘은 의자 가까이 오자 얼른 그곳에 앉는다.)

여순경 ; 무엇을 도와드릴까요?

A ; (힘없이) 길을 잃었어요.

여순경 ; 저런! 어디로 가시던 길인가요.

B ; 도망 중이니 나중에 가르쳐드리리다.

A ; (조급히) 개에게 쫓기고 있어요.

여순경 ; 이러시지들 마시고 차근차근히 얘기해봐요. 우선 이름부터 대셔요.

A ; 호랑이.

B ; (신이 나서) 전 여자라 해요.

여순경 ; (어리둥절해 있다가) 뭐라 말씀드려야 좋을지 모르지만 저는 바쁩니다. 정확히 대 주셔요.

A ; (화를 내며) 그래, 못 믿겠단 말이오.

B ; (A를 말리며) 참게. 여자란 원래 의심이 많아.

여순경 ; 그렇담 좋아요. (서류에 이름을 적으며) 나이는?

A ; 1234.

B ; 저두요.

여순경 ; (화를 내려다 참는다) 일, 이, 삼, 사. 주소는?

A ; 호랑이굴.

B ; 저두요.

여순경 ; (벌떡 일어서며) 당장 나가요. 당신들 같은 어중이떠중이들은 필요 없습니다. 당신네 스스로가 처리해야 할 나이예요. 적어도 집 하나쯤은 찾아갈 줄 알아야죠. 더구나 쫓기는 중이라니, 이렇게 정신 나간 짓만 하다가는 어떤 꼴이 될 줄 누가 아나요? (여순경이 기세에 눌려 있는 A와 B를 보자 조금 누그러지면서) 이전엔 어디 있었나요?

A ; 서커스단.

여순경 ; 왜 나왔어요?

B ; 자유를 찾아서 나왔지요.

A ; 맞아요. 공연을 떠난 우리 대로의 자유를 누리고 싶어서였죠.

B ; 손님들이 즐거워하지 않으면 어떡허나 하고 항상 걱정을 했어요.

A ; 전 권총을 보일 만한 곳에 차고 나가곤 했어요. 재미있어하지 않으면 쏴 죽일 작정으로….

B ; 손님들은 목숨이 아까워 즐거워해 줬지요.

여순경 ; 누가 아나요? 정말로 즐거워했을지도 모를 일이잖아요?

A ; 천만에요. 얼마나 악독한지…… 그 앞에 서면 숨이 막혀요.

B ; 저두요.

여순경 ; 나오길 잘했군요. 하지만 사람은 환경이 변하면 제대로 살질 못해요. 마치 조심스레 가꿔야 할 식물과도 같아요. 온도, 습도, 양분, 이 모든 것이 잘 조화되지 않으면 죽게 마련인 것처럼. 당신네는 이 서먹서먹하고 새롭기 짝이 없는 세계에서 무얼 하고 사시겠어요. 고달프고, 역겨워도 되돌아가셔요.

A ; 다시 돌아가게 된다면 아마도 저는 살인을 하게 될지도 몰라요.

B ; 저두요.

여순경 ; 물론, 그럴지도 모르죠. 그러나 당신들은 착하신 분들이니

살인 대신 뭔가 다른 행동으로 만족해하실 거예요. 예를 들자면, 자그마한 막대기를 무릎에 놓고 부러뜨린다든가, 아니면 꿈에 토끼를 잡는다든가……. 방법은 여러 가지가 있어요. 그리고 자유란 당신네의 역량에 따라 얻을 수 있는 문제고요. 자, 그러니 어서 돌아가셔요.

A ; (B에게) 돌아가야 될까?

B ; 글쎄.

여순경 ; 잡혀가는 것보단 당신네 스스로 돌아가는 게 아름다워 보이죠.

A ; 그럴 것 같군.

B ; 저두요.

A ; 난 이제, 자넬 업지 않을 걸세.

B ; 왜? (걱정스럽다)

A ; 자넨 내게 너무 무거울 뿐만 아니라, 타는 방법도 아주 원시적이야

(이때, 먼 곳에서 들리는 개 짖는 소리. A와 B, 허둥거리다 B가 A의 등에 업혀 그곳을 나간다. 미묘한 미소를 지으며 손을 흔들어 주는 여순경. 잠시 후 A와 B의 비명이 들리고 여러 사람에 의해 결박당하는 소리가 들린다 사라진다. 여순경은 손을 계속해서 흔드나, 얼굴은 점점 슬픔으로 덮인다)

후막

단장의 사무실. 중앙에 책상이 놓여 있다. 조금 후 해설자가 황급히 들어 온다. 그것을 본 단장. 얼굴을 찌푸린다.

해설자 ; 단장님! 호랑이와 여자가 돌아왔다고들 해서 알려드리려고 왔습니다.

단장 ; (일어서며) 그게 사실인가? (주저앉는다) 자넨 농담이 예전부터 좀 심한 편이었지. 자, 자! 농담 말고 나가주게.

해설자 ; 아닙니다. 정말 이래두요. 묶여 있어요. 제발, 믿어 주십시오.

단장 ; 여보게, 어서 나가 주게. 이젠 끝날 때도 됐지 않았나?

해설자 ; 정말이에요. 목숨을 걸겠습니다.

단장 ; 그래? 어디 있나?

해설자 ; (방안을 둘러 보다 묶여 있는 A와 B를 발견하자 기뻐 날뛰며) 여기 있잖습니까? 아직도 모르시나요.

단장 ; (화가 나서 의자를 쓰러뜨리면서 일어나) 어서 썩 나가시오.

해설자 ; (재빨리 나가며 즐거운 목소리로) 남자 탈을 쓰고 있답니다.

단장은 안 됐다는 듯 고개를 갸우뚱거리며 의자에 앉아 서류를 뒤적이다, A와 B를 본다. 졸고 있는 A와 B. 단장은 A와 B 곁으로 가서 자세히 훑어본다. 눈을 뜨는 A, B

단장 ; 누가 호랑인가?

A ; 접니다.

단장 ; 누가 여……

B ; (말이 채 끝나기도 전에) 접니다.

단장 ; 누가 자네들을 호랑이와 여자라고 했는가 말해 보게.

A ; 거울이었죠.

단장 ; 거울?

B ; 예. 거울은 속이질 않습니다.

단장 ; 자네들은 광대지 결코 호랑이와 여자가 될 수 없다네. 말이 나왔으니 말이지, 지금 단원들 간에는 탈이 아주 대유행이라네, 요샌 취미에 따라 서로 바꿔 쓴다더군. 어제도 그네 타는 여자와 불을 먹는 남자가 바꿔 하다가 여자는 불에 타죽고, 남자는 그네에서 떨어져 죽었다네. 다들 그쯤 되면 그만 둘 줄 알았는데, 더욱더 그런 장난은 심해만 간다네. 전부 미쳐가는 관속이지 뭔가,

A ; 환경이 달라진 게로군.

B ; 온도, 습도, 양분이 안 맞아서…

단장 ; 아무튼 탈 쓰는 버릇이 조만간 사라지지 않으면 난 이 집단을 해체할 작정이라네. (A, B에게 애원하는 듯) 여보게들 이왕 자네들이 벌려놓은 짓이니, 수습해 주게나. 자네들이 호랑이와 여자란 탈만 벗어버린다면 다른 단원들도 이젠 장난을 그만둘 걸세. 경찰도 너무 많아진 호랑이와 여자들을 다 잡을 수가 없다고 하더군.

이때 해설자가 황급히 들어온다.

해설자 ; 단장님, 또 두 명이 죽었습니다. 이번에는 코끼리 부리는 소년과 줄타기라드군요. 다들 제대로는 모르고 있습니다. 눈 깜짝할 새에 그런 일이 벌어졌기 때문이에요. 손님들은 계속해서 다음 공연을 보여달라고 조릅니다. 경찰은 코끼리와 줄을 잡아갔어요. 그 외에는 아는 것이라곤 호랑이와 여자를 보여달라고 아우성치고 있는 손님들이 아직도 앉아 있다는 것뿐입니다.

단장 ; 그렇군. 해설자! 어서 이들을 풀어 주게. 그리고 자네들은 그런 유행병이 어떻게 해서 이루어졌는지를 밝혀 주게. 손님들이 아주 흥미로와 할걸세.

해설자가 A와 B의 끈을 풀어 준다.

A ; 돌아가는 건가 봐. 자넨 알겠나?

B ; 글쎄. 모르긴 몰라도.

해설자 ; 손님들은 지금 기대에 너무 부풀어 터질 지경인데….

단장 ; 생각할 시간이 없네. 조금도 염려 말고 나가 보게. 훌륭히 해낼 걸세, 체험했다는 마음가짐 하나면 완벽해지지.

A ; 좋소. 우리의 옛 세계로 돌아가자

B ; 양분, 습도, 온도가 잔 조화 된 곳. 아.ㅡ. 졸려. 안식처는 마음이 편해져.

A와 B는 몸매를 가다듬기 시작한다. 그 모습을 만족스러이 보는 단장과 해설자, 안심한 듯 어깨를 툭툭 쳐주고 나간다.

B ; (웃 단추를 끼우고 있는 A를 건드리며) 당신 날 사랑하우?

A ; (가만히 B를 끌어안는다) 〈막〉

가작

개교 19주년 기념-제370~373호 1971년 9월 3일 금요일~1971년 9월 28일

제16회 전국남녀고교생 문예작품현상 : 소설

슬픈 반문

· 박승자 (전주여자고등학교 3학년) ·

「여러분이 듣고 싶을 얘기가 뭔지 무어라도 좋아요. 제가 알고 있는 범위에서 최선의 답을 해드리겠어요」

시커먼 머리가 온통 어깨에 늘어진 여선생, 무척이나 바삐 3층을 올라왔나 보다. 얼굴이 발그레해 가지고 얄팍한 노트로 부채질을 한다. 교실 뒤로 시끄러운 소리와 함께 기차가 지나간다. 그 위에는 새들이 날고 구름이 흐른다.

태양과 하늘빛이 쟁쟁하게 운동장에 쏟아지는 오월하고도 두 번째 맞이한 토요일이다. 맹랑한 아가씨들이 창밖에서 눈 돌릴 생각을 않는다.

1주일 내 결근이신 수학 선생님 시간인데 재치있는 주번 양이 교생선생님을 모셔왔다. 여학교에선 교생선생님의 인가가 대단하다. 졸업을 앞둔 아가씨들의 장벽 없는 카운슬러이기 때문이다.

「아무 말씀도 안 하시는데……… 귀중한 시간을 그냥 보내겠어요?」

학생들은 서로 얼굴을 마주 보면 의미 있는 웃음을 보낸다. 맨 앞자리의 여학생이 선생님을 넌지시 바라본다. 왼쪽 가슴이 이름표에 양 화수, 코가 뾰족하고 입술이 발그스런 하얀 얼굴이 가끔 눈만을 껌벅이는데

고개를 약간 숙이고 있다.

「선생님! 다 아시면서」

마당쇠로 통하는 학생이 한마디 한다. 기다렸다는 듯이 학생들이 중얼 중얼 짙푸른 소녀의 마음들이 교실 안에 가득하다.

「제 얘기, 흥미가 있을지 모르겠네요. 먼저 다녀가신 선생님들한테서도 자주 들었을 텐요. 여러분도 알겠지만, 대학에 가면 단체로 미팅 신청이 와요. 저도 꼭 한번 갔었는데…」

여중 시절엔 듣지도 못하고 알지도 못했던 미팅이라는 것을 여고에선 너무 재미있게 들어왔다. 고등학교 때 제한했던 이성 교제를 공공연하게 개방하는 대학! 대학이란 이래서 좋은지도 모른다.

가기에 앞서 교생선생님들의 산경험담은 소녀들의 가슴속에서 커지고 부푼 풍선처럼 제멋대로 떠다닌다.

「미팅이 있고 난 며칠 후에 그 파트너로부터 편지가 왔었어요. 그렇지만 친구들이 감추고 늦게야 주었기 때문에 이미 만나자는 시간은 지나 있었어요.」

지금도 아쉬운 표정이다.

「선생님 다음은요? 편지라던가 만난 일이 있었을 텐데요?」

한 학생이 빠르게 화살을 꽂았다.

「그 한 번의 편지 뒤로는………다른 미팅에서 파트너가 생겼겠죠!」

선생님 입만을 주시하던 앞자리의 「양 화수」가 창문 쪽으로 고개를 돌린다. 고개를 약간 비스듬히 하고는 〈다른 미팅에서 파트너가 생겼을 거라고?〉하고 어항 속의 금붕어가 물을 마실 때처럼 입술을 달싹였다. 운동장 모퉁이 버드나무 잎새에 흰 구름이 머문다.

3년 전 그러니까 중학교 3학년 때의 가을이었다. 쌀쌀한 바람과 단풍

잎이 나뒹굴고 먼지가 자주 일었다.

8시가 지난 신작로에는 어둠 발이 스며들고 부지런한 별들이 숨바꼭질하는데 빨간 자전거가 열심히 달린다. 먼지를 저항하는 갈색의 썬글라스와 흰색의 바지를 곁들인 단발머리 학생이다.

길 건너편에서 두 남학생을 태운 자전거가 잽싸게 달려온다. 꼭 무슨 일이 일어날 것만 같다. 아니나 다를까 직선으로 뻗었던 음흉한 자전거는 빨간 자전거를 부딪치고 말았다.

이 광경에 찌푸리는 사람 혀를 차는 사람 웃는 학생들 가던 이들이 한 번씩 멈추었다가 갈 길을 간다.

깨어진 안경을 집어 들고 자전거를 일으키는 소녀는 입술이 도톰한 양화수. 얼굴은 홍당무고 흰 바지는 온통 부옇다. 왼쪽 다리를 다쳤는지 절뚝이며 자전거를 끌고 간다. 사거리를 돌아오는 택시에 언뜻 멈춘 화수에게 한 남학생이 뛰어왔다.

「저 학생! 미안해. 많이 다쳤나?」

아까 들이받은 자전거의 뒤에 탔던 학생이다.

「안경이 깨졌군. 나와 함께 안경점으로 갈까? 조금밖에 안 걸릴 텐데.」

아무 말이 없이 땅만 바라보는 화수에게 한마디 더 한다.

「자, 가지.」「괜찮아요. 그냥 집에 가겠어요.」

「그럼 내가 더욱 미안하잖아」

「집에서 기다리고 계셔요」

「30분이면 될 텐데……」

이 남학생 자못 안타까운지 아랫입술을 지그시 물어본다.

「이 시간은 저녁을 먹어야 해요. 늦으면 아빠한테 혼나고 말아요」

「그럼 내가 집에 따라가서 사과 말씀도 들이고 부탁드려보지.」

하고는 화수 자전거 핸들을 왼쪽 손에 잡는다.

「싫어요. 댁의 잘못도 아니잖아요?」

하지만 대꾸가 없자 화수는 깨진 안경을 만지작거리며 남학생 뒤를 따라간다. 행인의 시선을 화수는 부끄럽게 생각했다.

얼굴이 빨개 가지고 땅만 보고 걷는다. 같은 반 학생이 잘못 보지나 않을까 혹은 생활지도 선생님이라도 마주칠까 남학생과 같이 갔다고 소문이 퍼지면 어쩌나 해서다.

일찍 켜진 가로등은 화수네 골목 입구다.

화수가 돌아오는 게 늦자 화수오빠가 나와 있었다. 깨끗한 런닝을 입은 그는 화수를 바라보더니 옆에서 남학생에게 눈을 준다. 화수가 재빠르게 웃으며

「오빠! 나아 자전거 타고 오다가 전봇대에 부딪혔어. 그런데 저 학생이 집에까지 데려다준댔어.」

「아 그래! 학생 고마워」

「저는 S고 2학년 성 세준입니다. 부주의로 안경까지 깨게 했어요. 죄송합니다만 동생과 안경점까지 가는 걸 허락해 주셨으면 합니다.」

「학생이 왜 안경까지 물어야 해? 여기까지 데려다준 것도 고마운데 얘는 7시에서 8시까지 피아노 렛슨을 받아, 그래서 자전거를 사줬는데 말야 이제는 멀어도 걸어 다니도록 해야겠어. 남학생과 다른 여학생이 자전거를 탄다는 것부터 마음에 걸린단 말야. 성군도 바쁠 텐데 괜히 폐가 되었군. 자 어서 가봐」

오빠가 어깨를 툭툭 쳐 준다.

「안경점에 갔으면 꼭 좋겠는데…」

화수와 오빠의 눈치를 살핀다.

「그럼 안녕히 계십시오. 학생 미안해」

그 학생은 오던 길을 되돌아갔다. 묵묵히 파란 대문에 〈양종철〉 문패가 있다. 평상시 사용하는 소문으로 들어가면 변소가 있고 석류가 넓게 차지한 정원과 자갈로 된 마당이 있고 한일자 몸체가 보인다. 여기엔 화수 엄마 아빠가 살고 개구쟁이 두 남동생과 발발이〈쭈비〉가 뛰노는 곳이다. 밀창을 열고 마루에 올라서면 반들반들한 가구들과 방이 시원스런 화수네 집이다. 화수의 오빠가 부지런히 왔다 갔다 하더니 화수의 발목과 무릎에 옥도정기를 바르고 있다. 방안으로부터 화수를 부르는 소리가 났다. 화수는 부랴부랴 〈외출부〉에 〈대교통사고로 35분 늦게 도착. 화수〉 라고 쓰더니 방문을 박차고 건너간다. 외출부라는 것은 화수 오빠가 고등학교 다닐 적에 아빠가 처음 만들어놓은 보고서다. 이것은 반드시 집에 있어야 할 시간에 없었거나 혹은 늦었을 때는 이유를 붙여 제출하는 것이다. 양 종철씨는 3남 1녀의 강력한 대통령이고 재밌게 놀아주는 친구이다. 그는 밖에서는 노련한 신문기자이고 일요일엔 낚시광이 된다. 지금 그는 본사에 보내는 기사를 작성하고 있었다.

「화수야! 대교통사고라니?」

안경 너머로 눈이 둥글하다.

「으응 이따가 오빠한테 물어봐. 잠시 기억을 상실했어. 헤헤………」

「어서 자거라」 옆에 있던 어머니가 말씀하신다. 항상 하나인 딸이 버릇없다고 생걱정을 하시는 엄마의 말은 화수에게 이미 면역이 되어 있었다. 화수는 하품을 크게 하고 책을 한 권 펼친다. 그리고 지면을 채워나간다. 해가 바뀔 때면 화수오빠는 잊지 않고 일기장을 화수에게 사주었다.

〈양 화수의 창피 사건이 일어났다. 남학생 자전거 하나 제대로 못 피하고 말았다. 두 자도 못 되는 다리는 온몸이 쑤시는 듯 금이 간 안경은 거미줄 같다. 「성 세준」 지금은 코밖에 생각이 안 난다. 영화 속의 독일 장교처럼 코하나 잘생겼더라〉하고는 버릇처럼 혀를 내밀고 웃는다.

나비처럼 잎들이 날고 나무들은 옷을 거의 벗은 아스팔트교정에 명순이와 화수가 서 있다.

「명순아! 나중에 만날 기회 있으면 꼭 소개해줄게. 너에게 어울리는 독일장교야. 어때!」

「농담이겠지」

「아냐 정말이래도. 인제 봐. 호호」

「화수야 고등학교나 생각해」

「내일 만나!」

손을 흔들고 헤어진다.

학생들은 삼삼오오 짝을 지어간다. 똑같은 머리 길이 복장 그리고 신발이 똑같이 움직인다. 참새처럼 이렇게 재잘거림에 소녀는 성장하나 보다.

화수는 엄마가 담아준 한 그릇의 콩나물 비빔밥을 거뜬히 채우고 부지런히 옷을 입는다. 마루를 닦고 계시던 엄마가

「화수야 자전거 타지 않으면 좋겠다. 앞으로 더욱 어두워질 텐데 시간을 바꿔 달라고 선생님께 해야겠다. 여학생이 밤에 밖에 있는 것부터 불안스러워」

「그렇지만 엄마! 시간을 바꾸면 천상 새벽일 텐데 잠이 와서 어떻게 해.」

「아침 공기가 얼마나 좋은지 모르니? 웬만하면 보약이 무슨 필요 있

어!」

항상 자전거는 불쾌하지 않다. 여자가 타고 다니는 걸 손가락질하는 자는 바보다. 신선한 콧노래가 홍겨워 달리는 기분. 타보지 않은 사람은 호흡할 수 없다.

골목을 나가서 자전거에 오른 화수는 고개를 갸웃거리다가 뒤를 돌아보고 놀란다. 본 기억이 났다. 그렇다. 독일장교다. 자전거 뒤축을 잡고 있으니 움직여야지. 화수는 어째야 하는지 몰랐다.

「학생! 내려와서 아는 체라도 않겠어?」

화수는 완전히 한 대 먹은 거로 계산하고 뾰루퉁히 내려섰다. 화수는 어제처럼 얌전하게 대하진 않을 것은 물론 여차하면 멋지게 한방 놀려고 열심히 단어와 단어를 머릿속에서 생각했다. 그런데 계산은 완전히 처음부터 틀려 있었다. 그는 올라타더니 화수더러 뒤를 타라는 눈치다. 화수는 이런 사람이 있나 싶어 째려 주었다.

「타시죠! 내가 오늘부터 그대의 기사가 되리다」

타야 하나 타지 말아야 하나? 독일장교!

화수는 망설임 속에 집에서 오빠가 부르는 대명사 〈독불공주〉가 용감성을 발휘케 했다. 가슴이 도근거리는 소리가 바람 소리에 파묻혀 버린다.

「아가씨 어느 쪽으로?」

「왼쪽」

약국이 지나고 세탁소 문구사 양장점 다과점 꽃집 그리고 골목을 지나면 피아노 소리가 들린다.

「내려요!」

화수가 급작히 말했다. 시끄러운 음이 울리고 자전거가 멈췄다. 화수가 내려도 독일 장교는 내릴 생각조차 않고 있었다.

「내려요. 자전거는 제소유물이에요.」

「볼일이나 보시죠. 제가 보관하죠.」

「한 시간 동안을 봐준다고요? 쓸데없는 수작 말고 얼른 내리기나 해요.」

「걱정은 사족입니다.」

화수는 이런 능글스런 사람이 있나하고 욕을 하고 싶었다.

책을 펼치고 건반을 눌러본다. 피아노 위의 사발시계는 15분이나 지나있었다.

누구 때문에 15분을 손해 봤는지 생각하기도 싫은 모양 눈은 계속 건반을 따른다. 언제나 화수 다음에 치는 국민학생이 들어왔다.

「언니 오늘은 웬 열심히유! 시간을 꼭꼭 지켜서 비키더니」

「벌써 지났나?」

집 대문을 조용히 당겨놓고 시계를 내려 본다. 그리고는 돌려놓은 자전거에 올랐다.

채 차지 못한 달이 독일장교와 독불 공주의 그림자를 뒤쫓는다. 집 앞 골목에서 장교가 내렸다.

「잘 가」란 바리톤을 뒤로하고 공주는 대문으로 향한다. 달은 남성인가보다. 독일장교를 뿌리치고 독불공주를 따라가니 말이다.

화수는 일기장에 되는대로 잔뜩 뇌까리고 벌렁 누웠다. 가만히 생각할수록 이상했다. 데려다주는 마음 기다리는 마음 또 데라다 주는 이 세 마음은 고등학교 남성의 마음이요 중학생이고 여학생인 머리에는 캣숀 마크만 짙게 자리를 차지할 뿐이다. 피아노를 치기 시작해서 끝나는 그 60분 동안 독일장교는 무얼 하며 기다릴까 하고 화수는 매일매일 반복

되는 의문의 동행 속에서 그것은 더욱 궁금하였다.

11월이 지난 어느 날이었다. 이제는 골목을 나오면 으레 둘러보는 게 화수의 습관처럼 되어 버렸다. 그런데 아무리 둘러 봐도 조각코 독일장교는 보이지 않는다.

〈그러면 그렇지. 무슨 성현군자의 마음으로? 나올 까닭은 옛날부터 없었을 거다〉

그러나 한편으로는 〈아플까? 혹은 불행한 일이라도〉하고 방정맞은 여자의 소견이 솟아났다.

피아노를 얼렁뚱땅 시간만 채우고 나왔다. 화수는 늦게라도 그가 나올 것 같았다.

그러나 화수가 아는 남학생은 보이지 않았다. 길에서 옷소매 스친 사람이 얼마나 많냐 하고 마음을 달래도 신작로를 달려도 그 학생모 밑의 오똑코가 마음에 켕겼다. 11시 반 싸이렌이 울리고 안방이랑 오빠 방이 불 꺼진 지 오래다. 대문 두드리는 소리를 어렴풋이 들었다. 화수는 혹시나? 하면서도 누구인지 몰라 주저했다. 안방에서 나는 기침 소리에 든든한 화수는 일어섰다. 하늘엔 별도 총총한데 잔비가 내리는 것은 무슨 연유인지. 가로등 밑에서 반짝거린다. 문간에는 학생모가 우산인 듯 독일장교가 서 있다. 화수는 반갑기도 한 본심을 감추고 넌지시 말했다.

「결석계를 내러 왔나요? 이 밤중에.」

「으흠! 오늘 나오지 못해서 미안하다. 내가 왜 밤에까지 널 괴롭히는지 나 자신도 모르겠다.」

「난 왜 밤에까지 괴로움을 당해야 하는지 의문인데요? 문 닫아야겠어요.」

「가만! 할 말이 있어.」

「…………」

「피아노 치는 시간을 새벽으로 바꾸면 어때? 우리 수업시간이 늦어져서」

「…………」

「들어가 봐!」

갑자기 멍청이가 돼버린 화수에게 특유의 미소를 보내고 골목을 뛰어나간다.

제멋대로 스타일라고 화수는 생각했다. 세상일이 손을 엎었다. 뒤집었다 하는 것처럼 쉬운 줄 아는 자기주의라고. 빗장을 덜컹덜컹 잠그고 마루를 지나가기 안방에서 웬일이냐고 묻는다. 화수는 가벼이 친구라고 대답하고 지나 버렸다.

이튿날 학교에서 정말 우연한 일이 생겼다. 수업이 끝나고 음악선생님 부름에 화수가 달려갔다. 선생님은 무조건 양보하라고 말씀하신다. 화수가 무얼 양보하느냐고 물었던 모양. 선생님은 교대를 지망하는 여고 언니가 화수시간에 들어온단다. 빈 시간이란 없는 걸 화수가 알고 다시 물으니 선생님은 새벽에는 공기도 좋고 밥맛이 나고 구구절절 끝에 시간은 4시 반에서 5시 반이란다. 화수는 입이 벌어졌다. 흰 눈이 내리기 시작한 겨울이고 새벽잠 많기로 집안에서 유명한데 너무 이른 시간이었다. 피아노를 고만 칠까 하는 생각을 담고 화수는 교문을 나왔다. 그 독일장교가 4시 반이라면 놀라지 않을까? 아무리 끈질기다고 하지만 캄캄하고 눈이 쌓인 새벽에 나올까가 의문이었다. 집에서는 잠이 적겠다고 걱정하셨다. 이튿날은 아예 가지 못했다. 여전히 늦게 일어났기 때문에. 화수는 하굣길에서 음악선생님께 게름쟁이라고 꾸중 듣고 그 자세로 무슨 고등학교냐라고 말이 나올 정도로 기분 나빠 하셨다. 당장 고만두고 싶은 맘이 울컥 솟았다.

교문 근처에서 성 세준은 하교하는 여학생을 주시했다. 밤에 또 집으로 가는 것은 성미에도 맞지 않았다. 그래서 마지막 시간에 꾀를 부리고 부랴부랴 달려왔다.

「몇 시지?」

생각지도 않은 곳에서 질문을 불쑥 당하자 깜짝 놀란 화수는 말을 잃어버렸다. 독일장교가 천연스럽게 웃는다.

「심장이 강하질 못하군. 몇 시야?」

「4시 반」

「4시 반! 좋아 아주 좋은데! 운동도 될 거고 산책도 되겠지.」

「…………」

「참 아가씨께서 내 말을 고분고분 잘도 들어주셨는데 상을 줄까? 손 내놔봐.」

「…………」

화수는 손대신 입을 삐쭉했다. 고분고분 이라는 데에서 기가 질려버렸다.

「손 내 놔보래도…………공부 열심히 해!」

독일장교는 가볍게 길 건너편으로 몸을 날렸다. 화수의 조그만 손에는 굵은 땅콩이 소복했다. 실바람에 꼬수운 냄새가 코를 실룩거리게 했다.

이튿날부터 매끄럼한 하얀눈 위를 여느 때와 마찬가지로 불을 태운 세준은 검은 가죽장갑을 끼고 핸들을 잡았다. 독일장교의 손이 시려울 꺼라고 화수는 생각하면서도 말은 나오지 않고 뿌연 입김만 내뿜는 걸 안타까이 생각했다. 도리어 독일장교가 화수더러 바람이 매서우니 목을 잘 싸매지 않으면 감기든다고 말할 정도였다. 어쩌다 깊이 잠든 날에는 대문 두드리는 소리가 요란했다. 화수 부랴부랴 나가서 멋쩍어하면 아랑곳하지 않고 빨리 타란다. 운동이랄까 산책이랄까 하여간 그 일은 매일 새벽 아무도 몰래 진행되었다. 화수는 뇌리속이 가득하였다. 왜 독일장교는 고생을 사서 하나. 공기가 차가운데 자기가 소요하는 60분 동안 그는 무엇을 어떻게 하며 지내다가 제시간에 서 있을까. 독일장교에 대한 애착심이 커져가는데 두려움을 느꼈다. 또한, 집에서 이런 사실을 안다면 어떻게 생각하실까?

그는 안경과 상처 입은 것만으로 단순히 그럴까? 아니면 다른 생각이라도……하고. 날씨도 좋은 오늘은 화수가 졸업하는 날이다. 학교는 온통 사람으로 들끓고 또 엄숙한 가운데 재학생 송사와 졸업생 답사로 학생들은 울기 시작했고 마지막 담임선생님의 말씀을 끝으로 완전한 졸업생이 되었다. 운동장은 보이는 게 사진사들이고 부모와 형제들이 축복하는 꽃밭이다. 화수를 더욱 울게 한 것은 이것들이었다. 집이 비어 나오지 못한 엄마는 그렇다 치고 다른 아무도 화수에게 꽃 한 송이 채워주지 않았다. 평상시 친한 명순이는 오래전부터 엄마가 누워계셨으니 더욱 슬퍼했다. 명순이와 화수는 운동장 구석으로 갔다. 그늘졌던 담 밑은 눈이 퍼걱퍼걱 밟혔다. 둘이는 비극의 주인공처럼 울고 노래하고 웃었다. 이러한 과정에서 소녀의 사춘기가 센티멘탈함이 형성되나보다. 운동장이 한산해지길 기다려 둘이는 문을 향했다. 터벅 터벅.

「왜 특별히 늦지? 따라와」

화수는 깜짝 놀랐다. 독일장교가 나타나리라고는 정말 뜻밖이었다. 새벽에도 아무 말이 없었기 때문에. 세준이는 아침부터 아버지를 졸랐다 친구 동생 졸업식에 간다고 자금 청구를 했다. 다행히 승낙하는고로 먼저 책방에 들렀다. 졸업선물이란 꽤 까다로웠다. 그래도 무난한 게 책이겠다 싶어, 이책 저책 뒤지다가 책 한 권을 사 들고 화수네 학교로 갔다. 화수의 톡톡 쏘는 게 재미있다. 겉으론 그럴망정 속으로는 자기를 하루의 십 분의 일 아니 이십 분의 일 정도라도 생각해 주기를 바랐다.

책을 고를 때도 여간 신경을 기울인 게 아니었다. 10번쯤 생각해서 한마디 하는 화수말은 세준에게 다이너마이트처럼 아찔했다. 책을 신중히 고르지 않으면 어떤 비난의 폭탄이 터질지 모르는 일이었다. 그런데 교문에서 기다린 지 상당한 시간이 경과해도 나오질 않으니 속이 탔던 모양. 신경질적 요소가 함빡 들어있다.

「뭐해! 빨리 오지 않고.」

「왜 그래요? 저 집에 갈 테야요. 내가 매인 몸인가? 오라 가라 하게.」

「길에서 뭐야 오라면 오는 거야.」

화수가 잔뜩 불어있다. 곁에선 명순의 눈이 화수를 쳐다보고, 이 순간에 나는 어떻게 하면 좋으냐고 묻는 것 같았다. 화수는 방긋 웃어 보이고 손을 마주 잡고 세준을 따라갔다. 뱃속에서는 쪼로록 소리를 울리니 화수는 침을 꿀꺽 삼켰다.

다과점에 들어섰다. 사람이 아주 많다. 주로 학생들이. 화수는 동행한 게 남학생이라는 점에 신경을 곤두세우고 자리에 앉자마자 커튼을 내려 버렸다.

「친구 되시는 분에게 우선권 드립니다. 뭐로 하시겠습니까?」

「아무거나 좋아요」

「아가씨는?」

「…………」

대답 대신 화수는 고개를 반대쪽으로 돌려버렸다. 독일장교 먹는데 독불공주가 못 먹을 거 없지, 하는 뜻에서.

「좋아, 아! 인사가 늦었지만 성세준입니다. 졸업을 축하합니다.」

「오 명순입니다. 감사합니다.」

「아가씨 이름은?」

화수는 성낸 체를 하고 있다가 짐짓 놀랐다. 지금까지 양 화수를 모르고 있는 데 대해서. 하기야 이름이 필요로, 그렇게 느낀 적이 없으니까. 화수는 속으로 웃었다.

「이름도 곰곰이 생각해야 해?」

「잊었어요」

「아무려면 어때」

빵과 단팥죽 과자를 셋은 잘도 먹었다. 배가 고픈 건 마찬가지였나보다. 화수는 잠시 훠크를 입에 물고 생각했다.

집에서는 필시 점심을 해놓고 엄마가 기다릴 것이고, 또한 남학생과 빵집에 있는 걸 아는 사람이 보았다면, 아니 모르는 사람이라도 얼마나 가치 없이 평가할까. 이것이 모두 독일장교 때문이라 생각한 화수는 단단히 벼르고 있었다. 영화 제목처럼 낙인찍힌 소녀가 되기 전에 졸업과 아울러 나를 모르는 체하라고 말하고 싶었다.

「인제 일어나야지. 뭘 멍하고 있어? 졸업식이 그렇게 충격이었나!」

명순이와 세준이 웃었다. 화수도 웃음을 보이고 일어섰다. 거리에는 꽃을 단 학생과 부모들이 정다웠다. 손에는 앨범을 들고 선물과 꽃들로 얼굴이 환하다. 그렇지만 열사흘이 지나면 고등학교 입학시험이다. 그러고 보면 졸업 기분이라는 것은 일단 교문을 나오면 불필요한 것이다.

「졸업을 축하한다. 이제는 고등학교 입시에 충실해야겠지? 그리고 이것 받아, 이유는 붙이지 말고 내일 새벽에 만나자」

세준이 돌아서려 한다.

「나 내일부터 피아노 치러 안 가요.」

「왜?」

「…………」

「왜 안가. 이유가 뭐야. 입시 때문에?」

「상관 말아요. 혼자 가도 되는데 괜히 야단하지 말아요. 집에서 알면 혼나겠어요.」

「뭐가 혼나? 나는, 정당하게 누구한테나 언제나 말할 수 있어. 내가 하고 싶어 하는 일. 정말 양심에 그르치는 일을 생각해 본 적도 없거니와 또 안 했다고 생각해.」

「흥! 나는요, 아직 어려서 뭐가 뭔지 몰라요. 하지만, 오늘부터 모른 체 해야만 될 것 같애요. 이런 것도 반갑지 않아요!」

「뭐? 이게 정말……」

아까부터 변했던 세준의 안색이 더욱 창백해지고는 화수를. 화수의 빰을 때려 버렸다. 화수는 정말 어린애 같이 소리 내 운다. 잠시 세준이 생각하더니 땅에 팽개쳐진 책을 털어 화수 팔에 끼워주고 돌아선다. 이렇게 되는 게 아니었는데, 세준은 마음이 아팠다. 뭐 실수한 일이라도? 하고 생각해 보았으나 없는 것 같았다. 화수가 세준이에게 감사는 고사하고 화를 돋웠으니 세준은 더욱 신경질이 났다. 걸리는 돌을 힘껏 찼다. 더욱이〈발로 돌을 차면 제 발만 아프다〉는 옛말이 머리를 스치자 더욱 화가 났다. 팔을 쭉쭉 뻗어 보았다. 지나가는 사람들이 이상한 듯 쳐다 본다. 세준은 포켓에 손을 찌르고 휘파람을 불었다. 휘파람은 값이 싼 진정제이다. 세준의 마음은 안정되기 시작했다.

화수는 창문의 커튼을 내리고 방문을 꼭 잠갔다. 아랫목의 이불을 뒤집어썼다. 불러도 나오지 않으니 화수 엄마가 아빠한테 동조를 구한다.

「화수가 성이 많이 났나 봐요. 당신이 가서 달래보구려. 나는 집이 비었다지만 당신은 회사에서 틈을 좀 내셨더라면 저런 일이 없죠. 애가 점심도 안 먹고……」

하더니, 입맛을 다신다. 양 종철씨는 화수방문 앞에 이르러 양반 기침부터 한다.

「공주님! 아빠 따라 가사이다. 안방에는 즐겨 드시는 갈비찜이 있고 오빠도 엄마도 기다리고 있는데 기척도 없으시니까! 독불공주님, 어서 나오십시오. 아빠가 안방까지 업어다 드리지요」

화수가 웃음을 참고서 나온다.

「아빠는 들으시오! 몸이 늙었으니 나를 어찌 업겠소! 내가 걸어가지요. 헤!」

저녁상을 물리고 아빠가 화수에게

「화수야, 오늘 아빠가 미안했다. 아빠가 바빠서 말야. 그 대신, 고등학교 졸업식 땐 꼭 참가하마」

「공주님! 이 오라비도 그만 친구하고 놀다가 깜박했지 뭡니까! 우선 이것 받으시고 노여움을 푸소서」

여러 권이 달린 비닐 노트를 화수를 기쁘게 받았다. 화수는 일기장과 더불어 하루를 반성하고 독일장교의 선물을 풀었다. 〈좁은 문〉이라는 용감한 필치가 눈에 들어왔다. 〈앙드레지드〉가 그 밑에 빠지진 않았다. 첫 장을 넘기니 거기엔 펜글씨로 〈졸업을 축하한다! 이름 모른 소녀야, 다음 장은 넘기지 말기로 하자. 고등학교에 합격하거든 그때는 넘겨도 좋다. 세준〉이라고 쓰여있다. 화수는 될 수 있으면 세준의 필치를 흉내내 일기장에 옮겼다.

일력이 찢기는지 모르고 하루하루를 보낸 화수는, 그동안 입학시험을 치렀고, 합격증을 받아오고 새 학년 준비에 바빠 설날 오는 줄도 몰랐다. 설날 아침에 차례를 지내고 난 안방엔 화수아빠 그의 친구, 오빠의 그의 친구들이 화투놀이로 시끄럽다.

화수는 아직도 아랫목에서 둥글둥글하고 있다. 엄마가 과일 접시를 들고 오더니,

「화수야, 성씨 아저씨랑 오셨는데 세수하고 인사드려야지. 흉보겠다」

화수는 세수를 마치고 엄마가 해주신 빨간 한복을 입었다. 엄마가 옆에서 거드신다. 화수는 즐거웠다. 아빠 친구 성 정근씨는 장난을 잘 쳐서 곧잘 사람을 웃겼다. 양 종철씨와 같은 신문기자이고 열렬한 낚시꾼이다. 그런데, 서울 본사에 계시는 형님한테 머지않아 갈 거라고 했다.

「독불공주님 납시오」

어느새 소리치자, 방안의 시선이 방문에 이른다. 화수는 웃고 있던 입이 하마터면 소리를 지를 뻔 했다. 왜냐면 아빠 옆에는 독일장교가! 분명 독일장교가 앉아 있었다.

그 옆에 아저씨가 계셨고. 독일장교는 아저씨 아들이란 말인가? 항상 외아들이라고 걱정하셨는데, 그러고 보니 이마가 닮아있는 것 같았다. 화수는 아저씨께 큰절을 올렸다 엄마가 가르쳐준 밑천에 얌전만을 피워서 비단 치마가 부하게 떴다, 가라앉는다.

「화수도 어엿한 고등학생이 되었지 공부도 열심히 하고, 사랑은 천천히 살짝 하고. 하하……」

「화수야, 이 학생은 아저씨 아드님이래. 나이가 위니까 오빠가 되겠지? 잘 따르도록 해라」

「잘 부탁합니다. 독불공주님!」

세준에게도 익살이 있었다. 화수는 세준의 깊숙이 숙인 머리를 보고

웃음이 났다.

벌써, 독불공주라고 귀띔한 사람은 오빠 같아 쳐다보니 옆에 친구와 얘기에 열중이었다.

낮에는 큰상을 두 개나 봤다. 덕분에 화수엄마는 한동안 정신을 못 차렸다. 모두 잘 먹었다고 한마디 한다.

「형님들! 잠깐 이야기를 멈추시고 신의 말을 들어 보사이다. 집안에 남자 천하인데 귀하신 공주님을 독불이라고 해서 되겠습니까? 이거 안 됩니다. 정초에 이름을 싸악 갈읍시다.」

세준의 제스춰에 〈노랑털〉이라고 불리는 오빠 친구가 받는다.

「어떻게? 독불장군으로? 하하…」

모두 웃음보들 터트렸다.

「하하, 아닙니다. 제가 생각한 게 있는데 어떨는지요. 희랍신화에 나오는 월계관」

「아--, 나는 기절한다. 성스러운 말이니라.」

화수오빠가 머리에 손을 대고 기절하는 시늉한다. 방안에는 박수를 치며 웃었다. 이제까지 독불공주님이 월계관으로 되었다. 화수는 생각했다. 독불공주와 독일장교, 어울리는 이름 같았는데 독일장교와 월계관이라면 거리가 벌어지는 감이 났다.

높은 산봉우리에는 덜 녹은 눈이 햇빛에 빛나고 나무들이 아직도 새잎 갈아입기 전, 화수는 여고 교복을 입고 세워준 3자 뱃지를 달았다.

즐거운 여름방학이 시작되고 양 종철씨와 성 정근씨가 5일간의 휴가를 받았을 때 양쪽집은 회사차를 빌렸다. 구이로 향해서 차 속에는 솥, 곤로, 쌀, 이불, 텐트 등과 로비(강아지)도 같이 있었다. 로비도 즐거운지 꼬리를 흔들었다. 털이 부월 부월한 족보 있는 발발이다. 도착한 날은 두 동생을 제외하고 모두 바빴다. 텐트를 친다. 밥을 진다 하고. 화수 동생들은 일찍부터, 헤엄을 친다고 즐거워했다. 이튿날은, 화수와 세준이 고기 바구니를 들고 아빠들 뒤를 따라 다녔다.

「좁은 문은 다 읽었나?」「예」「이야기 좀 해. 꼭 물어야 해!」「무슨 이야기요」「나 이런 맹추」 세준이 화수 코를 꼭 쥐었다 놓는다.「왜 나에게 정성을 다하나요. 왜?」「하하」「웃지 말아요! 기분 나쁘게!」「월계관!」 세준이 화수를 바라보고 웃는다.

다시 높기만한 하늘로 향한다.「더 크면 모든걸 알아」「난, 다컸어요!」「하하…… 청머루순이 뻗어 나오던 길섶. 어디에선가 하나절 꿩이 울고. 나는, 활나물 호납나물 젓가락나물 참나물 찾던, 잃어 버린 날이 그립지 아니한가. 나의 사람아. 아름다운 노래라도 부르자, 서러운 노래라도 부르자. 보리밥 푸른 물결을 해치며. 종달새 보이는 내 마음은 하늘 높이 솟는다. 오월의 창공이여, 나의 태양이여! 나의 월계관이여!」

햇볕은 강하게 내리쬐고 발바닥이 뜨겁다. 화수는 이상한 걸 느꼈다. 어쩌면, 가슴속이 터질 것만 같고 혼자 뛰어가고 싶었다. 여느 때 독일장교처럼 느껴지지 않는 감정은 또 무엇인가. 화수는 얼굴이 발개지면서 고개를 숙이고 걷는다. 이 순간이 5분만 더 계속된다면 아니 1분만 더 연장됐더라면, 화수는 강렬한 햇볕 속에 가슴부터 타버릴 것 같았다.
「화수야」 화수 엄마가 뒤에서 부른다.

「엄마, 왜」「손님 오셨으니 아빠랑 아저씨랑 오시라고 해」

화수들과 아빠들은 텐트 속으로 들어갔다. 손님은 아빠 회사 사환이었다.

「여기까지 웬일인가?」

세준 아빠가 먼저 물었다.

「축하합니다. 하필 떠나시자마자 본사에서 연락이 올게 뭡니까?」

찾느라고 땀을 뺐나 보다.

「그래!」

성 정근씨가 바라던 일이 이루어진 것이다. 닷새의 예정이 이틀에 중단되고 다시 짐을 싸기 시작한다. 화수 동생들은 더 있다 가자고 아빠를 조르는 모양, 엄마가 중간에서 다음에 오자고 달랜다.

화수는 자기를 누구라 칭하는 세준의 마음을 이제는 안다. 이제는 컸을까.

「가면 편지부터 해야지. 누구한테 먼저 할까. 오빠? 아빠?」

「양 화수」라고 화수가 대답하자 세준이 의외라는 듯이 쳐다본다.

「정말?」「으응」

「나는 오늘을 기다렸는지 몰라. 네가 나를 얼마만큼 생각하고 이해해 줄까란 의문은 이 시간까지 계속했어. 그런데 네가 날 알아주는 데 난, 떠나야 한다. 좀 더 일찍이 오늘은. 우릴 찾지 않았을까? 아니, 왜 너는 어른이 빨리 되지 못했을까!」

세준의 눈에 핏발이 선다.

「내일부터 우리는 화수는. 누구하고 피아노 치러갈까?」

화수는 땅만을 바라본 채 귓전에 세준의 말을 담는다. 개미들이 부지런히 배회한다.

「화수엄마, 정말 부탁해요. 서울살림 하자면 돈이 아무래도 부족할 것 같애요.」

세준의 엄마가 집 처분을 부탁한다.

「글쎄요. 임자만 나서면야 수월하죠」

세간과 함께 세분이 차위에 오르고 이제는 시동만 걸으면, 언제 또 한

자리에 모일지 모르는 정든 사람들이다

「여보게, 내 생각 나거든 지체 말고 낚시 바구니 메고 오게. 하하」

화수아빠가 세준아빠 손목을 잡고 아쉬워 한다.

「암, 오지. 화수야, 대학은 서울로 오너라. 아저씨가 아빠보다 못할까」

화수 아빠가 세준 아빠 손목을 잡고 아쉬워한다.

화수는 대답 대신 울음이 복받쳤다. 무엇 때문에 우는지 자신도 몰랐다. 다만 뜨거운 눈물이 샘솟았다.

「화수야, 인사해라. 아저씨랑 가시는데」

엄마가 어깨를 어루만졌다. 고개만 깊숙이 숙여 표했다. 애를 써도 안녕히 가십시오라는 말은 나오지 않았다. 화수는 세준을 바라보았다. 세준의 보기 좋은 코가 빨개 있었다. 세준은 가슴속으로 운다는 것을 화수는 잘 안다. 엄마 아빠가 없었으면 소리 내어 울지도 모른다. 더욱 앞이 어른거렸다.

여름방학을 끝낸 화수는 학생의 자세로 돌아왔다. 여름에 생긴 일은 비밀의 탑 속에 새겨 놓고, 학교가 시작된 일주일 후 정말 양화수 앞으로 편지가 왔다. 두툼한 봉투 속에는 세준이 새로운 학교의 교정에서 짝꿍과 나란히 서 있는 사진과 학교 수속 때문에 편지가 늦었노라고 했다.

마지막 편지가 되어버린, 그 편지 마지막장에는 〈어제는 아버지가 술을 많이도 드셨더라, 우리 아버진 너무도 우리들의 일을 나 자신을 잘 알고 있었다. 사랑도 좋지만, 더 큰 뜻을 가진 남자는 일찍이 학문에 적을 둔다고 말씀하시더구나. 사랑은 한번 잃으면 되찾을 수 없고 대학이란 재수가 있다고 말씀드린 게 서운하셨는지 나를 때리시더구나. 나도 울었지만 나보다 아버진, 밤새도록 괴로워하시더라. 화수야. 항상 건강하여라〉라는 대목 말이 화수의 마음을 아프게 했다.

버들가지에 머물었던 구름이 어느새 저만큼 멀리 있었다. 오월의 창문 밖으로 치달린 50분. 화수는 어지러운 머리를 선생님께 향했다. 세준의 모습을. 끝남을 알리는 종소리가 흩어버린다. 화수는 코가 시큰함을 느꼈다. 2년이 지난 오늘, 어느 대학 교정에서 오월과 창공과 태양을 노래할 독일장교. 화수는 뜨거운 눈물을 입으로 맛보았다. 그리고는, 「당신도 파트너가 생겨서일까요?」

당선

개교 19주년 기념-제380호 1971년 12월 31일 금요일

제16회 학예상 : 소설

정옥(貞玉)이

· 최명희 (문리과대학 국어국문학과 4학년) ·

정옥이는 오랫동안 침묵하고 있었다. 가래가 걸린 것처럼, 내 목이 덩클거렸다.

카아.—

시원스럽게 뱉어버리면 무엇인가 좀 뚫린 것도 같았다.

방바닥에 놓인 부채를 집어 들었다 무슨 성경 전문서점에서 나온 선전용 부채는 이미 아주 낡아서 끝이 너풀거리고, 부칠 때마다 털럭, 털럭 소리를 냈다.

—아브라함이 아침에 일찍이 일어나 나귀에 안장을 지우고, 두 사환과 그 아들 이삭을 데리고, 번제에 쓸 나무를 쪼개어 가지고 떠나, 하나님의 지시하는 곳으로 가더니, 제 삼일에 아브라함이 눈을 들어 그곳을 멀리 바라본지라. 이에 아브라함이 사환에게 이르되, 너희는 나귀와 함께 여기서 기다리라………내가, 아이와 함께 저기 가서 경배하고 너희에게 돌아오리라………

정옥이는 갑자기, 외치듯 큰소리로 창세기를 외웠다.

그녀의 몸에서 쿡쿡 땀내가 찔려왔다.

그녀는 처음에는 흰 것이었을 테지만 누렇게 땀에 전 런닝셔츠를, 그나마 여기저기 뚫어진 것을 대강 실로 훔쳐 매어 입고, 어깨를 우그리고 앉아 있었다.

그녀는 이 며칠 사이, 눈에 뜨이게 홀쭉해져 있었다.

「번제를 드리러 갈 때, 아브라함이 그랬잖아………너희는 나귀와 함께 여기서 기다리라………응? 그 말이…나는 가슴에 맺혀. 남아있을 사람은 얼마나 좋을까. 응?…… 차라리 나도 한 마리 나귀나 됐을 것을……」

나는 무엇인가 상식적인 말로 그녀를 위로하려 했으나, 그것은 가슴에 얹혀버리고 말았다.

「너 아브라함, 알지?」

「응.」

「……믿음의 조상, 아브라함, 백 세 때 하나님의 은총으로, 그 아내 사래가 구십 세 때……아들을 낳았어. 알지? 응?」

말하는 그녀의 얼굴은 열에 떠 있었다. 원래 가늘고 빛이 없는 두 눈은, 두꺼운 눈 뚜껑에 가려 오목하게 들어가 있던 것이 휑하니 드러나 보이고, 그 눈에 빨간 핏기가 돌아 희부옇게 뜬 얼굴을 더욱 초췌하게 보이게 했다.

나는 무엇인가 최후로 그녀에게 할 수 있는 한마디 말을 정리해 보려고 무진 애를 썼으나 머릿속만 멍멍할 따름이었다.

갑자기 아이가 자지러지게 울었다

정옥이가 별안간, 습기 찬 맨방바닥에서 아랫도리를 내놓고 잠든 어린아이를 누가 채가기나 하는 것처럼 숨 막히게 끌어안고 도리질을 하고 있었다.

「정옥아—」

나는 아이를 빼내려고 했다.

그녀의 행동은 거의 난폭한 것이었다. 온통 핏기가 빨갛게 오른 아이의 작은 얼굴은 좁쌀같이 내 돋은 땀띠로 더욱 빨갛게 보였다. 아이는, 머릿속까지 힘줄이 솟아 뻗어 나가게 더욱 울어 젖혔다. 아이는, 머릿속, 이마, 목 언저리, 팔다리 할 것 없이, 온통 모기가 물어 독이 오른 것을, 어찌나 긁어대고 거기다 약도 발라주지 않은 채로 내버려 두어서 진물이 나고 곪아 터진 자리 투성이였다.

한참 만에야 아이는 흑, 흑 하면 울음을 멈추고, 정옥이는 멍하니 천정을 바라다보았다.

이번 장마에 찢어진 천정이 축 늘어져, 쥐 오줌 냄새와 곰팡내를 풍겼다

「내가 지옥에 가려고, 이게 무슨 생각일까……나는 아직도 은혜가 모자란다. 이러는 게 아니여. 내가 이러는 게 아니여. 거역하는 게 아니여. 믿음의 조상 아브라함을 보라! 아버지이—」

정옥이는 두 손을 부르쥐고 고개를 방바닥에 떨어뜨리며 비통한 한숨을 토했다.

「어어마, 어어마,」

아이가 엎드린 정옥이 머리카락을 쥐어 잡고 흔든다. 그리고 엄마 얼굴을 제 쪽으로 보게 하려고 자꾸만 엄마를 부른다.

「이삭아!」

정옥이가 아이 이름을 짧게 부르더니, 훅하고 숨이 막혀버린다.

……이삭……? 나는 흠칫 놀랐다.

그 이름을 지었다는 말도 들은 일일이 없었거니와, 아이 이름을 부르는 것도 처음 듣기 때문이었다.

「편지 왔니?」

이 무슨 쓸데없는 질문이란 말인가

그러나 여태껏 여나믄 달씩「아가」로 불리다가 느닷없이 아이 이름이 불린 것이 편지와 아무 관계도 없이 이루어질 수 있는 일일까.

정옥이가 고개를 번쩍 들었다.

「그 사람은………」

정옥이는 그 말을 하며 입술을 꾹 다물었다.

「인제, 편지는 안 와……아주…」

눈을 똑바로 뜨고 그녀를 바라보았다,

「나는 알고 있었어……언제부터…」

그녀가 입을 다물어 버리자, 나는 결혼 당시부터 그녀에게 느끼고 있던 일말의 불행한 예감이 들어맞은 것 같아 어찔하였다.

「안 와!」

한참 후에 그녀는 나직하게, 실 가닥 같이 갈라진 음성으로

「제대해도, 나한테는 안 와.」

했다. 그「안 온다.」는 것에 대한 그녀의 집요한 생각이, 오늘 그녀가 내게 말한 결심을 시키는데 큰 작용을 한 것이 틀림없었다.

남편은, 결혼하고 넉 달 만엔가 입대했다. 이 도시에서 그리 멀지 않은, 시골에서 농사를 짓는 시댁에서는 일절 그녀를 상관하지 않았다. 결혼 당시부터 정옥이를 매우 못마땅하게 여기고 있는 탓이었을 것이다. 그녀는 친정어머니 눈을 피하여 아버지의 근무처로 몰래 찾아가 몇 푼씩 타다가 하루하루를 이어갔다.

편지는 오지 않았다. 겨우겨우 견디던 끝에 하루는 드디어 시골 시댁에 찾아갔다. 자기를 탐탁지 않게 맞이하는 시어머니에게 공연히 주눅

이 들린 정옥이는 더듬거리면서, 어째, 통 편지도 안 오고, 벌써 몇 달짼데 소식 한 장 없다고 하자, 시어머니가 고개를 끄덕이며, 아마 부대를 옮기고 훈련이 고되고 해서 그러겠지, 하더라고 했다.

정말 그러려니 싶어 하룻밤 묵은 뒤 바로 떠날 차비를 챙기고 막 방문을 나서려 할 때, 책상 위에 무슨 두툼하고 커다란 누런 봉투가 있어 무심코 드려다 보았더니, 남편이 시댁으로 꼬박꼬박 보낸 군사우편 뭉치가 들어 있었다.

왠지 설움이 북받쳐 그냥 돌아서는데 철없는 어린 시누이는, 아이를 담은 정옥이의 배를 쿡쿡 찔러보며 끼륵끼륵 웃고 마당에서 소 여물통을 나르던 시어머니가 무슨 부정 탄 짐승 바라보듯 눈을 희뜩 자기를 바라보는 것이 무서워 단걸음에 뛰어나와 버스를 탔노라 했었다. 그때 그 말을 내게 하던 정옥이 얼굴, 아무것도 원망하지 않고 마음에 맺힌 설움이 있는 것도 아닌, 한없이 불쌍하게만 보이던 그 멍한 얼굴이 흰 옥양목처럼 휘감아 왔다.

그때 그녀는, 돌아오는 버스 속에서 몰래 베껴 온 남편 주소를 몇 번이나 드려다 보며, 집에 닿자마자 아주 긴 편지를 써서 부쳤는데 아무 소식도 오지 않고 말았다. 아이를 낳은 다음 날, 항렬이 승자(勝字)라면서 아이 아버지에게 무엇이라 이름을 지으면 좋겠냐고, 아들이라고, 또 긴 편지를 써서 보냈지만, 여나무달이 지난 지금까지 아이의 이름은 오지 않았던 것이다.

「누가 지었어? 애기 이름……」

「목사님이」

그녀는 혀끝으로 말을 밀어냈다.

「목사?」

나는, 본 일도 없는 그 목사에 대하여 미묘한 반감을 가지고 있었다.

아주 조그만 사건 때문이었다.

한번은 아이가 몹시 열에 시달리며 무엇에 체했는지 밤새도록 설사를 했다.

이튿날은 주일(主日)이었지만, 아이는 숨을 할딱할딱 몰아쉬고, 끊임없이 설사를 하는 바람에 몇 번이나 생각하다가 집에서 찬송과 기도를 올리고 교회에 나가지 않았다. 그런데 묘하게도 그날 아이의 등에 붉은 종기가 돋아났다. 그리고 그것은 시간 시간마다 놀랍게 크는 것 같더니, 뾰족 솟아오른 곳에 누런 고름이 잡히고 그 주위가 단단하게 뭉쳐 자리를 잡고는 몹시도 아이를 괴롭혔다. 반듯하게 누워 있을 수 없는 아이는 말할 수 없이 보채고, 칭얼거리고 그래서 엎드려 놓으면 숨을 헐떡이며 얼굴이 충혈되고 베개에 침을 흥건하게 흘렸다. 정옥이는 가슴을 치며 후회를 하고 또 했다

—나는 진노하는 하나님이니 나 이외에 다른 것을 섬기지 말라 하시지 않았던가, 주일을 지키고 예배드리는 것보다 아이를 더 소중히 여긴 벌이요, 기도하시오. 회개하시오, 참회하는 마음으로 눈물로 철야기도를 하시오……

그녀가 고통을 견디지 못하여 찾아간 그녀 교회의 목사는 정옥이 모자를 놓고 준엄한 음성으로 꾸짖고 하나님의 진노하심과 그 징벌에 대한 성경 구절을 일일이 찾아 짚어가며 읽어주고 책망하였다.

그녀는, 설사하는 아이를 업고, 아이의 곪은 종기가 나을 때까지 계속하겠다며 교회에서 밤마다 철야기도를 했다.

닷새째 되는 날, 희부연 얼굴에 우묵한 두 눈만 빨간 실지렁이 같은 핏줄이 엉켜, 길에서 만난 내게 말했다

「내가 나빠, 내가 지옥 갈 것을 우리 애기가 당허다니. 나는 속죄를 할 일이 있어. 우리 애기만 낫게 해주신다면, 나는, 애굽으로 팔려가는 노예가 돼도 좋아. 내가 잘못했어.」

정옥이는 정신 나간 사람처럼 열에 뜬 음성으로 내 쪽은 바라보지도 않고 자기는 지금 닷새째 철야기도를 하러 간다고 했다.

시(市)의 변두리에 새로 생긴 그녀의 교회는 시내에 소문이 자자하였다

밤이면, 회개를 위하여 모여든 사람들이, 교회 마룻바닥을 두드리며, 아바지이—를 부르는, 마치 원한 맺힌 것 같은 소리가 온 교회를 울리고 인근 동네를 울렸다.

나는 그녀의 말을 듣고 서 있으면서 온몸에 부글부글 피어오르는 까닭 모르는 분노 때문에 떨었다.

「애기, 병원에는 가 봤냐?」

「아니.」

「약도?」

「나는 속죄를 해야 돼. 그 길만이 애기가 사는 것이여」

「미친 것!」

그녀의 눈에 슨 아무것도 비치지 않고, 걸리지도 않는 것 같았다.

나의 어깨너머, 더 먼 쪽, 교회의 첨탑 보다도 아득한 쪽, 보이지 않는 더 멀고 먼 쪽에 엉겨있는 검은 구름 같은 공포가 가련한 그녀의 육신과 혼을 덮어씌우고 있는 것 같다.

나는 그날 저녁, 좋은 회사의 페니실린 한곽, 설사에 좋다는 약과 해열제를, 아이의 증세를 잘 말하고 조제 받아 그녀에게 가져다주었다.

그녀는 받으려고 하지 않았다.

그 눈 속에 불안과 두려움이 불그림자처럼 번뜩이며 어른거렸다.

그녀는 그 일후로 마력에 이끌린 것처럼 거의 정신없이 교회에 매달렸다 길을 오갈 때, 찬송가를 흥얼거리거나 성경 구절을 중얼거리는 것을 본 사람들은 한둘이 아니었다.

「아, 좀 나와 봐아.—」

갑자기 마당에서 주인 여자의 쨍쨍하고 찢어지는 것 같은 음성이 방안으로 튀어들어 왔다.

「방구석에 쳐백혀서 중 염불허듯 성경책만 읽지 말고 바깥에 좀 나와 보란 말이야.—」

내가 힐끗 정옥이를 쳐다보자.

「사탄이야」

했다. 나가보라는 시늉으로 옆구리를 찌르자 좀 움찔하더니 그대로 앉아있었다.

「이 요강 못 치우겠어? 팍 뚜드려 깨던 지기 전에.—」

여자의 음성은 금방 누구를 할퀴어 낼 것 같았다.

「하나님의 이름으로 핍박을 받는 자는 영광을 얻으리라」

정옥이는 내게 거의 들리지 않게 기도하며 고개를 수그렸다.

내가 대신 밖으로 나갔다.

주인 여자는 깡마르고 큰 키였다. 여자는 허리에 양손을 얹고 정옥이 방을 향해 계속 소리를 질러댔다.

「왜요? 새댁이 뭐 잘못했어요?」

여자는 나를 너는 무엇이냐는 듯 위아래로 날카롭게 훑어보았다.

「친구예요. 그런데………무슨…?」

그 여자는 손가락을 빳빳이 세워, 마당의 구석들, 빨랫줄, 샘 바닥을 가리켰다.

「아니, 꼭 이렇게 해야만이 천당을 가는 거야? 아, 좀 나와보란 말이야 즈집 허고 우리 집허고 단 두 집 사는 것도 아니고, 여러 집이 어울려 살문서로 조심해서 깨끗이 해야지. 이게 뭐라는 거야, 지금. 응? 또오—여자들만 살어? 남자들이 있으나 손님이 오나, 대문 맞바라지 샘 바닥에다 넘치게 담아서 요강을 버텨 놓고 치울 생각은 꿈에도 않는구만. 응? 도대체 이게 어찌 된 일이야—응?」

주인여자는 얼굴이 벌게지도록 소리를 질렀다. 방안에서 정옥이가 느릿느릿하고 퉁퉁한 목소리로 찬송가를 부르기 시작했다.

—내 주는 강한 성이요, 방패와 병기되시니……

주인여자의 팽팽하고 카랑거리는 음성에 끼어드는 정옥이의 노랫소리는 여자를 더욱 부화통 터지게 한 것 같았다.

「비러먹을 놈의 여편네!」

여자의 입에 침이 하나 가득 고여 오르고 입술에는 거품이 허옇게 끈적였다.

정옥이는 똥이 담긴 것이건 오줌이 담긴 것이건 요강을 샘에 내놓으면 비울 줄도 모르고 사흘 나흘씩 간다는 것이다. 빨래도 쉰내가 푹푹 나는 여름 빨래며 아기 기저귀들을 대야에 담가 놓기만 할 뿐, 같이 사는 아낙네들이 성화를 대야만 겨우 흔들흔들 빠는 시늉만 해서, 지르르 물이 흐르는 것을 그대로 줄에 널고는 미친년처럼 밖으로 나간다는 것이다. 물론 교회에 가는 것이겠지. 또 그것은 그렇다 치더라도, 날이면 날마다 이른 새벽 날도 새기 전에 어느 교회에서든지 첫 종을 치기만 하면 기다렸다는 듯이 찬송가를 부르기 시작하는데 그 그때부터 시작하면 끝도 없이 몇 번씩이나, 날이 훤히 밝도록 부르고 큰소리로 성경을 읽고

기도하고 한다는 것이다. 그러던게 요 며칠 사이에는 숫제 새벽이고 깊은 밤중이고 한낮이고, 집에 있기만 하면 아바지이 아바지이—하고 외치는 기도소리가 끊일 새가 없으니, 아마 저 예편네는 교회귀신이 들린 게라고 숨도 쉬지 않말을 쏟아냈다.

●정옥이의 노랫소리나 성경 읽는 소리나 기도 소리가, 다만 그 음성만이라도 듣는 사람에게 즐거운 기분을 줄 수 없으리라는 것은 나도 잘 알았다

그러나, 요 며칠 사이………라고 주인여자는 말했다………

며칠 전 그녀가 깊은 밤중 나를 방문하여, 심하게 다친 것처럼 아픈 숨소리를 내며 토막토막 여러 이야기를 괴로워하면서 말했지.

……목사님이, 우리 애기……혼자 키우기도 힘들 테니……나는 아이가 없어서 늘, ……우리……키워주시겠다고……양자……양자로 주라고……우리 교회 그 집사님, 왜 너도 알지, 그 집사님이 또 내게 몇 번이나 말씀하시드라……하나님의 뜻일 거라고……하나님의 선택 하심을 입은 아들이라고……그래, 우리 애기 낳을 때, 어떻게 낳았는지, 너는 알지? ……너는……목사님이 잘 키워서 나중에 훌륭한 목자(牧者)로 길러 주신대, 하나님의 뜻일 거라고……그런데 경림아, 나…나 말이야, 그 말을 듣고는……… 내가 지옥갈라고…… 지옥 유황불에 던 지우려고 내가 감히 거역을……… 그런 생각만이라도…… 나는 믿음이 약한 탓이지……… 그치만 경림아, 경림아, 집사님 말을 듣고………오오, 이삭의 하나님, 야곱의 하나님……… 이 죄인 시험에 들지 말게 하옵시고 다만 악에서 구하시옵소서………

그녀는 더듬거리며, 무엇인가 고백 되지 않은 깊은 어둠과 고통 속에서 홀로 시달리는 것 같았다. 그리고 보이지 않으면서 가공(可恐)할 상

상 때문에 큰 소리로 울지도 못하고, 마음 놓고 괴로워하지도 못하고, 방 속에서 나오기조차 두려워하는 것 같았다. 그녀에게 무엇인가를 요구하는 손은 무서운 위력을 가진 거대한 것으로서 그녀는 감히 항거할 아무런 힘도 없는 불안하고 초라한 존재로 등을 구부리고 방 한쪽 구석에 피하여 앉아 있는 것 같았다. 그러나 그녀의 몸속은 그런 자기 모습에 대한 고통스러운 반항으로 단단히 뭉쳐져 있었다.

「원, 아들 아니라 더한 걸 나았대도 소박맞기 딱 좋지. 칠푼이 같은 예펜네!」

주인여자는 뱉어내듯 말했다.

「아무리…… 무슨 그런 말씀을…」

주인여자는 힐끗 내 얼굴을 바라보더니, 좀 머쓱한지 얼굴에 흘러내리는 땀을 손바닥으로 문질렀다. 그러다, 한 김에 한 말을 마저 해버리겠다는 듯 허리춤을 추겼다.

ㅡ그 일 후에 하나님이 아브라함을 시험하시려고, 그를 부르되, 아브라함아 하시니, 그가 가로되, 내가 여기 있나이다.

여호와께서 가라사대………

정옥이는 거의 소리를 지른다는 편이 옳았다.

ㅡ여호와께서 가라사대……네 아들, 네 사랑하는 독자 이삭을 데리고 모리아 땅으로 가서, 내가 네게 지시하는 한 산, 거기서 그를 번제로 드리라 거기서 그를……번제로 드리라……거기서………거기서……그를…번제로…

나는 가슴이 우울하게 찢기는 소리를 들었다.

주인 여자는 숨을 몰아쉬고는

「저 여자도 고등학교 댕겼다문서?」

하고 어처구니없다는 듯 나를 바라보았다.

「학교 때는 참 똑똑하고 공부도 잘했어요」

「그래요오?」

여자는 어림도 없는 소리라는 듯 입을 비쭉했다. 자기는 보통학교 문전에도 가지 않았지만, 저렇게 의젓잖게 하고 살아본 일은 없다고 했다.

정옥이는 머리 한 번도 제대로 빗어본 일이 없고, 옷이라고 모조리 자루처럼 훌렁거리거나 꼭 끼이게 적이서 참, 옷 같은 것 가지고 사람 판단할 것은 아니지만, 우선 누구라도 정옥이 차림을 보면 천대하지 않을 수 없다는 것이다. 치맛단이 뜯이지면, 옷핀이 뻔덕뻔덕하게 비치도록 찔러 입거나, 혹은 그대로 돌아다니고, 겨울에 바지 같은 것은 엉덩이가 몇 치씩 타졌어도 꿰매 입을 줄도 모르고 그냥 다닌다고 했다. 그리고도 매양 교회에만 가서 살고, 자식이라고 하나뿐인 것은 이제 나이 스물, 한참 대에 그 주체를 못 하고 질질 맨다고 했다 옷은 싼 옷이라도 단정하게 입어야지 그렇게 구호물자 나부랭이를 꿔고 다니는 것은 스스로 사서 궁상을 떠는 것이라 했다.

사실 나도 옷에 대해서는 몇 번이나 생각한 일이 있었다.

정옥이는 구호물자 골목이라는 불리는 데를 자주 드나들었다.

남편이 군에 입대하고 얼마 만에 혼수 옷을 그 골목에 내다 팔고 돌아오는 것을 만났다.

결혼하던 날, 나도 본 일이 있는데 외할머니가, 남의 에미 밑에서 불행하게 큰 외손녀 시집가는데 본견 옷이라도 한 벌 해줘야 한다고 벼르다가 마음먹고 일류 바느질 집에서 만들었다는 붉은 치마와 초록 저고리를 팔았다는 것이었다.

내가, 벌린 입을 채 다물기도 전에 그런 특수한 옷은 누가 사주는 사람이 없어서 값을 제대로 쳐줄 수가 없다고 안 사겠다는 것을 애원하여 팔백오십 원이나 받았다고, 그거나마 그 집에서 사줬으니 망정이지 안 그랬으면 큰일 날 뻔 하지 않았느냐고, 다행스러워했다.

「고운 거 입고 있으면 뭐 헌다냐… 누가 볼 사람도 없고, 나야 아무것나 입지 머.」하면서 팔에 안고 있는 것을 내게 자랑스레 비춰 주었다.

「뭐니?」

옷을 팔고, 시청 모퉁이를 돌아오는데 고서점(古書店)에 욕심나는 책이 하도 많고, 싸서, 오백 원 어치를 샀다고 했다. 내가 맥이 탁 풀려 식량은 있느냐고 했더니 고개를 끄덕였다.

「십일조는 하나님께 바쳐야 돼. 그래서 백 원은 미리 제해놓고……이백오십 원이나 남었어. 나는 그거면 일주일은 살어. 목사님 설교하시는데 땀나니까 타올 한 장 사드릴라고…」

「책은 무슨, 미친………무슨 살 일 났다고 책은 사……」

목이 메기도 하고, 무엇인지 억울하기도 하고, 도서관에 늦게까지 같이 남아 인수분해를 풀던 여학교 때 일이 되살아나기도 하고………정다운 정옥이가 어찌 이리되었을까 싶기도 해서, 목에 무슨 덩어리가 뜨겁게 치받치는 것을 참기 어려웠었다.

그리고 그 뒤에도, 가끔 그녀의 집에 들러보면 쓸만한 것은 자꾸 내다 팔고 그 대신 돌아오는 길에, 아이 준다고 엿이나 빵이나, 책, 엽서 같은 것을 몽땅 사오곤 하는 모양이었다.

그러나 그녀는 교회에 다니기 시작하면서, 그렇게 아끼던 문학 전집류, 사상 전집류들은 모조리 내다 팔아버렸다.

세상의 지식은 모두 사탄이라 하여 그 대신, 마태복음 연구, 칼빈연구 등 전문적인 성경연구서적을 사들였다.

그녀는 그렇게 정신없이 교회에 다니기 시작하고, 마치, 지남철에 매달린 한낱 쇠붙이처럼 교회에 거의 필사적으로 매달리기 시작한 것은 아이를 낳은 직후였다.

특히나, 이것은 내 직감에 불과하지만, 그 은테안경을 쓰고 정갈하게 머리를 갈라붙여 뒤로 틀어 올린, 어쩐지 계산이 빨라 보이는 눈을 가진 여집사는 어떤 묘한 힘으로 정옥이를 움켜쥐고 있어서, 손톱만 한 일에서도 그 집사를 거역하지 못하고 맹종하는 것 같았다.

그 집사는 정옥이가 아이를 낳은 뒤, 교회에 데리고 나가면서, 여러 교인에게 권유하여 쌀도 걷어주고 입다 남은 헌 것 같은 것을 모아다 주기도 했다고 한다.

어쨌든 정옥이는 지독하게 외롭게 아이를 낳았다.

지난여름, 무덥고 끈적끈적한 습기로 덮인 깊은 밤에, 성경을 베고 아들을 낳았다.

키가 유난히 작은 데다가 배만 둥그렇게 불러, 다리를 벌리고 어기적거리면서 얼굴이 띵띵 부어가지고 다닐 때, 그녀는 내게, 임신하고 오 개월이 지나면 배 띠를 해야 하는데 어떻게 하는 것인지 모르겠으니 좀 가르쳐 달라고 했다.

그때 나는 너무나 어처구니가 없고 무안하여, 처녀인 내가 그런 걸 어떻게 아느냐고 팩 쏘아붙이자 기죽은 얼굴을 힘없이 돌리며 자기는 아무한테도 그런 것을 물을 데가 없다고 했다.

정작 아이를 낳던 날, 우리 집에 와서는 아직도 일주일이나 남았다고 하면서, 깎지도 않은 참외를 아귀아귀 먹었다.

부른 배를 안고, 부은 다리를 벌리고 앉아 아무 표정 없이 참외를 먹는 한없이 백치스럽게 보이는 정옥이가 그처럼 불쌍하게 느껴진 일도

없었다

「몸조리 잘해라. 저런…… 준비들은 다 했니?」

어머니가 얼음 탄 쥬스를 가져다주면서 정옥이에게 묻자, 그녀는 참외가 참 달다고 씨까지 모두 우물우물 삼키더니

「아무것도 나는 몰라요. 뭘 해야 하는 건지도 모르고요.」

하면서 입술을 닦고 마당의 꽃 무더기를 멍하니 바라보았다.

저녁 바람이 불고 좀 선선해졌을 때 정옥이 옆방 중학생이 약도를 들고 우리 집을 찾아 왔다.

내가 갔을 때, 정옥이는 빈방에서 울고 있었다.

길고 느릿느릿한 한없이 지루하게 늘어 메는 울음소리였다.

주인 여자는 방문을 열어보더니

「아직도 멀었어. 초산은 사흘도 가고 나흘도 가. 아아직 멀었어.」

하면서 무슨 구경이나 하고 난 사람처럼 문을 닫고 가버렸다.

중학생을 불러 정옥이 친정에 보냈다. 급한 손님이 오셔서 조금 있다 가겠노라고 전갈이 왔다.

정옥이가 울면서 소리를 지르다 다시 보냈다.

너무 서두르지 말라고 전갈이 왔다 나는 주인여자에게 갔다.

마침 놀러 와 있던 은테안경의 여자가 성경을 들고 정옥이에게 가까이 갔다

「새댁, 고통스러우면 이 성경을 베고 하나님을 불러보시오. 우리 주님 예수 그리스도께서 모으든 고통을 지고 가셨으니, 감사한 마음으로 하나님을 부르시우. 믿음의 힘으로 순산할게요.」

잠시 단정히 앉아 기도를 외우던 집사는 찬송가를 불러주었다.

정옥이는 울었다.

나는 밖으로 나와 정옥이 친정으로 갔다.

그녀의 어머니는 나를 보자 부드러워 보이는 웃음을 띄웠다.

「어머니께서 미리 좀 가보시잖구… 정옥이 지까짓 게 뭘 알겠이요…… 혼자서………남편도 없이……」

〈남편도 없이〉에 공연히 목이 맺히는데 정옥이 어머니 얼굴에서 웃음이 걷히더니 비소 섞인 소리로 날캄하게 쏘았다.

「흥, 누가 저보고 시집도 가기 전부터 지랄허구 댕기랬나? 이번 일만 해도 그렇지. 군대 간 신랑을 두고 지가 어떻게 자식까지 낳서 혼자 맥여 키운다는 것이여, 도대체 아무 계산도 없는 짓거리지, 누구를 못 살게 허겠다는 심뽀야. 유산시키라고 몇 번이나 일러도 무슨 놈의 똥고집이여, 원, 지가 낳서 키운댔으니 저 알아서 허겠지. 서방도 없는데 애기 낳는다고 불쌍헐 것 하나도 없지 머.」

나는 화끈해져 그냥 거리로 나와 한동안 돌아다녔다.

하기야 그녀는, 참 어처구니없는 사건 때문에 서둘러 일찍 결혼한 것만은 사실이었다.

정옥이는 늘 사람을 그리워했다.

언제나 영아원의 아이처럼 주려있고, 음울하고 간절한 소망 때문에 말이 없는 불안한 눈빛을 가지고 있었다.

그리고 누구든지 조금만 냉정하다든지 무관심하다든지 근엄한 사람과 마주 서면 눈에 보이게 주눅이 들려 몸 둘 바를 모르고 그럴수록 얼굴은 두껍게 부어오르곤 하였다.

그리고, 조금만 다정하게 하면……그러면 누구를 막론하고, 하급생이거나 심지어 철없는 어린것에게까지도 마구 팔에 얼굴을 부비고 어리광을 했다. 같은 친구들끼리는 그 작은 키가 대롱대롱 매달려 가다시피 팔을 꼭 끼고 온몸을 의지하고 그랬다.

언젠가 자기 이모의 손가락을 자근자근 물면서 그지없이 좋아하는 것을 본 일이 있었다.

말없이, 멍한 눈으로. 아주 오랫동안 바라보면서.

그러다가 잘못해서였든지 팔을 조금 밀치거나 도사리면, 어느 샌 지 몸을 오그리고 저만치 한쪽으로 비켜났다. 그럴 때, 그녀의 얼굴은 한없이 쓸쓸하고 비굴한, 그러면서도 먹먹한 것이었다.

우리를 지도하던 여학교 때 가사선생님은 졸업하기 직전에 내게 말했었다.

자기 자취집에 놀러 온 정옥이는 자고 가겠다고 했다. 그날 밤 자기는 한잠도 못 잤다. 같은 이불 속에서 잠이 든 정옥이는 손가락을 꼬물거리며 만지작 이다가 목을 감고 어찌나 파고드는지, 그런 느낌은 없었어야 옳지만, 이상하게 정옥이 손이 닿는 곳은 섬찍하고 소름이 끼쳐 파충류 같은 생각이 들었다. 처음에는 등을 다독여 주었다. 정옥이는 목쉰 소리로 "엄마"라고 부르며 파고들었다. 가사선생님은 머릿속이 아찔하여 잠결인 척 꾸미면서 세차게 밀쳐버렸다. 그랬더니 새우처럼 오그라지면서 이튿날 아침까지도 그렇게 꼼짝하지 않고 있더라고, 자기가 잘못한 것 같다고, 정옥이만 보면 사과를 하고 싶었는데, 자기도 그때는 어쩔 수 없었노라고 했다.

내가 정옥이의 그런 성격들을 충격적으로 이해하게 된 것은 참 어처구니없는 이른 새벽이었다.

졸업하던 해, 벚꽃이 막 피어나기 시작할 무렵, 예고도 없이 정옥이가 찾아왔다. 언제라고 미리 말하고 오는 것은 아니었지만, 너무 일찍이, 날이 새려면 아직도 한참이 남은 시각에 찾아왔기 때문에 나는 놀랐었다

정옥이는 이부자리가 그대로 펴져 있는 내방에 엉거주춤 앉더니, 얼이 빠진 사람처럼 천정만 바라보았다.

한참 후, 자기는 지금 산에서 온다고 했다.

「목소리가 참 좋아, 따뜻해. 그리고 손도…… 다…… 참 따뜻해.」

정옥이는 따뜻하다는 말을 몇 번인가 했다.

정옥이가 그를 어제 만난 것은 참으로 우연이었는데 처음 만난 사람이지만 그렇게 호의에 가득 차고 친절할 수가 없었다.

웃는 얼굴을 대하면 나는 왜 그렇게 정신이 아뜩해지는지 모르겠더라고, 정옥이는 말했다.

정옥이는 그의 친절에 감격했다.

그런데 그가 손을 잡았다.

울고 싶더라고 했다.

정옥이는 어려서 채 철이 들기 전에 지금 어머니가 친어머니인 줄 알고 있을 때, 밤이면 더듬거려 어머니를 찾았다. 어머니는 홱 뿌리치며 혀를 차고 돌아누워 버렸다.

몇 번이나 그런 밤이 계속되면서 밤이 되면 공연히 공포스러워지고 더욱더 미칠 듯이 어머니에게 안기고 싶었다.

그러나 조그만 주먹은 끈끈한 땀으로 외롭게 젖어 있었다.

정옥이는 어려서부터 무엇이나 끌어안기를 좋아하고, 살이 닿는 것을 말할 수 없이 좋아했다고 말했었다.

「참 따뜻해……」

정옥이는 제 손톱을 만지작거리며 그 남자에 대해 설명을 하려 했다.

내가, 막았다.

집으로 가라고 했다.

무서워서 싫다고 했다.

「남자는, 그 녀석은, 그래서……. 지금 어디 갔어? 즈집에 갔어?」

날카롭게 묻는 나를 겁난 눈으로 바라보며 아무것도 모른다고 했다.

그는 새벽이 밝자 먼저 산을 내려가고 자기는 뒤에 내려왔는데, 아무데도 가지 못할 것 같아서 내게 왔다고 했다. 나는 내 머리를 감싸고 주저앉으며

「아아,」

짧게 비명을 지르고 말았다.

「이 립스틱, 늬끼냐?」

정옥이는 내 책상 위에 놓인 립스틱 대가리를 들어 올려 제 입술에 바르고 거울을 들여다보았다.

「참 이쁘다, 응?」

나는 그녀가 간 뒤, 두 손가락 끝으로 립스틱을 집어 쓰레기통에 버리고 말았었다.

한번은 거리에서 그 남자가 친구들과 어울려 큰 소리로 이야기하며 가는 것을 정옥이가 만났다고 했다. 반가워서 아는 체를 하려 했더니, 전혀 모르는 사람처럼 바라보면 지나치더니, 그가 무슨 말을 했는지 같이 가던 한패가 와아.— 웃더라는 것이었다. 그리고 한두 명이 힐끗 뒤돌아보더라고 했다.

소문이란 무서운 것이어서, 집에서는 동네 부끄럽다고 결혼을 서둘렀다

정옥이 어머니는 자기대로, 사람들에게 억울한 말을 들을 것을 계산하여 더욱 서둘렀다.

정옥이는 내 버려지듯 시집을 갔다.

—아아, 차라리 한 마리 나귀나 되었을 것을……

정옥이가 중얼거리던 말이 내 귀를 덮는다.

정옥이는 자기 아이를 얼마나 좋아했던가…… 그것은 어머니로서의 애정이 아니었다. 그보다 훨씬 더 절실하고 가련하고 외로운 애정이었다.

그녀가 아이를 낳은 이튿날, 어찌 되었나 궁금해서 정옥이 집에 갔을 때 마루도 없는 토방에 정옥이 고무신만 덩그렇게 놓여 있었다.

「밥은 먹었어?」

방 한 데 기운 삼베 홑이불을 덮고 성경을 벤 체 아이와 누워있던 그녀는 고개를 끄덕였다.

「집사님이 끓여 주셨어……」

정옥이의 얼굴에 미소가 흘렀다.

「하나님이 주셨어. 애기도 내 생명도 우리 엄만 나만 낳고 돌아 가셨잖어…… 하나님이…… 성경을 베서 살었어…… 하나님이 집사님을 보내 주셨어……」

정옥이는 중얼거리며, 몇 번이나 감사합니다. 주여! 라고 했다. 그리고 집사님께도 감사합니다… 했다.

그 중년 집사는 그날 이후 자주 정옥이에게 들려 성경도 읽어주고, 부드러운 말도 해 주고 어루만져 주기도 했던 모양이었다.

정옥이의 눈에서는 묘한 광채가 있었다.

그녀의 주변, 혹은 세상의 뭇 일과는 아무런 관계도 없는, 아주 먼 쪽을 향한.

「그날 경림아, 우리는 둘이 같이 새로 태어났어 나는 사망의 음침한 잠속에서, 우리 애기는 하나님의 뜻으로… 이 애기는 하나님의 애기야.

영광의 종이야. 우리 애기는 목사님을 만들어야지. 그 외에는, 나는 소망이 없어.」

내 생각에는 자꾸만 그 은테 안경의 집사가 그렇게 설명해 준 것 같았다

은테 안경의 집사는, 발가락이 길쭉하고 키가 어머니 닮지 않고 훌씬하게 클 것을 암시하는 아이 다리를 이루 만져 보기도 하고, 좀 가무잡잡하면서도 건강한, 이마가 넓으며, 눈이 둥그렇고 까풀진, 모두 제 아버지 쪽을 닮은, 준수하게 생긴 머슴애를 유난히 귀여워하였다.

그리고 탐욕스럽게 바라보았다.

그때마다 나는, 그 집사가 창세기에 나오는 믿음의 조사 아브라함과 그의 아들 이삭과 하나님의 명령에 순종하던 그들의 제사에 대하여 열심히 설명하는 것을 들었다.

정옥이는 집사에게 어린애처럼 붙어 앉아 그녀가 하는 말을 들으면서 행복스럽게 고개를 끄덕이고, 집사는 정옥이의 등을 쓰다듬어 주거나 다독거려 주었다.

그럴 때의 정옥이의 눈은 한없는 즐거움에 몽롱하였다.

주인 여자는 떠들다가 시장바구니를 들고 밖으로 나가 버리고, 정옥이도 무엇을 하든지 아무 소리 없이 잠잠하였다.

나는 방으로 들어갔다.

정옥이는 나를 보더니 고개를 툭 떨어뜨렸다.

아이는, 구호물자나마 다른 새 옷을 갈아 입혀 놓은 것이 보였다.

그녀가 고개를 숙여 품에 안은 아이의 손가락, 발가락에, 그리고 이마에, 몸에 입 맞추었다.

성례(聖禮)를 행하는 것처럼.

「이삭아…… 이삭아……」

그녀가 낮게 그의 아들을 부르는 음성이 절망으로 축축하였다.

—아브라함이 이에 번제 나무를 취하여 그 아들 이삭에게 지우고, 자기는 불과 칼을 손에 들고 두 사람을 동행하더니…… 이삭이 그 아비 아브라함에게 말하여 가로되…… 내 아버지여, 하니…… 그가…… 가로되…… 내 아들아, 내가 여기 있노라. 내 아들아…… 내가 여기 있노라……

정옥이는 울었다.

—내 아버지여 하니, 내 아들아, 내가 여기 있노라…… 오오…….

정옥이는 크게 울었다.

「하나님이 믿음을 시험 하신다. 주여, 저를 사망의 음침한 골짜기로 떨어뜨리지 마옵시고, 시험에 들지 않도록 하여 주소서.」

—아브라함이 그곳에 단을 쌓고 나무를 벌여 놓고, 손을 내밀어 칼을 잡고 그 아들을 잡으려 하더니……

정옥이는 후들후들 떨었다.

옷을 갈아 입힌 것을 다시 벗겨 내고, 헌 라면 상자에서 다른 것을 하나 꺼내 이것저것 대보았다.

예쁜 것이라고는 아무것도 없었다.

그러나 그녀는 정성스럽게 솔기를 손톱으로 눌러 펴기도 하고 구부러진 곳을 바르게 하면서 몇 번씩이나 만지작거렸다.

「땀띠약이나 한번 발라줘 볼걸…」

그녀는 아이의 땀띠 곪은 곳을 어루만졌다.

「우리 애기가 지금, 뭣이 먹고 싶으까……」

한참 만에 그녀는 입을 열었다.

「말이나 할 줄 알어야지……」

은테 안경의 집사가 저녁 일곱 시에 이곳으로 오마고 했다 한다.

「주여, 주여, 나를 시험에 들지 말게 하옵소서. 주여, 내가 여기 있나이다……」

정옥이는 안타깝게 중얼거렸다.

「안돼!」

나는 드디어 나도 모르게 소리를 질렀다.

정옥이는 소리도 내지 않고 울면서 잠잠히 아이에게 옷을 입혔다.

몸속에서 피가 화닥화닥 뛰었다.

왜. 모두, 왜, 모든 사람은, 정옥이에게서 모든 것을……단 한 가지 남은 것까지도 빼앗아가려 하는 것인가.

아이가, 내 어머니여, 할 때 정옥이는 무엇이라고 대답하란 말인가.

「나는, 어려서부터 그런걸 느꼈어.」

정옥이가 천천히 입을 열었다.

「어려서……어머니가 내 손을 뿌리친 때부터……나는……버림받을 운명이었는지도 몰라.」

〈운명〉이라는 그 흔한 말이 이때처럼 찌잉하니 내 속을 후벼 파 본 일은 없었다.

「나는 갈 곳이 없어 암만 봐도…… 교회만이 나를 거절하지 않아. 교회가 없어지면…… 나는 갈 곳이 없어 하나님의 뜻으로 애기를 주셨으니 바치라 하실 때 바쳐야지. 아브라함을 봐…… 나보다 오죽 더 했으니까… 그치만 하나님은 믿음 있는 자를 버리지는 않으서. 하나님께서 아브라함 믿음을 다민 시험 하시고는 이삭 대신에 번제드릴 수양 한 마릴 보내셨잖어……그 은혜를……」

「시끄럽다!」

나는 그녀의 말허리를 매몰차게 잘랐다.

은테안경 집사의 얼굴이 떠올랐다.

「교회에서 버리면 갈 곳이 없어.」

정옥이는 낮게, 갈가리 갈라지는 음성으로 말했다.

집사는 몇 번이고 정옥이 등을 쓰다듬으면서 말했겠지.

시험에 들면, 지옥의 유황불 속에서, 영원히, 그러나 시험을 이기면, 하나님의 사지에 아들을 바치면, 새댁은, 사라처럼 열국의 어미가 될 것이니……자, 신앙의 힘으로 굳건히 이기고……새댁이 키우는 것보다 목사님께서 키우시는 것이 훨씬 더… 새댁이 성경을 베고 아들을 낳은 거만 봐도……역시……

아아, 그러나 그것이 정옥이와 무슨 관계가 있단 말인가.

아무 관계도, 티끌만치도 없는 것이다.

무형의 엄청난 존재에게 받을 추상적인 은혜보다, 품 안에 안 기우고 자기 몫으로 완벽한, 살이 닿는 아이를 위하여 고통을 받는 편이 훨씬 솔직하고 담대하지 않은가.

우리는 왜 무수한 허위에는 복종과 정렬로 자신을 바치고, 그 허위 중에 실로 희귀하게 빛나는 몇 개의 진실에는 온 힘을 다하여 자신을 억제하고 저항하는 것일까.

「늘 불안해. 나는 다른 거는 몰라도, 나를 버리려는 냄새는 잘 맡아. 나는 갈 데가 없잖어.」

「정옥아.」

나는 정옥이 손을 잡았다.

「우리 서로 정직하자. 인간이란 자기 내면의 순수한 욕구에 응해줘야 할 의무가 있지 않겠니? 우리는 자연스러워야 한다. 자기 자신에게도. 왜 네가 갈 데가 없어? 아무 데도 갈 데가 없다면 너는 어디로 가도 좋은 거야. 늬가 갈 곳이라고 믿는 그곳이야말로 너를 아무 곳으로 가지 못하게 묶어 놓아. 보이지 않는 것의 노예가 될 건 없어. 설령 아무 데도 너를 의지 못 해도, 그걸 그렇게 담대하게 혼자 살아. 버리려면 버리라고 해 두려워 말자. 응? 정옥아.」

정말 꼭 필요한 한마디 말이 떠오르지 않아 나를 답답하게 했다.

정옥이는 내 손을 잡았다.

아프게 잡았다.

그리고 거의 들리지 않게 숨소리로 말했다.

「약속했단다. 이미, 하나님께 맹세하고…… 철야기도를 하고…… 약속했단다.」

정옥이의 음성은 이빨 사이에 물려 겨우겨우 밀려 나왔다.

「나는 무서워.」

「죽더라도 서서 죽자, 정옥아. 지금은 모른다. 아무도 아무것도, 그치만 네 속에서 부르는 소리에 너는 대답해야 헌단 말야.」

정옥이는 아브라함에게 일어났던 최후의 기적에 온 희망을 걸고 있는 것 같았다. 그러다가도 가슴을 옥죄어오는 죄의식 때문에 괴로운 숨을 쉬는 것 같았다. 가엾고 남루한 숨소리였다.

사람이란 얼마나 어리석은 것인가.

얼마나 어처구니없는 상상으로 일생을 불행하게 살며, 혹은 근거 없는 미래에 희망을 걸고, 자기의 생에 가장 귀중한 것까지도, 우연히 뒤집은 카아드패를 떼듯이 결정짓고 마는 것일까.

더욱이 여자의 경우, 자기 자신의 내부에서 솟아오르는 의지로 무엇인가 행하는 것보다 「무엇에 의하여」 자기를 사는 일이 얼마나 많은 것일까.

땀으로 범벅진 얼굴을 들어 멍하니 마당을 내려다보는 정옥이의 눈은, 마치 지난 어느 날 이른 새벽, 산에서 왔노라고 나를 찾았던 날의 것과 너무도 같았다.

나는, 정옥이가, 아무것에도, 정말 아무것에도 대항할 수 없다는 것을 잘 알고 있었다.

자기 것이라고는 가져 본 일이 없고, 누구에게도 소유되어 본 일도 없는 그녀는 어떻게 자기를 살아야 하는 것인지 알지 못하였다.

다만 정옥이의 빈 곳을 휘어잡은 한 존재가 원한다면 무엇이든지 만일 정옥이의 소유 중에서 가장 귀한 것일지라도 모두 바치리라는 것도 잘 알았다.

오랜 세월 쌓아 올린 지식이나, 단련된 이성 같은 것으로도 대항해 볼 수 없는, 보다 원시적인 한 세계는 훨씬 더 강한 행동력을 가지고 있는 것일까

그녀도 결국, 스스로, 알거나 알지 못하는 사이에 그 원시적인 힘에게 먹혀들어가 버린 것이나 아닌가……

이성(理性)은 대개 이런 경우, 소득 없는 싸움에 피를 흘리고 심한 상처를 입어 빈사 상태에 빠져 버린다.

「경림아—.」

눈을 들어 정옥이를 바라보았다.

「애기 이름이……이삭이야.」

그녀의 볼이 부어오르더니 툭 꺼지며, 목에 끅 끅 소리가 나게, 목에 굵은 핏줄이 퍼렇게 솟아나게 울었다

「정말로 나는 주기 싫어!」

갑자기 커다란 그림자가 정옥이와 아이의 얼굴을 덮고 벽을 타고 올라갔다.

방안이 그림자로 덮여 어두웠다.

문간에 은테 안경의 집사가 날카롭게 정갈한 눈으로 이삭을 내려다보고 있었다.

정옥이가 오르르 떨었다.

나는 벌떡 일어섰다,

집사와 나와 정옥이와 아이의 사이에 보이지 않는 예리한 줄이 팽팽하게 당겨졌다.

숨소리들이 칼날 같다.

아이가 별안간 자지러지게 울었다.

숨이 깔딱 넘어 갈 것처럼 울었다.

아이는 조그만 손으로 제 엄마 목을 감아 안고, 개구리같이 찰싹 붙어 안겼다.

정옥이는 있는 힘을 다해 아이를 끌어안고, 공포에 질린 입술을 이빨로 악물고 벽 구석으로 뒷걸음질을 쳤다. 〈끝〉

당선

개교 19주년 기념-제380호 1971년 12월 31일 금요일

제16회 학예상 : 시

유년의 종(鍾)

· 유철종 (문리과대학 국어국문학과 3학년) ·

단쑤수 참깨밭에
노을이 내리면
뻐꾸기 울음으로
토끼풀 바구니를 채웠습니다.

채송화 꽃잎으로 김치를 담그던
내 누이의 흰 손가락이
온 누리에 달빛처럼 쏟아집니다.

금빛 물결마다
허수아비 간들어지게 웃고
흔들어대던 검둥이 꼬리
한 무리 참새떼로 날아옵니다.

쌓이는 눈송이와 함께

무명치마 올마다 새기던
호랑이랑 토끼랑 귀신 이야기
아직도 암소 울음 속으로 들려옵니다.

햇살 모래 박이 영글던
초가지붕
어머니 숨소리로 젖어옵니다.

가작

개교 19주년 기념-제381호 1972년 2월 22일 화요일

제16회 학예상 : 소설

미흑의 계절

· 이영옥 (문리과대학 국문과 2학년) ·

초 낮은 전등이 어슴푸레 빛나는 지하실 가운데서 그는 발을 멈추었다.

환기통 하나 없이 밀폐된 방안은 언제나 녹녹한 습기가 차 있어 텁텁하고 매캐한 냄새를 풍겼다.

머리 위에서 자물쇠를 채우는 소리가 들렸다. 이어서 멀어져 가는 발자국 소리, 누이동생들과 이름이 같은 까닭에 「작은 경아」라고 구별해서 부르는 식모 아이의 작은 몸이 발자국 소리와 함께 멀어져 가고 있었다.

사방이 거친 콘크리트 벽으로 가로막힌 다섯 명 남짓한 방안에는 두 시간쯤 위에 「작은 경아」가 다시 열어줄 판자문을 향해 일곱 개의 계단이 나 있고 김칫독을 내 가면서 흘렸을 짚나 부람이며 새끼토막들이 함부로 널려 있었다.

그가 지하실에 낡은 목제 침대를 갖다 놓은 것을 그의 어머니는 알지 못했다. 「작은 경아」 외에는 「작은 경아」도 그렇다. 그녀는 그가 무엇 때문에 시트도 없는 목제 침대를 가져다 놓았는지 알지 못했다. 그 외에는, 그도 그렇다. 자기가 왜 음침한 지하실을 자주 찾는지 알지 못했다.

말갛게 빛나는 꼬마전구 밑에서는 그는 시계를 보았다. 오전 아홉 시.

그가 지금쯤 이 층에 있는 침실에 있었다면 정원수 이파리에 반짝이는 햇살과 일요일 아침의 게으르면서도 활기 띤 거리와 연기마저 뿜지 않는 소주 공장이 굴뚝과 골목마다 몰려있는 아이들의 무리와 사람 하나쯤 치어봐야 30만 원만 지불하면 끝난다는 영업용 택시의 부산한 모습들을 지켜보며 자기의 침실이 이 층에 있는 것을 퍽 다행스럽게 생각했을 것이다.

삐걱거리는 침대에 걸터앉아 그는 지난주 토요일 둘째 시간에 현대인의 소외의식 인간의 심층구조, 잠재의식의 표출 같은 전문 용어들을 늘어놓던 심리학 교수의 말을 생각했다.

「지루하게 오랜 시간을 놀랍도록 현명한 지혜를 경주하며 살아오는 동안 인간은 자신의 가장 확실한 본능마저 상실해 버렸습니다.」

그는 교수의 말이 전적으로 옳은 것이라 할지라도 차기 어머니에게만은 적용될 수 없다고 생각했다. 그의 어머니가 자기의 본능이 무엇을 요구하는지 확실히 알 뿐 아니라 가장 현실적인 방법으로 그것을 확인하고 있는 이상, 우선 지난밤에도 그의 어머니는 집에 돌아오지 않았다.

방바닥에 흩어진 새끼토막이 꺼멓게 변색하여 있는 것을 그는 흐릿한 불빛 속에서도 분별할 수 있었다.

그는 다시 시계를 보았다. 9시 10분.

지난 일요일 그는 하얗게 반짝이는 L.S.D 두 알을 먹고 동사에 걸린 오른쪽 새끼손가락의 통증조차 감지할 수 없는 몽롱한 의식 속을 오래된 금붕어처럼 헤엄치고 있었다. 방황하는 의식의 망령과 함께 그는 나이보다 훨씬 젊어 보이는 어머니의 얼굴에 침을 뱉었다. 까맣게 얼룩져 흐르는 강물 위에 시선을 빼앗기면서도 그는 자신이 이미 막 스물세 번째의 봄을 맞고 있는 것을 알 수 있었다.

폐종양과 간암이라는 거창한 병명을 등에 진 채 숨을 거둔 아버지의 죽음 앞에서도 그는 검은 미소를 흘릴 수 있었다.

「환각 속에 있을 때」 그는 언제나 행복했다. 연민과 증오가 뒤범벅 된 마음으로 받아들이는 어머니의 방탕이나 그것으로 인해 더욱 새로워지는 아버지의 죽음이나, 그냥 잊어버리기엔 너무 안타까운 혜원에 대한 그리움이나 온갖 짜증스러운 일들을 훌훌 털고 일어나지 못하는 자신의 소심함을 모두 잊어버리고 자기에게 주어진 즐거움을 가벼운 마음으로 즐길 수 있었다. 그가 누리는 즐거움이 인위적 조작에 의해 가상의 세계에서 일어나는 순간적인 환경이라 해도 그 순간적인 환경을 맛보기 위해서 그는 언제나 환각 속에 있기를 원했다.

머릿속에 눌러앉아 떠나지 않는 끈끈한 환상에의 미련 때문에 그는 침대 모서리에서 파란 약병을 찾아 손 위에 쏟았다. 손 위에는 약이 한 알 밖에 없었다. 한 달 전에 그가 일금 만팔백 원과 약을 교환할 때 눈동자를 쥐눈처럼 빛내던 밀매상의 말대로 하면 그의 손에는 분명 두 알이 약이 있어야 했다. 그런데도 약은 한 알밖에 없는 것이다.

그는 두 시간 뒤에 지하실의 문을 열어달라고 「작은 경아」에게 부탁했다. 만일 그가 지금 약을 먹는다면 환각에 깨어난 후에도 한 시간 이상 음침한 지하실 안에서 문이 열리기를 기다려야 할 것이다.

밤 아가씨들이 독버섯처럼 피어난 매음촌 으슥한 골방에서 젊은 밀매상은 잘도 지껄여 댄다.

「동두천에서 나온 건데 무색, 무미, 무취가 특징이고 〈마리화나〉처럼 습관성이나 부작용이 생기지 않습니다」

「우리나라에선 L..S.D를 구할 수 없다던데?」

「잘 아시는 군요, 허지만 이전 일본에 갔던 미군들이 들여온 겁니다. 순도는 70% 이상이구요」

불도 켜지 않은 어두운 골방에서 장사꾼의 지혜가 땀 흘리며 웃고 있었다.

「알겠오, 값은?」

「에누리 없이 한 알에 구백 원씩 드리죠.」

「흣—당신 누굴 촌놈으로 아는 모양에데 사람 잘못 보셨어.」

「천만에요, 한 알에 천이백 원씩 받아야 하는 건데 돈이 아쉬워서 그 값에 드리는 겁니다.」

매끄럽게 흘러나오는 밀매상의 말이 얄미워서 그는 심술을 부렸다.

「만일 내가 이걸 파출소로 들고 가면 당신 어떡할 테야?」

밀매상의 조금만 몸이 굳어가고 있었다.

「아니……」

「농담이니까 놀라지 말고 약은 몇 알씩 먹어야 되지?」

「한 번에 두 알 이상 자시면 안 되고 한 일이 한 시간 동안 약효를 지속합니다.」

지갑 속에 들어있던 비상금까지 털어서 겨우 돈을 건네주고 질척거리는 골목길을 돌아 나오면서 그는 가벼운 흥분에 잠겨 있었다. 사람들이 모두 빠져버린 썰렁한 대합실에 홀로 앉아 있기가 심심해 말을 걸었던 녀석으로부터 뜻하지 않은 물건을 얻은 것이었다. 단골 술집의 외상값을 치르기로 했던 돈을 몽땅 날리긴 했지만, 말로만 들어오던 물건을 얻은 기쁨에 비하면 그런 것쯤은 아무래도 좋았다.

그는 다시 시계를 보았다.

9시 20분.

지난주 금요일 아침 그는 빨리 일어나라고 재촉하는 어머니의 말에 잠을 깼다. 그가 만일 좀 더 순진했다거나 어머니의 비밀을 전혀 알지 못했다거나 〈혜원〉이라는 계집애를 좋아하지 않았다면 그녀의 성화에 어깨라도 움칠했을 것이다.

그는 어머니의 말을 못 들은 척 하며 멍하니 천정을 바라보고 있었다.

「빨리 일어나라니까, 뭐하니?」

햇빛을 등지고 서 있는 어머니가 그에게는 무척 아름답게 보였다.

〈저토록 얼굴이 아름다운 까닭에……〉

생각이 거기에 미치자 그는 자기 어머니만으로 머물러 주기를 거부하는 그녀에게 참을 수 없는 증오를 느꼈다.

그러나 그는 겨우 퉁명스러운 말을 하는 것으로 만족할 수밖에 없었다.

「어머니에겐 나보다 더 많이 걱정해줘야 할 사람이 있잖아요?」

「아니……넌……」

하얗게 질린 얼굴로 말을 잇지 못하는 어머니가 자기 앞에서 여학교 교장과 재단 이사를 역임 하는 동안 몸에 밴 위엄마저 잃어야 하는 것을 그는 미워 할 수 없었다. 그것이 비록 그녀 자신의 뿌린 씨앗의 결과라 해도.

「넌 예전에도 그렇게 내 속을 썩이더니 다시 또」

가슴을 타오르는 아릿한 슬픔을 느끼면서도 그는 어머니에게 점점 더 잔인한 말을 하고 있었다.

「왜? 내가 못할 말을 했나요? 어머니의 아픈 가슴을 달래줄 사람은 따로 있을 게 아닙니까?」

가중되는 고통에 일그러진 어머니의 얼굴을 남겨 두고 그는 방에서 나왔다. 계단을 내려오는 그의 등 뒤에서 어머니의 오열이 뒤쫓듯 들려왔다.

「여보!」

그는 울음 섞인 어머니의 말이 일 년 전 세상을 떠난 아버지를 부르는 것인지 아니면 다른 남자를 부르는 것인지 구별할 수 없었다.

응접실로 쓰이는 대청을 지나서 변소에 간 그는 아버지가 돌아가신 후로 부쩍 그의 집을 자주 드나드는 〈남궁 탁〉과 어머니가 언제부터 친해졌을까? 하는 생각을 했다. 아버지가 돌아가신 뒤인가, 그 전부터였는가.

그의 아버님이 돌아가셨을 땐 맨 먼저 찾아온 조객은 남궁탁이었다. 그는 그때 아버지의 죽음을 남궁탁에게 알리지 않았다. 남궁탁은 그의 어머니로부터 아버지의 죽음을 알았을 것이다.

남편의 죽음이라는 기막힌 사실 앞에서도 그의 어머니는 남궁탁을 생각했던 것이다.

그는 남궁탁에 대한 자기 어머니의 감정은 아버지가 살아 계실 때부터 분홍빛으로 물들어 있었을지 모른다고 생각했다.

〈불쌍한 아버지〉

자꾸만 땅속으로 가라앉는 듯한 현기증을 느끼며 변소에서 나온 그는 늦은 아침의 늦은 세면을 서둘러 끝냈다.

세면을 끝낸 그가 식당에 들어섰을 때 작은 경아는 잘 구워진 불고기 접시를 식탁 위에 내려놓는 참이었고, 어머니는 아무 일도 없었던 것처럼 태연한 얼굴로 큰 경아와 함께 그를 기다리고 있었다. 그는 어머니의 태연한 얼굴에 심한 분노를 느꼈다. 나이 먹고 부유한 여인의 얼굴은 모두 저런 것일까 하며 그가 자리에 앉자 그녀의 몸에 밴 걱정이 시작되었다.

「봄에는 특별히 영양관리에 주의해야지 자칫 잘못하면 몸을 망친다」

불고기 한 접시에 덧붙은 향응이었다.

조용히 그릇에 밥을 퍼담던 작은 경아가 말했다.

「어제 남궁 선생님이 오셨다가 못 뵙고 가시면서 불고기감을 서너 근 놓고 가셨어요.」

「왜 그런걸. 이제 말하니, 진즉 말해줘야 고맙다고 전화로 인사라도 할 게 아니냐?」

사랑하는 사람으로부터의 선물은 어떤 경우에도 기쁜 모양이라고 생각하며 그는 자기 어머니를 측은한 눈길로 바라보았다.

식탁 위에는 두 번씩이나 살상을 당한 불고기가 뜨거운 김을 피우고 있었다.

그의 눈길이 마주친 어머니는 당황한 표정으로 말했다.

「어서 먹어라」

미끈하게 잘생기니 남궁탁의 얼굴이 생각나서 그는 여느 때처럼 불고기를 먹을 수 없었다.

수저도 들지 않은 채 자리에서 일어나는 그를 보고 어머니가 안타까운 듯이 말했다.

「그렇게 아침을 거르면 어떡하니?」

그는 속으로나 즉히 중얼거리고 있었다.

「반년 전만 같아도 나는 어머니의 말을 얼마나 흐뭇하게 들었을지 모릅니다」

큰 경아가 못마땅하나 표정으로 투덜댄다.

「어머니두, 먹기 싫은걸 억지루 먹으면 얹혀요.」

그녀는 기가 찬 듯이 고교이년생인 외동딸을 바라볼 뿐이었다.

모든 것들이 그녀로부터 멀어져 가고 있었다. 자식도 딸도 모두가.

「오빠는 이젠 어머니가 그렇게 걱정해 주지 않아도 자기 일은 자기가 알아서 한단 말예요.」

제복 속의 소녀조차 마음대로 다루지 못 하게된 어머니를 보다못해 그는 조용히 방에서 나오고 말았다.

그는 손위에 놓여있는 알약을 보았다. 쌀알 보다도 작은 한 알의 약은 한 시간의 약효를 지속할 것이었다.

문밖에서 작은 경아의 말소리가 들려왔다.

「오빠, 아주머니가 찾으시는데 뭐라고 할까요?」

그녀는 어젯밤 외박에 대해서 말하고 싶은 것이다.

「친구가 찾아와서 밖에 나갔다고 해」

말없이 자박거리며 멀어지는 발자국 소리.

그는 다시 시계를 보았다.

9시 30분.

지난 토요일 아침 날이 갈수록 핼쑥해지는 어머니의 얼굴을 생각하며 그는 응접실에서 전화를 받고 있었다.

「K동 이영희씨 댁입니다」

그는 언제나 전화를 받을 때면 전화번호 대신 어머니의 집에 전화를 하는 사람들 대부분이 어머니에게 용무가 있는 까닭이었다.

「현씨?」

젊은 여인의 말소리였다.

「누구시죠?」

「혜원」

여운을 남기는듯한 그녀의 목소리는 언제 들어도 좋았다.

「웬일?」

「꼭 볼일이 있어야 전화를 하나?」

「그런 게 아니라.」

「피.一」

「아직 안 올라갔어?」

「이달 중순쯤에 올라가게 될까?」

「좋겠는데? 우리 개학을 한 지 일주일이 넘어.」

「지금 학교 가려는 참?」

「응 그럼 전화 끊어.」

「잠깐, 오늘 아버지한테 차를 빌렸는데 태워다 줄게.」

「마침 잘 됐군. 수업에도 늦었는데.」

「금세 갈게 5분만 기다려요?」

그녀가 말한 대로 오 분이 채 못되어 그는 포드 20M의 푹신한 좌석에 몸을 묻고 있었다.

창문을 열자 시원한 바람이 뺨을 간질였다. 창밖의 가로수들은 겨울 동안 앙상하던 가지에 벌써 잎을 피우고 있었다. 그는 혜원과 얼굴을 마주치지 않으려고 애썼다. 마치 얼굴을 보면 안 될 일이라도 있는 것처럼.

어쩌다가 바라본 그녀의 입술에 핑크빛 립스틱이 진하게 칠해진 것을 보고 그는 이맛살을 찌푸렸다. 립스틱을 바른 여자를 보면 특히 핑크빛 립스틱을 보며 그는 끈적끈적한 기분이 들어 좋지 않았다.

그의 집에 처음 왔을 때만 해도 단발머리를 나부끼며 수줍어서 말도 못 하던 소녀가 대학 일 년 동안 무척 많이 변했다고 생각하며 그는 군데군데 솟아오른 고층건물 때문에 본래의 멋을 잃어가는 도시를 안타까워하고 있었다.

한동안 말이 없던 그녀가 입을 열었다.

「현씨 왜 서울로 전학을 시켜준다 해도 안가?」

「난 서울에서 못살아」

「남들은 잘살기만 하던데?」

「서울에선 도무지 흙냄새를 맡아 볼 수가 없어 심지어 산봉우리까지 세멘트며 아스팔트로 땜질 하고 있는 걸, 난 그게 못마땅해.」

거짓말이었다. 얼마 전 그의 어머니가 전학 얘기를 꺼냈을 때 그는 한 마디로 잘라 말했었다.

「내가 서울에 가면 나보다 더 좋아할 사람이 있을 것 같아 그만두겠습니다.」

그가 전학을 원하지 않는 이유는 사실 그런데 있는지도 몰랐다.

「강의 빼먹으면 안 돼?」

「안될 건 없지만, 세상에 공짜가 어딨어.」

「깍쟁이, 약 올리지 마」

「아얏!」

만복을 추구하는 가난한 유희가 차 안 가득히 피어오르고 있었다.

이중상간, 팔을 꼬집는 혜원의 눈이 반짝이는 것을 보고 고는 소리를 질렀다.

「세워주쇼」

동그래진 눈망울을 남긴 채 차에서 내린 그의 등 뒤에서 「아가씨의 안타까운」 마음이 타오르고 있었다.

「치—누가 붙잡을 줄 아나 봐.」

아가씨의 안타까운 마음과 함께 약식(畧式) 아버지가 장인으로, 약식(畧式) 어머니가 시어머니로 변해가고 있었다. 그녀와 그의 가슴 속에서, 똑같이,

으스스 한기가 엄습해 왔다.

봄이라 해도 지하실 안은 음산하고 추웠다.

그는 다시 시계를 보았다.

9시 40분.

그는 손에 쥐고 있던 약을 삼켰다. 무색, 무미, 무취, 환상을 잉태한 약이 목을 타내려 갔다.

그의 방 책상 위에는 겸허하고 청빈한 마음으로 세상을 살았던 타골의 교양 전서가 얌전히 놓여 있을 것 일고 큰 경아는 도서관에 간다고 거짓말을 한 후 친구들과 함께 가까운 교외로 봄나들이라도 갔을 것이었다. 작은 경아는 먼지를 흠뻑 뒤집어쓴 채 먼지 털개를 들고 뛰어다닐 시간이기도 했다.

눈을 감고 있는 그의 안막 가장자리로부터 초점을 모을 수 없는 녹색 공간이 펼쳐져 왔다. 빠르지 않게 그러나 결코 느리지 않은 속도로.

눈앞을 메워버린 녹색 공간의 중심을 향해서 금빛으로 반짝이는 별들이 모여들어 덩어리를 이루기 시작했다. 점점 커지는 별들의 집합, 그는 별들의 모임을 헤쳐 보려고 노력했지만 그럴 때마다 별들은 움칫거리면서도 쉬지 않고 모여들었다. 이윽고 세계는 온통 번쩍이는 금빛이었다. 그것은 다시 진한 밝음과 어둠이 교차하며 가늘고 긴 형태로 명멸하는 황막한 광야로 변하고 이어서 온통 세상이 무너지는 듯한 진동이 왔다.

진동이 끝난 후 그는 풀 한 포기 자라지 않은 황폐한 땅 공허한 하늘 밑에 서 있었다.

어디서부터인가 발음이 분명치 않은 말들이 토막져 들려왔다.

「하루 세끼 밥을 먹는 것처럼 확실한 생존의 방법은 없다. 아는 것이 모르는 것보다 훨씬 더 귀찮을 때가 있다. 죽.음, 그것이 바로 구원이다.

사랑과 미움은 본래 동질의 것이다」

그는 하늘을 보고 있었다. 그가 이제까지 보아온 하늘은 언제나 파란 빛이었다. 그러나 지금 그가 보고 있는 것은 엷은 잿빛의 하늘이었다. 갑자기 하늘 한편이 열리며 숱한 여인의 얼굴이 나타났다. 그 많은 여인의 얼굴 속에 어머니의 얼굴이 있었다. 혜원의 얼굴도, 작은 경아의 얼굴도, 깔깔대는 큰 경아의 얼굴도 있었다. 여인들의 얼굴 너머로부터 발음이 분명치 않은 말소리가 다시 들려왔다.

「여인은 천(千)의 얼굴을 지니고 있다」

「가장 순한 것도 가장 악한 것도 고통과 기쁨에 제일 민감한 것은 여인의 얼굴이다. ―여인의 웃음처럼 값비싼 마약도 없다.―」

토막토막 끊어지는 말소리를 들으며 그는 한없이 넓고 푸른 바다를 건너고 있었다. 파도 위에 함께 사는 물고기와 갈매기 사이를 지나 〈아메릴리우스〉 〈아나라스〉 〈페르길리우스〉 같은 활엽수들이 어우러진 숲속, 수많은 사람 틈에 끼어 앉아 잿빛 얼굴에 수염이 하얀 노인의 말을 듣고 있었다.

「생명은 끝없는 통합과 확산의 과정이지만 쓸데없는 첨가물은 아닙니다. 우리가 평소에 흔히 얻을 수 있는 일상적인 기쁨은 창조적인 이상과 결부될 때 최상의 기쁨으로 형상화되기 마련입니다. 만일 그렇게 되지 않는다면 그 기쁨은 영원히 미완성의 상태로 남아있게 되며 따라서 그것은 곧 사라지고 말 것입니다. 흔히 인간은 창조에 의하여 진리를 구현하고 그 구현에 의하여 진리를 파악합니다. 인간사회는 끝없는 진리의 탐구와 구현을 위하여 존재하는 것입니다.

이러한 진리의 구현은 그것이 완성됨으로써 인간의 내부에 절대성에 의한 확신을 부여합니다. 만일 그것이 잘못된다면 인간의 희망과 꿈의 더러운 수욕의 범주에서 벗어나지 못하고 말 것입니다.」

노인은 말을 끝내자 긴 옷자락으로 땀을 닦고는 하늘을 쳐다보며 깊은 생각에 잠겨갔다.

노인이 말을 끝낸 후 그는 옆자리에 옷을 깔고 앉아 있는 깡마른 사내에게 물었다.

「저 노인은 누구인가?」

사내는 어이없는 표정으로 그에게 되물어 왔다.

「당신은 정말 저분을 몰라서 묻고 있는가?」

그는 사내의 말을 듣지 않아도 노인이 누구인지 알 수 있었다.

노인은 〈라빈드라나드 · 타골〉인 것이다. 그리고 그는 〈산티 · 니케탄〉의 노천 교실에 있는 것이었다.

초록빛 하늘로부터 눈부신 햇살이 쏟아지고 있었다. 불새(火鳥)의 전설이 얽힌 〈피닉스〉의 빨간 꽃잎으로부터 얼룩무늬의 나비가 한 마리 날아올랐다. 나비의 날개를 따라 녹색 공간이 출렁이는 음영을 지었다. 차츰 짙어지는 음영과 함께 어디서부터인가 어둠이 밀려왔다.

흐느적거리며 걷고 있는 곳이 한치의 앞도 분별할 수 없는 어둠 속이었지만 그는 그곳이 모든 시선으로부터 차단된 은밀하고 갑갑한 공동(空洞)임을 깨달았다.

「아.ㅡ. 날, 날 좀.」

갑자기 벅찬 희열에 허덕이는 여인의 신음이 들려왔다. 게걸대는 남자의 신음도 들려왔다. 음란과 탐욕이 가득 찬 동굴 안에서 영문을 몰라하는 그의 눈앞에 파충류처럼 꿈틀대는 남녀의 모습이 나타났다. 그들이 바로 남궁탁과 어머니인 것을 보자 그는 몸을 떨었다.

비릿하게 풍기는 동물적인 내음을 6동 반한 어머니의 얼굴은 처절하도록 아름다웠고 남궁탁의 얼굴은 몹시도 해맑았다.

해맑은 남궁탁의 얼굴 너머 공동 깊숙이서 아버지의 말소리가 울려 나왔다.

「상현아, 네 어머니 같은 분도 세상에는 드무니라, 잘 모셔야 한다.」

그의 아버님이 임종 시에 남겼던 유언이 공동 깊숙이서 올려 나오고 있었다.

현숙해야 할 어머니의 추한 모습 앞에서 그는 흐느껴 울 수밖에 없었다.

「아버님, 이것이 내 어머니의 모습입니다. 이것이 현숙하다던 아버지 아내의 모습입니다.」

갑자기 그의 입에서 목쉰 울음과 노한 외침이 터져 나오고 있었다.

「이럴 수가. 정말 이럴 수가 미친 지랄이다. 삼십 원짜리 매음이다. 집어쳐. 집어치우란 말야.」

웅웅대며 멀어져가는 그의 울음소리와 함께 까만 어둠이 엷은 잿빛으로 변해갔다. 이어서 우윳빛 광명과 상쾌한 오한, 심하지 않은 두통을 느끼며 그는 눈을 떴다. 함부로 널려있는 새끼토막이며 짚 나부랑이를 둘러보던 그가 멀리서 들려오는 괘종시계의 종소리를 일곱까지 세었을 때 판자문 밖에서 작은 경아가 말했다.

「오빠, 문 열어요.」

「응」

그가 침대에서 막 몸을 일으키자 문이 열리며 작은 경아의 순한 얼굴이 나타났다.

그는 다시 시계를 보았다.

오전 11시.

시간을 꼭 맞춰서 문을 열어준 그녀가 고마워 그는 침대에서 뛰어내렸다.

「고맙다. 정말. 꼭 제시간에 문을 열어주는구나.」

별로 낯을 붉힐만한 말도 아니었는데 그녀는 기어들어 가는 음성으로 대답했다.

「다른 사람 부탁은 잊어도 오빠 부탁은 안 잊어요.」

주인집 도련님(∴)에 대한 호감을 그 정도로 밖에 표현하지 못하는 소녀의 수줍음에 화가 난 그는 다시 퉁명스러운 어투로 말했다.

「아주머니는 나가셨니?」

그는 작은 경아에게 곧잘 자기 어머니를 아주머니라고 불렀다.

「안방에 누워 계세요.」

「안방에! 흥.ㅡ피곤도 하겠지. 그 나이로는.」

그녀는 아마도 노곤한 몸을 요위에 누이고 황홀했을 간밤의 정사를 되씹고 있거나 아니면 파랗게 혈관이 내비치는 모양 좋은 손으로 방바닥을 문지르며 자신의 고뇌(?)를 삭이고 있을 것이었다.

「너 이 층에 가서 회색 양복하고 검은 티셔츠 좀 가져와라. 아주머니 모르게 살며시 갔다 와.」

「나가시려구요?」

「응.」

「아침은 어떻게 하구요.」

「이제사 무슨 아침이냐!」

「그래도.」

「너도 아주머니를 닮아가니?」

부엌에서 짙은 회색의 겨울옷으로 갈아입은 그는 뒷문을 열고 밖으로 나왔다.

봄빛이 무르녹은 거리는 계절을 닮아 밝은 표정이 된 사람들로 넘쳐 흘렀다. 그들의 밝은 원색의 옷차림 속에서 어둡고 칙칙한 그의 옷은 음울한 겨울의 흔적처럼 보였다.

〈바겐세일〉이란 현수막이 나붙은 양품점 유리창에 까칠한 얼굴을 비춰보며 전봇대에 붙은 약 광고와 서투른 글씨로 쓰인 운명 감정소의 간판과 뼈대만 세운 지방은행 건물 밑을 지나 시청 앞 네거리에서 신호등 불빛 때문에 걸음을 멈춘 그를 남궁탁이 웃음을 풍기며 반겼다.

「이게, 상현이 아닌가?」

「아, 안녕하세요?」

「어디 가는 길이지?」

「친구 집에나 가볼까 하고.」

거짓말이었다. 기분 좋은 봄 거리에서 남궁탁을 만날 줄 알았다면 그는 절대로 외출을 하지 않았을 것이다.

「마침 잘 만났군. 별로 바쁘지 않으면 할 말도 있고 하니 차 한 잔 할까?」

「글쎄요.」

길거리에서 우연히 만난 지친(知親)으로부터 차 한 잔쯤 대접받는 것은 매우 흔하고 자연스러운 일이었다. 그러나 그는 남궁탁의 호의를 선뜻 받아드릴 수 없었다.

어떻게 할 것인지 망설이는 그를 억지로 끌다시피 하면서 남궁탁이 들어간 곳은 개업한 지 얼마 되지 않은 고급다실이었다. 빈자리를 찾아 앉은 그들에게 짙은 화장을 한 여인이 다가와서 인사를 했다.

「어서 오세요.」

여인은 남궁탁의 옆자리에 앉아 수선을 피웠다.

「남사장님두, 어쩌면 그렇게 뵙기가 어려워요?」

남궁탁은 곧 그녀와 어울려 버렸다.

「미안해. 요즘 좀 바빠서」

「거짓말, 어디 예쁜 아가씨를 붙잡아 두신 모양이죠?」

「무슨 소리를 하는 거야? 내가 그렇게밖에 보이지 않나?」

묵직하게 드리워진 커텐과 탁한 공기가 약한 조명을 받아 어두운 기분이 드는 다실 안에 둔탁한 음악이 흘러나오고 있었다.

그를 바라보던 여인이 엉뚱한 말을 했다.

「정말 잘생긴 아드님을 두셨네요?」

「아들이라니, 그런 실례가 어디 있어.」

「어머, 난 또, 죄송합니다.」

남궁탁의 아들. 그가 생각하기에 여인의 말은 조금도 틀리지 않았다. 기존의 윤리관에 의하면 그는 분명히 남궁탁과 부자의 관계에 있었다.

자리를 박차고 일어나고 싶은 마음을 억누르며 그는 화제를 다른 곳으로 돌렸다.

「어항에 물을 갈아 줘야겠군요?」

「네?」

그를 바라보는 여인의 눈의 의아한 빛을 띠었다.

「뭐가 잘못되었습니까?」

「아, 아니요.」

차 주문을 받은 여인이 주방으로 가버리자 남궁탁이 쑥스러운 표정으로 입을 열었다.

「자네 여자 다루는 솜씨가 보통이 아닌데?」

「천만에요, 남선생님한테 비하면 아직 어림도 없을 껩니다.」

「아냐, 저 아가씨가 자네한테 반했나 본데?」

「너무 골리지 마십쇼.」

「아 참, 인사가 늦었군. 어머님 안녕하신가?」

단 몇 시간 동안의 안부가 궁금해서인지 아니면 나이 먹은 연인의 아들 앞에서 능청을 떠는 것인지 알 수 없었다.

지난겨울, 출장 떠난다던 그의 어머니가 온천장의 호텔에 남궁탁과 같이 있는 것을 보지 않았다면 그는 자기 어머니와 남궁탁이 은밀한 사이인 것을 지금도 모르고 있을 것이었다. 비밀을 지키는 그들의 태도는 그토록 훌륭했다. (어제저녁에도 같이 있었지 않아요)하는 말을 못 하는 자기의 나약함을 탓하면서 그도 역시 능청을 떨었다.

「며칠 전에 집에 오시지 않았던가요?」

「응, 그땐 어머님을 뵙지 못했지.」

「그랬군요.」

「상현군은 정말 좋은 어머님을 모시고 있어, 사업 관계로 가끔 만나 뵙지만 올수록 훌륭한 분이라는 걸 느끼게 되더군, 앞으로 어머님께 잘 해드리게.」

「글쎄요.」

「글쎄라니?」

「저는 어머님에게 제가 특별히 잘해 드려야 할 필요를 별로 느끼지 않습니다만.」

「그걸 말이라고 하는가?」

「남 선생님이 제 말에 그토록 흥분하실 이유가 없을 텐데요?」

순간 남궁탁의 얼굴에 낭패한 기색이 나타났다.

「그렇군. 그건 어디까지나 자네 자신의 일이니까 미안하네.」

「괜찮습니다. 더 하실 말씀이 없으면 그만 가보겠습니다.」

「잠깐 기다리게.」

「시간이 없으니까 빨리 말씀하시죠.」

「얼마 전에 자네 어머님이 자네 전학문제를 말씀하시더군, 그래서 친구에게 부탁을 해뒀더니 자리가 비어있다고 연락이 왔어. 내킨 김에 자네 학교에 가서 수속까지 끝냈지, 저쪽 일도 모두 끝나고, 자네는 며칠 있다가 서울로 올라가기만 하면 되네」

「지금 뭐라고 하셨죠?」

그는 남궁탁의 해맑은 얼굴을 한 대 후려주고 싶었다.

「죄송하지만 저는 전학 같은 건 절대로 하지 않습니다.」

「상현이, 그렇게 흥분하지 말고 침착히 생각하게, 상대는 K대야.」

「K대가 아니라 S대라도 싫은 건 싫습니다.」

「아니, 상현이!」

남궁탁이 붙잡을 틈도 없이 뛰어나온 그는 짙은 분노를 뱉어내고 있었다.

「개새끼, 우리 집 안방에라도 와서 자빠져 자고 싶단 말인가?」

그러나 이미 모든 수속이 끝나버린 이상 그것은 어쩔 수 없는 일이었다.

거리에는 눈부신 햇살이 쏟아지고 있었다. 그는 잔뜩 찌푸린 얼굴을 하고 1동 쪽으로 걷기 시작했다.

앞에서 미니 차림을 한 혜원이 오고 있었다.

「혜원!」

깜짝 놀라는 그녀의 모습이 껴안아 주고 싶도록 귀엽다고 생각하면서도 그는 립스틱이 진하게 칠해진 그녀의 입술만 바라보고 있었다.

「후훗. 뭐예요 그런 겨울옷을 입고 지금 화창한 봄이라는 것쯤은 아실텐데.― 옷을 입은 현씨야 괜찮겠지만, 옆에서 보는 사람 입장도 좀 생각해 줘야죠.」

「그렇게 남의 옷차림에까지 신경을 쓰다간 머리가 복잡해서 제명에 못 죽을 거다.」

그들 곁으로 재잘거리며 지나가던 한 떼의 소녀들이 그녀에게 한꺼번에 인사를 했다.

「언니, 안녕하세요?」

「응, 그런데 너희들 웬일로 그렇게 몰려다니니?」

「언니처럼 멋있는 보디가드를 구할까 하고.」

「망할 계집애들.」

깔깔대는 웃음소리와 함께 소녀들이 멀어져가자 그녀가 물었다.

「어디 가는 길이예요?」

「친구 집에 가는 길인데 오다가 혜원이 아버님을 만났어.」

「아버님이 무슨 말씀 안 해요?」

「오랜만이라고 차 한 잔 사주더군.」

「다른 말은?」

「그것뿐이야.」

「이상하다.」

「뭐가 이상해.」

「전학 얘기를 하신다던데.」

「응, 전학을 누구 마음대로 해!」

「오늘 아침에 들으니까 수속도 모두 마쳐 놓으셨다던데―더구나 우리 학교라고 해서 얼마나 좋아했다구.」

「난, 전학 같은 거 죽어도 안 해.」

그가 거칠게 말하자 그녀의 눈빛이 날카로워 졌다.

「바보같이 자기 생각만 하고 다신 안 만날 테야.」

울먹이면서 화를 내고 뛰어가 버린 그녀는 어쩌면 한 마리 아름다운 파랑새였다. 아버지의 끝없는 방탕과 어머니마저 없는 어두운 환경 속에서도 곱게 피어난 한 떨기 착한 꽃이라고 생각하며, 그는 그녀의 아름다움에 매달려 버릴 수 없는 자신의 운명을 안타까워하고 있었다. 그는 문득 자기가 혜원과 함께 멀리 달아나 버린다면 남궁탁과 어머니가 얼마나 낭패해 할까? 하는 생각을 했다.

눈부신 햇살이 한꺼번에 와아 소리하며 몰려드는 바람에 비틀거리는 그의 옆으로 많은 사람이 지나갔다. 성장한 숙녀가, 까까머리 학생들이, 헌털뱅이 작업복이 고달픈 가난한 사내가.

부글거리는 가슴을 안고 그는 다시 걷기 시작했다. 마치 걷지 않으면 안 될 일이라고 있는 것처럼.

둥근 지붕을 머리에 인 성당 앞을 지나고 해바라기 하는 노인들의 세월을 건너뛴 회한이 낙엽마냥 뒹구는 고궁과 귀신도 울며 갔다는 경찰서 옛 건물 앞을 지나서 그는 숨 가쁜 비탈을 올라갔다.

옹색한 집들을 거느린 철길이 발아래로 뻗어있는 굴다리 위에서 그는 발을 멈추었다. 멀리 산모퉁이를 돌아오는 완행열차의 심호흡이 나른한 봄날의 오정을 뒤흔들었다. 쿵쾅거리는 굉음과 질풍을 쏟으며 열차는 그의 발밑을 지나갔다. 열차는 어느새 블록 담으로 둘린 역 안에 멋없이 길게 누워있었다.

굴다리에서 산 위로 올라간 그는 눈 아래 펼쳐진 도시를 굽어보았다. 바라볼수록 초라한 작은 도시의 좁은 길을 무수히 많은 사람이 오가고 있었다. 그들은 모두 어떤 종류의 침해도 원치 않는 저마다의 생활을 지니고 있을 것이었다. 그의 어머니도 사실은 자기만의 생활을 지니고 있는 많은 사람 중의 하나일 뿐이었다.

어머니의 외로움을 그는 피로 나누어 아들로서 이해할 수 있었다. 그러나 어머니의 외로움 때문에 아버지의 슬픈 영상을 외면할 수는 없었다. 역시 그는 어머니를 미워할 수밖에 없었다.

멀리 K동 그의 집 근처에서 연기가 일고 있었다. 소방서의 사이렌이 요란하게 울어댄다. 빨간 불자동차가 달려가는 것도 보였다. 그래도 불은 점점 더 크게 번지고 있었다. 그는 문득 자기 집이 불길에 싸였으리라고 생각해 보았다. 그래도 그는 아무렇지 않았다. 집이 온통 다 타버린다 해도 태연할 수 있을 것 같았다. 어머니의 방탕도 아버지의 슬픈 영상도 혜원을 향한 그리움도 그로 인한 자신의 고뇌도 모두 사라질 수만 있다면 자기 집이 불에 타는 것쯤은 아무렇지도 않을 것 같았다.

그에게는 이제 환각제도 없었다.

그가 지닌 것은 주체하기 어려운 고통뿐이었다.

점점 더 크게 번져가는 불길을 보고 있던 그는 갑자기 초라하고 낡을 대로 낡았다는 본래의 멋을 잃어가며 자기에게 거추장스럽기까지도 한 도시를 떠나기로 작정했다.

불길은 요 몇 년내 가장 큰 화재로 기록되기를 원하는 것처럼 자꾸만 번져가고 있었다.

멀리 불길에 쌓인 교회당의 첨탑이 햇빛에 반짝이는 가운데 산 아래서는 스물세 번째 맞은 그의 봄이 점점이 짙어가고 있었다.

제17회

학예상

•

1970~1979

당선

개교 20주년 기념-제393·4호 1972년 6월 23일(금요일)

제17회 학예상 : 소설

동업자

· 이원호 (섬유공학과 2학년) ·

갖가지 소음이 공간을 채우고 있었다.

가득히 들어찬 빌딩과 오물들 사이로 겨우 뚫린 공간을 무수하게 움직이는 사람들, 집들, 바퀴 달린 짐승들, 크고, 작고 뚱뚱하고, 홀쭉하고 길고 짧고 넓고, 좁은 것들이 이리 뛰고 저리 뛰고 저리 달리면서 우르릉거렸다가 삐걱거리고 쨍그랑 덜컥, 뚜벅뚜벅, 따각따각, 빵빵, 어이, 안녕하세요, 저리 가세요, 싸구려, 신문 잡지 삽니다……

하나도 빠짐없이 두 귀에 집어넣고 너에겐 모두가 필요 없는 소리라고 번개처럼 머리 저쪽으로 내던지면서 「달」은 주머니에서 꽁초를 꺼내 물었다. 좌석버스가 으르렁대면서 곁에 와, 서더니 오만하게 한쪽 문을 벌렸다.

쓰레기 더미 위에서 멈춘 번쩍이는 유리창들이 진저리를 치고 있었다.

저쪽, 지린내 나는 벽 쪽으로 시내버스가 덜커덩거리고 들어서더니 가쁜 숨을 멈추고 겸손하게 두 쪽 문을 활짝 열었다. 검정치마를 입은 아낙네가 급한 걸음으로 그의 옆을 스치더니 버스에 올랐다.

「몇 시요?」

바쁜 듯 지나치는 미니 아가씨에게 물었다.

「여덟 시 반이에요.」

그는 끄덕이고 버스의 뒤쪽 문으로 들어섰다.

어젯밤 잠을 설친 모양의 새까만 차장이 뒷좌석에 기다랗게 누워 있었다.

먼지 낀 발가락 끝이 파란 샌들이 겨우 대롱거렸다.

승객은 모두 여덟 명이었다.

여덟 끗이면 일진은 나쁜 편이 아니다.

달은 무거운 가방을 옆에 내려놓고 빗을 꺼내 머리를 다듬었다.

「어이, 김 씨! 장사 잘돼?」

낯익은 운전수가 아는 체를 하였다.

「그저 그렇지 뭐」

「오늘은 뭐야?」

「수첩, 마수로 하나 사겠오?」

「헤!」

그는 농담 말라듯이 돌아앉더니 장난치듯 크락숀을 눌렀다.

「빠, 빠, 빵, 빵빵, 빵」

언뜻 선잠이 깨어 한 발을 공중 잽이 하면서 일어선 차장이 창밖으로 고함을 질렀다.

「ㅇㅇ가요」

힐끗 빨강빤스를 보이면서 대학생 차림의 아가씨가 차에 올랐다.

달은 차 안을 둘러보았다.

학생들이 대여섯, 장사꾼 비슷한 사람이 두어 명에다가 중년의 남녀가 서넛 보였고 실업자 같은 친구가 두 명 있었다.

「슬슬 시작해 볼까?」

그는 중얼거리고 통로의 중앙에 배에 힘을 주고 섰다.

차내의 시선이 일제히 그의 두툼한 얼굴에 쏠렸다가 제각기 시선들을 돌렸다. 아마도 끝까지 보아줄 사람은 몇 되지 않을 것이다.

하지만 귀찮아하는 너희가 두 귀를 틀어막기에는 더욱 귀찮겠지.

「자, 차내에 계신 승객 여러분께 잠깐 안내의 말씀 올리겠습니다」

그는 여유 있게 큰 목청으로 마수 거리를 시작했다.

「본인은, 서울에 있는 본사의 특파원으로……」

시선을 휘돌던 그는 문득 눈을 멈췄다. 빨강빤스를 입은 여대생이 말끔히 그를 바라보고 있었기 때문이다.

「서울에 있는 본사에서 이번에 여러분께 드릴 상품으로써……」

그녀는 이번엔 배시시 웃었다.

염병을 할! 웃긴 왜 웃니 이년아!

「이 수첩으로 말할 것 같으면…」

그리고 그는 아차 하였다.

저 여자를 어디서 많이 본 것 같다.

어디서 보았더라?

「사실 분은 지나는 길에 말씀하십시오」

어물쩍 이야기를 마치고 그는 수첩을 들고 기웃거리며 걸었다.

눈치를 보면 살 사람인지 안 살 사람인지 알 수 있다.

옷을 번드레하게 입은 녀석들이 실상은 짤랑거리는 동전 몇 푼밖에 가지고 있지 않는 수가 많은 것이다.

그의 고객은 대개 중년의 나이 든 축과 또 사회 물정에 어두운 학생들이었다.

「그거 하나 줘 보소」

뒷좌석에 앉았던 삼십 대의 셀러리맨처럼 보이는 이가 손을 벌렸다.

살까 말까 망설이는 눈치던 중년 여인이 안심한 듯 돈을 꺼내고 있었다.

운전수가 하품을 하더니 엔진을 걸었다.

이른 봄이 햇살이 창 너머로 제법 의젓이 들어오고 있었다.

「이봐요 김 씨!」

덧니가 난 남원 옥 미스 정이 장바구니로 우두커니 서 있는 그의 옆구리를 찔렀다.

「왜 때려 이년아!」

「아니 아침부터 욕 할 테야?」

「뭐가 아침이야 벌써 아홉 신데」

주차장의 아우성이 어느 정도 뜸한 시간이었다. 벌써 다섯 번 차에 올랐는데 여섯 권 밖에 나가지 않아 신경질이 나 있는 참이었다.

「어젠 왜 안 왔수?」

빈 바구니를 건들거리면서 그녀는 눈웃음을 쳤다.

「돈이 벌려야 가지」

「얼마나 벌었는데?」

「이게 왜 아침부터 꼬치꼬치 캐묻고 지랄이야?」

그녀는 덧니를 내보이면서 힐쭉 웃었다.

「이젠 나 보구 싶지 않어?」

「지랄 허네」

그러면서도 그는 뒤가 켕겼다.

이 넓은 세상에서 외상술을 주는 것은 정씨 성을 가진 이 애뿐인 것이다.

언젠가 빗을 몽땅 다 팔았을 때 그는 남원 옥에 가서 술을 먹고 기분을 내었다. 그리고 그날 밤 그녀를 품에 안고 자면서 앞으로 이대로만 나가면 살림 차리자고 주절거렸었다.

「이따 저녁에 갈게. 목욕이나 해놓구 있어.」

그러면서 그는 벌쭉 웃었다.

잠시 후, 그는 주차장을 떠나 번화가의 시내버스 승강장으로 자리를 옮겼다. 이제부턴 이 차 저 차로 뛰어다녀야 할 참인 것이다.

파란 불이 켜지자 행인들이 우르르 차도로 밀려 나왔다.

덜커덩거리는 괴물들은 꿈쩍 못하고 주저앉아 있었다.

그는 멈춰서 있는 버스에 올라탔으나 이내 입맛을 다셨다.

자리를 가득 메운 부인들이 야외로 놀러 가는 모양인지 음식 보따리들이 여기저기 놓여 있었고 구석엔 장구가 처박혀 있었다.

잔뜩 들뜬 여편네들이 수첩을 살 리는 만무한 것이다.

차장 녀석이 안됐다는 듯 싱글 웃었다.

「한탕해 보쇼」

「까불지 마 인마」

그러나 그는 통로에 두 다리를 벌리고 서서 수첩을 꺼내 들었다.

「에, 차내에 계신 승객 여러분께……」

와그르르하고 앞 좌석에서 웃음보가 터졌다.

「딩 디딩 두둥둥!」

□ □ □ □ 시건방진 장구를 두들기기 시작했다.

그는 수첩을 집어넣고 좌석에 엉덩이를 들이밀었다.

짙은 분 냄새가 역겹게 코를 찔렀다.

「순이 엄마, 김 사장 만나봤우」

얼굴이 둥그런 여인이 그 옆의 번쩍이는 노랑 치마저고리를 입은 여인에게 소곤거려 물었다.

「아니?」

「그럼 그 소리 못 들었구려?」

「무슨 이야긴데?」

노랑 치마가 노란 목을 길게 빼었다.

「홀을 옮긴대」

「아니 왜?」

「부인이 눈치챈 모양 이래나」

「그럼 어디루?」

「이따, 저녁에……」

그는 호주머니를 뒤지다가 옆에서 담배를 빠끔거리는 부인에게 수작을 걸었다.

「여보세요 아주머니, 담배 한 대 빌립시다」

멀끔히 그의 얼굴을 바라보던 여인은 담뱃갑을 내밀었다.

「장사 잘 되우?」

「예, 매일 먹고 잘 만큼은 됩니다」

「혼자?」

「그렇죠」

「쓸쓸하겠네」

여인은 눈꼬리에 주름을 만들었다.

「암요, 너무 아주 쓸쓸해서 배가 부르죠」

다음 차에서 달은 여섯 권을 팔아넘겼다. 잘 팔리는 노선이었고, 오늘도 수첩을 좋아하는 대학의 신입생 같은 몇 명과 중년의 신사 두엇 이서 사주었던 것이다.

빈 좌석에 앉아 뻤뻤한 다리를 주무르면서 종점까지 갔다 들어오기로 마음을 먹었다.

모처럼의 휴식이다.

열린 차창으로 시원한 바람이 쏟아져 들어왔다.

실업자 같은 젊은 친구 둘이서 묵직한 낚시가방을 들고 달의 앞 좌석에 앉았다. 멈춰있는 차의 주위를 갖가지의 인간이 싸돌고 있었다.

잔뜩 오줌이 마려운 것 같이 안절부절못하는 청년.

뚫어져라 하고 버스의 한쪽을 노려보고 서 있는 부동의 아가씨.

피로에 지치고 어쩌면 살기에도 지친듯한 표정을 온몸에 띄우고 구부정한 허리를 하는 시골 노인.

그의 옆에는 더러운 얼굴의 구두닦이 꼬마가 히히덕거리고 있었다.

「아니 그래, 그 가시내가 나오지 않았단 말야?」

통로 쪽에 앉은 낚시꾼이 차창에 기댄 더벅머리에게 물었다.

「병신 새끼야! 진즉 먹어치우라니깐!」

그는 안타까워하였다.

「에이, 다된 떡시루 엎었다」

달의 옆좌석에 파리한 얼굴의 아가씨가 손가락을 만지작거리고 있었다.

버스는 시가를 벗어나더니 요란하게 덜컹거리면서 자갈길을 달렸다.

「아저씨, 뭣 하러 가세요?」

늘어지게 하품을 하고 난 차장 아가씨가 눈물이 글썽한 눈을 깜박이며 물었다.

「장사하러 가지 뭣 하러 가」

「그럼 왜 안 해요?」

힐긋 옆자리의 여인이 달에게 눈총을 주자 그는 문득 짓궂은 생각이 들었다. 그는 주머니에서 수첩을 꺼내 들고 그녀의 팔을 가볍게 건드렸다. 「잠깐 안내 말씀 올리겠습니다」

「네?」

「저는 서울에 있는 본사의 특파원으로……」

그는 그녀만 들을 수 있을 정도로 말을 낮췄다. 그녀는 말끔히 그의 눈을 들여다보고 있었다.

「이 수첩으로 말할 것 같으면 갖가지의 버스시간표, 열차 시간표가 기록되어 있을 뿐만 아니라 우편번호표 및 상식 외래어, 시사 약어, 혈액형의 대조표와 주소록이 붙어 있습니다. 그리고 돈을 넣을 수 있는 지갑이 이렇게 안에 있으며 동전을 넣을 수 있는 구멍과 전국의 지도가 제일 뒷면에 있는 것입니다. 시중에서는 200원 아니고는 못 사는 것이오나 저는 선전 기간에 특별 염가로 이렇게 볼펜 한 자루를 덧붙여 100원에 제공하여 드리겠습니다. 자……」

저쪽 뒷좌석에 앉은 친구들은 아마도 두 연인의 다정한 일담이라고 생각했을 것이다.

여인은 처음에 웃으려고 입술을 내밀었다가 차츰 진지한 얼굴이 되었고 나중엔 난처한 얼굴로 주위를 힐끗거리더니 달의 이야기가 끝날 무렵에는 입을 꾸욱 다물고 그를 빤히 바라보았다.

「애인이나, 동생께 선물하시면 아주 좋아하실 것입니다」

그는 수첩을 그 여자의 무릎 위에 놓았다.

「장난인가요?」

여인은 그를 쏘아보았다.

「아니, 무슨 말씀을,」

그는 호들갑스럽게 손을 저었다.

「이걸 팔아 밥을 먹고사는 놈이 무슨 장난을 하겠습니까」

여인은 달의 땟국이 흐르는 와이샤스 칼라를 노려보듯 하더니 어느덧 미간을 풀었다. 그리고는 핸드백을 열어 잡동사니를 헤치더니 돈을 꺼내 주었다.

「감사합니다」

버스는 비탈을 우당탕거리면서 내려가기 시작했다.

「결혼하셨나요?」

싱거워져서 담배를 피워 문 달에게 그녀가 물었다.

「아직 못 했습니다」

이해가 간다는 듯 머리를 끄덕이는 그녀를 보면서 그는 침을 삼켰다.

「나에겐 어머니 한 분 밖에 계시지 않습니다」

그는 꽁초를 짓이겨 껐다.

「어머니두 장사하니까 내가 번 돈은 내 장가 밑천으로 저금하라구 하시지요」

「얼마나 저금했나요?」

그녀는 희고 긴 손가락을 들어 머리를 만지면서 궁금한 듯 물었다.

「아니, 못 했습니다」

그녀는 그를 바라보더니 이윽고 창밖으로 시선을 돌렸다. 가슴이 답답한 그는 숨을 길게 들이마셨다.

종점의 대폿집에서 대포로 석 잔을 마셨더니 시내로 돌아오는 차 안에서 나른하게 졸음이 오기 시작했다.

낯익은 운전수가 꾸벅이는 그를 보고 연방 싱글거렸다.

「김 씨, 김 씨」

담배를 꼬나문 차장이 그의 어깨를 흔들었다.

「대낮부터 장산 않구 술만 마시기요?」

그는 주위를 둘러보았다.

빼곡하게 좌석이 차 있었고 차장의 말을 들은 몇몇은 호기심에 그를 보고 있었다.

「해야지 염병을 헐」

시내에서 내려 대여섯 번 바꿔 타고났더니 온몸이 끈적거리고 낮에 먹은 술에 골치가 지근거렸다.

그는 차에서 내려 승강장 옆에 가방을 놓고 그 위에 쭈그려 앉았다.

바람이 널찍한 도로 위의 먼지를 휘몰아 가고 있었다.

점심때가 훨씬 지났는데도 식욕이 없다. 하긴 아까 술을 먹으면서 이걸로 점심은 때우는 것이라고 스스로 다짐을 해놓았으니까 배가 고프더라도 참아야 할 형편이다.

길 건너편 골목에 열대여섯밖에 보이지 않는 계집애 둘이서 이쪽저쪽을 힐끗거리는 게 보였다.

「저런 망할 것들이 벌써……」

얼굴을 쓸면서 그는 혼잣소리를 하였다. 이 거리에서 몇 번째 보는 애들인 것이고 그때마다 제 또래의 사내애들과 어울려 있었던 것이다.

승강장 엔 육십 대의 노인 홀로 철 늦은 양복을 걸치고 우두커니 서 있었다.

「야, 저기 있다.」

 달의 앞을 지나던 고등학생이 소리쳤다.

모자를 가방 속에 쭈그려 넣은 그는 계집애들을 본 모양이다.

「어디?」

같이 가던 여드름이 잔뜩 난 녀석이 목을 뽑았다.

두 녀석은 마주 보고 달이 깜짝 놀랄 만큼 징그러운 표정으로 웃었다.

그들이 길을 뛰어 건너자 노인이 무겁게 몸을 돌려 그를 돌아보았다.

무엇인가 묻고 싶은 눈치였다. 잎을 덮은 콧수염 끝에 두어 방울의 땀이 매달려 있었다.

「저, 말씀 좀 묻겠소」

「예」

달은 무겁게 엉덩이를 들고 일어서서 노인을 내려다보았다.

「나는, 남원을 갈라고 그러는데……」

「남원 말입니까?」

노인은 고개를 끄덕였다.

수염 끝에 맺힌 땀방울이 대롱거렸다.

「그런데 왜 시내버스 승강장에서 기다리십니까?」

「여기서 기다리면 안 되어?」

노인은 주름살이 가득한 눈시울을 올렸다.

「시외버스 주차장으로 가셔야지요」

「그런가……」

노인은 입을 벌리고 우두커니 그를 바라보았다. 당장 움직이기가 싫은 정도로 피로한 모양이었다.

「여기엔 무엇하러 오셨습니까」

달은 노인을 길가로 이끌어 드리고 나서 물었다.

「딸아이를 만나러 왔는데…」

「못 만나셨군요」

노인은 머리를 저었다.

「그럼 만나셨습니까?」

「음」

「따님은 어디에 계시는데요?」

「미장원에 있는데……」

말을 끊고 노인은 달을 건너보았다.

「당신은 무얼 하오?」

「아, 저, 저는 장사합니다」

그는 당황하여 주머니에서 수첩을 분주히 꺼냈다.

「이걸 팔러 다닙니다」

노인은 안심했다는 듯이 머리를 끄덕였다.

「언제 오셨습니까?」

「오늘 아침에 왔소」

그런데 땀이 나신다고?

노인은 말없이 수염의 땀방울을 훑어 내렸다.

시장 입구에서 내린 달은 와글거리는 사람을 해치고 어물전으로 들어섰다. 생산의 비린 냄새가 빈속을 자극해서 그런지 왈칵 구역질이 날 것만 같았다.

「장사 다 했냐?」

손님과 함께 고기를 뒤척이고 있던 어머니가 먼저 물었다.

「아뇨, 아직……」

「밥은 먹었어?」

「예, 어머니는?」

「먹었다」

어머니는 구석 자리를 가리켰다.

국밥을 시켜다 먹은 모양인지 빈 그릇이 놓여 있었다.

달은 점포 안으로 들어가 우두커니 섰다.

「어서 오세요. 아주머니. 이리로! 자, 싱싱한 조기가 펄덕펄덕 뛰어요. 조기가 뛰어! 고등어요 고등어! 자 싸구려, 싸요 싸!」

온갖 고함이 갑자기 고막을 울리고 머리 안의 이러 저리로 치달아 부딪고, 윙윙거렸다.

「자 싸요 싸! 고등어가 싸요」

질세라 어머니가 손님에게 외쳤다.

「어서 옵시오. 싱싱한 고등어가 있습니다」

달이 어머니의 뒤에서 소리치자 앞집의 강씨가 고함을 지르다 말고 입을 벌린 채 히죽 웃었다.

「자. 싸구려……」

달은 등을 왈칵 밀려 비칠거렸다.

어머니가 이상한 표정으로 자기를 바라보고 있었다.

그녀는 치마를 들추고 돈주머니를 끄르더니 오백 원짜리를 건네주었다.

「이걸 가지고 가서, 술이나 먹어라. 어서 가!」

말없이 가방을 집어 들려는 달에게서 어머니는 낚아채듯 빼앗아 구석으로 던졌다.

「아직도 두어 시간 더……」

그는 가방으로 손을 뻗치자

「빨리 가 이놈아!」

어머니는 갈퀴를 집어 들고 고함을 질렀다. 강씨가 뚱뚱한 몸을 휘두르면서 소리 내 웃었다.

이리저리 부딪히고 비척이면서 달은 시장을 빠져나왔다.

이젠 온몸에 으스스 한기가 들었으나 무얼 먹고 싶은 생각이 없었다.

아직 햇살은 고층건물의 머리를 스치고 있었다.

저쪽 개울가에 사람들이 몰려 있는 것이 보였다. 사람들을 비집고 들어서 목을 내밀자 원숭이가 한 마리 의자 위에 걸터앉아 무심한 듯 주위를 둘러보고 있었다.

「자, 철수야 이것을 보아라」

입에다 마이크를 갖다 댄 친구가 득의양양하게 소리쳤다.

「이것을 보십시오. 이제 우리 철수가 곧 셈을 합니다.」

원숭이는 지친듯한 표정으로 의자에서 내려섰다. 그리고는 3자라고 쓴 종이를 집고, 다시 한 손에 5자라고 쓴 종이를 들더니 두 개를 나란히 내려놓고 15라고 쓴 표를 들어 올렸다.

초등학교 학생 서넛이 신기한 듯 웃었다. 원숭이의 조그맣고 털 속에 파묻힌 눈이 분명히 염증을 내고 있었다.

먹고살기 위해서 원숭이나 마이크를 든 저 친구나 똑같은 일을 똑같은 이야기를 하루에도 수백 번씩 되풀이해야 했을 것이고, 앞으로도 그럴 것이었다. 어쩌면 죽는 날까지 원숭이는 저 곱셈을 되풀이해야 할 것이다.

떼돈을 벌어서 염증이 난 이것들을 집어치우고 마음에 맞고, 내 손에 익은 열을 시작하기에는 너나, 그리고 나나, 이미 글러 버린 일인 것일까?

원숭이는 바로 달 자신이었다.

원숭이의 감정을 잃은 듯한 지금의 눈은 바로 그 자신의 눈이었다.

아니, 이제 원숭이가 영어를 휘갈겨 쓸 것이라고 떠벌이고 있는 얼굴이 붉은 저 친구도 원숭이가 되어있었다.

두 원숭이의 흐르고 빛을 잃은 두 눈이 사람들을 훑어보고 있었다.

한쪽 원숭이는 마이크를 입에 대고 다른 한 손에 불로장수 약을 높이 쳐들었고, 다른 원숭이는 한 손에 볼펜을 들고 있었다. 어쨌든 그들은 사이좋은 동업자였다.

「어마, 이걸 어째」

달의 앞에서 기웃거리던 아가씨가 울상을 하였다.

「왜 그래?」

그의 옆에 서 있던 동생인 듯한 청년이 돌아보자

「돈, 돈을 잃어버렸어」

아가씨는 죽을상을 하였다.

「뭐? 얼마나?」

사납게 눈을 치뜨면서 청년은 주위를 둘러보았다.

「만원을 몽땅 다」

「뭐야?」

주위의 사람들이 술렁거렸다.

이젠 이쪽이 더 흥미 있는 모양이었다.

「가만, 너, 빨리 가서 경찰을 불러와」

청년은 여자의 등을 밀었다.

「미안하지만 경찰이 올 때까지 여러분께선 이 자리에 계셔주십쇼. 여러분 속에 소매치기 있습니다」

그는 얼굴을 붉게 상기시키고 주위를 둘러보았다.

그러나 소매치기는 그보다 더 머리가 좋은 모양이었다.

저쪽 로타리의 철물점을 돌아 사라지는 녀석의 옷자락이 힐끗 보였다.

시내버스 안에서 여러 번 만난 낯익은 녀석이었다.

달은 주춤 놀랐다.

청년의 시선이 정면으로 부딪쳐 온 것이다.

「죄송하지만 당신이 우리 뒤에서 계셨는데……?」

「예?, 아 예」

청년은 달의 아래위를 훑었다.

「못 봤오?」

「예?」

긴장된 순간 속에서도 달은 아랫배에 힘을 주고 터져 나오려는 웃음을 참아야 했다.

녀석아, 외모로 사람을 판단하지 마라. 돈에 굶주린 듯한 얼굴과 차림을 한 이는 결코 소매치기가 될 자격이 없는 게다.

아가씨와 함께 경찰관이 달려왔다.

경찰을 보자 청년은 손가락으로 달을 가리켰다.

「이 사람이 수상합니다. 우리 뒤에 있었어요」

사람들이 달을 에워싸고 웅성거렸다.

아가씨도 청년의 말을 믿는 모양인지 눈을 곱지 않게 뜨고 있었다.

「실례합시다. 그럼」

경찰은 달의 주민등록증과 제대증을 받아넘기더니 이내 몸을 더듬었다.

달은 두 팔을 벌렸다.

경찰관은 두 눈이 갑자기 빛났다.

수첩을 판 백 원짜리 지폐들이 달의 주머니에서 쏟아져 나온 것이다.

구경꾼들이 환성을 지르고 그것은 곧 야유로 변했다.

꾀죄죄한 옷차림의 그가 그렇게 많은 돈을 지닐 이유가 없는 것이다.

「이 자식, 정말 소매치기구나」

「그놈 잘 걸렸다」

경찰관은 아가씨를 돌아보았다.

달의 시선과 아가씨의 시선이 마주쳤고 그녀의 초조한 시선은 끈적이고 있었다. 야릇한 긴장이 갑작스럽게 달의 가슴을 울리고 있었다.

아가씨는 머리를 저었다.

「아니에요. 내 돈은 은행에서 바로 찾은 새 돈인데요…」

경찰관은 달에게 시선을 옮겼다.

「이 돈은?」

「예, 저는 수첩장삽니다. 그건 오늘 수첩 판 돈입니다」

그는 나머지 사람들을 어설프게 조사하고는 이내 달에게 돌아왔다.

「이 사람이 뒤에 있었다구 했지?」

경찰관은 청년에게 다시 물었다.

기운이 빠진 청년이 머리를 끄덕이자

「그럼 당신 나하구 서로 같이 갑시다」

「경찰서로 말입니까?」

「예, 잠깐 조사만 하구 혐의 없으면 곧 나오실 거니까……」

그러자 이 소동으로 장사를 망쳐버린 약불로장수 장수가 사람들을 사납게 해치고 그들에게 다가왔다.

「여보시오 경찰관」

「뭡니까?」

「왜 애꿎은 사람을 붙들고 그러는 거요?」

「아니, 이 사람이 소매치기라는 거요?」

「아니라는 걸 내가 보증하지, 내가 보증해!」

그는 흥분해서 떠들었다.

달은 낄낄거리고 웃었다.

「여보시오, 괜찮습니다. 곧 밝혀질 테니까요. 이거 감사합니다. 정말」

달이 경찰서에서 나온 것은 날이 어스름해졌을 때였다.

잔뜩 미안한 표정인 두 남녀를 떼어놓고 그는 휘적이며 걸었다.

집에 들어갈까 말까 망설이다가 그는 내쳐 걸었다.

시장에서 돌아온 어머니는 저녁밥을 해놓았을 것이다. 지금쯤은 방바닥에 비린내 나는 돈을 깔아놓고 손가락을 꼽고 있겠지.

「아니 저건……」

달은 눈을 크게 떴다가 곧 쓰게 웃었다.

아침의 빨강 빤스를 입은 여대생이 그의 집 옆 골목으로 들어섰기 때문이다.

그랬구나, 그래서 너에겐 서울 본사의 특파원이란 소리가 우스웠단 말이지……

달은 남원 옥의 지저분한 차일을 들치고 들어섰다.

시멘트 탁자 위에 치우지 않은 콩나물 접시, 마늘, 김치 쪼가리가 어지럽게 놓인 술집 안엔 손님이 한 사람도 없었다.

「여봐, 여기 사람 없어?」

그는 안에다 대고 고함을 쳤다. 방에서 빼꼼히 눈만 내밀고 밖을 엿보던 미스 정이 덧니를 내놓고 생글 웃었다.

「이년아, 서방님이 오셨으면 인사를 해야지」

「홍, 서방님 좋아하네」

싫지 않은 얼굴로 종알거리면서 그녀는 분주히 그릇들을 치웠다.

「자, 오늘은 실컷 마시자」

그는 의자에 퍼질러 앉았다.

「오늘은 많이 팔렸수?」

「웅, 무지무지하게 많이」

그를 말끔히 건너보던 그녀는 머리를 저었다.

「팔리지 않은 모양이지?」

「이게 웬 잔소리야? 야! 내가 술값 떼어먹을까 봐 그래?」

그는 호주머니에서 백 원짜리를 모조리 꺼내 탁자 위에 쌓았다. 여기서 밑천 값은 제하면 천 원쯤이나 수중에 들어올까? 그는 안주머니에서 어머니가 준 오백 원 지폐를 꺼내 소리가 나게 백 원권 위에 얹었다.

「이것 봐라! 이건 우리 어머니께서 너 하구 술 먹으라구 준 돈이다!」

그녀는 말없이 술잔을 채웠다.

「왜 말이 없어 엉? 술만 팔면 된다 이거냐?」

그는 탁자를 짚고 으르렁거렸다.

「이년아, 왜 말을 안 해?」

까닭 없는 분노가 그의 얼굴을 붉게 상기시켰다. 가쁜 숨을 몰아쉬던 그는 순간 숨을 멈췄다.

항상 생글거리면서 말대꾸를 하던 미스 정의 두 눈에 물기가 어려있는 것이다.

그는 턱을 내리고 술잔을 들었다.

너무 심했나 싶어 쓴웃음이 나왔다.

술잔을 비웠다.

「달씨……」

주위에 아무도 없음을 확인한 미스 정이 조그맣게 그를 불렀다.

「저……」

그녀는 그와 눈이 마주치자 황급히 눈을 내렸다.

「뭐야?」

그의 말투도 어느덧 가라앉아 있었다.

「오늘 아버지가 왔다 가셨어요」

「아버지가?」

그녀는 머리를 끄덕였다.

「집이 남원이라구 했지?」

「네.」

「왜 오셨지?」

그녀는 서글프게 웃더니 빈 잔에 술을 따랐다.

「미장원에 있는 달을 보려구 오셨죠」

「뭐야?」

언뜻 그의 머리에 짚이는 게 있었다.

남원 가는 버스를 시내버스 승강장에서 기다리고 섰던 그 얼빠진듯한 노인이 그럼……

「아침에 오셨다가 제 꼴을 보시더니 아무 말 않고 돌아가셨어요」

그녀는 눈두덩을 주먹으로 꾹꾹 눌렀다.

「그랬구나……」

달은 입안에서 중얼거렸다.

「그래서……」

그녀는 말을 끊고 그의 눈치를 살폈다.

「여길 그만둘까 해요」

「그만두고, 집에 내려가려고?」

그녀는 머리를 저었다.

「집엔 이젠 못 가요. 식모라두 하겠어요」

밖은 어두워져 있었다.

분주하게 집으로 향하는 피로에 지친, 그러나 어떤 기대에 찬듯한 얼굴들이 유리창 너머로 스쳐 가고 있었다.

달은 주전자를 만지작거리는 그녀의 손을 우두커니 바라보았다.

그의 가슴은 천천히 뛰어오르기 시작했다. 그는 머리를 들었다.

「이것 봐, 그날 밤 내가 한 말 잊지 않고 있지?」

젖은 눈을 반짝이다가 그녀는 얼굴을 붉히면서 머리를 끄덕였다.

「그럼 나하구 살어」

그의 얼굴은 뜨끈하게 달아올랐다.

「제기랄, 정말이야」

그는 핏발 선 눈으로 그녀를 올려다보았다.

「호강은 못 시킨다. 허지만 서로 돕고 살자 응? 어때? 오겠어?」

붉어진 얼굴을 감추려고도 하지 않고 그녀는 머리를 끄덕였다.

「데려다줘요. 그럼」

그는 기다랗게 숨을 내려 쉬었다.

그리고는 단숨에 술을 들이마셨다.

「그러고 보니 오늘 횡재했구나! 안 그래?」

그러면서 그는 그녀를 보고 씩 웃었다. 눈을 흘기면서 살짝 덧니를 내놓고 그녀도 따라 웃었다.

우르릉 문이 열리더니 뒤틀린 얼굴의 손님 두엇이 들어섰다.

그러나 밖의 어둠 속에 번쩍이는 모든 불빛이 그의 눈에는 찬란히 두 겹으로 빛나고 있었다. 〈끝〉

당선

개교 20주년 기념-제393·4호 1972년 6월 23일(금요일)

제17회 학예상 : 수필

바람 속에서

· 이민숙 (영어영문학과 2학년) ·

어느 신의 장난이었는지도 모른다.

바람을 기압에 의한 평범한 법칙이라고 단정해버리기에는 뭣인가 내부로부터 반항을 느낀다. 다만 자연의 법칙에 의해서 움직여지고 있는 바람이지만, 무생물인 거기에서도 한 사람 한 사람의 인간을 대하는 것처럼 민감한 인상을 받는다.

추운 겨울에 얼어붙은 눈덩이를 날려서 살을 에는 듯한 눈보라를 만드는 그런 바람은 〈베토벤〉 같은 성격을 지닌 사람이라고 생각한다. 그의 Symphony V는 지금도 모든 사람들의 마음속에 속속들이 감겨들기 때문이다. 마치 눈이 온 뒤 영하의 얼어붙은 들녘을 가로지를 때 외투 속으로 파고 들어오는 그런 바람처럼 말이다.

그렇지만 그런 바람 속을 달려서 Tea · Room에라도 들어가 앉으면 우리 마음속에서 따끈한 커피 한 모금이 내부의 훈기와 접촉할 때의 느낌은 틀림없이 조금도 숨 쉴 새 없이 마음을 채우는 「운명」을 듣고 났을 때, 그 마음에 아직도 울리고 있는 여운을 감상하면서 마시는 커피 맛과 조금도 다를 데가 없을 것이다. 아무리 삶의 속된 의지에 사로잡혀서 우리 인간의 본질을 의식하지 못하던 사람도 그럴 때면 마음이 다소나마 정화될 것이기 때문이다.

쑥 내음과 잠이 깨는 대지의 숨결을 실어 오는 푸른 바람. 이런 바람을 얼굴은 평범하지만 고운 마음씨를 지닌 여인이라고 생각한다. 대부분의 사람은 그들의 봄을 준비하느라고 미처 이 바람을 느끼지 못한다.

흰 눈이 막 녹고 난 다음 또는 춘설에 섞여서 불어오는 이른 봄바람은 제일 먼저 봄이 오고 있음을 귀띔해 준다. 아주 조심스럽게 불어오는 그 바람에서는 이미 찬 기운이 다 가셔버리고 남도 지방 어느 이름 모를 산 귀퉁이에서 자라나고 있을 쑥 내음을 품에 안고 와서 우리의 얼굴을 감싼다. 그러나 너무나 은밀한 그 속삭임을 거의 사람들은 흘려버리고 만다. 나는 이 바람 속에서 모든 생물의 어머니인 대지가 봄을 기뻐하는 벅찬 환희의 고요한 미소를 볼 수 있다.

우리들의 시각으로는 미치지도 못할 것이고 별로 관심도 두지 않는 땅속에서도 자연의 섭리대로 새싹을 준비하는 그 분주한 움직임이 있는 것이기 때문이다.

화사한 라일락, 백합의 향기를 흩어 버린 무르익은 봄바람은 10살짜리 욕심쟁이 막냇동생과 같은 바람이다. 아무리 미운 짓을 해도 밉기는 커녕 오히려 앙증스럽고 귀여워 빨간 볼을 살짝 꼬집어 주고 싶은 막내 꼬마처럼 훈훈함과 온기가 섞인 바람이다.

건조하고 포장이 덜된 거리에서 얄궂게 회오리바람을 일으켜 우리를 먼지투성이로 만들어 놓기도 한다. 그렇지만 이 바람에서 우리는 생동감을 느끼고 새삼 봄이 왔음에 스스로 놀란다.

그런 바람이 며칠 계속되는가 싶으면 또 금방 우리는 다른 계절의 문턱에 올라와 있음을 알게 된다. 마치 장난꾸러기 꼬마에게 잠깐 속았던 것처럼 말이다. 우거진 녹음으로 불어오는 소나기를 알리는 습기 찬 바람, 삼복더위의 여름 나절에 부는 바람은 엑스트라로 분장하는 삼류 배우와 같다고 느낀다. 그 바람은 소나기를 알려주는 그런 면에서도 소나기가 몰아치면 모든 사람이 그 바람의 존재를 잊어버리는 그런 바람이다. 그 습한 기운과 무더움이 섞인 그 바람이 조금만 오래 불면 모든 사람 대부분이 지루함을 느낄 것이다.

영화를 볼 때 정작 나와야 할 주역 배우는 감춰 두고 엑스트라들이 판을 치는 경우와 마찬가지로.

우리 삶에서도 습기 찬 무더운 바람 같은 사람을 흔히 본다. 때로는 나 자신 속에서도 그런 요소를 발견해내고는 나 스스로 놀라곤 한다. 흥미나 토픽거리가 전혀 없는 얘기를 지루하게 늘어놓는 사람들, 정작 그 자리의 주역이 자기가 아님에도 착각에서인지 의식적으로 인지, 자신의 위대함을 과시하려고 하는 사람들, 하지만 인간이란 자신의 위치를 알고 행동할 때 가치가 나타나는 것이다.

무더운 여름 습기 차고 후덥지근한 바람이 불기 시작하면 모든 사람은 소나기가 올 것을 미리 봐서 매우 기뻐한다. 그렇지만 그 바람은 사람들의 마음에서 그러한 기쁨이 사라지기 전에 소나기가 몰아치고 그 바람은 다른 곳으로 옮겨 갈 때 가치가 있는 것이다.

만추에 무르익은 곡식의 숨결을 싣고 떨어지는 낙엽에 율동을 주는 하이얀 겨울을 시사하는 냉기가 감도는 바람은 죽어 가는 사람을 위해 마지막 기도를 올려 주고 나오는 노신부의 모습과 흡사하다.

이제 모든 영혼을 위하여 축복을 내려 주고 온갖 심혈을 기울여 기도를 드려 온 오직 주님의 사업을 위하여 진실한 중의 임무를 다한 늙은 신부의 인간적이기보다는 신과 같은 경건함이 감도는 얼굴처럼 그리고 볍씨가 수정할 수 있게, 모든 곡식을 알차게 영글도록 미풍으로 들판을 휩쓸고 지금은 겨울이 머지않음을 느껴 다시 모든 나뭇잎을 마지막 난무시키는 차가운 바람에서 나는 성모상을 대하듯 경건함을 느낀다.

서둘러 바꿔 입지 못한 얄팍한 브라우스 주변에서 싸늘한 바람이 살랑할 때 나는 웬일인지 마음이 오싹해지고 나와 나의 내부 사이에 먼 거리가 있음을 느낀다. 내가 죽을 때까지도 그 내부의 깊숙한 심연에 못 미칠 줄은 알면서도 〈시지프스〉의 신화가 되풀이되듯 나의 내부로 돌아가려는 무모한 노력을 시작한다. 그래서 찬 바람이 불기 시작하면 나는 가을병을 앓게 되고 핼쑥한 모습인 채 은백색으로 찬연한 나의 겨울을 맞는 것이다.

제18회

학예상

•

1970~1979

입선

제425호 1973년 6월 29일 금요일

제18회 전북대학 신문 학예상 : 시

음계(音階)

· 박구홍 (국어국문학과 1학년) ·

피아노의 검정 반음(半音)을
내 가운데 손가락을 건드렸을 때
그대는 순수의 옷을 벗고
멀어지고 있었네.

검정 반음 위에 놓인, 투박한
내 가운데 손가락을 거두어 들이며
지난겨울의 처음과
지금의 마지막을
한 손에 두드려 보았네.

화음(和音)은 그대로 아니고
두 음이 벌려 놓은 사이만큼이나
비틀린 나의 앉음새
그대의 발걸음 소리

지구의 끝을 건너서 건너서

그대여, 무슨 웃음을 펴 올리리오.

어제여도 그제여도

못 만나는 사람끼리

이어져 변이되는 이역(異域)의 꿈자리. ㅡ

더해가는 어두움으로

그대의 뒷모습은 알 길이 없다.

입선

제425호 1973년 6월 29일 금요일

제18회 전북대학 신문 학예상 : 시

천변(川邊)에서

· 고주상 (경제학과 2학년) ·

바람이 지나간 뒤의 폐쇄된 촉감(觸感)은
어느 기억 밖에서나 흐르고 있을 테지

지금 여기 비틀거리는 지점에서
젖은 몸짓의 어지럼으로
남은 자랑으로 찬 바람이 불어오고 있다.

앞에는
마른 계절의 마른 냇물이 흘러
다시 야위고 그림자처럼 남았는데

너는 흘러가서 그립고 서러운
어느 목소리에 가서 살아올 것이야

다시 밤바람이 흘러 야윈 이마를 스치고는

녹슨 폐부에서 분해되어 온몸을 흐르고

여기는 망막에 부시는 기억(記憶)으로
호수의 바람이 오듯
예감(豫感)이 오고 또 머물 듯이 가고
하얀 달빛이 말리고
다시 말려도
너는 기억 밖으로 흘러가고
빈 시간(時間) 밖에서 내가 서 있을 뿐이다.

당선

제426호 1973년 7월 6일 금요일

제18회 전북대학 신문 학예상 : 단편소설

산앵두

· 임명진 (국어교육과 1학년) ·

역시 병구는 산에 들오기를 잘했다고 생각했다. 무엇보다 여기는 조용하고 번잡스럽지 않은 것이 마음에 들었다. 가끔 목탁소리나, 염불소리가 들릴 뿐, 사람소리는 듣기가 힘들다. 바람이 부는 때면 산허리에 감기는 바람소리가, 비 오는 날이면 사방으로 우거져 있는 수목들 잎새에서 속삭이는 빗소리가, 조용한 때면 초목들 사이에서 지절대는 풀벌레 소리가 산사(山寺)의 정적을 깰 뿐이다. 바람소리도 소나기를 몰고 천지를 뒤흔드는 것과 대낮에 하얀 햇살을 가로질러 계곡을 거슬러 올라왔다가는 등성이를 넘어 사라지는 바람과 초저녁쯤에 벌레소리를 헤치고 산들거리는 바람소리가 다르다. 그것뿐 아니라, 벌레소리도 소나기가 지나간 후 땡볕이 숯불처럼 내리 붓는 대낮에 칡넝쿨 다래넝쿨 머루넝쿨에 울려 나오는 것과 비 오기 직전에 울울한 잡목숲 속에 울리는 것과, 괴괴한 밤중에 길쑥하게 자란 푸성귀 사이에서 들리는 것은 판이한 차이가 있다. 병구에게는 이런 산속의 모든 일이 새삼스럽게 신비하기만 하였다. 혹시 그 신비한 자연의 호흡을 미처 깨닫지 못하면서 그 속에서 살고 있는 사람이 더 많을지도 모른다.

병구는 비스듬히 배를 깔고 누운 채로 방문을 열었다. 새벽까지 쏟아지던 비가 조반 후에는 멎더니만 이젠 하이얀 햇살이 차츰 두터워지기 시작한다. 병구는 눈을 들어 먼 산을 봤다. 비 온 직후인지라 그것은 반절이나 가까워 보인다. 그 골짜기와 산마루를 반복하는 미묘한 음영(陰影)은 차라리 하늘과 땅을 연결하는 다리일지도 모른다. 산등성이를 따라 눈을 서서히 돌려 북동쪽으로 깎아 세운 듯이 비탈진 산 턱을 본다. 골짜기를 따라 검푸른 점점은 틀림 없는 머루넝쿨이나 다래넝쿨이나 칡넝쿨일 것이고, 등성이와 마루에 연하게 산드려진 녹색은 갈참나무나 상수리나무나 떡갈나무일께다. 또 계곡을 따라 짙은 푸른 물감을 엎질러 놓은 것은 낙엽송이나 니끼다 소나무일 것이다. 맑은 햇살이 다래넝쿨도 갈참나무도 낙엽소도 어루만져 주면 그들은 살포시 고개를 숙이고 신비하고 불가사의한 생명을 주고받는다. 그리곤 가끔 마루를 넘어온 바람이나 볼 것 같으면 그들은 고맙다는 듯이 까닥까닥하기도 하고 한들거리기도 하고 또 팔랑거리기도 한다. 이처럼 비 갠 산사의 아침나절은 산의 신비한 호흡과 율동 속에서 그저 조용하기만 하다.

병구는 앞뜰에 서 있는 오동나무의 그림자를 재면서 약을 먹어야 할 것을 생각하고 막순이가 물을 가져올 것을 기다리고 있었다. 이때 왼쪽 모퉁이에서 그림자가 나타나더니만 이내 막순이가 김이 몽실몽실 나는 물 사발을 돌고 돌아 나온다. 처녀가 좀 아는 사이라 할지라도 젊은 남자 앞에서 일부러라도 얌전스레 수삽스러워 하는 ㅁ동이 남자 편에서는 그래도 보기가 괜찮을성싶은데 도통 막순이는 스스럼없이 물사발을 툇마루에 턱 소리 나게 놓고는 휙 돌아서 버린다. 그러나 막순의 뒷모습을 쫓는다. 단 정치 못 한 옷매무새지만 알맞게 흘러내린 어깨와, 그런대로 곡선이 짜인 허리나 엉덩이가 거리낌 없는 걸음걸이와 어울려 무르익어

가는 처녀티가 보였다. 「초등학교 때에는 코나 찍찍 흘리던 것이 벌써!」 병구는 왔던 모퉁이로 그림자를 끌고 사라지는 막순에게서 이제야 눈을 뗀다. 도시 번화가에서 젊은 남자가 지나가는 젊은 여자의 뒷모습에 눈을 주는 것과 무엇이 다를까?

이 산사의 계곡을 따라 두 마장쯤 내려가면 조그만 초등학교가 있다. 병구는 막순이 보다 이데 먼저 졸업하고 중학교 입학 무렵 집이 J도시로 이사를 하게 되어 그 때부터 대학에 다닐 때까지 계속 살았다. 이런 병구가 갑자기 산속에 들어온 데는 그럴만한 이유가 있다.

고등학교 때까지는 어땠는지 몰랐는데 대학에 들어오던 해 가을 괜히 몸이 피곤하고 체중이 줄고 하여 진찰을 해 봤더니 가슴이 나빠졌다는 것이다. 그렇게 심하지는 않았지만 그래도 그동안 세상모르고 커 온 병구에게는 크나큰 충격이었다. 그때부터 좋다는 약은 다 사다 놓고 먹었지만, 병세는 악화하지도 않고 더 낫지도 않고 주춤하고 말았다. 병구 자신도 맘을 굳게 먹고 투병하기에 온 힘을 다 썼지만, 그것도 일 년이 지나고 몇 달이 거듭되자 그의 쾌활했던 성격도 변하게 되어 항상 무중력 상태에서 중심을 잃고 방황하는 것 같았다. 또 차츰 심해지는 사람에 대한 환멸 때문에 감정은 더욱 예민해지고 신경질을 내는 도수가 많아지게 되었다. 결국, 병구는 참다 못하여 여름방학이 되자 학교에 휴학 신청을 해 놓고 고향에 있는 이 산사로 뛰어든 것이다.

병구는 집에서 가져온 약을 입에 넣고 물을 몇 모금 마셔 억지로 삼켰다. 그는 막순을 생각하면서 빙그레 웃었다.

한때는 그처럼 사람을 싫어했던 자신이 그녀에게 관심을 가지게 된 것은 어찌 된 일인지 생각이 잘 안 된다. 아마도 그것은 자연이란 분위기가 병구의 막혔던 가슴을 뚫어주기 위함인지도 모른다.

그는 몸을 서서히 일으켜 방문을 나섰다. 역시 산에 들어오기를 잘했다고 거듭 생각했다. 인간의 형식에 얽매여 들고 짜고, 볶고, 울고불고 하는 것 보다 자연의 신비 속에 후련한 가슴을 가져다줄 무엇이 있으리라고 그는 생각했다. 병구는 신발을 차리고 잡목 숲으로 들어갔다. 박달나무, 물푸레나무, 오리나무, 밤나무, 벚나무, 상수리나무, 갈참나무, 단풍나무…… 모두 걱정 없이 자란 나무들이다. 혹은 아름드리 되는 것 이제 허벅지만 한 것, 겨우 팔뚝만 한 것들이 키 자라기 시합이나 하는 듯이 기운차게 활기를 쭉쭉 뻗고 있다. 수많은 수목, 푸성귀, 산 짐승 풀벌레들이 불가사의한 자연의 힘에 의해서 나서 자라고 죽는 것이라고 생각된다. 그리고, 각다분한 사파세계를 생각할 때 그네들은 어떨지라도 자기만은 저 나무들처럼 그 불가사의한 자연의 힘에 의해서 살고 죽으며, 그렇기 때문에 그는 그가 자연의 일부분이 되어야 한다고 생각하였다. 병구는 서서히 잡목 숲을 따라 골짜기로 내려갔다. 그곳에 가면 마을에서 올라와 숯을 굽는 석준이란 초등학교 때의 친구가 있기 때문이다. 병구는 조반을 먹고 산책 겸 이곳에 와서 석준과 스스럼없는 얘기를 하는 것이 일과처럼 돼버렸고, 그 시간이 제일 즐거웠다. 중턱을 휘돌아 골짜기로 접어드니 불나무 패는 소리가 들리기 시작한다. 서서히 걸음을 옮겨 숲을 나와 숯가마 있는 곳에 가까이 갔다. 석준이가 있는 옆에는 불나무가 수북이 쌓여 있다. 석준은 병구가 왔지도 모르고 웃통을 벗어부친 채 통나무를 모로 세워놓고 도끼를 번쩍 들어 나무를 겯줄 때마다 그의 턱 벌어진 구릿빛 앞가슴의 살두덤이 출썩이며 흔들린다. 도끼를 내리갈기면 어깻죽지가 불끈 솟구쳐 올라오고 동시에 장작은 평 하고 떨어져 나간다. 이럴 때마다 도끼소리에 찌르렁 산은 울고 짱 후엔 메아리가 찌르렁하고 대답을 하는 것이다.

「벌써 많이 팼구나?」

「어! 병구냐? 오늘은 바람이라도 시원해서 일하기가 훨씬 수월하다.」

병구는 아궁이에 불나무를 던져 넣었다. 이글거리고 타던 불이 툭툭 소리를 쏘다가 벌건 불꽃이 새로 넣은 나무를 감싸고 들어간다. 땅이 비 맞은 듯이 흐르기 시작한다. 땅을 훔치며 하는 말이다.

「막순이 그것 코나 찔찔 흘리던 것이 이젠 꼴 티가 나더라」

「하하……」

석준은 왠지 한번 웃어 보이고는 말이 없다.

「막순이 언제부터 여기 올라왔냐?」

「아마 한 오륙 년은 될 거다. 그때 큰 흉년이 졌을 때 여기서 밥이나 해주고, 심부름이나 해주기로 하고 올라왔으니까」

산속의 아침나절은 유난히 짧다. 벌써 해는 머리 위 한가운데 와 있다. 병구는 흐르는 땀이나 씻을 겸 해서 계곡을 더 거슬러 내려갔다. 조금만 더 가면 골짝 물이 고여서 웅덩이를 이루고 있는 곳이 있기 때문에 그곳을 찾아 나선 것이다. 초실한 개암 열매를 따서 어금니로 꽉 깨물며 발걸음을 옮겨 놓았다. 잡목들 사이에 도라지꽃 싸리꽃 범부채가 호들지게 다투어 피어 있다. 이때 저만큼 멀어져 피어 있는 도라지꽃 한 송이가 흔들리는 것이 눈에 띄었다. 자세히 보니 바람 탓도 아니라 바로 그 밑에는 산토끼 한 쌍이 서로를 희롱하고 있었다. 그들은 누가 시키지도 않는 가운데 하늘에도 땅에도 부끄럼 없이 그들이 해야만 할 것을 즐기고 있는 것이다. 병구가 한참 그것을 보고 있는데 아래쪽 바위 밑에서 인기척이 나더만 까르르하는 웃음소리와 함께 막순이가 도라지 바구니를 들고 불쑥 나온다. 그녀는 키득거리면서 이제야 깜짝 놀라 도망치는 토끼를 보다가는 오리목 옆에 서 있는 병구를 보자 그냥 몸을 홱 돌리더니만 치마를 거머쥐고 니끼다소나무 숲 쪽으로 줄창 내뺀다. 막순이가 안 보이자 병구는 발을 떼어 웅덩이로 향했다.

다음 날 저녁나절이다. 병구는 웅덩이에서 멱을 감고 런닝만을 걸친 채 남방샤쓰를 어깨에 걸고 휘파람을 불면서 니끼다소나무 숲을 거슬러 올라오고 있었다. 이때 뭣인가 뒤통수를 가볍게 때리는 것이 있었다. 고개를 돌려 보았으나 아무것도 없다. 다시 걸음을 몇 발자국 옮겨 놓자 이번에는 더 세게 뭐가 와서 부딪힌다. 날쌔게 뒤로 돌았지만 역시 아무도 없다. 그는 솔방울이 떨어진 것이라 생각하고서 다시 걸음을 옮기려는데 히히 웃는 소리가 나서 뒤를 돌아보니 개암나무 우거진 속에서 막순이가 헤작 헤작 웃으면서 뛰어나온다. 치마에는 개암열매가 상당히 받쳐져 있다. 동강 치마로 그것을 받쳐 담느라고 치마를 추슬러서 허연 무 같은 허벅지가 한 자나 삐꿈 내보인다.

「이거 깨 먹어」

치마에서 개암을 한 움큼 집어서 건네준다.

「개암 많이 땄구나」

「이건 약과야, 성지골 앞에 가면 무지하게 딸 수 있단 말야, 언제 나랑 같이 갈까?」

「그래, 그래」

병구와 막순이가 어금니로 개암을 깨무는 소리는 그들의 발소리와 어울려 흡사 사중주를 이룬다.

「너 어디 갈려니?」

「저어 아래」

「석준이한테?」

「응」

「뭣하려?」

「심심하니까 그냥 놀러 가지 뭐」

그녀는 한참 열심히 개암을 깨 먹더니 갑자기 히히 웃더니만 물싸리 우거져 있는 곳으로 잽싸게 달려간다. 「저것이 속옷을 입었나 안 입었나?」 싸리나무를 해치고 한참을 끙끙거리더니 어린애 팔뚝만한 더덕을 서너 개 들고나온다. 얼굴에는 땀방울이 송알송알 맺혀 있다. 동강 치마에다 그중 한 개를 쓱쓱 문질러서 병구에게 건네준다. 맛이 좋을 테니 먹어 보라는 시늉이다. 병구가 받아 보니 군데군데 흙덩이가 그대로 박혀 있다. 그가 개암을 먼저 깨 먹은 후 나중에 먹겠노라는 시늉을 하자 그녀는 무관하다는 표정으로 다시 한 개를 싹싹 문지르더만 윗통부터 우자짝 씹기 시작한다. 흙을 씹는 소리가 병구한테까지 들린다. 그녀는 날렵한 산토끼 마냥 저만큼 뛰어가더니만 홱 돌아보고 또 헤작헤작 웃는다.

아침부터 날씨가 푹푹 찌기 시작한다. 병구는 책이나 볼 셈으로 책상머리에 앉았으나 몸뚱이가 끈적거려서 참지 못하고, 숲속에 들어가 웃옷을 벗고 바위 위에 걸터앉았다. 쓰르라미가 쓰르르으 맴 매앰 쓰르르으 맴매앰한다. 무성한 잎새로 회 푸른 하늘이 언뜻언뜻 내다보인다. 습기 있는 산바람이 웃통을 스치고 지나간다. 병구는 판츠만 걸친 채로 양팔을 접어 팔베개를 하고 바위에 덜썩 누워 버렸다. 폭양에 항거나 하는 듯한 매미소리가 귀를 윙 하게 만든다. 산 냄새가 나는 것 같다. 해 묵은 낙엽 속의 산, 푸른 물이 뚝뚝 떨어질 듯한 그 속에서, 짙고 연한 푸성귀에서 냄새가 난다.

이때다. 뭔가 선뜻한 것이 아랫배에서 목덜미까지 철썩 들러붙는다. 깜짝 놀라 고개를 들어 보니 큼직한 살모사다. 병구는 다시 한번 질겁을 하면서 부리나케 털어 쳐내고 벌떡 일어나니까 바위 뒤에서 킥킥거리며 웃는 소리가 난다. 얼른 돌아보니 막순이다. 병구는 다시 한번 놀라지 않을 수 없었다. 하도 갑자기 당한 일이라 화를 낼 겨를도 없이 그냥 엉거주춤스레 어리벙벙할 수밖에 없었다. 막순은 아랑곳하지 않고 아직도 꿈틀거리는 살모사 대강지를 움켜쥐더니 치켜들고서는 병구를 쳐다보더니 또 헤작헤작 웃는다. 따라오라는 시늉을 한다. 병구는 뭐라고 말할 엄두도 안 난다. 그냥 막순이가 오라는 대로 따라갔다. 낙엽송 숲속 한쪽에 잔돌이 몇 개, 불에 그을린 채로 있고 그 옆에는 삭정이가 한아름이나 있었다. 막순은 땅바닥에 아무렇게나 털썩 주저앉더니만 병구에게 앉으라는 시늉을 하고 익숙한 솜씨로 살모사의 껍질을 벗기기 시작한다. 우선 낫어금날로 대강지 둘레를 돌리더니 한 손으로는 껍질을 벗겨 내린다. 붉은 핏물이 뚝뚝 바닥으로, 막순의 장딴지로 무릎 위로 떨어진다. 또 막순의 손에는 애 잡아먹은 문둥이 마냥 피가, 뱀피가 흐른다. 막순의 무릎 위에 떨어진 몇 방울 피는 살아서 꿈틀거리는 것만 같다. 병구는 징상스런 느낌에 앞서 혈관 속에서 차츰 더워지기 시작하는 자신의 피를 느꼈다. 그것은 잠자는 사자가 이면의 세계에 눈을 뜨는 것과 흡사했다. 병구는 자신을 억제하면서 막순의 손놀림에 눈을 주었다. 필시 한두 번 해본 것이 아니다. 그을린 돌이라든지 삭정이라든지, 익숙한 손놀림이 그걸 말해준다. 그녀는 햅싸리나무 길쭉한 것을 꺾어오더니 아직도 꿈틀거리는 살모사의 살을 이리 꿰고 저리 꿰더니만, 불을 지피고만 그 위에 올려놓는다. 아직도 설 죽은 살모사는 마지막 안간힘으로 꿈틀거린다. 막순의 입가에는 묘한 웃음이 떠오른다. 지글지글 기름이 튀고 구수한 냄새가 숲속을 진동한다. 왕매미 참매미 쓰르라미가 악을 쓰면서 울부짖는다.

다음날, 아침 일찍 일어나 보니 새털구름이 동편에서 서편으로 길게 늘어져 있더니만, 조반 후에는 벌써 먹을 갈아 부은 것 같은 구름이 서산마루에서 꾸역꾸역 기어 올라온다. 그러더니 삽시간에 하늘을 뒤덮어버린다. 병풍 같은 산으로 둘레가 막힌 산사는 어두움이 깃들기조차 한다. 앞마당 오동나무에 굵은 빗방울 소리가 들리더니 벌써 뒤 산허리를 돌아오는 허연 소나기 줄기가 보인다. 그러자 갑자기 주위가 어수선해지고 마당이 푹푹 패일 만한 빗방울이 벼락 치듯이 내리퍼붓는다. 산중이라 먼지도 별로 없으려만, 그나마 조금도 있어서는 안 된다 싶은 모양이다. 병구는 방문을 열어 놓고 시원스레 쏟아지는 빗줄기를 쳐다보았다. 굵은 빗방울에 튀어난 작은 방울들이 이리저리 난무를 한다. 그것은 어쩌면 안개와도 같아서 방문에 걸터앉은 병구의 샤쓰를 척척하게 해준다. 이때 병구의 눈에 뭔가 허연 것이 뒤 잡목 숲으로 사라지는 것이 빗줄기를 통하여 희미하게 보였다. 노룬지 토낀지 아니면 사람인지 분간할 수가 없다. 한참 후 비는 언제 그랬냐는 듯이 이지렁스럽게 개 버리고 서서히 높아지는 구름 속에서 햇살이 삐꿈 내보인다. 낡은 기와 처마에서 낙숫물이 뚝뚝 떨어진다. 병구는 남방샤쓰를 걸치고 바지를 무릎 위까지 걷어 올리고 나서 숲속으로 들어갔다. 오리나무, 편백나무, 도토리나무, 물푸레나무, 개암나무, 맹감넝쿨, 칡넝쿨, 다래넝쿨에서 흘러내린 빗방울이 해 묵어 쌓인 낙엽 위에 똑똑, 뚝뚝, 쫄, 폭, 푹 쪼르르, 퐁, 찰하고 떨어지는 소리가 오케스트라를 연주한다. 푸른 숲속에서, 푸른 나뭇잎에서 떨어지는 빗방울은 그야말로 푸른 빗방울이다. 병구는 주위를 휘둘러 봤다. 나무와 무성귀와 나뭇잎에는 푸른 물이 묻어 있다. 나뭇잎에서 떨어지는 빗방울 소리가 뜸해지자 다시 참매미가 쫌쫌거리기 시작한다. 병구는 박달나무 이파리 끝에 떨어질 듯 말 듯 달린

똥그란 물방울을 눈을 모들 뜨고 쳐다봤다. 그 속에는 푸른 천지가 거꾸로 박혀 있다. 마치 수정구슬에 선경이 비치는 것 같이. 이때 뭔가 속에서 조금씩 움직이는 것이 나타났다. 그것은 마치 나비가 서서히 날아서 가까이 오는 것 같았다. 병구는 눈을 더욱 가까이하여 들여다보려고 하자, 이때 방울이 똑하고 떨어졌다. 바로 그 앞쪽 저만큼에서 막순이가 헤작헤작 웃으며 걸어오고 있다. 긴 머리칼은 젖은 대로 아무렇게나 흩어져 있으며 나뭇잎을 가로지른 하얀 햇살을 반짝 반사한다. 빗물이 줄줄 흘러내리는 모시 저고리와 동강 치마가 몸뚱이에 착 달라붙었다.

언젠가 뒷모습으로 본 허리와 어깨와 엉덩이보다는 찔레꽃 냄새를 물씬 풍기는 앞모습이었다.

「비 온대 뭐하러 다니니?」

「그냥 재밋서서」

또 헤작헤작 웃더니 깡충깡충 뛰어간다. 나뭇새 넝쿨 사이를 뛰어다니다가 가시에 걸려 찢겼는지 동강 치마가 허리에서 밑으로 한 뼘이나 벌려져 있고 그 속에서 허연 엉덩이가 내다보이고 있다. 이젠 물방울 소리는 그치고 맵새, 콩새, 딱충새가 무슨 경연대회라도 시작한 모양이다.

병구는 점심을 먹은 후 툇마루에 걸터앉아 담배를 피우고 있었다. 이때 막순이가 모퉁이를 돌아 나왔다.

「나랑 버섯 따러 갈까?」

「버섯이 지금 있니?」

「그럼 있고말고 비가 그저께도 오고 오늘 아침에도 왔으니까 아마 많이 돋아났을걸」

「그래 가자」

병구는 남방샤쓰를 걸치고 밀짚모자를 쓰고 신발 끈을 당겨 매고 막순을 따라나섰다. 비가 그친 지 얼마 안 된 지라 건 등에는 땡볕이 숯불을 들이붓는 것처럼 박열하지만 숲속에 들어가면 아직도 선바람이 그대로 남아 있다. 비에 흥건히 젖은 해 묵은 낙엽을 밟을 때마다 찌절거리는 소리가 난다. 나뭇잎들이 한결 더 푸르러진 듯하다. 병구는 막순이가 주는 바구니를 들고 막순이가 이끄는 데로 골짝을 따라 들어갔다.

음침하고 물기 있는 잡목 사이에는 싸리버섯이, 늙은 참나무에는 참나무버섯이 갈참나무, 떡갈나무, 상수리나무, 도토리나무 숲에는 표고가 있고, 등성이에 소나무가 듬성듬성 서 있는 곳에는 송이가 있다. 우선, 그들은 갈참나무 숲에 들어가서 늙은 나무 죽은 나무를 타면서 드문드문 돋아난 표고를 따 나갔다. 물기로 퉁퉁 부푼 고목 껍질은 미끄럽기가 얼음 더 하다. 건듯했다 하면 넘어진다. 병구는 발을 조심해서 디딘다. 그러나 막순은 표고를 봤다 하면 다람쥐처럼 뛰어간다. 산타기에 익숙한지라 다람쥐처럼 잘도 뛰지만 그래도 미끈둥하고 한 번이야 안 넘어지고 배기겠는가,「저것이 필시 속옷을 안 입은 것 같아」이번에는 골짝 깊숙이 들어가서 작목을 헤치니 희불그레한 싸리버섯이 모듬모듬 눈에 띄었다. 그것을 또옥똑 따서 바구니에 넣는 재미로 아예 다른 것은 생각할 겨를이 없다. 옆에서 누가 죽는대도 모를 일이다. 잡목을 헤치고 깊숙이 들어갈수록 더 큰 싸리버섯이 나오곤 했으므로 그들은 그들도 모르는 새에 깊숙이 들어가고 있었다.

병구는 수월찮게 찬 바구니를 보고 막순이는 얼마나 땄을까 하고 막순을 찾았으나 눈에 보이지 않았다. 한 바퀴를 휘둘러봐도 없다. 잡목 숲에 괜히 깊숙이 들어온 것이 걸린다.

「막순아! 어딨니?」

「………」

「막순아. ―아!」

메아리가 「막순아. ―아」하고 나자 어디선가 「이리 와」한다. 산마루에서 겨우 들려 오는 소리다.

「어디야?」

「여기」

소리를 따라 한참 헐떡이며 마루를 향해 뛰어가니 막순은 뭣을 하는지 쭈그리고 앉아서 땅을 허비고 있다.

「너 여기서 뭐 하니?」

「이리 와 봐」

가까이 가 보니 막순은 한 쪽 손에 송이를 몇 개 들고 있다.

「응 송이를 따는구나」

「여기가 송이밭인데 아직 덜 폈어.」

그러고 보니 송이냄새가 풍기는 것 같다. 막순은 한 참 여기저기를 허비고 기웃거리다가 일어서더니 아직 삿갓이 덜 핀 탐스러운 송이에다 코를 대면서 킥킥거리면서 웃는다.

「왜 웃니?」

「이것 봐」

막순은 송이를 쳐들면서 자꾸만 키득거린다. 「못 되게스리, 그러면 그렇지 웃긴 왜 웃어」

다음날은 그 어느 날 보다도 더위가 기승을 부렸다. 점심을 먹고 나자 흐르는 땀을 주체할 수가 없어서 병구는 비누와 수건을 들고 계곡으로 내려갔다. 어제 비로 불은 골짝 물은 여니 때만큼은 맑지 못했지만, 물이 많아서 웅덩이가 아닌 아무 데서라도 멱을 감을 수 있었다. 병구는 바위에다 옷을 허겁스럽게 벗어 팽개친 후 물속에 풍덩 들어가서 반반한 반석 위에 목만 내어놓고 몸을 뉘었다. 돌돌, 쫄쫄, 줄줄, 좌르르, 쇄스르, 물소리만이 귀에 찬다. 역시 계곡의 물은 차기가 얼음이다. 한참 후에는 추위를 느끼고 물속에서 나와 몸을 말리느라고 바위에 누웠다. 새소리와 바람소리와 물소리만이 계곡의 정적을 깰 뿐이다.

이때 아래 웅덩이 쪽에서 인기척이 난다. 병구는 호기심에 얼른 판츠를 걸친 후 옷가지를 주워들고 살금살금 잡목 속으로 빠져나가 웅덩이가 훤히 보이는 곳으로 갔다. 병구는 하마터면 소리를 지를 뻔했다. 웅덩이에서는 볼만한 광경이 벌어지고 있었다. 그것은 석준이와 막순이가 알몸둥이로 서로 물장난을 치고 있는 것이었다.

석준이가 막순이 엉덩이를 찰싹하고 때린다. 막순은 석준이에게 물을 끼얹는다. 석준이 벌떡 일어나서 응수를 하자 그녀는 킥하고 웃더니 그의 양 허벅지 사이로 마구 물을 끼얹는다. 그러나 석준은 보란 듯이 턱 버티고 서서 히죽히죽 웃는다.

「나 한 번 업어줄래?」

「그래그래」

석준은 막순을 업고서 웅덩이를 뚱덩거리고 뛰어다닌다.

병구는 언젠가 도라지꽃 밑에서 희롱하던 산토끼를 생각하면서, 하늘과 땅과 산에 부끄럼 없는 석준과 막순을 보면서 뭔가 가슴에 차는 것이 있었다. 그것은 시원함이기도 하고 뜨거운 것이 기도하고 흐뭇한 것이기도 하였다. 「그들은 자연 속에서 자연의 일부분으로 스스럼없이 그들이 해야 할 것을 즐기는 것이리라」 지금껏 사람의 형식에 환멸만을 느껴 왔던 병구의 우그러진 가슴은 이제야 뭔가를 향해 탁 터지는 것 같았다. 그렇기 때문에 병구는 그들의 거동이 추해 보이지 않고 오히려 아름다운 자연을 대하는 것 같이 흐뭇함을 느낀 것이다. 그들과 동화되고 싶은 충동이 솟구쳤다.

이젠 석준과 막순의 물장난에 지쳤는지 헤작헤작 히죽히죽 웃으며 뭔가를 도란대고 있다. 그들의 말소리를 집어삼키려는 듯이 참매미 왕매미 쓰르라미의 광란의 째즈가 다시금 고조된다.

그다음 날 병구는 석준이 숯가마에서 놀다가 계곡을 거슬러 올라오던 길에 막순이가 머루넝쿨인가 칡넝쿨 속에 쭈그리고 앉아 있는 것을 봤다.

「막순아! 너 거기서 뭐 하니?」

「응! 앵두」

「앵두?」

「으응」

과연 막순은 빠알갛게 무르익은 산앵두를 또옥똑 따서 입에 넣고서는 얼굴을 찡그린다. 그러면서도 자꾸 따 넣고 있다. 그것이 바로 산앵두의 맛의 미묘한 유혹이리라.

「막순아!」

「응?」

「이리 나와 봐」

「왜?」

저「내가 앵두 따 줄게」

막 순은 앵두 몇 알을 손에 쥐고 그중에 한 개를 입술에 물고는 헤작헤작 웃으면서 넝쿨 속에서 나왔다. 병구는 곧 막순을 와락 안아서 눕혔다. 막순의 입술에 있던 그 빠알간 앵두는 병구의 입으로 옮겨졌다. 무르익을 대로 익은 그것은 서서히 혀 속에서 엷은 껍질을 벗기 시작하였다. 껍질에 의해서 지금껏 고이 간직되었던 빠알간 액체가 흘러나왔다. 역시 그것은 분명 산앵두의 맛이었다.

당선

제426호 1973년 7월 6일 금요일

제18회 전북대학 신문 학예상 : 단편소설

석양(夕陽)과 삶

· 오현철 (법학과 3학년) ·

열기가 자신 태양이 지평선 상을 맴돌기 시작하면 하늘은 온통 주단을 펼친 듯 곱게 채색된다. 하늘뿐이 아니다. 석양이 빚어내는 대자연의 조화는 문자 그대로 장관이다. 대지엔 숙연한 겨울이 감돌고 존재는 일말의 신비를 느끼게 된다.

조물주의 위대한 천지창조의 제 일 막 제 일 장이 끝나 가고 있는 것이다. 「빛과 어두움을 나누사 빛을 낮이라 칭하시고 어두움을 밤이라 칭하시니라.」 바로 그 빛과 어두움의 사이에서 지금 나와 세계와 온 우주가 숨 쉬며 밤을 준비하고 있는 것이다. 내 작은 손으로 겨우 한 뼘을 두고 낮이 쫓겨 가고 있다.

언덕 위에 아무렇게나 팔베개를 하고 몸을 던져 본다. 빨간 태양은 한 점 홍옥이 되어 망막을 어지럽히고 마음은 방자한 제천대성 손오공(齊天大聖 孫悟空)이 되어 천국과 지상을 종횡무진 제 멋대로이다. 지그시 눈을 감으면 동화 속의 왕자와 공주님이 눈부신 황금 마차를 타고 노을 진 유리성(琉璃城)을 향한다. 이런 때에는 행복이란 가까이 있는 것이란 의미를 이해할 수 있을 것 같다.

눈을 떠 본다. 빨강 노을에 시선이 미치는 순간 뭉클하고 심장의 고동이 전신을 위압해 옴을 느낀다. 노을처럼 빨간 선혈이 내 혈맥을 흐르고 있음을 의식하게 된다. 살아 있다는 증거다. 무언가에 몹시 열중해 있을 때는 전혀 느껴 보지 못하던 생의 환희를 맛본다. 머리에서 발 끝까지 속속들이 생명의 충족감에 촉촉이 젖어 본다.

공교롭게도 석양에 누워 생명의 약동을 느끼다니 도대체 무언가 잘못된 것만 같다. 그러나 아무러면 어떠냐. 살아 있다는 것, 그것만으로 족하다. 이제 곧 제 이 장을 연출해야 할 밤의 무대가 열리는 것이다. 일장만으로 끝나는 인생의 단막극이란 없다. 그렇다고 삼 장까지 이어지는 것도 없다. 희비의 이 단막극은 오직 이장으로 구성되어 이루어지고 있는 것이다.

인생은 아마 하나의 시계추이다.

삶이란 낮과 밤사이를 간단없이 방황하는 시계추의 진동이다. 진동의 원동력은 무엇이냐. 사람들은 그것을 생명력이라 한다. 내가 지금 여기 누워서 의식하고 있는 심장의 고동, 바로 이것이다. 그러면 생명이란 무엇이냐. 또 이 생명을 가진 나란 무엇이냐. 나는 모른다. 나뿐만이 아니라 아무도 모른다. 도대체 내가 나를 살아있게 하는 힘, 나를 나이게 하는 것, 그리고 나 자신이 무엇인지를 모른다니 이런 어처구니없는 대답이 또 어디 있단 말이냐. 그러나 모르는 것을 어이하리. 고생인류인 직립원인(直立猿人)에서부터 현대인에 이르기까지 아무도 풀지 못한 수수께끼이다. 방대한 문화사나 철학사를 아무리 뒤져 봐도 수긍이 가는 해답은 없다. 이것이 바로 호모 사피엔스(Homo Sapiens)의 비밀이며 또한 모든 생명체의 비밀이다. 이 때문에 고귀한 것이며, 인간은 스스로 소우주(小宇宙)이고, 역설적이게도 비참한 존재인가 보다.

어디서 와서 어디로 가는 것이냐. 이 비밀이 얼마나 어려운지 혹자는 인생을 「생야일편운기사야일편운감(生也一片雲起死也一片雲滅)」하고 허무하게 읊어 버린 것이다. 어디서 와서 어디로 가는가를 아는 그 무엇만이 단막극을 연출하다 사라져 가는 인생에 대한 심판자가 되리라. 내 고향이 어디이며, 설령 안다 해도 다시 돌아갈 수 있는지 그것도 알 수가 없다. 오직 한 가지, 산하(山河)가 살아 있고 빛과 어두움이 교차하며 석양이 아름다운 이 대지 그중에 한 평도 못 되는 땅 위에 내가 살아 있다는 것을 알 뿐이다. 고향도 모르는 놈이 여기 누워 있다. 더구나 갈 곳조차 모른다. 그래서 소월(素月)은 「열십자 복판에 내가 섰네」하고 통곡했는가 보다. 안테나를 상실한 곤충의 비애를 말해서 무엇하랴.

서야 할 땅이 어디냐, 찾아야 한다. 울고만 있을 수는 없다. 삶을 불태워서 삶의 고향, 생명의 자양을 공급하고 있는 그 땅을 찾아야 한다. 끝내는 찾지 못할지도 모른다. 그러나 찾아야 한다. 나도 찾고, 너도 찾고, 모두가 찾아야 한다. 미지의 대륙을 찾아 나서는 컬럼버스 보다 더한 열정으로 찾아야 한다. 그것이 지도도 없는 보물섬을 찾는 것처럼 어리석은 일일지라도 항해를 포기해서는 안 된다. 그래서 키엘케골(Kierkegaard)은 절규한다. 「그것을 통하여 내가 신적인 것에 들러붙을 수 있는 것, 그리하여 전 세계가 무너져 버리더라도 내가 그것을 붙들고 매달릴 수 있는 것 그런 것을 나는 갈망하고 있다. 나는 그것을 추구하리라」고.

노을이 그려 놓은 자연의 정경은 이 얼마나 아름다운가. 십 년 전, 무전여행을 한답시고 떠돌아다니다가 D시에 들려 변두리 산기슭에 앉아 주먹밥에 고픈 배를 채우면서 피로를 달래 보던 석양의 풍경 또한 얼마나 아름다웠던가. 아름다운 것은 그저 아름다운 것이 아니다. 아름답게 느낄 수 있는 여유가 있기에 아름다운 것이다. 살아 있다는 생명감 없이는 여유란 생각할 수가 없다. 여유 없이는 석양의 아름다움을 느껴 볼 수 없는 것이다. 여유 없이는 인생은 황무지이다. 여유 없이는 내일(來日)이란 단어의 의미를 찾아볼 수 없다. 여유 있는 생명력은 영혼의 갈증을 해소하고 정신의 피로를 잊게 한다. 오늘을 살고 있는 우리는 여유를 찾기에 그 얼마나 급급해 있는가. 얼마나 방황하고 있는가. 어쩌면 인간의 역사란 것도 여유를 찾기 위한 투쟁의 연속이 아닐까. 여유 있는 생명력의 고향이 어디냐, 또 그것은 무엇이냐. 여유를 찾는 투쟁—그것은 살아 있는 인간만이 가지는 시작과 끝이 없는 영원한 투쟁이다.

담배를 꺼내 불을 붙이고서 어둠이 깔리기 시작하는 허공을 응시하면서 살아있다는 것에 대한 신비와 알 수 없는 환희에 젖어 본다. 그리고 삶이란 한 장의 새하얀 백지(tabul raasa) 위에 낮과 밤사이를 열심히 방황하면서 그림을 그려 가는 것이라 생각해 본다. 존재의 앞에는 무한한 가능성과 선택의 자유가 주어져 있다. 무엇을 그리느냐는 존재의 재량에 달려 있다. 생명력 있는 존재는 그림의 평가에는 귀를 기울이지 않는다. 다만 빨갛게 타고 있는 담배처럼 주어진 생명력을 활활 태워가며 열심히 그림을 그릴 뿐이다. 그리고 그에게 석양은 언제나 아름답다.

정녕,

성실한 과정(過程)은 위대한 것의 전부이다.

입선

第426~429호 1973년 7월 6일~1973년 8월 31일
第18회 전북대학 신문 학예상 : 소설

몸부림

· 서주홍 (국어국문학과 2학년) ·

큰바람이 불어올 듯한 날씨다. 해는 떴지만, 서쪽으로 먹구름이 깔린 것이, 곧 비나 눈이라도 쏟아질 것 같다. 파도소리도 거칠어진다. 허연 물거품이 시선에 들어온다.

갑작스레 추워진 날씨에 동료들은 한 모퉁이로 불려 들기 시작했다. 그리고는 바람을 피해서 제각기 주저앉았다. 부둣가에 걸린 배들은 제 정신을 못 차리고 무엇이 그리 좋은지 트위스트다.

얼마만큼 있으려니까, 예상했던 대로 항만 내 스피커에서는 폭풍주의보가 내렸으니 선박 출항은 일절 금한다고 경고했다. 그 소식을 들은 동료들은 저마다 아무렇게나 욕을 내뱉었다.

「오랜만에 벌인데 해 다 갔군.」

「이놈에 세상 어떻게 살어야 헌디야.」 하면서 동료들은 모두 한숨이었다.

「그러게 말이요.」

나도 덩달아 맞장구를 쳤다. 역시 나도 한숨 섞인 투였다.

「물때도 됐고 했응게 폭풍주의보가 내렸어도 배는 들어 올 게야요.

앞에서 닻을 내리겠어?」

하는 친구 명수의 말에 나는 한결 마음이 놓이긴 했지만 아홉 시에 들어온다는 배가 열 시가 되어가도 나타나지 않으니 또한 마음은 불안하기도 했다.

동료들은 자리를 뜨지 않고 연신 바다 쪽으로 고개를 내밀곤 한다.

바람은 더욱 거칠었다.

나는 담배를 입에 물었다. 아침에 피다 남은 꽁초 하나였다,

좀처럼 불이 안 붙는다.

「이 불붙이게.」

옆의 김영감이 담뱃불을 내밀었다. 뒤에 앉은 명수가 내 등을 치더니,

「담배 있어?」 했다.

「꽁초 하나 남았던 걸세.」

나는 또 한 번 한숨 섞인 말투였다.

그러자 김영감이

「여깄네.」

하면서 명수에게 담배를 내주었다.

「십일월 초순인디 눈이 올랑갑여.」

김영감의 몸이 움칫했다.

「날씨는 추워지는디 벌어 놓은 건 없으니, 이 겨울을 어떻게 보낼지 앞이 캄캄허네. 그나마 오늘은 몇 푼 쥐어 볼렸는디 이게 뭔가? 낼부터라도 공사장이나 나가야 할랑 갑이네.」

김영감은 담배 연기를 길게 뿜었다. 다른 동료들을 둘러보니 모두가 걱정스러운 표정이다. 모두가 나처럼 고달픈 인생들이라고 생각이 들었다.

바람이 제법 쌀쌀해졌다. 바다에 떠 있던 배들이 뱃머리를 항구로 돌리고 있었다. 몸이 절로 떨렸다. 추웠다.

아침에 나올 때, 아내가 내의를 입고 나가랬는데 뿌리 치고 나온 게 여간 후회가 아니다. 아들 녀석 순철이도 내 짓에 덩달아 내의를 입지 않고 학교에 갔는데 갑작스러운 추위에 떨고 있지나 않을까 염려가 갔다,

올해 초등학교 삼학년인 순철이는 하나뿐인 아들인데, 제 애비의 직업이 몹시 못마땅한지 학교에서는 기를 못 편다는 담임 선생의 말을 들은 적도 있었다. 순철이라도 남 못지않게 키워 보려 했지만 어쩔 수 없는 일이었다. 지난여름에는 순철이와 함께 야외에라도 놀러가 서 애비의 조그만 정이라도 담겨주고 싶었지만 나 자신 그것을 한번 이행해 본 일이 없었다. 그것은 순철이가 응해주려 하지 않았다. 지난해에 학교에 갔을 때도 애비를 피하는 것을 보았고, 제 친구들과 함께 가다가도 공사장의 나를 보면 외면했다.

그러는 사이, 순철이와 나의 정은 더 멀어졌고 아버지라고 제대로 부르는 것도 듣지 못했다.

아침에 일어나면 순철이는 벌써 학교에 갔고, 저녁에 집에 들어가면 벌써 잠자리에 든 뒤였다.

물론 한 밥상에서 밥도 제대로 먹지 못하였고,「요사이 공부 잘하니?」하고 한번 묻지도 못했던 것은 당연한 일이었다.

저번 추석에는 옷이 없다길래, 겨우 옷을 한 벌 장만했더니 그 옷만 입고 다니느라고 열흘이 넘도록 갈아입지 않았었다. 그때 아내는 때가 자욱한 옷을 보고는,

「여보, 우린 언제나 잘 산다지요?」

하면서 눈물을 감추지 못하고 내 앞에서 흐느꼈다. 나는 마음이 무거

웠다. 도대체 뭘 해야 돈을 번단 말인가?

건축공사도 생기지 않았고 갈 곳은 부두밖에 없었다. 그것마저도 명수의 도움이 있었고 부두 작업이란 여간 고달픈 것이 아니었다. 밀이나 세멘트, 쌀 포대를 짊어질 때는 그런대로 견디지만 일이 없을 때는 공쳐야 하는 형편이었다. 그리고, 원목이 많이 들어왔는데 원목 하역작업 때에는 보통 위험한 일이 아니었다. 내가 부두에 나온 뒤, 두 번이나 원목에 깔려 죽은 동료를 보았고 부상당하는 일이 허다했다.

하루에 천 원 이상 잡히긴 했지만, 그것도 매일이 아니고 동료들이 몇백 명이나 되기 때문에 한 개인이 돌아오는 일거리라는 것은, 많으면 한 달에 일고여덟 번 정도였고 적으면 서너 번 밖에 되지 않았다. 더구나 겨울이 되면 일거리가 적어진다는 말을 들었을 땐 더욱 앞이 캄캄했다. 다른 일거리라도 찾아야 한다고 뇌까리지만, 그것은 쉬운 일이 아니었다. 어디든 모두 인원이 차 있기 때문이다.

오늘은 일주일 만에 겨우 잡은 일거리인데 이젠 물이 빠지고 폭풍주의보까지 겹쳐 입항하기엔 어려울 것 같다.

「틀렸는갑여. ― 물이 빠지는디.」

한 동료가 자리에서 일어났다.

「내일 오는 수밖엔 없군.」

「걱정이네.」

「여기에 있어 봤자 무슨 소용이요? 그만들 갑시다!」

이어서 몇이 자리를 털고 일어섰다.

해도 그만 먹구름 속에 사라졌고 강 건너 산들이 침침하게 보인다.

「내가 사무실에 갔다 올 텐게 좀 기다리게. 좀 더 기다려봐.」

하고 안영감이 자리에서 일어나 항만 내 사무실로 갔다.

「이 정도 날씨믄 들올만도 헌디….」

「물이 빠지는디 글렀어.」

「스피커다가 뭐라고 말이라도 헐 것이지. 사람만 기다리게 만드니.—.」

서로 한마디씩이었다.

남은 사람들도 자리에서 일어섰다. 나도 일어섰다. 그러나 이대로 집에 돌아간다는 것은 도저히 안 될 일이었다. 아침에 일어날 때, 나는 아내의 쌀 녹아지 긁는 소리를 들었고 순철이가 학교에 가기 전에 노트를 다 썼다고 제 엄마더러 노트를 사달라는 얘기를 들었기 때문이다. 게다가 아내의 「오늘은 아버지가 부두에 나간다니 내일 돈 줄게. 오늘 하루만 참어.」라는 말이 더욱 생각났다. 정말이지 맨손으로 집에 들어간다는 것은 남편 된 도리로나 애비 된 도리로나 자신의 마음은 허락하지 않았다. 이웃집에서 돈을 꾸는 것도 한두 번이지 어떻게 해서든 오늘은 돈을 마련하여 쌀을 사서 그리고 순철이의 노트값을 마련해서 집에 들어가야 했다. 어린 순철이에게 책임성 없는 그런 애비는 되고 싶지 않았던 것이다. 나는 다시 주저앉아 버렸다.

그때, 사무실 쪽에서 안영감이 오는 모습이 보였다. 금시 나는 온통 기대에 찼다. 반나절 일거리라도 생겼으면 하는 마음이었다. 배가 들어온다는 기쁜 표정인지 틀렸다는 표정인지 나 자신 분간할 수 없었다. 답답했다.

「바람 때문에 닻을 내렸다나? 그나마 여긴 안 들리고 인천에 갔다 와서 들린다던가? 하여튼 글렀어. 그만가세.—.」

「제기럴」

「근디 뭣 때미 인천 먼저 들리는 거여?」

「원목 반절은 인천에 풀고 반절은 여기에 푼다는 소리지.」

「그럼 여긴 언제나 온답니까?」

「사나흘 있어야지.」

「뭔 지랄여.—. 우리만 죽으라는 세상인가?」

동료들은 모두 발걸음을 옮기기 시작했다. 바람은 더욱 세차다. 오가는 사람도 보이지 않고 배들도 모두 묶여 있다. 이내 소나기라도 쏟아질 것 같다. 나는 움직여지지 않았다. 한숨만 새어 나왔다.

「하루 한날이 아니고 어떻게 살아간다지?」

나는 혼잣말로 투덜댔다.

동료들의 모습은 사라졌고 명수만이 곁에 서 있었다. 내가 일어나길 기다리는 모양이다.

「어서 일어나. 비가 쏟아지겠어.」

「자네 먼저 가게.」

「뭔 소리여?」

「명수! 나는 정말이지 이대로 돌아갈 수 없어.」

「……」

「나는 맨손으로 집에 갈 수가 없다. 아내와 순철이한테 무슨 낯짝으로 들어가겠어?」

「형철이, 여기 있으면 무슨 일거리라도 생길 줄 아나? 형철이, 용기를 가져. 견디는디까지 견디면서 살아가는 거여. 애초부터 무슨 맘 먹고 이 부두에 나왔나? 우리도 잘살아 보자는 결심이 아녔어?」

「……」

「형철이, 결코 이 세상은 우릴 버리진 않을 거여. 낼이라도 어디 당분간 있을 띠를 찾아보세.」

「우선이 문제야 명수. 우선 먹을 게 없는데 어떻게 하란 말야 정말 더러운 세상이다.」

「우선 얼매나 필요하간디 그려?」

명수는 나에게 도와줄 눈치다. 그렇지만 나는 입이 벌어지지 않았다. 그는 부모님이 계시고 자식이 넷이나 있는 가정의 책임자였고 또 지금껏 여러 번 그의 도움 때문에 나는 더 이상 신세 지고 싶지 않았다. 나는 벌떡 일어섰다.

「관두게.」

하고는 명수를 뿌리치고 부두를 나왔다. 명수는 자꾸 나의 이름을 부르고 있었다.

부두를 나오려니까 이윽고 비가 쏟아지기 시작했다. 소나기였다. 어느새 나의 옷은 적시었고 몸은 으스스 떨렸다. 그래도 한숨은 그칠 줄 몰랐다. 나의 침울한 마음을 비라도 씻어줄 수 있다면 얼마나 좋을까 라고 멍청한 생각도 났다.

「어어 형철이! 한잔 허구 가지. 이리 와. 비도 피할 겸.」

빗속에 언뜻 김영감의 목소리가 들렸다. 대표 집에서 들려오는 것이었다. 나는 고개를 돌리지도 않고는,

「벌이도 없이 한잔이 말이 됩니까?」

라고 크게 소리쳤다.

「비라도 피혀야지 이 우중에 그냥 갈 참여?」

이번에는 안영감의 목소리였다. 나는 대답도 보내지 않았다.

어느 사이 거리에는 사람이 보이지 않고 처마 밑에 몇 사람이 서 있다. 나 혼자만 고개를 숙인 채 무거운 발길을 걸어가고 있었다. 나는 자신 어디를 목적으로 가고 있는지도 몰랐다. 쓸데없는 잡념만 자꾸 되살

아났다.

많고 많은 직업 중에 하필 노무자가 되었을까? 그것도 부두 노무자. 차라리 그거라도 안정 있는 직업이라면 다행이건만… 문득 고향 생각이 났다. 고향을 떠난 것이 죄였지. 그런대로 지내는 건데 왜 떠났던가? 그러나 나는 벌써 고향에 돌아갈 수 없는 골이었다. 나는 고향을 떠날 때부터 이미 고향을 잃어버린 것이었다.

고향에서의 일들이 머리를 스쳤다. 도박 때문에 집에 있는 논 몇 마지기 마저 잃어버린 일 하며 도둑질과 끝내는 사람까지 다치게 한 일, 그리고….

그런 내가 어떻게 다시 고향에 간단 말인가? 고향을 떠날 때부터 남모르게 밤에 도망온 처지인데 어떻게 고향을 찾는다는 것일까? 언젠가 명수가 고향에 일자리가 있다면서 나더러 같이 가자 했지만 나는 그만 거절하고 말았다. 무슨 낯을 들고 고향에 간단 말인가? 생각해도 소용이 없는 고향. 아무런 가치도 없는 나. 나는 갑자기 세상이 무서워지는 것을 느꼈다. 세상의 모든 것이 날 외면하는 것 같았다. 아니. 내가 세상의 모든 것에 대해 불안해지는 것이었다.

나는 번개와 천둥소리에 정신을 차렸다. 나는 사방을 두리번거렸다.

(아니, 내가 지금 뭘 생각하고 있는 거지? 옛날이 무슨 소용야? 우선 돈이 아닌가?)

나는 발걸음이 더 이상 놓이지 않았다. 돈, 돈밖에 생각나지 않았다.

트럭이 스치고 택시가 연달아 줄달음친다. 나는 모퉁이를 돌아서 복잡한 거리로 나왔다.

(어디에 가서 돈을 마련한단 말인가.)

나는 한참 생각하다가 시내버스 정류장으로 향했다. 삼촌 댁에 가서 돈을 빌려야겠다고 생각했던 것이다. 마음은 내키지 않지만 다른 도리가 없었다.

그렇게 요란하던 소나기는 가랑비로 변했다. 비를 피하던 사람들이 거리로 나왔다. 몹시들 분주하였다. 시계탑은 곧 열두 시를 준비하고 있다. 시내버스는 좀처럼 나타나지 않았다. 옆 사람한테 들으니까 열두 시 차라는 것이었다. 한 십 분 정도 기다려야 했다.

나는 그제야 나의 몸이 비로소 흠뻑 젖어 있다는 것을 인식할 수 있었다. 몸이 절로 떨렸다. 머리에서는 물이 떨어져 빗방울이 얼굴을 흐르고, 신발 속엔 물이 차 있는 것도 느낄 수 있었다. 나는 멍청하게 서 있기만 했다.

시내버스 한 대가 정류장에 도착했다. 그러나 다른 시내버스였다. 나는 또 시내버스가 오는가 하고 기웃거렸다. 보이질 않았다.

그러는 순간, 나의 시선은 그만 어느 여자를 잡고 말았다. 유난히 그녀가 나의 시선에 잡혔다. 나는 갑자기 가슴이 뛰었다. 그 여자로부터 나의 시선은 좀처럼 옮겨질 줄 몰랐다. 우산과 빽을 들었는데 사십 정도 보이는 부잣집 부인이라는 생각이 들었다. 그 빽이 더욱이 나의 시선을 혼란하게 만드는 것이었다.

나의 걸음은 옮겨졌다. 그리고 나의 걸음은 그녀의 뒤를 밟기 시작했다. 두려워지고 무서워졌다. 나는 이를 악물었다. 가슴의 진동은 멎지 않고 있었다. (사람이 없는 곳으로 가야 할 텐데…) 하는 마음으로 주위를 힐끗 쳐다보는데, 다행히도 그녀는 골목길로 들어서고 있었다. 나의 걸음은 빨라졌다.

얼마나 지났을까?

나는 막 뛰고 있었다. 그녀의 「도둑이야!」라는 소리를 나는 외면하고 있었다. 아니, 외면해야 했다.

내가 도망쳐 온 곳은 부두였다. 역시 부두가 아니면 갈 곳이 없는 나이기도 했다. 난 숨이 가빴다. 몇 번 긴 숨을 내쉬었다. 꽤 지쳤지만 나는 더 뛰어서 아무도 보이지 않는 창고 뒤로 갔다.

비는 여전했다. 바람도 자지 않았다.

나는 젖은 옷 속에 감춘 빽을 만지작거렸다. 그리고는 주위를 휘둘러 보았다(도대체 얼마나 있을까?)

나는 빽을 흔들었다. 덜거덕거리는 소리가 들렸다. 동전 소리도 들렸다. 나는 다시 주위를 살폈다. 꼭 미친 사람 같았다. 대낮에 아무도 없는 창고 뒤에서, 비에 젖은 녀석이 여자 빽을 들고 뭘 하는 것일까? 아무튼, 급했다. 빽을 열어젖혔다. 순간 나는 정신을 잃은 사람마냥 넋을 잃고 있었다. 보이는 것이라고는, 화장품 몇 개, 볼펜, 휴지, 그리고 십 원짜리 동전 몇 개였다. 나의 마음은 텅 비었다. 빽을 놓쳤다. 화장품이 깨지고 동전이 뒹군다.

겨우 도둑질까지 했는데 이게 어떻게 된 일인가? 울음이 터질 듯했다. 대체 지금껏 내가 무슨 짓을 했는가?

나는 창고의 벽을 치며 쓰러졌다.

아내가 미워졌다. 순철이가 나에겐 아무 소용이 없었다.

「여편네고 자식이고 다 원수야 원수란 말야!」

나는 그만 울음을 터뜨렸다.

(이 세상을 어떻게 살아야 한단 말인가? 이럴 바에 차라리 죽어 없어지는 것이 옳지 않은가?)

나는 삶의 반항도 했지만 지나온 내 비참한 생활에 우선 죽어선 안 된다는 생각이 났다.

(아니다! 지금까지 어떻게 살아온 난데 내가 죽어? 이대로 죽을 순 없어. 죽어선 안 돼. 어떻게 해서라도 살아야 해. 그래! 악착같이 살아야 한다.)

그렇지만 당분간 어떻게 살 것인가가 문제였다. 나는 눈물을 닦았다. 다시 일어서야 했다. 지금이라도 삼촌 댁에 찾아가서 돈을 빌리고 일자리를 구해달라고 부탁하고 싶었다.

그런데, 막 일어서려는 참이었다. 열린 빽에서 시퍼런 종이가 날리고 있지 않은가? 나의 눈은 커졌다. 나는 얼른 달려갔다. 돈, 돈이 아닌가? 나는 의심했다. 눈을 비벼댔다. 분명 돈이었다. 백 원짜리 지폐가 분명 바람에 흩날리고 있었다.

「돈, 저 돈!」

나는 터지는 웃음을 참을 수 없었다. 이내 달려가 빽을 다시 뒤적거렸다. 옆통이에는 시퍼런 백 원짜리 몇십 장이 나를 기다리고 있었다.

「돈! 야.—」

나는 돈을 집어 들었다. 그리고 바람에 날려가는 돈을 집어 들었다. 그리고 바람에 날려가는 돈을 주우려고 뛰었다. 비에 젖은 돈도 있었다. 십 원짜리 동전도 아까웠다. 또 한 번 나는 크게 웃었다. 돈을 세었다. 삼천 오백 원이나 되었다.

「난 살았다. 돈을 벌었단 말이다!」

아내도 순철이도 얼마나 반가워할까? 싫다고 소용이 없다던 아내와 순철이라고 투덜댔지만, 나의 마음은 금시 변해 있었다. 정말 돈이란 요사한 것인가 보다. 나는 바로 빽과 화장품들을 주워 물에 던져버렸다.

여전히 궂은 비였고 북풍이었다.

나는 돈을 쥔 채 뛰어서 먼저 술집을 찾았다. 안영감도 김영감도 보이지 않았다.

「어이구, 비에 젖어서 어쩐 일예요? 오랜만에 오시는 것 같해요.」

박(朴)양이 반갑게 맞아주었다 허나 나는 고개도 돌리지 않고는

「장부 좀 내놔.」

하고 무뚝뚝하게 대했다. 다른 때 같으면 장난도 했을 판인데 오늘따라 보기도 싫었다.

「외상값 가져오셨어요? 형철씨가 제일이셔.」

「어서 장부나 내와. 여러 소리 말고,」

나는 언성을 높였다.

「어머? 성나셨는가 봐.」

박양은 겸연쩍은 웃음을 짓고는 장부를 내왔다. 외상값은 몇십 원 모자라는 천원이었다. 나는 더 이상 말하지 않고 천원을 세어 내놓았다. 그러자. 늘 만나면 밀린 외상값을 안 준다 야단을 치던 주인 남자가 오늘은 반갑게 대해 주었다. 그는 박양에게,

「얘야, 대포 한잔 드려라.」

하면 만족하는 웃음을 띠었다.

그러나 나는,

「이젠 술 끊었소.」

하고 내뱉듯 말했다.

「허허 그러지 말고 외상값 갚았으니 한 잔만 받으라고. 자, 이사람아.ㅡ」

「관두겠소.」

해버리고 박양이 잡는 것을 뿌리치고 나와버렸다. 여전히 비는 쏟아지고 있었고 바람도 그칠 줄 몰랐다.

「올 테면 더 더 와라!」

하늘을 향해 크게 웃어댔다. 나는 뛰듯 집을 향해 걸었다. 가벼운 걸음이었다. 내 손에 쥐어진 그 돈이 날개 같기만 했던 것이다. 정말, 돈이라는 것은 이렇게 인간의 마음을 사로잡는 것일까? 나의 얼굴에는 온통 미소에 젖어 있다는 것을 나는 인식할 수 있었다.

나는 그 골목길의 근처를 지나지 않기 위해서 오 분을 더 걸어 돌아갔다. 집에까지 가는 동안 혹여 그녀가 보일까 옆보다 뒤보다 시단이었다. 나는 산기슭에 있는 집까지 와서야 안심했다. 비도 어느 정도 그치는 것 성싶다. 이젠 바람만이 세게 분다.

「순철아!」

난 크게 소리쳤다. 아내가 빨리 나와서 문을 열어 주었다.

「이게 웬일예요?」

비에 젖은 나를 보고 놀라는 표정이었다.

「비 좀 맞았지.」

「옷이 말이 아네요. 어서, 들어가 갈아입으세요.」

「그러지.」

나와 아내는 집 안으로 들어갔다.

「부두 추웠지요?」

「응.」

「아침에 내의 입고 가시라니깐- 감기라도 걸리시면 어떡하려고」

「순철이나 감기에 걸리지 않아야 할 텐데… 참, 순철이가 왜 아직 안 오지? 끝날 시간이 넘었을 텐데」

「곧 오겠죠.」

「우산 갖고 학교나 가볼 것이지.」

「집은 비어놓구요?」

「그렇지?」

나는 고개를 끄덕거렸다.

「그런데 오늘 일찍 들어오셨네요?」

「배가 안들어온다길래 할 수 있나?」

「예예?」

아내는 내가 빈손으로 들어온 것처럼 생각하는 모양이었다. 나는 얼른 돈을 내보였다.

「여기 돈.」

「아니? 무슨 돈예요? 일도 안하셨다면서.一」

「어서 가서 쌀이나 사오라고. 그리고 순철이 노트도 사주고.」

아내는 돈을 보더니만 기뻐 어쩔 줄을 몰랐다. 나는,

「일주일 전에 작업한 돈이 오늘 나왔거든.」

하고 웃음으로 넘겨버릴 수 있었다. 아내는 내 말에 곧이듣는 것 같았다. 아내의 그 기뻐하는 모습을 보는 것이 퍽 오랜만이라고 생각되었다.

내가 몸을 씻고 옷을 갈아입는 동안, 아내는 산 아래 가게에 가서 쌀을 사 왔다. 그리고 담배도 사 왔다.

내가 옷을 갈아입으려니까 누가 날 찾는 것이었다. 나는 밖으로 나왔다. 명수였다.

「어서 들어오게.」

「아냐, 들어갈 건 없고 바쁘게 알릴 것이 있어 왔는디.」

명수의 입가에서 미소를 찾을 수 있었다.

「무슨…」

「일거리를 잡았어.」

「뭐? 정말야?」

「올 겨우내 헐 일이라는 디.」

「그래 무슨 일인데?」

명수의 말이 끝나기 전에 물었다.

「이 사람 홍분은… 낼 아침 아홉 시까지 우리 집으로 와.」

「내일부터 일야?」

「내일부턴데 이놈에 비가 끄쳐야지.」

「무슨 일야, 대체.」

「아파트 공사를 한다는 갑여.」

「그래?」

옆에 서 있던 아내도 기쁨을 잊지 못했다. 아내는 명수에게 연거푸 고맙다는 말을 했다.

「항상 신세만 지고, 언제나 이 은혜를 갚죠?」

「별말씀을… 서로 도와가믄서 살어야지요.」

명수는 든든한 웃음을 하고는 나를 쳐다보고 있었다.

그리고 명수는 공사장 감독과 만나기로 약속했다면서 곧 갔다. 명수가 간 뒤 나는 기뻐서 한동안 웃음을 잃지 못하였다.

「이젠 우리도 잘살아봐요.」

아내는 내게 뜻있게 말했다.

「그래, 잘 살아봐야지.ㅡ」

나는 어금니를 꼬옥 물었다. 나는 다시 방 안으로 들어갔고 아내는 점심을 준비한다며 부엌으로 들어갔다. 나는 담배를 입에 물었다. 불을 붙였다. 몇 번 연기를 내뿜었다. 그리고서 막 자리에 누우려는데 갑자기 비가 쏟아지는 소리가 들렸다. 꼭 오전 때와 같은 요란한 소나기였다.

번개가 치고 천둥도 치고—사이

「쾅」

요란스럽게 문소리가 들려왔다.

「누구야?」

난 깜짝 놀라 버럭 소리를 질렀다.

「순철이가 학교에서 왔어요.」

아내의 차분한 목소리였다. 나는 이내 얼굴이 타오르는 것을 느꼈다. 그것은 분명 두려움 같은 것이었다. 순간 골목길의 중년 부인의 모습이 떠오르고 빗속에 그녀의 음성이 들리는 듯, 나의 마음을 내리치는 것이었다. 난 무서웠다. 다시 방문 소리가 울렸다. 순철이었다. 그 부인의 모습이 자꾸 순철이를 덮는 것 같았다. 섬찍지근했다. 또 문소리가 났다. 난 자신도 모르게 자리에서 벌떡 일어섰다. 아내가 밥상을 들고 들어오는 것이었다. 난 자신 몸 둘 바를 몰랐다.

「왜 일어나세요? 밥상이 들어왔는데」

아내가 밥상을 놓으면서 일어나는 나를 바라보았다.

「응? …아무것도 아냐.」

나는 서투른 자세로 다시 주저 앉았다. 내겐 또 한 번의 아내의 모습이 얼마나 무서웠는지 몰랐다. 자꾸 그 부인의 모습이 아내와 순철이를 덮는 것이었다.

「순철아, 아버지가 쌀 살 돈도 벌어오시고 네 노트 값도 벌어 오셨단다.」

「엄마, 정말야? 아이 신나.—」

「어서 밥 먹고 숙제해야지.」

「나, 오늘 사회생활 시험 봐서 백점 맞았어!」

「그래? 우리 순철이가 최고구나!」

오늘따라 아내와 순철이의 이야기가 즐거웠다. 나도 순철이 말에, 「그래! 우리 순철이 최고다」라고 말을 해야 하는 것도 잊어버리고 나는 그 부인의 생각에 휘말려 들어가고 있었다. 소나기 소리는 유난히 크게 들렸다. 마치 어느 괴한의 음성처럼 「형철이를 잡아라!」라는 소리라도 치는 것 같았다. 나는 눈이 휘둥그레지고 어찌할 줄을 모르면서, 두 손으로 귀를 틀어막았다. 그래도 빗소리는 아니, 그 부인의 음성은 나의 귓전에서 멀어질 줄을 몰랐다.

아내는,

「여보, 시장하실 텐데 어서, 식사해요.」

했지만 나는 밥숟가락이 떠지지 않았다. 아내와 순철이의 밥 먹는 모습이 나의 시선조차 가로막는 것이었다.

비는 여전히 그칠 줄을 모른다.

내일은 비가 오지 않았야 할 텐데….

〈끝〉

수필

제426호 1973년 7월 6일 금요일

제18회 전북대학 신문 학예상 : 수필

엽서

· 배정희 (사학과 3학년) ·

「언니, 엽서야」

학교에서 돌아온 내게 동생이 가져다준 엽서는 내 다정한 친구가 적어 보낸 즐거운 이야기였다.

내 남동생은 나보다 키가 더 큰 고등학교 학생인 지금도 어렸을 때처럼 날 언니라고 부른다. 처음 우리 집에 오는 이는 남자아이가 여자인 나를 누나라 부르지 않고 언니라 부른다 해서 퍽 재미있다는 듯 동생을 놀리곤 한다. 하지만 동생은 오랫동안의 습성에 의한 탓인지 좀처럼 누나라고 부르질 못한다. 그리고 난 동생의 습성만큼이나 또한 엽서를 쓰곤 한다.

친구와 함께 거리를 거닐다 우체국 앞에 이르면, 난 문득 엽서가 사고 싶어진다. 그럴 때면 주머니에 들어있는 몇 개의 동전을 모두 엽서와 바꿔 들고 나서야, 난 즐겁게 그곳을 지나칠 수 있게 된다. 그리고도 우체통이 놓여있는 상점에서 물건을 산 뒤엔 거스름돈 대신 곧잘 엽서를 받아오곤 한다. 그러니까 내 책상 서랍이랑 노트나 책갈피 사이엔 언제나 규격진 엽서가 있기 마련이다.

엽서는 언제 어느 곳에서나 쓰고 싶은 마음이 일어날 때 쓸 수 있어서 좋다. 늦어진 열차 시간을 기다리며 역 대합실 나무의자 위에서도 쓸 수 있고, 바닷가 모래사장의 텐트 안에서 후래쉬 불빛만으로도 바닷바람과 해조의 낭만을 적어 보낼 수도 있다. 또한, 산에 올라 캠핑 할 때면 배낭을 받치고 랜턴 불빛에 그 날 산행의 메모를 하고 동산일지를 적으면 엽서는 간편한 일기장이 되고 메모장이 되기도 한다.

강의가 끝나고 10분 휴식시간이 주어졌을 때도 난 엽서를 쓴다. 강의실 광경을 「10분 낙서」로 엽서에 옮기면서 난 충분한 휴식을 취할 수 있는 게다. 그리고 집에 돌아가는 길에 생각나는 친구의 이름을 적어 이 엽서를 보낸다. 스스럼없이 이러한 일들을 적어 보낼 수 있는 친구라면 자유로이 낙서 된 엽서라 해서 불쾌하게 받아들이는 일은 없으리라. 더욱이 이러한 엽서는 그 나름의 독특한 센스와 재미가 있으니 더욱 받아보고 싶은 엽서일 수도 있다.

그리고 엽서는 봉합편지를 넣고 우표를 붙여야만 보낼 수 있는 것처럼 그렇게 거추장스럽지 않아 더욱 좋다. 나는 편지를 곧잘 쓰긴 하나 봉투에 넣지 못한 채 몇 날이고 가지고 다니기 때문에 결국 보내야 할 필요가 없게 돼서 못 보내는 일이 가끔 있는데, 엽서는 이러한 실례를 하지 않아도 되니 나같이 게으른 이에겐 참 고맙기조차 하다. 그러나 무엇보다도 엽서는 처음부터 공개된 글이라는 데에 그 의미가 있다. 따라서 거기엔 이미 비밀이 있을 수 없는 게다. 밀폐되어 모든 걸 가려준다는 생각아래 쓰인 편지는 잘못 흐트러진 내용이 되기 쉽다. 하지만 엽서를 쓰는 이는 그 자체부터가 참되지 않을 수 없다. 엽서는 받는 이가 누구이든 개방된 내용의 글을 호기심에서라도 읽어보게 될 것이고 따라서 엽서를 쓰는 이는 누구든 읽어도 좋은 글이라는 생각을 가지고 쓰기 때문에 어설픈 표현일랑은 아예 하지 않게 된다.

또한, 엽서는 즐겁게 읽을 수 있는 글이기도 하다. 내 아버지께서는 나에게 온 편지인데도, 딸의 안전을 위해서 먼저 보신 뒤에 넘겨주시곤 한다. 이렇게 검열받은 봉함편지를 읽으면서는 기분이 좋을 수만은 없다. 하지만 엽서를 받아 읽을 때엔 내가 아버지에게 불만을 가진 딸이 되지 않아도 된다는 점에서 즐거운 기분일 수 있다.

그렇다고 해서 엽서를 가지고는 사랑의 이야기를 할 수 없다고 생각해서는 큰 오산이다. 참으로 우리가 멋진 연인을 가지고 있다면서 엽서에 적혀진 한마디의 재치있는 말 속에서 긴 사연을 읽을 때보다 더 아름다운 시어를 읽을 수 있고, 색연필이 있다면 흰 엽서 위에 고운 그림을 그려 보낼 수도 있으리라. 그래서 한 장의 엽서가 내게 주어진다는 것은 무한한 가능성을 제시해 주는 것과도 같다.

내가 엽서를 곧잘 써 보내는 만큼 받아 본 엽서도 많다. 그중에는 내가 몹시 아끼는 내용의 글이 여러 장 있는데, 난 가끔 책상 서랍을 열고 그들을 꺼내 읽으며 엽서를 보내어 온 이의 다정한 모습을 생각해 본다.

이제 가슴을 열고 스스럼없이 얘기할 수 있는 이에게 다시 읽고 싶은 글이 될 수 있게 엽서를 써야지.

제19회

학예상

1970~1979

당선

제461~462호 1974년 6월21일 금요일

제19회 대학신문 학예상 : 시

무녀도(巫女圖)

· 김일모 (전기공학과 2학년) ·

소슬(蕭瑟)한 타원의 음율이
허공을 가르며 빈 하늘을 채울 때,
신(神)께로 올려지는 타음(打音)은 분명
무더운 속세를 울어주는 것인데,
아, 아
눈알처럼 차가운 가슴으로
숨어서 찢어지는 오열이여.

서러움을 깨물다
두 손을 모으면
온갖 물결마저 데리고 흐르는 소 떼
감기우며 돌아서는 핏빛 신의(神衣)여
원무 하는 음조(音調)로
비상하는 날개.

보아라

병든 사악(邪惡)에 나부끼는
원세의 주문(呪文)
피 묻은 고뇌를
절반으로 쪼개어
터져 나오는 예지
길흉점복(吉凶占卜)의 화신(化身)을

악령(惡靈)에 파묻힌, 저기 저
흉가(凶家)의 기와짱 아래
땀내나는 장구 소리
오색 돋친 촛대가
도포 자락 마냥 넓게 펄럭이다.
제단(祭壇)을 응시하면
모가지가 여윈 목기(木器) 속
물오른 대추가
강림하는 신(神)을 돌아보며
자꾸
놀란다.

신(神)이 던진 밀어가
마음을 거닐면
정갈한 생(生)의 자리에서

쏟아지는 별들
신령(神令)으로 반짝이는 예감이
은빛 나래를 퍼덕이다
한 웅큼씩 퍼울리는
생명의 소리

오지(奧地) 한구석에서
넋을 부르다가
바람에 구겨진 깃발이
천지에
거룩하다.

당선

제461~462호 1974년 6월21일 금요일

제19회 대학신문 학예상 : 수필

봄의 여운

· 양동섭 (화학과 2학년) ·

봄은 햇빛의 작열 속에 모든 일이 신경질만 나는 여름이나, 벤취에 앉아서 고독을 뇌이며 어디론가 훌쩍 떠나고 싶어지는 여수의 계절인 가을, 그리고 추위에 위축돼서 외출하는 것조차 싫어지는 겨울과는 다른 점이 있다. 오직 추위 속에서 날씨가 점점 따뜻해짐에 따라 긴장감이 해이해지고 게을러지기 쉬운 계절이지만 어느 계절보다 물질적으로 넉넉하지 못한 우리에게 새로운 삶의 의욕을 강하게 느끼도록 해주기 때문에 나는 봄을 사계절 중에서 제일 좋아한다.

특히 봄에는 대지를 뚫어보려고 발버둥 치는 어린싹들의 메아리 소리가 들려오는 것을 느끼며 아지랑이에 휩싸인 산을 올라가 본다. 인자(仁者)는 산을 좋아하고 지자(智者)는 물을 좋아한다는 말이 있다고 해서 내가 인자가 되어 보려고 하는 것은 결코 아니다. 다만 평범한 인간으로서 일상생활의 모든 것을 잊고 생의 활기를 띠는 곳을 배회하면서 자기완성에 노력해 보려는 소치이다.

옛날의 성인처럼 맹아의 경지나 주객일체(主客一體)의 경지까지는 못 미칠 것이지만 활기에 찬 자연 속에 묻혀서 자연의 소리만은 조금이라도 엿들을 수 있을 것 같다. 추위가 가시지 않을 때 자그마한 씨앗 속에 새로운 생명을 잉태하려는 생명의 아우성을 생각해본다.

헛세의 〈데미안〉 속에 「새들은 알을 깨고 나온다. 알은 세계이다. 태어나려는 자는 한 세계를 깨고 나온다.」라는 글귀를 생각해본다. 이처럼 조그마한 씨앗 속에 새로운 창조를 위해서 출발의 의지가 강렬한데 하물며 인간에게는 얼마나 큰 고통이 따라야 삶의 완성을 기대해볼 수가 있을까. 조그마한 계획을 조석변개하고 포기하기까지 하는 나 자신이 한스럽게 여겨진다. 이런 때 나에게 생의 의욕을 강하게 느끼게 해주는 것이 바로 봄이다.

봄은 또한 우리에게 사랑의 온정이 얼마나 중요한 것인가를 보여준다. 메마르고 살벌한 인간 세상에 사계절 중 봄처럼 따뜻한 손길이 뻗어진다면 부조리한 세상이라도 인간미에 넘친 평화로운 세상으로 될 것으로 생각된다.

그리고 봄의 속성은 또한 봄비 속에서 찾아볼 수가 있다. 먼 산 등허리에 가냘픈 여인이 걷는 것처럼 조용히 내리는 봄비는 장마로 큰 홍수를 일으켜 모든 사람에게 원한을 사는 악랄한 비도 아니다. 그야말로 작은 식물까지도 놀래지 않을까 조심스레 내리는 실비이며, 또 그것은 모든 식물이 원하고 기다림에 따라 내려주는 단비이다.

실비는 자기를 뽐내려 하지 않고 오직 조용히 내려와서 세상에 기쁨과 생기만 주면 좋다는 식의 안빈낙도의 비이다. 또한 세상에 유익한 점을 많이 준다고 시끄럽게 내려오는 비가 아니라, 그야말로 자의 존재까지도 잃고 남을 봉사하려는 아가페적인 비이다. 실비는 억센 소낙비가 내릴 때처럼 사람들이 싫어하는 비가 아니고 누구나가 한번 맞아보려고 우산도 받지 않는 비이다. 집에 머물러 있는 사람에게 평상시 비가 올

땐 외출을 못 한다고 불평을 받는 비도 아니다. 오히려 가만히 집에 앉아서 조용히 명상의 시간을 갖게 해주고, 실비처럼 마음의 평온을 가져다주는 비가 된다.

따라서 봄비는 다정스러운 사람에게 밀어를 보내는 것처럼 차분하고 설득력 있는 실비로서 일상생활에서 느낀 지루하고 번거로운 잡념의 공해를 씻어주는 구실을 하게 된다.

그렇다고 폭발적인 소낙비는 번잡스러운 마음의 공해를 씻어주지 못하는 것은 아니지만, 봄비처럼 그렇게 차분하고 지속적으로 마음의 공해를 씻어주지는 못한다.

그러나 실비는 속삭거리는 소리에 까닭도 모르게 슬퍼지게 만들고, 또 어디론가 떠나고 싶어지는 고독한 비이다.

또한, 소낙비가 오면 사랑하는 임을 못 떠나게 하여주지마는 조금씩 내리는 봄비로는 고집을 부리며 떠나는 임을 막을 수가 없는 슬픔의 비가 된다. 이처럼 슬픔과 기쁨의 양면이 교차하기 때문에 어떤 이는 봄을 가장 잔인한 계절이라고 하는지도 모른다.

하지만 옥에 티가 있어야 옥은 빛날 수 있는 것처럼 봄의 적은 결점도 생기를 불러일으켜 주는 봄의 장점에 비하면 구우일모에 지나는 아주 극소한 점이라고 생각한다.

그런데 이와 같은 봄의 기쁨을 맛보려면 어느 정도 삼라만상의 질서를 파악할 수가 있어야 한다. 우리가 봄의 생생함을 맛보려면 적어도 어린 시절이 지나서 어느 정도 자연의 미를 깨달을 수가 있는 이성의 시기가 와야 한다.

그 후 우리가 봄을 맞을 수 있는 것은 기껏해야 오십 또는 육십 번이 될 것이다. 또한, 봄을 헛되게 여러 번 보낸 사람일수록 인생을 무의미하게 보내버린 사람일 것이다.

그렇지만 열대지방이나 한대지방에서는 한 번도 맞아볼 수가 없는 봄을 오십 또는 육십 번이나 맞이할 수 있게 한 신의 은총에는 감사를 드리지 않을 수가 없으며, 봄을 몇십 번밖에 맞이할 수가 없다고 불평을 할 것도 아니다. 봄을 어떻게 뜻있고 인상 깊게 보내느냐 하는 문제가 중요하지 않을까?

올해도 봄을 보내는 문턱에서 봄에 대한 아쉬움을 강하게 느끼는 이유는 무엇일까. 봄은 오직 여름 가을 그리고 겨울을 지난 한 해를 보내야만 다시 맞이할 수가 있고, 봄을 일 년 내내 보낼 수가 없다는 데에 봄의 여운을 강하게 느낀다고 생각된다.

입선

제461~462호 1974년 6월21일 금요일

제19회 대학신문 학예상 : 시

여름 시편(詩篇)

· 정인섭 (국어국문학과 2학년) ·

전야(前夜)

박꽃이 하얗게 피어 있었다.

꽃밭 위로

야광충(夜光虫)이 한 마리

새파란 금을 긋고 있었다.

바람이 스치는 하늘마다

석류가 쪼개져 달빛이 되고

멀리

건넛마을에서

밤새도록 들려오던 놋징소리.

풍경

길이 햇볕에 바래고 있다.

바람은 숲으로 숲속으로

들어가고,
내 얼굴들이
그늘 밑에 앉아 그을고 있다.
대패질도 하지 않고 판자처럼 누워있는 길

휘파람새의 짧은 노래가
그치고
길 양쪽에서 하늘이 조금씩
멀어지고 있다.

소묘(素描)

날 새운 모래알이
물속에 가라앉아 숨을 쉬고
물에 밀려서
물의 솜털이 한 개씩 부스러졌다가
바위에 파릇한 이끼로 돋고
바람의 귀가
팔랑거리며 지느러미가 되고 있다.

햇살이 건히고
비 맞는 꽃잎처럼
하늘이 젖고 있다.

입선

제461~462호 1974년 6월21일 금요일

제19회 대학신문 학예상 : 시(시조)

정

· 서주홍 (국어국문학과 3학년) ·

1.

하늘빛이 고인 자리 인적 끊긴 고향길

생각 홀로 스러져가 자취인양 한숨 일고

성(城)밖에 기대인 정(情)은 합장하며 떨고 있다.

2.

넋 묻힌 벽 그늘 흘린 핏자국

끝내며 목 조르고 노래하며 죽는 사람

저녁 사이, 벌레 한 마리 그 시체를 삼키다.

3.

귀신 찾는 검은 방(房) 창틈으로 움직이는 선(線)

심장을 움킨 정성 문턱 걸려 자빠진다.

마당의 널찍한 햇발 악을 쓰고 비웃다.

입선

제461~462호 1974년 6월21일 금요일

제19회 대학신문 학예상 : 수필

눈

· 고주상 (경제학과 3학년) ·

우리가 보통 사람을 기억할 때에는 먼저 얼굴이 떠오르고, 그 가운데서도 눈이 가장 인상에 남는다. 그것은 사람을 대할 때 대개 마주 쳐다보며, 대화하고 행동하기 때문이다.

어떤 사람에게 그가 아는 사람의 다른 부분을 보이지 않고, 눈만을 내어 보인다면 쉽게 알아보겠지만, 눈이 아닌 다른 부분 코나 입의 한 곳만을 드러내 보인다면 상대편이 절친한 사이가 아닌 한 알아보기 힘들 것이다.

사람의 마음이 몸 가운데서 가장 잘 나타나는 곳이 눈이다. 슬플 때는 슬픈 표정, 기쁠 때는 기쁜 표정, 어색할 때는 어색한 대로의 표정이 가장 직접 잘 나타난다. 그러므로, 사람과 사람과의 마음이 서로 통하는 다리의 역할을 하는 것은 눈이다. 사랑하는 사람들은 서로의 눈을 통하여 서로의 마음을 알아차린다.

우리가 앞을 볼 수 없는 사람과 대할 때는 어떤 장막을 드리운 것과 같은 느낌을 들게 되는데, 이것은 사람 동작의 일부가 없어서도 그러겠지만, 무엇보다도 마음을 직선적으로 나타내는 눈과의 접촉이 없기 때문이다.

그러한 것은 몸의 다른 일부 즉, 손이나 다리가 없는 사람과 대할 때는 그런 느낌을 갖지 않게 되는 것을 보아도 알 수 있다. 흔히들 말하는 것과 같이 확실히 눈은 마음의 창이다.

사람의 정신은 눈을 통하여 곰곰이 생각해 보면 이 말을 확신할 수 있다. 사람을 처음 대할 때 눈빛이 흐릿하게 느껴지는 사람들의 행동은 어딘지 모르게 어수룩하고 눈빛이 또렷또렷한 사람들은 그 행동이 절도가 있다.

그러므로, 사람의 정신과 눈은 밀접하게 연관되어 있어서 사람의 정신이 눈에 모두 와 있다고 해도 과언이 아니다. 그런데, 내가 이런 말을 하게 되는 것은 그럴만한 이유가 있다. 연전 나는 눈가에 종기가 솟는—소위 다래끼라고 하는—증세가 심하여 한쪽 눈에 종기가 나서 나을 만하면 다른 쪽 눈에 다시 종기가 나는 것이 거듭되었다.

그래서 부득이 안대를 대고 눈을 가리고 다녔다. 그런데 마침 우연히도 급우들과 봄 소풍을 가게 되었는데 한쪽이 아물기 전에 다른 쪽에 다시 종기가 나서 양쪽 눈을 다 가릴 수는 없고 하여 안대도 소용없이 소풍에서 빠질 수밖에 없었다.

당시 내가 한쪽 눈을 가리고 다니면서 느낀 것은 한쪽 눈으로만 보니까 거리감이 확실치 않다는 불편감이 있었는데, 다른 한편 사람이나 사물에 대하여 훨씬 더 객관적으로 거리를 두고 생각할 수 있는 여유가 있다는 것을 느꼈다. 전보다 사람의 행동을 더욱 내 나름대로 판단할 수 있게 된 것이다. 나는 이것을 의례의 사물에 대해서 두 눈에 쏠렸던 정신력 일부가 유보(留保)되어 사고력(思考力)을 가져온 것으로 생각한다.

사람의 눈도 여러 가지다. 어떤 사람은 아이들이 가지고 노는 유리구슬을 연상할 만큼 커다란 눈을 가지고 있는가 하면 어떤 사람은 실과같이 가느다란 눈을 가지고 있어서 실눈이라고 불리 우는 사람도 있다.

나는 일반적으로 큰 눈이 좋다. 특히 여자를 대할 때는 더욱 그렇다. 더러는 큰 눈이 안정감이 없다고 하지만, 시원스럽고 많은 것을 품고 있는 것 같기 때문이다. 그러나 남자들에게는 약간 작은 눈이 좋다. 무엇인가를 냉철히 판단하고 사색한다는 느낌을 주기 때문이다. 그렇기 때문에 눈이 작은 나는 내 나름대로 내 눈에 대하여 은근히 만족감을 느낀다.

사람을 보는 것은 얼굴을 보는 것이며, 그중에서도 특히 눈을 보는 것이다. 눈의 움직임과 빛을 보아 그 사람의 상태를 파악하는 것이다. 눈치가 빠르다고 하는 것은 그 사람의 상태를 신속히 알아차리는 것이다. 이러한 것은 순간을 잘 처리하는 데에서 성공한다는 말이 있듯이 사회생활하는데 중요한 것이다.

맑은 눈을 가진 사람은 상대방에게 그 사람이 맑은 정신을 가지고 올바른 행동을 할 것이라는 신뢰감을 준다. 눈이 흐리면 아무래도 꺼림칙한 느낌을 준다. 눈이 흐리고 맑음은 그 사람의 상태가 흐리고 맑음을 나타내 준다.

재작년 불교 행사를 맞이하여 어느 절에 참석했을 때 자리를 같이했던 어느 여성의 눈이 어찌나 맑던지 예불이 진행되는 동안 내내 그 속에서 눈을 떼지 못했다. 대개 수도하는 사람의 눈들은 맑다. 그러한 것을 보더라도 눈은 확실히 정신 자세를 나타내는 것이 틀림없다.

그리고 눈의 움직임은 그 사람의 몸 전체의 움직임을 예측할 수 있다. 또한, 그 움직임으로 그 사람이 어떤 류의 사람인지를 알 수 있다.

눈은 그가 지내온 바를 이야기하여 준다. 젊은이의 눈과 늙은이의 눈은 다르다. 젊은이의 눈은 생기와 높은 기상에 넘치지만, 아직 깊이가 없다. 경험이 많아 미숙하나 진취의 자세가 보인다. 노인의 눈은 그가 지나온 나날을 돌아보고 삶에 대한 지혜가 담겨 있다. 나는 이러한 인생 전체를 꿰뚫어 보는 노인의 깊이 있는 눈이 좋다. 무언가 그들과 이야기 하고 싶어진다.

사람들은 막연히 지나는 것으로 기억할 때면 나에게 언제나 떠오르는 모습이 있다. 검은 눈동자가 남달리 몹시도 까만 소녀였다. 옛사람을 기억할 때면 그 사람들이 언제나 한 동작을 되풀이하는 것으로 나타나듯이, 그 소녀는 언제나 그 깊은 눈으로 먼 곳을 쳐다보는 모습을 지녔었다. 더욱이 그 눈자위가 깊게 그늘진 모습은 무엇인가를 느끼게 하는 것이 있었다.

그러던 그 소녀가 몇 해가 지난 후에 다시 보았을 때는 내가 기억하여 왔던 그 눈동자가 아니고 이미 성숙한 한 여자의 눈을 절감해야 했다. 느끼기 나름이겠지만 그때, 나는 옛 모습과 지금의 모습을 보며 어떤 의미를 찾아내지 못하는 자신을 탓했다. 그러나 내가 소녀로 느끼던 그 눈동자는 내가 사는 동안 잊혀지지 않을 것이다. 주인공을 만나보면, 내가 주체하기 어려운 존재가 되어 있는데도 마음속에 남아있는 모습은 처음 만나 새겨진 소녀 모습으로 있다. 흰자위 위에 검은자위가 놓여 있는 눈동자가 그렇게 일생 사람을 사로잡는 강렬한 힘이 있는지 모를 일이다. 그러한 눈동자는 일상생활에 잠겨있다가도 때때로 잊지 않고 떠오르는 것이다. 항상 내 마음을 지키는 두려운 존재가 아닐 수 없다.

어느 날 저녁에 저녁밥을 먹고 한가롭게 마루에 앉았다. 여섯 살 먹은 여자 조카 애가 와서 나를 멍하니 쳐다보다가 갑자기 소리치며 말한다. 「야! 삼촌 눈 속에 내가 보인다. 이것 봐, 이것」하며 고사리 같은 손으로 내 눈 속을 가리킨다. 나는 여태껏 모르고 있었던 것을 확인하려는 것과 같이 조카를 끌어 안으면서 그 눈 속에서 내 모습을 확인했다.

세상 사람들은 수도승들이 정화하여 진리를 깨닫는 것과 같이 가만히 평상에 잠겨 자기를 아는 것이라기보다는 상대방의 눈 속을 들여다보고 자기 모습을 확인하는 것과 같이 사람이나 사물을 부딪쳐 가며 거기에 비친 자기를 깨닫게 되는 것이다. 그러므로 자기 앞에 지나가는 사물을 열심히 보는 눈도 중요하지만 그러한 사물들을 자기 나름대로 정리하는 「눈」이 필요하다.

무수한 사람을 대할 때마다 그 본질을 파악하려고 노력하고, 흔들리는 나무를 볼 때에는 거기에 내재하는 의미를 추구하는 「눈」이 필요하다. 이러한 자세의 눈은 필경 세상의 모든 인간과 사물을 자기의 세계로 이끌어 포용할 수 있는 눈이다.

당선

제463호 1974년 6월 28일 금요일
제19회 대학신문 학예상

병(炳)

· 김윤덕 (영어영문학과 4학년) ·

1

참말이지, 그는 노상 개를 데리고 다녔다. 이를테면 이러한 그의 개의 소유는 겨드랑이에 언제부턴가 생겨난 검은 반점을 만족히 여김과도 같이, 순전히 자신의 날개 밑에 보유하고 싶은 일종의 힘 같은 것이기 때문일 거였다. 글쎄, 이놈의 이름이 뭐라더라. 져먼새퍼드래든가 뭐든가, 암튼 얼마나 빛이 좋고 큼지막하게 잘 생겨버렸는지, 그 옆을 지나는 개들이 뒤를 감추고 슬금슬금 피해 다니지 않으면 안 될 정도였으니까,

두 귀는 언제나 빳빳이 서 있을 뿐만 아니라, 검고 반질거리는 털로 덮여 있는 꼬리는 발 뒤꿈치 정도까지 길게 늘어져 있어, 어디에서든 이놈은 그 동년배들 사이에서도 뚜렷이 식별되곤 했다. 그러니까 어찌 보면 〈그가〉 개를 데리고 다니는 것이 아니라 이 개가 〈그를〉 데리고 다니는 것이라고 하는 게 옳을지도 모르고, 실상 그는 별로 말도 없고 도시(都市) 가운데 둥 떠 있는 그의 시선은 멍청하고 의미 없는 체로여서 사납고 동적(動的)인 개와 그 주인은 상극되고 서로 이질적인 것으로 보이긴 했으나, 진상은 또 그런 것은 아닌 모양이었다. 왜냐하면, 내용상

으로 그는 개의 의지(意志)를 앞지르고 있었고, 본디부터 개 못지않은 힘의 주인이었기 때문이다.

그러나 참으로 그가 이런 무능(無能)한 모습이 된 것은 아마도 전적으로 그의 결혼 후부터라고 해야 할 것인데, 모르긴 몰라도 그의 결혼은 사람들이 쉽게 씨부려대는 행복이라는 것보다 결코 한 보도 못 하지 않은 것이었다. 그의 아내는 상당한 미인이었고, 삭삭하고, 그래도 알아줄 수밖에 없는 대학과정까지 마친 여자였으며, 여러 가사(家事)에서도 솜씨를 나타내는 그야말로 어디나 그 앉은 자리가 훤히 닦여지는 백방 특효약쯤의 여자였던 거다. 더군다나 여차하면 기대 볼만한 뒷등, 부자 처갓집이 덤으로 붙은 각종 살코기를 그는 재수 좋게도 물었다고 해야 할 판이었다.

아, 그런데도 그는 날이 지나면서, 전과같이 씩씩한 패기도, 사방으로 번뜩이던 눈빛도, 주위를 집어삼키는 듯싶던 큰 웃음소리도, 거친 농담도, 걸은 욕설까지도, 그즈음 적어진 그의 머리숱과 함께 줄어들고 있는 게 분명했다. 이런 그를 두고 친구들은, [짜아식, 개 병 허네!] 라고 간단히 웃어넘겼는데, 사실 그뿐, 그에게서 별다른 변화는 찾아볼 수 없었을 뿐 아니라, 점차 그 스스로도 자신이 정말 개 병을 앓고 있는 걸 아니냐고 여기게끔 되어갔다.

그러던 어느 날, 그는 갑자기 부산에 있는 개 기르는 친구 녀석을 찾아 내려갔고, 구차스런 인사와 함께 개에 대한 전문적 설명을 보태 들으며, 그중 가장 잘생기고 막 젖 떨어진 놈을 뺏듯이 하며 데리고 다시 상경할 수가 있었다. 그는 돌아오는 차 속에서 시종 기분이 좋아 있었는데, 늙은이 잃어버린 세월을 되찾듯 묘한 평화에 젖어 들기까지 하는 기분이 돼 있었다. 아니, 그 기분은 거의 친구 놈의 익살맞은 말 때문인지도 몰랐다.

[아 이놈은 교접 시간이 자그마치 3~40분은 된다네. 하하. 어떤가 자넨? 허긴 신접살이니 하하하핫!]

[예끼 이 사람!]

[40분이라………]

그는 입가로 웃음을 히익 날리면서 개의 아랫배를 손으로 두어 번 눌러 보기도 하며, 투지에 차서 차 앞을 똑바로 내다보았었다. 아닌 것이 아니라, 이놈은 친구 녀석의 말대로 2개월쯤 지나자 이를 갈기 시작하더니, 목숨껏 건강하게 잘 커나갔다. 무엇보다 그의 마음에 든 것은, 놈의 몸집이 다른 개에 비해 월등히 큰 종자라는 것이고, 훈련소질과 복종력이 강하여 자기 의도에서 대체로 어긋남 없이 키워 볼 수 있다는 거였다.

[야, 이번엔 철봉이다. 앞다리를 굽혀서 이렇게. 하. 그렇지! 이젠 뒷발을 땅에서 떼고, 뛰엇! 됐다! 하핫. 네놈 이름은 신 중식이다. 엉? 너는 (나)란 말이 닷! 우하하핫]

그 날도 그는 여느 때처럼 개의 훈련에 열중해 있었다.

[호호. 참. 당신두! 갤 데리구 무슨 말씀이세요?]

모르는 새, 잔디를 넘어와 그에게 웃고 있는 아내의 소리에 그는 자기도 모르게 벌떡 일어나서 잘못을 저지른 머슴 놈처럼 입시해 서버렸다.

[당신 정말, 요샌 개에 미쳐 있나 봐요. 호호. 시익사(食事) 하셔야죠.]

[아, 벌써 그렇게 됐소?]

그는 딱딱한 근육을 움직여 웃고는 고개를 꾹 수그리고 아내를 뒤따라 걸어가 세면실에 이르러서야 문을 쾅, 하고 닫아 붙였다.

[빌어먹을!]

그리고는 될 수 있는 대로 세면대의 수도를 세게 틀었다.

그는 매양 자기 아내와 이런 식이 되고 말았는데, 그 까닭을 알 수 없는 것만큼은 진짜 울화통이 났다.

아내는 매일매일 소위 영양을 위해 빈틈없이 짠 식단에 의하여 식사를 제공한다. 그리고 아침이면 고운 손으로 귀밑털까지 면도를 해주며, 이틀 걸러 가위와 드라이어로 가볍게 머리 손질해주는 것까지 잊지 않는 알뜰한 여자다. 그러므로 그는 출근길에 남들처럼 이발소 신세를 지지 않아도 좋을 만큼, 세칭 편하고 행복한 남편임에 틀림이 없지만 아침마다 그의 아내가 사랑스럽게 옆에 서서, 단추 채우는 것을 도와주고 그 위에다가 그의 목에 넥타이를 매줄 때는, 그는 주먹으로 아내의 머리통을 까부수고 싶을 정도였다.

글쎄, 정신적 공허감인지, 실체적 공허감인지, 그건 잘 구분할 수는 없지만, 아내가 없는 시간은 어쩐지 휑하고 확실히 불편하고, 어렵다는 것을 알고 있지만, 그녀가 함께하는 시간은 영락없이 패국의 포로처럼 그녀에게 완전히 자신의 자유를 농락당하는 기분이 되고 마는 것이었다.

아, 그놈의 잠자리에만도 그랬다. 그가 어쩌다 붙잡은 모처럼의 좋은 컨디션으로 일어서서 아내를 한번 뒤엎어 보려고 작정했다 할지라도, 일단 그녀 얼굴만 맞닥뜨리면 그만 주눅이 들어버리고, 비굴해지는 기분을 어쩔 도리가 없었다. 그리해서 그는 깜깜한 속에서도 눈을 꽉 감고 그녀에게 아부의 키스를 퍼부으며 아내의 품속으로 기어들어 가지 않으면 안 되어버렸는데, 씨발 것, 참말 그에게 있어서 이것만은 참아낼 수 없는, 자신에 대한 가장 큰 불만 중의 하나였다.

그러나 몇 날을 두고 생각하여도, 그의 아내가 그를 사랑하지 않거나 그가 아내를 사랑하지 않는 것은 아니었고, 다만 확실하고도 막연하게 아는 것은 아무튼 무언가가 잘못되어가고 있다는 거였다.

사실상, 그는 진실한 노고로써 일한 매달의 봉급을 아내에게 꼬박꼬박 갖다 주며 아내를 착실히 부양하고 있는 셈이었지만, 그는 꼭 자기가 아내에게 기생하여 부양받는 것 같은 기분을 떨쳐버릴 수가 없었다. 그리고도 이것은 아주 당연하고도 자연스럽게 받아들여지는 하나의 엄연한 구조가 되는 판이었다. 이를테면 그는 삶의 죄수이고, 그 아내는 뭐 이런저런 도움을 제공한다는 명분으로 존재해있는 간수 자격쯤 되는지도 모를 일이다.

[여보! 여보—! 여어보오!]

안쪽에서 아내의 소리가 아름다운 꽃의 가시처럼 그의 머릿속에 와 꽂혔다. 그는 화닥닥 정신을 차리고 맘속에서 황급히 발을 빼고 세면실 도어를 열었다.

2

가로(街路)의 푸라타나스, 포플라를 넘나 도는 바람이 천천히 보채이고 있다. 석양 탓인지 도시 전체가 원경(遠景)의 그림처럼 멀고, 낮게 내려앉아 보이는데, 그 밑을 물살 같은 것이 쉬임 없이 움직이고 있다. 그는 개를 앞세우고 저녁거리에 나서서 문득 하늘을 바라보았다. 그리고 잘하면 오늘 밤쯤 비가 한 차례 살그머니 내려줄지도 모르겠다고 생각하며, 무의식적으로 손을 들어 얼굴을 훑는다. 해는 화선지 뒷면으로 빨려 들어가는 물감처럼 보이더니, 이내 아내의 그것처럼 빼끔이 남아 있다가 그냥 도시 뒤로 꼴깍 넘어가 버리고 말았다. 바람 소리, 이파리 따로따로 부딪치며 흔들리는 소리에 그는 귀를 기울였다. 고독한 군중들, 그들의 추운 영혼, 그리고 그들의 후들거리며 이(離) 떠는소리가 가득 그의 가슴을 메운다. 갑자기 그는 〈답답하다〉고 생각했다. 뭔지 원통하고, 비참하고 돌림병처럼 나누어 앓는 뇌염 같은 우울을 추스를 수가 없어서 웃어보고 소리치고, 끊임없이 움직이고, 찢고 바수고, 허둥지둥 말려 들어가 살지만, 실상은 아픈 의식(意識)을 질질 끌려가는 방황의 발뒤꿈치를 보게 되는 것뿐이다. 그는 거리를 가로질러 가서 두 개의 상점을 지나 약국 문을 드르륵 열었다.

[무얼 찾으십니까?]

이마가 번듯하고, 그 위로 머리카락 몇 올을 조심스럽게 붙여둔 사내가 가운 호주머니 속에서 손을 옴지락거리며 물었다.

[어디가 아프십니까?]

그는 사내의 뺑끗한 눈알과 호주머니를 번갈아 쳐다보다가 그제야 생각이 난 듯 큰 소리로 말했다.

[배가 아픕니다.]

[아, 그러세요. 신열(身熱)은 있습니까?]

그 친절한 사내는 대답을 기다리지도 않고 손을 무슨 기계처럼 호주머니에서 재깍 꺼내서 기다란 손가락만을 움직여 정제 두 알과 드링크제 한 병을 쭉 밀고는 도로 손을 호주머니 속에 푹 찔러 넣는다.

[이거면 될 겁니다.]

[고맙소]

그는 그 사내를 흉내 내듯 손가락만으로 지폐 한 장을 꺼내 놓고는 약을 주워들고 밖으로 나왔다. 개는 약국의 좀 해괴한(적어도 개에게는) 냄새에 몸을 아래위로 출썩이다가 그가 나가자 위로 껑충 뛰어올랐다.

[옜다. 너나 먹어라.]

그는 병마개를 비틀어 개 앞에 약을 주르르 흘려놓는다. 한데 놈은 코를 벌름이며 몇 번 혀를 깔딱 이다가 머리털을 파드르르 흔들고 만다.

혓바닥은 여전히 단 채로다. 그는 낄룩낄룩 웃으며 개를 데리고 다시 걸어갔다. 차바퀴들이 땅거미를 끌고 이 끝과 저 끝을 무수히 달리고, 그것이 멈췄다 굴렀다 하는 사이에, 제복의 학생들, 넥타이의 월급쟁이, 하루 품삯의 일꾼, 공장 직공들이 뜸벙뜸벙 잉크처럼 떨어져 나와 균형적으로 퍼지곤 했다.

한 블록을 지났고, 로타리를 돌아 대학 입구에 이르렀을 때쯤, 번쩍하고 번개가 쳤다. 그는 하늘을 올려다보았다. 마른하늘이다.

[젠장, 비나 퍼부어라. 삼류영화관의 수세식 변소에 얌전히 남아 있는 똥짜갱이처럼 속샤쓰에 끈끈이 남아 있는 더위를 잡아가거라.]

허긴, 다음, 다음의 계절을 기다리다가 이렇게 건 듯 넘겨버린 나이를 생각하면 원통하기 짝이 없다. 그러나 원통 해하는 것조차 마음대로 못하는 게 아무래도 더욱 원통한 일이다. 개는 앞지르고 뒤처지며, 이리 뛰고 저리 뛰고, 냄새를 맡고, 씩씩거렸고, 움직일 때마다 그 목에 맨 쇠줄이 늘어졌다. 죄어졌다 하며 절그렁 소리를 냈다.

[여보, 무서워요.]

어느 날, 아내가 근심스럽게 말했다.

[무엇이 무섭소?]

[저— 개.]

아내는 턱 끝으로 밖을 가리켰다.

[혀를 내 물고 씩씩거리는 걸 볼 때마다 무서워져요.]

[개가 자라느라고 그렇소. 튼튼한 놈이지.]

[하지만 여보. 목줄을 해요. 여보. 자꾸 무서워.]

목줄. 그렇지. 여자들이란 도대체 자기 몸에다가도 감고, 걸치고 뭘 동이거나, 매고, 또 꼭 끼기를 천성적으로 좋아한단 말이야. 여자.

그는 침을 꿀떡 삼켰다.

[머, 당신 소원이라면 그렇게 하오.]

[어마, 언제나 당신은 좋으시어.]

금새, 아내의 얼굴이 환해지며 아내는 그에게 매달려 입술을 갖다 댔다. 그리고는 언제 준비해두었는지 농속에서 굵은 걸로 목줄을 하나 꺼내왔다.

그는 현관 쪽으로 나와서 개의 훌륭한 코와 뒷등을 쓰다듬어주었다.

[자. 내가 이렇게 잡아줄 테니 당신이 매구료. 할 수 있겠오?]

아내는 조심스럽게 개에게로 다가서더니 얼른 쇠줄을 목에 걸었다.

절-꺽

젠장, 상관없어. 그러나 문득 목 안 이 까끌까끌해짐을 느꼈다.

[여보. 곧 또 자랄 건데,]

그는 웅얼웅얼했고, 그 말에 대해 아내는 그냥 힐끗이 웃어 보이며, 다시 그에게로 다가서서 팔은 감으며 매어 달렸다. 미안하다는 뜻이었는지, 이젠 안심이다는 뜻이었는지, 그는 아내가 하는 대로 내버려 둔 채 벙벙히 서 있기만 했다.

잡고 있는 개의 목줄이 팽팽히 당겨졌다. 그러나 놈이 더욱 씩씩거리고, 헐떡거리는 걸 보다가 그는 별안간 확 줄을 놓아버린다. 개는 쏜살같이 앞으로 달려나갔다. 저만큼에서 달려오던 개 역시 보기 드물게 만만치는 않다. 으르릉으릉, 놈들은 다가들자마자 무섭게 싸우기 시작했다. 몇 달 전만 해도 어림없더니, 이놈이 요즘 체구 값을 하는지, 그르릉그릉 하루에도 몇 차례 싸움판을 벌이고 싶어 하게 됐다. 어둠 속에서도 움직이는 놈의 등이 까맣게 윤이 나고 있음을 보며 그는 엉거주춤 땅에 쭈그려 앉았다. 하여튼 이제, 여러 마리와 함께 싸움이 붙어도 이놈은 언제나 승리하게 됐고, 조그맣고 힘없는 풋개 정도는 아예 홍이 없어 하는 게 또한 가관이었으나, 이놈은 무슨 욕구 불만이 있을 땐, 만나는 소형 개마다 물어 죽여 버리는 고약한 버릇도 있긴 했다. 그러므로 그는 이 개를 기르는 데 있어, 상당한 주의가 필요하였지만, 그는 자기 개에 대해 남모르는 비밀스런 긍지를 지니고 있었고, 코에서부터 등을 지나 꼬리 부분에까지의 짙은 검은 빛깔의 털과 모래색 배, 비스듬히 붙은 눈, 그리고 앞다리보다 15°쯤 경사져, 언제나 동적(動的)으로 뵈는 뒷다리까지가 그의 싸움을 더욱 빛나게 해주는 것으로 보였다.

주위는 바람이 꽤 썰렁거렸고, 간간이 도서관을 빠져나온 학생이 책가방을 옆에 끼고 바삐 걸어가는 게 보이고, 턱을 괴고 쭈르겨 앉은 그 앞으로, 무슨 대화인지 주고받으며 까르르 웃고 지나가는 남녀도 보였다. 하긴, 만나서, 얘기하고, 웃고, 쳐다보고 혹은 싸우고, 그런 중에도 생각하고, 귀를 기울이고, 비위를 맞추고, 그런 것들의 충족이 허전하다는 것, 결국은 혼자라는 것을 알면서도 끊임없는 관계 속에서 사는 거다.

그는 눈을 감았다. 여기저기서 탁구공 소리가 들려왔다. 탁. 내 가히 보나 젊었을 때는 탁구를 좋아했었다네. 아나? 탁구대 가장자리로 살짝 때려주는 공, 네트 바로 앞으로 떨어지는 공, 급속의 공, 정면으로 주는 공, 공중서 뱅그르르 돌아버리는 공, 세게 친 공, 그냥 가볍게 밀어준 공, 비껴친 공들.

그렇지. 우리들은 솜씨가 좋았었지. 먹을 때는 피차가 기분이 나빴지만 언제나 게임은 즐거웠지. 탁구는 우리들의 대화였으니까. 그래서 대부분 단식보다 복식이 재미있었다네. 그리고 상대방의 공을 이해하지 못하며, 아무리 평범한 공이라도 맞받아치기는 어려웠다. 젠장, 우리는 게임 도중에 망헐 놈 하며 욕치기도 퍽 잘했지. 한 판을 해도 우리는 멋지게 하고 싶어 했으니까. 그래도 우린, 게임이 끝나면 땀을 씻으며 거수경례를 했다. 그 녀석들 지금은 그 멋진 게임 다시 할 수 없게 됐지만…

그는 머릿속에 손을 후벼 넣어 머리를 비튼다.

대화(對話)가 단절된 시대 속의 우리에겐 우리들의 탁구는 실로 하나의 커다란 위안이었었다….

그는 아득해져 가는 탁구공 소리를 들으며 자리에서 부스스 일어났다. 발이 저렸기 때문이다. 그리고 몹시 허기지는 것을 느끼며, 천천히 걷기 시작하였다. 기다리고 있을 아내 생각이 났다. 따뜻한 식사가 마련되어 있는 곳.

그런데…. 아내와의 멋진 탁구는 이제 가망이 없다. 언제나 내가 이렇게 배가 고파 있으니까. 실력이 영 달리게 됐거든. 이젠 정말 글러 버렸다. 우리 치들은 젊고 열심히 일하는 대신, 언제부턴가 배불리 먹기 위하여 일하게 됐단 말이다. 아니 그래야만 하는 세상이 됐다.

아, 그러나 그의 개는 이겼고 또 하나의 승리의 깃발을 꽂아놓고 씩씩거리며 주인에게로 달려왔다. 그는 적당한 간격을 두어 땅에서 줄을 집어 들었다. 그때 번뜩, 그의 머리 위에서 다시 마른번개가 쳤는데, 그 때문에 그의 얼굴이 아마 거의 해뜩 웃는 것으로 보였다.

그는 식탁에 앉아 이것저것, 맛을 감지하며 배를 그득 채웠다. 그만하면 든든하였다. 마지막으로 물을 한 모금 마신 후 배를 쓸며 어깨를 펴고는, 마주 앉아 있는 아내의 얼굴을 넘겨다본다. 잘 닦여진 도로처럼 그녀는 여전히 아름다워 보였고, 분명 아직 매력적이었다. 머리에서부터 이마, 이마에서부터 귀 뒤…. 그는 눈을 계속 움직이며 오랜만에 만난 사람처럼, 아내를 들여다보기 시작했다. 이마는 선이 고와야 하고,

눈은 커야 한다지 그건 되었다. 그런데 저 코는 좀 괴상하고 유독 콧날이 서고 콧등이 희거든, 그렇지. 필시 저건 성형한 게 틀림없어. 제기랄, 성형수술 같은 것만 이 땅에 들어오지 않았어도 우리 남편 족이 이렇게 죽어지내지는 아니할 터인데, 그러나 저 여자도 자기 코 위의 살이 자기 께 아니라 갖다 붙였다는 걸 의식하는 모양으로, 그런 콤플렉스 증상이 늘 그렇듯이 눈빛이 파래서 나를 불이 나도록 사랑한다. 사랑한다고 그래 아무래도 좋다. 나는 지금 배가 부르다.

그는 이를 쑤시다가 정신을 파닥 차린다. 아내가 언제부터인지 굉장히 비대해져 있는 것이다. 아, 그러고 보니 아내는 결혼 때에 비해 이만저만 살이 찐 게 아니다. 그때만 해도 목 밑 뼈 부위에 족히 물 반 컵을 부을 수 있을 정도였는데, 그래, 누가 그랬더라, 굶주린 여자를 껴안을 일이다고, 암튼, 그녀를 첨 껴안을 때는 그처럼 저리도록 뭉클했었지… 하 그런데, 이제 저곳에 찻숟가락 정도도 어림없을 것 같구나. 하하 아무리 모든 것이 비대해지고, 팽배해지는 과정에 있다 하더라도 그리하여 숨쉬기가 점점 어려워진다 하더라도, 아내만은 쩨이지 않는 자신의 풍덩 한 옷이면 했고 아내만은 경작(耕作)하고 싶은 들판이기를 원해왔다. 그러해서 지금까지 모든 것에 무릎 꿇어온 내가 아니었던가. 그는 일어서서 거울 앞으로 다가서서 펄떡펄떡한 자신의 목줄을 더듬어 본다. 울컥 뜨거운 것이 감지되어, 그는 반사적으로 거울 앞에서 비켜섰다. 이건 아니었다. 정말 이건 아니었다. 그는 비켜선 거울 옆에서 컬럭, 컬럭, 컬럭, 자꾸 기침을 했다.

3

밖은 완전히 어두웠고, 개는 어둠을 지키며 앉아 있었다. 그리고 이따금 달 너머로 들리는 동료의 컹컹, 개 짖는 소리와 안쪽에서의 발소리를 듣고 앉았다가 현관 모서리에 대고 발바닥을 북북 긁었다.

[저, 개 말이에요.]

[음.]

[당신이 밖에 데리고 나가지 않음 순 할 거야요. 싸우지 못할 테니까요?]

[허허…. 당신은 개가 순한 것이 좋소? 거 왜, 스페니얼 같은 놈 말요?.]

그 말에 우리 안주인은 낮게 웃는듯했다.

[하지만 여보. 만약 주인이 고기 한 덩이를 준다면, 누가 먼저 그걸 차지하는지 아세요?]

[그야, 단연 힘센 놈이지.]

[아니에요. 아마 주인은 십중팔구 저렇게 힘센 놈은 쫓아버리고, 귀엽게 꼬리치는 스페니얼에게 줄걸요.]

[하하하, 건 그럴지도 모르지. 허허허.]

그러나 주인의 웃음은 끝판이 시들했다. 말이 나왔으니 얘기지 우리 안주인께서는 개 중에서도 가장 못난 아첨꾼 스페니얼을 좋아하는 편이었다. 요전번만 해도,

[글쎄, 개가 워낙 커서요. 어디 한번 쓰다듬어줄 생각이 나나요. 저, 우리 집이 총각 시절엔 꼭 저 모양이었었다우.]

하며, 찾아온 어떤 여자와 함께 입을 가리고 웃었다.

[온, 천안댁두, 차긴 그분은, 요즘 개 때문인지는 몰라도, 자꾸 다시 거칠고 젊은 총각 되는 것 같데요. 호호. 그러단 틀림없이 바람 필 테니, 천안댁도 아예 조심하시구려.]

이러며 그 여자는 눈을 오꼽히 떴다가 풀고, 또 한 번 입을 가리고 키 311

득키득 웃었다.

그런데, 오늘은 그 무슨 뻐다귄가 의사 나부랭인가가 왔다 간 뒤로, 내가 이상스레 갈증이 난다. 그 사는 막 발버둥 치는 나를 교묘하게 붙잡고는 입을 벌리고, 눈을 까보는 지랄 같은 시늉을 하고는 맥없이 엉덩이에 철썩, 주사를 한 대 놓고 갔다. 거기에다 우리 이쁜 안주인께서는 그 의사 옆에 서서 자꾸 입을 가리고 웃었다. 나는 사람들이란 뭔지 기분 나쁘다고 생각했다. 웃으려면 그냥 웃지, 왜 입을 가리고 웃으며, 그러잖아도 뜨이지 않은 세상에 왜 귓속말을 하는가 그거다.

[선생님, 이젠 될까요? 글쎄, 그분은 온통 개뿐인 듯 여기지 뭐예요.]

[허허, 그도 생명이니까요. 이젠 부인도 귀엽고 건강한 옥동자 하나 떡, 낳으셔야죠. 허허허 예 그럼, 안녕히 계십시오.]

그리고는 의사는 길쭉한 가방을 챙겨 들고 문을 나갔던 거다. 내가 살아서 이것저것 생각해봐도, 사람들이란 도시 모를 일, 모를 말만 하고 사는 것 같다. 건 그렇고, 나는 어디서 물이나 한 통 마셔야겠다. 게다가 오늘은 몹시도 졸리 운다. 잠자고 나면 아마 기분이 천천히 풀릴 게다. 그러면 신나게 쌈이나 한판 멋지게 벌어야지.

개는 늘어지게 하품을 하고 다시 한번 모서리에 북북 발바닥을 긁고는 어슬렁어슬렁 꼬리를 늘어뜨리고 뒤로 돌아갔다.

4

도대체, 그의 상심은 이만저만이 아니었다. 분명 종자가 좋은 놈이라 했는데, 이놈의 개가 웬일인지 시나브로 기운을 잃어가고 있기 때문이었다. 전에만 해도, 개집 같은 것엔 밀어 넣어도 자꾸만 기어 나오곤 하던 놈이, 양지밖에 끌어 내놔도 이젠 비실비실 개집 안으로만 파고드는 것을 보면, 그로선 환장할 노릇이 아닐 수 없다. 그뿐 아니라 놈은 괜스레 주인을 피하기 시작하였고, 가끔 이상적으로 친밀한 거동을 보이기도 했지만, 섬뜩 불안해하는 표정이 역력했다. 그러나 어디가 아픈 것으로 보이지는 않았고, 다만 그 큰놈이 활기가 없다는 것, 아내가 바라던 대로 순한 개가 되어버렸다는 것이 그를 거의 환장하게 하였다. 그러다가 이놈은 어느 날 슬그머니 집을 나가선 그 날 저녁에도, 그 이튿날도 돌아올 생각을 하지 않았다. 그리고는 며칠 전에는 어떤 큰 개가 저 이웃 동네의 한 계집아이를 물어, 그 계집애가 심한 광견병에 걸렸다는 소문이 들려왔다.

그는 거의 말 한마디 하는 없이, 겨우 물 몇 모금으로 입을 축여 살며, 뜰에 의자를 내놓고 멍청하니 정신없이 무작정 개를 기다리기만 하다가, 한 주 두 주, 뜰은 낙엽이 다 져버려 쓸쓸하여졌고, 그것들이 구르는 땅을 휑하니 바람만이 쓸고 돌아다녔다. 담장 곁의 넝쿨나무가 감아 올라간 정원 송(松) 밑 부분의 표피가 천천히 떨어져 나가고 있는 것을 아무 뜻 없이 쳐다보며, 그는 해마다 이 소나무가 고목(枯木)이 되어가는 것을 알았고, 언제부터 뽑아 버리려고 했었던 걸 어렴풋이 기억해냈다. 그런 아득한 생각 중에 갑자기, 그는 대통이 튀듯이 쑥 목을 뽑았다. 그의 바로 앞에 그리고 기다린 개가 소리 없이 와, 서 있었기 때문이다.

[아니! 너!]

그는 비틀비틀 일어섰다.

그러나 놈은 한걸음에 뒷걸음질을 쳤다. 주인이 놈에게 더 가까워지자 놈은 잽싸게 휙 달아나기 시작했다.

[야, 임마! 얍—!]

놈은 주인의 부름에도 불구하고 막 달아나다가 돌변하며 몸을 홱 뒤틀고, 뒤쫓아오는 주인을 향하여 그대로 달려들었다. 순간…, 그는 그놈의 눈이 뻘겋게 충혈되어 있음을 보았고, 그와 동시에 피해야 한다는 걸 깨달았지만 크윽—, 그는 이미 비명을 지르고 있었다. 허벅다리를 깊숙이 물리고 만 것이었다.

으으윽,

그는 신음과 함께 절름거리면서 놈을 뒤쫓아 가는데 정신이 없었다. 온전히 그놈은 그의 힘이었었다. 그의 힘이었기 때문이다.

5

의사는 〈네그리소체 검사〉를 해야 한다고 우겼지만, 그는 미친 병도, 감기도, 쥐뿔도 아니라고 주장하였다. 그 후, 웬만한 가늠도, 진전도 없이 그는 절름절름 살아갔다. 그는 가끔 속으로 해득이 웃는 버릇이 생겼고, 마구 쏘다니고 하는 데서 삶의 재미를 느끼고 있었다.

오늘도, 시계 판을 들여다보지만, 도시 몇 날을 집에 돌아가지 않았는지 그는 알 수가 없다. 그는 〈전 당 포〉라고 석 자 뚜렷이 쓰인 나무간판 앞으로 걸어가 무의식적으로 문을 밀었다.

전당(典當)!

그렇지 본디, 인간은 그의 〈몸〉을 전당 잡힌 채 무수한 죄를 범하는 자유를 얻었었다. 젠장, 그런데 무엇을 전당 못 잡히겠는가.

[무어요.]

뜻밖에 의기양양하고, 푸르게도 젊은이가 뻣뻣이 서서 그에게 눈으로 물었다.

그는 좀 기가 죽는 걸 어깨 위로 느끼면서 팔뚝에서 시계를 풀러 닳아 시커먼 나무 창구 위에 올려놓았다. 남은 건 이제 그뿐이었다. 그러자 그 푸르게도 젊은 사람은 눈 하나 깜짝하지 않고 말했다.

[얼마나 쓰시겠오?]

[아―, 이왕이면 그 값어치만큼 다 쓰지요.]

[아무튼, 예― 후히 해서 5,000원 드립지요.]

[좋습니다.]

어디서 본 얼굴이라고 그는 생각했다. 그렇다! 전에 고기를 사러 한번 고깃간에 간 적이 있다. 돼지고기 한 근만 주슈. 시퍼렇게 젊은 청년이 저냥도 않고, 쑥 한번 짤라 저울 위에 올려 놓아본다. 꼭 575g이다. 옜소. 그런데 그 고기는 한 번의 칼 짓에 600g에서 25g이 모자라는 딱 575g에 교묘하게도 비계만 3/2 이상이 떼어졌었다. 백정 놈!

그는 이제 거의 소용없기가 십중팔구인 영수증을 아무렇게나 안 포켓에 구겨 넣은 채 손안에 돈을 움켜쥐고 〈전당포〉를 나왔다. 그건 적어도 시간을 판 돈이었다.

[신문이요. 신문. 석간이에요!]

그 앞으로 벙거지를 쓴 아이놈이 사람들 사이를 오르락내리락하며 열심히 외치고 다녔다. 그는 우선 그 돈으로 신문 한 장을 사들었다. 기사를 뒤적이며 훑어보는 그의 눈과 손에 가볍게 경련이 지나갔다. 그는 화가 난 듯 화르륵 신문을 접어 포켓에 찔러 넣었다. 젠장, 정의를 전당 잡히고 배부르고 편안하게 살겠다는데 그게 무슨 잘못이냐. 아서라. 젊은 혈기여. 우리를 비웃지 마라. 그러나 일단 잠자리채로 잠자리를 잡듯 자유를 잡는 시기는 이미 지났지. 굶고, 던지고, 외치고, 밝히지 않으면 안 되게 되었으니 말야. 그렇지만, 너희들은 너무도 잘 알고 있다. 술잔을 기울여 애써 취하고 소리치며, 흔들고 웃다가 허허어 울고 마는 가엾은 자신들을…

그래, 의사는 또 내게 뭐, 〈네그리소체〉 검사인가를 하자고 할 것인데, 나는 이봐, 아무렇지도 않다. 정말은 의사족, 너희야. 나는 이렇게 똑바르게 버젓이 살고 있잖으냐 말이다. 하하. 하하하. 그는 걸음을 자구 빨리하다가 이내 뛰기 시작했다. 탁탁탁탁…….

누가 뒤에서 쫓아온다. 그러나 자꾸만 다리 한 짝이 느리게 절뚝거려지는 것을 의식하면서 그는 더욱 마음이 조급해짐을 느꼈다. 얼만큼을 뛰었는지, 그는 몹시 헐떡거렸고 휙 뒤를 한번 돌아보고는 기진맥진 고꾸라지듯 그대로 털썩 주저앉아버렸다. 겨울이 되어 다 말라버린 풀들이긴 했지만 그런대로, 몸이 폭삭하였다.

숲속 같기도 하고, 초원 같기도 하고, 집 뜰 같기도 하고, 그는 숨을 돌리며 주위를 살폈다. 저만큼 즘에 〈X X 리〉라고 쓰인 팻말이 그의 어지러운 눈에 들어왔다. 그렇다. 암만 못 왔어도 좋이 한 20리는 뛰어온 모양이다. 멀리 철쭉이 보이고, 그가 앉은 자리 앞켠에는 네모진 못이 하나 있었고 앉은 곳은 눈두렁인지, 밭두렁인지로 연결되는 요지(要地), 풀밭 들판인 것 같았다. 그는 콧구멍에 손가락을 넣어 시커먼 코딱지를 파서 마른 풀에 씩씩 닦아냈다. 그리고 되도록 몸을 따뜻하게 하려고 위해 햇살 가까이 옮겨 앉았다. 물속에는 드문드문 짤따막한 수초가 나 있고, 가장자리로 무슨 유리 조각 같은 게 하나 빠져있는 게 보였다.

[그런데…]

그는 물 쪽 가까이 바싹 당겨 앉았다.

[그런데 말이지……]

그는 손바닥을 펴 손금을 보듯이 고개를 숙여 가만히 물속에 자기 얼굴을 비추었다.

[아악—!]

그는 소스라치게 놀랐다.

물속에는, 그렇게도 찾던 자기 자신이 개와 함께, 그것도 그 개의 배에 배꼽만큼 매달려 붙어있었는데, 총알이 뚫어 놓은 굴(窟)처럼, 개의 배는 뻥, 힘없이 뚫려 있었다.

입선

제464·5호 1974년 7월 19일 금요일
제19회 대학신문 학예상 : 소설

어둠의 끝

· 정인섭 (국어국문학과 2학년) ·

〈종식은 담배를 못 피운다. 못 피운다기보다는 안 피운다. 그가 만약 담배를 피우게 된다면, 그의 말처럼 그의 우주 안에서 태양은 자취를 감추게 될 것이다. 그런데, 그러한 그가 담배를 피우기 시작한 것이다.〉

끈적끈적 비가 내리기 시작하더니 금방 홈통이 울기 시작했다. 오후의 빈방을 가득 채운 울림소리는 한쪽 벽에 뚫린 문의 열린 틈을 비집고 복도로 새어 나갔다. 잠시 후 복도 끝까지 꽉 찬 소리는 방과 복도가 한 몸으로 커다랗게 현악기가 되어 윙윙거리기 시작했다. 그리고 어느새 소리는 그의 몸속에도 들어차 있었다. 온몸의 구멍이라는 구멍은 모두 열려 빗소리가 드나들었다.

문에 노크 소리가 났다. 문을 열고 들어선 사람은 한쪽 다리가 짧은 필호였다. 필호가 종식에게 다가오는 동안 절뚝거리는 필호의 다리와 열린 틈으로 들어오는 빗소리는 이중주곡을 연주하는 두 주자같이 교묘하게 어울려 흔들, 절뚝거릴 때마다 두 다리 사이로 노끈 두는 소리 같은 빗소리를 흠뻑 뒤집어쓰고 혼자 앉아 있고 싶었던 종식에게 필호의 방문은 기분 나쁜 것이었지만 다리와 빗소리의 율동의 재미가 얼마간은 기분을 식혀주는 것 같았다.

오랫동안 그들은 아무 말도 하지 않은 채 마주 앉아 있었다. 참을 수 없는 권태가 축축이 녹아내렸다. 그렇게 얼마를 물기가 밴 시간이 지나갔을 때 필호가 쉰 목소리로 중얼거렸다.

「이거, 어때?」

필호의 마디가 툭툭 불거진 손가락 사이에는 하얀 담배가 한 개피 들려있었다. 그리고는 부스럭거리면서 또 한 개피를 호주머니에서 꺼내 들었다.

필호가 종식에게 담배를 권하는 것은 전혀 얘기치 못할 일일뿐 아니라 조롱으로 보였다. 필호는 중식의 책상머리에 담배를 한 개피 휙 던져주고는 자기 담배에 불을 붙였다. 파란 연기가 되어 올랐다가 무겁게 젖어 방바닥으로 내려앉았다. 방안은 몹시 축축했다. 창틀이 젖고 있었다. 창틀에 떨어져 죽은 채 며칠이 지난 불나방의 날개가 젖고 있었다. 종식은 아주 쾌청한 기분으로 턱을 고이고 앉아 있었다. 그러다가 그는 이상한 담배 연기 냄새에 놀라 고개를 들었다.

「양담배?」

필호는 고개를 저었다. 그리고 눈꼬리를 실룩 움직이더니 야릇한 미소를 띠며 중얼거렸다.

「어때…?」

필호는 책상 위로 길게 누워있는 담배를 가리키며 피워보라는 표시를 했다.

이렇게 해서 중식은 어이없이 수월하게 담배를 태워버리고 만 것이다. 그것도 환각의 담배를.

그 뒤로 필호는 담배가루를 말았고 중식은 담배 말 종이를 말기로 했다. 종식은 수전증 때문에 식사 때면 숟가락과 젓가락이 떨리고 글씨도 엉망으로 썼었는데, 담배를 말 때면 흰 종이에 입술을 대고 혀로 침을 눌러 바르면서 손가락들이 달달 떨리는 것이 여간 재미있는 게 아니었다. 그러면서 킥킥 웃었다. 그럴 때마다 그는 자기도 모르게 필호의 눈꼬리를 실룩이는 웃음을 닮아갔다.

중식이 환각의 담배를 피우기 시작한 그 날, 하늘은 태양의 자취를 가리고 있었다.

며칠이 지난 오후였다. 비가 온 그 날 이후 며칠은 하늘이 찢어질 듯이 팽팽하게 파랗게 밤낮을 보내더니 그 날은 정오가 지나고부터 하늘이 흐리기 시작했다. 땅바닥에는 구름이 흘리는 그림자가 어지러웠고 태양이 한쪽으로 마구 밀쳐졌다.

그들의 공동숙소인 그 건물은 맑은 날에는 습기가 빠져서 매우 포근했지만 흐리면 온몸을 끈적이는 습기가 차서 불쾌감이 건물 구석구석에 끼었다. 그러면 그들은 으레 그런 날에는 이불을 둘러쓰고 누워있거나 거리의 어느 온화한 곳에라도 찾아가서 시간을 보냈다.

필호는 종식을 불러냈다. 그들은 곧장 영화 구경을 가기로 했다.

그들이 극장 안엘 들어섰을 때 영화는 잔잔히 돌아가고 있었는데 종식은 갑자기 심장의 고통이 이전과는 달리 정상을 되찾는 듯한 착각을 느꼈다. 어둠이 불안했던 호흡을 서서히 가라앉혀 주는 듯했다. 영화는 제목과는 달리 끝까지 어두운 북구의 12월을 배경으로 실내에서만 진행되었다. 평범한 사람들의 아파트의 복도와 방과 그리고 창문을 통해서 보이는 어두운 하늘이 전부였다.

극장을 나오니 거리는 비참해 보였다. 거리는 영화 속의 북구보다도 더 진창이 되어있었다. 그들은 밤이 늦도록 여기저기를 헤매고 다녔다. 나중에는 서로가 지치고 피곤해져서 필호는 돌아가자고 중식을 설득하다가 혼자 더 걷고 싶다는 중식과 헤어져서 먼저 숙소로 돌아갔다.

그 길로 종식은 눈에 띄는 서점에 들어갔다. 거의 열한 시가 다된 서점 안은 아직도 휘황한 형광등이 여러 개 켜져 있었다. 종일을 서서 지낸 점원들은 모두 지쳐 있었다. 점원 하나가 켠 라디오에서 삼류가수의 유행가가 흘러나오자 나머지 늘어졌던 점원들이 하나씩 생기를 되찾기 시작하더니 따라 부르는 그들의 노래가 점점 합창이 되어갔다.

책 구경 보다는 점원들의 노래 쪽에 신경이 더 쓰였다. 그는 잠깐 넋을 잃고 점원들을 바라보았다. 갑자기 점원들의 합창이 그에게 절실한 여운을 갖고 다가왔다. 천장까지 닿은 책들이 네 벽에 들어찬 서점 안은 값싼 유행가로 꽉 차기 시작했다. 그는, 점원들의 노래를 따라 부르고 싶은 충동을 느낀 순간, 전신을 부싯돌로 부빈듯한 희열에 몸을 흔들었다. 그는 점원들의 노래 속에서 책을 훔치기로 했다. 아무런 가책도 어떠한 자기에 대한 혐오도 그를 멈추게 하지는 않았다. 그는 들고 있던 「파일 · 케이스」에 두껍지 않은 책 한 권을 슬쩍 끼워 넣었다. 그 재빠르고 유연한 동작은 자기도 모르는 사이에 한 뭉치의 쾌감을 끌어들였다. 무당이 북소리에 맞춰 춤을 추듯이 종식은 점원들의 값싼 노래 속에서 또다시 얇고 묵직한 고급의 책 한 권을 훔쳐냈다. 그것은 환각의 담배를 피우는 맛이었다. 점원들의 노래는 끝마무리를 하느라고 길게 늘여 빼지고 있었다. 종식은 미소를 머금고 주위를 둘러보았다. 그런데, 행여 자기를 주시한 사람이 없었을까 하는 조그마한 염려가 마침내 그를 당황케 하고 말았다. 종식을 주시하고 있었던 눈은 종식의 반대편 허리 높이의 진열장 너머에서 반짝였다. 그 눈은 점원은 아니었다. 그 눈은 종식의 행동을 처음부터 엿보고 있었던 것 같았다. 종식은 당황한 표정으로 어찌할 줄을 모르다가 그 눈이 대학생으로 보여서 고발하는 짓은 하지 않을 것 같이 생각하고 그 서점을 빠져나와 버렸다.

밤길을 돌아오며 그는 그 목격자의 유난히 긴 얼굴의 그 긴 이마, 긴 코, 긴 턱이 어디서 한 번 본 적이 있는 얼굴이라고 생각했다. 그 목격자의 모습은 유별나게 완벽하면서 고집스러워 보였다.

다음 날 저녁, 종식은 외출에서 돌아오다가 이 층 북쪽의 버려진 창고 안에서 가늘게 흘러나오는 사람의 목소리를 들었다. 그 창고는 이 층 북쪽의 왼쪽으로 꺾여 방들이 있는 복도 쪽으로 구부러지는 구석에 좁게 박혀있는 곳으로, 겨울에는 연탄을 쌓아놓거나, 여름에는 녹슬어 못쓰게 된 난로를 팽개쳐두는, 일 년 내내 퀴퀴한 냄새가 바뀌지 않는 곳이었다. 마치 금속계 괴물의 녹슨 모습을 연상케 하는 그 창고의 낮은 문은 위쪽으로 손바닥 두 개를 펼친 정도 크기의 유리가 한 장 끼워져 있었지만 때가 끼어서 안을 들여다볼 수는 없었다. 그는 발동하는 호기심을 가만히 누르고 발소리를 죽여 창고 문 가까이 다가갔다. 때가 낀 유리 때문에 안은 보이지 않았다. 종식은 손가락에 침을 발라서 유리를 문질렀다. 엷게 때가 벗겨져 나갔다. 뿌연 유리 너머에 보인 것은 두 사람의 앉은 모습이었다. 난로가 쌓이고 남은 창고 안 어두운 시멘트 바닥에 신문지를 깔고 쪼그리고 앉아있는 그들 가운데 하나는 필호였고 또 한 사람은 문 쪽으로 등을 돌리고 있어서 얼굴을 볼 수 없었다. 그들은 무엇인가 열심히 이야기하고 있었다. 그때, 복도 끝쪽에서 불어온 바람이 종식의 옷자락을 날려 문에 부딪히게 했다. 단추가 소리를 내고 말았다. 필호가 문 쪽으로 고개를 들었다. 종식은 남의 얘기를 엿본 자기의 모습을 들킨 것이 수치스러워 몹시 당황했으나 창고 안으로 끌어들였다. 그

때까지 멍청해 있던 종식을 퀴퀴한 창고 냄새가 각성시켰다. 그가 들어서자 창고 안은 좀 더 좁아졌다.

필호는 문 쪽으로 등을 돌리고 앉아 있던 친구에게 그를 소개하려고 내려다보다가 주춤했다. 종식과 그 친구가 갑자기 표정이 굳어버려서 마주 보고 있었다. 종식은 창고바닥에 앉았던 친구가 전날 밤 서점에서 책을 훔치는 자기를 보고 있던 그 목격자임을 알아보고 창고 문 앞에서처럼 또다시 넋을 잃고 말았다. 그의 눈이 가 멈춘 곳은 완벽하고 긴 이마의 얼굴이었다.

그때, 그 앉았던 친구는 밝게 웃으면서 모든 사람의 머리 위에서 홀로 세상을 조감하는 듯한 어조로 이렇게 말하는 것이었다. 우린「도둑세대요. 뭐! 훔칠 수도 있고 엿볼 수도 있지 않겠소! 앉읍시다.」

그는 늙어버릴 청년 같은 인상을 주었다. 세 사람은 창고 바닥에 앉았다. 그는 자기소개하고 그 숙소에 들어온 지 닷새 되었다고 덧붙였다. 그리고 종식에게 자기의 신문지를 반으로 쪼개서 나눠줬다. 그들은 무릎을 세우고 손은 깍지 낀 채 삼발이 모양 둘러앉아 있었다. 윤수라는 그 친구도 종식과 필호도 아무 말이 없었다. 시간이 흐를수록 종식은 자기들의 현재 위치가 극히 위험한 상태라고 느껴지기 시작했다. 세 사람은 어둡고 냄새나는 북쪽 창고 안에 쪼그리고 앉아서 밤이 깊도록 입을 다물고 있었다. 숨소리만 들렸다. 내리기 시작한 이슬비 때문인지 복도와 방들은 조용히 잦아드는 듯했다. 숙소 안은 매우 조용했다.

필호가 부시럭거리더니 담배를 꺼냈다. 불을 붙였다. 그 긴 얼굴의 윤수도 담배에 불을 붙였다. 조금씩 시간이 지남에 따라 그들은 이슬비를 맞고 선 건물과 함께 깊은 형체가 붕괴한 의식의 강물 아래로 가라앉아 떠내려가기 시작했다. 가늘고 여린 비를 맞으며 그들은 옆으로 길게 눕혀진 육면체의 유리 상자 속에 나란히 누웠다. 그들의 몸 위로는 원시의 생명 이전에 휘몰던 바람만이 흔들리며 지나갔다. 그리고 그들은 깊은 잠 속에 뼈를 녹여 부었다.

다음날 그들은 교정에서 만났다. 하늘은 어젯밤의 이슬비가 개지 않은 채 흐려 있었다. 땅과 풀밭이 젖어 있었다. 빈 강의실을 찾아 나선 그들은 삼 층 복도 끝에 있는 자료실 문을 열고 들어갔다. 자료실을 들어서면서 자기들이 찾는 곳이 한결같이 어둡고 불결한 곳이라는 것에 놀랐다. 그러나 그런 것에서 조금도 불편을 느끼지는 않았다. 그들에게는 어느 사이엔가 안락한 소파나 부드러운 모직 양복 보다는 딱딱한 나무 의자와 낡은 교련 바지가 가까워져 있었다. 또 그들은 뽑힌 사람들이라는 생각은 별로 가진 적이 없었다.

맑고 깨끗한 어항 속에서 적당 수은을 유지해 주는 주인에게 지느러미를 흐느적거려 보이는 금붕어라기보다는, 공공건물의 복도 한쪽에 놓여 보호자도 없이 아무런 주의도 끌지 못하는 때 낀 어항 속의 배고프고 무료한 붕어들, 그 붕어들은 아침부터, 지난밤의 무거운 피로의 침전이 움직이지 않고 쌓여있는 그 건물의 복도구석에서 때 낀 지느러미를 흔들어 심심함과 배고픔을 이겨보려고 헤엄치며 하루를 보내는 것이었다. 그들은 자료실 서쪽 창가에 모여 섰다. 모두 창밖을 내다보고 있었다. 지난밤 창고에서 피운 담배 때문인지 모든 직선이 곱게 보이지 않고 사뭇 흐리고 물렁물렁한 액체기둥으로 보였다. 그러면서도 종식은 자기에게 던졌던 그 첫 마디가 아직도 의심스러웠다. 윤수에게 물어보고 싶었다. 그때, 느닷없이 윤수가 창 쪽에서 몸을 돌리더니 말을 꺼냈다.

「어젯밤, 창고에서 내가 했던 말 말입니다….」

종식은 마치 꺼낸 윤수의 말에 귀를 기울였다.

「난 우리가 성장해온 이십몇 해가 남몰래 숨어 사는 도둑들의 나이였다고 생각하기 때문이요.」

윤수의 그 윤기 있고 어른스런 음성이 그치자 자료실 안은 또다시 전처럼 조용히 가라앉았다. 필호는 창밖을 여전히 내다보고 있었고 종식은 구둣등을 내려다보고 있었다. 윤수는 창가에서 떨어져 나와 천천히 자료실 내 귀퉁이를 구둣발 소리를 내며 돌기 시작했다. 그는 그렇게 두 바퀴를 돌고 나서 말을 이었다.

「부모들은 6.25동탄 후의 불안한 밤들을 지새우며 우리를 낳았던 거요.」

윤수는 필호에게만 이야기하는 것 같이 보였다. 말끝마다 경어를 넣는 것이 퍽 어색했다. 사실 어젯밤 그들은 윤수를 제외하고는 말을 한 사람이 없었다.「그들의 사랑도 깜깜한 밤의 공포 속에서 이뤄졌고, 우리는 아침보다는 깊은 야밤을 틈타 태어났던 거요. 그렇게 눈 뜬 이래로 우리는 어깨의 주름을 펴지 못하고 지내온 것 같아요. 주욱 밤뿐이었죠…」

종식은 윤수의 이야기가 자료실의 그 울리는 공허함 속에서 어울리지 않은 채 헛도는 것 같았고, 꿈속에서 중얼거리는 듯한 역설이라고 여겼으나 한편으로는 거짓이 아닌 사실은 사실이라는 생각이었다. 필호는 여전히 창밖을 바라보며 요동도 없었다. 종식은 다시 자료실 안을 걷기 시작하는 윤수의 뒷모습을 좇다가 아버지의 그 찌그러진 어깨를 생각해냈다. 아버지는 요새 와서 더욱 초라하게 변해가고 있었다. 기반을 잡기 시작했던 복제공장을 사변으로 몽땅 잃고 일개 목수로 떨어져 나가 앉은 아버지, 7남매 가운데서 다섯 번째였다. 아버지는 목수 일을 시작한 이래로 아예 돈에는 관심이 없어져 버렸다. 자식들의 학비는 겨우겨우 마련됐다. 그가 초등학교 입학했을 때 그의 형과 누이들은 고등학교와 중학교에 다니고 있었는데 그들은 아침저녁으로 돈 때문에 시달리는 어머니의 얼굴을 보고 자랐다. 그가 초등학교를 졸업할 때쯤에는 아버지는 아예 무직자가 되어 있었다. 아버지의 구실은 어머니에게로 돌아갔다. 어머니는 음식점을 차렸다. 아버지는 그 음식점을 마당 앞 길가에 지을 때 잠시 목수가 되었을 뿐 그 뒤로는 또다시 무직자였다. 그때부터 종식은 흰 눈을 뜨고 아버지를 보기 시작했다. 그 반면 어머니는 그로서는 침해할 수 없는 어떤 지선의 여인상으로 여겨졌다. 어머니의 생활력은 대단했다. 두 누이를 고등학교까지 마치게 하고 형을 대학에 진학시켰다. 그러나 형이 대학 2년 때 음식점을 그만두어야 했다. 두어 해 전부터 흐지부지해지던 장사가 주변에 새로 개업한 커다란 음식점으로 손님을 모두 뺏기게 되었기 때문이다. 그런 사정을 알아차린 형은 부모의 만류에도 불구하고 군에 입대하고 말았다. 그 뒤 어머니는 집을 팔아 변두리로 이사하여 그곳에 조그마한 구멍가게를 차렸다. 이번에는 식구들은 구멍가게에 매달렸다. 누이들은 자꾸 나이를 먹어가고, 종식은 그들의 형편으로는 어려운 대학에 진학하였다. 사실 그가 대학에 진학하게 된 것은 대부분이 어머니의 욕심이었다. 고등학생이었을 때 그는 까짓것 돈을 벌어 가족들을 먹여 살려보리라 싶었다. 대학이 다 뭐냐 하는 악심도 품었다. 그러나 어머니의 생각은 달랐다. 그러니, 더욱 진학이 절실한 것이라고 우겼다.

「네가 이 에미 생각 때문에 대학을 포기하겠다는 것은 말도 안 돼. 이제까지는 어쨌는데. 내가 몇 년을 더 고생하면 어째서 그러니. 그러니 잔말 말고 대학에 가!」

 그래서 그는 경영학을 전공하게 된 것이다. 경영학을 택하게 된 것도 어쩌면 그러한 이유 때문인지도 모를 일이었다. 예순을 눈앞에 둔 아버지는 그가 대학에 간 이후로 갑자기 늙어가고 있었다. 머리는 더 하얘지기 시작했고 이상하리만치 완고해졌다. 어깨는 완전히 찌부러진 장작개비가 되어가고 있었다. 이즈음 종식은 가족들이 백안시하는 그러한 아버지에게서 가끔 자신도 알 수 없는, 온몸을 쥐어짜서 피를 따르는 듯한 비애를 느꼈다.

자료실을 돌던 윤수가 다시 창가에 붙어 섰다. 갑자기 필호가 고함을 지르듯이 쉰 목소리로 노래를 부르기 시작했다. 며칠 사이에 그들은 무척 가까워져 있었다. 그들은 서로서로 자기의 분신이라고 여겨도 좋다고 생각했다. 같은 인생관과 같은 가치척도를 갖고 저울질을 하는 사이로 생각했다. 그러나 아직 완전한 형제가 될 수는 없었다. 자기들은 자기 고유의 빼앗기고 싶지 않은 소우주를 형성하고 그 속에 틀어박혀 외부의 자극에는 냉담한 독립체들이었다. 그들은 아직 단순하고 미분화된 상태의 혼돈일 뿐이었다. 필호의 노래는 여전히 고함이었다. 그때 종식은 자기들 사이에 씻어지지 않을 어떤 영원의 이끼가 끼기 시작하는 것을 보았다. 그것은 어떤 말로도 이름 붙일 수 없는 것이었다. 단지 무겁고 어둡게 내리누르는 물때였다. 종식은 고개를 흔들어서 이끼를 떨어보려고 했다. 그러나 불가능했다. 팔을 들어서 휘저어 보았으나 그것도 허사였다. 틈에 엉겨 붙기 시작한 끈끈한 풀들은 떨어지지 않은 채 이미 혈관을 따라 흐르고 있었다. 복도 저쪽에서 그때 마지막 시간이 끝나는 벨 소리가 울려왔다. 복도가 어두워 오기 시작하고 있었다. 그들은 자료실을 나왔다.

그날 밤, 종식은 온몸이 찐득이는 땀 때문에 잠을 깼다. 머리맡에서 손목시계가 똑딱거리고 있었다. 가슴에 「종식」이라는 명찰을 단 사내

아이가 손에 책가방과 코피 묻은 신주머니를 들고 그의 어린 시절의 집 대문 밖에서 알 수 없는 노래를 부르고 있었다.

「임금님 귀는 당나귀 귀, 임금님 귀는 당나귀 귀, 임금님 귀는 당나귀, ….」그런 노래를 부르며 그 사내아이는 멀어져 갔다. 그런데 잠시 후, 어느새 젊은 청년이 된 그 사내아이가 대문을 열고 들어서고 있었다. 분명히 대문을 열고 들어선 것은 그였는데 또 자기는 지붕 위에서 그 갑자기 커버린 사내아이를 내려다보고 있었다. 안타까웠다. 뛰어내리려고 하면 마당은 어느새 까만 낭떠러지 아래에 있었고 지붕은 아슬아슬한 난간이 되어 있었다. 그는 그 사내아이를 만나려고 애를 쓰다가 끝내 못 만나고 말았다. 지붕 위에서 그는 온몸이 땀에 젖었다. 꿈의 기억은 생생했으나 머릿속은 텅 비어 있었다.

종식은 필호 때문에 환각제를 섞은 담배를 피우기 시작한 뒤 얼마 동안은 별 증상도 모른 채 취해 지냈다. 순간순간의 그 백열 하는 눈꺼풀이 참을 수 없을 만큼 황홀했다. 하늘에 태양은 있어도 좋았고 없어도 무방했다. 어둡고 젖은 의자에 기대어서 온몸에 이끼는 붙인 물속의 바윗덩어리처럼 밤이 몸을 스쳐 지나가는 촉각을 즐겼다. 그러나 종식은 자기의 머릿속에서 한쪽부터 어둡게 무엇인가가 녹고 있다는 것을 몰랐다. 그의 맑았던 눈은 핏발이 서기 시작했고 눈알은 푸르스름한 노란색으로 변해갔다. 심해진 수전증은 오히려 유희처럼 여겨져 담배를 말면서 침을 바를 때는 눈꼬리를 여전히 실룩이며 재미있어했다.

이제 그들은 거의 날마다 밤이면 그 어두운 창고에 박혀서 담배를 피웠다. 창고 안의 냄새는 이제 다른 사람은 코를 열고는 맡을 수 없을 정도였다. 두 가지 냄새가 섞인 야릇한 미풍과 같은 것이 창고 안에 가득 차서 흔들렸다. 물과 같이 출렁이며 흔들렸다. 창고 안에서 그들도 가끔은 공복시 구역질을 했다.

종식은 밤에 담배를 피운 다음 날 아침에 일어나면 맨 먼저 입맛을 다셨다. 입술이 검게 말라 있기 마련이었고 혀는 까실까실한 베처럼 물기가 없었다. 그러나, 정신은 맑았다. 가끔 건망증세가 심해지긴 했다. 그렇지만 한 가지 확실해진 것은 밤이면 꿈을 자주 꾸기 시작한 것과 종일을 물속에서 사는 듯이 착각하게 된 것이었다. 모든 시야의 물체들이 파르스름한 물이끼를 몸에 키우고 선 풀이나 바위로 보였다. 사람들은 나이와 함께, 몸에 두른 옷이 아득한 과거에서 살아가고 있는 움직이는 미이라들로 보였다.

이제 날씨는 완전히 여름이 되어있었다. 낮 동안 열을 받은 숙소건물은 시가지보다 제법 높은 곳에 위치해있으면서도 빨리 식지 않아서 밤이면 방 안 공기를 후줄근히 데웠다.

종식이 찾아갔을 때 윤수는 책상머리에 앉아있었다. 무엇을 하고 있었는지 책상 위에는 아무것도 놓여있지 않았고 전등까지 꺼놓고 있었다. 열어놓은 창문을 통해서 어두운 뜰이 내다보였다, 시가지의 불빛은 겨울과는 달리 풍요한 꽃밭이었다. 하늘에서 구름이 끼어 있어서 별은 보이지 않았다. 무더웠다.

필호를 불러 뜰로 나온 그들은 나무들이 둘러선 넓지 막한 풀밭에 앉아 시가지 쪽에서 불어오는 바람에 얼굴을 쏘이고 있었다, 가끔 나무 그늘 너머로 내다보이는 길에는 시외버스들이 몇 대 빠끔한 불을 밝히고 멀리 달려가는 모습들이 보였다. 바람이 쫌 더 시원해졌다. 방안에서 밴 땀이 점차 식자 종식은 며칠 전의 꿈 이야기를 했다.

「꼭 내 고향 같아서 지난해 혼자 자주 갔던 마을이 있어. 시외버스를 타고 삼십분만 나가면…」

종식의 이야기를 듣고 있던 필호는 갑자기 수다스러워지더니 오늘 밤 그곳에 가보자고 떠들어댔다. 윤수는 잠자코 있었다. 아홉 시경이었다. 그들은 마을로 통하는 곧은길을 천천히 걸어나가기 시작했다. 여름밤을 피해 나온 허연 노인들과 벌거벗은 어린애들이 소란을 피우며 길가에 나와 놀고 있었다. 손에 손에 부채를 든 여인네들이 그들이 지나가면 유심히 바라보며 수근댔다. 그 길을 절반가량 걸었을 때 길 양편에는 집들이 많아지기 시작했다. 한결같이 시멘트 블록의 높은 담으로 둘러처진 나무 한 그루 없는 집들이었다.

「이상하군…」

종식이 갑자기 이상해하며 두리번거렸으나 그들은 종식이 왜 그러는지 이해할 수 없었다. 차를 잘못 내린 것은 분명 아니었다. 그 마을은 두엄자리에 들어앉아 썩은 판자 조각들을 아무렇게나 내던져놓은 것 같은 인상이었다. 시외버스가 다니는 길에서는 간간히 부르릉거리는 차 소리가 들려왔고 바람에 인 흙먼지는 그나마 무더운 밤공기를 더럽혔다. 그들은 기운이 빠져 다시 차를 탔다. 흔들리는 시외버스 속에서 그들은 기름때 낀 좌석을 서로 빼앗으려고 싸우는 젊은 여자와 중년 남자를 보았다.

숙소로 돌아온 셋은 다시 풀밭에 주저앉았다. 구름이 걷히기 시작하는지 하늘은 몹시 어지러웠다. 열한 시가 가까워져 오고 있었다. 하늘의 어두운 곳과 희끗희끗한 곳이 서로 떠밀고 떠밀려가고 있었다. 필호가 속주머니에서 종이로 돌돌 말은 담배를 꺼내 나눴다. 윤수가 성냥을 그어 불을 붙이고 종식과 필호는 불을 옮겨 빨았다.

「모두가 달려가고 있는데, 우리는 남아서 무엇을 해야 할까? 생각하면 무서워, 정지해있는 우리의 곁을 스쳐서 무섭게 흘러가고 있어. 너무나 변해버린 거야」

그들 셋은 그들에게서 빠져나가려는 순수의 꿈자리를 붙잡아 두려는 듯이 담배를 깊이 빨아 마시기 시작했다.

시야는 점점 어두워가더니 마침내는 칠흑 같은 보자기가 되어 그들을 내리 덮쳤다. 어느새 그들은 따뜻한 햇살을 밟고 있는 한 마리씩의 붕어가 되어 있었다. 등과 옆구리에는 느슨하고 미끄러운 지느러미를 달고 어항 속에서 흐느적거리고 있었다. 갑자기, 세상이 텅 비기 시작하고 점점 숨이 가까워졌다. 공기가 물속에서부터 증발하여 이미 어항 속에는 산소가 없었다. 입을 아무리 크게 벌려도 가슴이 답답했다. 참지 못한 필호가 지느러미를 절뚝거리며 어항에서 튀어나가려고 배를 뒤챘다. 그러나 필호는 어항 위에 둘러쳐진 쇠로 만든 테에 머리를 부딪쳐 꺾여 그대로 물속에 곤두 박히고 말았다. 종식과 윤수는 점점 숨이 가빠오는 가운데 필호의 죽음을 보았다. 숨을 헐떡이며 얼굴이 빨개져서 그들은 필호를 붙들고 울었다. 날카로운 쇠테가 시퍼런 독을 뿜고 있었다. 숨이 가쁜 윤수와 종식은 손을 마주 쥐고 어항 바닥에 쓰러져 눕고 말았다. 바닥에 쌓여있던 그들의 배설물이 그들이 쓰러지자 어항 위로 퍼져 올랐다. 어항 속에서 해가 지고 있었다. 그들이 어지러운 환각에서 깨어났을 때, 숙소의 방들은 거의 다 불이 꺼져 있었다. 새벽이 되고 있었다. 풀밭이 촉촉이 젖어 있었고 머리칼과 얼굴에 물기가 묻어있었다. 숙소의 방들과 뜰은 깊이 잠들어 고요할 뿐이었다.

필호가 졸도하여 쓰러진 것은 그다음 날 오전 강의시간 중이었다. 급히 양호실로 옮겨진 필호의 옆에 앉아 종식은 필호의 불거진 광대뼈와 검어진 얼굴을 들여다보고 있었다. 양호 교사는 그 길로 입원해야지 지금 상태로는 몸이 지탱되지 않을 것이라고 설득했으나, 필호는 기어이 오후에 숙소로 돌아오고 말았다. 그리고는 짐을 챙기더니 고향으로 내려가야겠다고 했다.

중식은, 윤수와 함께 핼쓱한 철호를 배웅하고 오는 길에 버스 속에 앉은 필호에게 이제 담배는 그만두어야 한다고 거듭 이르던 윤수의 옆얼굴을 바라보았다.

필호가 휴학하기 위해 고향으로 떠난 보름 후, 윤수가 입영통지서를 받던 날 오전이었다. 꼬챙이로 후비듯 햇볕이 내리쬐는 밖에서 돌아온 윤수는 이 층 끝에 있는 그의 방으로 가다 서 삐뚜름히 열린 문이 이상히 여겨져 들여다본 그 북쪽 창고 안에서 이틀 전부터 보이지 않아 집에 다니러 간 줄 알고 있던 종식을 발견했다. 종식은 흰 눈을 뜬 채 검은 연탄 가루가 밀어 부쳐진 창고 구석에 머리를 박고 죽어있었다. 그의 주위에는 단말마의 흔적처럼 자질구레한 종잇조각들이 마구 흐트러진 채 널려 있었다. 윤수는 그런 종식의 옆에 한동안 넋을 잃고 서 있다가 역한 창고 냄새를 맡고 심한 구역질을 거듭했다.

입선

제466호 1974년 8월 16일 금요일

제19회 대학신문 학예상 : 소설

정순이

· 유효진 (국어교육과 2학년) ·

정순은 제 젖가슴을 더듬는 손길에 소스라쳐서 잠이 깨었다.

늘 데리고 자는 어린 것이지만 어쩌다 제 가슴을 더듬으면 정순은 이렇게 소스라치게 놀라 잠이 깨어 버린다. 어린 것이 또 젖이 먹고 싶은가 보다. 어린 것은 정순이가 제 어머니인 줄 알고 가슴을 더듬었으나 처녀인 정순은 어쩔 도리가 없었다. 하는 수 없이 잘 먹지 않는 우유지만 그거라도 먹이려고 우유 통을 찾았다. 어두워서 불을 켜고 보니 어젯밤에 아랫방 구석에 있던 우유 통을 박 씨가 그 옆에 앉아 있어서 가져오지 못했던 것이 생각났다. 어린 것이 저녁에 보챈 것을 생각하면 우유를 가지고 가야겠으나 배불뚝이 박 씨 녀석이 그 옆에 있으므로 우유를 가져가려면 할 수 없이 그 사내 옆에 가야 할 것이기에 그것이 역겨워 그냥 어린 것만 보듬고 나와 버렸다. 별수 없이 기저귀만 갈아 채우고 그 옆에 앉아 있으려니 어린 것은 자꾸 보챈다. 이대로 놔두면 울어버릴 것 같은데, 아랫방에는 박 씨와 어머니가 또 추태를 부리고 있을 것이니 우유 통을 가지러 갈 수도 없는 일이고 그렇다고 정순이 제 젖을 물릴 수는 더욱 없는 노릇이었다. 어린 것은 목마른 붕어처럼 입을 빼끔

거리고 뽕을 기다리는 누에처럼 젖을 찾아 고개를 내두르고 있었다. 죄 없는 어린 것이 가엾은 생각이 들었다. 저것이 어쩌다가 태어났는지, 또 저것의 앞길이 어찌 될지 기막힌 노릇이었다. 저것이 사내였더라면 아랫방의 박 씨가 데려갔을 것이고 어머니도 박 씨한테서 한 몫 두둑이 받아내서 박 씨와는 모르기는 모르되 갈라섰을 것이다. 적어도 그들 사이는 아들을 낳아준다는 것과 아픔을 얻어간다는 것 외에는 다른 잡스러운 정이 없기를 정순은 바라고 있었고 또 그러리라고 생각하고 싶었다.

산다는 것이, 먹고 산다는 것이, 수챗구멍만도 못한 목구멍을 마르지 않게 한다는 것이 그들 모녀에게는 그렇게도 힘든 일이었다.

칠 년 동안이나 아랫목에 누어서 집안의 먹을 것이라곤 죄다 파먹어 버리고도 아버지는 죽기 전에 먼저 송장이 되어가고 있었다. 어머니가 강냉이 보따리를 이고 고물과 바꾸는 장사를 나가고 열아홉이나 된 오빠가 구두통을 다 떨어진 가방 속에 숨겨서 나간 뒤에 정순은 금방 터질 것 같이 팽팽하던 고무풍선의 바람이 다 빠져버린 것처럼 쭈글쭈글하고 축 늘어진 아버지의 살가죽과 그 살가죽이 싸고 있는 겨울 나목같이 앙상한 뼈와 해골처럼 푹 들어간 아버지의 눈이 무서워서 약을 달이는 체하고 늘 약단지 옆에만 앉아 있었다.

아버지는 약보다도 늘 어머니한테 병원에 가자고 졸랐고, 정순이가 날마다 마음 조여기며 약을 달여대면 아버지는 때로는 덜 달였다고 다시 달여 오라하고 때로는 너무 달여졌다고 약사발을 마당에 내던지곤 하였었다. 정순은 그런 아버지가 무섭고도 미워서 빨리 죽어버리기를 빌었었다.

하루는 구두통도 없이 피투성이가 되어 들어온 오빠가 밤새도록 아버지 옆에 누워서 앓더니 이튿날 어머니가 강냉이 보따리를 이고 나간 뒤에 그 더운 날에 잠바를 꺼내 입고는 약 달이고 있던 정순에게 다가와서 「정순아, 오빠 어디 좀 다녀오게 기다리지 마…」하고 나가더니 이제까지 소식이 없었다. 오빠가 집을 나간 뒤로 한 달쯤 후에 아버지는 그래도 자기를 병원에 데려다주지 않는다고 어머니를 붙잡고 욕을 퍼부어 대고, 날마다 병든 나를 두고 밖에 나가서 어느 놈 보고 오느냐고 발광을 하다가 목 졸린 닭처럼 희멀건 눈알을 드러내고 맥없이 죽어갔다. 드디어 아버지가 죽었다는 것을 알았을 때 정순은 저도 모르게 가슴이 트여 오는 것 같은 희열을 느끼고 있었으나 웬일인지 어머니는, 입버릇처럼 아버지가 어서 죽어야 한다고 하던 어머니는 아버지의 앙상한 뼈가 드러난 가슴에 엎디어 통곡하는 것이었다.

아버지가 죽었어도 그가 남기고 간 빚은 정순이와 어머니를 더 없이 괴롭혔다. 두 모녀가 뼈가 빠지도록 남 일을 다녀도 빚은 쉽게 줄어들지 않았다.

그런 그녀들에게 돈을 가지고 나타난 자가 지금 저 아랫방의 박 씨였다.

딸만 거듭 여덟이나 두고 아들을 얻지 못한 그가 아들을 얻을 요량으로 중매쟁이를 통해서 어머니를 보게 된 것이었다. 어머니는 처음에는 승낙도 거절도 하지 않았으나 지금 생각하면 그것은 순전히 저 때문이었으며 내심으로는 기꺼운 일이었으리라고 정순은 생각했다.

박 씨가 열흘마다 한 번씩 어머니한테 오기로 하고 빚의 반절을 한자리에서 치러준 그 날에 어머니는 정순이 더러 이 방이 좀 크니까 반을 막아야겠다고 제안했고 곧 처음으로 인부를 사다가 베니어판으로 방 가운데를 막아 둘로 가르고 새로 벽지를 사다 천정이며 벽을 도배하기 시작했다. 경선은 그런 어머니가 도시 남같이 여겨졌다.

박 씨가 정순이네 집에 오기 시작하면서 정순은 베니어판으로 가른 옷 방에, 어머니와 박 씨는 그 아랫방에 들게 되었다. 어머니는 그 후 1년 만에 아들 아닌 지금 이 계집아이를 낳았고 그래도 박 씨는 무슨 선심이나 쓰는 듯이 계속 어머니를 찾는 것이었다. 예전 송장 같은 아버지가 누워 있던 그 자리에 지금은 박 씨가 개기름 흐르는 얼굴을 처박고 볼록 나온 배를 옆디어 대고 있을 것이다.

송장 같은 아버지의 모습이 아직 그녀에게서 사라지기도 전에 그 아랫목에는 돼지 같은 박 씨의 몸이 자리하게 된 것이다. 정순은 그 사내를 짐승처럼 싫어했다.

죽은 모습으로 그 자리에 누워있던 아버지는 병든 몸이었으므로 항상 집에 같이 있던 저한테 역정 내는 것이 무섭고 야속했으나, 이 사내는 말할 수 없이 추잡스런 꼴이 몸에 뱀이 감기는 것만큼이나 싫었다.

베니어판 하나를 사이에 두고 밤이면, 아니 때로는 대낮이라도 그 사내와 어머니가 아랫방에서 벌이는 추태란 말로 표현할 수 없는, 입에 올리면 그 입까지도 더러워질 것 같은 것이었다.

정순은 옷 방에서 그 지랄하는 꼴을 날이면 날마다 보아왔다. 그들은 순전히 그 짓을 하기 위해 사는 것 같다.

그럴 때마다 그녀는 길바닥에서 맞붙어 있던 두 마리의 개를 생각했고 그들에게 돌을 던져주고 싶었다. 사내는 사내라고 치더라도, 제 어머니는 늙은 주제에 분가를 처바르고 꼴사나운 짓을 염치도 없이 해내는 그녀를 정순은 이제 어머니로 여기고 있지 않았다.

애기가 보채다 잠이 들었는지 아무 소리도 없다. 입은 뻐끔 벌린 채로 눈은 약간 뜬 것처럼 흰자위가 내다보였다. 그런 모습이 꼭 죽은 것 같다.

이것이 아무래도 잘못 태어났지 싶은 생각이 들었다. 이대로 버려두면 저절로 죽을 수도 있으리라는 생각을 하면서도 정순은 아무런 죄책감이 없었다.

이미 예전에 제 아버지한테도 죽기를 빌고 있었으니까….

그래도 어린 것이 밉지는 않았다. 오히려 너무 가엾어서 차라리 죽어 버리기를 바라고 있는지도 몰랐다.

× × ×

아침에 부엌에서 어머니는 생선을 지지고 고기를 볶고 혼자 야단이었다.

또 박 씨가 한 푼 줄 모양이다. 그런 날이면 으레껏 어머니는 저렇게 속 뵈는 짓을 하는 것이었다. 그러는 꼴이 보기 싫었지만 어린 것이 아직도 입을 벌린 채 죽은 듯이 자고 있는 것을 보고 정순은 부엌으로 나갔다. 박 씨가 오는 날은 정순이 절대로 옷 방에서 나오지 아니하므로 그녀의 어머니는 웬일이냐는 듯이 그녀를 쳐다보았다. 정순은 「애기 젖 줘!」라고 팽개치듯이 말하고는 후라이팬을 어머니 손에서 뺏어 내듯 잡았다. 어머니는 아무 말도 하지 않고 정순을 한번 흘깃 바라보고 옷 방으로 갔다.

정순이 볶아낸 고기를 후라이팬에서 접시로 옮겨 담고 있는데 박 씨가 파자마 바람에 세숫대야를 들고 부엌으로 들어섰다.

「아이쿠! 이거 정순이가 웬일이지? 오늘은 밥이 훨씬 맛있겠구만—.」

사내는 암 붙은 수캐처럼 엉거주춤하게 서서 수작을 거는 것이었다.

정순은 이 사내가 하는 짓이라면 모두 짐승의 짓으로밖에 보이지 않았다. 그녀는 늘 그렇게 싫은 기색을 그대로 나타내며 쌀쌀맞게 굴었지만 사내는 그럴수록 징그러운 짐승의 태도를 더해갔다. 정순은 달구어진 후라이팬으로 이 사내의 면상을 후려쳐주고 싶었다.

정순이 세숫물을 떠줄 생각을 않고 있자 사내는 바가지를 들고 물항 쪽으로 가며 「정순이, 내가 구두 하나 사주까」하고 능글맞게 웃으며 말했다.

「필요 없어요!」

「그럼, 코트 하나?」

「필요 없어요!」

그때 어머니가 부엌에 들어오지 않았더라면 정순은 정말 사내의 면상을 후라이팬으로 후려쳤을지도 몰랐다.

고기를 다 덜어놓고도 정순은 후라이팬을 불 위에 놓고 달구고 있었다.

「이제 그만 내려놓으렴.」하고 될 수 있으면 부드럽게 얘기하려는 어머니가 정순은 더 미웠다.

어머니가 부뚜막을 닦아내고 생선 냄비를 행주에 싸서 막 들고 가려는 순간, 정순은 후딱 후라이팬을 들고 일어났다.

「아—악!」

어머니는 들었던 생선 냄비를 부엌 바닥에 떨어뜨리고 한 손을 치맛자락에 싸고 밖으로 튀어 나가고 박 씨는 물 한 대야를 그대로 팽개치고 뒤따라 좇아갔다. 정순은 야릇한 쾌감으로 후라이팬을 함지박 속에 집어넣었다. 넣자마자 치—익하고 기분 좋게 증기가 올랐다.

그녀는 부엌 바닥에 궁구는 생선 냄비에 아직도 남아있는 국물을 발로 기울여 엎질러 버리고 세숫대야도 발로 엎어 버렸다.

× × ×

그날 밤 어머니와 박 씨는 정순이 더러 아랫방으로 내려오라고 했다.

정순은 그들에게 어린 것을 데려다줄 양으로 보듬고 갔다.

박 씨가 오는 날이면 정순은 으레껏 이 계집애를 보듬고 옷 방으로 올라갔었다. 물론 그들 사이에서 태어난 애기지만 어찌 생각하면 그들에게는 필요 없는 것, 귀찮은 것, 잘못 태어난 것이었다. 이 시행착오의 산물을 정순은 미워할 수 없었다.

박 씨와 어머니가 시키는 일이라곤 도시 먹어주지 않는 그녀가 어린 것만은 잘 보아 주었다. 이제 막 이가 나기 시작하는 이 어린것도 정순이를 제 어미처럼 따랐다.

정순이 아랫방에 들어서니 어머니는 오른손에 붕대를 두둑이 싸매고서 무슨 중환자처럼 약병까지 머리맡에 놓고 누워 있었고 박 씨는 그 옆에 파자마 바람으로 앉아서 헤벌레 웃으며 정순을 올려다보고 있었다.

어머니가 누워 있으므로 정순은 우유를 타 먹이려고 보듬고 있는 어린 것을 내려놓으려 하니 박 씨가 얼른 두 팔을 벌렸다. 정순은 그 팔 위에 어린 것을 내던지듯이 주어 버리고 우유 통을 가져왔다. 박 씨는 제 자식을 이제 처음 보는 것처럼 자세히 본다.

「요 녀석이 정순이를 닮아서 이렇게 예쁘고만—그렇지?」하고 정순을 바라보며 능청을 떨었다.

정순은 사내를 향해 입을 앙다물고 눈꼬리를 추어올렸다. 사내는 겸연쩍은 듯이 헤벌레 웃었다. 하긴 그 말이 아주 빈말은 아닐 것이다. 정순이 제 어머니가 낳은 자식이니까….

박 씨는 그 무렴을 끄려는 듯이 또 능청을 떨었다.

「정순이가 늘 이 녀석을 보아주느라고 애쓴다고 어머니가 그러기에, 내가 오늘은 선물을 좀 사다 주려고 했지. 어머니하고 상의했는데 뭘 좋아할지 몰라서—그래서…돈으로 주려고…」

그리고는 정순의 눈치를 좀 보고는 이어서

「삼만 원인데—, 더 필요하면 어머니한테 말해요. 어려워 말고……」

삼만 원? 삼만 원이면 어머니가 용돈 외에 박 씨한테서 매월 정기적으로 받는 월급이다.

왜 갑자기 이 사내는 그런 거액을 내놓는 것일까? 돈을 주고 싶을 만큼 정순이가 저한테 고분고분했던 것도 아니고, 어머니처럼 돈 받을 일을 해준 것도 아니고, 애기를 좀 보아 주었기로 저한테는 필요도 없는 자식인데 그 애와 관련된 일이라고 해서 보답해야 할 필요가 있었던가?

정순이 우유를 다 타자 박 씨는 만 원짜리 석 장을 정순이 더러 보라는 듯이 방바닥에 펴놓았다가 다시 거둬들여서 애기의 저고리를 떠들고 그 속에 넣어서 애기를 건네준다.

정순이 애기에게 우유를 물리자 아무 말 없던 어머니가 그때야 말을 꺼냈다.

「내 손이 이렇게 생겼으니 애기는 오늘만 더 데리고 자거라」

오늘만?

「큰 가방이 필요하면 장롱 위에 있는 저걸 가지고 가거라.」

큰 가방?

가지고 가?

정순은 억장이 막히고 참을 수 없는 울화가 치밀었으나 말은 하지 않았다.

「너도 더는 내 꼴 보기 싫은 모양이고 나도 이제 더 참지 못하겠다. 그리고 너도 이제 나이가 열아홉인데 어디를 가더라도 설마 네 몸 하나 간수 못 하겠냐.」

이런 말을 천연덕스럽게 하는 어머니를 정순은 넋 나간 사람 모양 빤히 쳐다보고 있었다. 어머니가 왜 저렇게 되어 버렸을까. 돈맛을 보더니 환장을 했다는 말인가? 밤이면 박 씨와 키득거리던 것이 참말로 그렇게 미치게 좋았단 말인가?

혀가 빠지도록 날품팔이 다니던 것보다 거울 앞에 앉아 분 바르고 입술 칠하는 것이 아무리 좋기로 그 얼굴에 발라댄 분가루가 그토록 두껍게 그녀의 얼굴을 덮어 버렸단 말인가. 그래도 아버지가 죽었을 때는 통곡하던 그녀가 아니었던가.

정순이 너무 뚫어져라 쳐다보고 있으니까 어머니는 고개를 돌려버렸다.

정순이가 우유 통을 너무 꽉 쥐고 있었던지 어린 것이 사레들려 얼굴이 빨개져서 우유를 힘써 토해냈다.

부아가 나던 참이라 그녀는 애기가 그렇게 기침을 해대고 눈물이 나올 정도로 힘주어서 우유를 토해내는데도 내버려 두었다. 세워주지 않고 그대로 보듬고 있으니까 어린 것이 몹시 괴로워하고 토해낸 우유가 앞자락에 넘어왔으나 정순은 아직도 어머니를 꿋꿋이 바라보고 있었다. 갑자기 어머니는 벌떡 일어나 앉더니 이제껏 애써 참아왔던 딸에 대한 분노를 한꺼번에 터뜨리는 듯이 소리를 질렀다.

「이년이 필경 애기를 죽이겠고만! 어서 세워주지 못해!」

정순은 입을 실룩거리면서 아기를 세워주고 아까 박 씨가 넣었던 만원짜리 지폐 석 장을 아기의 저고리 속에서 꺼내어 그걸로 앞자락에 게워낸 우유를 닦았다. 순간 어머니는 후딱 일어서서 발로 정순의 머리를 거듭 세 번 내려 찼다. 애기가 와~앙 울어버리고, 정순이 그대로 자빠지고, 어머니는 잽싸게 왼손으로 정순의 머리채를 잡아챘다.

「나가! 나가! 나가아—」

정순은 그 틈에도 재빨리 만 원짜리 지폐를 손아귀에 구겨 넣어서 그대로 꽉 쥐어 버렸다. 그리고는 어머니의 다리를 붙잡고 미친개처럼 물어버렸다.

어머니가 나자빠졌고, 정순은 손으로 머리를 쓸어 올리며 일어섰다.

그녀는 누구에게랄 것도 없이 차분히, 그러나 힘주어서 말했다.

「난 안 나갈 테야. 짐승 같은 것들! 개 같은 것들! …」

× × ×

이튿날 해 질 무렵 정순은 아무 생각 없이 밖에 나왔다. 골목길을 벗어나 막 오른쪽 큰길로 나서려는데 저만큼에서 박 씨가 헤벌레 웃으며 걸어오고 있었다. 그녀는 보란 듯이 홱 돌아서 버렸다.

그리고는 아까 가려던 쪽의 반대 방향으로 박 씨에게 뒷모습을 보이며 의기 있게 걸었다.

그쪽으로는 바로 들이었다.

정순은 오히려 잘 되었다 싶었다.

벌써 보리가 알이 배었고 더러는 패기 시작했다. 유채꽃이 노랗게 핀 것이 보리밭 저쪽으로 보이고 다시 그 건너의 보리밭까지도 노을이 지기 시작하는 붉은 기운으로 하여 유채밭은 끝없이 펼쳐져 있는 것 같고 마치 잔물결이 일고 있는 꽃바다 위에 부서져 쏟아지는 그 빛은— 무어라 형언할 수 없는, 노랑과 빨강을 여러 겹으로 뒤섞은 후에 거기에다 다시 은회색을 섞어서도 매우 힘들여서 얻어낸, 아니 그렇게도 얻어질 수 없는, 오직 지금 이 노을에 의해서만 볼 수 있을 것 같은 색을 뿜어내는—안개처럼 자욱이 퍼져있다. 안개는 들판과 맞닿은 부분에서는 희뿌연 것이어서 어슴푸레한 경계를 이루고 있었으나 위로 올라갈수록 신비의 빛이 퍼져있어서 이제 막 안개 저쪽으로 끌려가고 있는 선명하게 동그란 노란 해와 그 주위에 후광처럼 환을 이룬 밝은 빛을 제외하고는, 빛과 빛은 서로 엉켜서 안개 속에 황혼에서 얻어낸 신비로운 물감을 분무기로 뿜어 놓은 것 같았다.

그러한 빛을 받고 있는 들판은 노란 꽃바다— 그것도 노란색만은 아니었다. 빛과 빛이 서로 엉키고 그 빛이 유채꽃 위에 퍼부어진 그 빛은 결코 노란색만은 아니었다. 그것도 표현할 수 없는 신비의 빛이라고나 할까?—는 잔 물살을 일으키고 있었다.

정순은 그곳을 향하여 정신없이 걸음을 옮겨가고 있었다. 그녀는 논둑길을 폴딱폴딱 뛰어갔다. 빨리 저 노란 유채밭, 그 넘실대는 꽃바다 속에 푹 파묻히고 싶었다. 이렇게 들판을 뛰어다니니까 좀 살 것 같다. 가슴이 터지도록 소리치고 싶다. 코끝에 와 닿는 상긋한 보리 내음, 날아갈 것 같은 시원한 바람, 들판에 쏟아지는 저 신비의 빛, 하다 못 해 작은 풀잎 하나까지도 어느 것 하나 사랑스럽지 아니한 것이 없었다.

드디어 유채밭에 이르러서 그녀는 끝없이 넘실대는 그 꽃물결을 대하고 어깨까지 추켜올려 숨을 크게 들이마셨다가 내뿜었다. 그러지 않고는 숨이 막혀 버릴 것 같은 풍경이었다.

해는 점점 더 꽃바다 속으로 빨려 들어가고 그에 따라 붉은 기운은 노란 바다 위에 한 겹씩 더 겹쳐왔다.

정순은 흡사 바닷속으로 들어가는 사람처럼 논두렁에 신발을 나란히 벗어놓고 꽃바다 속으로 꽃물결 속으로 헤엄쳐 갔다. 해는 선명하게 동그란 모양으로 노란 것이더니 들판이 끝닿은 희미한 부분의 윤곽 속으로 빨려 들어갈수록 노란 덩어리가 빨려감에 따라 주위의 붉은 기운까지도 딸려가고 있었다. 정순은 좇아가서 그것을 잡아두려는 듯이 숨 가쁘게 꽃바다를 헤엄쳐 갔다.

그때였다.

누가 그녀의 팔을 잡아당긴 것은—그녀는 어떤 불길한 육감을 느끼며 뒤돌아보았다. 박 씨였다. 정신이 퍼뜩 들었다.

유채밭을 둘이나 건너왔고 헤엄쳐 나온 길이 이제 막 지나온 뱃길처럼 헤쳐져 있고 그 길의 끝인 지금 이곳에는 정순이와 그녀를 따라서 온 박 씨가 와 있었다. 그는 헤벌레 웃으며 볼록 나온 배로 정순을 밀었다. 그녀는 본능적으로 뒷걸음치며 박 씨를 향해 표독스런 눈총을 쏘았다.

사내는 여전히 헤벌레 웃으며 그녀가 한 발짝 물러설 때마다. 한 발짝씩을 다가와서 금방 덮쳐버릴 듯이 덤빈다. 그들의 이 말 없는 긴박감은 저쪽으로 해를 몰아넣고 있었다. 정순은 갑자기 천지가 캄캄해지는 것 같았다. 이 사내를 막아낼 아무런 무기도 없었다. 사방은 바다 같은 유채밭이고 이 육중한 몸을 한 사내는 포효처럼 으르렁대고 있고 거기에서 정순은 영락없이 먹이가 될 참이었다. 더 물러나도 소용이 없을 것을 알고 그녀는 더는 가지 않았다. 그녀가 멈추자 사내도 멈추어 섰다. 정신이 아득해지고 몸은 맥이 탁 풀렸다. 이렇게 먹히느니 차라리 이대로 숨 막혀 죽는 일이 벌어졌으면 싶었다. 사내는 웃고 있었다.

바람이 꽃물결을 일으켰다.

꽃물결이 이쪽으로 밀려오는 것과 함께 사내는 그 큰 몸으로 정순을 밀어 눕혔다. 돼지, 무섭고 징그러운 산 돼지가 덤비고 있었다.

정순은 제 몸 위에 덮쳐 있는 이 몸서리치게 싫은 짐승을 어찌할 수가 없었다.

 돼지는 식식거리며 오물 같은 뜨거운 입김을 정순에게 토해내고, 정순은 꽃물결만을 바라보고 있었다.

짐승이 허우적거리는 이곳에서 꽃물결은 소용돌이를 일으키고 있었다. 모든 것이 이 소용돌이 속에 휘말려 들어가 끝내는 자취를 잃어버리고 있었다.

× × ×

정순이 집에 돌아와 보니 사내는 저보다 먼저 그녀의 집에 이르러 아랫방에서 어머니와 히히덕거리고 있었다.

그 소리를 들으니 자신도 모르게 살기가 치들었다. 몸을 대강 씻고 휘청거리는 몸을 간신히 지탱해가며 웃 방으로 들어갔다. 기가 막히게도 어린 것을 이 방에다 데려다 놓았다. 역시 이 아기는 그들에게 필요 없는 귀찮은 존재였다. 정순은 당장 아랫방으로 내려가서 저것들을 그냥 한번 휘둘러주고 싶었지만, 몸이 마음대로 되지 않을 것 같다. 고개를 가눌 힘조차 없이 온몸이 두들겨 맞은 듯 도시 기운이 없고 머릿속은 텅 빈 것 같았다.

아무 생각도 할 수 없다. 그래도 아기 옆에 누웠다. 가슴이 답답하고 제 몸에 오물을 끼얹어 놓은 것 같아서 구역질이 나올 것 같다. 눈을 감아 버렸다. 자고 싶다. 아무 생각도 하기 싫다.

그 짐승 같은 것에게 가장 소중한 것을 짓밟혀버린 가슴이 터질 것 같은 이 치욕을 이대로 감당해야 한다면, 이래도 살아있다면 세상은 분명 잘못되어 있는 것이다.

그 짐승이 한 인간을 유린했다는 것은, 그리고도 짐승은 희희낙락할 수 있다는 것은 참으로 기막힌 현실이다.

× × ×

정순은 커다란 돼지가 제 가슴을 누르는 것에 소스라쳐서 잠이 깨었다. 또 당하고 있었다니! 캄캄했다. 여기는 아까 그 바다가 아님을 알았다. 이번에도 눌려 있을 수는 없다고 생각했다.

정순은 있는 힘을 다해 몸을 뒤집었다. 그리고는 후딱 제 몸을 덮치고 있는 돼지를 깔고 덮쳐버렸다.

의외로 일은 순조로웠다. 힘이 솟았다. 정순은 돼지 위에 올라타고 그때 위에 두 무릎을 짚고 두 손으로 돼지의 목을 눌렀다. 죽는다! 돼지가 죽는다! 내가 돼지를 죽인다! 나를 앗아간, 내 처녀를 앗아간 돼지를…….

정순은 금방 미칠 것 같은 희열을 느꼈다. 이렇게 쉽게 그 사내를 죽여 버릴 수 있었다니! 정순은 한바탕 뛰고 싶었다. 복이 터지게 웃고 싶었다. 정순은 이 사내의 죽어 나자빠진 몰골을 보고 싶었다.

불을 켰다.

그 순간, 정순의 눈에는 어린 것이, 희멀건 눈알을 드러내고 맥없이 죽어있는 어린 것이 바짝 다가섰다.

1등

제483·4호 1975년 2월 22일 토요일

제19회 대학신문 학예상 : 소설

형(兄)

· 박구홍 (국어국문학과 2학년) ·

시계점은 드디어 문을 닫게 되었다. 형은 윈도우의 마지막 자물쇠를 잠그고 그것을 몇 번 만지고는 돌아섰다. 비가 가늘게 흩어지고 있었다.

형의 얼굴은 마른 판자처럼 굳어 보였다. 아니, 아무렇지도 않았는데 내가 그렇게 봤는지도 모른다. 나는 우산을 켰다. 비닐우산의 가는 댓살이 밀려나며 펼쳐졌다. 형의 어깨가 내 어깨를 밀치고 우산 밑으로 들어왔다. 우리는 여기저기 패여 빗물이 고여 있는 포도를 걷기 시작했다.

형은 물론 말이 없었다. 어떡할 셈일까? 아마 내일부터는 밀수품 나까마(행상)를 할지도 모르다. 형의 순박한 양심이 뻔한데도 나로서는 욕할 하등의 이유가 없다. 밀수를 나까마가 잡히면 한 몫 볼 수 있고, 내가 형한테서 가끔 장비를 뜯어가기 편해서는 아니다.

자라나는 쥐의 이빨을 어떻게 한다는 말인가? 형이 밀수품에 손을 대는 것은 쥐가 시멘트에 자라나는 이빨을 가는 것만큼 당연한지도 모른다.

빗줄기가 굵어지고 있었다. 비닐우산이 우두둑 소리를 냈다. 형의 오른쪽 어깨와 내 왼쪽 어깨가 비에 젖고 있었다. 비에 젖어 짧은 털이 몸에 착 달라붙은 쥐처럼 우리는 비닐우산으로 몸을 가리고 걸어갔다.

〈영호 시계점〉의 윈도우에서 시계가 하나씩 하나씩 없어져 가 결국 5개밖에 남지 않게 된, 즉 시계점 문을 닫기 일주일 전에 나는 〈제몰〉을 잡았다.

경제학을 제외하고는 전부 휴강이어서 낮잠이나 자볼까 하고 집으로 돌아온 내 눈에 〈제몰〉은 쥐덫에 뒷다리가 물려 엎드려 있었다. 쥐덫에 뒷다리가 물린 채로 이리저리 비척대는 모습을 한참이나 바라보다가, 집게를 가져와 쥐덫을 끌러주고 〈제몰〉의 여윈 등을 집어 미리 넣어둔 사육 상자 속에 넣었다.

사육 상자는 〈생물도감〉을 보고 실험하기에 알맞게 만들어 놨었다. 상자의 사면에 2mm 평방의 철망을 치고 상자 속에는 판자로 비교적 간단한 미로(迷路)를 만들었었다. 뚜껑은 상자보다 약간 크게 만들고 1mm 평방의 철망을 끼웠다. 사육 상자는 모두 3개로 동서기 책상만 한 것, 17인치 텔레비만 한 것, 그 중간 크기쯤 되는 것이었고, 제일 작은 사육 상자 옆에 끈끈액을 바른 통을 연결해 놓았다. 3개의 사육 상자는 철망을 여닫게 해서 통로로 이어진 것이었다.

〈제몰〉을 맨 왼쪽에 있는 큰 상자에 집어넣었다. 불안스럽게 둘러보는 눈을 마주 보다가 뚜껑을 덮고 창고 속으로 옮겼다. 창고 속은 어두워서 실험하기에 적당했다.

어두운 창고 벽에 구멍을 뚫어 희부연 한 빛이 습기 찬 실내로 숨어들어오는 곳에다 사육 상자를 놓았다. 철봉 두께의 빛이 사육 상자의 철망을 비추고 〈제몰〉을 비추자, 부엌에서 흔히 보던 모습으로 판자로 만든 미로를 따라 어두운 구석 쪽으로 숨어버렸다.

어둠에 익숙해질 때까지 〈제몰〉이 숨은 구석을 한참이나 바라보았다. 철망 긁히는 소리가 났다. 판자 긁히는 소리가 났다. 쥐덫에 물렸던 뒷다리의 아픈 기색도 없이 철망과 판자를 긁어대는 〈제몰〉의 틈이 어둠 속에서 더 어둡게 보였다. 나는 잿빛의 몸을 해부하듯 지켜보았다. 〈제몰〉은 발악적으로 사육 상자의 미로를 뛰어다니다가 픽 쓰러졌다.

철봉 두께의 희부연 한 빛이 습기 찬 먼지를 들추고 〈제몰〉 뒷다리를 비췄다. 뒷다리에는 피가 엉겨 있었다. 쥐덫에 물렸기 때문이리라. 〈제몰〉은 간헐적으로 움찍움찍하나 싶더니 잠시 후에 죽은 듯이 조용해졌다. 조와 생선가루를 섞은 머리를 넣어 주고 창고를 나왔다.

시계점을 다른 사람에게 넘긴 형은 온종일 집에만 틀어박혀 있었다. 어제 시계점 문을 닫고 돌아와서부터는 꿈쩍도 하지 않고 아랫목에 누워있지 않았나 싶었다. 내가 형 집에 들렀을 때도 채광이 잘 안 되어 어둑어둑한 방 안에 깍지 낀 팔을 벤 채로 누워 있었다. 무얼 궁리하는 것 같지는 않았다.

형수가 부엌에서 들어왔다. 안색이 파리했다. 나는 조카 은주에게 비스켓 봉지를 들려주고 뒷마루로 나왔다.

PVC 스레트를 통해서 녹색의 빛이 내려왔다. 녹색의 빛은 밝지 못하고 우울한 것이었다. 스레트가 바랜 탓일 것이다. 은주의 얼굴에 녹빛이 우울하게 어렸다. 가슴이 답답해 왔다. 갑자기 방안에서 형의 성난 목소리가 들어왔다.

「이 못된 계집이!」

뺨 때리는 소리가 나고 형수의 울음소리가 곧 이어져 나왔다. 형이 방문을 열고 나왔다. 성난 얼굴로 구두를 걸치고 내 쪽을 보지도 않은 채 골양철 문을 열고 나가버렸다. 은주는 비스켓 봉지를 더 꽉 잡고 울었다. 옆방 사람들이 웬일인가 하고 나와 보았다.

형이 세 들고 있는 집은 무려 다섯 세대가 살고 있어서 무슨 일만 생기면 기다렸다는 듯이 고개를 내밀곤 했다.

나는 은주를 안고 방으로 들어갔다. 옆방 사람들이 웬일이우? 하며 방문을 열어 재꼈다. 나는 다시 문을 더 세게 닫아버렸다. 실망한 옆방 사람들이 헛기침을 하며 돌아갈 때까지 나는 아무 말도 않고 은주만 말했다. 형이 형수를 때린 것은 아마 처음일 것이다. 형수는 울음을 그쳤다.

「웬일입니까?」

형수는 은주만 끌어안았다. 눈물을 닦아주고는

「사람들이 왔었어요. 어제 삼촌이 돌아간 바로 다음에요. 형은 그 사람들을 호통쳐서 돌려보냈어요. 그래 곰곰이 생각해보다가…」

「그 사람들과 손을 잡으라고 했겠군요.」

형수는 입을 다물었다. 나를 빤히 쳐다보다가 고개를 숙였다. 은주를 끌어안았다. 어깨를 들썩이며 다시 울음이 나오는 것을 참느라 애를 쓰다가 입을 열었다.

「…빚이 70만 원도 넘는 걸요… 시계점을 팔아서 갚았어도 빚이 이렇게 많은 걸 어떻게 해요… 먹고 사는 것도 먹고 사는 것이지만…」

형수는 울먹거렸다. 나는 무슨 말을 해줄 수도 없었다. 형수는 지금 나를 원망하고 있다. 어머니와 아버지를 원망하고 있다. 동생들을 원망하고 있다. 나는 문을 열고 방을 나섰다. 형수는 더 큰소리로 울먹였다.

녹색 PVC 스레트를 통과해온 빛이 우울하게 뒷마루를 누르고 있었다. 그래, 형은 일수 업자들의 유혹을 뿌리쳤다. 시계업계에서 공공연히 묵인되고 있는 오히려 당연하기 조차한 밀수품 나까마의 유혹을 뿌리쳤다. 좌절만 거듭해온 형에게 무슨 희망이 남아있는 걸까? 남보다 더한 양심을 가진 때문일까? 그럴까? 녹색의 빛이 내 가슴 어두운 구석까지 헤집고 들어서는 느낌이었다.

형이 〈영호 시계점〉을 개업한 것은 신혼여행에서 돌아온 다음 날이었다. 자기 이름을 상호로 내걸고, 명실상부하게 결혼도 했겠다. 자신만만한 패기로 〈영호 시계점〉을 개업한 것이었다.

형이 자신만만한 데는 그럴만한 충분한 이유가 있는 편이었다. 10년도 넘게 형설의 공을 쌓아 닦은 기술도 기술이려니와 성실하려면 얼마든지 성실해 줄 수 있는 깐깐한 성격 때문이었다.

기술로 말하자면 형이야말로 중학교를 졸업하자마자 객지를 떠돌아다니며 사발시계에서 손목시계, 벽시계까지, 손목시계에서도 오리엔트에서 로렉스까지 안 만져 본 것이 없었으니 돌팔이 기술자도 꾀는 있는 모양이던데 형은 이런 부류들과는 전적으로 질을 달리하고 있다. 100% 고칩니다. 라는 그럴싸한 선전 문구를 〈영호 시계점〉상호 위에 집어넣을 만큼 형은 자신을 은근히 가지고 있었다.

형은 지금까지 내가 만나본 사람 중에 가장 성실하고 꾸준하기가 개미 같은 사람이었다. 칸트는 하루 시간을 루소의 〈에밀〉을 읽을 때를 제외하고는 꼬박꼬박 지켰던 모양이지만, 내가 알기로 형은 하루 시간표를 어겨본 적이 없는 사람이었다. 결과적으로 사업에 실패하긴 했지만, 형의 잘못은 눈곱 반절만큼도 없었다고 자신 있게 말할 수 있다. 차라리 형은 실패를 강요당했다고 해야 할 것이다.

형은 결혼과 동시에 분가(分家)했다. 형이 분가한 데는 장남이 아닌 탓도 있지만, 어머니가 형수를 올곧게 받아들이지 않았기 때문이었다.

만형은 서울에 있다. 5급 말단 공무원으로 그야말로 악전고투하며 자기 생활이나마 꾸려가기에 정신없었으니, 둘째인 형이 부모님과 함께 있어야 할 것이지만, 어머니는 궁합에 안 맞는다고, 더구나 당신의 반대를 무릎 쓰고 결혼을 강행한 형에게 배반감 비슷한 감정까지 얹어서 분가를 명령했던 것이다. 형이 어머니의 명령을 어긴 것은 그때가 아마 처음이었을 것이다.

형은 시계점 옆에 다섯 세대가 세 들어 있고, 셋집을 전문으로 내주는 집들이 매양 그렇듯 허름하고, 구질구질하고, 어느 때고 어린 애가 하나쯤은 울고 있을 법한 집으로 단칸방을 얻어 들어갔다.

일단 분가한 형은 광적일 만치 일에 열중이었다. 아침 다섯 시에 문을 열고 밤 열한 시가 넘어서야 문을 닫았다. 꼬마 하나는 두었는데 잠이 부족해서인지 낮에는 늘 하품을 했다. 하품할 적마다 형한테 퉁을 먹곤 했다. 임마야 난 너 만헌 땐 잠 네 시간 밖에 안자고 기술을 배웠어. 하품이 밥 먹여 주는 줄 아니? 공불 못했으면 부지런히 기술이나 배워야하는 거야 원 어린애가 여름도 아닌데 하품은…

형이 보기에 별로 할 일이 없을 때에도 그냥 멍하니 있는 것은 아주 틀려먹은 일인 것 같았다. 일이 없으면 멀쩡한 시계를 다시 분해 · 조립 · 분해 · 조립 · 분해 · 조립하곤 했었으니까, 그런데 문제는 형이 일에 열심인 만큼은 형수도 아프는데 있어서는 뭐가 있다는 사실이었다. 형수는 호리호리해서 보기에는 좋았지만, 두통 아니면 편도선, 아니면 복통따위, 여하튼 아플 게 없으면 감기라도 걸려가지고 늘 누워있다시피 했다. 형수만 그랬으면 형의 성실 쪽이 우세했을지도 몰랐지만, 형수가 사경(死境)을 헤매어 낳은 조카 은주까지 아픈 데에 합세하니 형이 우세하다고 할 수도 없는 백중지세(伯仲之勢)가 되어버렸다. 형의 열심은 곧 형수와 조카의 약값으로 환치되고 했다. 거기다 형은 어머니에게 매달 만 원씩을 보내드렸으니…

말하자면 개업 당시의 자신만만했던 패기가 수그러질 법도 하다는 얘기다. 어디 맨날 아픈 범이 있남? 언젠간 낫고 말지 낫기만 해봐, 당장에라도 한밑천 잡을 테니 정말 병만 나으면 일이 잘 풀렸을지도 몰랐다. 헌데, 병 걸리기는 여전한데 이런 망할 〈영호 시계점〉에는 강적이 나타났다는 얘기다.

〈영호 시계점〉은 사거리 모서리에서 사방으로 잘 보이는 곳에 자리를 잡은 덕으로 가게가 조그마해도 그럴싸하게 손님이 끊었었다. 그런데 이번에는 〈영호 시계점〉 반대되는 모서리에 〈광명 시계점〉이란 간판이 붙었다.

〈광명 시계점〉이라는 간판이 정면에 걸리자 형은 아연 긴장했던 것 같다. 규모는 〈광명 시계점〉 쪽이 배쯤은 커 보였다. 형은 이 새로운 사실 때문에 더욱 일에 열심이었다. 꼬마 아이의 하품 횟수가 더욱 많아진 건 물론이었다. 형은 〈광명 시계점〉을 베트콩을 노리듯이 노려보고는 갑자기 껄껄하고 웃어댔다. 낄낄낄… 그래, 이 〈영호 시계점〉 사장님의 기술이 어딘데 자리를 잘못 짚었지. 잘못 짚었어. 낄낄끼이… 어디 한번 견뎌 볼텨?…

형이 큰소리를 쳤지만, 사실은 그렇게 되지 못했다. 전세(戰勢)가 불리한 건 오히려 이쪽이었다. 이것도 형의 잘못은 아니었다. 그해 마침 동생 둘이 고등학교와 중학교를 입학했던 것이다. 아버지가 몸이 쇠약해져서 일을 쉬고 있는 사이에 입학기가 닥쳤으니까 학교를 안 보내려면 몰라도 입학금은 형이 낼 수밖에 없었다. 맏형은 여전히 서울에서 숨돌리기에도 바빴고, 나는 내 학비나 간신히 아르바이트해가며 메꾸는 형편이었으니까, 형은 원망하는 기색도 없이 입학금을 냈으나 형수는 그렇지 않았다. 나는 형수를 이해할 수 있다. 형 집 식구도 먹고살기 바쁜데 시동생들에게 까지 마음 쓸 여유가 없었을 것이다. 저금해놓은 돈도 없었으니까 물론 빚을 내었을 것이다. 이것을 계기로 〈영호 시계점〉 353

은 빠듯했던 상태에서 빠듯하지도 못한 상태로 한걸음 내려앉았다. 형은, 꼼꼼하긴 해도 인정도 있는 형은 하품이 심한 꼬마 아이의 버릇을 고쳐주지도 못하고 내보냈다.

꼬마를 내보내고 혈혈단신 고투를 계속했다. 누가 뭐래도 난 이 시계점을 떠날 수는 없어 라는 듯이 변소 가는 시간 빼놓고 온종일 고슴도치처럼 쭈그리고 시계점을 지켰다. 5배 확대 렌즈를 끼고 분해 소제를 하는 형의 모습은 가히 필사적이었다. 필사적으로 손님을 맞고, 필사적으로 시계를 고치고, 필사적으로 잘 가세요, 라는 인사를 했다. 그러나 사태는 좋아지지 않았다. 설상가상으로 〈광명 시계점〉은 번영을 구가했다. 형은 일수 장부에 도장을 찍으면서, 약값 독촉에 시달리면서 점점 웃음을 잃어 갔다. 웃음이 적어진다는 것은 적어도 이 사태의 심각성을 말해주는 것이라고 볼 수 있다. 왜냐하면, 형의 자신감은 웃음의 횟수나 농도에 대체로 정비례 적인 관계에 있으니만큼 형의 패기나 자신도 시들해져 가고 있다는 것을 뜻하기 때문이다.

그러나 형은 천부적인 꾸준함과 성실로 지탱해 나갔다. 웃음 대신에 전봉준으로 분장한 김진규가 그렇듯이 철석같은 의지를 나타내었다.

별일이 없었으면 틀림없이 형의 비장한 의지가 이 난관을 극복해내었을 것이다. 큰집은 아버지가 운전을 계속하게 되었으므로 형 집 일만 처리해나가면 되었으니까, 한데 불행히도 유류파동이 일어났다.

형은 동면(冬眠)하기 시작했다. 동면은 형이 할 수 있는 방법 중에서 아마 가장 현명한 처사였을 것이다. 대기업체도 넘어가고, 일본과 덴마크는 경제활동이 마비될 정도였는데, 이런 판국에 영세기업〈영호 시계점〉이 버텨낸 것이 이를 증명하는 것이 아니겠는가?

형은 일체의 것을 중지하고—좋아하는 막걸리는 물론이고 생명에 관계있는 점심까지— 곰처럼 동면을 계속해갔다. 이 동면정책 덕으로 봄이 되어 유류파동이 대체로 가라앉아 살아남기는 했지만 대신 눈병을 얻었다.

눈병을 얻다니… 얻은 게 아니고 붙은 것이겠지만, 시계 기술자가 눈병을 얻은 것은 베토벤이 귀머거리가 된 거나 마찬가지로 엄청나게 위협적인 것이었다. 형은 전처럼 그렇게 일에 몰두할 수도 없었다. 말하자면 〈영호 시계점〉을 여태껏 지탱해왔던 들보가 좀먹어가는 판국인 셈이었다. 형은 안대를 끼고 납빛처럼 침침한 얼굴로 시계점을 지켰다.

안대를 끼고 손님을 맞는 형은 부엉이처럼 음산한 느낌을 주었다. 형의 안색은 아주 형편없었다. 눈이 아파지고 보니 형은 분해 소제 잘된 시계의 깨끗함처럼 끝장을 볼 것이 뻔한 듯싶었다. 안대를 끼고 안대를 안 낀 눈으로 분해 소제 하는 형은 살아가는 걸까? 사라지는 걸까?

이즈음부터 밀수업자들의 끄나풀들이 〈영호 시계점〉을 드나들기 시작했다. 밀수업자 끄나풀들이 드나들기 시작했다는 것은 〈영호 시계점〉이 외부에서 보기에도 이미 글러 먹은 것으로 진단을 받았다는 것을 의미한다. 그래도 형은 필사적으로 시계점을 일으키려는 작정 같았다. 비록 애꾸는 잭크처럼 안대를 낀 신세가 되었지만, 형은 청소도 더 깨끗이 하고, 몇 개 안 되는 시계지만 진열장을 멋있게 채우려고 노력했던 것을 보면 시계점에 대한 애착이 꽤 컸던 것이 아니었나 싶다.

아버지가 사고를 낸 것은 바로 이때였다. 시외버스 운전을 하시는 아버지가 청년 한 사람을 치었던 것이다. 아버지는 우선 교도소에 수감 되었고 차에 치인 청년은 병원으로 옮겨 정신이상이라는 진단을 받았다. 청년을 문병 갔다 온 어머니에 의하면 멀쩡하기가 가실 하늘 같은데 정신이상이라는 것이었다.

60이 가까이 되신 아버지를 징역 살게 할 수는 없는 문제였다. 문제는 정신이상이라는 진단을 받은 피해자 측과의 타결이었다.

피해자 측은 고소를 취소하는 대신 100만 원을 요구해왔다. 형이 시계점을 넘겨 치우기로 작정한 것은 피해자 측과 최종적인 타결을 보고 온 그 날 밤이었다. 형이 80만 원을 피해자 측에 피해보상비란 명목으로 주고서야 아버지는 무죄 판결을 받을 수 있었다. 아버지는 얼굴빛이 하얗게 되어 돌아왔다. 햇빛을 한 달 넘게 못 보아온 탓이다. 형의 얼굴은 새까매졌다. 시계점은 드디어 문을 닫게 되었다.

〈제몰〉은 제일 큰 사육 상자에서 4일 동안 지냈다. 첫날은 그냥 잡아두기만 했고 둘째 날부터는 벨 중에서 제일 시끄럽게 울리는 벨을 상자 옆에다 달아놓고 수시로 울려댔다. 벨 소리가 어두운 창고 속에서 울릴 때마다 〈제몰〉은 사육 상자 속을 발광이나 하듯 뛰어다녔다. 〈제몰〉의 눈빛은 인광처럼 파랗게 불을 켠 그것이었다. 제대로 주었지만 잘 먹지도 않았다. 내가 예상한 바대로 3일이 지난 뒤부터는 벨 소리가 울려도 별로 동요하는 빛이 안 보였다. 나는 두 번째 상자로 통하는 통로를 열어주었다.

〈제몰〉은 통로를 열자마자 두 번째 상자 속으로 뛰어들어갔다. 나는 통로 문을 닫고 희부연 한 철봉 두께의 빛이 들어오는 곳에서 더 어둡고 습기 찬 구석 쪽으로 사육 상자를 옮겼다. 사육 상자를 옮긴 다음 두 번째 상자 정면에 30촉짜리 전구를 달았다. 벨 소리 대신 30촉의 빛을 〈제몰〉에게 선사하기로 했다.

마분지로 전구를 감싸서 빛이 두 번째 상자 쪽으로만 갈 수 있도록 했다. 스위치를 켜자 30촉의 빛이 한데 모여져 강하게 사육 상자 속으로 밀려 들어갔다.

〈제몰〉은 새로운 실험에 당황해서 벨 소리를 울릴 때보다 더 심하게 요동을 쳤다. 불을 켰다. 〈제몰〉은 요동을 치다가 주춤했다. 다시 켰다. 〈제몰〉은 또 발작적으로 뛰어다녔다. 30촉의 전구를 켰다 껐다 하는 사이에 〈제몰〉은 지쳐 쓰러져 버렸다. 나는 정량의 먹이를 두 번째 상자 속에 넣어주었다. 뜸이 있을 적마다 창고 속으로 들어가 전구로 실험을 했기 때문에, 〈제몰〉은 두 번째 상자가 먼젓번의 상자보다 고약한 자리라는 걸 눈치챘는지 눈에 띄게 풀이 죽어 보였다. 〈제몰〉이 안쓰럽긴 했지만, 형이 사는 이 사회만큼은 냉정해야 했다. 마침 아버지가 수감 중이었으니까 나의 실험에 미친 짓 말라고 간섭하는 사람도 없었다.

나는 냉정하게 전구의 색을 바꿨다. 빨간색의 전구, 노란색의 전구, 파란색의 전구, 3색의 빛이 번갈아가며 사육 상자를 비추면 〈제몰〉은 전위 무용의 발레리나처럼, 정열적이고 환각적인 팝싱어처럼 보였다. 〈제몰〉은 부쩍부쩍 말라 들어갔다. 쥐덫에 물렸던 뒷다리는 나은 모양이었지만 전체적으로는 가여울 만치 여위어 있었다.

둘째 날부터는 먹이를 정량이 채 못 되게 주었다. 이 전구에 의한 실험도 4일을 계속하니까 〈제몰〉은 아예 지쳐서 빛이 쏟아져 들어오는 반대 방향으로 코를 박고 쓰러져버리곤 했다. 이 현상도 내가 예측 한 바 그대로였다.

나는 형이 시계점 문을 닫은 다음 날 〈제몰〉에게 세 번째 상자로 통하는 문을 열어주었다. 〈제몰〉은 이번에도 통로를 잽싸게 달려 세 번째 상자 속은 4층으로 나뉘어 있었으므로 〈제몰〉은 우선 몸을 납작 엎드리지 않으면 안 되었다.

세 개의 판자로 가로로 막은 층마다 〈제몰〉이 기어 올라갈 만큼의 구멍을 뚫어 놓았다. 〈제몰〉은 그 구멍을 통하여 1층에서 2층으로, 2층에서 3층으로, 3층에서 4층으로, 다시 4층에서 3층으로, 2층으로, 1층으로 내렸다. 쥐가 원래 기어 다니는 것이긴 하지만, 납작 엎드려서 기어 다니는 〈제몰〉의 모습은 가장 비참하게 기어 다니는 그것이었다.

〈제몰〉은 그래도 열심히 기어 다녔다. 기어 다니는 것이 가장 의미 있는 행동인 것처럼 기어 다니는 것이 자기의 확인인 것처럼.

〈제몰〉은 모른다. 이 세 번째 상자의 다음에는 끈끈이 들어있는 통이 있을 뿐이라는 것을, 끈끈액에 몸이 휘감겨 죽을 수밖에 없는 게 자기의 최후라는 것을.

나는 〈제몰〉이 몸부림치며 최후를 맞을 때까지 냉정하게 관찰하지 않으면 안 된다. 〈제몰〉이 몸부림치며 죽어갈 때 끈끈액처럼 그의 몸에 붙어서 죽음을, 죽음의 의미를, 또는 공복(空腹) 같은 헛됨을, 이를 악물고 봐야 한다.

형은 시계점을 넘겼다. 형의 전부였던 시계점을 넘기게 한 건 누구인가? 나를 포함해서 우리 가족은 끈끈액과 얼마나 다른가? 성실하고 순박한 형이 폐점의 쓰림을 맛봐야 하는 것은 무슨 죄 때문인가? 나는 봐야 하는 것이다. 분노로, 슬픔으로, 잔인함으로 봐야 하는 것이다.

밀수업자들은 끈질기게 손을 뻗쳐 왔다. 그들은 일단 손을 뻗쳤으면 상대방을 포섭해야만 했다. 공연한 비밀이긴 했지만, 조직이 밖으로 새어나가는 게 좋을 리는 없기 때문이었다. 그들은 매일 찾아 왔다. 맥주를 사 들고 오기도 했고 형을 밖으로 데리고 나가려고도 했다. 형은 그들의 은근한 교섭을 받아주지도 않았지만 그렇게 심하게 뿌리치지도 못했다. 어제는 형이 형수를 또 때렸다. 형수도 가만히 맞고 있지마는 안 했다. 「왜 때려요? 당신이 때릴 자격이나 있는 줄 알아요? 먹고 살아야 할 게 아네요? 당신이 빈둥빈둥 놀고먹었다는 애기는 아니에요. 그렇지만 빚이 70만 원도 넘어요. 왜 그런 줄 아세요? 왜 그런 줄 아느냐고요? 당신은 까막눈이라 모를 테니까 제가 말하겠어요. 큰집 때문이에요!」

「이 썅년이!」

형은 난폭하게 형수의 머리를 휘어잡고 발로 걷어찼다. 형수는 꼬꾸라졌다. 나는 형을 붙잡았다. 은주는 주저앉아 울기 시작했다.

「더 때려요. 더 때려보란 말에요. 효성(孝誠) 좋은 당신한테 맞는 건 아프지도 않으니까 더 때려 봐요. 당신이 그 짓 않는다고 누가 알아주기나 할 것 같아요? 그래, 당신 양심은 살아서 좋겠지만 나하고 은주는 굶어 죽을 작정에요. 다른 사람도 다 하는데 당신이라고 못할 건 또 뭐에요? 효도(孝道)도 다 돈이 있고 나서야 할 수 있는 거지 맹물로 되는 건 줄 알아요? 아마, 서울에 있는 형님은 가만있는데 당신은……」

「아!」

형수는 또 꼬꾸라졌다. 내가 말릴 틈도 없이 형이 또 주먹질했다. 형수는 악에 받친 것 같았다.

「때려죽여 봐!」

나는 형을 떼밀어 툇마루로 나왔다. 방문 밖에는 이미 다섯 가구의 사람들이 호기심 많은 눈을 뜨고 웅성거리고 있었다. 녹색의 빛이 그들의 얼굴을 내리눌렀다. 나는 형을 떼밀고 밖으로 나왔다.

형을 떼밀고 나오는 내 눈에 〈신우 시계점〉이란 새로 쓴 간판이 보였다. 형도 보았을 것이다. 〈영호 시계점〉이 〈신우 시계점〉으로 바뀐 것이다. 나와 형은 근처 술집으로 들어갔다. 손님이 한자리밖에 없었다. 구석진 데로가 앉았다. 술이 왔다. 형은 연거푸 잔을 비웠다. 말없이 술잔을 비우기만 하는 형이 무서운 추측을, 어쩌면 미리부터 예측하는지도 모를 추측을 실물감(實物感)있게 보여주는 듯했다. 형은 이제 무엇을 뚜렷이 해볼 처지도 못 되고 자본도 없다. 그렇다면 무엇을? 문제는 뻔한 것이다. 밀수업 나까마나? 모든 것의 포기냐? 형은 무엇이라도 할 것이다. 형에게는 이미 아내와 딸이 있지 않은가? 무슨 짓을 해서든지 형은 그들을 먹여 살려야 한다. 중요한 건 살아야 한다는 것이다. 원수를 갚듯이 살아야 한다는 것이다. 형은 주저할 필요가 하나도 없을지 모른다. 주저케 하는 것은 쥐꼬리만 한 양심이냐? 불의의 체포냐? 어느 것도 형에게 이로운 것은 없다. 형에게는 차라리 사무친 것들 일지도 모른다.

형을 술을 석 되 째 들이켰다. 오랜만의 술이라 취기가 확 올라왔다. 그래, 여기서 적당히 쓰러져야 한다. 어차피 우리의 세대란 피눈물 흘리며 살아가지도 못할 못돼먹은 세대다. 적당히 웃고, 적당히 속이고, 적당히 피하고, 적당히 쓰러져야 한다. 이렇게 살지 않는 놈은 추방해야 한다. 이 세대의 고통을 모르는 녀석이기 때문이다. 형은 술기 오른 얼굴로 울고 있었다.

쓰러져라, 울음소리는 술에 취해 꼬부라지고 눈물만 흘리고 있었다. 쓰러져라. 소매로 소리 없는 눈물을 닦고 또 술을 들이켰다. 쓰러져라. 형은 웃는 듯 우는 듯 입을 열었다.

「히히힉… 내가 울고 마는구나 히히히힉… 마누라 덕택에 울어도 보구…힉힉힉…은주 덕택에 울어도 보구…히히히히히…오냐, 오냐. 니 아빠는 바보같이 운다…히힉힉힉…야 영수야. 너 날 모를 거다. 내 마음 모를 거야. 응? 야. 영수야. 내가 왜 우는지 아니? …야 영수야 내가 왜 밀수허고 손 이거 안 잡는 줄 아니? 나 잽혀들어가는거 그거 안 무섭다. 그런 건 안 무서. 누군 돈 안 벌고 싶은 줄 아니 힛힛힛히히…모를 거다…힛히히 난 적어두 니 형수를 사랑하는 사람이야. 은주를 사랑한다구 히혹혹후후… 그거야. 그거 그거 때문이라구. 엄마 말 안듣고 결혼한 거. 너 알지? 다아 그거야. 그거…영수야. 돈 없어두 좋고 권력 없어두 난 좋은사람이야…후후후…한데 왜들 이러지? 응? 니 형수 사랑만 하면 좋다는데 왜 이러는 거야 응? 야. 영수야… 나, 근데 좀 변할까 싶다. … 돈 좀 벌어야겠어 …니 형수 때문이래두, 은주 때문이래두 말야… 아니 다 아냐. 지금 내가 취헌 김에 헛소리 허는구나…응, 근데 그게 아닌지도 모르겠다. …니 형수한테, 은주한테 떳떳하고 싶었는데, 그게 아닌지도 모르겠다는 얘기야…히히힛… 내일 아침 10시에 만나기로 했걸랑… 그 자식들 하구…후훗훗후후…」

형은 취했다. 나도 취했다. 벨소리와 빨간빛과 노란빛과 파란빛이 쏟아져 들어왔다. 형과 나는 어깨를 맞잡고 술집을 비틀거리며 나왔다. 해는 기울어져 비틀거리는 형의 몸을 물들였다.

나는 집에 돌아왔다. 후렛쉬를 들고 창고 속으로 들어갔다. 오늘은 〈제몰〉을 끈끈액이 들어있는 통 속에 빠뜨리는 날이다. 창고가 흔들거렸다. 후렛쉬가 흔들거렸다. 나는 후렛쉬를 〈제몰〉이 들어있을 세 번째 상자에다 들이대었다.

1층, 없다. 2층, 3층, 없다. 4층 없다. 〈제몰〉이 …술 취한 눈에도 4층 위의 뚜껑이 찢겨져 있는 게 보였다. 철망을 끊고 달아났구나! 나는 뒤통수를 한 대 맞은 느낌이었다. 뚜껑의 찢겨진 부분을 만져 보았다. 이빨 자국이 패어있었다. 〈제몰〉이 …달아났구나!

나는 사육 상자를 발로 걷어찼다. 그래, 내 실수다. 실험에 차질이 있었다. 뚜껑의 철망을 1mm짜리로 한 게… 실수다. 〈제몰〉은 달아날 수 없는데 〈제몰〉 형이 달아날 수 없는데… 어디로 도망쳤을까?

나는 그제야 참고 참았던 눈물을 닦으며 형이 내일 아침 10시에 만나러 갈 것인가, 가지 않을 것인가 생각해봤다. 눈물이 가려 알 수 없었다. 나는 후렛쉬를 끄고 캄캄한 창고 속을 헤치며 나왔다. 밤하늘의 별이 쏟아지는 것 같았다.

제20회

학예상

1970~1979

당선

제501·2~503·504호 1975년 6월 27일~1975년 7월 25일

제20회 대학신문 학예상 : 소설

병자의 미래

· 임판환 (국어국문과 2학년) ·

견잡을 수 없는 피로감 때문에 나는 잔디밭에 주저앉았다. 몇 무리의 어스름한 저녁 바람들이 잔디밭 위를 서성대고 있었다. 서편 하늘엔 노을이 조급히 시들어 가고 있었으며, 언덕 아래의 마을로부터 저녁연기가 서서히 무산(霧散)되어 가고 있었다. 나는 곁에 놓인 유물상자 표면에서 저녁 햇살 몇 개가 머물다. 미끄러지는 것을 물끄러미 바라보고 있었다. 그것은 서서히, 그리고 분명한 속도로 하나의 의미를 조용히 발산하고 있는 것을 갑자기 나는 깨닫기 시작했다. 정말 예상하였던 것보다 화장은 간단하게 끝났다. 두 시간 남짓에 걸렸을까 그러니까 시체가 연소실로 들어가는 것을 확인하고 나서, 소주 한 병과 청자 한 갑을 모조리 타 해치웠을 때 화장터 주인이 다가와서 하얀 천으로 포장된 자그만 상자 하나를 내게 건네주었다. 나는 비로소 모든 것이 거기서 끝나버렸다는 일말의 허탈감과 함께 상자를 오른손에 들고 걷기 시작했다. 화장터의 정문을 나설 때 유기질에 젖은 무거운 공기가 코끝에 젖어 들기 시작했다. 화장터 특유의 유기질에 젖은 공기를 의식하면서 나는 돌연 우습다는 생각이 들었다. 모든 것이 지극히 단조롭다는 게 우습고, 유골

상자를 건너 받을 때 눈에 들어온 화장터 주인의 표정이 우습다고 생각했다. 나는 우습다. 모든 게 현실 같지 않은 게 우습다. 내가 처음 형의 성(性)의 흔적을 들여다보았을 때 그것은 놀라움보다는 차라리 우스운 심정이었다. 한 기대가 그 기대보다 엉뚱하게 빗나갔을 때의 허망함 같은 우스움이었다. 그러나 그것은 우스움으로써 끝나지 않았다. 그것이 형의 글과 무언가 연결이 된다는 것을 나는 얼마 후에 느끼기 시작했다. 그 글로 인하여 나는 형에 대해서 무언가를 캐내려 했으며, 또한 나 자신에의 반성을 하기 시작한 것이었다. 형은 결코 누나나 나에게 한마디 일상적인 얘기마저도 하지 않았다. 2년 가까이 한 지붕 밑에 살면서 더구나 형제간에, 남 같은 차단되고 격리된 생활을 해 온 것이었다. 그처럼 차단된 형에게 관심을 기울이게 된 것은, 미처 하지 못한 원고지 대여섯 장을 주어 읽은 우연한 기회였다. 그때부터 나는 형을 탐색해 보려고 귀를 기울이기 시작했다. 그때 내가 타지 못한 원고지를 주워 읽을 때 거기에는 이렇게 쓰여 있었다.

「……나트랑 북쪽에 있는 이노아 근처의 마을을 우리 3소대가 수색했을 때 일이다. 그 마을은 월남 그 어디서나 볼 수 있는 서너 개의 집들이 들어찬 산간 마을이었다. 한낮의 고요에 뒤덮인 마(여기서부터 소각됐다)

김상사의 처참한 죽음을 보자. 우리의 분노는 포로들에게도 향하여 치솟고 있었다. 매에 채인 쥐처럼 사색이 다 된 포로를 향하여 우리 소(여기서 원고는 다음 장인데 다음 장은 소각됨)

풀어헤친 윗도리 사이로 젖가슴이 드러나 있었다. 햇빛을 처음 보는 듯한 수줍은 듯한 젖가슴은 햇볕을 온통 되돌려 보내고 있는 듯 눈부시도록 하이얀 살결이었다. 그 하얀 지대를 입술로부터 흐르는 피가 관류

하고 있었다. 젖가슴 사이로 흐르는 피, 그것은 참혹보다는 아름다움이었으며 그것이 내 시야를 파고 들어왔을 때 나는 무서웠고, 머리털이 곤두서고 있음을 느꼈다. 나는 (여기서 글은 중단됨)

그것은 하늘을 노려보는 원망의 눈초리는 아니었다. 차라리 원망보다는 고요한 안식이 깃든 눈초리였다. 거기서는 시간조차 쉬고 있는 듯한 차분한 휴식의 빛이 있었다. 나는 결코 이 여자를 강간도 죽이지도 않았으리라고 생각되었다. 도저히 이 완벽스런 여자를 내가 죽일 수 있다는 건 기적 가까운 일처럼 느껴졌다. 그 여자의 고요한 얼굴을 보면서 나는 딴 세계에 사는 경이감을 느끼면서 (이 이후론 완전히 재가 됨)

바람은 벌써 저녁의 싸늘한 채취로 물든 채 어스레한 잔디밭 위를 갈팡질팡 헤집고 다니고 있었다. 서쪽에 마주 보이는 임피(臨披)쪽의 산들은 이제 완전한 어둠으로 묻히었고, 몇 조각구름이 희미한 노을을 발악처럼 피우고 있었다. 어둠은 저녁 안개로 깊게 침투하면서 임피 쪽의 어두운 산들로부터 빠른 속도로 몰려오기 시작하고 있었다.

초인종을 눌렀다. 안쪽으로부터 은은한 리듬이 흘러나왔다. 현관 바로 곁에 한 송이 백목련이 불빛에 창백하게 흔들리고 있었으며, 몇 그루 정원수 뒤로 진한 어둠이 굵은 선으로 내닫고 있었다. 나는 주현동 평주네 집을 찾아온 것이다. 그러나 잔디밭을 일어설 적만 해도 뭐, 이렇다 할 부족한 생각이 있었던 건 아니었다. 일어나 걷고 싶었으며 짙은 어둠이 무척이나 아름답게 생각될 뿐이었다. 말하자면 2km 남짓한 거리를 유령처럼 걸어온 셈이다. 뚜렷하게 떠오르는 기억은 없었고, 다만 현관에 트렁크와 유물상자를 들고 서 있는 나의 모습이 왠지 낯선 사람처럼 서먹서먹하고 불안스럽게 느껴오기 시작했다.

식모 아이가 들어간 후 그가 나왔다. 트렁크를 바라보면서 그가 낭랑하게 말했다.

[어디 토끼시려구?]

[글쎄]

[들어오렴]

[밖으로 나갈 수 없냐. 긴히 할 얘기가 있어서]

사실 그에게 긴히 할 얘기는 쥐뿔도 없었다. 그러나 그를 보자 엉겁결에 나는 그렇게 말해버린 것이다.

[소주 한 병 있다. 들어와 소주에다가 가슴을 녹이면서 풀어봐. 무슨 염병할 노가린데 그렇게 무게 잡노.]

[좌우간 좀 나와 줘야겠다]

도저히 내가 그의 집에 들어설 기미를 보이지 않다. 그는 체념한 듯이 투덜거리면서 안에 들어가 옷을 걸치고 나왔다. 남빛 해자 상의로 드러난 그의 목을 보면서 왠지 그가 가엾게 느껴졌다. 목이 가늘고 긴 사람들은 왠지 그렇게 느껴졌다. 누나의 목은 가늘고 길었다. 검은 스웨터라도 입을 때에는 목은 더욱이 하얗고 길게 느껴졌다. 누나가 카바레에 나가기 시작한 이후로 누나는 목에다 세심한 주의를 기울여 화장을 했다. 그 목 화장은 얼굴보다 정성 들여 오랜 시간을 할애하고 있었다. 그것은 사내들의 눈길을 끄는 독특한 누나의 수단이었으며, 확실히 내가 보기에도 그것은 표현할 수 없는 야릇한 매력을 풍기고 있었다. 사실 누나의 그 목의 매력 때문에 풍족하지는 못할망정 우리 세 식구의 근 이년 가까운 밥줄이다. 생명선이 되었던 것이다. 그야 어쨌든 오랜 시간의 목 화장을 마치면 누나는 마지막 목걸이를 맺으면서 거울 속의 자기를 오랫동안 멍청히 바라보곤 했다. 자신감을 가지고 자기의 아름다움을 보는 눈초리는 아니었다. 직업이 그래서였는지는 모르나 그때마다 나는 누나의 가늘고 긴 목이 어떤 비애 같은 숙명을 깊숙이 간직하고 있는 것을 느낄 수 있었다. 누나가 카바레로 나간 후 나는 화장대를 정리할 때마다 내가 두 살 때 타계하신 어머님이 누나를 꼭 닮았으리라고 생각이 되었다. 그러기 때문에 알몸을 거의 드러내면서 잠자는 때에도 나의 스물한 살의 성(性)은 아무런 동요도 없었고 누나에 포근히 안기고 싶고, 가느다랗고 하이얀 누나의 기인 목이 소중스럽게 내 가슴을 적셔 들곤 하였다.

[너, 또 자살 따위의 얘기 하는 건 설마 아니겠지? 제발 오늘만은 풀지 말자. 사실 나도 요새 사이 해골 아프거든. 염병헐녀러 복권이나 살까, 자살이나 할까, 이것이냐 저것이냐 하고 고심참담해 한단 말씀이야 죄없는 내 불쌍한 머리털만 수난당하고 있지 뭐냐, 허허허…]

그는 맑게 웃었다. 그럴지도 모르겠다. 모든 게 우리 젊은이들에게 지극히 불안스럽고 흔들리게 보이니까 말이다. 그런 걸 느끼면서도 나이 스물하나를 처먹은 이때까지 자살이란 걸 심각하게 생각해 보지도 못한 내가 잘못 살아온 것 같아 부끄러웠다. 나를 정말 부끄럽다. 그에게 부끄럽고, 형에게 부끄럽다.

누나가 카바레에 다니기 전만 해도 형의 증세는 눈에 띄는 게 별반 없었다. 다만 눈에 띈다면 그것은 방에서 밖으로 나오는 일이 거의 없다는 것과 간간이 낮고 끓는 듯한 신음을 내는 것 이외에는 그렇다 할 기색은 없었다. 그렇기 때문에 군(軍)에서 불명예제대를 했다는 게 도리어 이상한 느낌마저 들고 있었다. 그러나 그러한 상태는 발병 전의 잠복기였으며, 폭풍전야의 고요함이었다.

[아무런 얘기도 하고 싶지 않다. 이렇게 너와 걷는다는 게 얘기 이상을 가능케 할 것 같애]

음침한 골목길로 접어들면서 나는 말했다. 이상하게 입술이 내장 속으로 빨려 들어가는 듯, 허튼소리조차 하기가 힘겨웠다.

[연극 하시네.]

[아냐!]

우리는 음침한 골목길을 돌아서 번화가를 향하여 걸어갔다. 우리 사이엔 서로의 말이 끊긴 채 묵묵히 걸음을 걸었다. 그는 무반응인 채 고개를 숙이며 걷고 있는 내 모습에 이내 시무룩해지고 말았다. 우리는 다투고 난 연인처럼 서로의 조급한 걸음을 걷고 있었다. 도시의 맹렬한 불빛은 어둠과 끝없는 공략을 하면서 도시의 한낮을 만들고 있었다. 우리는 불야성의 거리를 서로 시무룩한 채 걸어갔다. 밤거리의 가벼운 흥분 같은 기운이 거리를 걷는 사람들의 발자국 아래로 흐르고 있었으며, 가까운 술집에서 하루의 피로를 [니나노]가락으로 풀고 있는 소리가 들려왔다. 거리의 사람들은 어디론지 각기 유유히 걷고 있었으며, 오늘따라 내게는 도시의 공기가 퍽 나른한 수면기에 젖어 있는 것을 유달리 느껴지기 시작했다. 내가 그를 알게 된 것은 [득용법률연구소]에서였다. 내 깐에는 시야를 넓힌다는 미명아래 S대 법대생들이 많이 모여들고, 다수의 고등고시 패스자를 산출한 [득용법률연구소]를 향하여 2학기의 수강신청조차 아예 그만둔 채 상경한 것이었다. 그것은 내심으로는 S대생들과의 비교와 자극의 이중의 의미를 지닌 내 깐엔 의미심장한 상경이었다. 그리고 한편으로는 나는 다급해 있었다. 한 해라도 빨리 고시패스를 해야만 한다는 내 나름의 필연성을 가지고 있었다. 그것은 나의 고시패스가 내가 할 수 있는 누나에 대한 유일한 보답이고 또한 형의 누나에 대한 그리고 나에 대한 소원감이 해소되리라, 내 나름으로 믿고 있었다. 그런 이유로 해서 나는 다급했으며 필사적인 노력을 내 깐에는 기울였다. 그러한 [득용법률연구소]의 생활 중에 같은 B실의 그와 사귀게 된 것이다. 그는 나와 같은 전라북도에 있는 N고등학교를 나보다 일 년 먼저 졸업했으며 재수 경험이 있은 뒤 전북의 W대학교를 들어갔다는 것 미술과를 일 년 다니다 그만두고 상경해 행정고시 준비를 하고 있던 그였다. 공부하면서도 그는 자주 취하는 때가 많았으며, 멀리 영등포까지 사창가를 원정 가는 때가 잦은 사이비 냄새가 짙은 고시 지망생이었다.

[지금 〈득용〉에 갈려고 하는 거 아냐]

그가 나직이 물어 왔을 때, 나는 전방 삼사 미터에 위치한 [샤넬양장점]의 쇼―윈도에 놓여있는 마네킹을 노려보고 있었다. 그것은 일견 보기에는 굉장히 아름답고 매력적인 모습을 한 날씬한 마네킹이었으며, 조명을 받아 살아있는 것 같은 착각을 주었다. 분명히 나직한 숨소리와 심장의 고동 소리를 들을 수 있는 것 같은 착각을 주고 있었다. 그것은 생명감을 자아내는 마네킹이었다. 마네킹을 노려보면서 나는 희다 못해 창백한 마네킹의 얼굴에 대조적인 핑크빛 자그마한 입술에 시선을 고정했다. 그것은 모나리자와 다른 가슴 깊숙이서 우러나오는 따스하고 포용적인 애정 어린 미소를 머금고 있었다. 넋 잃고 바라보는 나의 시선에 느닷없이 섬찟하는 전율이 스치고 지나갔다. 그제야 나는 비로소 누나가 이제 살아있지 않은 저쪽 세계의 사람이라는 걸 상기해 냈다. 그것은 아주 순간적이었으며 동시에 오열 같은 덩어리가 가슴을 메우고 있었다. 나는 거의 발작적으로 마네킹을 향하여, 그 미소를 향하여 뛰쳐갔다. 담배 연기가 자그마한 술집의 공간을 가득 채우고 있었다. 맞은편에서 그가 술을 권하고 있었다. 텁텁한 막걸리가 목을 타고 내려갈 때, 기트름 속에 풍겨오는 막걸리의 풍미가 오늘따라 무척이나 향기롭게 느껴졌다. 술이 살로 간다는 그러한 상태였다. 아무튼, 밑도 끝도 없이 나는 마구 술잔을 비워댔다. 될 대로 되라는 자포자기의 뱃심은 아니었다. 차라리 그것은 유난히도 입에 달라붙는 입술이 정다워서였다. 말없이 빈 술잔에 술을 채워주는 그를 보자, 그에게 퍽 미안하다는 생각이 들었다. 졸지의 방문에 그를 끌고 나온 당돌한 내 행동과 샤넬양장점의 쇼—윈도에 쓰러져 울부짖던 나를 애써서 이 술집까지 데려왔으리라 생각하니 미안하기 한이 없었다. 누나에게도 미안하다. 누나의 삶의 보람마저 무시한 채, 고시공부를 팽개치고 취직자리를 물색하던 내가 누나에게 얼마나 부끄럽고 미안한지 모르겠다. 나는 [득용법률연구소]를 팽개치고 집에 내려온 이유를 누나의 고생스러운 모습이 안쓰럽고, 꼭 서울서 공부를 해야만 합격하는 게 아니지 않으냐고 누나에 변명했지만, 사실은 나의 졸렬한 의지는 나 자신이 제아무리 날고뛴다 하더라도 별수 없으리라 미리 고시 공부를 포기해 버린 것이다. 그리하여 신문지의 광고란이나 뒤적거리며 돈벌이를 궁리하고 있었던 것이다.

[누나가 죽었어, 오늘 화장하고 오는 길이야, 이게 유골 상자고]

그렇게 말한 나는 슬픔 같은 것도 없으며, 그 역시 아무런 동요도 내색하지 않았다. 다만 조금 전보다 술잔을 빠른 속도로 기울이고 있었다. 술집에는 이제 우리 둘만이 남았고, 우리가 마시는 소리가 낮게 습기에 젖은 바닥에 흡수되고 있었다. 어디서 파리 한 마리가 주전자 위에 잠시 앉아 있더니 카운터 쪽으로 날아가 버렸다. 카운터에서 주인아주머니가 졸리는 시선으로 우리 쪽을 바라보고 있었다. 형은 자신이 죽인 월남의 베트콩 여인에게서 어떤 강렬한 충격을 받았음이 틀림없었다. 내가 생각하기로는 그것은 죽은 여인에 대한 죄책감이 아니라, 죽은 상태에 있는 반나체의 여인에게서 어떤 의미를 포착했으리라고 생각되는 것이다. 형이 집에 틀어박혀 칩거한 이후로 일 년이 다되어 갈 무렵, 형의 광기 같은 행동은 표면화되어 드러나기 시작하였다. 그것은 맨 처음 [복슬이]를 방에 가두고 몽둥이로 타살하는 데서 시작됐다. 숨을 거두며 전신을 바르르 떨고 있는 개의 최후의 순간을 형은 흐뭇하게 바라보고 있었다. 어린 애 같은 천진하고 행복스러운 표정이 얼굴을 가득 채우고 있었음을 나는 선명히 기억할 수가 있었다. 그때에는 나는 형을 탐색하고 있었던 때였다. 탐색을 시작한 한 달 후에 일어난 형의 증세였다. 그러한 첫 번째 증세에 대해서 누나나 나는 별 대수롭지 않게 생각지 않고 다만 병적인 심심풀이로만 여겼다. 그러나 그 일이 있은 후 형은 집안의 빈약한 가구들을 하나씩 차례로 파괴하기 시작했다.

그럼과 동시에 기이한 탈춤을 추기 시작했다. 그것은 흡사 신들려 뛰어대는 무당 같은 모습을 닮아가고 있었다. 식칼을 왼손에 든 채 이리저리 방구석을 꺾어 다니는 형의 칼춤놀이는 회수가 점점 빨라갔다. 그리고 그런 칼춤 놀이 때. 밤고양이 눈처럼 형의 눈을 푸른빛을 강렬하게 발산하고 있어서 무시무시하고 신비한 마력 같은 것을 품고 있었다. 그러한 형의 칼춤놀이가 대여섯 되어 갈 때 누나는 양장점을 그만두고 카바레를 나가기 시작했다. 누나의 생각으로는 형을 입원시킬 목적이었던 모양이었다.

막걸리 열두 되를 다 마셔 댈 때까지 우리는 서로 말이 없었다. 그는 내가 권하는 술잔을 열심히 비우고 있었으며 그렇게 침묵함으로써 말 이상의 무엇을 말하고 있는 것 같았다. 사실 그렇는지 모르겠다. 나의 이러한 상황에서 그가 무슨 얘기를 할 수 있겠는가. 설령 그에게 몇 마디 위로의 말을 듣는다 해도 나에게 그것은 별 의미가 없는 하나의 상투적인 얘기로밖에 들리지 않았을 것이다. 그도 그것을 잘 알고 있으리라고 생각되었다. 신세타령하는 사람은 상대방에게서 자기도 그와 같다는 동료의식을 무의식중에 바라는 법이다. 그리 하여 같이 비감에 젖음으로써 그는 자기의 신세를 카타르시스화 시키려 하는 간악한 의미가 숨어있게 마련이다. 진정으로 상대를 아끼는 사람이라면 신세타령을 하는 이에게 그의 신세를 같이 슬퍼하는 게 아니라, 그것을 극한점까지 몰고 가, 거기서 스스로 탈출하고 극복하는 길을 만들어주어야 한다고 생각한다. 물론 거기에는 오해가 따르기 마련인 것이다. 그도 그것을 잘 알고 있으리라 생각되었다. 어쩌면 우리는 서로가 너무도 잘 이해하는지 모른다. 뭔가 서로 사이의 이해가 필요하다. 비록 그 길이 쓰라리고 험난할망정, 이해의 노력이 필요하다. 죽어 늘어진 개를 오랫동안 만족히 바라다보고, 칼춤놀이에 지쳐서 잠든 형의 얼굴에 표출된 그 천진하고 행복에 찬 표정을 나는 이해하지 못했다. 푸른 눈빛이 소름 끼치게 무서웠고 저 세상 사람 같았다. 그런 형이 신들려 있다고 우선 나는 단정하고 누나에게 굿이라도 한번 해보자고 졸라댔던 것이다. 그러나 우연히 그것이 형의 글과 연결된다는 것을 생각해 냈을 때 나는 들뜬 기분에 사로잡혔다.

「자살하는 사람들은 행복할 거야」

뛰쳐나가 돌아오지 않은 형이 자살이라도 해버린 것 같아 나는 밑도 끝도 없이 그렇게 중얼거렸다.

「행복? 어떤 의미에서」

비소로 그도 굳게 닫힌 입을 열고 말해 왔다.

「고뇌를 벗어날 수 있다는 의미에서」

「고뇌?」

「삶이란 쓸모없는 고뇌로 망쳐버린다는 생각이 들거든. 인간은 어떡하든 결국 패배하리라 생각하고 있어. 아무리 성실하게 노력하는 사람이라도 말이야. 물론 듣기에는 무력한 니힐리스틱한 얘기 같지만」

「모든 사람이란 자기 나름대로 존재 이유를 만들고 있거든. 산다는 것에 대한 자기변명을 가지고 있다는 얘기야. 그런데 아무리 그 변명이 우습다고 천박하다 한들 그것을 무시해 버릴 권리가 타인에 있을까?」

「권리가 없다고 인정하드래도 그 존재 이유 같은 것은 결국 헛된 제스춰에 지나지 않는 거라고 생각해. 물론 보는 관점에 따라 다르겠지만 적어도 나는 그것은 관점 이상이라 확신하거든. 결국, 최선의 방법은 가급적 빨리 죽는 일이라는 생각이 들거든.」

「최선의 방법?」

우습다면 우습다. 한 인간의 고뇌가 타인에게 전달되었을 때 그 반응이 원자극과의 편차를 생각하면 말이다.

형은 광기 같은 게 침잠해지면 책상머리에 앉아서 원고지에 끊임없이 무엇인가를 쓰고 있었다. 어쩌다 형의 방을 들여다보면 책상 곁엔 파지가 수북이 쌓여 있었다. 자신의 내부에 있는 그 무엇을 표현하고 있었던 것이었다. 그 비밀스러운 형의 내적 공간이 얼마나 성실하고 진지한 글로 표현됐는지는 알 도리가 없었다. 애써서 쓴 글을 형은 태우곤 했으니까 말이다.

「그래, 나는 그렇게 생각해」

「죽은 후의 일을 생각해 본 적이 있으면 얘기해 봐.」

「사후까지는 깊게 생각해 보진 않았지만 어쨌든 그 세계는 다르리라 생각되거든. 무의미한 이 세계와는 다른」

나는 형을 생각하면서 자꾸 나의 생각과 배반되는 얘기를 그에게 건넸다. 어떻게 생각해 보면 그것은 얘기를 위한 얘기 같았으며, 나는 거짓을 얘기하고 있다는 것을 충분히 느낄 수 있었다. 형의 방에서 쓸려

나온 신문지를 펴봤을 때, 거기에는 젊은 총각들의 허무의 흔적이 그림처럼 수놓아 있음을 보았다. 나는 신문지에 그려진 형의 허무를 읽으면서 그것이 타다 남은 원고지의 글과 연결되는 것을 갑자기 깨닫기 시작했다. 어렵게 살아온 사람일수록 장래에 대해서 어렵게 자란만큼 강하게 불안을 갖게 되는 것이다. 그 불안이 어느 한계를 넘어서면 정신에의 이상 상태를 초래하는 것은 자명한 일이다.

형은 중학교 시절부터 어렵게 성장하였다. 부모의 혜택이 너무 일찍 단절돼 버린 것이다. 신문 배달, 구두닦이, 가정교사…… 말 그대로 밑바닥 인생을 성장과 함께 체질화시켜 가면서 자란 형이었다. 그런 어려움 속에서도 남같이 잘살아 보자는 소년다운 의지로 고등학교를 졸업하고, 공과대학 이학년 일 학기를 마치고 군에 입대한 것이었다. 형의 생활력은 대단했다. 고등학교 시절부터 이모 댁에서 보내주던 학비도 거절하고 혼자 벌면서 〈비록 중학교 때부터 대학까지 장학생으로 다녔지만〉 우리 세 식구의 생활을 유지해 나갔다. 그런 형이 왠지 자랑스러웠고, 어떤 때는 아버지 같기도 하던 것을 뚜렷이 나는 기억할 수가 있었다.

「산다는 의미가 무의미하다면 죽는다는 의미도 역시 무의미할 거야. 그 세계는 알 수 없으니까. 내 생각으로는 중요한 건 관점이 아니라 관점 이전에 있는 삶을 자기 나름으로 성실하게 살아야 한다는 생각이 들어. 그럴 수조차 없다면야 포기하는 게 낫지.」

「자기 나름의 성실마저 지극히 추상적인 얘기 같은 데」

밖에서는 간간이 주정꾼의 고함과 노랫소리가 단편적으로 들려오는 외에는 조용한 기류가 흐르고 있었다. 천정에서는 형광등이 졸린다는 듯, 자주 깜빡이고 있었다. 카운터에 두 팔을 괸 채 주인아주머니는 졸고 있었다. 모든 게 지극히 평온한 가운데 숨 쉬고 있었다. 우리가 밖을 나선 것은 열두 시가 다돼가는 무렵이었다. 역 광장을 좌측에 두면서 우리는 걸어갔다. 몇 대의 빈 택시가 바쁘게 질주하는 외에는 도시는 비인 것처럼 끈끈한 정적에 빠져있었다. 빈 도시의 상공으로부터 어둠이 모든 물체에 깊숙이 잠입하고 있었으며 몇 개의 바람들이 황급히 포도 위의 휴지들을 역 광장으로 이끌고 스쳐 갔다. 우리는 북쪽으로 걷는 것 같았다. 취기로 인한 훈훈한 체온이 귀밑에서 잉잉거리고, 포식했을 때의 나른한 졸음기가 스며들고 있었다. 그의 걸음도 균형을 잃어가고 있었으며, 도시의 건물들이 조금씩 기울어 가는 것을 느끼기 시작했다. 형은 어디로 달아난 것일까, 형을 나직이 불러 봤다. 형이 가엾게 느껴졌다. 그러면서 누나를 내가 타살했다는 생각이 들었다. 서울에서 내려와 빈둥거리기 시작한 후로 누나는 현저하게 변모되어 가고 있었다. 처음에 누나는 간곡하게 상경하기를 권했으나, 나는 막무가내로 거절해 버렸다. 누나는 더 이상 설득을 하지 않았다. 그런 후로 나와 마주치는 것을 꺼리는 기색이었으며, 어쩌다 눈길이 마주치면 눈엔 순식간에 습기에 젖어 들고 있었다. 시간이 흐를수록 누나는 소원해져 갔으며 동시에 집에 들어오는 횟수가 뜸해지기 시작했다. 뜸하게 들어오는 날에는 유난히도 취해서 들어왔다. 취해 쓰러져 자는 누나를 보면서 나는 뭔가 잘못된 것을 의식하고 가슴이 아팠다. 누나는 한마디 말도 건네지 않았다. 그럼으로써 누나가 의도하는 바를 깨치기를 바랐는지 모른다. 누나는 점점 초췌해져 갔다. 그 하얗던 목도 변색하기 시작했다. 누나는 나에게 많은 것을 기대하고 있었으며 기대했기 때문에 희생을 무릅 쓰는 것을 깨닫기까지는 나는 너무 둔한 인간이었다. 한 삶의 의미가 상실되었을 때 그때는 자포자기 밖에는 남지 않는다는 것을 나는 몰랐던 것이다.

「주무시고 가세요.」

포대기에 아기를 둘러업은 중년의 여인 뒤를 따라 우리는 죄수마냥 비척이면서 걸어갔다. 퀴퀴한 부패의 냄새가 냉기에 젖은 대기의 밑을 더럽히고 있었다. 어두컴컴한 미로 같은 골목길을 우리는 중년 여인의 뒤를 따라 걸었다.

오래된 전구가 천장에서 둘이 누우면 알맞을 방을 모양 없이 비추고 있었다. 천정 몇 군데 찢어진 틈에는 신문지로 발라놓아 광고란의 아가씨가 퍽 피로하게 방바닥을 바라보고 있었다. 광고란의 아가씨를 바라보면서 나는 담배에 불을 댕겼다.

적어도 형은 의식적으로 누나를 타살했을 것이 틀림없다. 형은 그럴 가능성을 충분히 가지고 있었던 것이다. 그것은 어렵게 살아온 형이 군에서 장래에 대해서 회의를 하기 시작했다고 가정하면은 죽은 월남 여인의 시체에서 어떠한 발견, 이를테면 평화롭고 안정됨이 거기서 나타났음이 글에서 표현된 것이다. 그것은 장래의 진한 불안의식이, 죽음에서 훌륭하게 정제되는 것을 형은 느꼈으리라 생각되는 것이다. 그러니까 그게 저녁의 일이다. 그날도 누나는 몹시 취해 들어왔다. 옷을 바꿔입으려고 옷을 벗을 때, 누나가 몹시도 수척해진 것을 보고 씁쓸한 자책감에 사로잡혔다. 풍만하던 가슴의 볼륨도 늙은이마냥 힘없어 보였고 하얀 목이 누렇게 변색하여 있는 것을 쉽게 알 수가 있었다. 시든 꽃을 보는 안타까움이 가슴을 깨어왔다. 내가 비감에 젖어 있을 때 요란스레 문이 열리더니 형이 들어왔다. 동시에 엉거주춤 일어서려는 누나를 향하여 형은 무언가 느닷없이 내둘렀다. 둔탁한 소리와 함께, 누나가 힘없이 방바닥에 쓰러졌으며, 선지피가 방을 적시고 있었다. 그와 동시에 형은 밖으로 뛰쳐나갔다.

「들어가도 돼요?」

「들어와요.」

스물 남짓한 여자였다. 그녀가 내 곁에 앉으면서 말했다.

「나, 담배 한 까치만」

그녀와 나의 입에서 나오는 연기는 수직의 벽을 타고 올라 천정을 맴돌고 있었다. 전구의 빛이 우윳빛이 되기 시작했다.

형은 돌아오지 않았다. 형의 방은 깨끗이 청소돼 있었다. 형의 방에서 한동안 뒤적이다가 벽지에 묻은 성(性)의 흔적을 보았다. 그것은 신문지에서처럼 뚜렷하지는 않았지만, 충분히 성의 흔적임을 알 수가 있었다. 그것은 내 시야에 클로즈—업 되어서, 나는 형의 결코 읽어보지 못한 소각된 글에 대해서 내 나름대로 상상하기 시작했다. 형은 자신의 내부를 분해하고, 비판하여 다시 조립하는 과정을 꾸준히 글로써 표현했을 것이라는 생각이 들었다. 그것은 처음에는 베트콩 여인의 강간과 죽임에 대해서였을 것이고, 다음에는 죽은 여인에게서 느끼는 감정이었을 거다. 그런 내 생각은 다행히도 읽은 원고지의 글에는 그러한 순서로 적혀 있었으니까 말이다. 이 죽은 여인에게서 어떤 결정적인 확신 같은 걸 형이 느꼈으리라는 것은 형의 그에 〈딴 세계에 사는 경이감〉이라는 구절에서 확실해지는 것 같았다. 그러나 성의 흔적은 나는 추리로 해석할 수밖에 없는데, 그 추리가 맞아 간다면 누나의 살해도 내 나름으로 형에게 하나의 당위성을 주고 싶은 것이었다. 즉 형이 죽음의 상태를 최후의 도피처로 생각하고 옛날같이 굳세게 사회로 뛰어들어가 살고 싶어 몸부림친 흔적이 바로 성(性)의 흔적이라면 그런 몸부림 앞에서 누나의 직업은 출발에 앞서 끝을 보여주는 배반감을 주었을 것이다. 다시 말하면 미래에 대한 삶의 의지 같은 것에 대한 누나의 직업은 어두운 그림자인 동시에 절망적인 것으로 형은 파악할 수 있었을 것이다. 그런 상황은, 비

정상적인 형의 뇌는 그것을 내부에 끊임없이 출렁이는 불안의식과 동일시시킨다는 것은 쉬운 일이라 생각되어 지는 것이었다. 그렇게 동일시시킴으로써, 누나는 형에게 있어 누이동생이 아니라 자신의 내부에 제거시키고 싶던 불안의식 그 자체로 변해 보였을 것이리라고 나는 안이하게 추리해 보지만, 그런 엉터리 추리는 형의 행동에 대해서 어떤 당위성과 필연성을 주게 되는데, 나는 그런 줄 알면서도 왠지 형을 합리화시키고 싶었다. 형이 자기 내부의 줄기찬 삶의 의지를 위해서 불안을 제거한다는 것이 누나를 살해하는 결과가 되었으리라고 나는 비록 이해한다 해도, 누가 형을 용서할 수 있을까?, 도덕, 법률, 윤리…… 무서운 것들이 형을 추격하는 듯했다. 머지않아 그것들에 잡히리라는 안달감이 일었다. 형은 삶이란 걸 너무 어렵게 생각한 것일까, 자꾸만 형이 미치광이가 아니었던 것으로 생각하고 싶고, 차라리 죽은 누나보다도 형이 더 안쓰럽게 생각됐다.

「아이참, 총각 아저씨 무슨 생각을 골똘히 해요. 심심한데 우리 한번 놀까요.」

불을 껐다. 옷 벗는 소리가 내 성(性)을 자극하기 시작했다. 따스하고 탄력적인 여자의 살결이 내 몸에 부착되고 있었다. 비릿하고 아련한 젖 내음에 젖은 채취를 코끝에서부터 느끼면서, 돌연한 두려움과 함께 까닭 모르게 이 여자를 용서해야 하고 사랑해야 한다는 생각이 스쳤다. 사랑과 용서만이 두려움에서 벗어나리라는 생각이 욕정처럼 일면서. 나는 그녀를 힘껏 껴안았다.

당선

제501·2호 1975년 6월 27일 금요일

제20회 대학신문 학예상 : 시

변주(變奏) Ⅰ.Ⅱ.Ⅲ

· 김태삼 (국어국문학과 3학년) ·

I

희미한 날빛 밖으로
우리의 습기 찬 생활을 밝히는
아침은 어떻게 오는가
가난을 먹고 사는 사람들과
배냇병신이며 어지럽지 않게 심심한
사람들의 바람 맞는 가슴으로
한 아름의 새벽을 나눌 때
흐린 하늘이 다가온다

II

아무도 지켜주지 아니하는
우리의 수고로운 삶의 뿌리는
어디서 오는 빛으로 생겨나서
제 생명을 마시고 자라는

크막한 절망(絶望)으로 돌아가는가
그 빛은 타다 남은 숯덩이 속의
피어린 불씨로 잠들어서
쉬임없이 해탈하여 나르는
바람을 만날 뿐이다.

Ⅲ

바람아
어디엔지 내 살을 발라놓고
나머지 뼈도 추스러서
먹고, 마시고, 웃고, 슬퍼하는
이 가늠 없는 우리 살림살이의
잔잔한 숨결로 남아야 하느니
가슴이나 뺨에
무형의 몸짓으로 다가와서
우리의 산 너머 보이는
향수로 깊기도 하여라.

당선

제501·2호 1975년 6월 27일 금요일

제20회 대학신문 학예상 : 시조

5월, 령(嶺)에서

· 이종화 (국어교육과 2학년) ·

점점(點點)이 튀겨나간
산방울 언덕 자국.
조갈(燥渴)난 생명의 군무(群舞)에
찢어지는 햇살 마디마디.
하 많은
회한(悔恨)을 안은. 아
문둥이의 광란.

용트림하는 보리밭 새로
누더기 바랜 그 염원
염원.
〈소나기에 똘물 붇듯 부쩍부쩍 자라다오〉
흙바람
마당가 어린것들, 아
안쓰런 흙장난…

엉겨 앉은 마을마다
겨워진 하룻길에
잔 시름 숲
뻐꾸기 토해내는
피 노을
노을,
돼 오는
마파람에 패여, 아
깊어만 가는, 이마 주름.
년년(年年)이 깊어간 회한

봄 족족 쌓여간 시름에
부석부석 부황(浮黃)난
살가죽
땅가죽.
오뉴월
부는 바람에 들떠, 아
떠서 날아간다.

당선

제501·2호 1975년 6월 27일 금요일

제20회 대학신문 학예상 : 수필

주홍찬미

· 조연순 (국어교육과 4학년) ·

그러니까 여고 2학년 때였나 봅니다.

황순원 작「카인의 후예」라는 영화를 단체 관람한 적이 있습니다. 거기에서 쫓아오는 도섭 영감의 살기 진 눈초리를 뒤로하고 담담하게 산으로 산으로 걸어올라 들어가는 주인공 박 훈, 그 박 훈 역(役)이었던 김진규는 목에까지 와 닿는 주홍 티셔츠를 입고 찬연히 빛을 발하고 있었습니다. 그 뒤부터 화면 가득히 클로즈업되어오는 그의 주홍색 티셔츠는 영 지워버릴 수 없는 가슴앓이였습니다. 그 강렬했던 인상 때문에 나에겐 주홍색 티셔츠 입은 남자는 결코 지나쳐버릴 수 없는 은밀한 비밀이 되어, 김진규 같은 남자가 주홍색 티셔츠를 입고 나타난다면 그가 벙어리어도 좋소이다. 할 정도로 매혹되어 있었습니다. 솔직히 말해서, 그런 남자라면 화가 모딜리아니 부인처럼 나도 같이 용감하게 투신자살해 줄 수 있는 용기는 준비되어 있습니다.

그런데,

어느 비 오는 날.

드디어 김진규와 똑같은 주홍색 티셔츠를 입고 게다가 하얀 바바리까지 걸치고 처억 날 찾아온 남자가 있었습니다. 아, 또 그는 까만 머리가 온통 뒤덮고 있는 장발의 소유자였습니다. 후리후리한 그에게 순간 내 눈의 열기를 스스로 느끼고 있었습니다. 그러나 그 남자는 후에 안 일이지만, 내가 너무너무 좋아하는 도서관 언니의 애인이었습니다.

이런저런 이유로 난 주홍색을 보기만 하면 가슴이 짜릿해지는 환희를 느낍니다. 쉽게 말하자면 주홍색 상사병에나 걸렸다고 할까요. 옷을 사려 양품점에 들어가면 보이는 게 주홍이요. 주홍 티, 주홍 원피스, 주홍 머플러—.

그러나 절대 권력의 임금님에 대한 황송스러움처럼 감히 손대 볼 수 없고 접근할 수 없는, 생명을 에워싼 팔팔 뛰는 주홍의 과분한 아름다움에 황홀해 하고만 있습니다.

주홍.

얼마나 생명력 있는 색상입니까!

일체의 존재가 완벽을 유지하기란 매우 어려운 일임에도 불구하고, 세상 사람들은 자기 자신이 너무 큰 행복의 한가운데 있다고 생각될 때 그것을 상실할 예감으로 불안해하고 있습니다. 그의 불안은 영원한 행복에 대한 염원이며 절대적인 완전을 지향하는 삶의 자세로 보입니다. 그러나 그들은 열닷새 보름달이 가야 할 운명을 모르고 있는 것 같습니다. 그래도 비집고 들어설 구멍이 남겨져 있는 한 가닥 희망 속의 열닷새 보름달의 의미에 우리는 숙연해지지 않을 수 없습니다. 이처럼 이도 저도 할 수 없이 꽉 차버린 열닷새 보름달 같은 선지 빛 빨강보다 빨강에 도달하려는 의욕 있는 주홍의 노력은 진정 우리가 추구하는 삶의 자세가 아니겠습니까?

가끔 까닭 없이 침울하고 주위의 세계가 온통 잿빛으로 보일 때가 있습니다. 창기둥을 붙들고 울고 싶을 때가 있습니다. 「비설」의 The-me Music을 들으면서 현실이 무너져가는 소리를 듣습니다. 이렇듯 기분이 울적할 때 다방 구석에 혼자 앉아 슬픔처럼 절대적이고 아름다운 음악을 듣다가 문득, 빨강 치마저고리의 찻집 여인을 바라봅니다. 그녀의 빨강은 고독이 뻘겋게 물들어 있으며 더 이상 어떤 것으로부터도 위로받을 수 없는 기형적인 고독 속에서 흐느끼고 있습니다. 프로이드는 다른 사람에 대한 미움의 감정이 외부로 표출되지 않고 자기 자신에게 지향되어 갈 때 나타나는 동일시(同一視) 현상을 우울증이라 이야기했습니다. 가슴 가득 고독해 하지 말고 은폐된 감정 속에 우울해하지 말고 미우면 밉다 얘기해 버리세요, 싫으면 싫다고 털어 말하세요. 그게 어렵거든 붉어 오르는 여학생의 두 볼의 홍조며, 달아오르는 저녁놀을 물에 비춰 받아보세요. 서서히 불을 뿜을 준비를 하고 있는 미치게 아름다운 주홍색 전경에서 당신은 아직도 우울해하고만 있을 겁니까? 회색빛 오후를 걷고 계신 홀로 사시는 선생님을 위해 주홍색 티셔츠를 사드리고 싶습니다.

거리를 지나다가 흰 바탕에 주홍 글씨로, 복덕방 휘장이 바람에 너펄거리는 것을 본 일이 있습니까? 그것은 대다수 사람이 산다는 일의 천편일률적인 의욕 같은 것을 느끼게 합니다. 산다는 것은 무한히 무엇과 만나는 것이고 이별조차도 이별을 만나는 것입니다. 이것은 우리가 인간이기 때문에 수없이 인간에 부딪혀야 한다는 겁니다. 사람에 의해 권태로워한다거나 불안해하는 것은 인간의 종말을 의미합니다. 인간과 인간이 가장 번다하게 부딪쳤다 갈라지는 복덕방에서 팔락팔락 바람에 너펄거리는 때 묻은 휘장의 주홍글씨는 헤스터의 주홍 A처럼 글씨 테두리가 금실로 정교하게 수 놓여 있지 않고, 그 가장자리에 현란한 화초 무늬가 없을 지래도 얼마나 소박하게 삶을 일깨워 줍니까?

주홍은 상대가 뭐가 됐든 물어뜯고 할퀴기에 충분한 날카로운 송곳니와 발톱이 아직도 퇴화하지 않은 채 신품처럼 번쩍이는 성능으로 고스란히 살아 은밀한 곳에 비장 되어 있는 듯싶습니다. 그리고 주홍은 원하는 한 가지를 손에 넣기 위하여 지니고 있던 다른 아홉 가지를 벌써 포기해 버린 사람들만이 갖는, 신 지핀 집념과 억척과 정열이 곁들어 있는 것 같지 않습니까?

비비드(vivid)하고 신선한 생동감에 넘치는 이러한 주홍을 지향하고 있는 한 우리에게 회색 비 오후는 없을 겁니다.

주홍을 사랑하는 마음으로 차근차근 세상을 살렵니다.

입선

제501·2호 1975년 6월 27일 금요일

제20회 대학신문 학예상 : 꽁트

산다는 독단

· 최성권 (정치외교학과 2학년) ·

이쯤 되면 다시 벽이다. 여기서부터는 내가 이 녀석에게 걸었던 기대나, 신의, 두텁게 느껴졌던 정, 모두가 소용없게 되어버린다. 그런 것들은 이 녀석과 나 사이의 관계 속에서만 그 기능을 발휘하는 것들이란 말이다. "관계"는 결코 "실체가 될 수 없거든 이제부터는 이 녀석과 내가 결코 공유할 수 없는 고유영역이란 말이야, 이곳에서는 관계란 무의미하며 오직 실체만이 중요하단 말이다. 내가 이 녀석의 실체를 받아들일 수 없고 이 녀석 또한 나의 실체를 받아들일 수 없다는 이야기지. 만약 그렇게 된다면 아마도 둘 다의 실체는 고유 영역을 잃고 파괴되어 버릴 것이거든. 나도 이 녀석도 예외는 아니지만, 자신의 실체가 파괴되는 진통을 기꺼이 받아들이려는 자가 있을 수 있을까? 어쨌든 문제는 이 녀석에, 이 녀석과 나 사이에는 공유할 수 없는 각각의 고유영역이 있고 지금 우리는 그의 경계선에 와 있다는 것을 눈치 채이지 않고 이 상태를 벗어나려는 것이란 말야. 도대체가 이 녀석은 순진한 데가 있거든 자기가 가슴을 열고 모든 것을 나에게 말하면 나는 그것을 모두 받아들일 수 있고 나도 나 자신을 모두 자기에게 이해시킬 수 있다고 믿고 있단 말야. 또 더욱 난처한 것은 이 녀석이, 이 녀석 자신의 철학으로는 도저히 상상할 수도 없는 이질적인 세계가 자신의 옆에 공존하고 있다는 사실을 이해하지 못하거든 그렇다고 나 자신 내가 믿고 정을 주는 주위 사람들이 나와 전혀 다른 영역 속에서 살아가고 있다는 것을 허심탄회하게 받아들일 수 있는 그런 똑똑한 놈은 아니지만 말야 어쨌든 이 녀석은 나보다 좀 더 단순하단 말이지. 그러고 보니 이러한 사실을 이 녀석에게 눈치 채는 날이면 이 녀석에게는, 이 녀석에 대한 나의, 일종의, 배신이라고 생각될 테니 나에게 떨어지는 오해는 그렇다 치고 이 녀석이 실망해서 풀이 죽은 채로 나만 보면 실금실금 피할 텐데 그런 꼴을 또 내가 어떻게 견디어 나가느냐 말야 처음부터 허심탄회하게 이야기를 시작한 것이 잘못이었단 말이지. 한두 번 그래 본 것도 아니요, 이젠 신물이 날 지경인데, 뭐가 그리 대단한 일이라고 서로 열을 내어 지껄이게 되었느냐 말이지. 번연히 이런 결과가 도래할 줄 알면서도 번번이 이런 일을 저지르는 것은 여름날 불빛을 향해서 날아드는 나방이와 다를 게 무어냐 말야. 결국, 불꽃에 온몸을 데고 날개는 온통 타버려 못쓰게 되고 결국은 팔딱거리다 미동 속에 죽어가는 그 나방이를 생각해 보란 말이야 우리가 이 경계선에 오기만 하면 어떤 상태가 되는 줄 아나? 이곳은 완전히 원색지대란 말야. 이곳에서는 우리는 얼굴에 쓴 가면도, 몸에 걸친 모든 치장도 벗어 내버리고 피부에 단단히 입혀진 셀룰로이드조차 벗어 버리고 말거든 꼭꼭 감추어 햇빛 한번 받지 못한 연약한 병든 피부를 들어내 놓는단 말야. 만약 뾰족한 바위에라도 부딪치면 살은 아주 짓이겨 질걸, 면도칼로 베어본 적 있어? 흰 살의 단층이 양쪽으로 균열하면서 조금 후에 새빨간 피가 왈칵 배어 나오는 것을 볼 수 있었을 거야! 투명한 흰 살과 붉은색의 조화! 그러나 섬뜩하지 않았어? 그 경계선에 이르면 우리는 느낌을 감촉하게 될 거야. 그곳에서는 조그만 충격으로도 그런 꼴을 당하게 되니 그곳에서는 모두 단단한 벽을 쌓고 이러한 것이 침범하지 못하도록 완강히 저해한단 말이거든 그렇게 되면 교류는 끊기고 각각의 영역 속에 영원히 도사리게 되지, 그건 그렇고 이 녀석과 나와의 사회적인, 그렇지 인간적인 관계는 도대체 피곤해지는 것이니까 사회적인 관계를 그런대로 유지해 갈 수 있을 정도만 서로를 기대하면 된단 말야. 이 기대 이야긴데 말야. 어떤 경위를 거쳐 그런 정도의 기대가 생겨났는지는 모르지만, 이 세상에는 모두에게 각각 요구되는 일정한 기대가 있거든. 어째서 그런 정도가 제일 합리적으로 받아들여지고 있는지는 알 수 없지만, 그만큼은 행동해줘야 하는데, 사람들은 그 근거를 생각하려고 조차 들지 않거든 각설하고, 이 녀석과 나는 왜 그런 일반적인 기대를 넘어서 이 지경까지 이르렀을까? 뭐 쥐뿔이라고 심각하게 마주 앉아서 살아가는 데 별로 중요치도 않는 말들을 지껄이며 서로에게 너무 많은 것을 기대하게 되었느냐 말야, 대여성관(對女性觀)이 어떠면 어떻고 신(神)이 어떻고 민주주의가 목적이면 어떻고 수단이면 어쩌냐 말야. 수단이면 어쩌냐 말야. 무엇이 그렇게 대단하다고 도대체가 술잔을 앞에 놓으면 말들이 많아지니 따분한 노릇이야. 기실 그러지도 못하면서 취기가 좀 오를라치면 혀 꼬부라진 소리로 진실을 말하는 척 본심을 말하는 척, 선불리 지껄이려 든단 말이야. 여기에 값싼 눈물까지 흘리는 날이면 그것은 또 천하일품이지, 요즈음은 세상 사람들은 귀 갖은 사람은 없고 모두 혀만 가지고 다니더군. 죽으면 제일 먼저 썩어 문드러질 세치 못 되는 혀를 말야. 아구지가 피로하도록 지껄여 댄단 말이지. 조금 있으면 싫증이 나서 입은 다물게 되겠지. 눈으로 이야기할 거야. 눈도 피로해져 침침해지면 모든 신경을 피부로 집중시켜 몸을 밀착시켜 부벼대겠지. 그러다가는 모든 감각을 잃고 또 고유영역인 자기의 성(城)안으로 들어박히게 될 거란 말야. 사람들의 살아가는 꼬락서니부터가 도무지 못마땅하군. 멈출 줄을 모르거든 다른 길로 가든지 적어도 더 이상 앞으로 나가면 안 되는 줄을 알면서도 말야. 관성의 법칙을 이야기한 과학자의 명성만을 더해줄 뿐이지. 그렇다고 또 천천히 살아갈 줄도 모른단 말야. 무엇이 그렇게 급한지 우선 승부부터 내고 보자는 거겠지. 이겨야겠다는 거지. 왜 이겨야 하는지는 이긴 후에 생각해 보자는 거란 말야. 그건 그렇다 치고 이기기 위해서 그렇게 초조할 필요가 있을까? 하는 것을 한 번 정도는 생각해 봐야겠단 말야. 또 이기기 위해 자신이 얼마나 추한 꼴을 보이는지 정도는 생각해봐야 하지 않을까 하는 거지. 뭐 짐작할 수 있어. 우선 인정받고 싶다는 거겠지. 공식적으로 말야. 누구도 반박할 수 없는 하나의 사실로써 말야. 숫자로 표시되고 길이로 재어질 수 있으면 훨씬 흐뭇해하겠지. 제길헐, 뭐가 뭔지 모르겠군. 눈도 침침해지고 이렇게 피곤하니 뚜렷한 개념이 정립되기도 전에 동을 강요받아야 하는 인간의 운명 자체가 모순이며 비극이란 말야, 어쨌든 나는 이 녀석과 이만 헤어지는 게 좋을 것 같군.

입선

제503·4호 1975년 7월 25일 금요일

제20회 대학신문 학예상 : 시

외촌동

· 박구홍 (국어국문학과 3학년) ·

〈 I 〉

외촌동(外村洞)에 어둠이 온다.
마을 사람들은 소달구지 같은 손으로
작은 불을 밝히고
할아버지 뫼똥이 귀를 세운다.
일터에서 따라온 쌍소리 몇 개가
어둠에 길들여진다.
마음 뒷산이 큰 눈을 뜬다.
함경도 사투리는 양철 대문을 빠져나와
머리를 먼 곳으로 돌리고 있다.
바람이 경귀(驚句)를 쓸어간다.
달빛이
처마 밑에 거미줄을 친다.

〈 II 〉

낡고 오래된 잠이여.

무거운 얼굴은 모로 벗어놓고
꿈자리는 몇 식구나 가벼워져야 하느냐.
희령 땅에서 살다 묻힌
선대(先代)의 가난한 말씀들이
외촌동의 낮은 골목길을 찾아온다.
등짝 벗겨진 잠꼬대가 발에 밟힌다.
부엉이 눈 같은 불도 끄고
그러나, 긴 잠이여,
하늘 가까이에서 네 등심 뼈는 온전하다.

〈III〉
배추꽃 밭에서 몸을 푼 달이
해쓱한 손으로 어둠의 허리를 벗긴다.
외촌동리 새벽은
무덤 몇 동(棟)의 무게로 깨는 것이 아니다.
무너진 서까래와 일당(日當)칠백 원을 위해
혀 짧은 사투리로 깨는 것이 아니다.
외촌동의 열신 새벽은
텃밭에 깔리는 새소리로 온다.
입심 좋은 골바람 고쳐 눌러 죽이고
풍산댁(風山宅) 빈 구루마로 온다.
새로 난 언덕길과 볼록담 저편에서
소스라쳐 숨는 새벽 연기의 눈(眼)

입선

제503·4호 1975년 7월 25일 금요일

제20회 대학신문 학예상 : 시조

염원의 바위

· 김수창 (임학과 1학년) ·

여명의 하늘가에 채운이 발 멈추고
갈매기 흰 가슴에 그리움 쌓이던 날
안개 낀 수평선 보며 기다림을 배웠다.

재생의 염원 아래 천 년을 기도하고
원리를 뉘우치는 무언의 외침이여
수천 년 변함없는 자태에 의연함이 흐른다.

용궁을 그리면서 고독을 사위는 정
암석 된 마음일랑 그 누가 알아주리
한 쌓인 기다림 되어 이끼 없은 용두암.

용두암 오열 안고 바닷물 밀려오면
통통배 여운 위에 낙조가 드리우고
까아만 바위 등걸에 옛 전설이 내린다.

입선

제503·4호 1975년 7월 25일 금요일

제20회 대학신문 학예상 : 수필

모든 사랑의 의미

· 최월옥 (영어영문학과 3학년) ·

노란 먼지가 풀풀 이는 신작로 길을 걸으면서 나는 문득 땡볕처럼 짱짱하면서도 골고루 퍼지는 그런 사랑을 하고 싶다고 느낀다.

도로 주변의 담장 그늘에 부연 먼지를 뒤집어쓴 채 그 넓은 잎을 외롭게 흔들거리고 있는 머우잎을 보면서도 문득 그런 생각을 한다.

그뿐인가, 잘 익은 딸기 한 개를 입안에 넣고 씹을 때, 시큼하도록 퍼지는 그것의 신선한 맛은 더욱더 미묘하고 사랑스럽다. 사랑은 「하고 싶은 것」과 「~스러운 것」의 두 가지가 있다.

전자(前者)의 경우는 사랑에 대한 애착이며 후자(後者)의 경우, 사물에 대한 어여쁨이다. 이 세상 구석구석에 깔려 있는 모든 사람의 의미는 바로 이 두 가지 종류로 귀결되지 않을까? 우리들의 마음을 덥혀주고 풍요로움과 온유함을 주는 것은 바로 이것이 아닐까 싶다.

마음을 다 주어도 아깝지 않을 사람을 만나고 싶다는 기대 하나로 인생은 출발을 한다. 그러나 대게의 모든 사람은 자신의 배우자에 비추어 조금은 자기 자신이 아깝다는 손해 감정을 가지고 일생을 살아간다.

사람의 욕심일까? 사람에 대한 기대로 시작한 인생이 좌절되는 슬픈 이야기, 그것은 도처에 무수하다. 타인에 대한 기대, 이는 바로 자신에 대한 이율 배반의 결과를 낳기 때문에 사람들은 어리석은 미련 속에서 사는 것이다.

내가 곧잘 사랑하고 싶다는 절실한 감정을 느끼면서도 쉽사리 사랑에 젖어 들지 못하는 것도 이 때문이다. 어떤 이유, 무슨 조화든 간에 씁쓸한 후회나 배신감은 정말 맛보고 싶지 않기 때문에 나는 사람을 사랑하는 일에 가장 결단력이 없다.

그렇지만 대신에 나는 길거리에 널려있는 돌멩이 하나하나에도 사랑의 의미를 붙일 줄 아는 정(情)스러움을 지니고 있다. 그리하여 언제나 나는 아슬아슬하고 아릿한 사랑의 분위기 속에서 조금도 어설프지 않게 삶을 꾸려 나갈 수가 있다.

그런 나이지만 꼭 한번 사랑에 대해서, 그것도 이성이 아닌 동성에 대해서 깊은 애정을 느껴본 적이 있었다.

평소 가깝게 지내오던 친구가 있었다. 사람 사귀는 일에 유약하고, 지닌 자신의 물건에 대해선 지나친 집착이나 친구끼리의 우정에도 편벽성을 지닌 아이였다. 그러는 어느 날이던가, 굉장히 추웠던 기억이려니 조금 오래전의 일이다.

그 아이가 병상에 누워 있었던 까닭으로 —늘 허약했지만— 거의 일주일간을 서로가 만날 수가 없었다. 물론 나라도 그 아이 문병을 갈 수가 있었는데 마침 다른 급한 일이 겹쳐서 우리는 잠시 얼굴을 못 보고 있었던 것이다. 그러던 어느 밤, 몹시도 추웠던 날이라 대개의 모든 집이 덧문까지 꼭꼭 잠그고 일찍부터 잠을 청하는 그런 날이었다.

그날따라 나도 낮의 피곤이 겹쳐 일찍 방의 불을 끄고 잠을 자고 있었는데 몇 시쯤 되었을까, 창밖에서 날 부르는 가녀린 소리에 불현듯 놀라

잠이 깨었다. 아주 힘이 없고 약한 여자의 음성이었다. 벽 하나를 격한 길가의 방이어서 빈 거리를 내달리며 오락가락하는 북풍의 휘파람 소리도 넉넉히 들을 수 있는 시각이었다. 나는 불을 켜고 우선 시계를 보았다. 열두 시 이십육 분, 나는 놀라움을 참고 누구냐고 간신히 물었다. 그랬더니 갑자기 뚜렷한 목소리로 「나야! 나○○이야」하지 않는가? 바로 그 친구였다.

자정이 까맣게 밀려오는 것을 보자 갑자기 내가 보고 싶더란다. 그때 집에서 알지 못하게 살짝 빠져나와 우리 집까지 왔는데, 아무리 불러도 내가 깨지 않더란다. 그래서 거의 삼십 분 동안을 내가 깨기를 기다리며 춥고 어두운 골목에서 서 있었다는 것이다.

내가 왜 대문의 벨을 누르지 않았느냐고 물으니 다른 사람들을 만나는 게 번거로워서였다고 수줍게 웃는다. 그제야 그 아이 행색을 자세히 살펴보니 잠옷 위에 외투만 걸치고 슬리퍼에 맨발이 아닌가? 나는 갑자기 뜨거운 애정이 솟아올라 그 아이의 맨발을 따뜻한 손으로 녹여주며 울음을 삼키느라 애를 썼다. 내가 이제껏 살아온 모든 나날 중에 사람에 대한 애증을 가장 강렬하게 느꼈던 단 한 번의 기억이다.

그렇지만 사랑스러운 것들에 대한 나의 다정함은 특별한 정도를 넘어선다. 오월 아침, 문득 터져서 벌어지는 목련의 연한 그 빛깔 위로 하나 구르는 맑은 이슬은 손에 꽉 쥐고 싶게 사랑스럽다. 그것은 나를 발전시키고자 하는 내부의 자연스러운 염원의 소치라 풀이된다.

역시 오월 중순 무렵, 한적한 뒷길을 걷다가 갑자기 발견하게 되는 발밑의 떨어진 아까시아 꽃잎들, 그 위를 지나는 달콤한 바람 또한 지극히 사랑스럽다.

그러나 사랑스러운 것이 비단 오월 꽃뿐이랴. 밤알 떨어지는 소리가 숲속에 어지러울 바로 그 무렵, 눈이 시리도록 하얗게 바래져 빨랫줄에 걸려있는 흰 무명빨래는 얼마나 사랑스러운지, 오히려 가장 순수한 마음을 나타내준다.

남쪽 하늘을 가로지르며 우윳빛으로 흐르는 은하수가 고운 여름날 저녁, 멍석 위에 앉아 누이랑 어무이랑 같이 들였을 여섯 살 꼬마의 깽끼 손가락 손톱의 봉숭아 물은 뭉클하도록 사랑스럽다.

우리 모두의 어린 시절의 기억이 그 빠알간 손톱 위에 여실히 나타나고 있음을 볼 제, 나는 그리고 그 누구라도 갑자기 그 꼬마를 안아보고 싶다고 느낄 것이다.

또 있다. 미끌미끌한 얼음길 위를 걸어가고 있는 열다섯쯤의 소년이 쓴 털모자의 달랑거리는 방울은 아무런 사심(邪心)이 없이 귀엽고 사랑스럽다. 겨울, 네거리 골목마다 리어카를 놓고 손님을 기다리는 오징어, 군밤 그리고 이가 시릴 홍시 장수를 코앞에서 타고 있는 붉은 카바이트 불도 향수 어린 마음 앞에서는 뜨겁게 사랑스러운 것 중의 하나다.

하지만 이러한 모든 것들의 겉모습을 사랑하는 나의 마음은 다시 이율 배반의 반목을 거듭하지 않을 수 없다. 왜냐하면, 나의 사랑론(論)은 다분히 낭만적이고 사치스러운 것이어서, 가장 험난한 생활을 하는 어떤 사람이 만약 내 이야기를 듣는다면 밥 먹고 할 일 없는 소위 팔자 좋은 인간의 배부른 소리라고 비난할 게 틀림없다.

옳은 이야기다. 결국, 밑바닥 인생에 대한 어떠한 동감도 없이 무작정 시골의 무명빨래나, 봉숭아물, 그리고 춥고 또 추운 겨울 거리에서 떨고 있는 카바이트불을 사랑스러운 것이라고 말할 수 있는 내가 모순이지 않은가.

그렇다면 결국 사물에 대한 어여쁨의 근본을 이루는 것이 인간에 대한 애착이 아닌 다른 것이 될 수는 없다고 나의 사랑론이 맺어진다.

아까 앞에서 언급한바 있는 사랑의 두 가지 종류는 이제 이쯤에 와서는 다시 하나 속에 들어가야 한다는 이야기다.

물론 세상의 모든 사랑의 의미가 처음부터 끝까지 쭉 같을 수는 없지만, 아무튼 하나만은 진리(眞理)처럼 통용되니, 그것은 바로 인간 즉 사람에 대한 넓은 애정이 없이는 세상의 모든 사랑이 옳게 조화될 수 없다는 사실이다.

입선

제505~508호 1975년 9월 5일~1975년 9월 26일

제20회 대학신문 학예상 : 소설

생명보험

· 송동한 (국어교육과 3학년) ·

「아니 교수님, 교수님 아니십니까?」 나의 갑작스러운 인사에 잠시 어리둥절해 있던 변교수는 눈을 몇 번 껌뻑거리더니만 비로소 알아보았는지, 「야아, 자네 유군 아냐? 정말 오랜만인데. 웬일이야?」 하고는 내 손을 꼭 쥔 채 부잣집 막내처럼 수선스럽게 기쁨을 나타냈다.

대학 시절 우리과 주임이었고 저명한 소설가인 변교수를 호남선 야간 열차에서, 그것도 삼 년 만에 만난 사실을 나는 순전히 우연이라고 간주하지는 않았다. 변교수는 처가가 목포에 있었고, 남도 지방에 아직도 조금씩 산재해 있는 민간 설화들을 수집하기 위해 매달 마지막 토요일 밤엔 거의 빠짐없이 이 기차를 이용해 왔었기 때문이었다.

「여기 앉게.」 변교수는 날 거의 끌다시피 하여 앞자리에 앉혔다. 나의 옆에는, 누가 와서 조금이라도 건들기만 하면 「얼마치?」하고 깜짝 놀라며 일어날 듯한 표정을 얼굴에 바른 어물장사 아낙네가 창문에 매달린 저축의 불빛을 빤히 바라보고 변교수는 미소 띤 얼굴로 나의 몸을 머리부터 발끝까지 찬찬히 훑어보면서, 담배를 꺼내는지 손을 꼼지락거리고 있었다.

「그동안 한 번도 못 찾아 봬서요. 면목이 없군요.」 나는 얼른 담배에 불을 붙여 드리면서 진심으로 미안함을 나타냈다.

「아냐, 하루 종일 애들과 씨름하다 보니 어디 시간이 있었을라구? 하여튼 반갑네. 하룻길을 가다 보면 중도 만나고 소도 만난 다지면, 이렇게 자네까지 만날 줄이야.」 오랜 과속에 묻힌 제자를 갑자기 만난다는 게 여간 기쁜 일이 아닌 성싶다. 미소 짓고 있는 변교수는 어느새 다 타버린 담배를 언뜻 보고는 살그머니 바닥에 내려놓았다. 그리고는 오른발로 몇 번 비벼댔다. 땅에 떨어진 담뱃불이 완전히 다 꺼져야만 안심하고 걸을 수 있다 하던 그 조심성이 은연중에 엿보였다.

「그런데 자네, 참 어딜 가지?」

「그냥 바람 좀 쐬려고요.」

「웬 자네두…」

사실 난 바람을 쐬러 가고 있었다. 심하게 표현한다면 끈적끈적한 생활들을 떨쳐버리기 위해서랄까. 변교수는 내 대답에 양이 차지 않은 모양인지 다시 한 번 날 쳐다보았다. 나는 약간 미안한 마음이 들어서 얼른 유리창 쪽으로 시선을 던졌다. 자꾸만 부풀어 오르는 어둠 위로 차안의 풍경이―그러니까 빈 병 세 개를 의자 밑에서 끄집어내어 보자기에 싸려다가는 고개를 서너 번 두리번거리고 있는 어떤 할머니의 모습이라든가. 〈닥〉자를 거의 생략하여 마치 〈까요 까요〉 하는 듯한 어린 구두닦이가 슬금슬금 지나가는 모습이라든가. 막 시집간 듯한 숙녀가 처녀시절엔 그렇게도 애지중지했던 유방을 함부로 내놓고 젖을 먹이는 모습이라든가, 희미하게 드러나 있었다. 그곳엔 나의 까매진 얼굴도 있었는데 「어디 제발 좀 웃어 봐요.」 하고 소리라도 칠 듯이 나를 애처롭게 바라보고 있었다. 그 너머로는 이따금 반딧불 같은 불빛이 피어오르다간 금세 흐르는 듯 미끄러져 갔고, 때로는 시커먼 공간의 한 겹 뒤로 도회의 암황색 하늘이 날려 가곤 했다.

「저어 교수님? 혹시 〈순수〉란 것을 생각해 보신 적이 있으십니까?」 나는 〈요새 소설은 많이 쓰셨나요?〉하고 물으려다 불쑥 이렇게 말해 버렸다. 변교수는 갑작스러운 나의 물음에 양 눈썹을 조금 치켜 올리며 〈응?〉하는 듯한 얼굴로 날 쳐다보았다.

「별 신통한 의미는 없지만, 어쩐지 아까부터 그 말이 제 머릿속에서 빙빙 돌잖아요?」 저 창문 밖에는 한없이 부풀어 오르는 수렁 같은 어둠을 보니깐 더욱 그런 것 같았다. 보잘것 없는 것도 여러 번 생각하다 보면, 오히려 귀한 무엇인 것처럼 착각될 때도 있다지만, 그것이 착각일망정, 나의 몸으로 배어들고 있다는 사실만큼은 부인할 수가 없었다. 변교수는 다시 피워 문 담배가 필터 가까이까지 타들어 가는 것을 한참이나 지켜보고 있었으나 기실 마음만큼은 다른 곳에 있음을 난 알 수 있었다. 변교수는 나의 시선과 부딪히자 낭패스런 표정을 지었다. 나는 괜한 말을 꺼냈는가 싶어서 변교수를 올려다보며 「아무것도 아네요. 그냥…관두세요.」라고 말해 버렸다. 나는 스스로를 말하고 난 뒷면 으레 느끼는 〈그저 그러한〉 감정을 사뭇 억누르며 다시 한번 〈순수〉라는 말을 음미했다.

나는 나 자신이 우스울 때가 종종 있었다. 지금도 해당 되겠지만, 그건 주로 학교가 다 파해버린 후의 교정에서 일어났었다. 마지막 수업시간의 끝 종이 울리고, 귤 같은 태양이 교실 창문으로 서서히 떨어지기 시작하면, 학교엔 통학차를 기다리는 몇몇 학생들과 운동장에서 공을 차는 학생들이 약 스무 명 정도 남아 있을 뿐이었다. 그것은 해가 지나도 거의 바뀌지 않는 숫자였다. 어제였다. 나는 습관처럼 교사 뒤편에 있는 연못 속의 그림자를 보고 있다간 두어 번 돌을 집어 던져서 그 그림자를 산산이 망가뜨려 놓고는 운동장 쪽으로 걸어 나와 운동장의 뛰노는 학생들을 바라보면서, 벌레에 뜯겨 마치 망사처럼 되어 버린 프라타나스 이파리의 마디를 무심결에 또옥똑 분질러 대고 있었다. 그때 소리도 없이 학생 한 명이 내 눈앞에 불쑥 모습을 나타냈다. 검은 제복과 검은 모자 속에서 마치 숲속의 귀여운 유충처럼, 반짝거리는 눈을 가진 그 학생은 해작해작 웃기부터 했다.

「저 학생 말예요? 저 여기 곧장 보이는…」 그 학생은 한 손을 쭉 뻗쳐 운동장의 한쪽을 겨냥해 보였다.

「그래.」

「걘 승한이지요?」 그 학생의 손끝에는 운동장의 어떤 학생 하나가 마치 손톱에 찔리기라도 하듯이 놓여 있었다.

「…」

「그죠?」

「응. 그래.」 저녁 무렵의 낮아진 하늘 밑에서 손을 닿을 듯 가깝고 시끄럽게 들려오는 운동장 내의 소음을 버리고 싶은 충동을 느끼면서, 나는 가까스로 대답했다. 승한이는 이십 미터는 족히 될 듯한 그림자를 땅에 던진 채, 〈야 일루 패스, 여기 구멍 있잖아, 전원수비〉하며 공을 차는 다른 학생들을 묵묵히 구경만 하고 있었다.

「승한인 공이 무척 차고 싶을 거예요.」 공을 좇아다니는 학생들의 몸에선, 뺏지나 빠클, 혹은 단추에 의해 햇빛이 반짝거리고 있었다. 그러나 승한이는 햇빛을 등지고 있는 탓인지 동강 난 검은 숯덩이처럼, 한 번도 빛을 발해 본 적이 없었다.

「제가 언젠가 승한이의 생활기록부를 언뜻 보았는데요… 뭐 장래희망인가 뭔가 하는 란에 〈축구선수라고〉 라고 쓰여 있잖아요?… 목발만 아니었어도… 쯧쯧.」 학생은 제법 인정 어린 말투로 나의 턱을 올려다보며 말을 했지만, 나는 그 학생을 쳐다보지 않았다. 담배를 찾았다. 나는 내가 묘하거나 우습다는 생각이 자꾸 들었다. 무심결에 낙서를 하다 보면 〈승한이, 폭발, 환청〉이라는 말이 쏟아져 나와 버리곤 했다. 이건 비단 어제뿐만이 아니었다. 해를 넘기는 여러 날이 그랬다. 이 자리에서 당장 백일장 대회라도 열린다면 난 주저하지 않고 〈운동장의 움직일 줄 모르는 그림자〉란 제목을 붙이고 말았을 것이었다.

「사람이란 참 묘해요.」 나는 묻는 투도 아닌, 이상한 어투로 밑도 끝도 없는 말을 꺼냈다. 정말 묘해요. 라고 덧붙이려다 그만두고는 변교수를 바라봤다. 변교수는 아까의 〈순수〉라는 말이 나보다 훨씬 더 변교수에게 어떤 힘을 던지고 있지는 않나? 하는 조바심이 생겼다.

「움직이는 것 중에서 개구리와 사람은, 그중에서도 특히 여자겠지만요, 그 뛰는 방향을 아무도 예지할 수 없다는 옛말이 어쩜 딱 맞는 것도 같더군요.」

「역사도, 역시 그렇다는 것 같지?」

「아 참, 하나 빠뜨렸군요. 아마 그것도 그렇다는 것 같습니다. 그런데 전 가끔 이런 걸 느껴 왔었죠. 저에게 있어서 저의 의지 같은 게 전연 배제되어 버린 행위가 곧잘 일어나고 있다는 사실을 말입니다. 그러니까, 제가 뛰는 방향을 제가 잘 예지할 수 없을 때가 종종 있다는 의미랄까요…하여튼.」 변교수는 갑골 같은 어둠을 주시하면서, 어둠 속에서 한 줌의 빛이라도 만들어 내야만이 살겠다는 듯이 고요한 표정을 지으며 조용히 움직이고 있었다.

「어둠을 보고 있으니까 나 자신도 어둠인 것 같아.」 변교수는 유리창 너머로 혼잣말 비슷한 소리를 내고는, 날 다시 쳐다보면서 〈다 듣고 있다네. 그래서?〉 마치 거울 속의 자신을 쳐다보며 씽긋 미소 짓는 듯한 웃음을 살며시 곁들이면서 그러한 표정을 지었다. 그 바람에 이마의 주름살 서너 개가 뭉개져 버렸다.

「의지란 걸 제쳐 두고라도, 우선 전 〈자기〉라는 것이 휑 비어 버린 것 같더군요. 전 제가 도무지 확인이 안 돼서 쩔쩔맬 때가 상당히 많아요. 세상의 모든 것 속에서 저 자신이 막연하게 묻어있는 것만 같아요. 도통 실감이 안 나더군요. 교수님? 혹시 방에 거울 있으세요?」

대학생에게 1+1이 얼마냐고 물으면 선뜻 2라고 대답하길 망설이는 것처럼, 변교수도 잠시 주춤하면서 턱만 추켜올렸다.

「거야, 거울 없는 사람이 어디 있을라구?」

「전 없는데요. 아예 거울 같은 건 싹 없죠. 술에 취하면 뭐가 생각난 줄 아십니까? 거울이어요. 저 자신을 더욱 강렬하게 의식하고 싶어져서겠지요. 그런데 교수님? 이상하게도 거울을 보기만 하면 웃음이 나와요. 전 언젠가 한 번은 거울을 보다간 착각을 일으켜 버린 적이 있었죠. 대청의 거울 앞에서 있으니까, 아 글쎄, 친구 민섭이 녀석이 거울 속으로 들어오잖아요? 난 하도 반가워 후닥닥 달려간다는 게 그만 거울을 들이받아 버렸죠. 우스운 얘깁니다만, 하여튼 알 수 없는 어떤 무엇이 거울 속엔 나타나더군요.」 차 안의 얼굴들, 눈이 어지러울 만치 비슷비슷하게 닮아 있는 여러 얼굴들을 잠깐 훑어보면서, 나는 막상 말을 하고 나니까 과연 그렇구나 하는 기분이 들었다.

「거울은 자주 보는 편인가?」

「아마, 그럴 겁니다. 거울을 놓으면 또 보고 싶어지고, 또 보고 싶어지고…어떨 땐 하루 종일 거울을 떠날 수가 없어 혼 난 적도 있었죠. 그런데 지금은 거울을 보기가 몹시 두렵더군요. 그래서 아예 없애 버렸죠.」

「왜?」

「저도 잘은 모르지만…하여튼」

내 말처럼, 하여튼 난 뚜렷한 이유도 모른 채 거울을 두려워하고 있었다. 내 얼굴이 정녕 못나서 그런 건 절대 아니었다. 어디서나 볼 수 있는 나이지만, 내가 날 똑똑히 볼 수 없듯, 오랫동안 거울이 두려워 못 보면서도, 난 그 이유를 확실히 할 수 없었다. 하여튼 내가 거울을 두려워하기 시작한 것은 나의 대학교 사학년 시절, 그러니까 지금으로부터 오 년 전쯤이었다.

그때 난 문학에 굉장한 매력을 느끼고, 며칠 간격이나 방구석에 칩거하면서 〈까라마죠프 형제〉 중의 〈알료샤〉를 곰곰이 그려보기도 하고, 〈좁은 문〉과 〈배덕자〉의 양 세계에서 헐떡거리기도 했다. 〈그리고 앙뚜완느 로깡땡〉을 알고 나면, 다음날 학교에 가서 반드시 그것을 얘기하지 않으면 병이라도 날 것 같은 우리 과우들과 잘 어울려 얘기하곤 했다. 신춘문예 소설부 응모엔 두 번의 낙방 경력이 붙어 있었으나. 그게 별로 나를 구속하여 들진 않았다. 구속하는 것이 있었다면, 그건 시간이 언제나 나보다 한두 발 앞서서 달린다는 문제뿐이었다. 그때 내가 만약 죽음의 순간을 맞았다면, 아마 〈그놈의 일 분이 빨라서 죽는구나!〉하고 마지막으로 외쳤을 것이다. 확실히 시간은 공간보다 무서웠다. 누군가의 말처럼 공간은 죽임을 당하는 것들을 소유하고 있지만, 시간은 모든 것을 죽이고 있기 때문이었다.

그러던 어느 날, 나는 오랜만에 만져본 여유를 자전거로 보내려고 마음을 먹었다. 감색 T샤쓰 차림으로 페달을 굴리면서 시내를 가로질러선 변두리 공원으로 갈 참이었다. 도로변의 팬지 꽃들이 줄지어 들어오고 있었고, 사람들이 앞을 보면서 뒤로 걸어가는 것만 같고, 산소 용접하는 청년 하나가 눈 깜짝할 새에 브록댐에 지워져 버리는 새삼스러운 풍경과 그리고 수많은 차량의 꿈틀거림 및 붕 떠 있는 애드벌룬의 경쾌한 흔들림, 하늘에 퍼져 있는 숱한 광선들, 삼 층 높이만 한 선전용 맥주병들을 구경하면서, 쾌속의 미에 흠뻑 젖어 있다간, 난 갑자기 새로 산 면도날을 들고는 그 끝의 푸르스름한 빛이 무서워 도망치는 아이처럼, 정말 그 아이처럼 되어 버리고 말았다. 무언가가 달려와선 갑작스럽게 내 자전거에 〈틱〉하고 부딪혀 버렸는데, 그 순간 나는 자꾸 내 몸이 한쪽으로 휩쓸리면서 온통 쏟아져 내리고 있다는 강렬한 안타까움에 차라리 날 내맡기고 있었다. 이것은 극히 순간이었고, 순간 후에 곧 의식을 잃어버렸는데, 별들이 난무하는 어떤 무한한 공간으로 한없이 빨려 들어가는 기분이었다. 조금 후에 난, 두 개의 눈이 유달리 뚜렷한 무수한 얼굴들이 나에게 집중되어있고, 앰뷸런스가 별로 효과를 내지도 못할 듯한 빨간 분을 대낮인데도 휙휙 돌리면서 쫓아오고 있으며, 햇빛이 나의 머리와 등에 렌즈를 대고는 태워버릴 듯이 강렬하게 비춰오고, 또 많은 차량들이 헐떡거리며 달려오다간 급정질 하면서 줄을 짓고 있다는 사실을 어렴풋이나마 느낄 수 있었다. 난 갑갑하였다. 그리고 아찔해져 갔다. 열리지 않는 문을 두드리는 어느 미망인의 마음처럼, 무언가가 자꾸 손아귀로부터 빠져나간다고 생각했다. 나의 망막 속에 희미하게 맺혀오는 한 소년의 엎질러진 모습, 그리고 사오 미터 전방에 처박혀서도 허공을 향해 바퀴를 돌리고 있는 내 자전거— 이건 하나의 짧은 장면 속에서 설명되지 않는 어색함이었다. 난 우습게도 나 자신을 보고 있었다.

그때 문득, 언젠가 기차 창문을 통해서 보았던 머리칼이 희뜩희뜩한 어떤 아주머니가 떠올랐다. 어물 통을 머리에 인체 급히 뛰어오고 있는,

그러나 기차를 타려는 순간 홈의 돌부리에 걸려 꼬꾸라져 버리고 마는, 그렇지만 육체적 아픔이나 괴로움을 느낄 여유를 갖기 전에 스프링처럼 일어나 두 손속의 열 개의 갈쿠리를 펴선, 흙과 먼지가 뒤범벅이 어물을 주섬주섬 담고 있는 그 아주머니—꽁무니만 남기면서 사라져가는 그 기차를 보고도 그 아주머닌 울지 않았다.—가 이런 순간에 갑자기 이상할 정도로 생각났던 것이다. 그러나 난 병원으로 향하는 앰뷸런스 속에서 눈물을 두어 방울 떨어뜨리고 말았는데, 그건 내 자전거에 치인 그 꼬마 녀석이 불쌍해서도 아니었고, 그렇다고 나 자신이 어리석게도 사고를 저질렀다는 죄책감에서도 아니었고, 이런 사고가 애초부터 어찌할 수 없는 운명적이었다는 생각이 들어서도 아니었다. 그건 아무리 생각해 봐도 알 수 없는 어떤 무엇 때문이었는데 알루미늄 같은 얼굴에 금테 안경을 걸친 의사가 진찰실에서 나와서「다행입니다. 생명에는 하등 관계가 없으니 안심하십시오. 다만 무릎관절에 상당한 타격이 가해진 것뿐입니다. 아마 틀림없이 목발 신세는 면하지 못할 것 같습니다.」라고 조금 인정을 보태어 주는 듯이 말했을 때까지도, 난 안타깝도록 그 까닭을 생각해 내지 못하고 말았다. 누군가가 내 속마음을 간파하였다면〈그럼 당신의 눈물은 맹물이었군요?〉하며 톡 쏘아붙였을 것이다. 그 후로 난 근 보름 동안이나 문병하러 다녔는데 그 학생의 어머닌 오히려 자식보다 더 마음이 아팠던 모양이었다.

「그래, 난 다 알고 있어…축구공을 잡으려 그 번잡한 차도로 분별없이 뛰어든 내 자식 놈이 망할 놈의 자식 놈이 잘못이지…내 생전에 아들 두 놈만 두었어도…이렇게 울진 않을 텐데…세상에 둘도 없는…독자라서.」 나는 참말이지 딱할 뿐이었다. 물론 치료비는 분담하고 있었지만, 나는 이 사고로 인해 근 한 달간이나 학교에 나가지 않았다. 그러던 어느 날, 마음이 심란하여 불도 켜지 않은 채 내 방에 처박혀 있는데 민섭이가 찾아왔다.

「야아, 불이나 좀 켜 봐.」 들어오자마자 대뜸 소란부터 떨었지만 불은 민섭이가 켜 놓았다.

「참, 병원 일은 잘 마무리됐니? 그 꼬마 녀석의 어머닌 지금도 그렇게 꺼억꺼억 울어쌓고?」

「으응.」 난 무슨 말도 하기 싫어서 얼른 입을 다물어 버렸다.

「너 앉아 있기만 말고 이것 좀 볼래? 만화보다 더 재밌어.」

「뭔데?」

「응. 낙서장. 어제 주웠어. 쫌 만한 게 별짓을 다 해 놨거든.」 민섭은 낙서장이라는 노트를 내 코앞에다 들이밀었다. 그리고는 혼자 카악 카악 웃더니만 나더러 빨리 넘겨보라고 윽박질렀다. 난 별로 흥미는 없었지만, 민섭이가 자꾸 보채는 바람에 앞의 서너 장을 그냥 헛짓 삼아 넘겨보았다. 제법 성실한 학생처럼 잔글씨로 수학의 log 계산과 문제를 풀어 놓는 것이 첫눈에 띄었고, 사회과목인 듯 보이는 게마인샤프트, 게젤샤프트, 한계 효용체감의 법칙 등이 필기 돼 있었다.

「짜식 더 넘겨 봐.」 내가 노트를 닫아 버리려고 하자, 민섭은 얼른 내 팔을 붙잡고는 다른 한 손으로 친절하게 넘겨주었다. 앞부분은 별 볼 일 없다는 식으로 후닥닥 반절 정도를 넘겨 버리고 나서 민섭이가 말했다.

「여기서부터가 진짜야.」 아닌 게 아니라 거기서부턴 좀 요란한 면이 드러나고 있었다. 몇 장을 더 넘기면서부터 나는 좀 흥미를 갖기 시작했다. 여자의 나체를 인상파의 수법으로, 특히 중요한 부분을 커다랗고 진하게 강조해서 여기저기 그려 놓았고, 가능하면 좀 더 진하게 그리려다가 종이가 찢어져 버린 흔적들이 나타났다. 어떤 곳은 제법 순진하게도 자신의 그림에서 너무나 노골화되었다고 생각되는 부분을 볼펜으로 사정없이 지워 놓은 곳도 있었다. 더러는 〈영자의 전성시대〉 〈작은 새〉 〈한잔의 추억〉 등이 낙서 되어 있었고, 〈그대의 창문은 동쪽으로 나 있어, 떠오르는 태양을 우러러보듯, 언제나 나만 우러러볼 것 같소…〉하는 따위의 펜팔 초안이 적혀 있었다. 거의 스무 장에 달하는 비슷비슷한 낙서들이었다.

「어때, 재밌냐?」 민섭은 내가 생각해도 지나칠 정도로 재미있어했다. 민섭인, 나도 틀림없이 자기만큼 재미있는 줄 알았던 모양이었다.

「아니, 아니 한 장 더 남았잖아?」 나는 재미있다기보다는 마지막 한 장이 궁금해서 그렇게 말했다. 민섭이 녀석은 〈너도 별것 있냐? 우린 모두 속물〉하는 표정으로 배시시 웃는다. 그런데 신통하게도 마지막 장엔 낙서는 하나도 없었다. 대신 국어사전에서라도 베껴 놓은 듯한 단어가 두 개 커다랗게 차지하고 있었다. 난 그것에 문득 야릇한 호기심이 돌았다.

〈생명〉이란?

①목숨

②사물을 유지하는 기한

그런데 끝부분에 〈생명〉이란 단어에 딸린 주석이 하나 더 적혀 있었다.

〈생명보험〉 : 당사자의 일방이 그 상대가 또는 제삼자의 생사에 관하여 일정한 금액을 지급 할 것을 약속한 보험,

난 한참이나 〈생명보험〉이라는 단어에 나도 몰래 귀신 들린 자처럼 빠져들어 가 버리고 말았다. 숱한 나날 속의 어느 잊힌 하루가, 그리고 하늘에 무수히 딸린 광선 중의 어느 한 가닥이 마치 그것의 전부인 것처럼 여겨지듯이, 〈생명보험〉이라는 단어 하나가 내가 지금껏 이해해오

지 못한 것들의 전부를 대신해줄 것만 같았다.

「하하 하여튼 이딴 말은 참으로 편리하군. 거울 속에서 뭔가 한 게 비슷한 것을 느꼈던 모양이지?」

「저어 교수님? 그럼 교수님도 한계 같은 걸 느껴보신 적이 있으셔요?」 나는 내 말을 하려다가 서두가 얼른 떠오르지 않아 변교수에게 물음을 던져 버렸다.

「글쎄, 한계라? 사람치고 그걸 안 느껴 본 자가 어디 있겠나?」

「물론이겠죠.」

「그러니까 내가 아주 젊었을 때야. 그땐 하루하루가 지겨운 생활이었지. 대학을 순전히 아르바이트로 마쳤으니까. 난 용하게도 새벽이 되면 종이를 꺼내어 〈하루만 더 참자.〉라는 표어를 써서 벽에 붙여 놓고 그날 그 날을 견뎠던 거야. 그것은 나 같은 가난뱅이들의 유일한 무기이며 정신적 지주였으니까. 나중엔 그 하루〈만〉이라는 날이 모여서 일 년이 되고, 이 년이 되고, 결국은 사 년이 되더군.」 변교수는 어둠 속에서 과거를 뽑아내는 건지 창문을 바라보고 이야길 했다. 그리고 숨이 차선지, 아니면 감회가 새로워선지 잠시 하던 말을 멈췄다.

「난 이런 고생을 한계라고는 생각지 않아. 난 그때 비로소 인생이 뭔가를 조금 알 것 같았어. 어렸을 땐 자기가 귀찮거나, 하기 싫은 일은 막 떼를 써서라도 모면했지만, 이젠 나이가 들어 인생을 접해 보니깐 문제는 완전히 달라져 버리더군. 〈자기〉는 〈자기〉만이 해결해야 하고, 또 책임져야 한다는 새로운 사실을 깨달았던 거야. 여기에서부터 난 최초의 한계를 느꼈지. 한계 말야.」

「확실히 그런 것 같더군요.」 나는 주책없이 동의를 표시해 버렸다.

「자넨?」

「저요? 제가 얼마나 살았어야죠. 단지 생활 없는 사고(思考)만 갖고 있을 뿐인데… 아 참, 이런 일이 있었습니다. 제가 군복무를 마치고 교사 발령을 받아, 제가 지금 다니고 있는 학교에 처음 들어서니까, 아 글쎄 목발을 끄집는 승한이 녀석이 딱 있잖아요? 전 그때 정말 가슴이 화끈거렸죠. 앞으로 도저히 어떻게 해야 할지 앞이 캄캄하더군요. 아마 그게 제가 겪은 한계일 겁니다. 하여튼 그때부터 거울 보기가 무서워졌고요.」 나는 변교수가 내 말을 이해하지 못하고 있다는 사실을 뒤늦게야 깨달았다. 그래 나는 의자에서 몸을 조금 뽑아 올리면서 약간 미안한 표정을 지어 보였다. 변교수와 나는 잠깐 침묵 속에 떨어져 있었다.

「교수님, 그럼 말예요?」 나는 얼른 말머리를 돌리었다.

「지금껏 행복해 보신 적이 있으십니까?」 초등학교 시절, 시장터에서 마술을 한다는 사나이가 얇은 종이를 찢어 국수를 만들고, 입에서 불을 토해 내고, 톱으로 배를 자르고, 또 빈 상자 속에서 비둘기를 만들어 날려 보내고 하던 것을 호기심 어린 눈으로 보았던 것처럼, 그렇게 변교수를 바라보았다. 내면엔 보다 잘 다듬어진, 그리고 정돈된, 혼자만의 단단한 세계가 자리하고 있을 것만 같았다.

「이번엔 어디, 자네가 먼저 얘기하게.」 변교수는 담배를 꺼내 불을 붙이고는 연기를 폐부 가득히 담았다.

「제가 먼저요? 제 나이 고작 스물여덟에…뭘 좀 겪어봤어야죠. 참, 어렸을 때, 행복 비슷하게 느낀 행복이 딱 한 가지 있는 것 같군요. 크레파스 샀던 일요. 크레파스…」

「크레파스라니?」

「전 초등학교 때 미술부였죠. 그땐 여덟 개 든 코레용이 가장 좋은 줄만 알았습니다. 그런데 어느 날, 학교에 가다가 언뜻 보니 문방구점의 진열장에 서른여섯 개가 든 크레파스가 걸려 있잖아요? 전 그걸 쭈그리고 앉아서 일일이 세어 보았죠. 서른여섯 개 더 군요. 제 크레용보다 약 내배는 길어 보이고요. 전 그게 어찌나 좋아 뵈었는지 몰라요. 미술 시간에 어머니 얼굴을 그릴 땐, 항상 빨간색과 하얀색을 섞어 썼었는데 그려놓고 보면 어머니 얼굴이 마치 붓거나 멍들어 있는 것 같았어요. 그런데 그 크레파스 속엔 어머니 얼굴과 너무도 닮은 살색이라는 게 들어 있잖아요? 전 어찌나 좋아서 집에 곧장 달려왔더니, 아 글쎄 어머니께서 돈이 없대요. 생각다 못해 서울 이모님께 편지를 띄웠죠. 만약 크레파스를 사서 보내 주신다면 평생토록 이모님 얼굴만 그리겠다고요. 그건 순전히 거짓말이었습니다. 전 그때 이모님 얼굴을 몰랐으니까요. 아마 그때 크레파스를 얻은 게 가장 큰 행복이었을 겁니다.」

나는 내가 이야기를 해 놓고도 우스웠다. 나에게도 그런 순수가 있었다니, 변교수도 우스운지 아예 고갤 창문 쪽으로 돌려놓고 웃었다. 나는 변교수가 웃어 주는 바람에 의기양양해졌다.

「교수님께선?」

「나야 뭐… 자네 얘길 듣고 보니 나의 행복은 상당히 불행해 보이는데. 난 이럴 때가 가장 행복했지. 젊은 시절에, 원고 뭉치를 다 정리해 놓고 대견한 마음과 한편으론 두려운 생각으로 고전음악의 마지막 장을 다 듣는 데에, 감기에 약한 날 위해 미리 마련해 둔 계피와 건갈을 꺼내 차를 끓여선 소리도 없이 문을 열고는 그 싸한 냄새와 함께 찻잔을 들고 들어오시는 어머님을 대했던 경우…아마 그게 가장 큰 행복이었을 거야.」

「이젠 사모님께서 끓여 오시는 찻잔에서 행복을 맛보시겠군요? 며칠 전에 결혼한 선생이 교실에 들어오면, 결혼 첫날 밤엔 잠도 제대로 못

잤죠? 이젠 퇴근 시간이 한 서너 시간 빨라지겠는데요? 오직 사모님을 위해, 선생님의 힘을 저축하는 거룩한 의미에서 우리 한 시간만 휴강합시다.」라고 흔히 부담 없이 골려대든 생각이 문득 떠올라서 난 그렇게 말해버렸다. 그러자 변교수는 약간 상기된 얼굴을 만들었다. 담배 연기가 갈가리 찢기어 사라져가는 모습을 물끄러미 바라보기만 했다. 나는 그 말이 별로 실례되지는 않을 것 같아서 그냥 옆에 앉아서 변교수의 무거워지는 모습을 보고만 있었다.

「그이…이미 갔다네.」

「네엣? 사모님께서요?」 나는 갑자기 놀라서 어떤 표정도 짓지 못했다. 그냥 눈만 크게 뜨고 있었다. 놀랜 나와는 달리 변교수는 오히려 침착하게 앉아 있었다. 나는 그동안 스승에 대해 너무 무관심했음을 후회했다.

「전 여태 그것도 모르고 있었군요.…」 나는 힘없이 말했다. 그때 누군가에 의해 열린 창문으로 습기 찬 밤공기가 쏟아져 들어왔다. 승객 몇몇이 바람기를 느끼곤 눈을 떴다간 다시 감아 버렸다. 불빛 서너 개가 어둠 속에서 열심히 피어오르고 있었다. 나는 문득 갈증을 느꼈다. 죽음이라는 사실조차도 나에겐 그리 큰 충격을 주지는 않았다. 그렇지만 어쩐지 그것에 대한 알 수 없는 두려움이 나를 엄습할 것만 같았다.

「이런 경우가, 아까 자네 말처럼, 인간 의지의 밖 일 거야. 약한 첩 써보지도 못하고 가버렸으니까…」변교수는, 뽀빠이, 헌 신문지, 빵 껍질들이 바람에 밀려, 사각사각 과자를 깨 먹는 소리를 내면서 도망치는 모습을 쳐다보면서 얘기했다. 나는 사모님과 과연 누굴 위한 삶이었을까 하는 생각이 가슴속에서 치밀어 올랐으나, 차마 입 밖에 내지는 못하였다. 나는 〈순수〉를 〈한계〉를, 〈행복〉을 듣고 또 얘기했다. 그저 그렇고 그런 것 같았다. 간헐적으로 나타나는 불빛이 모든 어둠을 다 지배하지 못하고, 시계의 추가 모든 시간을 다 때릴 수 없는 것처럼, 나의 가슴 속 깊은 곳에 뿌리 박혀 있는 존재의 어떤 영역을 완전히 다 뿌리 뽑을 수는 없을 것 같았다. 어둠을 가르면서 똑똑 떨어지는 시계 종소리의 여운 마냥 난 그렇게, 그렇게밖에 느낄 수 없다는 것인가. 난 습기 찬 공기에 얼굴을 내 맡겠다. 이런 어색스러운 상태에서 무슨 말을 해드려야 할지 몰랐다. 대화 없이 보고만 있다는 것이 새삼 이상스럽게 느껴졌다. 난 수수께끼를 푸는 것처럼 이것저것 얘깃거리를 찾으려고 안간힘을 하고 있었다.

승한이 얘길 꺼낼까?—그건 어쩐지 하고 싶지 않아.

불행에 대해서?—그것도 마찬가지.

그럼 술 이야기?—첫

영화 이야긴?—영화? 참 그게 좋겠군.

나는 영화를—그것도 어느 토요일 오후 시골 극장에서 보았던 생각해내는 데 성공했다.

「저어 교수님? 혹시 심심하실까 봐 그런데요…제가 얘길 하나 해드릴까요?」

「무슨?」

「별것은 아닌데요. 제가 작년에 보았던 영화가 금방 생각나는군요. 제목부터가 좀 고상하죠. 〈빼앗긴 순수〉라던가? 아마… 분 분명히 그럴 겁니다.」

그 영화는 확실히 제목부터가 고상했다. 나는 그 날, 고서점에 들러 부옇게 먼지가 쌓인 채 가장 구석진 곳에 처박혀 있는 헌 책을 몇 권 사 들고는 할 일도 없고 해서, 제목도 보지 않은 채, 극장엘 들어갔었다. 후덥지근한 공기들이 낡은 선풍기가 찍찍거리며 쳐대는 바람에 잠시 장내를 빠져나갔다간 한 바퀴 돌고는 다시 들어오는 건지 여전히 덥기만 했다. 영화 시작의 벨소리도 없이 영화는 시작되어 버렸고, 아마 배삼룡이나 구봉서를 기다린 듯한 관객들은 십 분도 못되어 싫증을 느끼고는 하나씩 극장을 빠져 나가고 있었다. 별로 대화도 행동도 없는 장면들이 계속 이어져 갔다. 이렇게 하면서 영화는 어느새 마지막으로 치닫고 있었다. 스크린 뒤에선 어둠과 빛이 서로를 밀어 재끼기만 했다. 그렇지만 강렬한 어둠이 빛의 껍질을 벗겨버리고, 가죽을 벗겨 버린 후면 스크린 속의 그 몸짓들은 무언지 엄숙하고 무서운 무엇을 말하는 것이었다.

「우리들뿐야.」 어둠 속에서 마치 덩어리 같은 한 사내가 살갗인지 속옷인지 구별할 수 없는 여인을 향하여 무겁게 소리치고 있었다. 녹색 이파리 무늬의 벽지가 발린 사면의 벽돌이 어둠 속에서 가까스로 방이라는 사실을 말해 주고 있는 듯했다. 사내는 자기에게 와 닿는 파리하고 푹 꺼져 버린 듯한 공간을 초조하게 직시하고 있었고, 여인은 필사적으로 덤벼드는 어둠과 짙은 암황색으로 육체를 괴롭히는 조명에 떠밀려, 아예 내맡겨 버린 듯한 몸을 드러다 있었다.

「그래도 누가 보고 있는 것 같아요.」 여인은 두려움에 떨며 절망적으로 말했다.

「밖엔 아무도 없어.」 사내는 차라리 자신을 달래고 있는 듯했다. 사내는 여인 쪽으로 몸을 눕혔다. 조명은 서서히 빨강과 파랑에 노랑을 섞어 스크린을 흔들어 대기 시작했다. 관객들도 숨을 죽이고 눈앞에 벌어지는 신비에 몸을 맡겼다.

「저기 빛이 있어요!」 여인은 신음처럼 혼자 중얼거렸다.

「아냐. 커틴이 쳐 있어.」

「그래도 어쩐지…」 나는 호흡을 멈추어 버렸다. 파충류가, 그중에서도 뱀이 제 구멍을 찾아들 듯. 섹스 쪽으로 몸부림치며 기어드는 그들의 몸짓 속에서, 나는 나의 관능을 자극하고, 그러므로 나의 귀가를 하룻밤 지연시키게 만드는 그러한 힘을 맛보기는커녕, 오히려 나의 내재적 불안— 계율과 의복을 벗어 버린 후의 발붙일 곳 없는 한없는 불안을 송두리째 호흡하면서, 확인하고 있었던 것이다. 태양을 똑바로 쳐다볼 수 없는 아픔을 말하고 있었다.

「무서워요…」 달빛이 희미하게 커틴을 물들이면서 여인의 머리칼을 조금 적셔주었을 때 여인은 말했다.

「나도 그래.」 이번엔 사내도 그렇게 말했다.

「그렇지만 곧 아무렇지도 않을 거야. 난 뱀을 생각하고 무서워했었어.」 사내는 소나기를 품은 잿빛 하늘을 벗어나듯, 조금 환한 얼굴을 펴 보였다.

「뱀요?」

「그래.」 그 기이한 압박감과 비극적인 단순함, 그리고 강렬하면서도 찢어질 듯한 그 조화의 장면이 한쪽으로 차츰 사그라져 가기 시작했고, 스크린은 점차 이성을 갖추어 갔다. 그리고 활기를 띠었다. 사내의 손이 커틴을 젖혀 버렸던 것이다. 달빛에 의해 방안의 모든 것이 스스럼없이 노출되자 사내는 다시 고개를 떨어뜨리면서 말했다.

「난 고민할 거야.」

「왜에?」 여인은 꿈에서 깨어나듯 눈을 지그시 뜨며 떨리는 음성으로 말했다.

「난 어렸을 때, 친구와 함께 뱀 사냥을 곧잘 갔었어. 낭창거리는 대나무를 휘두르면서 뱀을 잡는 거야. 내 친구는, 그러지 않으면 못 배기는 것처럼, 잡는 족족 뱀의 껍질을 홀랑 벗겨 버렸지.」 사내는 마치 장내의 삐꺽거리며 공기를 쳐대는 선풍기 소리, 관객의 껌 씹는 소리가 잠잠해지길 기다리는 것처럼, 잠시 말을 그치고 있었다. 여인은 조금씩 움직임을 보일 뿐 아까의 그런 얼굴을 계속하고 있었다.

「그렇지만, 난 도저히 뱀 껍질을 못 벗기겠어. 그때 그냥 죽이기만 했지. 뱀 껍질을 벗기는 것 보담 그게 훨씬 수월했으니까. 한번은 내 친구 녀석이 하도 날 놀려대는 바람에 용기를 잔뜩 내어 뱀의 대가리 부분을 조금 벗긴 적이 있었어. 그러나 곧 그걸 보리밭으로 던져 버리고 말았지. 껍질이 벗겨진 곳의 살, 피 묻은 살, 그리고 경련적으로 꼬리를 들고 몸부림치는 그 무서움이 그 후 며칠 동안이나 나를 따라다니며 괴롭혔어. 그런데 오늘 난, 난 드디어 그 뱀 껍질을 벗겨 버렸단 말야… 그 무서운 뱀껍질을!… 난 고민할 거야. 고민을…」

「뭐? 제목이 〈빼앗긴 순수〉라고?」 변교수는 갑자기 눈이 커졌다. 그리고 기쁨도, 슬픔도 아닌 묘한 표정이 되어 갔다.

「아니 그럼, 교수님께서도 그 영활, 영활 보셨습니까?」

「아냐, 아냐, 그게 아니라…」

변교수는 야릇한 미소를 머금고 있었다. 이미 다 알고 있는 수학 문제를 남이 못 풀어 쩔쩔매는 것을 구경하고 있는 듯한 태도였다. 나는 변교수의 그 야릇하면서도 순한 미소, 입술만 웃는 게 아니라 얼굴 전체가 웃고 있는 듯한 미소를 바라보면서 뭔가 이해가 가지 않아 한참이나 고개를 갸웃거렸다.

「건, 내 소설이야.」

「네엣? 교수님 소설이라고요?」

「차라리 내 자서전이지.」 나는 하마터면 〈네엣?〉 소리를 또 한 번 지를 뺀했다.

「그럼, 그 여인이, 그 여인이 사모님이셔요?」

「왜? 놀랍나?」

기차는 바쁜 숨을 몰아쉬며 낯선 간이역을 막 출발하기 시작했다. 보이지 않는 호남선의 마지막 한 역을 향해서, 기차의 창문으론 어느새 이슬에 흠뻑 적신 미명이 부딪혀 오고 있었다. 나는 천릿길을 편력한 기분이었다.

언젠가 이런 일이 있었다. 하얀 화지를 검은 물감을 듬뿍 찍어선, 붓을 둥글게 굴리기도 하고, 사선을 긋기도 하고, 때론 지그재그로 톱날을 만들기도 하면서 지면을 꼼꼼히 칠해 갔는데, 이상하게도 으레 어느 구석에선가 흰 빛깔이 꼭 남아 있는 것만 같았다. 그래 다시 붓을 들어, 그렇게 생각된 곳을 찾아, 흠뻑 메꾸고 나면 그래도 어쩐지, 어느 구석에선가 하얀 빛깔이 또다시 새어 나올 것만 같아서 결국은 그 화지를 찢어 버리고 만 일이었는데, 내가 오늘, 이런 까마득한 옛일까지 기억해 냈다는 사실은 아무리 생각해봐도 신통할 만한 어떤 무엇이 있기 때문인 것 같았다.

「졸립죠?」

「아 아니, 그런데, 자넨 언제 다시 올라갈 텐가?」

「전 이차로 지금 다시 올라가야겠습니다. 갑자기 마음이 변하는군요.」

「왜?」

「오늘이 생명보험 납부일이라 서요.」 기차가 목포역에 정지하자 변 교수는 뭔가 이해할 수 없다는 표정을 바르고는 빛이 서서히 뿌려지는 출구를 향해 묵묵히 걸어나가기 시작했다.

〈끝〉

입선

제510~515호 1975년 10월 17일 금요일~1975년 11월 28일
제20회 대학신문 학예상 : 소설

작아지는 몸

· 서주홍 (국어국문학과 4학년) ·

원래 그는 나에게 얽매여 있었다. 지금 생각해도 나와 그 사이에 있었던 일들을 뚜렷이 기억이 난다.

어렸을 때 그의 집은 동네에서 상당히 큰 잡화점을 하고 있었는데, 나는 이따금 그에게 과자를 가져오라고 강요하곤 했다. 그럴 때마다 그는 서슴없이 가져다주었고 오히려 내 눈치만 보며 가져온 그 과자가 적지나 않나 하고 두려워할 정도였다. 그리고 그는 그러한 나를 탓하거나 누구에게 일러바치는 일도 없었다.

나는 동네 아이 중에서 가장 힘이 세었고, 누구든지 내 명령이면 자기들의 담임선생님 못지않게 잘 따랐다. 나는 그것이 무엇보다도 만족스러웠다. 특히 그는, 나를 알기를 그가 가장 무서워했던 그의 할아버지보다 더 무섭게 알고 있었다. 나는 한 번도 그가 내 앞에서 저항하는 것을 보지 못했다.

그때 역시 나는 가난했고 그네는 상당한 벌이로 동네에서 몇째 안가는 부유한 집이었다, 내가 그에게서 빼앗고 그를 힘으로 억누른 것은 아마도 빈부의 차이에서 오는 일종의 복수심이었는지도 모른다.

학교에 갈 때면 그는 항상 나의 집에 와서 나를 불렀다. 그리고는 습관처럼 나에게 사과 몇 개를 손에 쥐여 주면서 같이 학교에 가자고 그러곤 했다. 그는 거의 나의 역할을 했지만 어떻게 보면 내가 그를 보호하는 것 같기도 했다. 그는 종종 학교에서나 동네에서든지 누구에게 얻어맞고는 나에게 달려올 때가 많았다. 그때마다 나는 그를 때린 아이들을 혼내주기도 했고 대신 몇 대 쥐어박기도 했다. 그러던 어느 날은 오히려 내가 당한 적이 있었다. 그를 때린 철이라는 아이를 내가 몇 대 쥐어박았더니 그 철이라는 아이가 중학교에 다니는 저희 형을 데리고 나를 찾아왔던 것이다. 끝내 나는 남의 일에 간섭하고 얻어맞기만 했다.

그런 일이 있은 후, 그는 나에게 미안하다면서 과자를 더 갖다 주고 나의 비위를 거스르지 않게 하려고 퍽 노력했다. 그리고 나는 얻어맞은 울분이 있었지만, 그의 앞에서는 그것을 나타내려 하지 않았고 오히려 철이 형한테 복수하겠다고 몇 번 다짐했다.

그것은 그에게 나 자신을 약하게 보이지 않으려 했기 때문이었다. 그는 더 많은 과자를 갖다 바쳤다. 그런데 뜻밖에도 그는 나에게 노트 몇 권을 주었다. 결국, 그것이 사고가 되어 일이 커지고 말았다.

어느 날 저녁 그의 어머니가 그와 함께 나의 집에 찾아왔다. 방에 있던 나는 어머니와 그의 어머니가 무슨 얘기인가 나누는 소리를 들었다. 그리고 간혹 그의 소리가 들렸는데, 그것은 자꾸 집으로 가자고 자기 어머니에게 조르는 소리였다. 게다가 그는 거듭, 아니라는 말만 되풀이하는 것이었다.

잠시 후에 어머니가 나를 불렀다. 숨을 죽이고 있었던 나는 섬뜩했다. 나는 어머니의 부르는 소리를 두 번 더 듣고서야 어쩔 수 없이 나가 보았다. 그러자 그가 나를 쳐다보고는 얼굴이 파리해진 채 어쩔 줄을 모르고 있었다.

「니가 애한테 과자고 학습장이고 가져오라고 시켰지?」

그의 어머니가 나에게 갑자기 큰소리를 쳤다. 이에 바로 옆에 있던 그가

「아냐, 엄마. 아니란 말야.」

하면서 자기 어머니더러 자꾸 가자고만 졸라댔다. 나는 실컷 어머니의 눈치를 보고는 태연하게 입을 열었다.

「왜 그래요, 아줌마.」

「뭐야? 이것 봐라. 허어—」

그의 어머니는 어이없다는 듯 다시 한번 소리쳤다. 그러자 나의 어머니가 대뜸,

「얘는 절대 그럴 애가 아니에요. 아무리 가난하지만 남에 것은 손끝만큼도 건들진 않아요.」

하자, 그는 다시 그의 어머니를 붙들고 졸랐다.

「아니라니까 그래? 엄마, 내가 거짓말했어. 나하구 제일 친 헌 앤데…」

「뭐야? 이런 녀석하고 제일 친해? 애비 없이 큰, 깡패 같은 놈이라고 동네에서도 소문이 났는데…」

「뭐에요? 이보세요!」

나의 어머니가 갑자기 큰소리를 쳤다. 어머니는 너무나 충격적인 그 말에 눈물을 흘렸다.

그때 나는 어머니의 눈물을 확실히 보았고, 지금도 가엾던 어머니의 모습이 뚜렷하다.

그와 그의 어머니는 바로 돌아갔다. 나는 그날 밤 집에서 쫓겨나 열두

시까지 집에 들어가지 못했다. 어머니는 나 같은 것은 자식이라고 더 생각하지 않는다는 것이었다. 겨우 나는, 항상 열두 시면 직장에서 돌아오는 누나에 의해 집으로 들어갈 수 있었다.

나중에 안 일이지만 그의 어머니가 사실을 알게 된 것은, 그가 상점에 있는 것들을 자꾸 가져가기에 한번은 그를 미행했던 것이었다. 그리고 난 뒤 동네 아이들한테 몇 마디 물어보고서 그전부터 내가 그의 물건을 빼앗는다는 것을 알게 되었다는 것이었다.

그 후 그는 내 앞에서 말도 제대로 하지 못했고 내 앞에 나타나는 것을 꺼렸다. 그런데 그때 나는 무엇보다도 나의 어머니가 그의 어머니한테 당한 것이 생각에서 떠날 줄을 몰랐다. 그것은 가난했기 때문에 당해야 했던 것처럼 자꾸 그렇게만 생각되었다. 나는 복수심에 찼다. 그러나 복수의 대상은 그였다. 나는 그를 괴롭히기 시작했다. 그리고는 어떤 것이든지 아무것도 일러바치지 말라고 주먹으로 위협했다. 항상 그는 쩔쩔매었다.

그때 〈스톱 · 빵〉이라는 놀이가 있었는데, 그것은 두 사람이 서로 약속을 하고 먼저 보는 사람이 상대방에게 〈스톱〉을 걸면 〈빵〉할 때까지 그 자리에서 한발 짝도 움직이지 못하는 놀이였다. 나는 그와 이 약속을 하고는 그에게 스톱은 부를 수 있는 권한을 주지 않았다. 그는 꼼짝없이 나에게 붙들려 있어야 했다.

어떤 날은 학교에서 일찍 수업을 마치고 혼자 돌아오다가 동네 입구에서 그와 마주쳤다. 여지없이 나는 그에게 스톱을 걸었다.

그는 꼼짝 못 하고 제자리에 섰다. 그는 항상 내 입에서 그 스톱이라는 말이 새어 나올까 봐 초조해하고 있었다.

「집에 갔다 올 때까지 그대로 있어? 알았지?」

내 말에 그는 말도 못 하고 고개만 끄덕이며 한번 코를 훌쩍거렸다. 내가 집에 갔다 올 때까지 그는 그대로 서 있었다. 그의 표정은 짜증스러운 것 같이 보였으나 그 모습을 내게 보이지 않으려고 애쓰는 모습도 볼 수 있었다. 그제야 나는 〈빵〉이라고 스톱을 해제했다. 그러자 그는 다시 코를 훌쩍거리고는 안도의 숨을 내쉬는 듯했다.

「오늘, 구슬 알지?」

나는 다시 한번 그에게 은근히 강요하면서 그를 집으로 보냈다. 이윽고 동네 아이들이 모여서 구슬치기가 시작되었다. 그런데 이상하게도 구슬을 가지러 간 그는 좀처럼 나타나지 않았다. 나는 약이 올랐다. 우선 나는 아이들한테 빌려서 구슬치기를 했다. 그러나 저녁이 다 되어가도록 그는 나타나지 않았다. 나는 결국 구슬치기에서 구슬 백 개를 빚지고 말았다. 더욱 분이 터졌다.

이튿날 나는 그와 만났다. 먼저 나는 스톱을 걸고 어제의 얘기를 따졌다. 그는, 가장 무서워하는 할아버지한테 공부하라는 명령을 받고 할아버지 방에 갇혀서 못 나왔다고 변명하는 것이었다.

나는 더 말할 것도 없이 주먹으로 그의 배를 올려쳤다. 그는 아야, 하면서 뒤로 주춤 물러섰다.

「너 지금 스톱여!」

나는 그렇게 소리치며 주먹으로 얼굴을 때릴 듯 위협했다. 그는 울상을 지으며 어쩔 줄을 몰랐다. 나는 그가 조금만 움직거리면 스톱이라고 소리쳤다.

그는 울지도 못하여 아픈 것을 참는 것 같았다.

「너 정말 그러기야?」

그 소리에 그는 이내.

「이젠 안 그럴게.」

조그맣게 약간은 떨면서 말하고는 또 내 주먹이 날라 오지 않나 하고 내 주먹을 힐끗 쳐다보았다. 내가.

「병신 새끼…」

하고 다시 주먹을 들자 그는 몸을 움츠리며 두 손으로 막아낼 듯 엉성하게 방어 태세를 하는 것이었다.

중학교 때에도 그는 역시 나에게 눌려 있었다. 묘하게도 그와 나는 같은 학교에 들어갔다. 중학교에 다니면서도 그는 나를 따라다녔으며 필요 이상으로 나에게 잘 대해 주었다. 그때 역시 가정형편이 곤란했던 나는 그가 오히려 고마웠다. 그런데 그의 행동은 초등학교 때처럼 하나 변함이 없었다. 나는 그가 한 번도 큰소리치는 것을 보지 못했다. 그는 언제나 구석에 몰려 있었고 친구라고 해야 나밖에 없을 정도였다. 중학교 3학년 때는 같은 반이 되었는데 그는 나와 같은 반이 되어서 기뻤던지 저희 집에 나를 불러 놓고 푸짐한 대접을 했었다.

그는 내가 보기에 거의 바보와 같았다. 그러나 공부는 썩 잘하는 편이었고, 대체로 자기의 책임은 다하는 편이었다. 단지 그는 겁이 많다는 그것 하나로 가끔 바보짓을 하는 것이었다. 아마 그가 나와 친하려고 했던 것은 자신의 보호를 위한 단순한 이유였는지도 모를 일이다.

영화 구경도 나와 같이 갈 때가 많았고 특히 밤에 나가려면 꼭 나를 불러서 앞장을 세우는 버릇도 있었다.

그와 나는 고입에 바쁜 때가 되었다. 그는 밤에 과외 수업을 받으러 다녔는데 어느 날 밤늦게 그가 나를 찾아왔다. 그는 약간 몸을 뻔고 있었다. 환한 곳으로 와서 그의 얼굴을 보니 코 밑과 입가에 핏자국이 남아 있었다. 나는 잠시 놀랐다.

「너 왜 이 모양이냐, 응」

「……」

그는 한동안 말없이 고개를 숙이고 있다가 내 재촉에 못 이겨 말문을 열었다.

「과외를 끝내고 오다가 극장 뒷골목에 깡패들을 만났어.」

「그래서?」

나는 다급하게 다음 말을 재촉했다.

「그런데 그놈들이 호주머니에 있는 과외비 낼 돈, 천원을 뺏어갔어.」

「뭐야? 너는 그냥 뺏기고 말았냐?」

「싫다고 했더니 막 때리잖어.」

「몇이서 때렸냐?」

「세 명인데, 다 우리만 한 애들여」

그때 나는 사실 분노를 느꼈다. 나는 그 전까지도 그에게 약간 비열했던 것은 사실이다. 학교에 오갈 때 나는 그에게 내 가방을 들게 했던 것도 그때까지 계속되었다. 그러나 그때부터 나는 좀 철이 들었던 것 같다. 나는 그에게 다시는 비열한 짓을 하지 않기로 했다. 그렇게 된 것은 바로 그런 일이 있는 뒤부터였다.

다음날 나는 같이 가지 않으려 하는 그를 데리고 극장 뒷골목으로 갔다. 음침하지는 않았지만, 행인이 드물었다. 나는 만만한 준비를 하고 그네들이 나타나기를 기다렸다. 얼마나 지났을까? 어떤 녀석들이 내가 있는 곳으로 오면서 시비를 걸어오는 것이었다.

그러자 그가 내 옆구리를 꾹 비트면서 어제의 그놈들이라고 말하고는 이내 환한 곳으로 도망쳤다. 세 명이었다. 나는 그 녀석들의 행동을 주시하기만 했다. 그러다 어디서 본 것 같은 얼굴들이라는 것을 느꼈다. 나는 곧 초등학교 때 패싸움한 적이 있는 녀석들이라는 것을 알아차렸다.

그 날 나는 혼자의 힘으로 그 녀석들에게 무릎을 꿇게 했다. 그 녀석들은 저항하지 못했다. 아마 나를 잘 알고 있었던 것 같았다.

나는 그 자리에서 다음 날 천원을 돌려받기로 약속하고 돌아왔다. 나를 기다리던 그는 무사히 돌아온 나에게 만족스러운 표정을 지으며, 나와 같이 과외수업을 다니자고 권했다. 과외비는 자기가 부담한다는 것이었다. 그러나 나는 한마디로 거절했다. 왜 그랬는지 그때부터 나는 그에게서 거리감을 느끼기 시작했던 것이다.

영화 구경을 가자고 찾아와도 나는 거절했다. 그리고 학교에 갈 때 자전거를 타고 와서는, 나는 앞에 타고 자기는 뒤에 탄다면서 학교에 가자고 했지만 나는 먼저 그를 보냈다. 나는 새삼스런 우울을 느끼기 시작했다. 그리고 그가 부러웠다. 나의 고등학교 진학은 완전히 절망이었던 것이다.

집에서는 중학교까지라도 배우게 된 것을 다행이라고 할 정도였다. 단지 돈이 없다는 이유 로 나는 공부를 집어치워야 했다. 그 뒤로도 그는 나를 찾아오고, 나에게 자기 집으로 놀러 오라고 여러 번 부탁했으나 나는 그럴 때마다 그를 피했다.

그도 나의 그러한 태도에 대해 이상하게 느끼고는 있었지만 나에게 뭐라고 말은 하지 않고 있었다. 그로 해서 나는 그와의 관계가 멀어졌고 학교에서도 별 이야기가 없었다. 나는 갑자기 고독해짐을 느꼈다. 주위에 있는 친구들에게서 나만이 유달리 떨어져 나가는 생각에 사로잡혀 결석도 잦아지고 집에 처박혀 있다가 신경질이 나면 밖으로 쏘다녔다. 밖이라고 해야 갈 곳도 없었으며 무턱대고 돌아다녔다.

나는 가난한 나의 집을 원망했다. 그래서 나는 돈을 벌자고 막연하게

나마 생각하며 점점 책에서 멀어져갔다. 거리에서 친구들을 만나면 모르는 체하고 걸음을 재촉했다.

나는 진학하지 못한다는 부끄러움 때문에 졸업식장에도 참석하지 못했다. 졸업장은 누나가 학교에 가서 받아왔고 그 날부터 나의 생활은 방 안에 처박혀 지내게 되었다.

어머니는 간혹 내가 밖에 나가면 나쁜 아이들과 어울리지 않나 하는 염려를 하고 있었다. 그리고 어머니는 나의 취직자리를 찾으려고 발버둥 치는 것이었다. 나는 이상하게도 분해서 못 견딜 때가 한두 번이 아니었다. 밖에 나가서 고등학교에 다니는 녀석들을 붙잡고 마구 때려서 분풀이라도 하고 싶었다.

그런데 고등학교에 들어간 그는 일 년도 못 되어 서울로 전학을 가게 되었다. 그동안 그는 나의 집을 몇 번 찾아왔지만 한번 만났을 뿐, 나는 어머니에게 집에 없다고 이르라고 했다. 그가 서울로 가는 날도 나를 찾아왔으나 나는 만나지 않았다. 그때부터 나는 동네 철공소에서 막일을 하고 있었는데 자신이 너무나 초라했기 때문이었다.

그는 나의 어머니에게 간단한 인사를 하고 떠났다. 그리고 그 뒤로 그와 나는 편지도 없었고 한번 만나지도 못했다.

몇 해가 지났다. 나는 그 철공소에서 계속 일을 하며 나름대로 기술을 익히고 있었다. 단지 나는 돈을 벌어야 한다는 집념뿐이었다. 그리고 나의 생각에서 그의 모습은 점점 잊혀 갔다.

그런데 며칠 전에 바로 그가 이곳에 나타난 것이다. 고향 친척에 한번 들리려고 이번에 하기 방학을 이용해서 내려왔다는 것이다. 그는 아주 의젓한 대학생이 되어 있었다.

그 날 나는 철공소에서 일을 하다 좀 쉴까 해서 몇 동료들과 함께 밖에 나와 있다가 우연히 그가 지나가는 것을 발견했다. 순간 그의 시선과 나의 시선이 마주쳤다. 나는 멈칫했다. 나는 이내 모르는 체하고 고개를 돌리려 했다. 바로 그때,

「어? 오래간만이야!」

하는 그의 다듬어진 목소리가 나의 귓전에 부딪혔다. 나는 다시 주춤하고 시선을 그에게로 돌렸다. 그가 나를 향해 다가오고 있었다. 나는 힘든 미소를 지어 보이며 겨우,

「오랜만이네」

그 한마디만을 내뱉었다. 그리고 그가 내미는 손에 나는 시커먼 장갑을 벗고 깨끗하지 못한 손을 꺼리듯 내밀면서,

「드러운 손 미안해」

하고 어설프게 악수를 했다. 그러자 그는 대뜸

「아냐」

하면서 내 손을 꽉 붙들었다.

순간 나는 강압감을 느꼈다. 그리고 이상하게도 나 자신이 애처로워지는 것이었다. 또한, 나는 부끄러움에 몸 둘 바를 몰랐다. 사실 나는 그에게 모든 것을 잃어버린 것 같았다. 옛날에 나에게 얽매였던 그러한 모습은 조금도 찾을 수가 없었던 것이다.

오히려 옛날에도 나 자신이 그에게 온통 붙들려 있었던 것 같이만 생각되었다.

「어떻게 지내?」

그는 나에게 그렇게 물어왔다. 나는 좀 얼떨떨한 채 힘겹게 대답했다.

「그냥 이런대로…」

「집은 지금도 거기야?」

「응」

「어머님은 안녕하시구?」

「응」

「동생은 이제 중학교에 다니겠네?」

「응」

처음부터 끝까지 나는 그의 말에 대답만 하는 정도였다.

그는 말 한마디 하는 것도 어린 시절과는 영 딴판이었다. 얼마 후에 그는 바삐 어디를 가야 한다면서 다음에 다시 보자고 하고는 가버렸다. 나는 그가 가버리고 난 뒤 한참 멍하니 서 있었다.

갑자기 속이 답답했고 무엇인가가 자꾸 무너져서 부서지는 것 같이 생각되었다.

나에게 있어 그가 그렇게 의젓하게 나타난 것은 상당한 충격이었다. 고등학교에 들어갈 때까지 항상 내 힘만 믿고 의지하던 그가 사오 년 사이에 그렇게 변해 있었다는 것은 놀랄만한 일이었다. 키도 큰 키였고 체격도 누구 못지않게 성장해 있었다. 약하디약했던 그의 과거가 믿기지 않을 정도였다. 악수를 했을 때 분명 나는 그의 억센 힘에 자신의 초라함을 여지없이 느꼈다.

그리고 나는 말 한마디도 마음에 내키게 하지 못했다. 그저 나는 그의 말에 대답만 하고 있었고 강압감에 자신이 그에게 매여 있는 듯한 착각을 하고 있었다.

그날 밤 나는 몸이 피곤했지만 잠이 오지 않았다. 나는 그의 생각으로 잠자리에서 한참 뜬 눈으로 엎치락뒤치락 하기만 했다.

우선 나의 생각에 밀리는 것은 옛날 나에게 묶여 지내던 그의 모습이었다. 자꾸만 초라하게 생각되던 그가 나의 시선으로 닥쳐왔다. 또 나에게 과자와 어떤 것들을 항상 쥐여 주면서도 쩔쩔매던 모습. 나는 불현듯 그에게 죄의식을 느꼈다. 그리고 과거를 지금이라도 생각 할른지 모르는 그가 머리에 떠올랐다. 틀림없이 그가 잠자리에서 나를 생각하고 있을 것 같았다. 그리고 자기에게 항상 무엇을 강요하던 나에게 욕을 할지도 몰랐다. 나는 그 생각에 그만 다급해졌다.

얼굴이 타오르는 듯했다. 또한, 그가 나를 실컷 비웃고 있을 것만 같았다. 사흘 후 나는 철공소에 나가려다가 어머니의 부르는 소리에 옆방으로 건너갔다.

「월급날이 한 일주일 남았지?」

「예.」

「오늘 가불 받을 수 없겠니?」

「왜요, 어머니?」

「니 동생이 낼모레까지 꼭 수업료를 내야 된단다. 모레가 방학이래.」

「글쎄, 될는지 모르겠지만 아마 어려울 거예요. 요새 불경기라서, 어디서 우선 꿀 수 없어요?」

「어제 꾸려고 돌아다녔지만, 요즘에 누가 그렇게 넉넉하게 집에다 돈을 놓아두는 사람이 있니?」

「가서 얘기는 해볼게요.」

「얘기만 해볼 게 아니라 꼭 가불 좀 해달라고 부탁해서 늦어도 내일 저녁까지는 마련해야 한다.」

「니 동생은 중학교도 제대로 못 다닐 것 같구나.」

나는 한숨 섞인 그 말을 듣고 선뜻 다음 말을 하지 못했다. 요사이 나타난 그가 생각난 것이었다. 나는 멍했다.

「어서 나가봐라.」

나는 어머니의 말에 그제야 나갈 양으로 방문을 열었다. 그러나 나는 자신도 모르게 곧장,

「어머니, 동생만은 끝까지 가르쳐야 해요. 그것은 제가 책임지겠어요.」

하고 굳게 말했다. 그 말은 진즉부터 내가 나 자신에게 해야 했을 말이었다.

「어떻게 해서라도 그 돈만은 내일 저녁까지 꼭 마련하겠어요.」

나는 무슨 앙갚음이라도 하는 듯이 힘을 주어 그 말을 했다. 그러자 이내

「가르치는 게 그렇게 쉬운 일이 아니란다.」

하는 어머니의 말이 더욱 약하게만 들려왔다.

나는 바로 집을 나와 철공소로 갔다. 철공소는 벌써 기계가 움직이고 동료들이 모두 일찍 나와서 일을 하고 있었다. 나는 작업준비를 하려고 사무실에 들렀다.

그런데 한 사무원이 나에게 무슨 쪽지를 내밀면서,

「아까 누가 왔다 갔는데 이 쪽지를 써놓고 갔어.」

하는 것이었다.

「누가, 아침 일찍 왔었어요?」 나는 그 말을 하면서, 바로 생각에 떠오르는 것은 서울에서 내려온 그였다. 나는 곧 쪽지를 펴보았다.

(촌 친척집에 갈려고 일찍 나왔네. 직장에 와보니 나오지 않았더군. 그래서 여기 간단하게 글 써놓고 가네. 오늘 저녁 8시 ×× 다방에서 한번 만났으면 하네. 우리 지나간 얘기도 하면서 두어 시간 대화를 나누었으면 하는데, 꼭 와 주겠지. 그럼—)

나는 쪽지를 한 번 더 읽었다. 그런데 이상히도 (우리 지나간 얘기도

하면서)라는 부분이 자꾸 시선에 들어왔다. 그것이 유달리 신경이 쓰였다. 그러면서 어렴풋이 죄의식이 돋아나고 또 한 번 나를 답답하게 만들었다. 옛날에 내가 그한테서 어떤 것들을 빼앗던 생각들이 더욱 밀어닥쳤다.

종일 나는 작업을 하는 둥 마는 둥 시간만 보냈다. 쉽게 일이 손에 잡히지 않았다. 나는 저녁에 그를 만나야 할지 한참 결정을 내리지 못하고 되었다.

저녁이 다되어 나는 잠시 쉬는 시간을 통해서 사장을 찾아갔다. 가불에 대한 얘기를 꺼냈지만, 사장은 곤란하다면서 이번 달은 제날짜에도 월급을 제대로 줄는지 모를 것 같다고 덧붙이는 것이었다. 그리고 요사이 일거리가 없다는 걸 자신도 잘 알지 않느냐고 되묻기도 했다.

나는 다시 부탁을 했다. 얼마 되지 않는 돈인데 그것쯤이야 가불은 될 수 있지 않냐고 했지만, 사장은 오히려, 자기만 알고 남의 사정은 모르냐면서 우선 다른 곳에서 꾸어 쓰라는 것이었다. 나는 더 말없이 돌아섰다. 나는 다시 한번 절망을 느껴야 했다.

저녁 여덟 시가 되도록 나는 약속 장소에 나가지 않았다. 아니 나가지 못했다. 그것도 또 한 번 겪어야 하는 절망이었다.

나는 철공소의 한 동료를 시켜 바쁜 일이 있어서 오늘은 못 나간다는 전화 연락을 해달라 부탁하고 집으로 돌아왔다. 끝내 나는 그에게서 패배의식을 절감하고 있었다.

그날 밤 나는 집에 있으면서 꼭 그가 찾아올 것 같은 생각에 상당히 불안했다. 내가 잠들기 전까지, 문소리가 나면 누구인가 나를 붙잡으러 오는 것처럼 느껴졌고 새삼스럽게도 공포의식을 느꼈다. 그것은 분명한 자신의 무가치를 인정하는 것이었다.

그리고 옆방에서 동생의 공부하는 소리가 들렸을 때는 난 자신도 모르게 귀를 틀어막고 말았다.

다음날 나는 무거운 걸음으로 철공소에 나갔다. 나는 사무실에 들렀을 때 또 누가 무슨 쪽지를 줄 것만 같아 이내 작업 준비를 끝내고 나왔다.

곧 작업이 시작되었다. 기계 소리는 더욱 요란하게 들렸다. 나는 다소 불안한 마음으로 기계 앞에 다가섰다.

오늘은 어떻게 해서든지 동생의 수업료를 마련해야 한다는 생각으로 일도 제대로 손에 잡히지 않아 책임자로부터 안 좋은 소리도 몇 번 들었다. 정말이지. 어떻게 동생의 수업료를 오늘 내로 만들어야 할까? 동료들에게도 말해야 소용도 없을 것 같았다. 막연하나마 나는 공장장에게 기대를 걸고 있었다.

점심시간이 되었다. 나는 우선 동료들을 찾아가 그러나 모두가, 자기들도 요즈음은 어려워서 어떻게 살아가야 할지 걱정이라면서 한숨만 덧붙였다.

나는 집으로 와서 점심을 먹고 난 뒤 어머니에게 할 수 없다는 듯이 말했다.

「어머니가 준비해야겠어요.」

「안 된다더냐?」

「예, 공장장한테는 아직 말을 꺼내지는 않았지만…아마 그곳도 마찬가지일 거예요.」

「걱정이다, 걱정여.」

「정말 뜻대로 안 되는군요.」

「세상살이란 이렇게 어려운 거야…」

나는 새삼 세상살이가 어려운 것을 터득하고 있었다. 언제나 느끼는 것이지만 이번은 더욱 나를 다급하게 만들었다. 그러나 나는 의식적으로 세상살이에 무슨 대항이라도 하는 것처럼 힘주어 말했다.

「어떻게 해거든 오늘 제가 준비하겠습니다.」

그것은 또한 이번에 서울에서 내려온 그에 대한 일종의 저항과도 같은 것이었다. 나는 어금니를 꼬옥 물고 눈을 부릅떴다. 이대로 쓰러질 수 없다는 생각으로 나는 자리에서 벌떡 일어났다.

나는 다시 한번 어머니에게 걱정하지 마시라고 얘기하고는 철공소로 나갔다.

사무실 시계를 보니 점심시간은 한 십분 남아 있었다.

나는 공장장을 찾아가려고 사무실을 나와 공장장이 있는 휴게실로 갔다. 공장장은 하는 일 없이 앉아 있었다. 주위엔 사람들이 많이 있었다. 나는 공장장에게 잠시 뵈었으면 한다는 말을 하고 휴게실 밖으로 나왔다.

「공장장님 어려운 부탁이 있는데요.」

「부탁? 뭔데?」

「……」

나는 잠시 머뭇거렸다.

「뭔데 그래? 젊은 사람이 뭘 가지고 그렇게 꾸물거리나?」

「저, 다름이 아니고요. 동생이 내일 방학인데 내일까지 수업료를 내야 한다나 봐요. 가불도 안 되고 지금까지 동료들한테 부탁하러 다녔지만 허사였어요. 하는 수 없이 이렇게 공장장님께나 한번 말씀드리려고 왔습니다.」

「……」

공장장은 잠시 말이 없었다.

「어떻게 안 될까요? 이번 월급 타면 즉시 갚아 드리겠습니다.」

「…자네 사정은 내가 잘 아네.」

「……」

「알았어. 오늘 저녁에 내 집에 들려주게나. 내 집 알지?」

「네.」

「아무 염려 말고 일이나 열심히 해.」

「네, 공장장님. 고맙습니다. 정말 고맙습니다.」

나는 공장장에게 고맙다고 연신 고개를 숙였다. 나는 무슨 기쁨에 사로잡힌 것처럼 어쩔 줄을 몰라 했다. 나는 언뜻 어려운 세상살이에 대해 보복이라도 한 것처럼 느껴졌다. 정말 펄펄 뛰고 싶은 심정이었다. 나는 속으로 동생은 문제없이 끝까지 공부시킬 수 있다고 억세게 다짐하고 있었다.

오후의 작업은 쉽게 손에 잡혔다. 동료가 콧노래를 부르면 나도 덩달아 맞장구를 쳤다.

나는 한참 작업에 열중했다. 그런데 누가 내 곁에 와서 소리를 지르는 것이었다.

「공장장이 저, 헌 녹을 털란다. 몇 번 소리쳐도 안 들리냐?」

나는 일에 열중한 나머지 공장장의 말을 못 들었던 것 같았다. 나는 그제야 동료의 말에 철판이 있는 쪽으로 자리를 옮겼다.

「야, 망치 어데 있어?」

「저쪽.」

「응」

나는 망치를 찾아 들고 헌 철판의 녹을 털기 시작했다.

「야, 천천히 해. 뭣이 바빠서 그렇게 서둘러?」

한 동료가 옆에서 일을 하고 있다가 한마디 던졌다. 분명 나는 어떤 기쁨에 들떠 있는 게 틀림없었다. 나는 괴로움을 잊어버리고 싶은 마음으로 더욱 세게 철판을 내리쳤다. 그럴수록 모든 고통이 망치에 부딪혀서 사라지는 것 같았다. 나는 작업 한다기보다는 어떤 고통에 대한 보복으로 망치를 내리치고 있는 것이었다. 한 번씩 내리칠 때마다 울리는 소리는 더욱 홀가분함을 느꼈다.

그런데 얼마 지나지 않아서였다. 한 동료가 나를 부르는 것이었다.

「누가 찾어, 나가봐!」

갑자기 나는 그 말에 힘이 쭉 빠지는 것을 의식했다. 그가 찾아온 것임이 틀림없었다.

나는 잠깐 우울해졌다. 어쩔 수 없이 나는 밖으로 나가 보아야 했다.

「수고해.」

그가 내 시선에서 웃고 있었다. 언뜻 나는 그 웃음이 비웃음인 것처럼 생각되었다. 나는 적지 않게 머리가 아파져 오는 것을 느꼈다. 나도 애써 웃었다.

「어제 나가지 못한 것, 미안해.」

「전화 연락받았어. 바쁘니깐 할 수 있어?」

「정말 미안해.」

「그렇게만 말하면 내가 더 미안해지는데.」

「……」

「나 지금 서울 올라가려고 나왔어.」

나는 사실 그 말이 반가웠다. 그러면서도 나는,

「벌써?」

서운한 척 그렇게 말을 해야 했다.

「오랜만에 고향에 와서 친구를 만났는데 제대로 얘기 한번 못하고 헤어지는군.」

「글쎄…내가 성의가 없었나 봐.」

「아냐, 바빠서 그런 건데 별수 있어? 아무쪼록. 건강하고 굳게 살아가길 바래.」

나는 분명 그에게서 위로를 받는 것이었다. 그는 나와 헤어지는 악수를 하면서도 내 손을 힘껏 붙들고 있었다. 나는 다시 한번 그에게서 패배 의식을 맛보았지만,

「고마워.」

라는 그 말을 또 내뱉지 않을 수 없었다.

「그럼, 다음에 또. 내가 편지 먼저 할게.」

「잘 가.」

나의 표정은 굳어 있었던 게 틀림없다. 그는 다시 한번 뒤로 돌아 나를 쳐다보고는 걸음을 재촉했다. 나는 그가 떠나는 것을 보고 한참 서 있었다. 나는 그가 잡았던 손에 힘을 주었다. 그것은 나의 실험이었다. 그러나 왜 그 손에 잡혔을 땐 힘을 주지 못했을까? 나는 정말 약해진 것일까? 결국은 그에게 위로를 받아야 하나?

갑자기 어린 시절의 일들이 나의 머리에 떠올랐다. 내 주먹을 무서워하며 몸을 움츠리던 모습. 과자를 쥐어주면서도 내 눈치만 보던 모습. 그리고 아이들한테 얻어맞고 피투성이로 내게 달려왔던 모습.

그러나 지금은 오히려 그가 나에게 강압감을 주고 있고, 나는 그를 피하고 있다. 돈. 그래 돈을 벌어 동생을 끝까지 가르쳐야 한다. 내가 고통이 되어도 그것만은 내가 꼭 이루어야 한다.

나는 나 자신이 잃었던 것을 동생에게서 찾아야 한다는 생각이 났다.

그것은 다행히도 나에게 위로를 안겨주고 있었다.

나는 다시 일자리로 와서 하던 일을 계속했다. 철판을 내리치면서 나는 어떤 분풀이를 의식하고 더욱 세게 내리쳤다. 그가 어렸을 때 내 주먹만 보면 전신을 오므리던 모습이 문득 시선에 나타났다. 나는 힘껏 망치를 들어 내리쳤다. 바로 그의 모습이 나의 손아귀에서 움츠리는 것 같은 생각이 들었다. 나는 계속해서 내리쳤다. 어깨가 뻐근했다.

그러나 순간, 철판 위엔 나의 전신이 자리 잡고 있었고 어떠한 강압감에 몸을 피하지 못한 채 얻어맞고 있는 것을 나는 발견했다. 그것은 이상한 일이었다. 틀림없이 나는 무엇에 대해 저항하지 못하고 공포 의식 속에서 몸을 굽혀 움츠리고 있었다. 그것은 어린 시절에 그가 내게 꼬옥 눌려 있었던 상태와 비슷한 것이었다. 나는 더욱 몸을 움츠렸다. 나는 몸을 움츠리면 그만큼 강압감이 적어지는 것으로 착각하고 있었다. 잠시 온 전신이 피로해지고 어깨에 힘이 빠지는 것을 느꼈다. 나의 몸은 한쪽부터 무너져 나가는 것 같았다. 그러는 속에 갑자기 동생의 생각이 솟구쳤다. 그러고 나서 동생의 수업료를 꾸어준다고 약속했던 공장장의 생각이 떠올랐다.

그 순간 나는 멈추었던 일을 다시 계속했다. 더 힘들여 망치를 내리쳤다. 내가 망치에 맞아 전신이 멍이 들어도 아무렇지도 않을 것 같았다. 다시 계속해서 내리쳤다. 깡, 깡, 깡…….

헌 철판에 녹이 털리듯 그렇게 나의 살점은 떨어져 나가고 있었고, 나는 자신의 몸이 작아지는 것을 느꼈다. 그러나 이상하게 나는 어떠한 고통도 다시 느낄 수 없었다.

〈끝〉

제21회

학예상

•

1970~1979

당선

제536·7~538·539호 1976년 6월 25일~1976년 7월 30일

제21회 대학신문 학예상 : 소설

빈혈

· 박구홍 (국어국문과 4학년) ·

빈혈로 쓰러져 본 적이 있는 사람은 잘 알겠지만, 잿빛으로 변한 얼굴에 땀방울이 끈끈하게 맺히는 것과는 달리, 머리가 비워져 나가는 듯한 느낌이 얼마나 신선한 것인지 모른다. 머리칼이 한올 한올 뽑혀 나가고 대신 맑은 공기가 뽑혀 나간 머리칼의 구멍으로 새어 들어오는 듯한 그 신선함. 그 신선함으로 온몸이 둥둥 떠오르고 발끝이 땅에서 완전히 떨어졌다고 느껴졌을 때 적당히 쓰러져야 한다. 우선 무릎을 굽히고 한쪽 팔을 쭉 뻗쳐서 쓰러지는데, 땅에 이마를 대고 있을 때 빈혈의 신선함은 가장 감미로와 지는 것이다. 마치 이끼 낀 바위틈에서 솟아 나오는 약간 씁쓸하기조차 한 샘물을 마시는 듯한 기분이 된다. 물론 빈혈이 신선함으로까지 받아들여지려면 그만큼 많이 쓰러져봐야 하고 상당한 훈련을 쌓아야만 한다. 나는 초등학교 때 번번이 잘 쓰러졌을 때, 그리고 빈혈이라는 어휘가 주는 무서움을 처음 맛보았을 때, 나는 얼마나 실의(失儀)에 빠졌던지. 빈혈이 내 몸에서 사라지기 전에는 대통령은 물론이고 잘못하면 골목대장도 못될 것 같은 실의에 빠져 징징 우는 수밖에 없었다. 그러나 쓰러지는 횟수가 많아져 가자 실의보다는 빈혈이 가져다주

는 신선한 쾌감 쪽으로 맛을 붙여가기 시작했다. 더욱이 좋았던 것은 빈혈을 무슨 타기 어려운 상쯤으로 아이들이 알아주고 있었다는 사실이다. 선생님은 물수건으로 얼굴을 훔쳐 주시고 아이들은 나를 둘러싸고 자기들에게는 없는 신기한 것을 내가 가진 양 쳐다보는 것이었다. 나는 무조건 신이 났다. 쓰러질 때도 이제는 그냥 쓰러지지 않고 되도록 멋있게 쓰러졌다. 최후의 순간까지 빈혈과 싸우다 견디다 못해 쓰러지는 것처럼 쓰러지는 것이 제일 재밌고 훌륭한 것이었다... 그러면 아이들은 알기를 나를 독립투사쯤으로 알아주었다. 그냥 그늘에서 쉬어 있지 않고 뙤약볕에서 끝까지 서 있으려고 하다니…아이들은 찬란히 섞인 목소리로 나를 위로하는 것이었다. 일테면 나는 빈혈 상습자였던 셈이다. 그러나 나만의 특권처럼 생각되던 빈혈 상습자의 권리도 중학과 함께 나한테서 사라져버렸다. 웬일인지 빈혈이 없어져 버렸던 것이다. 그것은 매우 불행한 사건이었다. 그 당시에는 그렇게밖에 달리 생각되지 않았다. 마치 변명할 구실 하나가 없어져 버린 그런 서운함 같은 것이었을 것이다. 그 이후 나는 빈혈에 대해서 까마득히 잊어버리고 있었다. 다른 사람들에 있어서와 마찬가지로 나에게도 빈혈은 전혀 인연이 없는 고약한 병쯤으로 잊혀 왔다. 그런데 이게 어떻게 된 일일까? 대학교 3학년이 되어서, 그것도 알 · 오 · 티 · 시 1년 차로 하기 병영훈련에 들어와서 그 빈혈을 다시 만나게 되었던 것은. 적어도 나는 그것을 빈혈이라고 생각하지 않으면 안 된다. 스물두 살의 순수해야 할 나이와 쨍쨍한 햇빛 속에서 마지막 한 방울의 맑은 땀까지도 말려버릴 것을 강요하는 알 수 없는 힘과의 긴장 속에서, 빈혈을 생각해낸 것은 나로서도 뜻밖의 일이었다. 어쩌면 빈혈과 전혀 관계가 없는 것인지도 모른다. 그런데도 빈혈에 관한 상념은 하기 병영 훈련이 끝날 때까지 나를 쫓아다녔다. 정희와 함께 지리산에 오게 된 것도 결국 빈혈과 무슨 관계가 있는 것처럼 생각되기도 한다. 이상스러운 것은 빈혈에 대해서 생각하면 할수록 점점 미궁 속에 빠져들어 가고 있다는 느낌이 드는 만큼, 나를 둘러싸고 있는 문제 대부분이 빈혈과 깊은 관계를 맺고 있지 않을까? 하는 의문이 확신처럼 굳어지고 있다는 사실이다. 좀 더 정확히 말하자면 나는 그 정체를 빈혈이라고 생각해야만 직성이 풀릴 기분이라는 것이다. 이유는 나로서도 알 수가 없다. 중요한 것은 빈혈이 초등학교 때처럼 신선하고 위장하기 적절한 것으로서가 아니라 부끄러움으로, 견뎌내야 할 괴로움으로, 제법 심각하게 엉겨온다는 점이다. 누구한테나 그런 것처럼 스물두 살이란 나이는 나에게도 모든 것을 어렵게만 받아들이게 하는 나이이다. 나의 빈혈에 관한 이야기가 분명하지 못하고, 뭔가 은폐하려는 의도가 있는 것처럼 보이는 것도 모두 나이 때문이다. 확실한 것 치고 우리를 속이지 않은 게 무엇이 있는가?

어쨌든 나는 지금 지리산에 와 있다.

정희가 따라나선 것은 뜻밖이었다. 산에 가자고 조른 것은 나였지만 그녀와 같이 갈 생각은 애당초부터 없었다. 그녀가 자그마한 여자용 륙색을 메고 위에서 끈으로 매게 되어있는 여행용 백을 한 손에 들고 나타났을 때, 나는 낭패한 기분이 되어 버렸다. 륙색과 배너를 빌려준 친구는 그녀를 케이오시킬 절호의 찬스라고 얼려대었지만, 나로서는 어느 편이냐 하면, 김새는 판이 되었다. 지난 반년 동안 나는 정희와 너무 가까이 있었다. 지리산이라면 나는 그녀로부터 얼마쯤은 떼어놓을 수 있을 것이라고 생각했고, 그사이에 나는 형편없이 허물어져 버린 나의 성(城)을 다시 수리할 수 있을지도 모른다고 기대했었다.

할 수 없지, 나는 구례까지 가는 차표를 두 장 끊었었다. 정희가 따라

나선 데는 그녀대로의 생각이 있었을 것이다. 아마 오형(吾兄)에 대한 모종의 결심일 것이다. 나는 그녀가 어떤 결정을 내렸건 내버려 둘 작정이었다. 그것은 나로서는 손댈 수 없는 자그맣고 사랑스러운 세계 중의 하나이니까. 그러나 내 예상과는 달리 정희는 영 즐겁고 신나기만 한 눈치였다. 차창 밖을 스쳐 가는 포플라며 강물 줄기마다 일일이 토를 붙이며 재재거렸고, 홍익회 회원들이 지나갈 때마다 음료수와 과자 따위를 사곤 했다. 그것은 차라리 잘 된 노릇이었다. 오형에 관한 얘기를 꺼내기엔 지리산은 얼마나 부적당한가. 오형에 관한 한 모든 것은 묻어 두어야 할 성질의 것이었다. 우선 오형은 여기에 없는 사람인 것이다. 정희가 처음으로 사랑했던 사람이 오형이라는 사실이나, 아직 학교에 다닐 때 나와 오형이 가까운 사이였다는 사실을 차치하고라도, 당장 그는 최전방에 나가 있는 사람인 것이다. 내가 오형을 의식 하는 것은 미안한 마음이나 죄책감 때문이 아니라, 그의 부재(不在) 때문이었다. 또 하나는 오형이 혹은 오형의 부재가 지난 하기 병영 훈련 때부터 내가 청승맞게 꾸리고 다니는 빈혈과 깊은 관련을 맺고 있으리라는 느낌 때문이었다. 오형에 관한 얘기를 하기 전에 빈혈을 다시 만난 얘기부터 해야겠다. 하기 병영훈련의 어느 날이었다.

그 날은 날씨가 엉망이었다. 소나기가 퍼부었다가 금세 땡볕이 내리쬐고 다시 소나기가 내리곤 했었다. 그럴 때마다 우리는 판초를 뒤집어썼다가 벗었다가 했다. 그 날의 훈련은 엠원 사격이었으므로 우리는 엠원 소총을 거꾸로 메고 영점 사격장과 이백 미터 사격장 사이를 패잔병처럼 이동했었다. 우리 조가 소나기가 퍼붓는 속에서 빗물이 맺혀 드는 가늠구멍으로 조준사격을 끝냈을 때, 이런 망할, 우리 조에게 감적호의 임무가 내려졌었다. 그것은 아주 더럽고 재수 없는 노릇이었다. 다른 조의 녀석들은 사격을 끝냈거나 사격을 기다리면서 비를 피해 적당한 곳에서 화랑 담배만 피워대고 있었는데, 감적호의 임무란 도대체가 청승맞은 노릇이었다. 우리 조는 판초를 질질 흙탕물에 끌면서 감적호 속으로 들어갔다. 감적호는 표적대 앞쪽 석축(石築)에 면해있는 쪽은 황토 흙이 이겨져 있었다. 우리 조는 두 명이 한 짝을 이루어 표적대 하나씩을 맡게 되었다. 나는 왕성이와 한 짝이 되었다. 그렇다면 가위, 바위, 보다. 빗물이 빠져드는 뭇에 짬밥 한 그릇 말아먹고서는, 한 녀석이라도 쉬어야지 둘이 다 표적대를 붙잡고 있을 수야 없는 노릇 아닌가. 왕성이는 가위, 나는 주먹이었다. 안경을 벗어 닦으며,

[너밖에 없다. 그럼 수고!]

[이런 망할 놈의 손버릇이라니]

그는 가위를 낸 손목을 자르는 시늉을 하면서 혀를 찼다. 그는 늘 보였다. 나는 안경을 다시 썼다. 판판한 틀을 주어다 버려진 표적지를 깔고 석축에 기대었다. 거추장스럽기만 한 판초라도 벗고 석축에 기대니까 여간 편안한 게 아니었다. 새롭게 표적지가 붙여지고 감적대에 틀을 얹어놓자 표적대가 올라갔다.

[감적호 완료!]

조교가 전화기에다 소리쳤다. 잠시 후에는 사격이 시작되리라 나는 하이바를 눌러쓰고 눈을 붙였다. 피로가 몰려들었다. 발끝에서부터 머리털까지 작은 벌레가 기어 다니는 것처럼 피로는 무겁고 단맛이 드는 것이었다. 포켓 속에 들어있는 정희에게서 온 편지를 꺼내볼까 했으나 그만두었다. 편지를 꺼내지 않아도 거의 줄줄 외는 터였다. 정희 입을 맞추면 눈을 꼭 감고 숨을 죽이는 정희, 나는 정희의 모습을 떠올리려고 했으나 까마득한 잠 속으로 빠져들어 가기 시작했다.

…그것은 막막하고 완강한 벽(壁)과 같은 어떤 것이었다. 당해낼 수 없는 힘이 짓눌러오기도 하고, 밑이 없는 꿈처럼 부풀어 오르기도 했다. 두껍게 혹은 잘게 부서져서 공기의 때가 흔들리고 있었다. 누군가가 몸을 숨기고 섬유질처럼 끈질기게 달라붙고 있음이, 틀림없다고 생각했다. 쨍쨍한 햇빛이 미열(微熱)처럼 엉겨 붙어왔다. 엉겨 붙어서 전투화의 습기를 소금기처럼 말리고 있었다. 전투화에 발려진 흙탕이 바래어 보이고, 앙금이 드러나고, 그 틈새로 쨍쨍한 햇빛이 구부러져 들어가고 있었다. 하늘은 단단해 보였다. 구름이 뱉어내 버린 껌처럼 매달려 있었다. 가끔 언덕 밭이 아래로 찢긴 구름이 쏜살같이 떨어져 나가고 있었다. 정신을 차려야 한다고 생각했다. 그대로 있으면 완강한 팔뚝이 목젖을 감아 죄어들어온 것처럼 느껴졌다. 나는 도망치기 시작했다. 발을 옮길 때마다 황토 흙 저편에서 총을 들고 군인 한 사람이 좇아왔다. 어딘지 낯익은 그의 얼굴은 불에 타오르고 있는 것처럼 붉었다. 고꾸라지듯 도망치는 내 눈앞에서 황토 흙은 살아서 움직이기 시작했다. 시야가 온통 붉은색으로 보였다. 황토 흙이 떠오르고 땅이 떠오르기 시작했다. 멀리 보이는 포플라 나무들도 떠오르는 것이었다. 그리고 흔들거렸다. 시야가 노랗게 바뀌었다. 돌려놓은 지구본처럼 눈앞에 있는 풍경들이 빙글빙글 돌아가기 시작했다. 쓰러져야 한다고 생각했다. 지금이 쓰러지기에 가장 적당한 시기인 것이다. 풍경이 잿빛으로 바뀌었다. 검은 재가 머리 위로 쏟아져 내렸다. 그때 나는 빈혈을 생각해내었다. 빈혈! 잿빛으로 변한 얼굴과 투명한 땀과 그 신선한 부유(浮遊)를 무료함처럼 막막하게 다가오는 빈혈이 늘 붙어 다니는 친구처럼 느껴졌다. 참으로 오랜만의 빈혈이었다. 나는 빈혈을 잊어버렸던 애완동물처럼 바라보았다. 그리고 아무 저항감 없이 이렇게 생각했다. 무릎을 꿇고 한 손을 비스듬

히 뻗쳐서 빈혈 상습자답게 쓰러져도 되지 않은가? 그러면 만사가 잘 될 게 아닌가? 그러나 쓰러지기도 전에 총이 나를 찔러왔다. 낯익어 보이던 군인은 구대장이었다. 그의 얼굴이 붉게 달아올라 확대되어 왔다. 나는 두 손으로 황토 흙을 잡고 낮은 포복을 하듯이 도망치려 했다. 불에 타는 듯한 구대장의 얼굴이 잿빛 해와 함께 맴을 돌았다. 그것은 섬유질 같이 끈질긴 벽에 에워싸져 있는 느낌이었다. 나는 심한 통증을 느끼며 꿈에서 깨어났다.

[개새끼!]

구대장의 얼굴이 황토흙 속에 처박힌 내 눈 속으로 덮쳐 들어왔다.

그때 내가 정희를 기억해내었는지 어쨌는지는 자신이 없다. 꿈속에서 빈혈의 상태가 시작되었을 때 꽃잎처럼 나부끼며 정희가 달려왔던 것 같기도 하다. 그녀가 물총새처럼 평화스럽게 달려오는 쪽으로 내가 황토 흙 묻은 손을 뻗쳤던 것 같은 생각이 들기도 한다. 그러나 확실한 것은 아니다. 그것보다 궁금한 것은 십 년도 넘게 잊어온 빈혈이 꿈속에서 다시 나타났다는 사실이었다. 그것도 초등학교 시절에 맛본 것처럼 아주 생생하게 정말 그것은 어떻게 된 일일까? 그 꿈 이후로도 빈혈에 쓰러지거나 하는 일은 없었다. 꿈속에서도 빈혈은 나타나지 않았다. 어느 편이냐 하면 내가 빈혈을 찾아다니는 편이었다. 나에 대한 환멸과 질식할 듯한 분위기 속에서 빈혈을 찾아다닌 것은 어떤 이유가 있을 것 같기도 하다. 아까도 빈혈을 통해서 정희와 오형에 대한, 비리(非理)와 두려움에 대한 나 자신의 허위에 대한 변명 때문일 것이다. 빈혈이 나에게는 거대한 상징적인 의미로 다가왔다. 그것은 그러나 막막하고 완강한 벽과 같은 것이었다.

[어머, 다 왔네요.]

정희가 뒤를 돌아다보며 활짝 웃었다. 산 갈대숲을 지나자 넓은 꽝지가 나타나고, 붉은 표지판에 〈삼각지〉라고 적혀있었다. 두 패의 사람들이 점심을 하느라고 쌀을 씻고 버너를 피우고 있었다.

[우리도 여기서 점심을 해 먹어요. 좋겠죠?]

[식사 부장 맘대로지. 얻어먹는 사람이 뭐]

말하자면 정희는 식사 부장이고 난 섭외부장을 하기로 했었다. 그런 제의를 한 건 정희였지만 그녀가 꼭꼭 잊어먹는 통해 그때마다 일러주어야만 했다.

[쌀은 식사 부장님이 씻으실 테니까, 자리를 좀 봐요.]

[옳소! 좀 쉬었다 합시다.]

[또 투정, 밥 먹고 쉬어요. 더 디 왔잖아요.]

정희는 쌀을 내서 개울 쪽으로 가며 부지런을 피웠다. 나는 자리를 펴고 버너를 준비했다. 오늘로 지리산에 온 지도 사흘에 정희를 데리고 오길 참 잘했다고 생각했다. 그렇게 좋아할 수가 없었다. 하긴 지리산을 싫어할 사람이 누가 있겠는가? 덕분에 일정이 형편없이 늦어져 코스마저 바뀌게 되었지만 정희를 데려온 건 잘한 일이었다. 처음에는 4박 5일 코스로 화엄사에서 출발하는 종주등반을 잡았었다. 그러나 정희가 화엄사에서 노고단까지 올라가는데 별 죽는시늉을 다했으므로 4박 5일로 예정코스는 어림없었다. 그래서 도중에서 피아골로 내려오는 중이었다. 지리산은 나에게 이번이 세 번째였다. 정희는 처음이었다. 지리산뿐 아니라 교내졸업 여행 때 설악산을 가는 것도 빼먹었으니까 이렇게 큰 산은 처음일 것이다. 피아골로 접어들면서부터 지리산은 또 바뀌어 있었다. 계곡은 아래로 올수록 커졌다. 첩첩으로 쌓인 바위틈으로 흐르던 물이 계곡을 이루고, 계곡은 쉴 새 없이 시리게 부서져 여기에서는 벌써 큰 못을 만들어내고 있었다. 물은 깊은 못 바닥의 돌들이 빽빽한 나뭇잎을 헤치고 들어온 몇 줄기의 햇빛으로 보석처럼 빛나 보이게 할 만큼 맑았다. 폭포에서 떨어지는 물방울들은 새금파리처럼 반짝거렸다. 나무들도 바뀌어 있었다. 노고단에서 임걸령까지 오는 동안 침엽수 지대만 계속되다가 별안간 길고 부드러운 들판이 나타나기도 했고, 키가 작은 고산 식물지대가 빽빽하게 길을 막아서기도 했다. 구름과 안개의 떼가 손에 잡힐 듯 스쳐 가곤 했다. 피아골에 들어서면서부터 잎이 두껍고 등결 구부러진 고산 식물들은 사라지고 거목(巨木)들이 하늘을 가리기 시작했다. 한자쯤은 훨씬 넘어 보일 만큼 굵은 나무가 군데군데 쓰러져 있었다. 게 중에는 오래되어서 마치 이끼 낀 흙처럼 간신히 형태만 알아볼 수 있게 된 것도 있었다. 삼각지에 도착하기 직전에는 참대나무와 산 갈대가 뿌리처럼 얽혀 숲을 이루고 있었다. 정희는 힘들어서 자주 쉬어가자고 하는 것 외에는 썩 훌륭하게 지리산에 어울렸다. 노란색의 채양이 큰 모자를 쓰고 땀이 송골송골 맺힌 얼굴을 씻으며 하늘색으로 웃는 정희는 눈이 부셨다. 품에 안으면 치와와처럼 얌전해지는 정희. 유치원에 갓 입학한 계집아이처럼 햇빛에 눈 맞추어 웃는 정희. 나는 그녀가 지난해에 교육대학을 졸업한 나의 2년 선배라는 사실을, 어둡고 꺾여진 뒷모습을 가진 오형을 사랑했었다는 사실을 깜박깜박 잊곤 했다. 정희의 표현대로 하자면 오형은 그녀의 [별]이었다. 그녀의 별이 바로 오형이라는 것을 안 것은 이미 내가 약해질 대로 약해진 다음이었다. 아니, 결코 그렇지 않았다. 그때 내 자신을 충분히 지킬 수 있었을 것이다. 오히려 오형이 그녀의 별이었다는 사실이 더욱 나를 그녀에게 기울어지게 했는지도 모른다. 그것은 정희도 마찬가지였다. 오형을 하나의 선(線)처럼 그어놓고 우리는 비밀스럽게 그 선을 넘나 들곤 했었으니까. 우리는 마치 공범자(共犯者)처럼 비밀스럽게 만났고, 비밀스럽게 사랑의 말을 주고 받으며, 비밀스럽게 어딘가 빗나가고 있다는 사실을 인정하곤 했다.

오형에 대해서 얘기를 해야겠다. 그에 대해서 얘기를 하자면 조각칼 같은 눈으로 쏘아보던 거지를 만났던 지난해 겨울의 얘기를 하는 것이 편할 듯하다. 오형이 그 거지를 만났던 때의 구역(嘔逆)은 오형이 나와 함께 술집을 휩쓸고 다니던 시절의 모든 것을 포함하고 있다고 생각되니까. 그 날은 동인절이 열리고 있었던 어느 날이었다. (오형과 나는 같은 문학동인회 멤버였었다) 예총 화랑 전시실의 문을 닫고 나온 우리는 술을 마셨다. 눈이 내리고 있었고 술은 따스했다. 우리는 술을 진탕 퍼마셨다. 시화전(詩畵展)이란 미친년이 엉덩이를 까고 다니는 것과 같아서 술이라도 진탕 퍼마시지 않으면 견디기 어려운 것이었다. 술집을 나와서 우리는 창녀를 찾았다. 창녀가 벌리는 것이나 시 나부랭이 걸어놓는 일이나… 우리는 창녀의 몸 위에 엎디어 잠들어 버렸다.

거지를 만난 것은 그다음 날 새벽이었다. 오형과 나는 목구멍이 메여 있는 듯한 기분으로 일찌감치 창녀의 집을 나왔었다. 눈은 내리지 않았으나 밤사이 내린 눈이 얼어붙어 문을 아직 열지 않은 상가(商街)는 자그맣고 멀어 보였다. 시린 바람이 코트 깃을 젖히며 불어왔다. 우리는 몸을 움츠리고 해장국집을 찾아 두리번두리번 걷고 있었다. 얼음이 끼어 유리창이 깨어질 것처럼 보이는 해장국집을 찾았을 때, 거기에는 참으로 기묘한 풍경이 보였다. 우리는 처음에는 무슨 일인지를 언뜻 알 수 없었다. 해장국 집이 서너 집 연달아 붙어있는 그 골목에는 하수구 옆에 쓰레기통이 얼어붙어 있었다. 거지는 그 쓰레기통에 머리를 처박고 있었다. 키가 작아서 깨금발을 딛고 금방 쓰레기통에 빠질 것처럼 몸을 기울이고 있었다. 깨금발을 딛고 있는 발에 얼음이 배겨서 빨갛게 부어있는 복숭아뼈가 내보였다. 그 주위에는 지저분한 똥개 두 마리가 쓰레기통에 같이 고개를 처박으려는 듯 기웃거리고 있었다.

잠시 후, 고꾸라질 것처럼 몸을 흔들며 거지가 쓰레기통에서 머리를 떼 내었다. 손에는 뼈만 남은 순대와 갈치 대가리 그리고 무뿌리 같은 것이 들려 있었다. 얼굴과 손도 빨갛게 얼음이 배겨 있었다. 열 두서너 살 적은 어린애인 것은 확실했으나 어딘지 늙어 보이기도 했다. 거지 아이가 뼈만 남은 순대는 입에 갖다 대는 순간, 기웃거리던 두 마리의 개가 쓰레기통 위로 뛰어올라 고개를 처박았다. 거지 아이는 순대를 얼음 낀 방바닥에다 내던지고 주먹으로 뾰쭉 솟은 개들의 등뼈를 때리기 시작했다. 그 동작은 놀랄 만큼 빨랐다. 얼마나 익숙하고 빨랐던지 소름이 끼칠 지경이었다. 무어라고 말할 수 있을까? 개들의 뒷다리를 거지 아이가 두 손으로 잡아 빼고 있던 광경을 앙상하게 쏟은 등뼈를 주먹으로 때려도 개들이 꼼짝 않자, 거지 아이는 쓰레기통 위에 딛고 있던 개들의 뒷다리를 잡아당기기 시작했다. 그것은 너무나 참혹해서 우습기조차 한 것이었다. 개들은 다리를 바둥거렸다. 거지 아이는 바둥거리는 다리를 몸 전체로 잡아당기며 이빨로 물기도 했다. 거지 아이의 몸이 바둥거리는 개들의 힘으로 같이 바둥거렸다. 함석으로 만든 쓰레기통이 기우뚱거렸다. 그래도 개들은 고개를 빼지 않았다. 그중 한 마리가 흰 이빨을 드러내며 덤빌 듯이 으르렁대다가 다시 고개를 처박았다. 거지 아이는 뒷다리를 놓았다. 그리고 하수구 위에 있는 얼어붙은 돌을 집어 들었다. 돌은 거지 아이의 머리통만 한 것이었다.

그 돌로 개들의 등뼈를 쳤다. 개들이 비명을 지르며 쓰레기통에서 고개를 빼내어 뛰쳐나왔다. 그 바람에 쓰레기통이 뒤집혔다. 연탄재와 해장국집 쓰레기통이 쏟아져 나왔다. 개들의 비명에 놀랐던지 해장국집 아주머니가 문을 열고 나왔다. 그러나 거지 아이는 거들떠보지도 않고 쏟아진 쓰레기들 틈에서 먹을 만한 것들을 주웠다. 돌로 내리치던 때와는 달리 천천히, 주의 깊게, 되도록 고깃점이 많이 붙어 있는 것들을 모르는 눈치였다. 대충 다 줍자 거지 아이는 일어서서 해장국집 아주머니를 쏘아보았다. 눈빛은 게슴츠레 내려앉은 눈꺼풀 속에서 잘 드는 조각칼처럼 번쩍거렸다.

「씨팔년」

거지 아이는 욕을 내뱉고 돌아섰다. 얼음으로 번들거리는 골목길을 천천히 순대 뼈에 묻은 고깃점을 뜯어먹으며 돌아나가는 것이었다. 해장국집 아주머니는 거지 아이의 뒤에다 욕을 내뱉고는 문을 탁 닫고 들어가 버렸다. 거지 아이의 조각칼 같은 눈빛만 시린 골목길의 얼음을 후비고 있었다.

오형이 구역을 시작한 것은 그때였다. 어제 그렇게 술을 진탕 퍼마셔도 나오지 않던 구역질이 터져 나오기 시작한 것이다. 오형은 나를 하수구 쪽으로 데리고 갔다, 오형은 무릎을 꿇고 고개를 하수구에 처박듯이 하고서 게웠다. 얼음이 덮친 길 위로 토해낸 것들이 튀었다. 시린 바람이 불어와 오형의 코트 자락을 창호지처럼 흔들었다. 나도 토하고 싶은 심정이 되었다. 거지 아이의 얼음 배긴 복숭아뼈와 눈초리와 욕설을 내뱉던 갈라진 목소리가 칼칼한 목구멍을 메스꺼울 만큼 긁어대었다. 하수구에다 고개를 대고 구역질을 하는 오형의 모습이 쓰레기통에서 바둥거리던 거지 아이처럼 보였다. 웩 우웩 우웩…… 오형이 그 길로 전시장으로 가 닳고 닳은 구두 뒷굽으로 자신의 시를 박살 낸 것을 그때 나는 이해할 수가 없었다. 유리가 깨지는 소리의 그 후련함으로 나도 내 시를 부수어 버리긴 했지만, 그렇다고 미친년 엉덩이 같은 시화전이 우리들의 뒤통수를 그만 쫓아다니게 되는 것도 아니지 않은가. 차라리 그것은 견뎌내야 할 것이었다. 모든 것을 포기해버리기 전에는 치모(恥毛)처럼 꾸리고 다녀야 할 것으로 생각했었다. 그러나 내가 빈혈에 시달리기 시작하면서부터는 오형의 행위를 그렇게 일방적으로 처치해버릴 수는 없었다. 빈혈이 내게 어떤 의미로든지 하나의 약점이 되어 있다면, 오형의 행위도 그렇게 받아들이지 않으면 안 되는 것이다. 어쩌면 오형과 나는 동병자(同病者)인지도 모른다. 오형은 끝내 정희에 대한 말은 한마디도 없이 군대에 갔다. 그것은 오형다운 태도였다.

「난 거짓말쟁이였어. 대가를 받아야지」

오형은 머리를 빡빡 밀고 훈련소에 입소했다. 정희가 나와 있지 않았던 탓이었을까? 훈련소의 문을 향해서 걸어가는 오형의 어깨는 겨울 날씨처럼 썰렁해 보였다.

「밥이 다 됐나 보죠?」

정희가 젓가락으로 코펠을 두드리면서 물었다. 코펠 뚜껑을 밥을 떠 맛을 보았다.

「다 됐군. 찌갤 얹지」

「오늘 점심은 진수성찬이에요. 그렇죠?」

「응, 다아 식사부장 잘 둔 덕이지」

정희는 킬킬거렸다. 카레를 준비했고, 후라이판에서는 부침이 튀겨지고 있었다. 고등어찌개도 올려놓았으니까 무김치도 있겠다. 호화판이었다. 마지막 점심이 될 테니까 준비해왔던 것들을 다 털었다. 맑은 물이 떨어지고 있는 폭포 옆에 밥을 짓는 건 신나는 일이었다. 바위에 걸터앉아 내려다보면 맑은 물의 배경이 어른거려 정희는 은어처럼 싱싱해 보였다. 은어 한 마리가 햇빛을 반사하면서 맑은 물을 튀기며 폭포를 거슬러 올라가는 것처럼.

「싱싱해 뵈는군.」

「어지러워요. 어지러운 걸 보니까 정말 싱싱해 뵈는 모양이죠?」

정희는 어지럽다는 시늉을 했다. 여자란 역시 보호받고 아낌을 받아야 하는 애완(愛玩) 이로구나…… 정희의 어리광을 보며 생각했다. 정성스럽게 물을 갈아주고 정량의 먹이를 제시간에 꼭꼭 먹여주어야 하는 금붕어처럼. 그렇지 않으면 흰 배를 내보이며 죽어갈 것이다.

여자란 금붕어처럼 약한 것이었다! 사랑은 주머니칼처럼 아껴준다기보다는 상처 주기가 쉬운 물건이다. 어쩌면 나는 정희의 가장 약한 곳을 상채기 내는 것인지도 모른다. 만약 그렇다면 나는 사랑이라는 보자기로 덮을 수 없는 응어리를 정희에게 심어준 것이 되리라. 저렇게 어리기만 한 정희에게 정희를 여자로 느끼기 시작한 것은 그녀의 연구 리포트를 대필해주면서부터였다. 연구리포트 제출 마감 날짜가 며칠 남지 않았는데도 그녀는 자료만 잔뜩 모아놨지 하나도 정리를 못 하고 있었다. 도내 초등학교 국어연구 교사들의 리포트 보고회에 제출해야 할 것이었다.

「어떻게 하죠?」

그녀는 울상을 지었다. 여선생이 꼬박꼬박 인사를 하고 지내는 정도의 안면으로 연구 리포트를 부탁할 만큼 순진하다면 그것은 장점이다. 나는 승낙을 했다. 중간시험도 끝났으므로 시간이 있기도 했으려니와 제출은 좌우간 하고 볼 일이었기 때문이었다. 게다가 그녀는 동인전에 출품한 오형과 나의 시를 사준 후견인이 아닌가. 첫 번째 동인전과 두 번째 동인전에 거푸 우리의 작품을 사가자, 오형과 나는 이러면 안 되겠다 싶어 그녀를 만났었다. 오형이나 나나 그게 첫 대면이었다. 다음부터는 댁에게 팔지 않겠소. 하며 오형이 공갈을 치고, 그녀도 찬성을 해버리는 통에, 우리는 그만 친해져 버렸었다. 세 번째 동인전 때 오형과 내가 시를 깨버려서, 그녀가 결국 시를 사지 못하게 된 것은 우연이었다.

그녀의 연구 리포트는 부안지방 어린이들의 방언(方言)에 대한 것이었다. 그녀가 수집한 부안지방 어린이들의 방언은 너무나 양이 많아서 오히려 리포트를 쓰기에 부적당할 정도였다. 많은 양의 방언을 내버려가면서, 새잡이로 방언 한 책을 들춰가면서 그럭저럭 리포트를 마무리 지었을 때, 그녀는 약속대로 맥주를 샀다.

「자료 수집해 놓은 걸 보니까 정희씨는 연애 한 번 못해보신 게 틀림없습니다.」

「틀림이야 없지만, 옴마. 잘 수집하고 연애하고 무슨 상관이 있어요?」

「사랑도 수집이니까요.」

그녀는 울 듯한 표정을 지었다.

「어떻게 사랑이 수집이에요?」

「반대하시는 걸 보니까 실연당하신 경력이 있는 모양인데요.」

좀 짓궂은 생각이 들어서 골려줄 작정으로 말했다.

「여선생을 연애 따위로 골리시는 건 문과대학생답지 않은 불온(不穩)이에요.」

그녀로서는 제법 강경한 투로 나온다는 게 이 정도였다. 상대가 이렇게 약하면 내 쪽에서 항복하는 편이 낫다. 나는 항복을 했다.

「무조건 항복! 다음엔 제가 맥주를 사겠습니다.」

우리는 이런 식으로 계속 만나게 되었다. 헤어질 때는 누군가가 항복을 하든지, 항복을 우기든지 했다. 항복을 우기는 정희는 작은 도마뱀처럼 사랑스러웠다. 항복을 하지 않아도 만날 수 있게 되었을 때 나는 고백을 했었다.

그녀는 뜻밖에 강경했다. 후에 안 일이지만 정희의 가슴 속에는 이미 오형이 크낙한 별이 되어 수놓아져 있었던 것이다. 그녀가 궁지에 몰릴 대로 몰렸을 때 마침내 오형의 얘기를 끄집어내었다. 거짓말쟁이의 대가를 받기 위해 떠난 오형의 얘기를.

끝없이 펼쳐지는 지리산의 들판처럼, 야호 소리를 지르면 맑은 물을 타고 산 아랫마을까지 실어다 줄 것 같은 피아골의 계곡처럼 정희의 가슴은 티여 있지만은 않을 것이다. 정희의 눈 속에서, 륙색을 걸머진 어깨 위에서 빨강 줄이 쳐진 스타킹 위에서 오형은 가만가만 숨 쉬고 있을 것이다. 나는 안다. 정희가 왜 따라나섰는가를, 그녀는 오형을 꼭꼭 묻어두고 싶었을 것이다. 그녀의 가슴보다 훨씬 넓은 지리산의 계곡에,

「자, 다 왔으니까 힘을 내라구」

정희는 형편없이 지쳐있었다. 길 아래로는 표고밭이 길게 늘어져 있었다. 표고버섯들이 가득 올라있었다. 표고밭 아래는 계곡이 완만하게 놓여있었다. 길 위쪽 등성이는 싸리나무가 빽빽이 엉클어져 작은 바람에도 사그락거렸다. 계곡의 맑은 물빛이 싸리나무 잎까지 올라와 햇빛에 반짝거렸다. 정희는 열 걸음쯤 뒤처져 오고 있었다. 풀밭에 륙색을 기대고 기다렸다. 정희의 모습이 꼭 풀 죽은 강아지 같았다. 저런 정희가 애들은 어떻게 가르칠까? 나는 상상할 수가 없었다.

그래도 애들이 절 좋아하는걸요. 정희는 내가 개구쟁이들하고 소꿉장난이나 하는 것이 아니냐고 놀릴 때마다 그렇게 대답하곤 했다. 그건 그럴 것이다. 나도 오형도 정희를 좋아하니까.

정희는 륙색을 등에 멘 채 내 곁에 기대었다. 얼굴에 땀이 맺혀 송골송골했다. 수건을 꺼내서 땀을 닦아주었다.

싸리나무 잎 부딪는 소리가 바람에 실려 흔들거렸다. 정희의 머리칼이 싸리나무처럼 흔들렸다. 피아골의 계곡처럼 투명하게 정희의 얼굴이 떠올라 보였다. 어깨에 얼굴을 기대고 있는 정희는 지금 오형을 생각하고 있는지 모른다. 한마디의 말도 남기지 않고 떠난 오형을 나에게는 초등학교 때처럼 멋있게 쓰러질 수만은 없게 강요하는 오형의 구역질을 이 열처럼 감겨들던 감적호의 쨍쨍한 햇빛이 지리산까지 쫓아와 엉겨붙는 것 같았다. 아아, 나는 몇 번이고 황토물 속에 처박히고 싶었던가. 회오리바람처럼 스물두 살 난 아이를 휩쓸어 가던 병영훈련 속에서 몇 번이고 내동댕이쳐지고 싶었던가. 계곡물 흐르는 소리가 공기 벽을 밀치는 총알처럼 귀를 후비며 들려왔다. 싸리나무가 흔들리는 것 같았다. 하늘이 두껍게 내려앉고 햇빛이 감겨들기 시작했다. 표고밭 나뭇등걸이 떠오른다. 시야는 온통 잿빛으로 가리고 있었다. 해가 맴을 돌았다. 밑이 없는 꿈처럼 몸이 뜨고 있었다. 막막하고 완강한 힘이 목젖을 눌러오고 있었다.

검붉은 구대장의 얼굴이, 오형의 구역질이 압박해오고 있었다. 정희를 끌어안았다. 쓰러져서는 안 된다. 쓰러져서는 정희의 몸이 비틀리고, 우리는 륙색을 멘 채 표고밭 속으로 굴러떨어졌다. 정희는 얼굴을 내 가슴에 묻었다.

「달아나고 싶어요.」

표고버섯이 떨어져 내 눈을 덮었다.

당선

第536·7호 1976년 6월 25일 금요일
제21회 대학신문 학예상 : 시

생활

· 민경헌 (국어국문학과 1학년) ·

아침의 햇살의 눈부심을 안다.

조금씩 정들어가는 생활을
사랑의 문(門)에 걸어 놓는다.

나뭇잎,
하늬바람에 물려 부산스럽기도 하지만
간혹,
앙상한 편력 속에 묻히는
일상(日常)의 길잡이.

투명한 시야에 접혀
노래가 번뜩일 때

마음으로만 쏟아져 가득 고이는

윤이 서린 손짓,
손짓과 꿈과
접촉의 새 아침을 맞는다.
—털끝에 달아 붙어 숨 쉬는
햇살을 알게 된다.

당선

제536·7호 1976년 6월 25일 금요일

제21회 대학신문 학예상 : 시조

이슬

· 오용기 (국어국문과 2학년) ·

별빛 사위어
하늘 밝아 올 제

저저(這這)이 내린 숨결
점점으로 이슬 되어

피도는
아침 풀잎마다
고운 설을 뿌려라

풀섶 이슬이랑
솔 바퀴 이슬이랑

골골에
매초롬한 숨결

햇살 속을 오른다.

햇살에
설움을 들어 올려
별빛으로 삼으리.

가작

제536·7호 1976년 6월 25일 금요일

제21회 대학신문 학예상 : 수필

동시대의 연극인에게

· 김병선 (국어국문과 2학년) ·

1

인생은 연극입니다.

거대한 회전무대, 헤아릴 수 없을 정도의 소도구, 끊임없이 이어지는 효과음, 가장 고상한 조명, 그리고 수없이 등장하는 배우들—인생이란 아니 우리 인간의 삶의 역사란 지금 공연되고 있는 연극임이 틀림없습니다.

2

연극—그것은 하나하나의 연기자의 말과 동작을 연출자의 구성 때문에 각본을 표출하는 것입니다. 연기자 개개인의 연기는 연출자의 예술적 구성력에 의해서 통제받아야 하고 수정되어야 하며 전체 연극의 예술적 승화를 위해 마땅히 조화되어야 하는 것입니다. 따라서 하나의 훌륭한 연극이 되는 것은 연기자 개개인의 연기자적 자질도 중요시되지만 그것보다도 더 요구되는 것은 연출자의 예술적 구성력의 좋고 나쁨에 달려있고, 연기자는 연출자의 허수아비가 되어야 한다는 말은 이런 의미에서 옳은 것입니다.

3

우리의 인생이—우리 인간의 역사가 연극이라면 이 연극의 〈캐스트〉와 〈스타프〉들은 누구일까요? 물론 연사를 움직여 나가는 주인공들이 우리 자신인 것처럼 이 연극의 주인공도 역시 우리입니다. 그럼 이토록 방대한 연극을 지휘, 감독하시는 연출가는 누구겠습니까?

혹, 하나님이 지금도 일하고 계신다는 것—느낄 수 있습니까?

하나님은 지금 공연되고 있는 무대 아래서 자신이 짜놓은 각본에 의해 열띠게 연출하고 있습니다. 연기가 시원치 않은 사람이나, 각본에서 벗어나는 연기를 하는 사람에게는 꾸중하고 손짓을, 그리고 그의 각본에 그의 연출에 잘 맞추어 연기하고 있는 사람들에겐 따사로운 사랑과 은총의 눈빛을 보내주고 계십니다.

—우리는 이분을 깨달아야 합니다.

4

우리의 배역 역시 연출가이신 그분이 정해두셨습니다. 어떤 사람은 두부장수로, 어떤 사람은 학교 선생으로, 어떤 이는 연탄 배달부 아버지의 7남매 중 장남으로 또 어떤 이는 재벌 2세가 되어 거들먹거들먹 홍청망청하기도 하고, 어떤 사람은 모두 자기들의 보금자리로 기어들어 가는 한겨울의 쓸쓸한 도시의 구석에서 추위와 허기에 지쳐 의식을 잃어 가는 걸인의 역으로……

우리는 모두 연출자이신 하나님이 그 정하신 바에 의해 쓸 곳을 예비받은 연기자입니다. 그런데 어떤 이들은 자기의 배역에 대한 불만을 토합니다.

…… 왜 나는 이런 가정에 태어나 이 고생을 하는가? 어떤 이들은 훌륭하고 좋은 가정에 태어나는데 …… 왜 우리는 이런 분단국가에서 항시 위험을 느끼며 살아가야 하는가? ……

이런 말을 하다가 어떤 이들은 자살까지 합니다. 그러나 그것은 연출자의 뜻에 어긋나는 일입니다. 우리 각기 맡은 배역에 충실 한 것이 그의 뜻입니다. 그릇을 빚는 사람은 그의 하고픈 바에 따라 같은 분량의 진흙덩이로 고려청자를 빚을 수도 있고, 조선백자도 빚을 수도 있으며, 용도에 따라서는 화병도 될 수 있고 변기로도 만들어질 수 있고 화병을 만들다가도 식기로 바뀔 수도 있습니다. 그것은 마치 우리들의 배역—성격, 환경, 지위, 신분, 재산 정도, 겉모습 등이 다른 사람들과 다른 것과도 같은 이치입니다. 돌림판을 거쳐 가마에서 구워져 나온 하나의 흙덩이는 자신의 모습에 대해 항변할 권리를 가지지 못합니다. 다만 중요한 것은 항변이 아니라 그의 맡은바 배역에 얼마나 충실하냐 하는 것입니다. 당신에게 주어질 〈개런티〉는 그 충실한 연기 속에서 찾아야 합니다.

직업에 대한 소명감을 부르짖던 〈막스 베버〉의 뜻도 같은 겁니다.

5

사람이 태어난다는 것은 하나의 새로운 연기자가 무대에 처음으로 등장하는 것이라 할 수 있고, 같은 원리로 한평생 연기하던 무대에서 조용히 사라져 다시 나오지 않는 것은 그 사람은 죽었다고 바꿔 표현할 수 있습니다. 말하자면 장례식이라는 것도 이렇게 생각해 보면 한 연기자의 은퇴식이 아니겠습니까?

어쨌든 동시대(同時代)에 사는 우리는 같은 무대 위에 서 있다고 생각할 수 있습니다. 같은 무대에 서 있고, 같은 〈셋팅〉과 소도구. 우리가 흔히 자연의 모든 사물이라고 얘기하는—를 사용하는 사람으로서 우리는 무대에서의 질서를 지켜야 합니다. 모든 사람이 자기의 역을 충실히 하는 것까지는 못 미치더라도 적어도 자기의 엉뚱한 연기로 해서 다른 사람의 연기에까지 피해를 주는 일은 없어야겠습니다. 따라서 좋지 못한 연기나 〈오버액션〉까지라도 삼가야 할 일입니다. 연출자이신 분께서 바라지 않고 계시지 않습니까?

6

그러나, 그러나 우리의 연기는 언제나 부족할 것이 뻔합니다. 우리는 이 연극을 위해 〈리딩〉, 〈액팅〉, 〈블로킹〉, 〈앙상블〉이나 〈리허설〉을 해본 적이 없습니다. 연습이 없이 무대에 올려 놓인 것입니다. 그리고 윤회(輪廻) 공연이 아니라 단 1회의 공연인 이 엄숙한 연극—.

당신도 그렇고 나도 그렇고—우리 모두의 연기라는 게 항상 시행착오를 범하고 있습니다. 그렇지만 자기의 시행착오를 깨닫지 못하고 있는 우리가 이미 동료연기가 되어버린 우리 주위 사람들의 시행착오를 얼마나 많이 탓하고, 나무라고 있습니까? 우리의 아귀다툼이라는 게 다 그런 거 아니겠습니까?

덮어주어야 합니다. 감싸주어야 합니다. 출연자도 그런 말씀을 하시지 않았습니까? 일흔 번씩 일곱 번이라도 형제의 잘못을 용서해주라고 하신…… 490번이 아니라 이 숫자는 끝이 없음을 뜻하고 있습니다. 내가 감싸주지 않을 때, 우리는 감싸짐을 받을 수 없습니다.

7

지금 이 시각 이후의 일은 아무도 모릅니다. 우리는 아직 이후의 각본을 받지 못했기 때문입니다. 그러나 걱정할 것은 없습니다. 우리들의 훌륭한 연기라는 게 대사만 줄줄 외는 것이 아니라 오직 연출자에게 모든 것을 맡기는 일입니다. 왜냐하면, 그는 믿음직스러운 분이기 때문입니다. 아직 이 연극의 〈테에마〉를 나는 깨닫지 못하고 있습니다. 그러나 주제가 다치지 않는다면 우리 연출자님께 매달려 부탁하고 싶은 것이 있습니다. 꼭 이 소원을 들어주시리라 믿으며, 「당신의 각본에 우리 모든 배역이 서로 아끼고 사랑하는 대목을 많이 좀 삽입해 주실 수 없겠어요?」하고 말입니다.

입선

제536·7호 1976년 6월 25일 금요일

제21회 대학신문 학예상 : 꽁트

죽음 저쪽

· 최민예 (임학과 1학년) ·

초여름,

어스름이 내리던 날 나는 오랜만에 고향 집으로 발걸음을 향하였다.

흔들리는〈버스〉 안에서 나는 신비스럽게 어둠에 젖은 밖을 내다보고 있었다. 약간의 어둠 속에서 차가 덜거덕거리면서 가로수가 앙상한 휘어진 자갈길로 접어들었다. 〈버스〉가 급히 달림에 따라 흰 먼지가 뽀얗게 흩날리고 있었다. 차 안 사람들의 거무데데한 그의 얼굴에는 알지 못할 슬픔이 깃든 것만 같았다. 눈이 마주쳐도 그냥 아무런 표정 없이 돌려버렸다. 내 옆에 서 있는 눈빛이 몹시도 서럽게 보이던 어떤 젊은 여인이 파르르 손을 떨면서 창백한 얼굴에 애써 웃음 지으며 나에게 말을 건넸다.

그 여인은 처녀라기에는 약간 나이 들어 보이고 부인이라기에는 너무 젊은 호리호리하고 눈이 몹시도 고운사람 이었다. 그 부인은 나에게 대답을 요구하지도 않았고 그냥 여전히 슬픈 얼굴로 내 손을 받았다. 얼음장같이 차가운 그녀의 손이 내 더운 손을 꽉 잡고 있었다. 그리고 아무 말 없이 내 눈을 쳐다보고 있더니 이내 입을 열었다. 어디선가 많이 본 듯한 지극히 친근한 사이처럼 나도 그만 착각에 빠졌다.

「나는 예쁜 딸이 있었지요. 자랑스럽게 여기고 귀여워했던 아주 총명한 애였어요. 오늘은 그 애가 죽은 지 일주일이 되어서 그 애한테 가는 거예요.」

그리고 잠깐 말을 끊었다. 그녀의 슬픈 얼굴에 지친 기색이 보이고 창백한 얼굴에 땀이 흐르고 있었다. 뺨을 닦을 생각도 없이 다시 입을 열었다.

「그 애는 아주 그림을 잘 그렸어요. 우리 집 정원의 꽃과 나무 그리곤 이처럼 저물어 가는 저녁을 아주 좋아했어요. 이렇게 저녁이 시작되는 때면 으레 내 손을 끌고 뜰에 나가자고 졸라대었지요. 그리곤 내 손을 잡고 감청색이 감도는 짙푸른 하늘을 보고는 눈을 사알짝 감고 웃을 때면 보조개가 너무도 귀여웠어요. 밤하늘에 별들이 또렷할 때까지 까닥않고 서서 있다간 하늘을 쳐다본 채 눈을 사알짝 감고 이내 잠이 들어버렸어요.」 이렇게 말하고는 점점 짙어져 가는 창밖의 밤을 말없이 바라보고는 눈물이 글썽하고 연신 한숨을 내뿜더니 얼른 고개를 돌려 나를 쳐다보며 웃으려고 노력하였다. 하지만 그녀의 눈에는 눈물이 그렁그렁하였다.

그녀는 아까보다 더욱 나직이 「그리고 그 앤 겨울을 아주 좋아했죠. 회색 하늘을 보고는 곧 눈이 올 거라는 생각을 하곤 우리 집 정원으로 친구들을 데려다 겨울이 되면 할 놀이를 그림으로 그리곤 서로 자랑스러워했는데………그러더니만 그 앤 그 애가 가장 좋아하던 겨울에 그만 아파서 누워 버렸지요, 벽에는 온통 〈크레용〉으로 그린 서투르지만 재미난 그림들을 붙어 있었지요. 그 애 친구들이 그렇게 걸어준 거였지요. 그 앤 아파 누워 있으면서도 조금만 있으면 우리의 즐거운 세상이 올 거라고 하면서 죽었지요. 아무것도 모르고 천진스러운 1학년의 이 아이에게 뇌암이란 무서운 병이 자라고 있었던 거예요. 찬란한 아름다움이 있는 겨울에 그 애는 이 세상을 떠나버렸어요.」 어느새 차는 목적지에 와 있었다. 나는 여전히 차가운 그녀의 손을 꽉 쥔 채 「잘가요」 하고 나직이 말했다. 그녀의 슬픈 눈빛이 밝게 빛나며 나에게 인사를 한다.

쌀쌀한 바람이 몰아치는 낮은 산 언덕배기 황톳길을 어린애처럼 총총총 달려 마을에 당도했을 때에는 어느덧 깜깜한 밤이었다. 마을 어귀의 언덕길엔 세찬 바람이 불어와 단풍잎들이 모두 길목에 떨어져 수북이 쌓여 있었다. 그 낙엽을 밟을 때마다 바스락거리는 소리는 밤이 소스라쳐 놀라는 것만 같았다. 길옆의 대나무 숲에선 어지럽도록 울어대던 새들도 잠들었는지 숲속의 밤은 무섭도록 고요하기만 하였고 공기는 무겁게 가라앉아 있었다. 나는 이 작은 산을 단숨에 내려가 집으로 들어섰다. 골목에선 나의 급한 발소리에 놀란 개들이 시끄럽도록 짖어 대었다. 온통 어둠 속에 묻혀있는 들녘의 밤에 환한 불빛이 창으로 새어났다.

모두 나를 기쁘게 맞았다. 그날 저녁을 먹고 있을 때였다. 우린 모두 즐거운 이야기로 꽃을 피웠다. 그때 갑자기 「깨갱 깨개갱……」하며 가느다랗고 날카로운 비명이 초저녁의 밤을 울렸다. 문을 박차고 마루에 나가 보았다. 그러나 아무것도 보이지 않았다. 처마에 불을 밝혔다. 그래도 개는 보이지 않았다. 우리는 〈후레쉬〉를 켜 들고 개를 찾았다. 뒤모퉁이쯤에 미친 듯이 울부짖으며 어쩔 줄 몰랐고 서성거리는 개를 발견했다. 처음에는 놀라운 눈으로 그다음 순간 무서웠고 또다시 눈에서 눈물이 그렁그렁하였다. 그 개는 우리를 몹시 따랐고 무척 영리하였다. 어린 새끼들의 찢어질 듯한 울부짖음도 아랑곳하지 않고 왜 그렇게 슬픈 사람처럼 서성거렸는지 도저히 알 수 없었다. 동생들은 놀랍고 공포에 떠는 눈으로 무서워하며 마루 끝에 서서 떨고 있었다. 나는 한동안 멍하니 서 있다가 이내 안타깝고 서글퍼져서 나도 모르게 맨발로 도랑으로 뛰어내리고 말았다. 어머니께서는 내 손을 끌어 마루에 올려놓았다. 그리고는 마당으로 뛰어 내려가시더니만 어미 개의 등을 쓸어주시며 타일렀다. 어미 개는 방황의 눈빛이 좀 사그라지고 잠잠하였다.

한참 후엔 느닷없이 벌떡 일어섰다. 난 모퉁이를 돌아가 어린 새끼에게 불을 비추었다. 짚더미 속에서 아직 눈도 뜨지 않은 어린 새끼 개 여섯 마리가 아무것도 모르고 그저 고개를 자꾸 쳐들고 몸부림치며 어미 개를 찾고 있었다. 내가 다시 어미 개 옆으로 다가갔을 때 어미 개는 다시 벌떡 일어서더니만 허기진 그 눈은 아까처럼 어쩔 줄 몰라하며 꼭 무엇을 말할 것 같은 모습으로 주위를 조심스러이 돌아보더니 순간 미친 듯이 집의 둘레를 몇 바퀴나 돌았다. 마당을 아주 빠르게 빙빙 돌다가 그만 마당 가운데에서 거품이 일며 푹 쓰러져버리고 말았다. 무언가 꼭 말할 것도 같은 어미개의 모습이 모두 일그러진 채 어미 개는 사지를 뻗치고는 다시 무엇을 말할 것과 같이 무겁게 고개를 들어 주위를 한번 돌아보고는 모든 것을 체험한 듯이 가만히 눈을 감았다. 여전히 뒤 모퉁이에서는 아무것도 모르는 어린 새끼들이 고개를 쳐들고 몸부림치면서 아까보다도 더 큰 소리로 어미 개를 부르고 있었다.

제22회
학예상

1970~1979

당선

제570호 1977년 6월 17일 금요일

제22회 대학신문 학예상 : 시

맷돌

· 한병순 (행정학과 2학년) ·

아버지,
내가 당신의 아들이옵니까?
굽어 도는 산허리
구름 따라 흘러내린 능선마다 사철
푸르름도 짙은데
한 잔의 커피 속에 감돌던
당신의 입김.
진하게 뿌려진 코올타르 위로
볼품없이 나뒹굴던 벌거벗은 말씀들.
내가 왜 당신의 아들이었습니까?
키 작은 당신의
잡히지 않는 그림자.
어둠 속에서 어둠 속에서 나는 당신을
아버지라고 불러대야 하였습니다.
당신은 그때 보이지도 않는 곳에서

나를 사랑하였고
오늘 나는 이렇게 당신의 머리맡에
꿇어 엎드려 눈을 감았습니다.
아버지.
뒤틀려진 기억 속에서도 나는
영원히 손잡을 수 없는
당신의 아들이어야만 하였습니다.

가작

제570호 1977년 6월 17일 금요일

제22회 대학신문 학예상 : 수필

역, 그리고 대합실에서

· 이준재 (국어국문학과 3학년) ·

Ⅰ.

역 광장엔 분수가 있고 비둘기도 있었으면 더욱 좋았다. 분수가 있다면 고래가 숨 쉬는 걸 상상할 수 있으리라. 그래서 매일 꿈꾸는 동해에가 있을 게다. 비둘기가 날고 있다면 나는 구약의 세계로 들어간다. 노아의 홍수를 연상하고 감람나무 잎사귀를 물어온 새를 생각한다. 구원에서 확신은 우리를 얼마나 들뜨게 하는지, 사람들은 낳아 번성한다. 또한, 사랑과 미움은 자기애(自己愛)에서 싹튼다. 그것을 우리는 적당한 부끄러움으로 가졌으면 싶다.

지금 많은 사람이 밤 열차를 타려 몰려오고 있다. 사람들은 몰려와서 피곤한 모습으로 모르는 사람 옆에 앉거나, 대합실만을 어슬렁거리거나 둘 중의 하나다. 아이스크림을 핥거나 주간지를 읽거나 둘 중의 하나다. 모르는 사람 옆에 앉아 있기가 쑥스럽고 해서 졸거나. 조는 것도 쑥스러워 그만 일어서 버리는 것도 쑥스럽다. 사람들은 여자거나 남자 둘 중의 하나가 틀림없고, 부자거나 가난뱅이 둘 중의 하나가 틀림없고, 샐러리맨이거나 방물장수 둘 중의 하나가 틀림없고, 부재지주(不在地主)거나 소시민 둘 중의 하나가 틀림없다.

사람들은 무언가를 선택해야 한다. 불가에선 태어남에도 전생의 인연이 있다 해서 불가항력의 선택을 말한다. 삶은 무수한 선택을 통하여 이루어진다. 그 선택이 타당한 것일 수도 있고 그렇지 않을 수도 있다. 우리에게 주어진 것은 다만 선택권뿐이다. 선악, 그중에서도 하나만을 선택해서 살아야 한다. 사람은 두 가지 속성을 다 지니고 있다는데 하나만을 선택하라는 데서 비애가 생긴다. 그러나 우리가 선택한 것은 최선으로써 맞을 뿐이다. 설령 그것이 잘못된 선택일지라도, 이미 선택해버린 그 일은 우리 일이다. 어찌 그 일에 남의 왈가왈부를 받으랴. 선택은 우리에게 주어진 유일한 자유다.

나는 내게 주어진 자유를 버리고 싶지 않다. 프로메테우스가 제우스의 형벌을 무릎 쓰고 불을 사람들에게 훔쳐다 준 용기를 찬양한다. 자유를 누리고자 하는 데에 어떤 형벌이 있을지라도, 물론 선택에는 위험이 따르리라. 그러나 불이든지 일시적 편안히든지 선택해야 한다면 불을 선택하겠다. 그것이 옳은 일이기만 하다면, 그에게 주어지는 고통을 감내하겠다.

옆에 앉은 그 사람은 내가 맡을 수 있는 인생의 반대자거나 동조자, 또는 방관자이다. 어떻게 앉아 있어도 그는 내 인생 그 자체는 아니다. 그런데, 왜 나는 주위 사람을 두려워하고 경계하여 남을 의식해야만 하는가. 그와 나는 이야기를 나눌 수도 있고 침묵으로 버틸 수도 있다. 침묵하다가 안 되면 눈을 치우면 될 텐데. 그래도 어쩐지 쑥스럽다. 모르는 사람 옆에 앉아서 무관심한 척 내 할 일이나 하는 양하면서 흘끗흘끗 눈을 주는 것도 어색하다.

30분. 또는 한 시간의 연착. 지루함. 그 구원은 어디서 올 것인가. 일상의 나락에서 벗어나려거나. 그 깊은 심연으로 빠져들어 가는 각양각색의 사람들. 잘 차려입고 매만질 것 매 만지고 이어링을 건들거리면서 오는 귀부인과, 꾀죄죄한 모습, 죄란 죄, 가난이란 가난 혼자 다 가지고 있는 맨발의 거지애. 그런 보석끼리의 대비는 그림일 수 없다.

참으로 구원은 어디에서 올 것인가. 소리 없이 와서 우리를 경악게 할 것인가. 흰빛이 검은 빛에 내려서 모든 빛을 쉬게 할까. '동백 아가씨'를 청승맞게 토해내면서 궁상맞은 엠프로 바람 잡는 눈먼 부부의 양재기 속에 동전 몇 닢이 떨어짐으로써 구원은 올 것인가.

II.

유대의 아이들은 신(神)의 아들이다. 그렇기 때문에 아브라함은 서슴없이 이삭을 선의 제단에 올렸다. 이 땅의 아이들은 TV의 아들이다. 그래서 이 땅의 어버이들은 거리낌이 없이 아이들을 TV앞에 가져간다. TV는 현대의 신이다. 세계 곳곳의 일을 안다. 그렇기 때문에 세계 곳곳의 일들을 다 말하려 한다.

아이들은 논둑을 지지거나 연을 날리지 않는다. 열매를 만들거나 자치키도 하지 않는다. 위험하고 힘든 일은 TV가 다해버린다. 어렵게 동화책을 뭐 읽느냐고 한다. TV가 극을 꾸며서 30분 정도면 다 보여주는데, 고리타분하게 골방에서 책을 읽겠느냐고 반문한다. 우리는 편하고 산다고 아이들은 떠든다. 구태여 어렵게 살 필요가 있겠느냐고 한다. 어렵게 살지 않으려고 하는 아이들의 밝은 눈은 점점 퇴화해 간다. 책을 들여다볼 필요가 없어졌기 때문이다.

아이들은 골목에서 '사랑해 당신을'하며 논다. 열 살 이하의 아이들이 벌써 스물 몇 살의 우리를 놀라게 한다. 그들은 서른 살이다. 그들의 흉내는 기가 막히다. 참 잘한다. 어른들은 아이들의 서른 살 이상 먹은 재롱을 보고 웃는다. 아이들에게 대가로 지폐를 집어줘야 직성이 풀린다고 한다. 지폐를 받은 아이들의 웃음보다 귀엽다. 그들이 '고고'를 추거나 술을 마셔도 귀엽다. 아이들이 하는 짓은 모두 귀엽다

개구리가 되려면 올챙이 꼬리를 떼어야 하듯이 아이들도 그들의 꼬리를 떼어야 어른이 된다. 어른이 되어서는 꼬리가 도리어 불편하기 때문이다. 그러나 아이에게는 그들의 꼬리가 있어야 한다. 꼬리를 떼기까지 달과 해를 합쳐 만 개쯤은 바라봐야 할 것이다. 그토록 오랜 날을 참고 기다릴 줄 알아야 한다. 올챙이로서.

유대의 아이들은 신의 아들이다. 올바른 것을 찾을 줄 안다. 그렇기 때문에 이삭은 아브라함의 뒤를 따라갔다. 이 땅의 아이들은 TV의 아들이다. 옳고 그른 것을 가릴 줄 모른다. 그렇기 때문에 리틀엔젤스는 최승희처럼 승무를 잘 춘다. 파계에의 유혹과 그에 따른 번뇌를 알고나 출까.

역 광장에선 남녀노소가 한데 얼려 고고를 추며 '사랑해 당신'을 하고 있다. 역에서 베풀어지는 고고나 대중가요도 예술 행위이고 인생보다 긴 것은 틀림없지만, 찰나적인 쾌락이 너무 앞선다. 로마가 멸망한 것은 목욕탕이 너무 많았다는 데에 기인했었다지. 여기에「쾌락은 순간이나 인생은 오래다」라는 경구를 만들고 싶다.

Ⅲ.

사람들은 30분 또는 한 시간의 연착한 기차를 기다리듯 구원을 기다리고 있는지도 모른다. 안타깝게 30분 또는 한 시간의 기다림을 즐기면서 오지 않을지도 모르는 구원을 기다린다. 정확히 30분 또는 한 시간 연착된 시간에 오지 않고 10분 빨리 와버리거나 이십여 분 더 늦어 플랫

포옴에 도착할 기차를 기다릴지도 모른다. 느긋이 대합실에 있을 수가 없어서 딴 데 갔다면 10분 빨리 와버린 기차는 탈 수가 없다. 또, 시간이 되어도 오지 않는 기차는 우리를 허기지게 한다. 너무 빨리 와버린 구원도 슬프지만, 더 늦어오는 구원은 슬픔보단 허기가 더하다. 원하는 시간에 오지 않는 구원은 이게 신의 은총일 수 없다. 신의 게으름이나 조급함 때문에 사람들은 얼마나 시달렸고 허기졌던가. 은총이 꼭 있어야 할 곳에 신은 자비를 베풀지 않고 시련을 주었다. 그게 당신의 은총이다. 당을 예배하기 위해 초를 사면서 사람들은 촛값을 깎는다. 사람들은 이제 당신을 예배하는 시늉만 한다. 인생의 경건한 모습을 보이기 위해선 당신의 체격이나 당신의 구원은 탐탁잖게 생각한다. 너무 자주 늦는 기차가 10분이나 이십여 분 더 속여서 오는 것이 예사로 되었듯이.

구원을 바라는 사람들은 초조하게, 쑥스럽게, 앙증맞게 앉아서 한없이 기다리게 하는 대합실은 깨끗하고 밝은 곳이 아니다. 더럽고 약간 어둡고 시끄러운 곳이다. 신은 그곳에 은총을 내릴 만큼 자비로운가. 홍수를 내린 뒤에 무지개를 세우듯이 밝고 시원한 약속을 또다시 할 수 있을까. 신은 약속하지 않는다. 당신이 오실 날과 구원의 순간을, 다만 기다리라고 기다리고 있으라고 했을 뿐이다. 사람들은 내버려 두는 게 편하다고 생각했음인지 구원은 제시간에 오지 않았다. 사람들이 꼭 바라는 그 시간에 오지 않았다.

낯선 사람 옆에 무관심한 척 앉아있기도 뭣하고, 책을 보자니 그렇고, 서서 누군가 꼭 만나야 할 사람을 기다리는 것처럼 문에 서 있기도 뭣하고, 뭣한 일뿐이다.

Ⅳ.

드디어 기차가 왔다. 바삐 출찰구를 빠지는 사람들, 그들 어깨가 흐느적거린다. 가지 않고 출찰구 가까이에 붙어서 손을 흔드는 사람 몇. 이들의 관계는 이별이다. 다시 만날 수 없는 이별이 아니라 언젠가 다시 만나기 위하여, 지금 잠깐 떨어지고자 하는 것이다. 그것이 무에 안타까운지 손을 흔들고 있다.

집찰구를 한 때의 개미처럼 꾸역꾸역 밀려나오는 사람들. 그들 어깨가 흐느적거린다. 집찰구 곁의 철사 망에 얼굴을 파묻고서 눈을 돌리는 사람 몇. 이들의 관계는 만남이다.

만날 사람 만날 만한 때에 만나고 있거나 좀 늦어 만나고 있다. 이들은 만남이 기뻐서 손을 잡아 흔들고 큰 소리를 내놓는다. 햇살이거나 비라도 상관 않고 다시 만났음을 맘껏 즐기려는지 재잘대고 있다. 죽음을 개입하지 않는다면 사람은 떠났다가도 다시 만난다. 한번 떠남에서 다시 만나기까지 며칠 몇 달 또는 몇 해를 참고 기다려야 한다. 가슴 졸이며 며칠은 기다림 때문에 가슴 설레다가 밤을 하얗게 새우고 만다. 베갯머리 적시고 수틀이 닳도록 오지 않을 때는 차마 못 죽어 원이었다.

좋아하는 두 사람이 있었다. 눈 덮인 산속으로 남자가 들어간 뒤 몇 해가 되어도 돌아오지 않았다. 여자는 기다리다 못해 강가로 갔다. 눈 녹아 봄 되면 임의 시체라도 돌아올까 해서.

기다림은 사람을 말리고 죽음까지 원하게 한다. 기다림은 이별과 만남 사이에 있다. 초조감, 억울함, 배신, 비정 등을 더불어 기다림은 많은 감정의 폭을 가진다. 그렇게 되어 깊은 강물처럼 소리 내지 않을 때가 온다. 기다림을 전제로 하지 않은 이별이라도 처음엔 야속하고 저주스러웠지만, 나중엔 참고 기다리게 한다. 오지 않을지도 모르는 이를 기다리게 한다. 기다림은 끝내 그의 죽음까지 보고야 만다. 대합실에 앉아서 그것도 모르는 사람 옆에 앉아서 언제 다시 올 것인가 헤아려 보며, 30분 또는 한 시간 연착한 기차를 기다려본 사람들은 안다. 당신의 기다림 속에는 무수한 허기가 감춰진다는 것을, 이제는 그 허기조차 사랑스럽고, 허기가 모든 것—저녁밥, 휴식, 잠, 책, 사람—을 곧 만나게 해주리라는 것도 안다. 그러므로 견딜 수 있다.

견딜 수 있다는 것은 우리의 특권이다. 싸움에 견디고 가난에 견디고, 인생에 견디는 것은 그 사람을 무한히 크게 한다. 기다림은 결국 견디는 것이다. 여기에 남을 개입시켜선 안 된다. 자기만의 것이어야 한다. 역에 오는 사람은 잘 견딜 줄 아는 자이다.

역에 와서 잘 기다리고 잘 견디는 것을 배운다.

입선

제570호 1977년 6월 17일 금요일

제22회 대학신문 학예상 : 꽁트

술과 잠

· 강영배 (사대 인문계열 1학년) ·

나는 대합실의 혼락함을 벗어나 열한 시 십오 분 하행(下行) 전라선 특급열차에 몸을 실었다. 항도(港都) Y시까지 가는 기차였다. 차내는 어느덧 초하(初夏)의 나른함이 흐르고 있었다. 조용한 포화상태를 이룬 공기가 기차의 덜덜거리는 진동에 가볍게 떨리는 듯했다.

44호 석, 옆자리에는 아무도 없었다.

이윽고 기차가 가슴을 한번 충동질시키고 나서 부드럽게 바퀴 굴리기 시작했다. 기차가 역내를 빠져나감에 따라 안정권 내에 접어든 우주선처럼 순조로이 미끄러져 갔고, 나는 어느 사이 나른함의 포로가 되어 무겁게 내 눈을 덮쳐오는 어둠을 감당하지 못한 채 어둠 저편으로 달려 들어갔다 어젯밤 늦게까지 마셔 아직 다 깨지 않은 술기운은 그걸 더욱 가속했다. 그리고 몽롱하게 빨려 들어간 의식 속에서 나는 아버지의 죽음을 하나씩 하나씩 끄집어내고 있었다.

〈부친사망급래〉

내가 도립병원 시체안치실에 들어섰을 때 어머니와 선이는 담당 의사를 붙들고 울고 있었다. 나는 무겁게 가린 검은 천을 들쳐 올리고 아버지의 얼굴을 들여다보았다. 그건, 실로 비굴한 웃음을 띤, 마치 문둥이의 웃음 띤 얼굴처럼 일그러져 있었다.

「그래, 사망원인이 뭐래요? 또 분명히 술 때문이겠죠?」

나는 차갑게 어머니를 보고 물었다.

「그려, 술이 웬수제 술이 웬수여. 늑아보지 알아봤제. 술로 끝장 날 팔자. 없는 돈에 밤낮 술은 먼놈의 술이여. 내 알아 봤제. 아이고 아이고.」

그러나, 도저히 믿기 어려웠다.

술꾼인 아버지. 속된 말로 술고래 정씨. 아버지의 주량은 그렇게 쉽게 무너져 버릴, 약들의 성질이 아니었다. 타의 추종을 불허하리만치 빨아대던 막걸리. 술에 곤드레만드레가 되어 집에 돌아와 투기사 삼손, 헤라클레스 같은 거대한 힘을 발산하던 아버지. 그래도 뒷날 새벽만 되면 누구보다 빨리, 내가 언제 그랬냐는 듯이 일어나던 아버지.

도저히 믿기우지 않았다. 그렇게도 술 하나만큼은 내놔라 하던 아버지가 술의 위력에 무참히 무릎을 꿇다니……

나는 의사를 병실 밖으로 불러내 아버지의 사망원인을 자세히 물었다. 난 의사의 자세한 설명을 듣고서야 비로소 아버지의 죽음을 실감할 수 있었다.

「그러니까 3일 전이었죠. 그 날이 아마 S시의 장날이었을 겁니다. 경찰에서 신원불명의 시체 한 구를 우리 병원으로 보내 왔어요. 사망원인을 조사해달라는 거였죠…」

나는 침을 꿀꺽 삼켰다. 다른 침이 목구멍 속에서 넘어가다가 걸리고만 것 같은 조바심 속에서의 의사의 다음 말을 기다렸다.

「사망원인은 과음에다가 수면제 과용이었습니다. 술 먹은 후에 수면제는 절대 금물인데… 우리로서는 그것 밖에는 더 이상 다른 무얼 찾을 수 없었습니다.」

나는 아버지의 불명예스러운 죽음을 증오했다. 길가 보리밭 속에 뒹굴어 죽어간 아버지, 그 근방 일대를 시체의 연고자를 찾는다는 지방방송의 제일 좋지 못한 뉴스가 되어 퍼졌던 아버지의 죽음. 나는 또 술을 증오했다. 과연 무엇 때문에 술을 장마다 마셔댔던가. 호주머니는 비었어도 술값은 있게 마련인가, 아들 등록금 댈 돈은 없어도 술 마실 돈은 어디서 그렇게 나는지…

나는 경찰서에 가서 도장을 찍고 시체를 인수해 집으로 옮겨왔다. 그리고는 친척들과 어머니와 선이에게 장례를 맡기고 입지로 올라오고 말았다.

「제발, 장례라도 치르고 가그라, 아무리 방탕하고 못난 아부지라지만 그래도 널 대학까지 보내느라 고생한 것을 생각 혀봐. 죽어서 생이 뒤에 따라와야 자식이란 말도 있잖여.」

「오빠, 제발 장례라도 마치고 가셔요. 이왕 돌아가신 아버질 어떡하겠어요. 오빤 영영 불효자가 되시고 마는 거예요.」

그러나, 나는 선이의 울부짖음조차 듣지 아니하였다.

뒤에 선이에게서 온 편지엔 이 오빨 원망하는 문구로 가득 찼으나 그럴 때마다 내 마음은 차갑게 굳어져 갔다.

그 후 나는 대학을 휴학하여야 했다. 여태까지 가정교사를 해서 학비는 댔지만 군대 문제가 막혔기 때문이다. 내가 군을 마치고 학교에 복학한 후에야 나는 내가 한 행동에 대해서 후회하기 시작했다. 그건 술 때문이었다. 복학한 나는 거의 날마다 술로 낙으로 삼았다. 아무런 이유도 찾을 수 없었다. 그저 그 아버지에 그 아들이었다. 술은 아버지를 이해할 수 있는 최선의 도구이자 처방이었다. 아버지에 대한 증오로 가득 찬 마음을 술로써 풀어보려 했다. 그러나 내가 그렇게 술을 퍼마시고도 죽지 않는 것은 수면제 때문이었다. 수면제를 한꺼번에 팔지 않고 낱알로 파는 약방 주인들의 현명함이 나의 목숨을 이어 주었다. 그런데 아버지는 그 많은 수면제를 어디서 구했을까, 정말 아버지는 재주도 좋다 싶었다.

수면제를 먹지 않아도 술만 마시면 잠은 잘 와주었다. 그런데 아버진 왜 수면제를? 술이 수면제인데 술만 마시면 잠이 잘 오는데…

어느새 나는 아버지의 묘 앞에 서 있었다. 아버지가 그토록 좋아하시던 술을 들고, 나는 세 번 절한 뒤, 술을 따라 묘 주위에 뿌렸다. 그리고 나도 한잔을 마셨다. 주고 마시고 아니, 뿌리고 마시기를 거듭했다. 술병이 바닥났을 때 나는 묘 위에 엎드려 하염없이 울었다.

「아버님, 이 불효자식을 용서해 주십시오. 제가 잘못했어요. 용서해 주십시오. 아버지, 올해도 까마귀 모르는 제사를 해 드릴 수 없어서 이렇게 불효를 안고 찾아 왔습니다. 아버지 흑흑…」

내 눈에서 따가운 눈물이 두 줄기 흘러내릴 때 누군가가 나를 소용돌이 속에서 구해 주었다.

「젊은이, 잠꼬대가 심하구만. 원, 저런 눈물까지 다 흘리고. 쯔쯔.」

거기, 하얀 수염이 성성한 할아버지 한 분이 나를 깨우며 물끄러미 쳐다보고 있었다. 차창 밖은 벌써 어두워져 있었다.

나는 홍익회 판매원을 불러서 4홉들이 소주 한 병을 사서 노인과 주거니 받거니 마셨다.

그리고 취기가 다시 머리를 휘감을 때, 나는 다시 잠이 들었다. 못다 빈 불효를 빌기 위해서 잠이 들었다. 아버지, 술, 수면제, 나, 술, 잠, 그리고 죽음. 술만 먹으면 수면제를 먹지 않아도 잠은 잘, 이렇게 잘 와주는데…….

가작

제571호 1977년 6월17일 금요일

제22회 대학신문 학예상 : 소설

기로(岐路)

· 정순백 (화학과 2학년) ·

모포에 뒤집어 쓰인 나의 머리나 등, 허벅지 할 것 없이 마구 주먹들이 쏟아졌다. 그중에는 머리가 깨어질 듯한 큰 주먹도 있었지만 이제 막 쇠약해 들어가는 형편없이 말라비틀어진 주먹도 있었다. 그런 흔한 주먹 속에서도 그 약한 주먹을 또렷이 의식할 수 있었다. 그런 뼈를 깎는 아픔이 엄습하고 그래서 환영식을 무사히 치른 뒤 항상 변함없이 푸르스름한 곰팡이가 죽을 치는 듯한 감방 생활이 시작 된 지 벌써 손가락을 열 개씩 두 번이나 다 되도록 꼽아야 하는 날들이 지나갔다. 항상 습기가 축축이 차 있고 퀴퀴한 냄새가 그치지 않는 감방 안엔 나를 합친 다섯 명이 옹기종기 공간을 메꾸고, 늙은이의 메마른 기침이 감방을 진동시켰다.

예순이 훵 넘은, 희끗희끗한 머리칼이 더욱 그의 주름살을 길게 파내고 있는 얼굴엔 언제나 초점을 잃은 눈동자가 박혀 있었다. 가끔 약간의 생기가 돌 때면 나를 물끄러미 쳐다보고 무슨 생각에 골똘히 파묻히며 항상 고독과 싸우고 있었다. 그는 늘 입을 떼는 일이 없었기 때문에 그의 이름이나 죄명도 모른다. 그래서 다른 죄수들은 그를 오사구(549)라고만 부른다. 난 그에 대해 별로 신경을 쓰고 싶지 않았다. 그러나 난 그를 「영감님」이라고 부르면서 그와 얘기해 보려고 말을 많이 붙여 보았다. 그것은 그가 깊은 생각에 잠겨 물기가 스멀스멀 낀 눈으로 나를 쳐다볼 때면 꼭 내가 그 눈 속에 쑥 빨려 들어가 버릴 것 같은 착각을 일으키기 때문이다. 어쩌면 착각이 아니라 정말 빨려 들어가 버릴 것이다. 그만큼 그의 눈은 풀어지고 흰자가 누렇게 퇴색을 했지만, 깊이가 있었고 근엄함이 있었다. 난 그가 무슨 생각을 하고 있는지 몹시 궁금했다. 그러나 이젠 지쳤다. 내가 말을 건넬 때마다 그는 눈을 스르르 감고 「음―」하는 약하디약한 신음만 흘릴 뿐이었다.

아침에는 입김이 훅 나타날 때도 있고 창틀 반쯤 걸려 있는 감시 망루 지붕과 그 위의 새파란 하늘에 눈이 시리다. 그 하늘엔 그녀의 얼굴이 하얀 얼굴이 구름 덩이처럼 펼쳐진다.

「광현씨는 불쌍한 사람이에요. 다른 사람이야 한 푼어치 동정도 받을 가치가 없는 인간 이하로 생각할지 모르지만 적어도 저만은 그렇게는 생각지 않아요. 그 사람은 다른 사람의 도움이 필요해요. 사람들의 따뜻한 정이 필요해요. 사람들은 그저 멸시만 할 줄 알았지 불쌍히 생각하고 동정을 하는 것은 잊고 있어요. 두 차례나 형무소를 갔다 오고 그래서 생긴 전과자라는 낙인이 그를 점점 더 죄인으로 만들고 있어요. 남의 집에 숨어들고, 학생들을 몰아세워 금품을 강요하고, 소매치기, 닥치는 대로 주워 모아선 술을 마시고 사창굴엔 다니고…. 그가 불쌍해요. 그래서 그 사람이 마음을 붙일 곳이 필요하다고 생각했어요. 그 사람을 포근히 감싸줄 수 있는 능력이 제게 있다면 기꺼이 하리라고 작정했어요. 그 사람은 규영씨의 고등학교 동창이고 대학교 낙방이라는 자포자기에서 그런 데로 전락하게 된 것뿐이거든요. 전 그를 이성으로 사랑해서가 아니라 그 어떤 여자의 본능이었다고 할 수 있어요. 그런데 그 사람은 저희 마음을 이해해주지 않았어요. 해인사로 갈 때도 전 무심히 따라갔었어요.

규영씨의 친구라는 사실과 그동안 부담 없이 지낼 수 있었다는 사실로 전 이상히 생각할 아무런 이유가 없었어요. 또 마음을 터놓고 이야기할 수 있는 기회를 잡아 그 사람에게 약간의 충고라도 해주고 싶은 것도 있었어요. 그런데 그런 저의 생각이 완전히 빗나가고 말았어요. 그 사람의 마음은 다른 데 있었어요. 저도 그렇게까지 되리라곤 생각지도 않았었고 또 그래서도 안 된다는 것도 알고 있었어요. 자의였던 타의였던 제 몸을 버린 것을 문제시 하고 싶진 않지만, 그냥 눈물만 왈칵 쏟아질 뿐이에요. 그렇지만 그 사람이 전(前)과는 많이 달라졌다는 건 확실히 다행스러운 일이에요. 이제 남은 것은 규영씨의 결정뿐입니다. 여기서 한 가지만 발겨 둘 것은 규영씨에 대한 저의 사랑은 조금도 변함이 없다는 것이에요. 그런 저의 사랑과 충격 중 어느 쪽에 큰 비중을 두느냐 하는 것은 규영씨의 뜻이에요.」

그녀의 초연한 얼굴은 숭고하고 성스러운 얼굴이었다. 그녀의 그런 얼굴과 거짓을 모르는 듯한 초롱초롱한 눈매가 나의 노기를 자꾸만 용해하고 있었다. 난 풀어지는 마음을 다 고쳐먹어야 했다. 난 마치 형사와도 같이 그녀를 심문하고 그녀를 구렁텅이로 몰아넣어 호탕한 웃음을 마음껏 웃을 수 있도록 복수를 해야 한다. 늦여름의 오후는 꽤 후덥지근했다. 시선은 바깥의 흔들리는 목련나무 이파리에 가고 있었으나 신경은 온통 그녀에게 돌리고 있었다. 불현듯 그녀와의 첫 장면이 영화 필름처럼 망막을 스쳤다. 우리 마을에 살고 있었던 수릿골댁 질녀인 그녀가 처음 찾아왔을 때의 모습은 너무나 순박한 여고생이었다. 커다란 주름이 잡힌 녹색 줄무늬의 스커트나 연한 핑크빛 부라우스에다 커다란 눈매에 어울리는 홍조 띤 얼굴은 그렇게 귀엽게 보일 수가 없었다. 어름샘 옆 개울에서 가재잡이놀이는 우리 마을을 찾은 손님의 대접만은 아니었으나 도시 생활만 하던 그녀는 무척 즐거워했었다. 푸성귀는 물고 나오는 가재에 기겁하던 천진스러움. 버드나무 그늘이 있는 조그만 바위 걸터앉아 냇물에 발을 담그고는 물장난을 하고 있을 때 한 움큼 물을 끼얹자 살짝 놀라서 나를 보고 키득 키득 웃을 때 드러난 그녀의 투명한 팔뚝은 우리를 더욱 친근하게 만들었다. 그리고 개학 후 학교 앞 조그만 휴게실에서의 만남은 그 뒤 우리를 아주 가깝게 만들었다.

「처음 널 안 것이 5년 전이었어. 그거야 어찌 됐든 난 여태껏 널 아내로 맞겠다는 생각이 떠난 적이 없었다. 고등학교 시절에는 어렸다고 치자. 대학교 들어와서는 작년 울릉도행이나 지리산정에서나 몇 번이나 함께 지내오면서도 너의 순결은 허물어뜨리지 않았어. 언제 가져도 너의 순결은 내가 가진다는 생각이었지만 조금이라도 더 널 한 여자로, 처녀로 결혼할 때까지 가지고 싶었던 거야. 그런 나를 넌 좋아했고 내 품속에서 새근거리며 꼭 결혼하자고 그랬고 눈물을 글썽였지. 그런데 넌 그놈에게 몸을 버렸어. 넌 어쩔 수 없이 강제로 당했다고 치자. 넌 어떻게 내 앞에 떳떳이 나설 수 있겠니? 그놈의 생활을 네 힘으로 바로 잡았다고 해서 네 인생을 그걸로 만족하겠니? 네 할 일을 다 했다고 생각하니? 그리고 너의 그런 생각이 성스럽다고 하더라도 현실은 그걸 똑바로 용납할 것이라고 믿었니? 나부터도 용납할 수 없는 일이야. 너에 대한 기대는 완전히 무너져 버리고 말았어. 경멸하고 싶어.」

난 그놈의, 광현이의 징글맞은 웃음을 생각지 않을 수 없었다. 그 웃음은 나의 허물어져 가는 생을 마음껏 비웃고 있었다.

「야, 이 자식. 대학생이면 체통을 지켜. 너무 이러지 말자구. 잘난 체

해도 네놈 못난 얼굴이 더 잘나질 수는 없는 거야. 사람 괄시 말어. 결코, 안 좋을거야.」

어떻게 술자리라도 어울려 한 잔만 되면 광현이 놈 입에서 으레 나오는 말이었다. 하기야 다른 친구들은 대부분 대학엘 다니고 있었기 때문에 꼴사납게 보이기도 하겠지만 그래서 우리는 이놈 기분 상하게 하지 않기 위해서 농담도 옳게 못 해왔었다.

「광현씨는 저를 규영씨로 부터 소개받은 후부터 줄곧 사랑해왔었대요, 그 사람이 타락한 것은 규영씨를 의식할 때 저를 소유하지 못 하는 자신이 너무 초라해 보였기 때문이래요. 제가 그 사람에게 돌아서고 저의 모든 것을 가질 수 있다면 밝은 생활로 돌아가겠다고요. 그러면서 저를 요구했었습니다. 막무가내였죠. 저의 힘으로 어쩔 수가 없었어요. 여자는 어떤 극한상황에서는 도리어 쉽게 포기해버리는 수가 많거든요. 광현씨의 성품이 변한 원인이 결국 저에게 귀착된다고 생각하면 전 자꾸만 커다란 죄의식에 사로잡히곤 했어요. 고등학교 시절의 순박성을 제가 모두 빼앗아버린 기분이었어요. 이젠 좀 홀가분해진 것 같아요. 제 인생을 포기하면서도 그 사람을 구할 수 있다면 전 그걸로 만족해요. 그런데 이젠 그 인생마저 찾아보겠다고 안간힘을 쓰는 요망한 여자로 전 변해버렸어요. 욕심이 너무 많은 탓인가 봐요.」

뭔가 모순이 있는 것 같다. 희경의 생각에 모순이 있든지 광현이 놈에게 모순이 있든지 나의 용서할 수 없는 투박한 고집에 모순이 있든지 하여튼 어느 한 곳에 모순이 있다. 너무나 깨끗한 마음, 가을밤 하늘의 별빛만큼이나 맑은 희경의 마음을 광현이놈은 그렇게 짓밟아버리는 게 옳았단 말인가. 그리고 그런 여자를 이해할 수 없고 용서해주지 못하는 내가 과연 남자일 수 있고 지성인이란 말인가?

「규영이. 내가 먼저 용서를 빌어야겠다. 이것이 너의 우정에 대한 보답이 아니지만 나도 무척 고민한 후에 이야기하는 거야. 난 널 믿을 수 있기 때문에 터놓고 말할 수 있어. 나도 규영이의 몇 배만큼 희경이를 사랑할 수 있어. 물론 우리가 희경을 두고 쟁탈전을 벌일 처지는 못 되지만 희경은 나의 전부였어. 나의 분신이었지. 규영이 역시 마찬가지겠지만, 나도 이제 산다는 것을 깨달았고 내가 할 일을 찾았어. 하기야 우리끼리 무엇을 결정짓는다고 해서 끝나는 것이 아니고 희경의 마음에 달렸겠지. 그러나 너에게 먼저 이야기해 두고 싶었어. 문제는 희경을 누가 더 행복하게 해줄 수 있느냐 하는 것이지.」

하는 말을 남기곤 훌쩍 나가버리는 광현이 놈 위에 남은 허허로움이 용해된 술잔과 영문을 몰라 눈을 껌뻑이며 의아해하는 다른 친구 놈들의 눈살에 나 자신은 자꾸만 침식되어가고 있었다.

내가 광현이 놈에게 희경을 인사시켜준 것이 잘못이었다. 뭐가 그렇게 대단한 것이라고 숨기고 싶은 생각은 조금도 없었다. 그러나 고3 때부터는 그놈 눈치가 달라지고 있었다. 그렇지만 그놈이, 그 친구란 놈이 이상한 생각을 가졌을 것이라곤 생각할 수 없었다. 그렇게 믿었던 것이 잘못이었다.

「젊은이는 어쩌다 이런 델 왔누? 보아하니 그렇게 보이지 않는 사람이.」

그는 처음으로 입을 떼었다. 역시 그 시선에는 변함이 없었지만, 그거 입을 떼어준 것이 내겐 무슨 큰 것이라도 얻은 듯이 기뻤다. 그동안 이야기를 잃었었다. 이야기를 잃어버리는 것같이 서글픈 것이 없다. 이제 그 이야기를 찾은 기쁨은 무엇에 비길 수 없었다.

「제가 그렇게 보이십니까? 저라고 착하랄 것이 있습니까. 죄를 지었으니 여길 오게 됐죠. 그것보다 영감님은 무슨 일로 여길 오셨는지가 더 궁금합니다. 말씀해 주시겠습니까?」

오사구 영감님이 이렇게 이야기를 늘어놓은 적은 없었다.

「자네 기어이 나를 귀찮게 만드는구먼. 내 죄명은 방화라네. 자식이 3남매인데 아들이 둘이야. 뼈를 깎아서 키워 놓은 자식들이 글쎄 누구 속에서 빠지고 누구 손으로 자랐는지 모르는 놈들일세. 에미는 5년 전에 죽고 이제 내가 살면 얼마나 더 살겠나? 그런데 이 인간 같지 않은 놈들이 작년부터 나를 서로 떠맡기려고 안달을 하지 않겠나. 나는 그저 죽여주십사 하고 큰놈 집에서 며칠, 둘째 놈 집에서 며칠, 이렇게 살아왔네. 그러다가 얼마 전부턴 아주 나가라는 거야. 내가 이제 와서 무슨 일을 하겠나. 제 놈들 떡 벌어지게 사는 꼴을 두고 거리를 헤맬 수도 없고, 그렇다고 딸년 집엘 갈 수도 없고, 나는 비참한 인간일세. 이게 인생이라면 우리 인간들은 아예 살 필요가 없지. 그래서 난 결심했네. 제 놈들 톡톡히 고생을 해봐야 인간이 될 거거든. 아무리 돈이 많아도 인간답지 않게 살면 아무 소용이 없네. 하루 한 끼 죽을 먹더라도 인간답게 살아야지. 그래서 첫째 놈, 둘째 놈 집에다 불을 질러버렸지. 그 순간이 내가 태어나서 가장 통쾌했던 순간이었네. 훨훨 타는 불빛을 얼굴에 받으면서 나는 배를 잡고 웃었네. 난 이제 이 속에서 죽어도 괜찮아. 차라리 밖에서 남의 집 처마 밑에서 죽는 것보단 낫지. 이게 다 자식 잘못 키운 죄라네.

나는 말을 잃었다. 갑자기 지구가 어지럽게 회전하는 것 같다. 사람들 모두가 현기증을 느끼고 그래서 그들은 차례로 정신병자가 되어가고 있다. 술을 마시고 폭행을 하고, 절도, 강간 하고, 방화 하고, 살인 하고 있다. 살인, 살인, 살인이란 커다란 낱말이 나를 덮쳐온다. 어쩌면 정말 내가 살인을 범해버렸는지도 모른다. 살인범, 교수형, 그래, 정말 내가 사형을 받을 만큼 큰 죄를 저질렀는지도 모르는 일이다. 희경을 내 손으로 목을 조이듯이 그렇게 죽여 버렸는지 모른다. 그녀의 너무 티 없는 마음에, 농도가 짙은 사랑을 받았기에 나의 기대가 허물어져 버렸고 용서를 못 했던 것이다. 열백 번 후회해도 이젠 나의 가슴에 돌아올 수 없는 허상의 여자가 되어버린 희경이다. 탐스러운 머릿결, 하얀 살결, 오목한 보조개, 몸 구석구석까지 이젠 산화되어 허공중에 흩어져버렸다.

창살 사이로 구름이 부서지고 있었다. 구름이 흩어져 있는 하늘은 외롭지 않아서 좋다던 희경, 텅 빈 하늘이 싫어 가을이 싫고, 먹구름이 가득한 하늘은 단순해서 여름이 싫다던 희경, 스물 두 해를 저 하늘을 닮아 살아왔던 희경이다. 구름은 산산조각이 나서 동쪽으로 흘러가고 있었다. 숱한 고뇌가 소용돌이치며 흩어지고 있다. 오사구 영감님은 멍하니 그런 하늘을 쳐다보고 있다. 그는 윤기 없는 머리칼을 쓸어 넘기며 천천히 입을 열었다.

「자네 정말 살인을 했는가? 그렇게 보이지 않는데, 간밤에 이상한 꿈을 꾸었어. 숲이 무성히 우거진 산속에서 자네와 나무를 타고 있는데 백발을 한 노인이 와서는 자네를 내 아들이라면서 데려가라고 하지 않겠나. 참 이상한 꿈이야. 자네는 신이 돌보아 줄 걸세.」

「저는 죄를 지었습니다. 사랑하는 사람을 제가 죽였습니다. 저는 벌을 받아야 해요. 그 여자를 용서해주지 못한 저 자신이 너무 저주스럽습니다. 그 여자는 저승에서도 울고 있을 겁니다.」

이별이란 걸 몰랐기 때문에 이별의 괴로움을 실감할 수 없었다. 더구나 죽음이란 엄청난 낱말에도 약간의 동정도 하지 않았었다. 그래서 꼭 어린 애 같은 고집으로 희경을 이해해주지 못하고 그런 실수를 저질렀다. 이별을 두려워하지도 않고.

마룻바닥이 너무 시리다. 곧 겨울이 닥쳐올 것이고 창틈으로 눈발이라도 훅 밀어닥칠 것이다. 목이 마르다. 감방 안엔 항상 고독과 침묵만으로 가득 찼다. 가끔 감방장의 모의재판이 거행되고, 자기들의 얄팍한 경험담들을 자랑스럽게 지껄이곤 하지만 그 속에서도 침묵은 항상 도사리고 있었다. 미결수의 감방 안은 더욱 그렇다. 죄수들은 늘 불안과 초조로 하루를 넘긴다. 내가 살인혐의로 구속되기 전까지는 아무런 고민거리가 없었다. 아니 고민하지 않았다. 애써 고민할 필요성을 느끼지 않았다. 혹 그런 사람이 있다면 나는 어리석은 사람이라고 판정을 내렸다. 풍요로운 현실, 이것으로밖에 생각하지 않았다. 그러나 내가 본 이 풍요로운 현실은 결코 진실이 아니었다. 플라톤이나 프라타고라스를 닮지 못해 인생이나 삶을 생각해 볼 수 없었고, 사흘을 굶는 배고픔도 알지 못했고, 시를 읽고 음악에 심취하고 비정 소설이나 하물며 풍속 소설 한 권을 읽는 그런 멋도 내겐 없었기 때문에 대학생으로 자처하기엔 너무도 낯이 간지러웠다. 꿈도 없고 희망도 없는 그냥 지독한 현실주의자. 그때그때 환경과 사상과 분위기에 따라 울고 웃고 하는 감정을 모두 맡겨 버리는 하등동물인 셈이다. 그러나 이제 고민거리가 생겼다. 나도 이제 사람이 되려나 보다. 살인과 교수형, 삶, 배고픔, 행복 이런 것들의 짙은 색채가 부서지는 구름을 따라 눈알을 스친다.

「영감님. 어째서 제가 죄를 범하지 않았단 말입니까? 저는 분명히 희경을 죽인 셈입니다. 만약 법으로 이 죄가 성립 안 된다 할지라도 윤리와 양심은 저를 용서하지 않을 것입니다. 그게 더 무섭습니다. 차라리 여기서 그 죄의 대가를 받고 싶습니다.」

우리는 속초를 향해 달리고 있었다. 확 트인 동해를 보면 어쩌면 우리의 타협점을 찾을 수 있을 것이라는 막연한 생각이 있었던 것은 아니었다. 몇 길이나 되는 낭떠러지 아래로 바라 보는 동해의 물결, 하얀 물거품이, 엷은 물빛을 띤 속치마 레이스가 겹겹으로 밀려오고 있었다. 짙은 코발트 빛 바다엔 세상의 모든 아름다운 일들이 융해된 것 같았다. 그런 가운데서도 거짓과 오류, 죄악이 용트림하고 있었다. 바다는 녹청빛, 연둣빛, 검정빛으로 변해가고 있었다. 투명한 바다, 커다란 물결 위로 잔잔한 무늬가 그려지고 있었다. 물 때 낀 바위 위로 바닷물은 한 번씩 핥고 나갔다.

「저는 광현씨가 앞으로 얼마든지 착실하게 살 수 있을 것이라고 생각해요. 앞으로도 광현씨를 도울 수 있는 한 돕겠어요. 제 몸 하나 희생으로 한 사람이 삶을 찾는다면 전 그걸로 족해요. 그렇다고 규영씨를 거역하고 싶은 생각은 없어요. 규영씨도 친구를 위해서 조그만 희생이라도 감수할 수 없으세요? 규영씨, 좀 넓은 안목으로 포용력 있게 모든 것을 바라보세요. 저 바다만큼 넓고 포근하게 말예요.」

「그렇다면 넌 내가 그렇게 하라고 시킨 거로 착각하고 있진 않겠지? 난 그런 성인군자 같은 널 원한 건 아니었어. 그저 평범한 한 여자로서 널 원한 것뿐이지. 네가 취한 행동은 결코 한 여자로서 취한 행동은 아니었어. 난 널 용서해줄 만한 아량을 가진 이해심이 많은 남자는 아냐.」

「하기야 규영씨에겐 죄인이에요. 제 몸 내부엔 두 사람의 남자가 함께 존재할 수는 없어요. 저더러 택하라면 규영씨를 택해야 하겠죠. 제가 처음이자 마지막으로 사랑한 사람이니까요. 그런데 순결이라는 저의 몸 일부를 잃어버리고 말았어요. 그러나 그게 저의 전부는 아니잖아요. 이젠 제가 잘했고 잘못했고를 왈가왈부하고 싶진 않아요. 그냥 용서해주시지 않는다면 전 모든 걸 떨치고 떠나야겠어요. 제가 아무런 부담 없이 호흡할 수 있는 곳을 찾아야지요. 규영씨, 용서해주세요. 네?」

그녀의 깊은 눈동자에 눈물이 고이고 있었다. 그 눈 속에는 푸른 바다가 용트림하고 있었다. 눈물은 바닷물이 되어 흘러내렸다. 그렇지만 난 그 눈물을 부인하고 있었다. 난 결코 그런 하찮은 눈물에 약해질 수가 없었다.

「여태까지 널 사랑해온 건 앞으로도 사랑하고 싶고, 그러나 널 용서해주기엔 내 자존심이 허락지 않아. 여하튼 우리 이걸로 헤어지자. 그 사실을 내가 알고 있는 이상 만일 우리가 결혼하게 되면 어떤 불행이 닥칠지도 몰라. 우리 상처가 더 깊어지기 전에 헤어지자 더 이상 아무런 말이 필요 없어. 그냥 이대로 돌아서자구. 앞으로 행복해지길 빌어. 난 꼭 행복해질 거야.」

돌아서는 내 발길엔 마음껏 석양이 내리붓고 있었다. 피를 토하듯 붉은 햇살이 쏟아지고 있었다.

「그렇게 돌아서서 내려오는데 뒤쪽에서 그 여자의 흐느끼는 소리가 들리더군요. 그리고 잠시 뒤 둔탁한 소리가 들렸죠. 뭔가 불길한 예감에 뒤돌아보지 않으려고 했지만 보지 않을 수 없더군요. 그 여자는 보이지 않았습니다. 절벽 밑으로 떨어졌더군요. 그 여자는 비명 하나 지르지 않고 죽어갔습니다. 순간 소름이 오싹 끼치더군요. 그 여자가 그런 일을 저지를 줄은 몰랐습니다. 나는 막 달렸죠. 아무런 생각이 없더군요. 그냥 달렸습니다. 돌에 걸려 넘어지기도 하면서요. 두려움보다는 그녀가 죽었다는 사실이 제가 가지고 있던 모든 것을 잃어버린 듯한 느낌이 엄습했습니다. 그래서 모든 의욕을 상실해버렸습니다. 제가 숨을 쉰다는 가치를 잃어버렸습니다. 그때부터 전 술로만 살았습니다. 형사가 찾아온 것은 사흘 뒤였죠.」

구름 조각들은 뭉실뭉실 동쪽으로 연신 흘러가고 있었다. 감방장은 모포 뒤편에 장기판을 그리고 있었다. 장기알은 밥알을 뭉쳐 만든다. 오늘은 그의 할 일이 없다. 어쩌다 누구 한 사람 면회를 오고 사식이 들어오면 그의 할 일이 생긴다. 절반은 감방장의 몫이고 나머지로 분배하다. 그것이 그의 특권이고 유일한 낙이다. 그리고 역시 감방장답게 그에겐 생활용품이 몇 가지 갖추어져 있다. 바늘과 실, 조그만 손칼 성냥, 담배 등등이 마룻바닥 틈새, 옷깃 사이에서 튀어나온다.

창밖에는 제법 세찬 바람이 부는 모양이다. 오사구 영감님은 여전히 창틀 밖으로 눈을 준 채 입을 열었다.

「자네는 왜 자네의 죄를 부인하지 않는가? 묵비권은 죄를 시인하는 결과밖에 되지 않네. 색시의 죽음을 자네의 책임이라고 단정을 내리고 죄를 지었다고 생각하고 있지만 그건 전적으로 자네만의 책임은 아니지 않는가, 친구의 책임도 있고, 색시의 책임도 있다고 보네. 자네는 지금 색시에 대한 깊은 사랑으로 사리를 판단할 능력을 잃었네. 우선 석방된 후 차분히 생각해서 결론을 내리게. 만약 여기서 혐의를 뒤집어쓴다면 자네는 영영 죄인으로 남게 돼. 돌이킬 수 없는 것을 자꾸만 휩싸여 고민할 필요는 없어. 잊어버리도록 하게. 신은 우리에게 망각이라는 선물을 내리셨어. 그 망각은 필요할 땐 적당히 유용한 거야. 그리고 죽음이라는 것을 그렇게 중요시할 필요는 없어. 어차피 우리들의 내부엔 죽음이란 것이 항상 자라고 있고 호흡한다는 것은 결국 죽음으로 점점 더 다가가는 것이니까. 그런 죽음 좀 더 일찍 맞았다고 해서 불쌍해할 필요는 없어. 이것을 운명으로 돌리고 잊어버려. 인생이란 자신의 운명을 개척해 나가려는 노력의 연속이야. 우리가 배우는 이유는 그 운명을 개척하는 방법을 알아내기 위해서지. 특히 대학에서는 자네도 이번 일을 계기로 자네의 운명을 개척해 나가고 자네가 사는 보람을 한번 찾아보게.」

「전 그네들에게, 그 거드름을 피우는 형사나 검사에게 해줄 말이 아무것도 없습니다. 하고 싶지도 않고요. 제가 지은 죄는 부인할 수 없는 명백한 사실입니다. 그 여자는 지금 저승에서도 울고 있을 겁니다. 창백한 얼굴을 해 가지고 말입니다. 그 여자는 절 원망하며 몸부림치고 있을 겁니다. 저는 용서 받지 못합니다. 제가 그 여자에게 가한 죄만큼 벌을 받아야 합니다. 저승에 있는 그 여자 앞에서 무릎 꿇고 이젠 제가 용서를 빌 차례입니다. 그 여자가 용서해주든 않든 희경이는 정말 착한 여자였습니다. 사랑스러운 여자지요. 불쌍합니다.

저희 아버지는 무척 무능력한 사람이었죠. 그래서 우리는 늘 가난하게 살아왔습니다. 제가 대학에 다닐 수 있었던 건 어머님 덕분입니다. 아버지는 그저 큰기침만 하고 체통에만 신경을 써오는 그런 위인이었습니다. 그런 아버지께서 돌아가실 때 유언으로 뭐라고 하셨는지 아시겠습니까? 〈내 생애에 이루어 놓은 건 아무것도 없다. 그러나 나를 너무 원망하지 마라. 내가 죽더라도 열심히 살아서 우리 집안 손가락질은 받지 않도록 해야 한다.〉 하시며 끝내는 도도하게 돌아가셨습니다. 어머님께는 씻을 수 없는 죄를 짓겠지만, 만약 여기서 제가 죽더라도 그렇게 도도하게는 죽지 않을 겁니다. 마지막 할 말은 없을 것 같아요. 그냥 희경이 있는 곳으로 가버리는 거죠. 그래서 용서를 빌어야죠. 후후―」

오사구 영감님은 나를 빤히 쳐다보고 있었다. 역시 내가 쑥 빨려 들어가 버릴 듯한 눈길이다. 수년간 비바람에 시달린 나룻배 모양 찌들어가는 육체, 그러나 그의 눈빛은 푸른 강물마냥 싱그럽기만 하다.

「쓸데없는 생각이야. 세상이 단순한 것이 아닌 이상 그렇게 살아가는 게 아니네. 하기야 나도 이런 델 와 있는 꼴이 됐지만 그렇다고 흘려듣지는 말아주게. 그 희경인가 하는 색시는 끝까지 자네를 사랑해줄 걸세. 아마 저승에서도 자네가 훌륭히 되길 바라고 있을 걸세. 색시는 자네를 너무 사랑하기 때문에 죽음을 택한 거야. 자기의 모든 것을 자네에게 걸었으나 자네에게 더 이상 아무것도 베풀 수 없는 처지에서 더 이상 살아있을 가치를 잃어버리고 만 것이지. 어쩌면 색시는 죽음으로서 자신의 모든 것을 지키고 잃어버린 것들을 되찾았는지도 모르지. 그러니까 자네는 그렇게 죄책감에 빠져 있을 필요가 없어. 다만 자네의 조그만 실수가 그런 엄청난 결과를 낳았다는 것 뿐이네. 그런 일은 허다한 것이지. 말하자면 자기가 잘못한 것이 하등 없는데도 잘못되는 것. 극단적인 예를 들면 자기가 교통질서를 지켜 인도로 걸어가고 있는데, 느닷없이 고장 난 자동차가 뛰어들어 자기가 부상을 입게 되는 경우와 같은 것이지. 그것은 누구의 잘못도 아니야. 세상일이 다 그런 거네. 이번 일로 자네가 좌절하고 삶을 포기해버린다면 이 세상을 누가 살아가겠나? 자네의 젊음으로써 다른 길로 자네가 용서받을 길을 찾아보게. 자네는 꼭 훌륭히 될 걸세. 나는 믿네. 자포자기는 대장부로서 취할 행동이 아니냐. 사람은 이런 시련을 이김으로써 차츰 커가는 것일지도 모르지.」

어쩌면 나는 그녀를 사랑하지도 않았는지도 모른다. 내가 진정으로 그녀를 사랑했다면 그녀를 이해하고 기꺼이 용서해주었을 것이다. 나는 사랑하지도 않은 그녀에게서만 사랑을 요구했던 것이다. 정신적 사랑보다 육체적인 것을 앞세우고 그녀를 궁지에 몰아세웠다. 사랑을 할 줄 모르는 인간, 사랑이 무엇인지도 모르면서 사랑한다고 함부로 입을 놀리는 인간, 그렇다. 누가 사랑이 무엇이냐고 묻는다면 난 할 말이 없다. 그러나 이젠 어렴풋이 떠오르는 것이 있다. 사랑이란 순수한 정을 물질적, 육체적인 것을 기대하지 않고 마음껏 주는 것이다. 상대방을 진정으로 이해하고 포용력 있게 받아들이는 것이다. 그러나 이것이 사랑의 전부는 아니겠지만. 주지는 못하면서 받기만 기대하는 극단의 이기주의자, 이것이 나의 모두였는지 모른다. 그렇다면 더욱더 그녀에게 용서받을 수 없는 인간이 된다. 인간이라기보다는 차라리 동물이라고 하는 편이 옳겠다. 사랑을 모르는 인간은 인간이 될 수 없다. 숨통이 막혀온다. 해 으름, 저녁연기 피는 산마을에 하나둘 호롱불이 밝혀지듯이 양심의 불이 나의 가슴을 훨훨 태워버리는 것 같다.

「빨리 석방될 수 있는 길을 찾게. 혐의를 벗을 수 있는 길을 말일세. 자네는 지금 대학 3학년일세. 출감해서는 더욱 열심히 공부를 하게. 자네 같은 젊은이들은 무한한 가능성이 해네. 능력을 최대한 개발을 해서 사회에 공헌하게. 사회는 자네 같은 사람을 찾고 있네. 자네가 사죄할 길은 바로 그런 길이야. 자네가 만약 그 여자를 따라 죽기만 원한다면 그 여자와 같이 또 큰 오류를 범해. 사회와 자네 어머님께 또 씻지 못할 죄를 저지르는 것이 되는 셈이야. 그리고 그 여자가 택한 길이 꼭 옳다고는 볼 수 없지. 순간적으로 극한상황에서 일어날 수 있는 일이지만 그 여자도 한 번쯤은 생각을 더 해 봤어야 했어. 죽음이란, 더구나 자살이란 자신을 회피하는 것이고 거부하는 것이지. 자기가 잘했던 잘못 했건 자신을 거부한다는 것은 좁은 생각이지. 자네도 이성을 찾고 한 번 더 생각해보게. 자네 어미님은 지금 어떠한 표정으로 무엇을 생각하고 있겠는가 하는 것을 생각해 보았는가? 스물 몇 해를 하루 같이 남보다 조금이라도 부족한 것이 없나, 조금이라도 아프면 자신이 아픈 것처럼 괴로워야 하고 혹 나쁜 길로 들지 않을까. 훌륭하게 되어야 할 텐데 하는 걱정으로 늘 지내셨겠지. 세상의 어머님이 모두 다 그렇듯이 그런 어머님을 이제 호강시켜드리고 싶은 생각은 없는가? 누구보다도 더 고생을 하셨다는 어머님을 말이야. 비록 난 배우지도 못했고 훌륭하지도 않지만 몇십 년 더 산 인생의 충고라고 생각해 두게.」

「그렇지만 전 제 죄를 부인할 증거가 없습니다. 주위엔 아무도 없었고 상황이 죄를 죄인으로 단정해 버리거든요.」

창 너머엔 쌀쌀한 바람이 먼지와 낙엽을 물고 휙 치솟고 있다. 어느새 잔잔한 비둘기 빛 구름이 온 하늘을 덮고 있다. 가을비라도 흩뿌릴 듯한 기세다. 가을비는 차가워서 좋다. 구석구석을 파고들면서 우리의 마음을 청결히 씻어준다. 그녀 역시 그런 가을비를 무척이나 좋아했다. 색파라솔 위를 구르는 놈, 땅바닥에 떨어지는 놈, 방울방울을 지켜보며 우리는 비를 맞았었다. 앙칼진 소리를 내면서 뒷문이 열리고 거므츠레한 간수의 얼굴이 밀려 들어왔다.

「672 김규영. 면회야 빨리 나와.」

보고 싶었던 어머니, 너무 송구스럽고 죄스러워 얼굴을 대하기가 그렇게 민망스러웠다. 면회실 물을 여는 순간 콧마루가 찡해왔지만, 눈물을 감추지 않을 수 없었다. 어머니의 눈물이 감히 나의 눈물을 나오게 하지 않는다. 어머니의 손엔 희경의 일기장이 들여 있었다.

〈………규영씨에겐 난 잡부가 되고 말았다. 정말 괴로운 일이다. 사랑하는 사람에게 나의 모든 것을 다 주지 못 한 것은 실로 불행한 일이다. 그런 불행을 안아다 준 광현을 계속 도와야 하는가 하는 회의에 싸인다. 그래야 하는 책임이 내게 있는 것일까. 규영씨 말씀대로 내 생각이 바르지 못한 것일까. 한 남자에게만 나의 인생, 인력, 권리마저 맡겨야 하는 것일까. 오직 사랑한다는 이유로. 그렇지만 나는 하나의 여자다. 나의 정을 맡을 수 있는 사람은 많다. 내가 정을 주어야 하는 사람은 많다. 나의 아무런 조건이 없는 사랑을 받고 그네들이 약간의 도움이라도 얻는다면 나는 기쁘다. 하지만 나는 규영씨를 사랑하지 않을 수 없다. 그 사람은 이미 나의 일부가 되어버렸고 그 일부가 빠져버린 나라는 개체는 존재할 수가 없다. 더구나 그에게 의해서 나의 가치가 매몰되어 버린다면 내가 서 있을 땅은 없다. 이제 다만 용서를 빌 뿐이다. 그러나 규영씨는 쉽게 용서해주지 않을 것 같다. 그렇다면 내가 택할 길은 오직 죽음뿐이다. 죽음, 죽음 만약 내가 죽으면 화장(火葬)을 하여 N강에 뿌려 주었으면 좋겠다. 그이와의 달콤한 밀애가 숨겨진 N강에. 그래서 자취도 없이 내 몸뚱아리가 사라져야 한다.〉

싸늘한 복도를 지나치면서 간수는 계속 내 뒤를 쫓는다. 수갑이 채워진 팔뚝이 무지근하고 걸음은 자꾸만 처지고 있었다.

어머니, 이건 어처구니없는 세상입니다. 저는 죄인입니다. 어머니 절 용서해주십시오. 제가 처신할 길을 가르쳐주십시오. 제가 호흡해야 할 공간 제게 할당된 시간, 저희 발자욱을 남겨야 하는 길을 가르쳐주십시오.

「빨리 들어가. 소란 피우지 말고 얌전이들 있어.」

노쇠한 간수의 목소리는 긴 복도를 울리며 깨어졌다.

입선

제572호 1977년 6월 24일 금요일

제22회 대학신문 학예상 : 수필

기억하고 싶은 것들

· 정순백 (화학과 2년) ·

가을이 성큼 한 걸음씩 다가서고 있다. 벌써 길거리엔 플라타너스 잎사귀가 뒹굴기 시작했고 꽃가게엔 국화로 온통 장식되어 있다. 포도알이 채 가시기도 전에 사과 알맹이는 붉게 물들었고 긴 들바람에 밀려 하늘은 점점 높아만 간다.

가을엔 할 얘기가 너무나 많다. 그리고 사람들은 가을을 얘기하려고 많이 노력했다.

「가을은 서글픈 계절이다.」

「가을은 결실의 계절이다.」

「가을은 고독한 계절이다.」

「가을은 잔인한 계절이다.」

「가을은 연인들의 계절이다.」

「가을은 예쁜 소녀가 고요히 흐느끼는 계절이다.」

이렇게 사람들은 가을을 생각하고, 느끼고, 즐기고 했다. 그래서 가을은 백화점에 늘어선 상품만큼이나 많은 것들을 생각나게 한다. 예쁜 낙엽들을 주워 모아 책 속에 차곡차곡 끼우던 일이나 풍만한 계절 속에 논둑길을 맘껏 뛰어다니던 시절이나, 부엌 한구석에서 똘똘 거리는 귀뚜라미 울음소리, 반쯤 찬 달빛을 온몸에 받으며 가을 들녘 길을 걷던, 이런 추억이 살아난다. 그리고 혼자 깨끗한 옷차림으로 벤취에 앉아 있는 여고생, 호젓한 산길을 걷는 어느 다정한 사람들, 괜히 울적한 마음을 이기지 못하여 대폿집을 찾는 중년 신사, 이런 것들이 생각난다. 그리고 난 가을만 되면 강가에서 턱을 고이고 앉아 있어야 하는 버릇이 생긴 것은 나이 탓만은 아닐 것이다. 절망과 암흑과 비애 속에서 난 가을을 즐기고 싶다.

외로움은 인간을 한결 맑고 진실 되게 해 준다. 그러기에 사람들은 서글퍼하면서도 가을을 사랑하는지 모른다.

나는 이러한 가을엔 와중한 도시를 박차고 마음껏 자연과 접하고 싶다. 그래서 밤이 새도록 서로 이야기하고 의미 있는 미소를 주고받으며 나의 거친 마음을 정화하고 싶다.

도시는 너무 복잡하다.

반병 정도 남은 소주병을 흔들며 아무도 없는 골목길을 목청 돋워 값싼 유행가 가락이나 흘리며 가는 초라한 늙은이와 연방 재잘거리며 복잡한 인도를 스쳐 지나는 여대생의 패거리, 변두리 맥주홀 문틈을 비집고 흐르는 음악 소리며 멈춰 선 자동차의 긴 행렬, 끝내는 신발 한 짝을 벗어 쥐고 내려야 하는 출근 시간의 버스 간, 딱딱한 교회 나무의자에 앉아서 하나님을 찾고 있는 늙은 노파, 죽지 않겠다고 아우성치는 병원의 위암 환자, 대낮부터 시뻘건 얼굴을 하고 앙칼진 술집 여자와 싸우는 사내 녀석이나 골목길을 떠들썩하게 하는 동네 꼬마들의 싸움질이 모두 어처구니없는 정말 어처구니없는 것들을 피해 난 또 강둑에 쪼그리고 앉아 있어야 한다.

강물은 가을빛이 스며서인지 한층 푸르다. 너무나 깨끗한 빛에 온몸을 그냥 풍덩 담그고 싶은 충동이 일어난다. 갑자기 바로 앞에 있는 갈대가 자기네들끼리 무언가 수런거린다. 눈이 어지러워진다. 그러나 난 눈길을 돌리지 않는다. 애써 그들의 얘기를 들으려고 두 귀를 모두 운다. 그렇지만 그들은 그들의 세계만 즐기고 있을 뿐 나에게는 아무 말도 않고 몸을 흔들고 있을 뿐이다.

둑 너머에 원두막이 바짝 마른 네다리로 겨우 몸을 지탱하고 섰다. 오랜 병고에 시달린 내 누이 같은 모습이다. 저놈은 그래도 다음 여름을 위하여 싸늘한 가을바람도, 매서운 눈보라도, 그리고 나른한 봄날도 참고 견딜 것이다. 그러나 저놈도 나름대로 즐거운 추억이 있을 것이고 꿈이 있을 것이다. 나와 같이 묵묵히 가을날의 오후 한때를 즐기고 있을 것이다. 무엇을 생각하고 있을까? 좀 더 내년이 풍성하기를 빌며 깊은 겨울잠을 자기 위해 포근한 안식처를 마련하고 있겠지. 원두막은 우리에게 무한한 외로움과 슬픔을 가져다준다. 널따란 밭 가운데 우뚝 솟은 원두막은 그런 대로의 무한한 꿈과 이상을 심어준다. 도시의 권태로운 생활을 잠시 잊게 해주고 언젠가의 아름다운 얘기를 되살려주고 쓸쓸 할망정 깊은 사념에 잠길 수 있게 해준다. 그리고 초저녁 그믐달이 걸려 있는 원두막은 더욱 애처로운 것이다. 벽도 없는 원두막 지붕 위에 걸린 달빛에 원두막은 우리의 가슴을 찢는 듯 아프게 할 것이다. 그래서 난 이 원두막이 있는 강가를 자주 찾곤 하는 것이다.

해는 점점 힘을 잃고 산등성이를 넘어서고 있다. 건너편의 쭉 뻗은 포플러 잎사귀 사이로 출렁이는 빛살이 강물에 미끄러져 한층 바둥댄다. 초겨울 밤거리 하룻저녁 몸 눕힐 곳을 찾아다니는 걸인의 발걸음같이 빛살은 어디로 갈지 몰라 허죽거리고 있다. 물고기들도 몸뚱이를 찌르는 햇살이 아프던지 수면을 차고 퍼뜩거리곤 한다.

강 건너 조그만 마을엔 연기가 자욱이 깔리고 있다. 희뿌연 연기 속에 초가집이 몇 채 달라붙어 있다. 아버지를 그린다고 노란색 얼굴에다 푸른 수염을 그려 넣고 빨간 Y샤츠를 입혀 놓는 초등학교 일학년 꼬마에겐 무척 아름답고 예쁘게 보이는 빨갛고 파랗고 하는 스레트 지붕이나 기와집보다는 초가집은 한결 우리의 마음을 훈훈하게 녹여준다. 우리의 초가집엔 방 한 칸 한 칸과 부엌이나 마루 밑이나 처마 밑까지 우리 농촌이 송두리째 스며 있다. 고된 가운데의 웃음이, 고생 속에서도 오붓함이 있고 그런가 하면 여기에도 비길 데 없는 슬픔과 불행과 눈물과 괴로움이 있다. 우리 조상들의 정신과 사랑과 비애가 이 초가집 어느 한 곳에 스며들지 않은 곳이 없다. 추수를 마치고 갓 이어진 샛노란 지붕은 유월의 넓은 바다만큼이나 시원하고 산뜻한 느낌을 주고 귀뚜리 우짖는 가을밤 불쑥 솟은 달에 어울리는 초가집이나 함박눈이 보얗게 내리 덮이고 저녁연기 피어오르는 정경은 우리의 마음을 포근하게 감싸주며, 겨울엔 할아버지의 구수한 얘기꽃이 사랑방에서 피고, 화로 위에 알밤 튀는 소리와 부엌에서 고구마 익는 냄새가 처마 밑에 가득한 초가집. 이런 초가집을 한 번이라도 생각해 보지 않은 사람은 없을 것이고 그것을 아름답다고 느끼지 않은 사람은 아마 없을 것이다.

난 눈알이 부르트도록 초가집을 바라보며 어릴 적 할머니 무릎 베고 눕던 시절을 기억해 내고 있다.

그러나 이런 것들은 이제 하나씩 사라져 가고 있다. 초가집은 기와집이나 스레트 집으로 변모하고, 나무배 대신에 콘크리트 다리가 세워지고 밤새도록 심지 돋우며 얘기할 수 있는 호롱불 대신에 눈이 부신 전등불이 들어오고 정초한 시골 처녀들은 분 냄새를 풍기는 그런 여자가 돼

버렸다. 그러나 가을이 되면 이런 것들이 눈앞에서 사라지고 다시 아늑한 옛날로 돌아갈 수 있다. 물가로 내려와 손을 담그고 다시 한번 이런 것들을 생각해보고 모래 속에다 기억하고픈 것들을 모두 묻어놓고 먼 훗날 이 강가 다시 찾는 날 수많은 모래알만큼이나 잔잔한 얘기들을 나누고 싶다.

〈낙동강가 어느 마을을 바라보며〉

당선

제572호 1977년 6월 24일 금요일

제22회 대학신문 학예상 : 시조

전라도 길

· 장욱 (국어국문학과 3학년) ·

하늘빛 푸른 전라도
꽃처럼
흙이 붉다.

종달새가 뿌리고 간
꽃 울음 깔린 하늘길 같이

보리밭 사이를 헤치고
길이
드러누웠다.

소록도로 가다가
발가락을 묻고, 묻고…

문둥이 시인이, 절며
걸어가던 붉은 길

여름내 지축 지축 내린 비가
보듬고 울었다.

또, 길이 섧게 울다가
붉은 피를 토했다.

갑오년의 동학 난 때
흰 물결치던 사람들,

바다에 노을빛이 갈앉듯
흘려서 스민 피야, 피야.

전라도 붉은 길은
이 도령 장가 길이지만…

춘향, 눈물 흘리게 한
오월 하늘 그넷줄같이

보리밭 사이를 헤치고
길이
드러누웠다.

가작

제573호 1977년 7월 1일 금요일

제22회 대학신문 학예상 : 시조

풀밭의 노래

· 민경헌 (국어국문학과 2학년) ·

느릅잎 부스스 트며
샛바람 몰고 온 윤택
해맑은 하늘을
휘휘 돌고 왔는가.
첫새벽 꾀꼬리 울면

풀잎은 덩달아 푸르다.
가로수 길가마다
파고드는
풀잎 쪽.
숱한 전설을 깔고
긴 희랑을 건 삶.
짓 붉은 나뭇잎 소리
홰를 치는 풍정(風情)이여.

은밀히 통하고 있는
의식의 창을 열면
온몸을 휘감는 소리,
감각의 문을 연다.
나부낀 깃발 이거라
벽에 거는 꿈이여.

꽃 빛을 문지르며
타는
그 향.
이 골 저 골마다
풍경(風磬)처럼 저린 소리,
가슴을 여미며 타는
쪽빛 하늘 열린다.

가작

제574~577호 1977년 7월 22일~1977년 9월 2일
제22회 대학신문 학예상 : 소설

환자(患者)들

· 임명진 (국어교육과 2년) ·

「병명, ………

연령, 23

성별, M

성명, 민종배」

이것이 사내의 병상에 붙어 있는 표딱지, 말하자면 그의 대명사였다. 무슨 이유인지 병명만은 표딱지에 적어 놓지를 않았다. 그러나 난 사내도 역시 가슴을 앓는 사람일 거라고 단정했다. 왜냐면 이 병실에 들어오는 활자들은 모두 가슴앓이 환자라는 것이 거의 불문율로 되어 있기 때문이다. 나도 그러하며 어제 퇴실한 여자가 그랬고, 나 이전에 있었던 사람도 그랬다니 말이다. 어제 그 여자는 반 시체가 되어—피골이 상접한, 마치 백지장 같은 가죽에 불독이 씹다가만 뼈다귀를 주워 담아 놓은 것 같은—회복 불능의 몸으로 퇴실을 하였다. 그리고 미처 하루도 되지 않아 이 병동 5층에 있는 이 병실에 사내는 나의 동반자로서 입실을 한 것이다.

사내의 병상은 창 쪽으로 자리를 잡았다. 어제 여자가 퇴실을 하고 난

뒤, 모두 나에게 그쪽으로 옮기는 것이 좋지 않겠냐고 권고를 했었다. 바깥 구경이라도 할 수 있으니 기분만큼은 시원하지 않겠냐는 것이다. 난 그저 반대를 했다. 그런 내 의사를 도저히 알 수 없다는 그들의 눈치에, 난 실제 당신들을 이해하지 못하겠오 라고 일침을 가해주었다. 그 거리를 활보하는 싱싱한 웃음들을 어떻게 보란 말인가? 그래도 그것까지는 괜찮다. 네온사인이 모기떼처럼 윙윙거릴 때쯤 서로 어깨를 맞대고 팔짱을 끼고 낄낄대면서 보란 듯이 발끝에 힘을 주는 그 년놈들의 행렬을 어떻게 보고만 있으란 말인가? 아무튼, 난 창밖에 나와는 유리된 액션들을 내다보기가 다소 겁났던 것이다. 이렇게 진드기처럼 내 자리를 고수하고 있었으니 사내는 싫든 좋든 창 쪽으로 자리를 잡아야 했다.

창 안팎에서는 벌어지는 액션들이 사내의 얼굴에 투사될 것이고 나는 그저 담담하게 관람을 하면 되는 것이다.

마침내 사내는 연극의 주인공이 되기 위하여 차츰 분장을 시작하였다. 이제 적절한 조연들이 나타난다면 그런대로 볼만한 연극이 될 수도 있을 것 같았다.

사내는 아무리 에누리를 해도 환자답게 보이지 않았다. 한창 젊은 팽팽한 안면 근육을 가지고 있었다. 환자복만 벗어부치고 말쑥하게 차린다면 누가 보더라도 건장한 청년이었다. 특히 핏줄이 선명하게 드러난 팔뚝의 굴곡 있는 근육이라든가, 가슴팍의 실팍한 살덩이는 누구나 탐을 낼 만큼 발달하여 있었다.

그 유들유들한 근육들이 낄낄대면서 날 비웃고 있었다. 혈관을 찾기 힘들 정도로 말라비틀어진 나로서는, 그의 살점들을 부러움 내지는 시기의 대상으로 삼지 않을 수 없었다. 실로 사내는 기분 나쁜 상태였다.

난 이러저러한 것들을 미루어 보아, 사내의 맹세는 극히 초기일 것이고 그따위 병이라면 길어야 2주 정도면 말끔히 완쾌되리라는 것을 짐작하였다. 난 벌써 사내가 완쾌된 몸으로 나에게 다가오는 것 같음을 느꼈다.

형씨! 이거 먼저 나가면 안 됐오. 부디 희망을 가지세요. 요즘 의학으로 요런 병쯤이야 식은 죽 먹기죠. 안 그래요? 자신을 가져야 합니다. 자신요, 사실 나도 입원 당시는 꽤 심했었답니다. 그런데 이젠 말끔하잖소. 자, 형씨의 완쾌를 빌면서 우린 악수나 합시다. 이따위 언사로 이죽거리면서 퇴원한답시고 통통한 살점이 붙어 있는 손을 내밀 것이다. 그리고 내 가냘픈 손은 사내의 솥뚜껑 같은 손속에서 맥을 못 출 것이다. 난 오작육보까지 흔들리다 못해 갈빗대가 삐꺽거릴 것이다. 그렇게 그가 나가고 나면 또 새 환자가 들어올 것이다. 디제이가 음반을 갈아 끼우듯 병원 측에선 새 환자를 들이밀 것이다. 제발 그 사람만은 저 사내처럼 기분 나쁜 상대가 되지 말아야 할 텐데.

나는 이렇게, 사내가 나와의 비슷한 또래로서 같이 투병 생활을 해야 한다는 단순한 공통분모 그 이상으로 사내에게 관심을 쏟고 있었다.

사내의 곁에는 40대 중간 정도의 여자가 앉아 있었다. 어찌 보면 상당히 교양이 있어 뵈기도 했지만 좀 경박스럴 때도 있을법한 여자였다. 좁은 테의 구식 안경을 쓴 모습이 상당히 깐깐한 고집을 부릴 줄도 알만한 여자라는 것을 말해 주었다.

「참 별스런 병도 다 있다. 말 좀 해라. 말 좀. 지금도 가슴이 답답하냐? 에그 답답해 죽겠구나. 덩치는 소만 한 것이……」

「정말 답답한 것은 접니다. 숨이 막혀 죽을 지경이라니까요. 정말 답답하군요. 이렇게 가슴이 답답해 죽겠는데 날 보고 답답하다고 하니 말입니다.」

그렇게 듣고 보니 사내는 숨을 가쁘게 쉬고 있는 것 같기도 했다. 그의 음성은 짜증이 섞이긴 했지만, 힘이 있었다. 마치 다른 환자에게 수선을 떨어대는 어머니에게 핀잔을 주는 듯한 소리였다. 사내는 진심으로 불만과 짜증을 둘둘 말면서 창 쪽으로 몸을 돌렸다.

「아유 이 집구석은 왜 이렇게 돌아간 다냐? 자식이 입원을 했어도 아버지란 사람은 첩년 궁둥이나 뚜들기고 앉았고, 에그 너의 형 그놈도 마찬가지다. 그래 대학교까지 나오고 군대까지 갔다 온 놈이 허구헌 날 비실비실 놀고먹는 빙충이가 뭐냐? 게다가 술이라면 사족을 못 쓰니. 어쩌면 그 애비에 그 자식인지 모르겠다.」

사내의 가족들의 삶의 편린이 한 가닥씩 벗겨져 가고 있었다.

「종배야 내 얘기 좀 들으렴. 이 세상에 믿을 거라곤 하나님밖에 없다. 모두 거추장스럽지 않냐? 지금도 봐라. 꼴뚜기도 생선이라고 그 못난 식구를 생각한다는 것도 거추장스럽고.」

「그러면 어머니의 그 말씀은 거추장스럽지 않아요?」

사내는 완강하게 몸을 돌리며 싸댔다.

「얘기의 핵심은 그게 아니다. 바로……」

「알아요. 압니다. 절 그냥 놔두세요.」

「그게 아니라 내 얘길 조용히 들어라. 너도 알다시피 우리 인간에겐 무엇보다도 중요한 관계가 있다. 즉 하나님과 우리 아니겠니? 너도 어서 병이 날려면 믿어야 한다. 하나님만이 네 병을 고칠 수 있어요. 네가 원하니까 당분간 입원은 했다만 봐서 퇴원을 하고 수도원에나 들어가자.」

「맘에 드는 대로 요리를 하세요. 그 입맛에 착 당기게 양념하세요. ……난 지금 당장에라도 죽을 것 같아요. 답답하다 못해 이젠 바늘로 찌르는 것 같단 말입니다.」

사내가 창 쪽으로 몸을 돌려버렸으므로 대화는 싹둑 끊어지고 말았다. 사내의 신경은 꽤 날이 서 있었다. 어쩌면 신경성 질환까지 겹쳐 있는 병인지도 모를 일이었다.

앞 건물의 유리창에 엷은 햇살이 한 줌 한 줌 뜯겨 내리고 있었다. 그 속에 핏빛 혈담이 번져갔다. 이번 석양의 비릿한 영상이 도회의 후덥지근하게 북적대는 소음과 교합되어 병실 안은 권태와 땀으로 지루하게 갇혀가고 있었다.

「인간을 만드시고 키우셨다가 때가 됨에 거두어 가시는 하나님 아버지! ……밉사옵니다. 진물과 고름이 나는 욥이 썩은 몸뚱아리를 기와조각으로 스스로 긁어야 했던 이유를 알고 있습니다. 주여어! 바라옵건대 당신의 이 자식에게 믿음을 주사 그의 아린 가슴을 씻어 주시옵소서. 그의 가슴에 불같은 믿음을 넣어주시고 소망을 불러일으켜 주시기를 바라옵고 원하옵나이다. 그에게 사실을 사실대로 믿게 하시옵소서. 주여어!…… 」

문이 열리며 의사와 간호원이 들어왔지만, 여자는 계속 기도를 하고 있었다.

팔을 벌렸다가, 가슴을 치다가, 손뼉을 치다가 그녀는 벌써 그렇지 않고는 견딜 수 없는 욕구에 휩싸여 있는 듯했다.

「여보세요, 예! 기도도 중요하지만, 우선은 환자를 안정시켜야 해요. 괜히 신경을 건드리면 더 악화합니다.」

보다 못한 간호원이 그녀의 등짝을 집적거렸다. 기도는 몇 번 주여어를 연발하고는 점점 사그라들어갔다. 이내 그녀는 권투시합에서 패배한 선수처럼 축 처져버렸다.

「이 분이 바로 그분이에요.」

「응 알고 있어. 저 진찰 결과는 아무렇지도 않은데 본인은 자꾸 가슴이 답답하다는 그 환자지?」

「예. 참 이상해요. 모든 것이 아주 정상이었거든요.」

「한 번 더 해보기로 하지. 혹시 실수였을 수도 있으니까. 그러면 우선 혈압과 체온을 재확인하고, 혈청검사와 소변검사도 아울러 해봐야겠어. 어쩌면 이번 수수께끼 같은 병이 새로운 병으로 발견될 수 있으니까.」

간호원은 기계와 같은 동작으로 체온계를 사내의 혀 속에 집어넣은 후에 혈압을 재었다.

「저 민 종배씨 괴롭지만, 대답 좀 해주세요. 언제부터 가슴이 답답했죠?」

「전 그저 답답할 뿐입니다. 왜들 이러세요. 제발 가만히 좀 놔두세요.」

「말씀해주세요.」

「식사는 잘합니까?」

「예, 하루 세끼 거뜬히 치워요.」

「그러면 소화기 계통은 우선 안심이고, 결국은 기관지 계통에 무슨 일이 있는 성싶은데 아무렴 걱정은 마십시오. 병명만 찾아내면 치료야 시간문제죠. 다시 한번 종합 진찰을 해봐야겠습니다.」

「또 해요?」

「그럼요. 혹시 단서가 될 만한 중요한 사실이 발견될 줄 누가 압니까? 여태껏 미지수로 남아 있던 병원체가 검출될지 모르거든요. 그렇게 되면 아마 전 세계의 의학계에 새바람이 불게 될 것입니다. 그러면 그 발견자인 나는 어떻게 되는 거지? 하하하……… 아무튼 안정을 시켜주셔야 합니다.」

정말로 나 같은 놈은 운이 있어서 어쩌면 세계사에 남을 인물이 될지 모른다. 노벨상을 탈 것이다. 야! 그 상금이 얼마더라. 회사는 이렇게 제멋대로 비약을 시키고 있는지도 모른다. 그는 아마 연구실에 가자마자 대학 시절에 보던 먼지 낀 전공 서적을 뒤적일 것이다. 어쩌면 눈을 까뒤집고 볼지도 모른다.

사내는 그 후 몇 번 진찰을 받기 위해서 병실을 들락거렸다. 걷는 다리에는 힘이 있었지만, 얼굴은 차츰 표정을 잃어갔다. 내 쪽을 향한 사내의 구부정한 등짝 위에 그의 병원체에 대한 비밀이 성에처럼 엉키어가고 있었다.

겉으론 사내는 말짱하지만, 기관지 어느 한구석이 벌써 한 줌 한 줌 뜯겨 내리는 작업이 진행 중인지도 모른다. 그 병은 겉에서는 도저히 종잡을 수 없는, 007과도 같은 고차적인 수법을 쓰는 병원체들이 주동이 되어 가슴을 붕괴시켜가는 그런 병인지도 모른다.

사내는 차츰 윤기를 잃어갔다. 흑단 같은 밤이 몰려오는 소리가 으스스하게 들려왔다. 허파가 한 삽 한 삽 파여 나가는 소리 같기도 했다. 지금 이 병원 어디에도 죽음이 다가오고 중인지도 모를 일이었다. 빌딩의 불빛들이 절규를 쏟아내면서 하나둘 지키고, 공룡과도 같은 어둠이 도회의 지붕을 장악해갔다.

사내의 이름 모를 병원체가 종으로 횡으로 병실의 공간을 비행하면서 또 다른 먹이를 찾아 혓바닥을 날름대고 있을지도 모를 일이었다.

보통 가슴앓이는 오훗나절이 주기적으로 고비가 된다. 이때가 되면 체온과 혈압이 정비례하면서 상승하게 된다. 나도 마찬가지로 하루 중에 이 시간을 어떻게 보내느냐가 투병생활의 큰 오점이 되어 왔다. 신열이 40도 가까이 육박을 하게 되면 마치 어머니의 자궁 속으로 꼴깍 잦아드는 느낌이 들기도 하고, 곤죽이 되게 알콜을 들이켜서 몽롱한 상태—이를테면, 하루가 천 년 같고 천 년이 하루 같은—에서 또 알콜을 홀짝거리는 맛 같기도 하였다. 이렇게 나른한 체감이 묘하게 복합된 그런 맛이 있기 마련인데, 사내는 도무지 그런 맛을 느끼지도 않는 모양이었다. 하기야 왼종일 그의 체온은 정상을 고수하고 있으니 그게 당연한 것이다. 아무튼, 그는 아무도 모르는 병을 혼자서 열심히 앓고 있었다.

어젯밤에 사내의 형이랑 자가 술이 곤죽이 되어 들렀었다. 「야 종배야! 야 임마! 나야나. 그래 어떠냐? 여전하다고 참 그거 모를 일이구나. 이거 현대 의학도 쪽을 못 쓰는 병이 있다니 정말 이거 쇼큰데. 임마! 걱정마라. 병원이 여기 한 군데냐? 며칠 있다가 수틀리면 다른 병원으로 가는 거야.」

「좀 조용히 좀 해라. 초저녁부터 무슨 술이 그렇게 쎄냐?」

「예예 죄송합니다. 그런데 저 술 사주는 재미로 월급 타는 놈이 있어서요. 아무튼, 죄송하다구요. 술 먹다 보니 얘한테 쬐금 미안한 생각이 들더군요. 얘도 술을 곧잘 하는데 말입니다.」

「닥쳐 시끄럽다. 어서 집에나 가거라.」

「예, 가죠. 그러잖아도 갈 겁니다. 하지만 어머니! 기도한다고 얘 병이 나을 것 같습니까? 어림없어요. 우선 병원체를 발견하고 그놈들을 죽여 버려야 합니다. 예. 틀림없어요. 꼭 나을 수 있어요. 확신합니다.」

「주정이냐? 어서 냉큼 나가거라.」

「예예. 많이 비세요. 지성이면 감천이라고 하잖아요. 하하하 아무튼 여기서 안 되면 다른 병원으로 옮겨야죠.」

「미친 소리 작작해라. 이 병원이 젤 크다던데 어디로 옮기냐?」

「아 참! 그렇군요. 제길헐. 한국에서 안 되면 서독이나 미국으로 가야죠. 그래서라도 꼭 치료를 해야 합니다. 예. 그렇고말고요. 요즘 화성을 간다 어쩐다 하는 세상인데 이깟 것 하나 치료 못 하겠어요. 불치의 병? 그건 늙는 병뿐이죠. 야 종배야 나 잘란다. 낼 또 오마. 수틀리면 서독으로 가면 되는 거야.」

「서독이고 미국이고 다 집어치우고 수도원으로 가야 한다. 거기서 진실로 주님을 부르는 거야. 그러면 틀림없이 하나님의 역사 하심이 있을 것이다.」

현대 의학이 어떻고 수도원이 어떠니 하는 소리에는 아랑곳없이 사내는 더욱 표정을 잃고 까칠해져 갔다. 난 차츰 그 묘한 병원체가 기관지를 타고 올라와 이젠 발음기관을 갈아먹지나 않을까 하는 가설을 세워보았다. 그것이 사실이라면 이거야말로 가장 무서운 병이 아니겠는가. 그런 논법을 시인이라도 하려는 듯 사내는 좀 채 소리를 내지 않았다. 그가 내는 소리라곤 식사할 때 입안에서 나는 잡음이나 고른 숨소리, 종종 흘려내는 한숨뿐이었다. 사내는 이제 벙어리였다.

실업자가 칠십 노파를 부축하면서 병실로 들어섰다. 세상의 모든 죽음이 집약되어 갑자기 방 안으로 들어온 것처럼 느껴졌다. 노파는 몹시도 지친 표정이었으나 뭔가 되게 서두르고 있었다. 이내 두 손을 합장하더니 뭐라고 중얼대기 시작했다. 흔히 말하는 사이비 종교의 염불을 외고 있었다. 합장한 손을 올렸다 하면서 사내에게 큰절을 퍼붓고 있었다.

「칠성님네 칠성님네 이 젊디 젊디 젊은 것이 무신 죄가 있으리까이. 늘긍것이 불찰 하여야 칠성님이 노하시니이 이 할매를 죽여주소이. 신령님네 신령님네이……」

노파는 이렇게 한참을 중얼거리더니 그의 머리맡 바로 위에 있는 병상의 나무에다 무슨 종이를 붙였다. 창호지에 붉은 선들이 미로처럼 얽혀 있는 그림이었다. 부적이라는 것이었다.

「야야 종배야! 할매다! 할머니가 와도 눈도 안 뜨냐? 야! 걱정 마라 이내 어제 너 땜에 부러 산지당에 안 갔다 왔냐. 니를 칠성에 팔아서 그래 이름까지 판돌이라고 해놓고 요 맨 년 내가 늙어서 가뵈지를 못했더니 글쎄 칠성님 신령님이 홰가 나셨단다. 한 번 굿을 하면 된다니까 걱정을랑 말아라이. 내 상날 믿고 중 날 받아서 톡톡히 굿을 한다고 했다.」

노파는 눈을 돌리더니 사내의 형과 어머니를 쏘아보았다.

「그래 이 병원서 뱅이 난다냐?」

「그럼요. 나을 수 있답니다.」

「이놈아 시끄럽다. 다 집어치우고 굿을 해야 낫는다. 내가 늙어서 산지당을 못 가면 니들이라도 가야 할 게 아니냐? 몹쓸 것들 당장 야 데리고 집으로 가자이. 굿을 해야 혀. 굿을.」

여태껏 세모진 눈으로 쳐다보고만 있던 사내 어머니의 입에서 금속성이 갈라져 나왔다.

「요새 세상에 무슨 굿이랍니까? 그러다가 정말 다 큰 자식 죽이려고 그러는 거예요. 정말 칠성이네 신령이네 그런 말씀 그만 하세요. 꼭 수도원으로 가야 합니다. 예 그래요. 하나님의 은혜를 받아야 해요.」

「뭐라고, 그래 니 자슥이라고 니 맘대로 하겠단 말이냐? 그래 요 미끈한 자슥을 요 꼴로 해놓은 것이 누구냐? 바로 느그들 아녀? 피로 없다. 당장 집으로 데리고 가야 한다.」

「할머니! 할머니 말씀도 맞아요. 하지만 좀 기다리세요. 내일이면 진찰 결과가 나오니까요. 그때 가서 결정 할 수도 있잖아요.」

「그래 내일이라면 기다려보마. 그러나 뻔한 노릇이다. 의사가 따로 있는 게 아녀 바로 치성 드려는 것이 의사다. 근데 니 아부지는 안 왔냐?」

「예 그저께 전화가 왔는데요. 회사 일로 며칠 출장을 간다고 그러셨어요. 뭐 중병은 아닌 성싶으니 염려 놓으시라고 했습니다. 입원비가 얼마나 되느냐고 묻더군요. 심하지 않으면 퇴원하고선 집에서 안정하며 약을 먹으면 되지 않겠냐고 그러더군요. 빌어먹을 돈이 문제라니까요. 빌어먹을 돈이.」

사내는 배설을 할 때만 기계적으로 자리에서 일어났으며, 용무를 마치고 돌아오면 이내 시트에 눕곤 했다. 그의 걸음은 아직 힘이 있기는 있으나, 손과 발끝에서부터 차츰 대리석으로 굳어가기라도 하는 양 그 거동은 무척이나 완만하고 침착하였다.

방안에 다시 권태와 정적이 차곡차곡 쌓여갔다. 사내는 시간을 갉아먹고 사는 유충처럼 여겨졌다. 그 시간을 갈아먹다 지치게 되면 졸지에 죽어갈 것이다. 씹다 남은 시간의 찌꺼기들이 너저분하게 병실 구석구석에 흩어져 갔다.

세 사람은 차츰 초조해져 가고 있었다. 뭔가 바라는 바대로 되지 않는데 대한 초조감! 그들은 뭐가 골똘히 생각하다가도 상대방을 매섭게 쏘아보기도 하고, 주먹을 굳게 쥐면서 뭔가 속으로 다짐을 하기도 하였다.

「인간의 생사는 물론이고 길흉화복을 주관하시는 우리 주 하나님 아버지! 믿사옵나이다. 오직 주님의 역사 하심만이 당신의 이 젊은 아들의 병을 완쾌시킬 수 있다는 것을 주여어……」

노파도 여기에 뒤질세라 손을 합장하더니 또 쉬어빠진 염불을 시작하였다.

「칠성님네 신령님네 노하신 거 푸시시요이. 미친할 손. 저 에미가 미친 짓을 하요마는 너그럽게 봐 주시 고이 아량으로 용서 하소이.」

두 여자의 부르짖음을 채점이라도 하려는 듯이 사내의 형은 둘을 번갈아 쳐다보고 있었다. 사내는 그런 혼란 속에서도 여전히 눈을 감고 있었다. 혼란은 차츰 도를 더해갔다. 오르막을 기어오르며 화물 열차의 호흡처럼 서로들의 호흡은 거칠어져 있었다. 그들은 그렇게 되지 않고 서는 견딜 수 없는 도도한 욕구에 휩쓸려 있는 듯했다.

「아 이것들 보세요. 환자를 두고서 이 무슨 짓들입니까?」

나도 모르는 새에 의사가 들어와 있었다. 어찌 사람들이 그지도 경박스럽소. 라는 식의 눈총에 겨우 혼란이 가라앉을 수 있었다.

「환자 앞에서 이 무슨 변곱니까? 그러게 자꾸 병세가 악화하지 않습니까? 서 보세요. 입원 당시보다 얼마나 까칠해졌나. 앞으론 절대 그러면 안 됩니다.」

노파는 그러나저러나 여전히 합장한 손을 풀지 않고 중얼거리고 있었다.

「진찰 결과가 아직 종합되지 않았습니다. 내일 아침이면 아마 정확한 결과가 나올 겁니다. 환자나 보호자나 모두 초조하시겠지만, 저 역시 마찬가집니다. 어쨌거나 내일이면 결판이 나겠다. 그런데 말입니다. 제가 추측하건데 이 병은 아무래도 새로운 방법 새로운 각도에서 새로운 의학으로 연구해야 하지 않을까 하는 점입니다. 그런 기분이 막연하게 들더군요. 아무튼, 저에게 끝까지 맡겨 주십쇼. 무슨 방법을 강구해서라도 수수께끼의 병원체를 찾아내고야 말겠습니다.」

사내의 가족들이 초조해 하는 것에 비해서 의사는 무척이나 흥분하고 있었다. 그는 몇 마디 더 흘려 놓고는 그냥 나가버렸다. 병실 안은 다시 지리한 짜증과 권태가 독버섯처럼 자라나기 시작하였다.

시간의 마디마디가 낱낱이 끊겨서 무질서하게 쌓여 갔다.

병실 안의 공기는 온통 이산화탄소로만 되어 있는 것 같았다. 모두 켁켁 거리면서 오염된 공기를 마셔대고 있었다. 벌름거리는 콧구멍마다 사내의 이름 모를 병원체가 우글거리면서 달려 붙는 것 같았다. 와글와글. 나도 괜스레 헛기침을 해가며 콧구멍을 후벼댔다. 갑자기 호흡이 가빠지는 것 같기도 했다. 헐떡헐떡, 다섯 개의 유기물들은 단지 서로 들이쉬고 내뱉은 오염된 공기를 다시 번갈아서 들이쉬고 내뱉는다는 단순한 공약수를 가진 외에는 어쩔 수 없이 서로 소리라는 거추장스러운 집합 속에 포함돼 있었다.

노파가 종종 중얼거리는 소리만이 흐릿한 진폭, 파장, 주파수를 형성하면서 하얀 벽에 미끄러졌다가 또 미끄러졌다.

사내의 종합 진찰 결과가 나오는 날이었다. 모처럼 그의 아버지라는 대머리가 참석을 하여 대충 모일 사람은 다 모인 성싶었다. 대머리는 길고 긴 사냥에서 허탕만 치고 돌아온 밀렵자와 같은 모습으로 병실에 들어섰다. 가족들은 저 사람 어디서 많이 본 듯한 몽타주인데 라는 식으로 그를 대하고 있었다.

「그래 자식이 입원을 하고 있는데 코빼기도 안 비냐?」

「참 어머님도, 회사 일로 며칠 출장을 갔다 왔다니까요.」

「무신 놈의 출장이 그리도 자주 돌아 오냐? 거 뭐여 ××동 첩년한테 폭 빠졌다 오능거지?」

「아뇨 아닙니다. 제가 지금 그럴 처집니까? 애가 입원했다 소리 듣고 지금 회사도 안 들리고 곧장 이리로 온 참입니다.」

「당신 왜 남자답지 못하게 거짓말하는 거예요. 지금 다 알고 있다고요. 그렇죠. 출장 간 것은 사실이죠. 그런데 누구랑 같이 갔죠? 부산 해운대까지 달고 간년은 누구냔 말에요. 누군 모를 줄 알아. 정말 당신도 너무해. 당신도 사람이우? 집에는 매달 쥐꼬리만 한 생활비만 던져주고 출장이다 뭐다 하면서 첩년이나 끼고 호텔만 들랑거리는 당신 그게 사람이우?」

「시끄러 여긴 병원이야. 아픈 놈 뉘어 놓고 왜 이리 시끄럽게 구는 게야 구는 것이. 그런데 얘는 어떠냐?」

그는 그 혹심한 곤경을 벗어나기 위해서 실업자에게 말머리를 흘려대었다. 실로 병세가 염려된다는 식으로.

「아직도 병명이 판명되지 않았습니다. 오늘 재차 결과가 나온답니다.」

녹음테이프가 돌아가듯 정확한 주파수가 새어 나왔다.

「그러면 요지껏 돈만 버렸구나. 치료는 하지도 못하고 말야. 젊은 놈이 벌씀부터 무슨 병이냐. 병이. 재수 없으니깐 별것 가지고 돈이 드는구만」

「아버지 정말 돈 그것이 그렇게 소중합니까? 종배의 목숨보다도 그것이 더 중요하단 말입니까?」

「돈이 소중하다는 것보다 괜히 무슨 병인지도 모르면서 시간만 허비하고 따라서 돈도 허비 됐잖느냐? 너도 앞으로 세상 살다 보면 내 마음을 알게 될게야. 그래 몇 시에 결과가 나온 데냐?」

「곧 알게 될 겁니다.」

「만약 이번에도 똑같게 나온다면 퇴원을 해야겠군. 돈만 까먹을 순 없잖아. 당신 좋아하는 수도원이나 가든지. 혹은 당신 말대로 낫게 되면 그보다 좋은 일이 없겠지?」

「아니다. 애비야 그 무슨 변 피냐? 칠성님이 내려다보고 있다이. 큰일날 소리 말아라. 내 하는 대로 보고만 있으면 된다. 굿 한 번이면 깨끗이 날 수 있는데 그 무슨 법석이냐?」

「아무튼, 굿을 하던지 수도원엘 가던지 그건 나중 일이고 어서 진찰 결과가 나왔으면 좋겠는데.」

이처럼 모두 자기의 주장을 열을 내면서 내세우기에 바빠 있을 때였다. 사내가 배설의 욕구를 느꼈음인지 몸을 일으켰다. 처음으로 대하는 아버지에게도 어디서 주워온 마네킹이냐는 듯이 거들떠보지도 않았다. 그런데 이상하게도 사내의 얼굴은 보통 때의 무표정한 것이 아니었다. 단근질을 당하고 있는 성 삼문의 인내, 춘향이를 휘어잡지 못한 변 사또의 초조, 또 대한제국을 잃은 민영환의 처절한 분노, 이런 것들이 복잡된 듯한 표정이 그의 안면근육을 갈래갈래 찢어가고 있었다. 그러면서도 사내는 그러한 것들이 어쩔 수 없이 자기 자신의 문제일 수밖에 없다는 의연한 모습으로, 한 푼어치도 바꾸거나 나누어줄 수 없다는 단호함을 동시에 나타내고 있었다. 그의 그런 표정은 갑자기 병실의 분위기를 해저 이만리와 같은 중력으로 조장시킨 장본인이었으나, 사내는 조금도 아랑곳하지 않고 문 쪽으로 뚜벅뚜벅 걸어나갔다. 아마 이젠 무릎 근처까지는 대리석으로 굳었는지도 모른다. 한 걸음 한 걸음 무척이나 어렵게 움직였다.

「화장실 갈래?」

실업자가 큰 소리로 묻자 사내는 그저 머리를 끄덕거렸다. 아직 청각기능은 건재하고 있음을 나타내 주었다. 사내가 문을 열고 나가버리자, 분위기는 차츰 누그러졌으나, 모두 소중한 보물을 잃어버린 사람들처럼 허탈해져 있었다.

사내가 나가고 한 오 분이 지났을까 말까 했을 때 의사가 들어섰다. 모두의 시선이 그에게 집중되었다. 나도 따라서 의사의 입을 주시했다.

「결과는 역시 마찬가집니다. 정상이에요. 단순히 체중이 좀 줄었다는 것 외엔 아무 이상이 없이 나타났거든요….

이거 원 묘한 일이군요.」

의사는 차츰 어려운 수학 문제들 앞에 놓은 수험생 모습이 돼갔으나, 사내의 어머니와 노파는 으레 그럴 줄 알았다는 듯이 이 병은 병원에서 해결할 성질이 아니라는 듯이 승리의 기색을 표출시키고 있었다. 사내의 형은 반대로 실망한 표정을 짓고 있었다.

실업자를 제외하곤 모두 퇴원을 주장했으며 그것으로 의견이 일치되어가는 성싶었다. 실업자는 그 집단 속에서 자신이 무능력자라는 사실 때문에 그저 돼가는 대로 보고만 있는 듯했다. 의사가 중대사를 발표나 하는 양 입을 열었다.

「이건 제 의견인데요. 좀 더 진상을 규명하기 위해서 전체적인 조직검사를 한번 해 봤으면 합니다. 그러면 뭔가 실마리를 얻을 수 있지 않을까 합니다만……」

「그러면 허파, 간, 위, 신장 이런 오장육부를 조금씩 띠어낸단 말입니까?」

실업자가 화들짝 놀라면서 끼어들었다.

「예 그렇죠. 전체적인 수술을 하는 셈 치면 됩니다. 한 번 수술에 전부 할 수는 없지만 몇 차례 시일을 두고 하면 충분히 할 수 있지요. 그래서 만약 병원체가 발견된다면 무료로서 완쾌시켜 드리겠습니다. 아니 앞으로 모든 비용을 제가 전부 부담하겠습니다.」

「안 됩니다. 제 동생은 실험용 개구리가 아닙니다. 잘났던 못났던 사람으로서 어찌 당신이라는 사람의 학구열 내지는 호기심을 충족시키기 위한 제물이 되어야 합니까? 그건 둘 다 사람이 아닙니다. 그래요. 절대로 안 되고 말고요.」

「야 이놈아! 그렇게만 생각할 것이 아니잖느냐? 앞으로 완전 무료라고 했죠?」

「예. 제가 부담을 하겠습니다.」

「자 너도 들었지? 거저 병을 나아진다는데 뭐 그럴 것 있냐? 좋습니다. 책임만 지신다면 그리 탁 맡기죠.」

「예. 잘 생각하셨습니다. 서로 좋은 일 아닙니까? 환자는 병 나아서 좋고 보호자는 돈 안 들어 좋고 또 저는 저대로 좋을 수도 있거든요.」

이렇게 대충 해결이 되어가는 듯했으나 실업자가 다시 쐐기를 박았다.

「아버지 만약 그 조직검사가 허탕을 친다면 어떻게 되겠습니까? 자의 몸은 그땐 반병신 아닙니까? 한 군데도 아니고 여기저기서 아주 한주먹씩 도려낼 판인데, 젊은 놈이 그래 그게 무슨 꼴입니까? 종배가 꼭 그래야만 되겠어요? 잰 어느 면으로 보나 저 보다는 똑똑한 놈입니다. 안 그래요? 그런 놈을 아주 망쳐 버리려고 그러세요?」

「야 이놈아! 그러면 어떻게 하냐? 너도 수도원이나 굿이다 하는 것은 싫어하는 놈 아니냐? 이도 저도 아니고 관두면 저놈은 차츰 여위다가 죽을 텐데 말이다.」

「아닙니다. 아직 길은 있어요. 서독이나 미국에 있는 세계 제일의 병원에 입원시키는 겁니다. 예 그래요. 그러면 틀림없이 나올 겁니다.」

「야 이놈 봐라. 무슨 돈이 있어서 그러냐? 이놈 미쳤네?」

「예. 살 수 없는 세상이라면서요. 그래야만 생존할 수 있다면서요. 저도 이젠 아버지처럼 미쳐야겠습니다. 그래서 돈을 벌겠어요. 안되면 노동이라도 해서 생활비는 제가 맡겠습니다. 그러니 아버지께서는 종배 입원비를 감당하시면 될 아닙니까? 그래도 안 되면 자동차도 팔고 집도 팔아요. 이 판국에 자가용, 양옥집이 중요합니까?」

문제는 차 중 비약이 되어 커졌다. 도대체 그가 혼자서 기를 쓰고 앓고 있는 병은 무슨 병이길래이다지 복잡다난한 문제들을 야기 시키는가. 그러나저러나 그 당사자인 사내는 돌아올 시간이 지났음에도 불구하고 들어오지를 않았다. 자기의 주장만을 내세우고 있는 다섯 사람은 이제 사내의 일은 잊어가고 있었다. 어쨌거나 자신의 주장이 옳음을 관철하기 위해서 조금씩 제정신이 아닌 사람이 되어 갔다. 이렇게 날이 설대로 서버린 의견들은 좀처럼 무디어지지 않았다.

거의 한 시간 남짓 아무런 귀결이 없이 논쟁이 계속되고 있을 때 사내가 문을 열고 들어섰다. 사내는 의외로 상기되어 있었으나, 분노, 초조, 인내 따위는 몽땅 잃어버린 얼굴이었다. 그들의 논쟁만 그저 담담하게 지켜보고 있었다. 의사는 갑자기 자신이 의사라는 사실을 깨닫기도 했는지 「우리 제 방으로 가서 논의를 하죠. 여긴 병실이니까요. 자 갑시다.」라고 제안을 했고 모두는 기마전에 출마하는 역전의 용사처럼 기세등등한 모습으로 그의 뒤를 따라 나갔다. 실로 오랜만에 사내와 내가 단둘이 병실에 남게 되었다. 운동회가 끝난 초등학교에 교정 같은 어설픔이 꾸기적거리며 살아나고 있었다.

「형씨! 어떻습니까? 연극 참 재미있죠?」

정말 며칠만인가. 사내는 말을 할 줄 알고 있었다. 그것이 힘이 있는 음성이었다. 그의 몸에선 알싸한 소주 냄새가 풍겨왔다.

「그 의사의 진찰이 옳았습니다. 난 아무 데도 이상이 없는 건강한 놈입니다. 그저 가슴이 답답했어요. 뭐 그런 것 있죠? 자기 맘에 조금도 들지 않는 행동이라든지 모습, 또 사고방식, 가치관 뭐 이런 것들과 맞부닥쳤을 때 느끼는 답답함 말요. 난 우리 가족들이 답답해 죽겠어요. 인

산 이하로 왜소해지려는 기도나 염불, 돈과 여자의 덫에서 헤어나질 못하는 대머리. 참 그래요. 형만은 쓸 만한 데가 좀 있는데 말입니다. 하지만 안됐어요. 항상 헬렐레하거든요. 난 이런 답답한 것을 잊으려고 이리로 도피행각을 한 겁니다. 그런데 이건 뭐 모두 잘 됐다 싶은 모양이에요. 내 하나의 몸뚱아리를 놓고 서로 요리를 하려는 겁니다. 이젠 안타깝군요. 그들 다섯 명의 욕구를 충족시켜주지 못하니 말입니다. 적어도 내 몸뚱아리를 다섯으로 쪼개서 한 덩어리씩 나눠주기 전엔…… 그러나 저러나 오랜만에 소주 몇 잔 꺾었더니 가슴이 후련한데요. 이게 정말 묘약이군요. 아마 신약이랄까요…… 좀 취하는군요. 오랫동안 술배를 곯아서 그러지…

자 떠들어서 미안합니다.

끄윽끄윽 이거 정말로 취하려고 하는데, 자 그럼 끄으윽…」

사내는 시트에 간신히 기어오르더니 창밖으로 고개를 내밀고 꺽꿀거리면서 토하기 시작했다.

「이거 참 여기 와서 완전히 곯은 모양인데, 꺽꿀 퇴퇴…에이 더러워 빌어먹을, 꺽꿀 꺽꿀 퇴퇴…하하하 나 원 누가 진짜 환자인 줄 모르겠군. 꺽꿀 하하하…퇴퇴…에이 더러워서. 빌어먹을 꺽꿀…」

그동안 병실 안에서 있었던 액션과 대화를 모조리 삼켰다가 도저히 소화를 시킬 수 없어서, 아니 오히려 수용되지 않는 괴로움을 한꺼번에 토해내려는 듯이, 세상에 태어나서 지금껏 먹어대야 했던 오염물들을 모두 토해내기라도 하려는 듯이 사내는 기를 쓰고 몽땅 토해내고 있었다. 그것은 싸그리 토해버려야만 한다는 안간힘이었다. 차라리 처절한 몸부림이었다.

좀 후에는 쑥 내민 혓바닥에 침만 질질 흘러내리고 있었다. 꺽꿀거리는 소리의 진폭도 차츰 낮아져 갔다. 그러나 사내는 정작 토해내야 할 그 진수를 아직도 토하지 못했는지, 오물, 땀, 눈물로 뒤범벅이 된 얼굴을 주축으로 하여 다시 한번 오장육부와 사지를 용트림했다. 나는 사내의 그런 모습을 보는 것이 조금 무안스러워서 눈을 감았다.

일 분이 지났을까 말까 했을 때, 문이 열리는 소리에 눈을 뜨니, 의사를 위시한 사내의 가족들이 들어서고 있었다. 몹시 상기된 얼굴들이 그들의 논쟁이 얼마나 심각했는가를 대언해주고 있었다.

「아니 애가 어디 갔지. 좀 전에 분명히 들어온 것을 보고 우리가 나간 것 같은데, 여봐요. 이쪽 환자 또 나갔습니까?」

「아니요. 거 이상하군요. 좀 전에 나랑 같이 얘기하다가 병상으로 올라갔습니다.」

「이거 그러면 어떻게 된 거야?」

이때 창밖에서 웅성거리는 소리가 들려왔다. 모두 창 쪽으로 몰려갔다. 나도 억지로 몸을 일으켜 그쪽으로 걸어갔다. 간신히 고개를 내밀고 5층 아래를 내려다봤다. 피로 뒤범벅이 된 사내의 으깨진 몸뚱아리가 거기 있었다. 그가 토해낸 오물과 피로 낭자한 환자복이 아직도 사내의 몸에 걸쳐져 있었다. 주위에 둘러선 사람들이 지껄이는 소리가 들려왔다.

「술 먹고 토하다가 실수한 모양인데.」

「글쎄요. 아무리 과음했다기로 서니 떨어질 정도야 되겠어요.」

조언자들은 허탈해진 모습으로 퇴장을 해버렸고, 이것으로써 나의 연극은 막을 내리게 된다. 이제보다 나에게 필요한 연구를 꾸며줄 수 있는 새 주인공이 입장하기를 기다려야겠다.

〈끝〉

제23회

학예상

•

1970~1979

당선

제603호 1978년 6월 23일 금요일

제23회 대학신문 학예상 : 소설

아궁이

· 최정기 (농과대학 임학과 2학년) ·

항식이 녀석이 집을 나간 것은 이번이 처음이 아니라고 했다.

이번이 처음이기는커녕 돌이켜 손가락을 세어보니 이번을 빼놓고 벌써 아홉 번 깬가 집을 나갔다가 그만 길을 잃고는 누군가가 데려다주곤 했다. 그저 그냥 그런 모습으로 어느 날 홀연히 제 발로 걸어나가곤 했다.

제 또래 꼬마 녀석들이나 코흘리개 계집애들과 함께 골목길 한쪽 담벼락 밑에 옹기종기 붙어 앉아서 사금파리 몇 개를 쥐어 들고는 저희끼리 뭐라고 열심히 종알거리며 빠꿈살이를 하거나, 축축한 모래더미 위에 잔뜩 쪼그리고 앉아서 야금야금 쥐구멍을 파내며 놀다가도 제 깜냥에는 약속이나 해둔 듯이 어기적어기적 걸어 나갔던 것이다. 제 엄마나 작은 형이 아침 일찍 일터로 나가면서 손에 쥐어준 십원짜리 동전 한 닢을 주머니에 넣었다 도로 뺐다가 손바닥에 올려놓고는 오므렸다 폈다 하며 두고두고 아껴보고 있다가도 아니면 기어코 그 동전으로 새마을 점방에 쪼르르 달려가더니 무얼 하나 달랑 사 들고 돌아와서 입안에 홀랑 집어넣고는 마루 끝에 비뚜듬히 걸터앉아 한쪽 다리를 그넷줄마냥 건들거리고 있다가도 녀석은 홀연히 자취를 감춰 버리곤 했던 것이다.

물론 녀석이 집을 나갔던 날은 집안이 쥐 죽은 듯 텅 비어 있을 때라든가 가족들의 시선이 녀석에 관한 관심으로부터 멀리 떨어져 있던 날 이기가 십상이었다. 그런 날은 대게 제 아빠와 작은 형이 일찌감치 시내 일터로 나가 버리고 제 엄마는 새마을 지도자네 비닐하우스로 품을 팔려 나갔거나 혹은 예배당엘 쫓아갔거나 제 누이들마저 이웃집으로 마실을 나가 버렸거나 했을 때였다.

그러나 뭐 반드시 그런 것만도 아닌 것 같았다. 맨 처음 녀석이 집 근처에 없다는 것이 느닷없이 확인된 날 저녁, 집안은 발칵 뒤집혔고 식구들은 눈알까지 뒤집혀서 육십여 호나 되는 마을 집 앞마당과 뒤켠을 온통 안방 뒤지듯이 팔팔하며 돌아다녔고, 마침내 모두가 목이 쉰 채 집 앞에서 서로의 얼굴을 마주 보고, 녀석이 결국 마을 안에도 없다는 것이 확실해지자 제 두 누이는 그만 울먹여지고 말았었다. 녀석은 최초의 가출 사건으로 말미암아 가일 들은 그렇게 한 번 된통 혼쭐이 빠져놔서 녀석에 관한 관심이 부쩍 늘어나 버린 건 당연했다. 가족들은 이제 눈에 완연히 경계의 빛을 피우고 녀석의 일거일동을 주시하기 시작했는데 심지어 작년처럼 손가락 발바닥이 쩍쩍 얼어붙던 겨울밤에는 녀석의 갑작스러운 변비 중 때문에 거의 매일 같이 변소 문 앞에서 달달 떨며 서 있어야 했던 적도 있었다. 고약한 주정뱅이로 소문난 제 아빠가 그래도 명색이 가장이라고 녀석에 대한 감시를 자나 깨나 게을리하지 말아야 할 것이라는 엄명을 단단히 내려두었기 때문이다. 항식이 녀석이 전에 없이 표정이 이상해졌다든가 볼일도 없는 주위를 갑작스레 힐끗거리기 시작했다든가 하는 기색이 엿보이면 녀석이 영락없이 또 집을 뛰쳐나가려고 벼르는 거라고 단정해 버리고 단단히 붙잡아두라고 조석으로 다짐해 두곤 하였다.

그런데도 용케 항식이 녀석은 가족들의 그런 엄중한 경계망을 뚫고 두 번째, 세 번째…… 드디어 아홉 번째까지의 가출 시도에 제 딴에는 만족한 성공을 거두어 왔던 셈이었다. 두 번째의 가출이 있은 뒤로는 녀석을 반병신 정도까지야 안 될 만큼(말하자면 그 어린 녀석에게 겁주기 꼭 알맞을 만큼만) 쥐어 패고 윽박지르고, 살살 얼려대기도 하면서 여러 각도로 제독을 가했는데도 불구하고 이건 뭐 속수무책이었다. 녀석은 이제 제법 맛까지 들었는지 버릇처럼 집을 나갔고 그때마다 하루 혹은 이틀이나 사흘 만에 가족들의 손아귀에 붙잡혀서 강아지 새끼처럼 질질 끌려왔다. 어떤 때에는 바로 그 마을 사람들이나 항식이 녀석을 잘 알고 있는 근동 마을 사람 중의 누군가가 우연히 찾아오기도 했고 전혀 생소한 사람들, 이를테면 경찰관이나 시청 수위들에 의해 되돌려져 왔던 때도 있었다.

녀석은 노는 끝이 하도 지저분 대서 씻겨주나 마나 항시 던적스럽고 꾀죄죄하고 땀이 잘잘 절은 꼬락서니라 뭐 별로 태도 안 나지만, 한번 나갔다 돌아오기만 하면 한층 더 푸석푸석하고 꾀죄죄해진 얼굴 속에서 잔뜩 허기에 지쳐 움푹 꺼져버린 두 눈을 멀뚱히 치뜨고 가족들을 힐끗힐끗 둘러보는 것이다. 녀석은 그렇게 하면서 어린 것이 쑥스럽기는 한지 열적은 웃음을 씨익 날려 보이기까지 하는 것인데 그때마다 가족들은 흠칫흠칫 놀라고 하는 것이었다. 고르지도 못하고 더구나 단 것을 무척 좋아해서 시컴시컴하게 충치가 썩어버린 쬐그맣고 노리께한 치아감히벌쭉 드러낸다. 코 밑에서 마를 새가 없는 싯누런 고름 색 콧물을 설탕물 맛보듯 쯤쯤, 침물이 질컥질컥한 혓바닥으로 날름날름 핥아대면서……. 다행히 가족들의 면전이었고, 또 부모로서는 녀석이 아무리 소갈머리 없는 자식이고 형과 누이들에게는 그저 밉살맞기만 한 동생이기는 하지만, 그래도 혈육의 정이 뭉클뭉클 솟아올랐으니까 망정이지 까딱 잘못 생각하면 녀석이 누굴 약 올리는 것으로 오인당하기 쉬운 그런 이상하고 애매하기 짝이 없는 웃음을 날려 보이곤 하는 것이다.

그런데 이상한 것은 아무도 한 번도 녀석을 본 사람이 없었다는 것이다. 아무도 항식이 녀석이 동구 밖을 그렇게 녀석 특유의 몸놀림으로 어기적어기적 걸어나가곤 하는 모습을 본 사람은 없었다. 녀석이 도대체 언제 어떻게 집 울타리를 빠져나와 어떤 기막힌 통로를 경유해서 빠져나가곤 하는지를 아무도 결코 한 번도 본 사람이 없었다는 것이다. 글쎄, 곁눈으로 언뜻 스쳐봤다는 사람조차도 없었다니 말이다. 곧이 들키지 않을지도 모르겠다. 그러나 그것은 사실이었다. 정말 아무도 몰랐다. 아무도 모르게 녀석은 정말 감쪽같이 집을 빠져나가곤 했다. 귀신 곡할 노릇이란 말은 아마 이런 때 적합하게 쓰라고 준비된 말일 것 같다. 녀석만 즐겨 사용하는 모종의 은폐로나 어떤 절묘한 비밀 통로가 있을지도 모른다고 생각해야 할 정도다. 아무리 눈을 씻고 굽어보아도 마을 안에는 그런 곳이 없을 것 같은 데도 말이다. 녀석이 그래 봬도 사내라고 고추 달고 나와서 어미젖을 맛보고 난 이래로 처음으로 집을 나갔을 때였다.

눈발이 빗발치듯 쏟아지고 있었고, 녀석은 〈시내버스 승강장〉이 꽂힌 한 개 십 원짜리 풀빵 집 처마 밑 바짝 마른 새우처럼 웅크리고 앉아서 그 괴상한 상판대기를 쳐들고는 갑작스레 밤송이만큼씩이나 굵어진 눈발을 펑펑 퍼붓기 시작한 어두운 잿빛 하늘을 암담 서러운 눈빛으로 올려다보고, 시내버스가 잠시 멎었다가 눈발을 속으로 횅허케 사라져간 길 끝을 멀건니 바라보기도 하면서 어디 TV에서나 봐두었는지 흡사 집

없는 고아나 넝마 소년 같은 주눅이 든 표정을 잔뜩 집어먹고 퍼질러 앉아 있었다.

그때 맞은편 한길 저쪽에서 머리에 보퉁이를 한 짐이고 타박타박 걸어오던 한 젊은 아낙이 먼발치에서부터 녀석의 청승맞은 꼬락서니를 눈여겨보며 다가오고 있었다. 젊은 아낙은 꽤 미심쩍었던지 몇 번이고 눈두덩을 비벼보고 눈까풀을 깜빡대며 줄곧 녀석을 바라보면서 왔다. 바짝 마른 새우 등처럼 휘우듬 웅크리고 앉아 손이 시린 지 그걸 입에 모아대고 호호 불어대고 있는 꼬마는 아무리 고쳐보아도 항식이 녀석이 분명했다. 마침 아낙은 전날 친정엘 내려갔다가 거기서 하룻밤을 묵고 아침에 마을로 돌아가는 길이었다.

가까이 다가온 젊은 아낙은 눈을 휘둥그렇게 뜨고 녀석의 청승맞은 꼬락서니를 요리조리 미심쩍게 뜯어보고는 잠시 쉬어갈 양으로 보퉁이를 눈바닥에 내려놓았다. 눈발은 자꾸 쏟아지는데 구불텅한 눈길은 아직 멀기만 하다. 「이것아, 여기서 먼 지랄 하구 있어? 집에 안가? 야가 가뜩이나 추워 감기 들겠구만 왜 여기까지 기어 나와서 떨구 있냐. 이런 미친바람 맞은 풍선 좀 봐. 아 퍼뜩 일어나아. 가는 길에 보따리나 같이 들고 가게……」

항식이 녀석은 뱀 또아리라도 본 듯 뒤로 주춤주춤 물러앉으면서 시큰둥한 표정으로 아낙을 노려보았다.

아무래도 심상찮은 생각이 들어서 아낙은 덜고 비슬비슬 달아날 눈치만 살피고 있는 녀석의 손목을 꽉 낚아 잡아 버렸다. 손바닥에 찬기가 스민다.

「시상에나 …… 이 손 찬 것 좀 봐. 쯧쯧, 어린 것이 어짜 옳여. 작 것이 부몰 잘못 만나 서 생고생을 혀.」

그래서 녀석은 별수 없이 마을로 다시 끌려올 수 밖에 도리가 없었던 것이다.

간밤에 없어진 항식이 녀석이 난데없이 뒷집 아낙의 손에 붙잡혀 온 걸 보고, 녀석을 찾느라고 눈알들이 발딱발딱 뒤집혀 있던 식구들은 그만 어깨를 추욱 늘어뜨리고는 녀석을 짜글짜글 짜려 보기 시작했다. 녀석은 능글맞게도, 빙 둘러선 식구들에게 눈알을 뒤룩뒤룩 굴려 보이며 그 노르께한 치아를 히벌쭉 드러내고 씨익씩 소리 없이 웃음만 날려 보였다. 그러자 제 바로 손위 누이가

「어딜 갔다 오니? 이 날다람쥐야. 팍 그냥! 팍팍.」

하고 녀석의 대갈통을 한번 쥐어박아 볼 양으로 불끈 모인 주먹을 헛매질로 번쩍 치켜들라치면 녀석은 눈꼬리가 비쭉 치켜 올라간 두 눈깔을 잡아먹을 듯이 홉뜨고 희뜩 노려보는 게 참으로 가관이었다. 녀석은 식구들이 저를 얼마나 걱정하고 있었는지도 몰라준 체 짜글짜글 짜려 보는 가족들의 시선을 되받아서 마주 짜려 보는 것이다. 어린 것이 쑥스럽기는 한지 열적은 웃음을 씨익씩 날려 보이며, 여전히 콧날 밑에는 싯누런 고름의 콧물이 두 줄기 홍건히 흘러나와 있다. 녀석은 그걸 또 설탕물 맛보듯 쫍쫍, 침물이 질컥질컥한 혓바닥으로 날름날름 핥아댄다.

두 번째로 집을 나갔을 때였다. 최초의 가출이 있은 지 겨우 달포나 지났을까 말까다.

녀석은 새마을 점방 앞 공동작업장 안에서 제 또래 꼬마 녀석들과 암말 타오르기를 하면서 낄낄거리고 있었다. 녀석은 그렇게 낄낄거리며 놀고 있다가는 옆에 지키고 섰던 제 바로 손위 누이가 잠시 밑 보러 간 사이에 잽싸게 동구 밖을 빠져서 서쪽 방천길을 따라 쭉 걸어갔었던 모양이다. 방천길을 따라 쭉 걸어가 보면 길쯔막한 콘크리트 다리 하나가

가로 걸렸는데 그 다리 아래로 여남은 발치나 떨어진 논두렁 가운데에 조그만 예배당 단층 건물이 오도카니 박혀있다. 제 엄마가 수요일과 일요일만 되면 찬송가를 쥐어 들고 쫓아다니는 곳인데 녀석은 그 예배당 뜨락에 잠시 서 있다가는 멋멋한 산 하나를 쳐다보며 갔다. 산 밑에는 고만고만한 마을 집들이 옹기종기 모여 앉아 있고, 마을에 닿기 전에 손바닥만 한 아기방죽이 하나 밭뙈기 사이에 비스듬히 누워있다. 그 날은 삼한사온의 한〈삼온〉쯤 되는 날이어서 날씨가 꽤 푸근했고〈삼한〉에 꽝꽝 얼어붙었던 방죽의 얼음장이 웬만큼 틀어져서 어슷하게 비슷이 갈라진 얼음 조각들을 둥신둥신 띄워놓고 있었다. 녀석은 물에 환장한 녀석처럼 대뜸 물가로 달려 내려가더니만 날카롭게 조각난 얼음덩이 위를 이리 폴짝 저리 폴짝, 깡충깡충 건너다니면서 제 물에 좋아 날뛰기 시작했다.

마침 제 작은형이 해지기 전에 집에 돌아와서 녀석이 또 없어진 걸 알아차리고는 자전차를 하나 잡아타고 근동 마을 바닥을 오락가락 이 잡듯이 누비고 다니기 시작했다.

결국, 예배당 문 앞까지 돌아 나왔다가 어떤 예감이 번뜻 치켜들었고 내친걸음에 아기방죽 쪽으로 내달았다. 아닌 게 아니라 녀석이 겁도 안 나는지 방죽 한가운데에서 깡충깡충 얼음을 타 넘으며 재미있어하고 있었다.

그는 녀석이 금세라도 익사나 할 것처럼 가슴이 조마조마해져서 삽날 깨지는 듯한 소리를 떽 내질렀다.

「야 인석아, 퍼뜩 건너오지 못해? 아, 얼른! 저게 뒤지고 싶어 환장을 했나.」

녀석이 뒤돌아보더니 주춤하는 것 같았고 이어 히죽히죽 웃음을 날리기 시작했다. 형을 쳐다보았으면 냉큼 이쪽 뭍으로 기어 나올 것이지 녀석이 오뚝이처럼 우뚝 서 있기만 하자, 그는 뭍에서 다시 한번 고함을 떽 내질렀다.

「안 나와?」

그래도 녀석은 얼음 두 쪽에 다리를 걸쳐 놓고 넘어질 듯 넘어질 듯 휘뚝거리면서도 여전히 걸어 나올 기미조차 보이지 않고 있었다. 저러다 녀석이 수심도 모르는 얼음물 속으로 퐁당 빠져 버리는 거나 아닐까, 겁이 덜컥 나서 그는 다시 한번 다급하게 소리쳤다. 그래도 반응이 보이질 않자, 그는 냅다 뚝의 경사면을 달려 내려갔고 물 가운데로 뻗친 얼음 조각 위를 총총히 타 넘어가기 시작했다. 녀석이 갑자기 웃음을 딱 그쳐 버렸고, 마악 자기한테로 식식거리며 다가오는 형을 멀뚱멀뚱 쳐다보다가는 홱 돌아서 건너편 뭍으로 비틀비틀 내닫기 시작했다. 달려가던 형이 문뜩 그걸 보고 그만 한쪽 발을 헛디디고는 물속으로 풍덩 나자빠져 버렸다.

한겨울에 물속에 처박히기는 생전 처음 일이라 깜짝 놀란 그는 한동안 허우적거리면서 물만 거푸 마셔댔고 얼마 후에야 가까스로 얼음장 하나를 붙들고 기어올라 왔다. 그는 물에 빠진 생쥐처럼 온몸이 후줄근히 젖어서 달달 치를 떨며 엎드린 채로 숨을 고르고 있었다. 저쪽 뭍에 올라선 항식이 녀석이 그 꼴을 돌아다보고는 또다시 히죽히죽 웃음을 날리며 약을 바득바득 올려대고 있었다. 부어가 머리끝까지 치 뻗친 형이 허겁지겁 이쪽 뭍으로 기어 나왔고, 다시 자전거를 잡아타고는 논둑길로 달아나는 녀석을 집요하게 뒤쫓았다.

그래서 녀석은 그 날 저녁에 집으로 붙잡혀 왔고 온몸에 핏줄이 새겨지도록 회초리로 얻어 맞았다.

작년 늦봄께였다.

봄이 너울대는 마을 북쪽으로 신작로가 하나 길게 지나가고 있었는데, 길 너머에는 질펀한 보리밭이 깔렸었고, 그쪽 벌 끝에 T·H 방직공장 부게가 널찍하게 자리 잡고 앉아 있었다. 마을 사람들은 동구 밖을 지날 때마다 거기 언제나 높디높은 굴뚝 하나가 공장 지붕을 뚫고 불쑥 하늘로 치솟아 있는 걸 볼 수 있었다. 마을에서 족히 시오리의 길은 될 것이었다.

그런데 녀석이 난데없이 이번에는 그 방직공장 정문을 지키던 경비원한테 붙잡혀 돌아온 것이다. 아니 그냥 붙잡혀 온 것이 아니고 이번엔 아예 업혀서 돌아왔다. 이 엉뚱한 녀석이 이번에는 팔뚝에 제 대갈통만 한 기부스까지 매달고 옆구리와 장딴지에는 찰과상을 입었는지 하얀 붕대로 칭칭 감겨서 돌아온 것이다.

제 엄마가 이제 마악 밥을 한술 소복이 뜨고 햇상치에 눌러 싸서 입안에 몰아넣다가 녀석이 돌아온 꼴을 보고는 순가락을 내동댕이치고 맨발로 마루를 뛰쳐 내려왔다.

「에그머니, 이게 뉘여? 항식이 아녀. 어쨔 옳여! 야가 왜 이랬댜아. 왜 이랬어유, 야가아?」

제 엄마는 얼굴이 제법 하얗게 질려서 항식이 녀석과 경비원의 얼굴을 번갈아 바라보며 법석을 떨어대기 시작했다. 입을 떠벌릴 때마다 채 삭이지 못한 밥알과 상치 부스러기들이 경비원과 아들 녀석의 얼굴 위로 번갈아 툭툭 튀어갔다. 한 서른 대여섯 살쯤 돼 보이는 경비원은 업힌 녀석이 무거운지 가끔 몸을 추스르며 더욱 어쩔 줄을 몰라 했고, 녀석은 그 경황 중에도 제 엄마의 툭 불거져 나온 볼때기와 입 모양이 좀 우스웠든지 눈물이 찐죽찐죽 말라붙은 눈시울을 가늘게 치뜨고 낄낄거렸다.

경비원 왈, 그 날 점심께였다는 것이다. 공장 진입로 양켠으로 쭉 늘어선 공장 조경용 햇나무의 작은 꽃망울들이 흐드러지게 피어올라 있었는데, 별안간 어디서 나뭇가지를 사정없이 휘둘러 대는 듯한 소리가 정문 막사 안으로 흘러들어 왔다는 것이다. 창문으로 내다보니 웬 꼬마 녀석이 머리통은 벚나무 수관(樹冠) 속으로 쑥 뚫고 들어가서 보이질 않고 두 다리만 달랑 드러내 놓은 채 긴 막대기 하나를 쥐어 들고는 수관 속을 마구 휘젓고 있었다. 그러니까 나무 그늘 밑으로 허연 꽃 이파리들이 눈발처럼 훌훌 쏟아지고 있을 수밖에. (이놈!)하고 눈알을 뒤집고 튀어나가자, 녀석이 엉겁결에 막대기를 휙 내동댕이쳐 버렸고, 나무줄기를 타고 쪼르르 내려온다는 게 그만 팔꿈치부터 단박에 꽝 박히고 말았다. 그래서 녀석은 결국 그 꼴을 하고 집에 돌아왔던 것이다.

경비원은 미안합니다. 죄송합니다를 열 번도 더 되풀이하고는 치료는 이미 다 끝났는데도 치료비 조로 약간의 돈이 든 봉투를 내려놓고 갔다.

이 녀석이 이번에는 결과적으로 저만 단단히 손해를 본 것이어서 한 두어 달 동안은 아무 일 없이 무료히 보내고 있었다. 여전히 마루 끝에 비뚜름히 걸터앉아 한쪽 다리를 건들거리면서………

그쯤 해서 녀석의 버릇이 고쳐지려나 보다 하고 가족들이 적이 불안을 아껴두고 있을 때 웬걸, 녀석은 다시 또 집을 뛰쳐나가고 말았다.

그 후로는 녀석은 늘 시내(市內)로만 뛰쳐나갔고, 늘 시내에서 방황하다가, 늘 시내에서 붙잡혀 돌아오는 것이었다. 그렇게 되면 녀석은 전에 그렇게 다치고 난 뒤로 기가 한풀 꺾이기는커녕 배짱만 더 커져 버릴 모양이었다.

그래서 이젠 녀석을 데리고 들어오는 사람들의 직업도 거의 한정되어

가고 있었다. 간혹 어떤 친절한 행인은 녀석을 직접 택시에 태워 데리고 들어오는 예도 있었다. 그러나 대개는 정복을 한 경찰관이거나 나이 지긋한 시청 수위들이었다. 그들은 집에 들어서자마자 대뜸 공무적인 설교와 가벼운 훈계를 늘어놓기 시작했고, 녀석의 거주지가 이 집임이 틀림없다는 확인서를 받아들고는 약소한 대접을 받고 돌아갔다.

어쨌거나 이런 골치 아픈 머저리 막냇동생을 둔 내 친구 항님이는 나에게 대충 그런 얘기들을 돌려주었다.

일요일 아침, 빈방에서 혼자 팝송을 들으면서 책상 앞에 앉았는데 이 친구가 내 방에 들어오더니 불쑥 그런 얘기들을 늘어놓은 것이었다.

중학교에 다니는 남동생과 함께 이 집에서 자취하고 있던 나는 입골살짜리의 좀 괴상하게생긴 꼬마 항식이 녀석에게 부쩍 관심이 쏠리기 시작했다.

도대체 이 녀석은 왜 자꾸만 집을 뛰쳐나가는가? 무엇이 녀석을 집안에 가만히 배겨있질 못하게 만드는 걸까?

물론 아직 어린애이니까, 단순한 호기 이거나 외계에 대한 동경심 따위의 그런저런 이유 때문이랄 수도 있었다. 뭐랄까, 분위기가 원만치 못한 가정의 어린애들에게서 흔히 볼 수 있는 일시적인 탈선 현상이라고 해야 할까, 그런 것쯤으로 대수롭지 않게 치부해 버릴 수도 있었다. 그도 그럴 것이 녀석의 부친은 고약한 주정꾼으로 별로 평판이 좋지 않았고, 술만 들어가면 곧잘 마누라와 다투곤 하였으니까, 더구나 친구의 어머니는 그들을 낳아서 길러준 친모가 아니었고, 그의 부친이 전처가 죽은 뒤에 늘그막에 후처로 들어온 여자였다.

항님이는 동생의 일을 그쯤 생각하고 있는 것 같았고 그래서 그는 나에게 어떤 별스런 조언이나 협력 같은 걸 요구하는 따위의 귀찮은 짓은 하지 않았다. 항님이 자신은, 자기도 뭐 어렸을 때 한 서너 번쯤 집을 뛰쳐나가 본 적이 있었노라고 말했다.

그러나 오늘날은 이렇게 건전한 시민으로 열심히 살아가고 있지 않느냐고 덧붙이는 것이었다.

그러나 항식이 녀석의 버릇이 단순히 그런 소소한 이유만으로 반복되는 거라고 딱 잘라 버린다면 어째 좀 미덥지 못한 구석이 있다. 왜냐하면, 녀석의 버릇은 비단 그런 단순한 이유만을 들어 설명할 수만은 없는 묘한 데가 있었고 그렇게 믿고 싶지도 않기 때문이다. 그건 모든 것을 한 그릇에만 담으려 하고 하나의 관습, 한 개의 틀 속에서만 살고 싶어 하는 사람들이 쏟아 놓는 얘기이다.

그러나 항식이 녀석은 겉보기와는 달리 그렇게 단순한 녀석만은 아니었다.

나는 아무도 모르게 알고 있는 게 딱 한 가지 있었다. 그건 대단히 중요한 열쇠가 될지도 모른다. 물론 녀석도 그걸 알고 있다. 그러나 녀석은 나를 모른다. 내가 제 머리끝에 앉아 부처님 같은 미소를 짓고 있다는 걸 모른다. 그래서 나는 얄궂은 공범의식마저 느끼면서 녀석의 어깨를 툭툭 두드려 주고도 싶은 그런 심정이 되어 가고 있었다.

그러나 그것은 비밀이다. 발설하고 나면 후회할지도 모르는 위험한 비밀이었다. 또 나는 원래 남의 일에 간섭하는 걸 싫어하는 성격이므로 그걸 함부로 발설하지 않기로 한다.

내가 위험하다고 말한 것은 말할 것도 없이 항님이의 성격 때문이다. 쉽사리 흥분하고 격렬해지곤 하는 그의 성격으로 봐서 아마도 무슨 일을 저지를 것만 같다. 허나 한편으로 생각해 보면 그 비밀의 내용으로 봐서도 항님이에게 툭 털어줘 버리고, 그래서 항식이 녀석의 버릇이 저

절로 고쳐지도록 해줘야 옳은 것이다. 그런데도 내가 되게 망설이는 것은 그가 내 얘기를 듣고 나면 너무나 흥분한 나머지 단박에 누굴 때려죽이지나 않을까 염려되기 때문이다.

나는 정말 난감해지고 말았다. 이때처럼 지독한 낭패감에 빠져본 적은 없을 것 같다. 나는 참으로 많은 시간을 그 일로 고민하였는데 끝내 입을 열지는 못했다.

바로 닷새 전이었다. 수요일이었다.

그 날 오후에는 수업도 없고 해서 아침부터 방바닥에 벌렁 드러누워 있던 날 오후였고, 항식이 녀석의 열 번째 가출이 있던 날 오후이기도 했다. 담 너머 사과나무 과수원에 하얀 사과 꽃이 흐드러지게 피고 있었고, 건조한 바람이 창문을 이따금 달캉달캉 흔들고 지나가던 한적한 5월의 오후였다.

버스나 트럭들의 왕래 때문에 신작로의 먼지가 바람을 타고 구름처럼 날라 와서는 마음을 온통 부옇게 덮어 가고 있었다. 방문 밖에서 쿵쿵대는 소리가 이따금 둔탁하게 들려왔다. 항식이 녀석이 먼지가 혀처럼 두껍게 쌓였을 마룻바닥을 왔다 갔다 비벼대면서 제 발자국을 새기고 있기 때문이다. 또한, 그 콩콩거리는 소리에 짓 물려서 낑낑거리는 소리는 녀석의 점심 먹은 배가 항아리만큼이나 불뚝 튀어나와서 숨을 고르는 소리였다.

나는 잠을 좀 청해보려고 몸을 이리 뒤척, 저리 뒤척 데굴데굴 굴려보기도 했는데 죽어도 잠은 오지 않는 것이었다. 천장과 벽과 발바닥이 눈앞을 휘휘 맴돌기만 했다.

그러다 살풋 잠이 들었던 모양이다. 나는 굵직한 말소리에 퍼뜩 눈을 떴다. 마루 쪽으로 낯선 인기척이 느껴졌고, 누군가 싫어 한지에 손 구멍을 부욱 뚫고는 눈을 갖다 댔다.

허우대가 크고, 눈에 검정 테 안경을 걸친 남색 신사복 차림의 사십 대 남자 하나가 마악 저쪽 뒤켠 모퉁이를 굽어 돌아가는 모습이 눈에 들어왔다. 그것은 전도사 김 씨였다. 그는 항상 한 손에 성보와 찬송가를 쥐어 들고 거의 매일 같이 마을을 들려가곤 하는 사내였다.

방금 전도사 김 씨가 급히 굽어 돌아간 모퉁이 저쪽으로 항식이 녀석이 무얼 하나 척 집어던지고는 대문 쪽으로 후다닥 내달았다. 녀석이 던지고 달아난 백 원짜리 은빛 동전 한 닢이 모퉁이 맞은편의 헛간 벽면에 깔그랑 부딪혔다가 방바닥에 툭 떨어졌고, 이어 함석 대문이 멀어져 나가는 듯한 소리가 꽈당 귀청을 쨌다.

정적이 잦아든다. 쥐 죽은 듯이 고요해졌다. 저쪽 헛간 속에서 토끼란 놈이 사각사각 풀잎 갈아 먹는 소리가 다 들린다. 나는 숨을 죽였고, 옆방으로 귀를 나팔꽃처럼 열어 놓았다. 한 십 분쯤 지나서 도란도란 얘기하는 소리, 여자의 잔약한 숨소리가 똑똑히 들려왔고, 나는 입술을 잘근잘근 깨물고 있었다.

전도사 김 씨는 한 시간 남짓해서 돌아갔다. 그 날 저녁이었다.

가장이 일터에서 돌아왔고 그는 막내 녀석이 또 집을 나간 것을 알고는 홧김에 술집으로 내뺐다.

얼근히 취해버린 그는 동구 밖에서부터 개 짖듯이 씨부렁대면서 마을로 비칠비칠 걸어 들어 왔다. 그의 등 뒤로, 그의 얼굴만큼이나 벌건 노을이 어스름 속에 스믈 스믈 잦아들고 있었다.

목 안으로 술만 들어가면 그는 별 잡스러운 소리를 다 지껄이고 다녔다. 그가 늘어놓는 인생사 넋두리 속에는 으레 자기 아내와 자식들에 대한 온갖 푸념이 섞여 있게 마련이었다. 비록 자격증 없이는 돌팔이 의원이었지만, 옛날엔 그래도 명색이 한의원으로 근동 마을까지 명망이 꽤 높았던 그를 오늘날 고사장 막벌이꾼으로 전락시킨 몹쓸 운명과 전처를 병마로 잃고 나서 어린 것들 때문에 후처로 들여놓았더니 속창아리 없이 예배당만 쫓아다니는 아내와 혀가 빠지게 일을 해서 다 먹여 키워 놓으니까 탄장 채탄부가 되겠다고 근동 마을의 처녀 하나를 달고는 횅하게 강원도로 달아난 뒤 소식을 끊어버린 큰아들 저주하며 악담을 퍼붓기 시작하는 것이다.

나머지 자식들은 또 어떤가, 둘째 놈은 제대를 하고 중학 졸업장도 없어서 그 흔해빠진 공장 견습공 자리 하나도 뚫지 못한다. 맏딸 년은 초등학교를 졸업시키고 바로 서울 제 이모 댁으로 식모살이를 보냈고, 올해 갓 중학교 졸업한 둘째 딸년은 저 시집 잘 가라고 시험 치랬지 누가 애비 먹여 살리라고 그랬나, 고등학교 시험을 치랬더니 그냥 공장에나 들어가겠다고 울며불며 발을 뻗어버린다. 초등학교 오 학년짜리 막내 딸년도 벌써 싹수가 글러서 학교에서 돌아오면 하루도 집안에 진득하니 붙어있질 못하고 그저 TV 매일 연속사극 제목이 뭐라고 하더냐, 그것만 보러 쫓아다닌다. 막내아들 항식이 녀석은 뭐 말 하나마다 입만 아프다. 그저 모두가 하나같이 웬수, 웬수녀르 자식들이었다.

「축복받으러 다니냐? 야, 이 쌍녀르 가시네야. 축복받으러 다녀?」

예배당에 나갔다가 느지막이 돌아온 아내를 돌아 붙이는 소리다. 주먹뺨이라도 냅다 올려붙이려는 험악한 기세에 아내는 본능적으로 몸을 옹송그린다.

그는 밥상을 물리고, 막내딸이 슬그머니 들여놓고 간 입가심 물이 식혀 놓는 숭늉이 아니고 차디찬 맹물인 것을 보고는 물사발을 앞마당으로 휙 내팽개쳐 버린다.

「그래, 아무리 미운 남편이지만 서가 빠지게 일허고 돌아온 남편한테 숭늉 한 사발도 읎냐? 이 쳐죽일 년아.」

아내는 찍소리도 못하고 겁먹은 눈알만 뒤룩뒤룩 굴려대는 판이다.

「야, 이놈의 가시네야. 말 안 듣기냐? 말 안 듣겨? 안듣겨!」

그는 와락 달려들어 아내의 머리끄댕이를 움켜잡고 방바닥에 냅다 꼬나 박는다. 아내가 발악을 드러내기 시작하고, 곁에서 울먹이던 딸들이 한데 얼려 비명과 울음소리를 악, 악 토해낸다.

나중에는 그도 제풀에 지쳐서 덜컥 주저앉은 체 연신 담배만 빨아댄다.

「다시는 너한테 돈 갖다 주나 봐라. 야, 어떤 미친놈의 자식이 따순 밥 따순 물 한 그릇도 안 맨들어 주는디 서가 빠지게 돈 벌어다 바칠 것이냐?」

「…」

「벌어다 먹여 살링 게 따순 밥에다 찬 숭늉이라고 말아 줘얄 거 아녀, 이 오살 놈의 모녀야아」

「…」

「술에다 물 탄 듯 물에다 술 탄 듯 그런 세상 살지말어—. 난 그런 세상 안살링게. 앗싸리 작파해버려, 이년아—.」

여름이 가고, 가을 날씨가 좀 쌀쌀해지자 동생과 나는 이삿짐을 꾸렸다. 어떤 개인적인 사정으로 인해서 나는 그 집을 나와야 했다.

나는 끝내 함구무언으로 그 집을 나왔는데, 며칠도 못 가서 항식이 녀석이 보고 싶어 혼났지만, 그 집을 다시 찾아갈 마음은 없었다.

한 일 년쯤 지난 뒤에 나는 시내 중심가에서 우연히 항님이를 만났다. 그가 고개를 푹 꺾고 그냥 지나쳐 가려는 걸 거반 사정하다시피 붙들어서는 대포 집으로 끌고 들어갔다.

그는 내가 건네는 술잔을 한 번도 사양 않고 꼬박꼬박 받아 마시고는 술기가 알싸하게 올라오기 시작하자 대뜸 눈물부터 뚝뚝 흘리고 보는 것이었다.

나는 대번에 모든 걸 짐작했다.

나의 태도는 근본적으로 나빴던 것이다. 나는 그들의 인생에 대한 궁극적인 책임 같은 건 없었지만, 어떻게 미연에 막아볼 수도 있었을 불행을 회피해 버리고 말았다는 죄책감만은 피할 수가 없었다. 나는 그에게 어머니의 비행을 귀띔으로 나마 알려주고 좋은 방향으로 해결할 수 있도록 한 마디쯤 해줬어야 옳았을 것이다.

육 개월 전이었다는 것이다. 개울 건너 아랫말에 살고 있던 이종사촌이 객사했다는 소식이 인편으로 전해지자, 그의 부친은 식구들을 모두 한데 몰아서 초상집으로 가 있게 하였다. 그 날 정오께였다. 초상집 안방에서 친지들 틈에 끼어 오랜만에 별난 음식을 걸쌈스럽게 욱여넣고 있던 항식이 녀석이 또 감쪽같이 없어져 버린 것이었다. 머리끝이 쭈뼛해진 항님이가 부엌으로 달려갔을 때는 한창 부엌일을 거들고 있어야 할 어머니마저 없어졌더라는 것이다. 자전거를 잡아타고 마을 집 쪽으로 냅다 페달을 밟았으나 집 안팎에도 마을 안에도 녀석의 그림자를 보았다는 사람은 없었다. 거반 해질 때가 되어서 그의 어머니는 장바구니를 하나 달랑 껴들고는 혼자만 초상집으로 터벅터벅 돌아오는 것이었다. 대뜸 녀석의 소식을 물었으나 그녀는 까맣게 모르고 있었다는 것이다. 녀석이 이번에는 별스럽게도 닷새가 지나고 일주일이 지나도 돌아오질 않았다. 그때 마을 안에는 이상한 소문이 돌기 시작했는데, 알고 본 즉 경망스러운 그의 누이들이 집안일을 참새떼 마냥 재재거리고 다니는 것이었다. 몇 대 쥐어박아 놓고 캐물어 보니 짜장 이상한 소문이었다. 그전부터 그의 누이들은 항식이 녀석이 집을 나가 버리고 없을 때는 늘 녀석 몫의 밥을 끼니때마다 한 그릇씩 찬장 속에 남겨두는 버릇이 있었다. 그런데 이번에 녀석이 없어지고 나서부터는 부엌을 비우는 사이에 누가 집어 가는지 꼭 녀석 몫의 밥이 감쪽같이 없어지곤 한다는 것이었다. 한 그릇 소복이 눌러 담아서 찬장 속에 넣어두고 잠시 나갔다 와서 열어보면 빈 밥그릇만 달랑 남아있고는 한다는 것이었다. 물론 전에는 없던 일이었고, 제 누이들이 갑자기 허천병이라도 도지지 않은 이상 훔쳐 먹을 까닭도 없었다. 이상한 일이었다. 집 안에 혹 새끼 밴 암쥐라도 돌아다닌다면 모르되 강아지도 없었고, 정이 혐의를 씌운다면 헛간에 수토끼 한 놈과 마당에 늘 놔 기르는 씨암탉 한 마리가 있을 뿐이었다. 그 이튿날 아침이었다. 그는 공사장에 나가서도 곰곰 그 생각에만 잠겨 있었다는 것이다. 부엌에서 녀석의 몫의 밥이 없어지기 시작하다니. 정말 이상한 일이었다. 누가 따로 그 밥을 훔쳐 먹을 사람은 없었다. 항식이 녀석은 돌아올 때쯤 되었는데도 아직 감감하다. 그런데 부엌에서는 밥이 없어지고 있다. 도대체 왜 없어지는 걸까? 녀석밖에는 먹을 사람이 없을 터인데… 밥이 없어진다… 녀석밖에는 먹을 사람이 없을 터인데…. 그때였다. 이마를 번 듯 스치고 지나가는 게 있었다. 그는 연장을 내던지고, 공사장을 뒤에 두고는 마을 쪽으로 쏜살같이 내닫기 시작했다. 그는 뛰면서, 마구 달리면서 생각했다. 부엌에는 한겨울이 아니면 좀처럼 불을 지피지 않는 큼직한 아궁이가 따로 하나 구들장 밑으로 뚫려 있었다. 언젠가 한 번은 항식이 녀석한테 마구 쫓겨 몰리던 씨암탉이 그 아궁이 속으로 쏙 기어들어 가더니 한 이틀쯤 지난 뒤에 바깥으로 빠져나온 일이 있었다. 또 어느 날인가는 헛간에서 마악 기어 나온 수토끼란 놈이 녀석의 발길질에 쫓겨 몰리다가 그만 아궁이 속으로 뛰어들어간 적도 있었다. 항식이 녀석은 고것들이 아궁이 속에서 용케 살아나올 때마다 와락 부둥켜안고는 까닭 없이 낄낄거리곤 하였다.

그는 대문 앞에서 부친과 얼굴을 마주쳤는데, 뜻밖이다. 부친은 이상한 예감에 번뜩이는 눈으로 함석 대문의 가운데 깨를 휘딱 가리켰다. 문고리가 안으로 잠겨 있었다. 그들은 담을 타고 마당으로 내려섰다. 발돋움해가면서 마악 헛간 안을 돌았을 때, 그들은 도란도란 속삭이는 듯한 나직한 목소리가 부엌문 밖으로 새어 나오는 소리를 숨을 죽이면서 들었다. 그의 부친이 헛기침을 한번 쿵, 하더니 총알처럼 몸을 날렸고 안으로 잠겼던 부엌문이 홱 열리자 문고리까지 뚝 딸려 나왔다. 뒤따라 달려간 그는 입구에서 잠시 고개를 떨구고 있어야 했다. 거기에서 그는 자기 어머니와 전도사 김 씨가 가마니를 깐 부엌 바닥 위에서 그 짓을 하다가 화들짝 놀란 얼굴로 풀어 내렸던 속치마 자락과 신사복 바지를 황급히 추켜올리는 추태한 모습을 얼핏 보아버린 것이다. 전도사 김 씨가 졸지에 양손으로 바지 끈을 거머쥐고 샛문으로 후다닥 뛰쳐 달아났고, 어두컴컴한 아궁이 속에서 난데없이 시커먼 대갈통 하나가 불쑥 튀어나오더니 싯누런 이빨을 드러내고 히죽히죽 웃어댔다. 항식이 녀석이었다.

미처 말리고 자시고 할 틈도 없었다. 두 눈에 쌍불을 켜고 있던 부친이 도마 위에 걸린 식칼을 번 듯 쥐어 들었고, 바닥에 모로 드러누운 체 몸둘 바를 모르던 그녀의 가슴께로 칼자루를 모아 쥔 양손이 쭉 뻗쳐버린 것이다. 목이 째지는 듯이 비명이 훅 터졌고, 부친은 쑥 뽑아 든 칼날을 바닥 위에 거꾸로 곧추세우고는 자신도 그 위에 철퍼덕 엎어져 버렸다.

당선

제603호 1978년 6월 23일 금요일

제23회 대학신문 학예상 : 시

격포 기행(紀行)

· 최동현 (사대 국어교육과 4학년) ·

1.

바다는 멀리 도망가고
도망가서 쓰러진 채, 나직이
울고 있고

햇빛 부서져 아픈
산허리에

눈 부릅떠 피어있는
붉은 산당화

흙먼지 사이로, 끊어진 길이
겨우 갯가에 닿고 있었다.

2.
바람은 아무 데나
버려져 있었다.

버려진 바람은, 녹슨
쇳소리로 울고 있었다.

판자 쪽 같은 아이들의 얼굴이
젖은 모래밭에서 발각되고

소금에 전 사투리가
비릿한 갯내를 풍겼다.

3.
사내들의 구릿빛 얼굴이
바다를 건너가고 있었다.

몇 덩이 섬들이
퉁퉁 불어 떠 있고

낮술에 취한 해가
빈 골목을, 서서히
빠져나가고 있었다.

당선

제603호 1978년 6월 23일 금요일

제23회 대학신문 학예상 : 시조

독도

· 장우익 (사대 국어교육과 4학년) ·

수평선 위
한 점 부표
부침하기 몇 번인가

시간의 파도 타던
물새가 비상한 자리

애증이
머물다 여물어 한 점 꽃으로
벙글다.

무심의 풍우에도 뱀처럼
헐리운 가슴

거기 손 얹으면

파도치던 그리움

어쩌면 그 가슴에도
소울음이 일까

밀리는 파도 자락 붙안은
너의 그 혼

해심에 뿌리박고
미풍에도 가슴 아팠다.

바다 밑
흑암 속에서 부화하는
너의 혼

당선

제603호 1978년 6월 23일 금요일

제23회 대학신문 학예상 : 꽁트

모처럼의 외출

· 최선영 (문리대 문학계열 1학년) ·

「저…실례하겠습니다.」 대학생 가방을 든 남자가 옆에 와 앉는다. 그러거나 말거나. 나는 분수대 옆에 앉아 있는 여자에게로 다시 눈을 돌렸다.

가슴에 책 몇 권을 감싸 쥐고 있는 걸 보니 대학생인 모양이었다. 북어 대가리 같은 남자가 그 여자를 어깨너머로 꼬옥 껴안고 있었지만, 마치 먼데 있는 사람하고 이야기나 하듯이, 두 사람의 목소리는 지나치게 컸다. 그 여자는 또 웃을 때 한 손으로 입을 가리며 금방 앞으로 고꾸라질 것만 같다가도, 갑자기 웃음을 뚝 끊고는 고개를 쳐들어서 남자 턱밑에 주둥아리가 닿을락 말락 할 정도로 바짝 대고는 다시 재잘거리곤 하는 것 이었다.

몸을 움직일 때마다 젖탱이에서 반짝 거리는 뺏지라든지, 얘기하면서 흘끔 흘끔 나를 쳐다보는 눈초리라든지 그 모두가 꼭 나를 보라는 듯 일부러 그러는 것 같아 속이 메스껍기만 했다.

자기 이외는 없는 것처럼 떠들어 제치는 그 꼬락서니를 바라보고 있자니 달려가서 머리채라도 잡고 쥐어뜯어 줘야 속이 시원할 것만 같았다.

하지만 그것도 잠시뿐, 현재의 나 자신을 돌이켜 보게 되면 그런 용기는커녕 왠지 그런 애들에게 말 한마디 걸기조차 거북스러워진다. 대학에 다니는 애들도 다 같은 여잔데 말이다. 돈이나 벌어서 원수를 갚아야 한다고 다짐하고 또 다짐해 왔건만, 벌써 3년 동안 뼈 빠지게 일해 왔어도 아직 셋방살이를 모면하지 못하고 있다.

언니가 시집가기 전까지만 해도, 아담한 전세방이라도 있었는데, 일생에 한 번 뿐인 결혼에 빈손으로 보낼 수 있는 해서 패물 몇 가지를 해 주고 나니, 다시 사글세방으로 들러 앉는 수밖에 없었던 것이다.

돈이나 조금 모아 볼까 해서 요즈음 와서는 야간작업까지 해가며 죽자사자 일해 왔으나, 역시 쪼들리기는 마찬가지인거 보면 남들처럼 자가용은 못 탈망정 언제나 내 집 한 칸이라도 마련할 수 있을는지 앞날이 캄캄하기만 하다.

아까 그 계집애가 깔깔거리며 또 나를 흘끔 쳐다본다. 꼭 내 마음속을 훤히 들여다보고 있는 것만 같아 매우 불쾌했다. 나는 더는 얄미운 꼴을 보며 앉아 있고 싶지 않았다. 막 일어서려고 손을 의자로 가져가는 순간 나는 주춤했다. 옆에 앉은 남자의 손을 만진 것이다.

「죄송해요.」

나는 겸연쩍게 말했다. 그는 입가에 약간 미소를 띠더니 입을 열었다.

「괜찮습니다. 저 …S여대 다니십니까?」

대학생 눈까리엔 대학생 밖에 눈에 안 뵈는 모양이었다.

「어떻게 그리 잘 아시나요?」

나는 비꼬는 투로 말했다. 「아가씨 옷이 참 신선한 맛을 주는 것 같아 그럽니다. 새 유행에 민감한 분이라면 역시 S여대생 밖에 더 있습니까?」

그는 그럴듯하게 떠벌리고 있었지만 나는 그가 새빨간 거짓말을 하고 있다는 걸 금방 알아차릴 수 있었다.

지난달부터 엄마가 시름시름 앓고 계셔서 옷 맞출 돈도 모두 약값으로 나가 버린다. 그래서 헌 옷 보따리를 뒤지다가 시집간 언니가 입다가 팽개친 옷이 마음에 드는 게 있어 내 몸에 맞게 줄였던 것이고, 공장에 갈 때는 아끼느라고 입지도 않았지만, 오늘은 민우가 모처럼 만나자고 해서 특별히 입고 나온 것이었다. 그런데 새로운 유행이라니? 대학생이란 작자가 왜 이렇게 처음부터 낯선 여자를 추어주고 있는 건지 나는 알 수가 없었다.

거짓말이 탄로 났다는 걸 알아차렸는지 그는 날씨가 좋다는 둥 공원이 잘 꾸며져 있다는 둥, 묻지도 않는 얘기를 끄집어내어 말머리를 돌렸다. 말수가 적은 사람인 줄 알았는데 한 번 말을 걸어오더니만 자신이 생겼는지, 이 이야기 저 이야기를 줄줄 늘어놓았다.

나는 잠자코 듣고만 있었다. 굵직하면서도 약간 쉰 듯한 목소리를 그리 듣기 싫지는 않았다. 조금 후에 그는 자기 혼자서만 너무 떠들었다고 생각했음인지 나에게 이것 저것을 물어오기 시작했다. 나는 별로 숨김없이 얘기해 주었다. 그러면, 그는 내가 대답한 말을 가지고 될 수 있으면 좋은 방향으로 해석하려 했고 귀에 거슬리는 말은 전혀 꺼내지 않았다. 나는 어느새 그 잘 알지도 못하는 남자와 얘기를 주고받는데 흥미를 느끼고 있었다.

그 남자와 만난 지 단 한 시간도 채 못 되었건만, 그는 그가 마치 오래전부터 사귀어온 다정한 친구 같은 착각이 들기도 했다.

「그런데 참, 아까는 뭘 그렇게 생각하셨나요? 말 걸기조차 미안할 정도로 심각하시던데….」

그가 안경을 치켜 올리며 물어왔다.

「뭘 좀 생각했어요.」

「예, 그러셨군요. 사색한다는 건 매우 뜻 있는 일이죠. 더군다나, 대학 생활에서 말입니다.」

아직도 그가 나를 대학생으로 알고 있다는 사실에 나는 진짜 대학생이나 된 듯 마음이 뿌듯 해옴을 느꼈다.

「그런데 사색하는데 중요한 게 빠진 것 같아요? 그것이 뭔지 아시겠어요?」

「글쎄요, 저는 잘 모르겠는데요?」

나는 손가락을 입술에 댄 채 눈알을 굴리며 생각에 잠긴 체했다.

그는 잠시 뭔가 주저하는 것 같았다. 그러더니 이윽고 야릇한 눈빛으로 나를 똑바로 주시하며 말하는 것이었다.

「친구가 필요하잖습니까? 마음의 벗이 될 수 있는…」

나는 얼굴이 화끈 달아오름을 느꼈다. 갑자기 가슴이 방망이질 치기 시작했다. 처음부터 그가 지나치게 친절하길래 조금 이상하게 생각은 했었지만, 이런 말이 나오리라고는 정말 생각지 못했다. 주위 사람들에게는 「그까짓 대학생」이니 뭐니 하면서 나 자신의 위신을 세워보려 했던 것도 사실이나, 마음 한구석으로는 대학생과 사귀기에는 나 자신의 존재가 너무도 초라하다는 걸 인정할 수밖에 없었던 것이다.

그런데 지금, 그 불가능할 것 같았던 일들이 눈앞에 일어나고 있다.

나는 오늘날까지 이 순간처럼 내 가슴이 크게 뛰는 걸 보아 오지 못했다. 나의 머릿속은 점차 이 남자와 나에 관한 생각들로 꽉 차 오르기 시작했다. 귀로는 이 남자의 다음 말이 들려 오기를 기대하면서, 나는 어느덧 그와 나와의 찬란할 것 같은 미래까지도 상상해 보고 있었다.

잠시 동안 침묵이 흘렀다. 그러더니, 내 앞으로 두툼한 책 한편이 내밀어졌다.

「이것이 올해에 저희 회사에서 새로 나온 책입니다. 사색하는 분에게는 이것보다 더 좋은 친구가 없죠. 한번 구경이나 해 보시지 않겠어요? 월부로도 판매…」

그 뒤로는 그가 뭐라고 지껄였는지 모른다. 나는 마치 〈스프링〉에라도 튕긴 것처럼 벌떡 일어섰다. 그리고는 노오랗게 변해있는 공원길을 뛰다시피 했다.

「사람이 제 분수를 알아야지 공장이나 끼어 다니는 년이 뭣이 잘났다고 콧대가 그렇게 세냐? 이년아!」

언젠가 엄마가 화내시며 하던 말들이 허전한 나의 마음속을 파고들었을 때, 나는 그만 눈물이 왈칵 쏟아졌다.

「바보야, 바보!」

마음속으로 그렇게 외치면서 나는 나 자신을 저주했고, 나의 부모를 저주했고, 이 사회를 저주했다. 이 세상의 모든 것들이 이제는 모두 저주스럽기만 한 것이다.

이 공원에서 민우와 만나기로 약속한 것을 나는 분명히 잊지 않고 있었건만, 이미 공원을 나와서 발걸음은 어디론가 점점 멀어져 가고만 있었다.

당선

제603호 1978년 6월 23일 금요일

제23회 대학신문 학예상 : 꽁트

새벽

· 고주상 (상대 경제학과 4학년) ·

밤이 늦도록 잠 못 이루다가 얼핏 든 잠에서 깨어나 새벽 거리로 나선다. 가로등들이 잠든 거리를 하얗게 비치고 아직 동녘이 밝아 올 기미는 없다. 새벽바람이라 팔목까지 내려오는 T샤쓰 바람에도 약간 쌀쌀하다.

행인이 없는 새벽 거리를 이렇게 거닐다 보면 호젓한 마음을 금할 수 없다. 아무도 없는 거리가 나만의 차지인 것 같기 때문이다. 또한, 나 이외의 모든 사람이 잠을 자고 있다는 사실은 참으로 기꺼운 일이다. 사람들이 세상의 모든 것을 쪼개어 나누어 가질 듯이 분주히 움직이는 속에서, 나만은 가질 것이 없다는 생각에 소외감(疎外感)에 빠져 있다가, 나도 다른 사람들이 가지지 못한, 내 자신만이 소유하고 있는 영역(領域)이 있다는 사실은 안도감을 느끼게 한다. 다른 사람은 꿈나라에서 헤매고 있는데, 돌아다니면서 그들의 집과 사는 모습 일부나마 보고 있다는 생각까지 이르면 우월감마저 느끼게 된다. 산을 오르는 사람이나 호젓한 시골길을 홀로 거닐고 있는 사람들도 느끼는 마음은 이와 같을 것이다.

새벽에 거니는 것이 오랜만이기는 하지만, 나에게 있어서 새벽의 기억은 수년 전으로 거슬러 올라간다. 고등학교를 졸업하고 집에만 있을 때였다.

누구와도 별로 접촉이 없었다. 낮에도 불을 켜야 하는 캄캄한 골방에 묻혀 있다가, 가끔 눈부신 듯 밖을 쳐다보곤 했었다. 남에게 멀어진다는 열등감(劣等感)때문이었다. 나는 그때 새벽 거리를 나서는 버릇이 생겼다. 밤늦게 책상 앞에 앉아 있다가 바람 쏘이려고 생긴 버릇인 것이다. 한편 생긴 버릇 때문에 그해 봄 한동안은 매일같이 새벽 거리로 나서게 되었다.

세상의 모든 것은 활동을 멈춘 채 잠들어 있고, 군데군데 가로등 아래서는 잠든 집들과 건물들이 창백한 모습을 드러내 놓고 있었다. 〈아스팔트〉 위에서는 종잇조각과 비닐봉지 몇 개가 바람에 이리저리 날리는데 어둠을 틈타 뛰쳐나온 강아지 몇 마리는 서로 쫓고 쫓기며 희롱하고 있었다. 휑하니 바람이 스쳐 간 거리의 가로등 불빛 저편을 응시하면서, 가끔 뒤쫓아 보면 지나왔던 거리의 집과 건물들은 어둠 속으로 잠기어 가고 있었다.

나에 있어서 새벽 거리는 일상생활 중에 느끼지 못한 것을 느끼게 한다. 평소에 잊었던 귓가의 소리를 듣는다. 홀로 있는 늦은 밤에 문득, 듣게 되는 귓가의 소리는, 어렸을 적에 조무래기들이 양손으로 귀를 막고 있으면 피가 돌고 있는 소리를 들을 수 있다고 해서 귀를 막고 들었던 소리 같기도 하다. 그러나, 나이가 든 지금 양쪽 귀를 막고 들으면 요즘에 듣는 귓가의 소리와는 다르다.

나는 이 소리가 공기(空氣)의 소리라고 생각해 보는 때가 있다. 공기가 움직이고 압축되어 가는 소리, 이런 소리가 무엇인지 모른다. 또 언제부터 시작되었는지 모른다. 그러나 그것이 무엇이고 언제 시작되었든 간에 내가 그 소리를 들을 때면, 내 자신으로 생각하고, 내 자신으로 살고 있다는 것을 느끼기 때문에 언제나 이 소리가 들려오기를 바란다.

한편으로는 살아있는 동안 언젠가는 그 소리가 무엇인지 명백하게 알고 싶어진다. 그 소리에 귀를 기울이고, 거기에 헌신(獻身)하고, 참고 기다리는 인내 속에서 그 소리는 다음에 오는, 더욱 높은 경지를 바라볼 수 있을 것 같다. 〈헷세〉의 소설 〈싯달타〉가 다시 되돌아온 강가에서, 그가 이전에 알고 있던 모든 사람의 얼굴들이 엉키어, 흐르는 강물이 동경과 고뇌와 욕구, 가득 차서 소리 내어 흐르는 일순(一瞬), 소리를 하나로 듣게 되는 구절이 나온다.

그는 거기에서 세상의 모든 것을 하나의 흐름, 하나의 소리로 종합해서 느끼고, 듣게 된 것이다.

내가 듣고 있는 귓소리가 비록 그와 같은 전체의 소리는 아닐지언정, 엉켜있는 전체에 이르는 실마리는 될 수 있다고 생각한다.

내 자신의 것 같고, 나를 감싸 주는 듯한 이 거리가 한때는 먼 이방(異邦)의 거리로 느껴지던 때가 있었다.

어깨를 스쳐 지나가는 사람이 누구인지 모르고 그 사람들도 나를 누구인지 모르는 외로움, 눈끼리 부딪쳐도 무관심하게 스쳐 가는 눈길, 모든 것이 나를 스쳐 가는데 나만은 홀로 떨어져 있는 듯한 느낌으로 시달렸다.

어릴 적부터 살아온 거리가 아무리 손을 뻗쳐도 닿을 것 같지 않고 좁고 외로운 곳으로 느껴지기도 했다. 그러나 새벽 거리를 몇 번인가 걷고 난 다음에는 나 자신을 발견할 수 있고, 내가 생각하는 것만큼은 내 자신으로 살아가는 것을 느낀다.

나는 이렇게 적막한 거리를 거닐 때 때때로 아무도 없는 벌판을 연상하곤 한다. 그러한 생각이 끝날 때면 몇만 년, 몇십 만년이 지난 후에는 아무것도 없는 허허벌판이 될 것이라는 생각이 들곤 한다. 그리고는 장래의 벌판 위에서 거닐고 있는 내 자신을 발견하는 것이다.

그리하여 낮과 밤의 밀리는 인과와 그 소란스러움, 차량의 물결과 휘어져 돌아가는 밤의 〈헤드라이트〉의 불빛 등의 어지럽고 분주한 움직임 속에 설 때도 그 행렬의 또 다른 모습을 보게 되는 것이다.

살아 있는 모든 것을 억겁의 시간 앞에 순간처럼 왔다가 사라지는 것이다. 어둠 속에 잠기는 집과 건물들처럼 그것들은 모두 그림자다. 그들은 모두가 제 속에 은밀한 삶의 불꽃을 지녔지만, 모두가 덧없이 스러져가는 그림자일 뿐이다. 모두가 허무한 환영(幻影) 앞에 무엇을 따지고, 다투며 책망하겠는가, 어디에 간들 무엇에 집착하겠는가.

그러나 삶은 마을을 만들고 마을은 죽음을 만들고 있다. 골목을 지나면서 어둠 속에 잠겨 있는 집들을 바라보며 생각해 낸 고은(高銀) 시인의 「문의(文意) 마을에 가서」의 한 구절이다. 나는 이 구절을 외워보면서 사람의 삶이 마을을 이룬 곳에서 그들이 잠든 만큼 평화롭기를 바란다. 어떤 거리낌도 없이 그들의 삶이 흘러가기를 바란다. 그리고 그들의 기도(祈禱)와 여리고 작은 음모(陰謀)가 이루어지기를 바란다.

먼데 산 위에서 누군가 외치고 있다. 새벽에 산에 오르는 사람인 모양이다. 동녘 하늘이 밝아오기 시작한다. 나도 나의 세계인 새벽으로부터 돌아가서 나의 일을 시작해야겠다.

가작

제605호 1978년 8월 4일 금요일
제23회 대학신문 학예상 : 소설

30분짜리 단막극

· 조재현 (사대 국어교육과 4학년) ·

희끄무레한 하늘이 못내 심상치 않더니 급기야 눈발이 날리기 시작했다. 삽시간에 하늘을 가득 채운 눈발은 윙윙거리며 날뛰는 바람을 타고 무서운 속도로 얼음쪽처럼 굳은 부둣가를 덮어갔다. 물결이 모질게 곤두박질할 때마다 뿌연 물보라가 시야에 흐리도록 피어올랐으며 어선들은 기우뚱기우뚱 몸뚱아리를 흔들어댔다. 기세 좋은 추위 탓인지 부둣가의 간이정류소는 서부영화의 피날레처럼 쓸쓸했다. 지저분한 바닥을 핥고 다니는 사나워진 바람이 이러한 분위기를 한층 더 돋우고 있었다.

나는 부여행 시외버스를 기다리고 있었다. 암만 생각해 봐도 오후 늦게 하숙집을 나온 건 잘못이었다. 친구들에게 끌리다시피 모임에 참석했다가 조금만 더 있다 가라는 그들의 손을 억지로 뿌리치고 거기서 빠져나온 건 오후 네 시가 다되어서였다. 하숙집 아주머니도 집에 가야겠다고 방문을 나서는 나에게 너무 늦었으니 내일 아침에 가라고 했었다. 그러나 나는 용감하게 나서고 말았던 것이다.

이미 동짓달의 짧은 낮은 어둠을 한 아름 물고 와 부둣가에 쏟아 놓았다. 그에 비례해서 희미한 전등불의 숫자도 하나둘 늘어갔다. 그러나 그것으로 자꾸만 몰려드는 어둠을 밀어내기에는 어림도 없었다.

나는 음산한 기운마저 감도는 가로등 불빛에 손목시계를 비춰왔다. 여섯 시 오 분이었다. 출발 시각은 아직도 한 시간가량이나 남았다. 그런데 아직 버스는 오지도 않았다. 제기럴! 차라리 왔으면 들어가나 있으련만…….

나는 부지중에 주머니를 뒤지고 있었다. 순간 알 수 없는 불안감에 가슴을 졸여야만 했다. 꼬깃꼬깃해진 오백 원짜리 지폐 한 장이 쥐어져 나왔다. 안도의 숨소리가 길게 세어 나왔다. 사실 나는 주머니를 뒤지기 전까진 수중에 돈이 있나 없나도 몰랐었다. 집에 가야겠다는 강한 충동을 이기지 못해 그냥 훌쩍 하숙집을 나서고 말았다. 이것은 나의 괴벽이었다. 아무리 고치려 애써도 헛수고였다. 전번의 곤욕을 상기하며 다음엔 꼭 주머니 사정을 알고 행동을 해야지 하고 밥 먹듯이 다짐해 보지만 막상 닥치고 나면 또 매한가지였다. 오늘도 결코 예외일 수는 없었다. 다행히 비상금이라도 조금 남겨 놨으니 망정이지……. 생각만 해도 끔찍한 일이었다. 이젠 그럴 걱정에서는 풀려났다. 나에겐 오백 원이란 거금이 있으니 말이다. 가만있자—. 차비가 삼백 원이지? 그렇다면 이백 원 정도는 여유가 있겠군. 문득 이런 생각을 하니 억눌렀던 식욕이 한꺼번에 공복을 자극하기 시작했다. 마치 쇠꼬챙이로 위벽을 북북 긁어 놓는 것 같았다. 어디 가서 따끈한 국물이라도 좀 마셔야겠군.

나는 배가 볼록한 가방을 옆구리에 끼고 음식점을 찾아 나섰다. 눈발은 단숨에 부둣가를 삼켜버리기라도 할 듯이 기세가 등등 하였다. 애벌레처럼 몸을 잔뜩 오그리고 걷는 내 앞으로 미끈한 포니 승용차가 은빛의 부챗살을 그리며 조롱이라도 하듯 휑 지나갔다. 그 속엔 비만한 중년 사내가 거만스럽게 타고 있었다.

나는 제빙공장 앞길로 들어서고 있었다. 저만치에서 몰아치는 눈발에 몸을 비틀어대는 음식점 간판이 눈에 들어왔다.

음식점은 생각했던 대로 조그만했다. 톱밥 난로를 중심으로 탁자 네 개가 자리 잡고 있었고 난로 위에서는 듬직한 주전자가 하얀 김을 폭폭 뿜어내며 펄펄 끓고 있었다. 그리고 나의 정면 벽에는 구식의 괘종시계가 덜렁 매달려 있었고 오른쪽 벽엔「무진호 선주 기증」이라고 박혀 진 대형 거울이 약간 아래를 굽어보며 걸려 있었다. 나는 후끈한 열기를 뿜어내는 난로 옆자리에 앉았다. 굳었던 몸이 조금 풀어지는 것 같았다. 여 남은 살 먹어 뵈는 종업원이 딸아 놓은 엽차를 몇 모금 홀짝 거리고 나니 옆을 돌아볼 여유마저 생겼다.

나와 난로를 사이에 두고 네 명의 사내들이 오므레 앉아서 열심히 무슨 얘긴가를 하고 있었다. 왼쪽 눈에 반창고를 붙인 사내를 중심으로 세 명의 사내들이 둘러싸고 있었다. 한눈에 그들은 이 곳 뱃사람들 같았다. 허름한 작업복 차림과 거칠게 뵈는 인상이 그렇게 생각하도록 부채질 해댔다.

나는 그들에 대해서 별로 관심이 없었다. 다만 시간이 빨리 좀 지나가 주었으면 하는 맘으로 초조하게 시계만 들여다보고 있을 뿐이었다.

「어허 김 형두! 이젠 다 잊어버리고 여기에 도장이나 찍도록 허십시다. 어저께도 누차 말씀드렸지 않습니까?」

문득 이런 말이 지나가는 소리처럼 들려왔다. 나는 슬쩍 그들을 곁눈질해 봤다. 그들의 얘기에 무슨 흥미를 느껴서가 아니고 그냥 무의미한 시선이었다. 빵떡모자를 눈썹까지 푹 눌러쓴 사내가 조그만 종이쪽지 두 장과 인주를 반창고 붙인 사내 앞으로 내밀었다. 반창고를 붙인 사내는 그것을 한꺼번에 빨아들이기라도 할 듯이 쳐다봤다. 입을 실룩거리다가 도로 그 종이쪽지와 인주를 빵떡모자 쓴 사내 앞으로 밀어 놓았다.

「그럴 순 절대 읍소.」

이 말만을 퉁명스럽게 내뱉고 반창고를 붙인 사내는 벙어리가 되어버렸다. 나는 반창고를 붙인 사내의 성이 김 씨라는 걸 알았고 또 그들이 무슨 일을 화해하고 있다고 생각했다.

이번엔 또 사람이 말을 잃고 있는 틈새로 낡은 군용 잠바를 걸친 사내가 재빨리 끼어들었다.

「김 형! 다시 한 번 생각해 보슈. 다 지난 일이 아니유? 한번 엎질러진 물을 어떻게 다시 담을 수 있겠소.」

「………」

「참 답답합니다 그려.」

「………」

음식점 안엔 갑자기 무거운 침묵이 흘렀다. 어떻게든지 말을 붙여보려고 애쓰던 군용잠바를 걸친 사내도 김이란 사내가 아무런 반응을 나타내 보이지 않자 마저 벙어리가 되어버렸다. 벽에 걸린 괘종시계의 흔들림 소리만 자자분하게 날아다닐 뿐이었다.

「사실 말이야 바른말이지 이만한 보상을 혀 준다면 그 일이 오히려 잘된 일이었는지도 모르겠소?」

오랫동안의 지루한 침묵을 깨고 빵떡모자 쓴 사내가 손의 관절을 오도독 꺾어대며 아무렇지도 않게 말했다. 어지간히 답답한 모양이었다.

「뭐여? 오히려 잘된 일이었나도 모른다고?」

참으로 오랜만에 김이라는 사내는 흥분했다. 씨끈거리는 숨소리가 그의 모든 호흡기관을 통해서 가쁘게 새어 나왔다. 뱃속에서부터 열기가 끓는 모양이었다.

「야 이 사람아 좀 진정 혀 어. 선주 영감도 그때 술이 잔뜩 취했었다고 허 잖는감. 사람에겐 한번쯤 실수는 있기 마련 아닌가 이 사람아. 참! 나도 전 번에 술 처먹고 어떤 여편네 한 번 잘못 건드렸다가 뜨끔 허게 혼난 적이 있구먼. 허허허.」

이번에 김의 옆에 앉아 있는 사내가 김의 어깨 죽지를 툭툭 치며 헛웃음 쳤다.

「자네까지도 그렇게 말 혀? 나헌티.」

「이 사람아! 그럼 어떡 혀 겄단 말인가? 난 친구인 자넬 위혀서 헌 말인디……」

그는 김이란 사내의 시선을 의식적으로 피하며 말꼬리를 혼미하게 흐렸다.

「난 그럴 순 음서. 영감을 고발 허고 말꺼여. 남의 지집을 지 지집처럼 손대는 그런 못된 영감은 혼 좀 나봐야 혀. 자네도 한 번 생각 혀 봐. 난 여지껏 선주 영감을 위혀서 뼈 빠지게 일 혀 왔으어. 그런 디 그 대가가 고작 이거여? 그리고 그걸 이십 만원으로 해결 헐라고 혀? 아무리 돈이 사람을 죽이고 살리고 허는 세상이라도 돈으로 안 되는 일이 있는 것이여. 난 그럴 순 음서. 절대루. 비록 무식헌 뱃놈이긴 혀 두 그런 건 참을 수 읍단 말이여.」

김이란 사내는 눈을 부아려 뜨고 거세게 도리질을 해댔다.

나는 문득 그들에게 호기심을 느껴가고 있는 나 자신을 발견했다. 꼭 무슨 연극을 보고 있는 듯한 착각에 빠져들었다. 이것은 적어도 나에게는 생각조차 하기 어려운 이변 같은 것이었다. 사실 나는 연극 같은 덴 별로 흥미가 없는 편이다. 전번만 해도 그랬다. 여자 친구인 미희가 연극 티켓 두 장을 들고 와서 같이 가자고 했을 때도 고삐 맨 송아지처럼 억지로 끌려가다시피 했었다. 연극이 끝날 때까지 시종 꾸벅꾸벅 졸아만 됐다. 그러다가 갑자기 박수소리가 터져 나오면 깜짝 놀라 미희의 눈치를 살피며 건성으로 손바닥을 몇 번 내두르다가 다시 졸았었다. 이렇게 두세 번만 놀라고 나면 대부분의 연극은 막을 내리고 만다. 나는 이상하게도 연극 구경만 갔다 하면 영락없이 졸아대는 버릇이 있었다. 극장을 나올 때 미희는 두 눈에 졸음이 가득한 나에게 「강민 씬 정말 예술을 모르나 봐. 더군다나 오늘 작품은 두 번 다시 보기 힘든 대작(大作)이었단 말야. 캐스트도 화려했고—난 정말 자기한테 실망했어. 아니 실망 정도가 아니라 창피해서 혼났단 말야」하며 입술을 삐죽거렸었다. 이런 때면 나는 으레히 대꾸조차 않는 것이 상례였다. 이런 건 연극 구경 갈 때마다 겪어야 하는 곤욕이었기 때문이다. 나는 이미 그런 것엔 어느 정도 단련이 돼 있었던 것이다. 그럴 때마다 미희는 귀여운 얼굴에 어울리지 않는 화를 발끈 내며 집으로 뛰어가곤 했다. 그래도 둘 사이가 별 탈 없이 이어져 가는 걸 보면 이상하기조차 했다. 내가 우리 사이를 천생연분이라고 생각해 본 것도 바로 이 때문이었다. 하여튼 난 연극이라면 딱 질색이다. 연극 구경 갈려면 차라리 낮잠을 즐기는 편이 훨씬 낫다. 내가 오늘 훌쩍 하숙집을 나선 것도 학교 게시판에서 본 연극 포스터 때문이었는지도 모른다. 오늘쯤은 여지없이 나를 끌어낼 테니까 말이다.

그런데 지금은 사정이 전혀 달랐다. 연극이 아닌데도 난 스스로 연극이라 칭해 봤고 또 제목을 붙일 궁리에 골머리마저 앓고 있는 형편이었다. 무슨 제목이 좋을까? 글쎄…… 나는 시선을 그들에게 못 박은 채 이것저것 닥치는 대로 말을 붙여왔다. 그러나 잡힐 듯하면서도 도무지 적당한 제목이 떠오르질 않다.

「아저씨 뭘 들지 않겠어요?」

나는 깜짝 놀랐다. 내 옆에 종업원이 빙그레 웃으며 서 있었다. 엽차를 따라 놓고 간 꼬마였다.

「뭘 그렇게 열심히 보고 계세요? 몇 번을 불러도 모르시고…」

「아니 아무것도 아냐. 가만있자— 뭐가 좋을까? 그래그래 우동 한 그릇 따끈하게 해 다 줘. 조금 얼큰하게」

나는 치부를 보인 기분이 되어 어설프게 웃었다. 더 이상 추궁하지 않는 그 꼬마에게 고마운 마음마저 들었다.

「예! 알았어요. 조금만 기다리세요.」

그는 쪼르르 주방 쪽으로 가서 「우동 하나 얼큰하게」 하며 마치 이 말만을 하기 위하여 태어난 사람처럼 숙달된 어조로 외쳤다. 나의 시선은 이미 자동식이 되어 버렸다. 아니 이젠 거의 그들의 노예가 되어버렸다. 자석에 끌리는 쇳조각처럼 그들에게 끌려갔다. 그들은 열을 올려가며 그들이 맡은 역학을 능숙하게 해내고 있었다. 나는 실감 나는 그들의 연기에 박수갈채라도 보내고 싶은 충동을 느꼈다.

「여보게 내가 무슨 창 어리 빠진 놈인 줄 아나? 그런 걸 모르게? 하지만 이미 엎질러진 물인 디 이제 와서 어떡 허것나 그리고 고발을 허면 그 상처가 읎서지나? 읎서지지 않을 바에야 돈이나 받어 먹는 게 상책이 아니겠나? 이십 만원이면 적은 돈이 아니네. 잘 생각 혀 봐」

「나두 어제 자네들이 헌 말을 집에 가서 밤새도록 생각 혀 봤으어. 허나 생각할수록 그런 말두 안 되는 소리여. 내 눈댕이가 깨진 건 아무렇지도 않어. 아니 눈알이 하나 쑥 빠져버렸어도 내 이러진 않어. 그런 디 이건 사정이 다르잖나 말여. 그 너구리 같은 영감 헌 티 내 지집이 당했단 말여. 그런 디도 날보고 참으라는 거여?」

김이란 사내의 날카로운 반격에 그의 친구라는 사내는 씁쓰름한 입맛 575

만 쩝쩝 다셨다. 그는 더 이상 말을 붙여볼 용기마저 잃어버린 듯했다. 다시 무대 안엔 무거운 침묵이 흘렀다.

「아참! 이런 너갱이 빠진 넘이 워디 있댜?」

갑자기 빵떡모자 쓴 사내가 자신의 머리를 한 대 쥐어박는 시늉을 하며 어울리지 않는 수다를 떨었다. 모두의 시선이 그에게로 쏠렸다. 〈갑자기 저 사람이 돌았나〉하는 식의 어리둥절한 표정들이었다. 그러나 잠시 후 두 사내는 그의 말뜻을 알아차렸는지 어리둥절 하던 표정을 거두었다.

「김 형! 요기에 뭐라고 적혀 있는 줄이나 알고 그러시우? 김 형이 한번 직접 읽어 보슈우. 아마 깜짝 놀라실 거유. 어제의 이십 만원에다 큼직헌 것이 하나 더 붙었단 말이유.」

빵떡모자 쓴 사내가 두 사내를 힐끗 훌겨보며 내뱉는 말이었다. 그때 김의 친구라는 사내가 그에게 눈을 찡긋했다. 나는 아차 하며 뜻밖의 실수를 후회하는 그의 표정을 똑똑히 읽을 수 있었다. 그도 알았다는 듯이 눈을 찡긋하며 재빨리 말머리를 돌렸다. 조금도 어색함이 없는 삽상한 전환이었다.

「그럼 내가 직접 읽어 볼 랑게. 잘 들어 보슈 우. 에헴 합의서 19XX년 X월 X일자로 김영수를 무진호 선장으로 임명하며 동시에 치료비 조로 이십 만원을 지급함. 이것으로 이번 일은 쌍방 합의 헌다. 선주 박동식 인 선원 김영수인 허험 요기에 이렇게 적혀 있단 말유. 선주 영감 도장은 찍었응께 김 형 도장만 요기에 쿡 찍으면 된단 말유. 사실 말이지 요건 호박이 덩쿨 채 굴러 들어온 횡재가 아니유?」

그는 의식적으로 〈무진호 선장〉이란 단어에 강한 악센트를 주며 말했다. 나는 직감적으로 그 큼직한 것이라는 게 아마 무진호 선장 자리일 것이라 생각했다. 그리고 김이라는 사내의 이름이 김영수라는 것도 결국 합의서 내용에서 알아냈다.

그런데 이상한 일이었다. 흥분할 줄 알았던 김영수 씨가 말을 잊은 채 빵떡모자 쓴 사내가 다시 밀어 놓은 종이쪽지만 멀뚱멀뚱 쳐다보는 것이었다. 그러다가 어깨까지 푹 떨어뜨리고는 눈을 지그시 감아버리는 것이었다. 그의 얼굴은 조금도 흥분한다든가 하는 그런 상식적인 표정이 아니었다. 사실 나는 그가 또 흥분하리라 기대했었다. 그런데 그런 나의 기대는 무참히도 빗나가고 말았다. 그는 또 잠시 벙어리가 되어 있었던 것이다. 나는 그의 그러한 표정에서 언뜻 뭔가 심적인 동요가 일기 시작함을 보았다. 김영수 씨의 친구라는 사내도 이것을 알아챈 모양이었다.

「이거 분위기가 너무 딱딱한 것 같구만 그려. 우리 쐬주라도 한 병 까면서 야기 허드라구야.! 아가! 여기 쐬주 한 병 가져 오니라.」

그는 주방 쪽으로 고개를 빼며 버럭 소릴 질렀다. 종업원이 소주병을 들고 냉큼 달려왔다. 안주로 김치조각을 한 보새기 가져왔다.

「자—자네부터 한 잔 받게나. 이런 일은 깊이 생각 헐 필요가 읎는 거여. 괜히 주저주저 허다간 평생 후회 허네. 기회는 자주 오는 것이 아니여. 눈 딱 감고 찍어버려.」

그는 김영수 씨의 잔에 술을 채우며 맹수의 조련사처럼 명령해버리는 것이었다.

「그리고 자네들도 한 잔해.」

그들은 술잔을 단숨에 비워버렸다. 그리고 김치 쪽을 투박한 손가락으로 집어 으적으적 씹어댔다.

「어허! 술맛 좋다. 이게 무슨 쐬주지?」

군용 잠바를 걸친 사내가 상표를 들여다보며 새삼스럽게 감탄하고 있었다. 다른 두 사내들은 쩝쩝 입맛을 다시며 맞장구쳤다.

「자—이 사람아! 빨리 결정을 내려. 어찌 헐탱가?」

「……」

김영수 씨는 쉽게 결정을 내리지 못하고 입술을 머뭇거리다가 도로 굳게 다물었다. 이러한 행동은 그들 세 사내의 간장을 태우기에 충분했다. 그들은 김영수 씨의 입술이 머뭇거릴 때마다 잔뜩 신경을 곤두세우고 쳐다봤다.

제발 빨리 좀 결정을 내려달라고 애원하는 듯한 표정이었다. 차라리 애처롭게 까지 보였다.

그러나 김영수 씨의 입술은 접착제로 붙인 것처럼 좀 채로 떨어지질 않았다.

「자네 이제 보니 증말 앞뒤가 꽉 막혀버린 사람이로구먼. 야이 사람아! 고집만 부리지 말고 곁에 있는 어린 딸년을 생각 혀 보게. 고것이 무슨 죈가 어린것이 시들시들 앓고 있질 않는가? 이 사람아! 다시 한번 생각 혀 봐. 이 돈만 있으면 자네 딸을 병원에 입원시킬 수 있고 또 자네가 선장이 돼 보게 이건 증말 팔짜 고치는 일이 아닌가? 그게 자네의 소원이 아니었나 말이여.」

참다못해 김영수 씨의 친구라는 사내가 대신 입을 열었다. 마치 어린애 달래는 듯한 어투였다.

「암 그렇고 말구유. 우리 팔짜에 은제 그 흔헌 갑판장 한 번 혀 보겠수? 김 형은 인자 팔짜 핀 겁니다.」

군용잠바를 걸친 사내가 그의 말을 맞받았다. 김영수 씨는 속으로 뭔가 열심히 생각하고 있는 듯했다. 간혹 기다란 한숨소리가 새어 나오긴 했지만 그렇다고 일그러진 얼굴은 아니었다. 그러다가 결정을 했는지 고개를 슬며시 들었다. 나는 필요 이상으로 잔뜩 긴장하고 있었다. 세 사내들도 마찬가지였다.

「증말 그 노랭이 영감이 이렇게 약속 혔단 말유? 고발 헐티면 혀 보라고 잡아먹던 사람이 …」 쳤다. 그들의 눈에선 야릇한 득의의 빛이 세어 나왔다.

「그 영감이 그럴 리가 읍슬틴디……」

그는 그래도 어딘지 모르게 미심쩍은 모양이었다.

「이 사람아! 그건 내가 보장험새. 이 임상돈이가 말이여. 선주 영감이 합의서 쓸 때…」

이 정도의 발전도 정말 놀랄만한 것이었다. 그도 이젠 어느 정도 이 계약에 구미가 당기고 있음이 틀림없었다. 내가 예상했던 대로 그들 또한 그 절호의 기회를 놓치지는 않았다.

「그럼유. 사실이구 말구유.」

세 사내가 합창이라도 하듯 외 거기에 있었단 말일세. 사실 선주 영감도 그일 땜에 무척 괴로워하고 있다네. 그러니까 이런 후헌 보상을 해주는 것이 아닌가.」

김영수 씨의 친구라는 사내가 그의 말을 재빨리 가로챘다. 김영수 씨는 알았다는 듯이 고개를 몇 번 주억거렸다.

「아저씨! 우동 가져왔어요.」

나는 또 깜짝 놀랐다. 종업원이 빙그레 웃으며 탁자 위에 우동 그릇을 내려놓고 주방으로 사라졌다. 나는 우동을 단숨에 먹어치웠다. 뱃속이 든든해졌다. 이젠 좀 더 여유를 가지고 그들의 연기를 관찰할 수 있게 되었다.

「나 잠깐만 나갔다 오겠네. 머리 좀 식히고 와야겠어.」

김영수 씨는 자리에서 일어나 힘없이 밖으로 나가버렸다. 그가 밖으로 나가기가 무섭게 세 사내들은 의자를 바짝 당겨 앉으며 무슨 얘긴가를 소곤거리고 있었다, 나는 그들의 그런 태도에서 언뜻 무슨 음흉한 흉계라도 꾸미고 있는 듯한 기분을 느꼈다. 저들이 대체 무슨 얘길 하고 있을까? 이런 생각을 하고 나니 밀물처럼 몰려드는 궁중에 견디기가 어려웠다. 나는 곰곰이 그들의 소근 거릴만한 말을 생각해 보았다. 그러나 도무지 갈피를 잡을 수가 없었다. 나는 거의 안달이 나 있었다. 그렇다고 바짝 다가가서 엿들을 수도 없는 노릇이었다. 자연히 청각 신경만 예민해져 갔다. 문득「무진호 선장」이란 단어가 나의 극도로 예민해진 고막을 후비고 들었다. 그래서 나는 그들이 조금 전의 일들을 얘기하고 있다고 별다른 거부반응 없이 단정을 지을 수 있었다. 그때 잠시 퇴장했었던 김영수 씨가 무대 안으로 다시 등장했다. 잠깐 사이에 김영수 씨는 아주 딴사람이 되어 있었다. 그는 이미 조금 전까지의 김영수 씨가 아니었다.

갑자기 당한 기습에 그들은 흠칫 놀라는 기색을 보였으나 곧 태연으로 모든 걸 가장하는 아주 놀라운 솜씨를 보여주었다. 그래서 나는 그들이 서로 나누었던 얘기가 결코 김영수 씨에게 이로운 일은 아닐 거라고 결론을 지어버렸다.

「이 금방에선 요 쐬주가 제일 낫지?」

「암 쐬주 허면 단연 요거지.」

그들은 빈 병을 건성으로 홀겨보며 한 마디씩 지껄였다. 나는 그들의 능숙한 연기에 새삼 감탄하지 않을 수 없었다.

김영수 씨가 그의 자리에 털썩 주저앉았다. 나무의자가 삐꺽 이는 신음소리를 토해냈다.

「내 다시 한번 물어 봄새. 선주 영감이 정말 그렇게 약속 혔단 말이지?」

김영수 씨가 그의 친구라는 사내에게 물었다. 아까의 그 침울하고도 불만에 가득 찬 기운이 그의 말투에서는 이미 말끔하게 걸러져 있었다.

「그럼 이 사람아! 내가 자네 헌 티 그짓말 허것남?」

김영수 씨의 친구라는 사내가 그의 얘기가 끝나기가 무섭게 되물었다. 나만은 믿어달라고 하는 그런 어투였다.

「내 조금 전에 밖에 나가서 곰곰이 생각 혀 봤네. 결국 이건 엎질어진 물이더구먼. 그래서 자네들 말대로 허기로 했네.」

「그게 증말 이유?」

나머지 두 사내도 글자 그대로 놀라고 있었다.

「아깐 형씨들 헌티 너무 심헌 말을 혔던가 보우. 미안하오. 아깐 너무 흥분 혀서… 내 무식헌 탓이유.」

「별말씀을 다 허십니다 그려. 입장을 바꿔 놓고 보면 나라도 처음엔 그랬을 꺼유. 자—시간이 읎승께 그만 본론으로 들어갑시다. 여기 합의서가 있소. 빵떡모자 쓴 사내가 종이쪽지와 인주를 다시 김영수 씨의 앞으로 내밀었다. 바로 그때였다. 출입문이 슬며시 열리며 무대 안에 어떤 낯선 여인이 등장했다. 그 여인의 얼굴은 불그스름하게 상기되어 있었다. 처음에 나는 그 여인이 오늘 연극과는 아무런 상관도 없는 인물일 거라고 생각했다. 이러한 분위기에 전혀 어울릴 것 같지 않은 그녀의 외모가 이번 연극과 연관시켜 보려는 나의 의도를 무참히도 짓밟아 놓았던 것이다. 그래서 나는 그 여인이 다만 손님에 지나지 않는다고 단정해

버렸었다. 그러나 그런 나의 생각은 곧 오판이었음을 알았다. 그 여인은 무대에 등장하자마자 아무런 주저함도 없이 바로 그들 쪽으로 걸어갔기 때문이었다. 내가 확실한 근거를 잡은 건 그다음 여인의 말을 듣고서였다.

「어딜 갔나 했드니 당신 여기에 와 있었군 유우? 빨리 가유. 모두가 거짓이 여유 우. 그 영감이 그럴 리가 읎 서유. 절대루」

그 여인은 다짜고짜 김영수 씨의 팔을 잡아끌었다. 모두가 갑자기 나타난 침입자에 잠시 어리둥절해 있었다. 그렇다면 이 여인이 바로 선주에게 당했다는 김영수 씨의 아내? 나는 유심히 그녀를 관찰하기 시작했다. 사실 그 여인은 선주가 눈독을 들일만도 했다. 아니 누가 됐건 남자라면 한 번쯤 그런 욕심을 품는 것도 지극히 당연할 것 같았다. 그녀를 바라보고 있는 사이에 슬그머니 불거져 오르는 나의 남성을 느꼈으니 말이다.

「당신은 뭐하러 여기에 왔으어?」

이 한마디로 김영수 씨는 몹시도 흥분해 있는 여인의 다음 말을 막아 버렸다. 그와 동시에 여인의 큰 눈에 얇고 투명한 막이 덮어졌다. 금방이라도 눈물을 왈칵 쏟아낼 것만 같았다.

「당신은 저 쪽에 앉아 있으어. 선주 영감이 나헌티 무진호 선장 자리를 더 주겠다고 약속했단 말이여. 무진호 선장! 내가 인자 선장이 된단 말이여. 선장이…… 여보게 상돈이 자네가 속 시원히 좀 야기혀 주게.」

김영수 씨는 친구라는 사내에게 고개를 돌리며 어떻게 한 마디 해줄 것을 청했다.

「아주머니! 모든 게 사실 여유 아주머니께서 당허신 일은 치가 떨리는 일이지만 그래도 인자 아주머니께서도 호강 허시게 되셨구먼유. 허허허.」

「봐여. 증말이라고 허잖는감? 그러니 당신은 저 쪽에 앉아 있으어. 내가 알아서 다 헐팅게.」

김영수 씨는 여인의 등을 슬쩍 밀었다. 여인은 구석의 의자에 앉아 두 손만 처지 곤란한 듯 내려다보았다. 일정한 간격을 두고 물방울이 그 손 위로 떨어졌다.

두 사내들은 아직도 얼떨떨한 모양이었다. 놀랜 표정이 아직도 그들의 얼굴에 남아 있었다.

「그런디—지장을 찍어도 될까유?」

김영수 씨는 어설프게 웃으며 엄지손가락을 내보였다.

「지장을 찍는다면 이야 더욱 좋쥬우.」

빵떡모자 쓴 사내는 이제야 좀 정신이 드는 모양이었다.

「요기에 콱 찍으슈우.」

군용 잠바를 걸친 사내도 한마디 거들었다. 김영수 씨는 그가 가리키는 자리에 엄지손가락을 꾹 눌렀다. 그리고 시키지도 않았는데 나머지 한 장에 또 꾹 눌렀다. 그와 동시에 세 사내의 입에서 억눌릴 듯한 안도의 숨소리가 가늘게 새어 나왔다. 김영수 씨는 그걸 눈치 채지 못했지만 나는 똑똑히 들었다. 아무래도 그들의 표정이 심상치 않았다. 그때 밖에서 주인으로 뵈는 중년 부인 한 명이 들어와 카운터에 앉았다. 그녀는 앉자마자 뭔가 열심히 써대고 있었다. 아마 수금을 하고 나서 장부를 정리하는 모양이었다.

나는 문득 음식 값을 치르고 있어야겠다고 생각했다. 그래야 차 시간이 되면 당황하지 않고 바로 뛰어나갈 수 있으니 말이다. 전번엔 늑장을 부리다 막차까지 놓쳐 혼난 적이 있었다. 나는 그들의 옆을 지나 카운터 앞으로 걸어갔다.

음식 값을 치르고 돌아올 때 나는 하마터면 비명을 지를 뻔했다. 둔탁한 흉기로 뒤통수를 얻어맞은 기분이었다. 김영수 씨의 어깨너머로 합의서라는 걸 보았기 때문이었다. 호기심으로 그 쪽지를 눈여겨봤던 것이다. 합의서는 왼 통 한자(漢子) 투성이였다. 몇 자 안 되는 글이라 한눈에 들어왔다.

순간 나는 아찔한 현기증을 느꼈다. 전신에 소름이 끼쳐 몸을 한 번 떨었다. 나는 견디기 어려운 충동질에 시달려야만 했다. 임마! 연극 도중에 관객이 끼어드는 것 봤니? 관객은 관객일 뿐이야. 관객에게 이러쿵저러쿵 개입할 권리는 없어. 관객은 보아주기만 하면 돼. 그리고 그들은 그들 나름대로 지금 열심히 연기를 하고 있는 거야. 내가 끼어든다면 그건 그들의 생명줄을 흔들어 놓는 거나 마찬가지야. 이건 연극이란 말야. 연극 알겠니? 임마! 또 다른 하나의 내가 나를 꾸짖었다. 내가 흥분할 때마다 찾아와 훈계해주는 아주 고마운 놈이다. 아하! 그렇지! 이건 연극이지? 그리고 난 관객일 뿐이고……. 하마터면 신성한 관객의 신분을 망각할 뻔했군. 후훗 나는 잊을 뻔한 관객의 신분을 가까스로 되찾았다. 그런 생각들이 다시 나의 맘을 느긋하게 해주었다. 흥분을 용케도 참은 내 자신이 퍽 대견스럽게 느껴졌다.

「김 형! 여기 이 만원 먼저 받어 두슈우. 나머지는 내일 드리겠소. 선주 영감이 수협에서 아직 현금을 못 찾은 모양 유우. 그래도 되것쥬우?」

빵떡모자 쓴 사내가 지폐 뭉치를 건네며 말했다.

「그럼유. 내일은 선주 영감에게 인사두 드릴 겸 제가 직접 사무실로 가겠수우.」

김영수 씨가 지폐 뭉치를 받으며 말했다.

「임 형! 그럼 우린 이만 갑시다. 야! 아가! 쐬주 값은 그서 놔라.」

빵떡모자 쓴 사내가 종이쪽지 한 장과 인주를 주머니에 넣더니 다급하게 내밀었다. 마치 누구에게라도 쫓기고 있는 듯한 말투였다.

「그럼 우리 먼저 가네.」

「자네가 이렇게 도와주어 증말 고맙네 그려.」

「고맙긴 뭘……」

김영수 씨의 친구라는 사내는 말을 다 맺지도 못하고 허겁지겁 퇴장해 가는 두 사내의 꽁무니를 따랐다. 김영수 씨는 만족스럽게 그들의 뒷모습을 바라보다가 문득 생각났는지 종이쪽지를 네 번 접어 소중히 넣고 여전히 고개만 숙이고 있는 여인 앞으로 갔다.

「이만 우리도 가도록 혀. 지영이란 년이 깼나 모르겠구먼. 아니 아니 당신 모처럼 짜장면이라도 한 그럭 사줄까?」

「아녀유. 그 돈은 내일 지영이 입원비로 써유. 밥은 집에 가서 먹구유.」

여인의 말소리는 목 안으로 기어들었다! 원래 수줍음이 많은 여인인가 보다.

「허허허 그려 그려. 이 돈으로 내일 당장 지영일 입원시키자구. 당신 나헌티 시집와 가꼬 고생 많이 했지? 이젠 당신도 호강 좀 시켜줄게. 내가 인자 선장이란 말이여. 선장! 허허허.」

그는 여인의 가냘픈 어깨를 토닥거리며 웃었다. 이 말이 다시 여인의 눈에 고춧가루를 뿌렸다.

「울긴 바보 같이.」

그는 여인이 얼굴을 쳐다보며 목젖이 울리도록 혀를 끌끌 찼다.

「우리도 이만 가도록 혀.」

그들도 곧 밖으로 사라져 갔다. 연기자들이 모두 퇴장해버린 무대 안은 몹시도 공허하고 썰렁했다. 탁자 위에 빈 소주병과 접시만이 덜렁 남아 그들이 왔다간 흔적을 남겨 놓고 있었다.

나는 머릿속으로 오늘 연극을 정리해 보기 시작했다. 그리고 스스로 비평자가 되어 강평도 덧붙여 보았다. 오늘 연기는 훌륭했다는 것이 결론이었다. 특히 김영수 씨의 심적. 전환 장면은 연극에 있어서는 거의 문외한 격인 나의 맘을 사로잡기에도 충분했다.

나는 한 동안 그런 생각에 빠져 있다가, 후닥닥 밖으로 뛰어나갔다. 그들의 모습을 한 번 더 보고 싶어 졌기 때문이었다. 그들은 냉동 공장 안으로 걸어가고 있었다. 사내의 팔이 여인의 가냘픈 어깨를 포근하게 감싸고 있었고 그 위로 탐스러운 눈송이가 쏟아져 내리고 있었다. 나는 희미하게라도 그들의 인생을 읽겠다는 뜻이 어둠에 잡아먹히며 서서히 퇴장해 가는 주인공들의 측은한 뒷모습을 쳐다봤다. 사실 나는 조금도 슬플 이유가 없는 것이다. 그런데도 가빠진 숨소리는 청승맞은 한숨으로 변해버리는 것이었다.

나는 그동안 쭉 잊고 있다가 날카로운 자동차 크락슨 소리에 거의 반사적으로 손목시계를 들여다보았다. 일곱 시 오 분전이었다. 그러고 보니 오늘 연극은 꼭 삼십 분이 걸린 셈이었다. 그리고 그동안 나도 모르게 연극광이 되어 있었다. 참 이상한 일도 다 있다. 후훗, 나는 씁쓰름하게 웃었다 그러나 지금은 그런 부질없는 생각에만 빠져 있을 때가 아니었다. 나는 정류소로 내달렸다. 버스가 서서히 움직이기 시작했다. 나는 간신히 버스에 올랐다. 몸을 털썩 의자에 내던지고 가쁜 숨을 몰아쉬며 오늘 나 혼자만이 지켜본 삼십 분짜리 단막극을 미희에게도 얘기해 줘야겠다고 생각했다.

어느덧 버스는 XX시내를 따라 저 쭉 뻗은 아스팔트 길을 질주하고 있었다. 그 뒤로 눈발이 우는 소리를 내며 따랐다.

입선

제605호 1978년 8월 4일 금요일

제23회 대학신문 학예상 : 시

비녀

· 권정숙 (국어국문학과 2학년) ·

너무 희게 세어
보기가 싫을 게라고
나보다 검게 물을 들이신
할머니 낭자에
꼭 이를 다물고
매어 달린 비녀.

오십 년의 한이 맺히어
얼음장처럼 차가움이 도는
비녀가

내 꿈속에서 눈물을 뚝뚝 흘리기에
나는
마음이 저렸다.

절벽 위에 핀 꽃일랑은
요즘 세상에야
못 꺾을 바가 없지 야만

우리 할머니는
그 비녀를
한 번도 놓치지만은 않았어요.

우리 할머니가 사랑하고 애끼고
우리 아버지가 사랑하고 애끼고
내가 사랑하고 애끼는
비녀.

할머니 예순한 살 환갑 때
어떤 설움에 느껴 우실 때
내가 따라 울며
눈이 부시던
비녀.

입선

제605호 1978년 8월 4일 금요일

제23회 대학신문 학예상 : 시조

버들잎에 쓴 노래

· 김익두 (국어국문학과 2학년) ·

다가가 나의 눈이 말하지 못할 땐
돌아가서 뒷길로 걸어가 보자.
주머니, 그 안엔 넋(魂)만 한 구슬을 굴리며.—

슬픔이 서서 우는 골목을 나와,
출렁이는 흰옷의 밀물을 지나서,
끝내는 이르러야 할 풀 돋는 언덕.

울렁이는 가슴을 고이 뉘인 뒤
새로 하늘 마련해 구름 띄우고
살며시 기별을 놓아 종달일 띄우자.

자잘 여린 풀이파리 구슬을 달고
몇 번이고 구비 넘은 바람이 오면
햇살 속 그만그만한 꽃들 웃음을 보자.

언덕 위 찬 이슬이 스러진 뒤엔
주머니에 홀로 남는 내 구슬 하나
무심코 한 손 위에다 올리어 본다.

황홀히 뛰노는 찰나의 영원,
화안히 비쳐 뵈는 동그란 지구,
얼비쳐 되반짝이는 너와 나의 삶.

제24회

학예상

•

1970~1979

가작

제630호 1979년 6월 29일 금요일

제24회 대학신문 학예상 : 소설

역전노인(驛前老人)

· 유영수 (국어국문학과 3학년) ·

내가 허형을 처음 본 것은 그러니까 작년 겨울 시내버스 속에서였다. 그때 나는 군복무를 마치고 제대한 지 몇 달 되지 않았기 때문에 다음 학기 수업을 정상적으로 받기 위해 녹슨 머리를 닦아내려고 안간힘을 쓰고 있었다. 그래서 아침에 학교 도서관으로 제법 무거운 도시락 가방을 들고 출근했다가, 저녁이 되면 빈 도시락을 덜컥거리며 집에 돌아오는 것이 그즈음의 나의 일과였다.

그 날도 해가 기웃했을 때 나는 빈 도시락의 가벼움을 의식하면서 학교 앞에서 시내버스를 탔다. 책을 너무 오래 들여다보아서인지 아니면 추운 겨울 날씨 때문인지 눈꺼풀이 자꾸만 오그라들려고 하고 있었다. 마침 옆자리의 아주머니가 다음 승강장에서 내렸기 때문에 나는 얼른 창문 쪽으로 엉덩이를 들어 옮기고는 자라목 움츠리듯 푹하니 고개를 쑤셔 넣었다. 그리고는 옷깃을 세워 바람을 막았다.

겨울 날씨답지 않게 석양의 햇볕은 아직도 따스한 기운을 차창 너머에서 던져주고 있었다. 아직 집에까지 가려면 한 시간도 더 남았기 때문에 아예 눈을 감아버렸다.

깜빡 나는 잠이 들었고 시외로 빠져나가는 것을 알려라도 주듯 덜덜거리는 차 채의 진동 때문에 얼마 후 나는 잠에서 깨었다.

잠에서 의식을 되찾았을 뿐 아직 눈은 뜨지 않았기 때문에 옆자리에 앉아있는 승객의 부드러운 감촉만이 전해져 왔다. 그때 나는 이 사람이 분명 여자일 것이라고 생각했다. 그래서 한참 동안 일부러 눈을 감은 채 그 감촉에 취하고 있었다. 커브 길에서는 되도록 몸을 차에 내맡겼다. 그래야만 더욱 깊이 있는 느낌을 받을 수 있었기 때문이었다. 드디어 나는 이 여자는 분명 어여쁜 아가씨일 것이 다는 확신을 하기에 이르렀다. 그 감촉은 너무나도 부드럽고 섬세하고 온화했으며 미혼녀 특유의 그러한 것이었다. 나는 좀 더 일찍 깨어있지 못한 것을 후회했다.

차가 〈악세레이타〉를 세차게 밟았고 그래서 나는 벌써 쭉 고개에 다다른 것을 알 수 있었다. 이제 조금만 있으면 이 여인과도 헤어져야 했다. 나는 울컥 이대로 종점까지 가버리고 싶었다. 그런데 그녀는 나보다 먼저 일어서는 것이었다. 그 따스하고 포근하고 짜릿하던 감촉은 일시에 사라지고 오직 엄동의 한풍만이 외투 속으로 파고들었다.

「제기랄. 별수 없지」

나는 얼굴이라도 보고 싶은 욕망에서 눈을 떴다. 그리고는 승강구 쪽을 바라보았다. 순간, 이게 웬일일까? 여자라고는 안내양 혼자뿐이었다. 그렇다면 내 옆에는 누가 앉아 있었단 말인가? 저 안내양? 천만에. 그렇다면… 생각이 여기에 이르자 내 입가에 웃음이 떠오르지 않을 수 없었다. 그러니까, 바로 저 친구였구나. 승강구 근처에 한 사내가 안내양에게 다가가는 모습이 눈에 들어왔다. 그는 내 자리에서 가장 가까운 곳에 있었다.

「저수지 입구에서 내려주십시오.」

안내양이 힐끗 눈을 흘겨본다. 저수지 입구라면 바로 우리 동네였다. 나는 얼굴이 화끈화끈 달아오르는 것을 간신히 누르고 그를 유심히 바라보았다. 도시풍의 옷차림에 한눈에 〈인텔리〉임을 직감케 하는 그런 〈타입〉이었다. 양복 사이로 보이는 흰색의 〈와이샤쓰〉 깃은 그의 얼굴을 더욱 희게 만들었으며 그래서 오히려 섬세하기까지 했다. 그 날 허형은 우리 집 대문 앞을 지나 곧장 동네 가운데로 들어갔었다.

이런 일이 있었던 다음 날 아침. 나는 뜻밖에도 어머니에게서 허형에 관한 얘기를 들을 수 있었다. 그 얘기는 평소에 같으면 무심코 지나쳐도 괜찮을 그러한 것이었다. 아침상을 물리고 막 숭늉을 마시려 할 때였다.

「여보. 윗동네에 순천댁네 있잖아요?」

「그런데」

「그 집에 말이에요. 부잣집 도련님이 같이 산다던데요. 서울에서도 굉장히 부자라나 봐요.」

「그래서 그게 어쨌다는 거야?」

아버지는 신경질적으로 신문을 뒤집으며 말을 내뱉었다.

「아니 그럼. 당신은 관심 없수?」

「먹고 살기도 바쁜데 남이 부자건 가난하건, 왔건 갔건 무슨 상관이야?」

「좋아요. 나도 꼭 힘들여 말할 필요는 없어요.」

그때 나는 어머니가 말씀하신 그 도련님이 바로 어제의 그 남자였음을 의식할 수 있었다. 그에 관해서 들었을 더 많은 이야기를 아버지 때문에 듣지 못한 것이 아쉬웠다. 물론 내가 어머니께 따지고 들었으면 더 알아냈을 터이지만 그때만 해도 나는 허형에게 그렇게까지 큰 관심을 가지진 않았었다.

그러고 나서 며칠 후 겨울치고는 꽤 따뜻한 날이었다. 일요일에는 공부를 안 하는 것이 나의 엉터리 신조였던지라. 조반을 마친 후 동네 가운데로 어슬렁어슬렁 걸어나갔다. 철이네 담 옆에는 꼬마들이 소꿉장난을 하고 있었다. 손에는 털장갑을 낀 채 녹슬어 이미 못쓰게 된 부엌칼을 들고 막 뜯어온 보리 잎을 썰고 있는 계집아이도 있었고, 부릉부릉 왱—왱— 하면서 나무토막을 밀고 다니는 사내아이도 있었다. 그리고 이러한 풍경과는 대조적으로 한쪽에서는 어른들이 장기판을 벌여놓고 있었다.

가까이 다가가니 황 노인과 천식이네 할아버지였다. 황 노인은 정좌를 하고 묵직하게 앉아 있었으며 천식이네 할아버지는 엉덩이에 흙을 묻기 싫은 양 쪼그리고 앉아 있었다. 주위에는 구경꾼들이 많이 모여 있었는데 그 중엔 바로 허형도 끼어 있었다.

그는 군복 바지에 흰 고무신을 신고 있었고 두텁게 걸쳐 입은 외투 사이로는 또 흰색〈와이셔츠〉가 보였다. 흰색의 〈와이셔츠〉 못지않게 그의 얼굴도 희뿌연 한 기운이 덮치고 있었는데, 나는 그 〈와이셔츠〉가 그를 초췌한 꼴로 만든다는 생각이 들었다. 그의 허리는 나이답지 않게 구부정했고 얼굴에는 잔주름이 어른거리고 있었으며 아무렇게나 휘날리도록 내버려 둔 머리칼이 그의 넓은 이마를 덮고 있었다. 만약 그 머리카락이 이마를 덮지만 않았더라면 그는 그것 때문에 열 살은 더 들어 보였음이 틀림없었다.

나와 허형이 이마를 마주 대고 쳐다보고 있는 아래에서 판이 한참 절정에 이르고 있었다. 바짝 웅크리고 앉아있던 천식이네 할아버지가 소리소리 「장이야」를 외쳐댔고 그 앞에 앉아있던 황 노인은 이마에 내천자를 깊이 생기고 있었다.

「장야!」

「음……」

「아 장야?! 장기 뒤는 사람 어디 갔어?! 야 원식아 황가놈 똥 다 쌌냐고 물어봐라」

「야 이놈아, 가만히 좀 있어. 늙은 것이 방정맞기는……」

여기서 훈수랍시고 한마디씩 내뱉는다.

「사때기를 올려봐요」

「아냐, 사를 올리면 차로 먹고 들어오니까 외통이야.」

「일단 포길을 막고 하나를 줘야지」

「좋다. 그것이 제일 상수다.」

이렇게 홍겹게 판이 진행되는 동안에도 허형은 시종 미소만 머금을 뿐 말이 없었다. 나는 눈은 장기판에 있으면서도 정신은 허형에게 깔렸었다. 갑자기 전세가 역전되었고 황 노인이 큰 소리로 너털웃음을 터뜨렸다.

「하하하하하. 이 사람아 장 받아야지?」

「흠!……」

「애 철식아! 너희 할아버지 똥 다 쌌냐고 물어봐라」

주위에 서 있던 구경꾼들 입에서 일시에 웃음이 터져 나왔다.

「한 수만 물리세」

「안 돼! 이 사람아 일수불퇴라고 여기 서 있지 않은가.」

「딱 한 수만. 정말이라니까」

「좋아. 그렇다면 내 딱 한수만 물려주지. 다음부터는 어림없을 줄 알아.」

판은 다시 시작되었고 이때 허형이 허리를 부스스 털고 일어났다. 그러고는 저쪽으로 몸을 돌려 걸었다. 두 손을 외투 속에 푹 쑤셔 넣고 군복 바지에 고무신을 신고 걸어가는 모습은 누가 봐도 조금은 어색했다. 나는 그 날 점심을 먹으면서 어머니께 허형에 대해 물어보았었다.

「어머니. 윗동네 서울 사람 아시죠?」

「순천댁 집에 있다는 총각 말이지?」

「예, 그 사람 어떻게 그 집에서 살게 되었어요?」

「그전에 서울에서 순천댁이 가정부였다는 소문은 너도 알지? 그 총각이 바로 그 집 외아들이라더라. 헌데 몸이 몹시 쇠약해서 요양 차 이곳에서 당분간 머물기로 했다더라. 남대문 밑에 큰 집이 한 채 있고, 아버지 되는 사람은 무슨 수출회사 사장인가 뭔가 한다는데 며칠 전에도 여기 다녀갔다더구나.」

「그런데 요양하러 온 사람이 왜 이런 도시도 아니고 시골도 아닌 곳으로 왔을까요?」

「순천댁이 서울에서 같은 집에 있을 때, 저 저수지를 많이 얘기해준 까닭이겠지. 이북 사람들이라 친척도 없고, 그래서 연고지라고 생각나는 곳이 이곳 밖에 없었을 거야. 내가 보기에는 도시 사람치고는 꽤 순진한 편이더라.」

「제가 보기에도 말이 없고 뭐가 고민에 가득 찬 모습이었어요.」

그 날 이후 나는 기회 있을 때마다 허형을 유심히 관찰하기 시작했다. 그는 몹시 바람이 부는 날이나 눈이 많이 오는 날만을 빼고는 항상 아침만 되면 입으로 하얀 입김을 내뿜으며 저수지 둑을 걸었고, 뒷산을 오르내렸다. 그러한 허형이 몹시 감상적이고 낭만적으로 느껴지기까지 했다. 학교 도서관에나 처박혀서 공부랍시고 날마다 책과 씨름하는 나 자신이 별 볼 일 없는 인간으로 둔갑해야 했다. 그리고 이렇게 된 게 모두 그의 탓이구나 하는 생각이 자꾸 들었다.

서울에 있는 친구에게서 연락을 받고 달포나 집에 있지 못했던 울 이른 봄이었다. 아직은 3월이 초순인지라 학교는 새 학기 행사에 무척이나 휘청거렸고 나는 동창회니, 단합대회니, 향우회니 뭐니 해서 눈코 뜰 새 없이 바쁜 날들이 계속되었다. 그러던 어느 토요일, 그 날은 군에서 제대한 복학생들끼리 한잔하자는 연락을 받았고, 그래서 2차 3차 마구 부어 마셨던 날이었다. 중국집을 빠져나와 얼큰하게 취기가 올라온 얼굴로 시내버스에 올랐다.

버스가 역전광장을 지나고 다음 승강장에 서자, 그때 허형이 차를 탔던 것이다. 그는 만원 버스 속에서도 용케 비집고 내 근처까지 들어왔다. 우리 동네는 종점에 가까운 곳이라 출입문 근처에서 오르내리는 승객들에게 시달릴 필요가 없었다. 나는 취한 김에 그에게 말을 걸었다. 그때는 무슨 이성적 판단이나 용기도 필요 없었고 무조건적이었다. 다시 말해서 내가 말을 하는 것이 아니라 술이 말을 하는 셈이었다.

「형씨, 우리 구면인 것 같은데 어디 갔다 오십니까?」

그러자 그는 약간 당황한 듯한 표정으로 머리를 숙이고는 더듬더듬 대답했다.

「예—저—. 시내에 볼 일이 좀 있었습니다. 그런데 어떻게—. 저를?」

「아느냐 이 말이죠? 저는 저수지 앞 가게 집에 살고 있습니다. 형씨도 그 동네에 계시죠?」

「예……」

「그럼 우리 서로 인사라도 하고 지냅시다. 저 유영일이라고 합니다.」

「그러세요? 저는 허형식입니다.」

「저는 허형께서 저희 동네로 오신 후부터 아주 관심 있게 허형을 보아

왔습니다.」

그리고 나서는 내 입에서 계속 말이 끊이지 않았다. 아마 그때 허형은 내 말에 답하느라 혼쭐이 났을 것이다. 그때 이야기 한 내용들은 잘 모르겠고, 아무튼 차비는 내가 내었던 게 분명했다.

나는 허형을 내 뒤로 잡아끌고는 먼저 내리면서 차비를 지불했다. 그는 미안한 듯이 어색한 빛을 감추지 못했다. 나는 그에게 언제 한번 찾아가겠노라고 말하면서 굳게 이별의 악수를 하였다. 그리고는 손을 흔들면서 집으로 들어갔다.

그 날 밥도 안 먹고 바로 꿈나라로 직행했던 탓인지 다음 날 아침이 되자 속이 쓰려 견딜 수가 없었다. 어머니께서 속풀이 하라고 끓여준 쌀죽을 한 그릇 때려눕히고, 아랫목에 팔을 베고 누워서 천정을 바라보았다. 어제 일이 생각났다. 학교에서부터의 일들을 곰곰이 생각하기 시작했다. 그러다 문득 허형과의 약속이 떠올랐다.

그제야 세수를 하고 얼굴을 가다듬고 옷을 갈아입었다. 그리고는 허형 집으로 향했다. 가면서 생각해 보니 시내버스 속에서 내가 너무 실례가 많았던 것 같았다.

「아주머니 계세요?」

「누구세요?」

「접니다.」

「아니 영일이 학생이 우리 집엘 다 오고 웬일이야?」

「예. 학교 다니느라 정신이 없어서 한 번도 못 올라왔었습니다.」

「방으로 들어와. 밥은 먹었고?」

「예. 다름이 아니고 건넌방 사람 좀 만나고 싶어 왔습니다.」

「그러고 보니, 어제저녁에 밥 먹으면서 아랫동네 가겟집 학생이 어쩌구저쩌구 하더니 바로 영일이 학생이었구먼.」

「예, 어제는 제가 실수가 잦았던 것 같아서 이렇게 찾아왔습니다.」

「실수라니? 그러잖아도 놀러 온다고 했다면서 기다렸어.」

이렇게 이야기를 하고 있을 때 허형이 뒷방에서 걸어 나왔다.

「오셨습니까? 방으로 들어갑시다.」

방에 들어가서 마주 앉은 즉시 나는 어제의 무례를 사과했다. 그랬더니 그는 오히려 그러한 나의 행동이 부러웠던 모양이었다.

「젊음이라는 것이 바로 그런 것 아닙니까? 저는 저 자신이 그러한 행동을 해보지 못해서인지 어제도 유형이 몹시 부럽게 여겨지더군요.」

「아닙니다. 그렇게 말씀하시니까 제가 오히려 더 미안해집니다.」

그 날 이후로 허형과 나는 누구보다도 서로 자주 만나는 사이가 되었다. 그래서 허형에 관해 차츰 여러 가지를 많이 알게 되었다.

그의 말에 의하면, 그의 인생은 그야말로 소설 속의 비극적 주인공의 생애 바로 그것이었다. 6.25가 일어나기 한 해 전인 1949년, 그의 부모님은 결혼식을 올렸다. 그리고는 단란한 할 때를 보냈다. 그러나 다음 해에 일어난 전쟁으로 인해 허형의 아버지는 아내의 뱃속에 그를 남겨놓고 행방불명이 되어버렸다. 결국은 어머니와 함께 외가에서 전쟁을 치르게 되었고, 다섯 살이 되던 해에 허형은 〈장티프스〉 때문에 어머니마저 잃었던 것이다. 노약한 외할머니는 그를 고아원으로 데리고 갔다. 그는 그의 할머니의 모습이 어렴풋한 기억 속에 지금도 살아 있다고 말했었는데, 그렇게 해서 허형은 일곱 살이 될 때까지 그 고아원에서 컸다.

학교에 들어간 여덟 살 때부터 지금의 양아버지인 허 사장댁에 양자로 들어가게 되었다. 허 사장 내외는 그에게 매우 열성적이었다. 그리고 그러한 열성은 미라를 낳은 후에도 계속 마찬가지였다. 지금은 어엿한 숙녀가 되어 대학 〈캠퍼스를〉 걷고 있다는 허형 동생 말이다. 그런데 허형은 원래가 굉장히 내성적인 인간이었다. 이 사실에 대해서는 자신 스스로가 고백을 했을 정도였다. 그는 공부밖에는 아는 게 없었다. 그러다 보니 몸이 약해졌고, 그것이 점점 심해져서 아버지의 사업조차 이어받지 못할 정도가 되었다는 것이다. 결국, 이곳에 왔고 일 년 정도의 기간 요양하면서 건강을 회복해서 다시 올라가기로 되어 있었다. 그래서 아침저녁으로 산책도 하고 또 정신수양을 위해 독서도 하고 있었다.

아닌 게 아니라 그가 가지고 내려온 〈트렁크〉 속에는 책이 반 이상을 차지하고 있었는데, 그것 외에도 앉은뱅이책상 위에는 요즘 소위 말하는 〈베스트 셀러〉라는 책들이 한 스무 권 정도는 쌓여 있었다. 소설류가 대부분이었고, 사상 집과 〈엣세이〉들도 있었다. 나는 허형이 이렇게 문학에 상당한 관심을 가지고 있다는 사실에서 어떤 동료의식마저 느끼고 있었다.

그런데 허형이 나를 끝까지 속이려 하던 것이 있었다. 언젠가 허형을 찾아갔을 때의 일이었다. 나는 그 사실을 매우 우연한 기회에 발견하게 된 것이다.

그 날은 허형과 함께, 봄 향기에 취한 채 담장 너머로 저수지 둑과 그 밑의 들을 돌아다니는 사람들을 바라보고 있었다. 그러다가 나는 다음과 같은 생각이 들었다. 저 저수지 둑이 터져서 그 물이 한꺼번에 저 들을 덮친다면 어떻게 될까? 이들은 꼼짝도 못 하고 처참하게 죽어 갈 테지. 저 큰 물살에 밀려가면서, 엉키고 할퀴고 또 마구 부딪힐 것이다. 그래서 발견된 시체들 또한 눈 뜨고는 못 볼 흉악한 모습을 하고 있을 것이다. 나는 허형을 불렀다.

「허형, 죽은 사람 봤오?」

「갑자기 죽은 사람은 왜 묻습니까?」

「어쩐지 저기 들을 거닐고 있는 사람들이 갑자기 죽을 것만 같아서요.」

「죽음에 대해서는 저도 많이 생각해 보았죠. 늙어서 제 나이에 노사(老死)하는 사람들은 정말 복도 많은 사람이라고 생각합니다. 아들, 딸 많이 낳아 시집, 장가 다 보내고 말년에는 자식들 집이나 오가며 손주도 재워주고 집도 지켜 주고, 또 장기판이나 바둑판을 쫓아다니다가 적당한 시절에 미련 없이 죽어가는 사람들 말입니다.」

「그 점에는 저도 동감입니다. 그러나 제 생각에 그러한 죽음보다는 후세 사람들이 나에게 부여할 가치를 죽음이라는 과정에도 남겨 놓는 게 더 좋지 않을까요. 물론 허형 생각도 좋습니다만, 저라면 의미 있는 죽음을 적당한 기회에 택하고 싶어요. 」

「그럼 유형은 죽는 것도 마음대로 한단 말입니까?」

우리는 가볍게 웃었고 잠깐의 침묵이 흘렀다. 나는 허형 아버님의 죽음에 관해 물어보았다.

「참, 허형, 아버님을 전쟁 때문에 잃으셨다고 하셨죠?」

「예. 원장님께서 제가 고아원에 있을 때 말씀해주시더군요. 저희 아버지는 용감하게 돌아가셨다구요. 그런데 어디 정말 그랬겠습니까? 자식을 아내의 뱃속에 남겨둔 채 멀리 사라져야 했던 아버지가 어떻게 용감할 수가 있었겠습니까? 다 나 때문에 원장님이 지어내신 말씀이죠.」

「꼭 그렇다고만 또 생각할 수 없는 일이 아닐까요?」

「제 생각엔 그렇습니다. 지금도 어디엔가 아버님이 살아 계실 것만 같은 생각이 자꾸 들어요. 요즈음은 그 생각 때문에 거의 미쳐버릴 지경이죠.」

「그러시겠죠. 행방불명이 되었기 때문에 시체도 못 찾았었다고 하셨죠?」

「예. 아버지 산소가 어디에 있다면 문제는 다르겠지요.」

「그럼 만약에 말입니다. 허형의 아버지라고 확인된 사람이 지금 허형 앞에 나타난다면 허형은 어떻게 하시겠읍다?」

「뭐 어떻게 한다고까지야 지금 당장 말할 수 있나요. 지금쯤은 늙어 구부정한 허리에 머리카락은 반백이 되어있을 것이고, 이빨은 군데군데 썩었을 것이며 서너 개는 빠져 버렸을지도 모르는 일이죠. 그리고 악어 가죽 같은 손등을 내밀며 「한 푼 줍쇼」하고 있을지 누가 압니까? 납작하게 밟힌 채 역전 광장에 떨어져 있는 담배꽁초를 주워들고도 불붙일 성냥이 없어서 담배 한 대도 제대로 못 피울 것이고, 중국집 쓰레기통에 버려진 짜장면 가락도 손이 떨리고 손가락마저 곱아서 입에 넣지 못할 것이 아닙니까?…… 정말이지 그러고도 지금까지 살아있었다니 기적입니다.」

「예? 아니 지금 허형 무어라고 하셨죠? 그렇다면 허형 아버님이 지금도 살아 계시다는 말입니까?」

「아. 아. 아닙니다. 제가 말을 잘 못 한 모양이군요. 그렇게라도 살아 계셨으면 좋겠다는 이야기죠.」

순간 나는 허형의 얼굴을 횅하니 스치고 지나가는 이상한 기운을 느낄 수 있었다. 더 이상 대화를 계속할 수가 없었다. 그래서 나는 점심을 구실로 해서 집으로 내려와 버렸다.

그 날 이후 나는 그에게 무언가 비밀이 있다고 믿게 되었다. 그렇지 않고서는 그때 그렇게까지 당황할 필요가 없었던 것이다. 나는 곰곰이 허형의 얘기를 되새겨 보았다. 그러나 아무리 생각해도 알아낼 도리가 없었다. 그렇다고 그에게 직접 들어 본다면 그것은 그의 아픈 상처를 건드리는 결과가 되는 것이다. 결국, 나는 다음과 같은 최소한의 결론에 도달할 수밖에 없었다.

즉, 허형의 행동을 유심히 관찰하기로 마음먹었다. 그러노라면 뭔가 나올 것도 같았다. 왜냐하면, 허형이 지난번에 묘사하던 어귀들이 지금까지의 허형의 주변 환경과는 너무도 동떨어진 것이었기 때문에 그의 상상에서만 나온 말이라고는 여겨지지 않았던 것이다. 그렇다면 무언가 그 비슷한 얘기를 들었거나 혹은 직접 보았음에 틀림이 없었다. 게다가 당시 허형이 토요일만 되면 어김없이 역에 다녀온다는 사실까지 그 의혹과 결부되어 나의 머리에 떠오르기 시작했던 것이다. 항상, 어떤 호기심 속에서 내가 모르고 있던 사실들을 알아내는 것도 흥미 있는 일이지만, 내가 예측했던 사실이 맞아 들어가는 과정을 눈여겨 바라보는 것도 그에 못지않게 쾌감을 던져주었다. 드디어 기회를 잡고 토요일의 허형의 행로를 추적했다.

나는 역전에서 허형을 기다렸다. 허형은 세시가 넘어갈 무렵 역전광장에 모습을 드러냈다. 나는 술집 유리창을 통해 허형이 역 안으로 들어가는 것을 확인하고 밖으로 걸어 나왔다. 그리고는 천천히 창문으로 다가갔다. 만약 허형이 나를 알아보면 소재〈헌팅〉 때문에 나왔다고 얼버무리면 그만이었다. 유리를 통해 바라보니 허형은 저쪽 나무의자에서 두 손을 외투 주머니에 툭 하니 찌른 채 앞을 응시하고 있었다. 나는 그의 시선이 머무르고 있는 곳을 바라보았다. 마침 주말이라서 그랬는지 다른 날보다 배는 더 많은 여행객이 내 눈길을 혼란시키고 있었다.

그곳은 허형과 반대쪽이었다. 그곳의 의자 위에는 어떤 거북한 자세로 자리하고 있었다. 그것은 가끔 움직이고 했는데 자세히 바라보니 사람이었다. 그제야 나는 허형의 비밀을 어렴풋이 깨달을 수 있었다. 허형은 매주 토요일만 되면 이곳에 와서 아버지 또래 되는 나이의 노인들을 바라보곤 했던 것이 틀림없었다.

그 날은 바로 저 할아버지가 대상 인물인 모양이었다. 그러면 그렇지, 어쩐지 묘사가 너무 사실적이었더라. 언젠가 허형이 묘사해 내던 노인의 모습이 바로 역에 앉아있는 그 노인의 모습과 너무 흡사했다. 나는 허형과 노인을 번갈아 바라보았다. 허형은 꿈쩍도 하지 않고 앉아 있었고 노인만이 가끔 자리를 이탈하곤 했다. 눈꺼풀을 아래로 늘어뜨린 채 가끔 뒷꿈치가 달아버린 검은 고무신을 끌며 이리저리 담배꽁초를 찾아 옮아 다녔다. 어쩌다 꽤 길은 꽁초를 찾으면 그것을 두 손으로 받쳐 들고는 다시 불을 찾아 헤맸으며, 인심 좋은 사람이 불을 붙여주면 절을 수없이 해대고는 다시 제자리로 돌아가서 그것을 다 피웠다. 어떤 사람들은 불을 붙여달라고 노인이 다가왔을 때 아예 자기가 피우던 담배를 주어버리는 이도 있었다.

노인은 갓 시집온 새색시처럼 나무의자 위에 발을 모두고는 모퉁이를 벽 삼아 새우가 되어 있었는데, 머리카락은 먼지와 범벅이 되어서 새가 집을 짓고 있었으며, 꺼무스레한 얼굴은 주름살 하나하나에까지 이 세상의 모든 업고를 짊어진 성자의 체념이 엿보였다.

움푹 들어간 눈은 두꺼운 아랫눈꺼풀에 감길 듯 덮여있었고 수염은 가위로 싹둑 잘라 내었음이 분명했다. 노인이 입고 있는 검은색〈오바〉는 새끼줄로 허리가 질끈 묶여 있었는데, 그 속으로 검고 희뜨꾸레하게 여러 겹의 옷깃들이 제각기 춤을 추며 노인의 알몸을 바람으로부터 막아주고 있었다. 양쪽 소매 끝은 그의 손과 함께 〈오바〉속 가슴팍으로 파들어 보내놓고 있었으며 그 아래에 있는 오른편 주머니는 무엇이 들었는지 상당히 볼록하였다. 바지는 무릎이 해어져 있어서 그곳으로 〈파자마〉가 푸른색으로 삐져나와 있었고, 발목 근처도 땟국에 쩌들은 〈파자마〉자락이 양말과 함께 새끼줄로 묶여 있었다. 아마도 바람이 들어가는 것을 막기 위해서인 모양이었다.

그가 베고 있는 검붉은 색 보따리는 이불 보따리 같기도 하고 옷 보따리 같기도 하였는데 노인은 그것을 귀퉁이로 몰아세워 놓고는 등을 의지하고 있었기 때문에 얼른 보아서는 보이지가 않았다. 발아래 나무의자 밑에 벗어 놓은 고무신은 기름에 오그라들어 흉측한 모양을 하고 있었으며 그나마 한쪽은 뒤축이 헤어져 있었다.

열차를 기다리는 사람에게 있어서 이러한 노인이란 참으로 안성맞춤의 눈요기였다. 여행자들은 눈빛 하나 꿈쩍 않고 노인을 바라보고 있었다. 그러나 노인은 이따금 눈을 뜨고 그네들의 발끝만을 힘없이 바라볼 뿐이었다.

헌데 이러한 노인에게도 친구는 있었다. 역전에서 구두를 닦는 꼬마였다. 녀석은 어디선가 불쑥 나타나 노인 옆에 주저앉더니 무어라고 한참 입을 놀렸다. 아마 왜 얼굴이 새까맣게 되도록 세수를 안 했느냐는 말인지도 몰랐다. 꼬마는 제 놈의 얼굴을 문지르는 시늉을 해대고는 웃어 젖혔다. 그러더니 갑자기 구둣솔과 구두약을 꺼내었다. 솔에다 약을 묻히더니 고무신을 번쩍 추켜들었다. 그리고는 그것을 닦기 시작했다. 그러자 그 광경을 지켜보고 있던 사람들이 폭소를 자아내는 수밖에 없었다. 그러나 노인은 눈 하나 깜짝하지 않았다. 녀석은 코가 번질거리는 고무신을 노인 앞에 들이대었다. 이런 식으로 꼬마가 노인을 놀려주고 있을 때 허형이 녀석을 불렀다.

순간 나는 허형이 왜 구두닦이 녀석을 불렀는지 가슴을 조이며 기다렸다. 그러나 허형은 꼬마 앞에 발을 들이 내밀어 닦으라는 표정을 지을 뿐 많이 없었다. 그때부터 나의 관심은 허형의 표정에 있었다. 꼬마는 신나게 구두를 닦았다. 잠시 후 구두는 반들반들하게 윤이 났고 허형은 밖으로 나오려는 기색을 보였다. 그때야 얼른 노인이 앉아있던 자리를 쳐다보았다. 헌데 노인은 간데없고 빈자리만이 남아 있었다.

허형보다 한발 앞서 역전을 빠져나온 나는 시내 다방에 앉아서 그 날의 성과는 대성공이었다고 생각했다. 그로부터 몇 주일 동안은 허형의 집에서 놀면서도 역전노인 이야기만 나오기를 기다렸다. 그러나 차후로 다시는 이야기를 하지 않았다. 그때 나는 내가 먼저 그 얘기를 꺼낼 용기가 없었다. 그리고 그때쯤은 허형의 건강도 몹시 악화하여 가고 있었다. 게다가 말수도 줄어들어 내가 두 마디 할 때 그는 한마디나 받아 줄 정도였다.

바쁜 가운데 학교행사도 거의 마무리 되어 갔고 중간고사를 2주일 앞에 놓은 토요일, 나는 역전노인에 대해 이상한 생각을 하게 되었다. 그것은 다름이 아니라, 그때 허형이 역전노인에게서 아버지에 대한 향수를 달래고 있었다는 사실만을 알아내고는 그것으로 나의 모든 의혹을 풀어 없애 버렸었다.

그런데 다시금 생각해보니 그러한 생각은 너무나 가벼운 생각이었던 것이다. 그 이상의 무슨 재미있을 법한 현상이 또 내재하여 있을 것만 같았다. 예를 들면 허형이 아버지를 노인을 아버지로 착각해버려 정신착란증을 일으킨달지, 또는 노인이 진짜 아버지라는 사실이 밝혀진달지 하는 등등의 것들 말이었다. 나는 우선 그 노인을 다시 한번 보고 싶었다. 해서 또 일에 착수했다.

그 날은 명탐정 〈호옴즈〉이상의 재빠른 동작을 취해야만 했다. 허형이 역전에 나타난 시각은 그전과 비슷했다. 그때 나는 술집에서 막걸리를 몇 잔 들이킨 상태였다. 전과 동일한 수법으로 그를 관찰했다. 그런데 그는 여전히 그 자리에 앉아있는 것이 아니었다. 허형이 앉아 있는 자리는 구두닦이 녀석이 그날 앉아 있던 자리였다. 잠시 후 허형은 노인과 얘기를 주고 받았고 얼마 후 그를 끌고 밖으로 나오는 것이었다.

그런데 순간 나는 놀라지 않을 수 없었다. 노인의 얼굴에 깜장이 보이지를 않았다. 그리고 중절모자 속에 감추어진 머리카락도 전과 같이 길고 먼지와 범벅된 그것이 아니었다. 외투를 질끈 동여맨 새끼줄은 여전하였지만, 무릎 나온 바지가 아니었고 발목 근처의 때 절은 〈파자마〉도 보이지를 않았다. 고무신도 새것이었다. 이제는 질질 끌지 않아도 되었다. 그리고 가장 두드러지게 달라진 것은 노인이 지팡이를 짚고 있다는 사실이었다. 허형은 노인을 데리고 인근 음식점으로 들어갔다. 그 집은 중식과 한식을 겸하고 있는 집이었다. 나는 그동안 소피도 보고 호빵으로 배를 채우면서 그들이 나오기를 기다렸다. 30분 정도 지나서 그들은 모양을 드러냈다.

음식점 〈뽀이〉는 문까지 따라 나와서는 한참이나 그들을 바라보았다. 다시 그 의자에 도착한 허형과 노인은 그들의 형색의 차이만 아니었더라면 분명 부자간으로 여겨질 만한 그런 사이였다. 허형은 노인을 자리에 앉혀준 후 매점에서「한산도」한 갑을 사들었다. 천천히 그러고도 근엄하게 허형은 노인을 대접했다. 노인의 입에 물린 담배에 불이 붙여졌다. 그리고 한참 후 허형은 그 담뱃갑을 노인 옆으로 밀어놓고는 자리에서 일어섰다. 그 날 나는 그러한 허형의 행동에 시종 놀라움을 금치 못했었다. 그것은 정말 상상 밖의 현상이었다.

시험 기간 중이라서 며칠 못 보다가 시험이 끝나는 날 나는 허형을 찾아갔다. 허형은 자리에 누워 있었다. 내가 방으로 들어서자 그는 몸을 일으키며 미소를 보내왔다. 허나 그때는 허형보다 오히려 내 쪽이 더 착잡해 있었다. 나는 역전노인의 죽음에 대해 그에게 말할 용기가 없었다. 그리고 지금까지 허형과 역전노인에게 연관 지어 한 나의 행동에 대해 죄의식을 느끼지 않을 수 없었다.

내가 왜 허형과 그 불쌍한 노인을 가운데에 놓고 그토록 내 말초적 쾌락만을 추구했었던가, 그리고 또 그때마다 왜 허형과 노인 사이에 불길한 사건(—당시의 생각으로는 좀 더 〈드라마틱〉한 것이었다—)이 발생하기만을 바래왔는가. 머리를 꽝하고 치는 심판을 쇠망치를 나는 의식해야 했다.

내가 노인의 죽음에 대한 소식을 처음 들은 것은 시험 기간 중이었다. 시험이 오전에 끝나고 내일의 과목을 위해 도서관으로 들어서려 할 때였다.

「어디 보자. 신문에 나왔는가 봐야겠다.」

「뭘?」

「역전에서 어제저녁에 사고 났었거든.」

「무슨 사고?」

「역전에 가면 미친 노인네 있잖아. 그 노인이 군용트럭에 치여 죽었거든.」

「누가?」

「모르면 관둬. 군용트럭에 거지 노인네 하나 죽었다고 신문에 나올 리 없겠지만 그래도 혹시나 했더니 정말 안 나왔구나.」

나는 너무나 뜻밖의 일이라 어리둥절했다. 다음 순간 허형의 얼굴이 내 앞으로 다가옴을 느꼈다. 그 얼굴은 희었다가 검었다 하면서 손을 힘없이 뻗어냈다. 분명 허공에서 무엇인가를 잡으려 하고 있었다. 그의 얼굴은 찡그릴 대로 찡그리고 있었으며 눈에서는 눈물이 주루루 흘러 내리고 있었다. 그런가 하면 다시 검은 얼굴로 변했고 징그럽게 웃는 얼굴이 되어 안개 속으로 사라져 가는 것이었다. 나는 다음날 시험을 이러한 허형 생각에 잠긴 채 마쳐야만 했다. 소매를 잡아당기며 술집으로 직행하자는 친구들의 유혹을 뿌리치고 집으로 왔고 저녁 식사가 끝나자마자 처형을 찾은 것이다.

나는 허형에게 역전노인의 죽음에 대해 알리지 않기로 마음을 먹었다. 그때까지의 내 잘못을 사과하는 의미에서라도 그가 생존해있을 때보다 더욱 생생하게 그의 모습을 전해주고 싶었다.

「허형, 역전에 가본 일 있죠?」

「예, 그런데요?」

「거 왜 어느 역이나 가보면 다 한두 명씩은 늙은 거지들이 있지 않습니까?」

「그렇지요.」

「그런데 시내 역전에 있는 노인네를 한 번이라도 봤는지 모르지만, 그 노인네는 미친 거지치고는 꽤 깨끗한 편이더군요. 누구한테서 들은 얘긴데 그 노인네는 다른 사람과는 틀려서 아침이면 그 추운 날씨에도 꼭 세수하고 항상 머리를 빗질하고 다닌다더군요. 그리고 담배나 먹을 것을 구경할 때면 보라는 듯이 모자를 벗고 그 얼굴과 빗어 넘긴 머리를 내보이는 습관이 있다더군요.」

「그래요?」

「허형은 우습지도 않소? 한번 상상해 봐요. 다른 데는 다 지저분하고 꾀죄죄하게 땟국이 흐르면서도 얼굴만은 깨끗이 씻고 다닌다니, 머리나

감았으면 말도 안하겠습니다. 서캐가 더글더글할 것이 분명한 머리에다 물만 묻혀서 빗어 넘기면, 아닌 게 아니라 광장의 예술가 같겠죠?」

「그렇겠군요.」

그러나 이러한 나의 의식적인 노력에도 불구하고 허형의 건강은 점점 더 악화하여만 갔다.

「처음에는 곧 일어나려니 생각했는데 그것이 잘 안 되는군요.」

「허형, 서울에 연락해서 입원을 하셔야겠습니다.」

「그럴 필요까지는 없습니다.」

요 며칠 전에 나는 순천댁 아주머니와 마주친 적이 있었다.

「허형의 건강이 몹시 위급한 상태에 도달한 것 같습니다.」

「나도 어찌해야 좋을지 모르겠어. 서울엔 연락을 하지 말아 달라고 신신부탁을 하는데……안 하자니 그렇고 하자니 그렇고……」

「그래도 연락은 해 놔야지요.」

「아무래도 그래야 할까 봐」

「이렇게 하면 어떻겠어요. 서울에 연락하되, 연락을 받고 온 것이 아니라 그냥 한번 다녀가고 싶어서 왔다고 하라 하세요.」

「그것도 좋은 생각이군. 요새는 잠자면서 어떻게나 '아버지' 소리를 자주 하는지 모르겠어. 그러면서도 또 집에 아프다는 연락을 하지 말라고 한단 말이야. 알다가도 모를 일이야……」

지난주 토요일, 나는 저녁을 마치고 또 허형을 찾아갔다. 몸을 일으키려는 것을 말렸다.

「허형이 일어났다하면 그때부턴 허형과 할 많은 일을 생각해 주었죠.」

「무슨 일들입니까?」

「아, 이건 허형이 일어날 때까지 절대로 말하지 않기로 했소. 그래야 허형이 깜짝 놀라실 게 아닙니까?」

「하하하……」

그리고는 얼마 동안의 침묵이 흘렀다.

「허형! 여행 좋아하시죠?」

「예, 그런 편이죠.」

「허형은 여행할 때 교통수단으로 주로 무엇을 이용하십니까?」

「글쎄요…… 시내버스를 타봤자 겨우 서울 외곽이나 뱅뱅거릴 뿐이고, 교외로 빠지는 버스라 할지라도 비포장도로를 달릴 때면, 먼지 때문에 약간은 꺼림칙한 생각이 들어요. 그래서 저는 기차를 많이 이용하는 편이죠. 밤에 타는 완행열차보다는 낮에 타는 완행열차가 더 좋더군요. 머리를 창틀에 기대고서 밖을 바라보면 넓은 들판이 우리들의 좁은 마음을 확 트이게 합니다. 굴속을 지날 때면 서부영화의 한 장면이 떠오르기도 하죠. 봄이 되면 파릇한 새싹들이 우리에게 생의 의미를 부여하고, 여름에는 푸르른 동녘이 우리들의 마음을 생기 있게 해줍니다. 단풍이 물든 가을은 들보다도 좁은 계곡을 지나갈 때 우리에게 사색의 기회를 주는 것 같더군요. 그때가 되면 색색으로 물든 산야가 우리를 가엾은 우수에 잠기게 하거든요. 겨울이 되어 첫눈이 날리면, 아직 채 떨어지지 않은 잎사귀를 애써 붙잡고 있는 낙엽송들이 조금은 처량하게 느껴지기도 하지만, 이 한해도 무사히 보냈구나 생각하면 새해를 맞는 마음에 용기를 불어넣기도 합니다.」

「허형은 주로 차창 밖의 풍경이나 여타의 정서적인 면에 민감하시군요. 저는 여행을 할 때면 주로 사회적인 것과 연관을 지어 봅니다. 그리고 그중에서 좋은 것은 소설의 소재로서 머리에 담게 됩니다. 학교와 집만을 왔다 갔다 하는 저로서는 소재가 무척이나 궁핍한 편이죠. 그래서 기차를 타더라도 주로 사람을 관심 있게 바라봅니다. 완행열차 중에서도 밤차는 정말이지 소재 시장 같아요. 연전에 읽은 송영씨의 「중앙선 열차」라는 작품도 바로 그러한 분위기를 묘사했더군요. 그리고 열차 속에는 물론이거니와 내려서 역전광장으로 걸어 나오면서 또는 기차를 기다리면서도 마찬가지입니다. 제 관심사는 바로 다음과 같은 것들입니다. 즉 평범한 사람들과는 다른 무언가 조금은 그럴싸한 쓸거리를 자아내게 하는 인간들 말입니다. 이십 대 초반의 두 청춘남녀가 나란히 앉아 있는 것을 보면, 부모의 반대에 못 이겨 멀리 도망가는 한 쌍 같기도 하고, 무표정한 얼굴로 오랫동안 창밖을 바라보는 노인들을 보면 젊은 날의 화려했던 생애가 그 사람의 얼굴을 통해 느껴지기도 합니다. 어느 역이나 흔히 볼 수 있는 구두닦이, 껌팔이, 신문팔이 그리고 문명 공해로 인해 미쳐버린 걸인들 이러한 사람들은 특히 그냥 보아 넘겨지지 않아요. 이를테면 시내 역전 노인을 보면 좀 특이한 상상이 떠오르죠. 그 노인은 어렸을 땐 굉장한 부잣집 자녀로 태어났을 것도 같아요. 그래서 어느 귀낭자와 결혼도 하고 행복한 한 때를 보내다가 해방과 6.25를 겪는 동안에 고향을 잃고, 부모를 잃고, 아내를 잃고 자식까지 잃었다. 그 후 20여 년이 지난 오늘날 조국에 돌아와 보니, 철책선 때문에 고향 땅도 밟지 못한 채 외로움 속에서 소일하게 되었다. 그러던 어느 날 아내와 비슷하게 생긴 여자가 화장을 길게 하고 노신사와 함께 걸어가는 모습을 목격하고 미쳐버렸는지도 모를 일이 아니겠습니까? 그러다가 요즈음은 어떤 마음씨 좋은 청년이 나타나서 가끔 배도 채워주고 담배도 사주고, 그러다 보니 요즈음 노인은 그 청년을 만나는 낙으로 세상을 살고 있고 그래서 얼굴도 씻고 머리도 빗고…… 이건 어디까지나 제 상상입니다만, 그런 이야기들이 아주 멋있게 꾸며질 수 있는 겁니다.」

「실제로 그럴 가능성도 있겠죠.」

다음 날 검은색 승용차가 동네로 쑥 들어왔다. 차는 순천댁 집 모퉁이에 세워졌고 스물세 살쯤 먹어 보이는 아가씨와 노신사가 함께 내렸다. 나는 그 날 허형을 찾아가지 않았다. 그저 그가 빨리 서울로 올라갔으면 그리고는 다시 그를 만나 지금까지 내가 얘기했던 것이 모두 거짓이었다는 사실을 알려줄 수 있었으면 하고 바랄 뿐이었다.

어제는 공휴일이었다. 나는 순천댁 아주머니를 찾아갔다.

「아주머니 요즈음은 심심하시겠어요?」

「어쩐지 마음 한쪽이 허전해, 꼭 아들자식을 잃은 것만 같다니까.」

「그러실 거예요. 헌데 허형은 어떻게 올라가긴 올라갔군요?」

「도리가 있나, 아버지하고 동생이 얼마나 사정을 했다고. 미라는 오빠 안 올라가면 학교고 뭐고 아예 같이 살겠다면서 훌쩍이기까지 했다구.」

「여하튼 서울로 올라갔으니까 다 잘되겠죠. 그리고 뭐 다른 이상한 것은 없었나요?」

「그 날은 꼭 기차를 타고 올라가고 싶다더군. 식구들이 같이 그냥 승용차로 가자고 말렸나 봐.」

「몹시 서운했겠군요.」

「정말이지 서운한 표정이 역력했어.」

당선

第630호 1979년 6월 29일 금요일

제24회 대학신문 학예상 : 시

아침 서곡

· 백현종 (영어영문학과 3학년) ·

아침은
삼태기에 어둠의 날가리를 져다 부리고
수천 길 해저에서 실톱으로 깎아온 눈빛으로
부스스 깨알 눈뜨는 대기를 튕기며
알깨어 나온다.

묵은 기억이 잘려 나간
물기 번쩍거리는 이마에
샘줄기를 솟구쳐온 하늘이
행진곡 속을 달려간다.

유리창에 날아가는 새의 깃털에
비늘의 날(刀) 세운 물고기들 팔딱거리고
멱감은 별들이 비천(飛天)을 한다.

만상(萬象)의 눈썹 아래 주춧돌처럼 박혀있던
잠의 뿌리를 캐가고
물굽이 꺾어 안고 휘도는
물레방아

아침은
내 핏줄 속에서
하늘은 흔들며
튀어나온다.

당선

제630호 1979년 6월 29일 금요일

제24회 대학신문 학예상 : 시조

추

· 김익두 (국어국문학과 3학년) ·

1.

붉게 달은 차돌 위에

면벽(面壁)하고 앉을 때는

청보리에 초승달이

차게 익는 참대밭 가

꽃 소리 물 바람 속을

숨죽이며 앉아 있다

2.

썰물 한 개펄 위를

알몸으로 달려간다.

살아와 죽지 않고

따라오는 나의 발목

눈썹 위 멎는 수평선(水平線)
다질려 오는 낮 밀물.

당선

第630호 1979년 6월 29일 금요일
제24회 대학신문 학예상 : 수필

여유에 관한 일고(一考)

· 설민호 (사학과 3학년) ·

나는 〈T셔츠〉차림의 분위기를 즐겨 추구한다. 몸에 꽉 죄지 않는 그 헐렁한 차림새에서 어디에도 구속되지 않는 여유를 느낄 수 있기 때문이다. 물론 여유 있는 것은, 여유 있는 것처럼 보이는 것과는 별개의 것이겠지만 흔히 사람들은 후자의 경우에도 전자의 그것으로 쉽게 간수하는 경향이 있다. 여유를 가진 사람들을 대할 때는 일단 불편하지 않아 좋다. 그들은 사소한 일로 투쟁을 벌이지 않고 어디에서든지 헤프게 웃음을 터뜨린다. 그러나 그 웃음은 그들의 내면(內面)에서 우러나오는 안정된 웃음이어서 결코 산만하거나 부산하지 않다. 특히 그들의 웃음 사이로 드러나는 치아가 가지런하고 상아색일 때 우리는 다시 한번 그들의 웃음이 얼마나 자연스러운 발현인가를 깨닫게 된다.

내가 〈T셔츠〉 차림을 좋아하는 이유는 형식에 얽매이지 않는 간편함 때문이다. 때때로 〈와이셔츠〉만 입은 채로 뒷단추 두어 개를 풀어놓고 응접실에서 손님과 환담하시는 아버지의 모습에서 나는 청년다운 활기를 발견할 수 있다. 많은 자녀를 성년으로 키우기까지의 일상이 잔고통을 말끔히 잊으시기로 각오나 하신 듯이 손님의 등을 툭툭 치며 껄껄 웃으시며 환담하시는 아버지의 차림은 오래전 신혼 시절의 케케묵은 사진에서처럼 풋풋한 젊음 그대로이다. 그러한 아버지의 모습은 순식간에 집 안 구석구석에 녹음을 빽빽이 우거지게 할 것 같은 묘한 생기를 충만히 차오르게 한다. 그러나 출근길에 현관에서 정장(正裝)차림으로 구둣주걱을 찾으시는 아버지는 전혀 알지 못하는 생소하고 늙은 신사처럼 어색하기만 하다. 아버지가 한 가족의 가장(家長)의 위치에서 빠져나가 사회의 기구 일부로 환원되는 아침은 그래서 슬프다.

도대체 아침이 오면 도시의 사람들은 왜 그렇게 부산을 떨며 한바탕 소동을 피우는지 모른다. 말쑥하게 다림질한 정장을 하고 각자 하나씩 올가미 같은 〈넥타이〉를 메고 그들은 무엇을 하기 위하여 좁은 현관에서 수선을 떨며 구두 신기에 신경을 쏟는지 모른다.

날마다 아침은 시작되지만, 그것을 맞는 사람들은 항상 다른 아침과 부딪친다. 사람들은 하루 중 가장 분주한 시간을 아침에 할애한다. 그러한 불편을 잘 알고 있으면서도 그들은 일상적 습관으로 당연히 아침을 혹사한다.

도시의 아침은 왕왕거리는 벌떼처럼 혼잡하다. 도시의 아침이 시작되면 각 가정의 미닫이문들이 우르르 떨리면서 수돗물 소리, 등굣길에 나선 아이들이 부엌문에서 손 벌리는 소리 등등의 함성이 떼거리로 터져나와 한데 어우러져 청과물시장 속처럼 혼잡하다. 청과물시장이 일정한 지역에서 따로 서는 게 아니라 아침 그 자체가 청과물 시장이다.

도시인들은 아침을 무수히 퇴락(頹落)시키고 있다. 사람들은 당연한 습관처럼 고함을 지르며 조급히 옷을 챙기고 머리에 빗질을 한다. 몇 조각의 빵으로 조반을 때우거나 때로는 조반을 거르기까지 하여야 하는 아침은 생존(生存)의 현장, 그것이다.

사람들은 아침이 어떤 것인가를 인식하기 때문에 좋아하려 하지 않는다. 아침이 시작되면 하루의 내용이 어떤 상습의 번복인가를 철저히 알고 있기 때문에 아침을 꺼린다. 사람들이 장마 위의 홍수처럼 거리로 범람하는 인파들에 섞여 같은 종류가 되어 개성을 상실하는 아침은 항시 혼탁한 행렬을 꼬리표처럼 달고 있다. 공간을 아껴 획일적으로 지어진 연립주택처럼 아침 인파에는 얼굴이 없다. 한결같이 그들은 나른한 식곤증(食困症)을 평상시에도 병처럼 걸머지고 다닌다. 쉽게 피로에 몰려 쉬고 싶어 하는 그들에게 여유를 운운하다가는 뺨이라도 얻어맞기 십상이다. 으레 그들의 상의 단추는 튼튼한 자물쇠 구실을 하고 있으며 바지 주름은 비수(匕首)처럼 날렵하다. 어디 하나 느슨하게 풀어짐 없이 상식(常識)과 인습(因習)을 빳빳이 다림질하여 입고 다닌다.

내가 무엇보다도 〈T셔츠〉차림의 분위기를 좋아하는 까닭은 상식과 인습의 격식을 갖추지 않아도 무방한 점에 있다. 사실 우리의 일상에는 무수한 세월만큼 얼마나 많은 전통의 틀로 얽혀져 있는 것인가. 나는 그런 전통적인 상식의 틀이 싫다.

성장하는 아이들은 그들대로의 세계에서 특유한 규범(規範)이 생겨나기 마련이다. 그 규범은 전통적인 그것과는 성질을 달리하며 아이들의 사고방식을 시대에 적합하게 반영시킨다.

또한, 청년들의 무리에서는 그들의 가치기준(價値基準)이 시대에 맞게 정립되는 일은 당연한 것인지 모른다. 그들은 좀 더 파격적이고 시대적 감각에 민첩하게 진보하고 있는지도 모른다. 어쩌면 그들의 인식은 응당 진보되어야 하며 편견(偏見)의 상식에서 탈피해야 할 것이다. 「신사인데…」, 혹「학생인데…」 그러한 전통의 관념은 상당히 거추장스러운 일이나.

현대는 신사의 형식을 부담스럽게 생각한다. 활동에 능숙한 사람을 원한다. 그럼에도 불구하고 많은 사람은 신사이거나 신사이기를 원하며 살고 있다. 도대체 신사란 무엇인가, 멀쑥이 정장한 표면적 의도는 어디에서 기인하는 건가. 자신이 행하고 싶은 일들에 수없이 제재(制裁)를 받으면서까지 신사를 고집하는 사람은 현대적 인식이 결여된 사람이다. 형식을 유물(遺物)처럼 고집하는 사람들이다.

정장은 행동의 범위를 축소한다. 자유스럽게 활동하기를 필요로 하는 현대는 거추장스러운 형식을 털털 털어내고 싶어 한다. 혼잡한 새벽에 나가 잠든 골목을 돌아오는 학생이나 생활인들은 모두가 한 치라도 여유를 추구해야 한다.

여유를 잃는 사람은 생(生)을 정돈하지 못하는 사람들이다. 〈T셔츠〉 차림의 간편한 분위기를 일단 그것의 외적 형태에서부터 여유를 느끼게 한다. 독서를 하거나 운동을 하거나 주름이 구겨지는 걱정을 말끔히 걷어치운다. 다림질의 까다로운 절차를 절약하여 준다. 그리하여 항상 풋풋한 걸음으로 정지하기를 부드럽게 종용한다.

돌아오는 아버지의 생일에는 색이 밝은 〈T셔츠〉를 선물하여 함께 정구를 치며 젊음을 확인해 드리고 싶다.

당선

제630호 1979년 6월 29일 금요일

제24회 대학신문 학예상 : 꽁트

빗나간 새벽

· 강종훈 (농공학과 2학년) ·

탁상시계가 울고도 한참 만에야 겨우 일어나 밖으로 나왔다. 새벽에 일어날 것을 염두에 두고 일찍 잠자리에 들었었지만, 그래도 잠이 모자라기는 마찬가지였다.

한길엔 하얀 달빛이 흩뿌려져 있었고, 별똥이 그 뒤를 따라 사뿐히 내려앉았다. 어둠은 술 취한 채 깬 줄 모르고 철길 위로는 천 리를 달려온 화물열차가 가쁜 숨소리를 내뿜으며 먼 길을 떠나고 있었다.

길이 다시 트였다. 나는 건널목을 건너갔다. 자전거 한 대가 홱 지나갔다. 교문으로 막 들어서려는 순간에 내 뒤를 쫓아오는 택시의 경적에 나는 눈으로 가져간 손을 얼른 내렸다. 택시에서 내려 바삐 학교 안으로 사라지는 두 그림자……. 어쩌면 오늘도 저들에게 선수를 빼앗길지도 모른다. 나는 발걸음을 빨리했다. 한편으로 어제보다는 두 시간가량 빨리 기상을 했다는 자신감으로 마음이 놓였다. 나의 두 시 삼십 분 기상은 어제의 주근깨와의 약속 때문에 가능했는지도 몰랐다.

2년째 학교 앞에서 하숙생활을 하면서도 새벽의 도서관행은 어제가 첫걸음이 된다. 그러나 열람실의 좌석은 이미 빈자리를 찾아볼 수 없던

터였는데, 용케 책은 펴져 있었으나 사람이 없는 자리로 가 앉았던 것이었다. 내가 자리에 앉자마자 누군가가 후다닥 달려오더니 내 어깨를 톡 쳤다.

「자리 좀 비켜주세요!」

주근깨투성이에다 조그마한 안경까지 걸친 계집애의 시선이 내 얼굴로 쏟아졌다.

「방금 앉았는데…….」

나는 다 기어들어 가는 목소리로 조금만 더 봐달라는 눈초리를 보냈다. 그러나 그녀는 내 사정에 아랑곳하지도 않았고 아예 막무가내였다.

「두 시에 택시 타고 왔어도 겨우 이런 자린데 고작 다섯 시 십 분 전에 와서 남에 자릴 가로채기에요?」

마치—전쟁에 참패한 꼴같잖은 기분이었다. 세 시간의 시차(時差)가 안겨 준 창피함에 나는 얼굴을 들 수가 없었다. 나는 얼굴을 들 수가 없었다.

나는 황급히 자리에서 일어났다. 물에서 건져 올린 반 익사체의 꼬락서니가 되어 우두커니 서 있는 나를 비켜 주근깨는 자신의 권리를 되찾아 앉았다. 그녀의 당당한 태도만큼 모멸감과 그녀에 대한 얄미운 감정이 보글보글 끓어오르는 것을 꾹 참을 수밖엔 없는 노릇이었다. 그만 집으로 가 버릴까 하며 울컥 치밀어 올라온 욕지기를 꿀꺽 삼켰다. 그나마 당일치기로 치러야 하는 판국인 데야 별수 있으랴…. 중간시험은 보리죽을 쑤어 둘러 마셨고, 당장에 발등에 불은 떨어졌는데 자칫하면 쌍권총을 차다 못해 아예 온몸에 내두르게 생겨 먹을 판이었다. 나는 잠시 망설이다가 어느 한 곳을 발견하고 슬금슬금 다가가 앉았다. 물론 그 자리에도 곱게 책이 펼쳐져 있었다.

나는 의미심장하게 마음의 신(神)에게 기도를 올리고 책을 꺼내 펼쳤다. 그러나 그 자리의 전세방살이도 오래가지 않았다.

「원 참 기가 막혀! 말도 안 나와 남이 기껏 물려주고 간 건데 눈 감으면 코 베어 간다는 세상이라지만 이럴 수가 있어?」

두 여학생의 노기에 찬 대화는 분명히 나더러 들으라는 말임이 틀림없었다. 나는 못들은 채 잠자코 책을 뒤적거렸다.

「어휴, 꼴값 허구 있네….」

이 정도 되었으면 다 되먹은 푼수였다. 듣고 있는 것도 한도가 있었다.

「댁에 자리요?」

「그래요. 〈커피〉까지 사주고 얻어 놓은 자린데.」

「잠깐만 좀 실례합시다. 내가 지금 이 자리에서 일어나면 내 부모님이 우십니다. 댁이 30분만 참아주면 난 효자가 된단 말이오.」

「그건 댁에 사정이구요. 옛날 같으면 심청이 같이 효녀나 되겠지만, 요새야 학점이라도 잘 받아야….」

「내 하숙집이 학교 앞인데 내일 아침은 내가 칸막이 하나 잡아 줄게요.」

「필요 없어요. 우린 오늘 시험으로 다 끝나요. 댁이나 내일 아침에 자리 잡고 공부 많이 하세요.」

나는 주섬주섬 책을 챙겨 넣고 슬며시 일어나 버렸다. 주위에서 피실피실 웃는 소리가 새어 나왔다.

(젠장! 쌍권총이 두 자루지 다발이냐? 가서 잠이나 자자) 나는 밖으로 나오고 말았다.

「여보세요!」

내가 계단으로 발을 내렸을 때 누군가 나를 불러 세웠다. 아. 저 주근깨……. 첫 번째 자리에서 내게 무안을 준 바로 그 주근깨였다.

「왜 그러슈─.」 나는 퉁명스럽게 쏘았다. 그러나 주근깨는 장난스레 키킥 웃는 것이었다.

「학교 앞에서 하숙하신다고 했어요?」 주근깨의 부탁은 내일이 시험 마지막 날인데 택시비 아껴 시험 끝나고 차(茶)를 한잔 살테니 자리를 하나 잡아 달라는 거였다.

나는 바로 전의 일로 언짢은 감은 있었으나 딱히 거절할 이유가 없었으므로 마지못한 것처럼 승낙해 버렸다. 〈커피〉산다는 약속도 지킬 것을 재차 다짐시키는 것도 잊지 않았다. 덕분에 그동안 잊고 지냈던 대학 입시 때의 새벽 공부 기분도 살려 빵구를 면해보자는 심산이었다. 비록 주근깨가 얄밉기는 하지만 시험 끝나고 잘만 하면 객지생활의 서러움도 달랠 수 있는 길이 트인다는 기대감도 없지 않았다. 내가 오늘 두 시에다 종 침을 맞춰 일어난 것도 결국 생각해 보면 꿩 먹고 알 먹자는 속셈 때문이었다.

도서관 건물은 굳건한 성(城)처럼 버티고 있었다. 우리들의 〈아크로・폴리스〉는 1층에만 불이 켜진 채 새벽안개에 감싸여 나를 맞았다.

미로(迷路)의 계단을 올라갔다.

칸막이가 놓여 있는 열람실엔 이미 빈자리를 찾아볼 수 없다는데 새삼 놀랐으나 다른 곳에는 자리가 널려 있었다. 오히려 휑 뎅그레하니 썰렁함마저 닥쳐올 지경이었다. 몇몇만이 투약실에서 약을 기다리는 사람들처럼 꾸벅꾸벅 졸고 있는 열람실에다 자리를 잡았다. 2시 30분에 일어난 보람으로 가슴이 뿌듯했다.

주근깨를 위해서 옆 좌석에 가방과 책을 놓아두었다. 책을 폈다. 주근깨가 떠올랐다. 그렇게 밉지만은 않은 얼굴이다. 잘만 된다면 꿩도 먹고…….

「여보세요. 일어나세요.」

책을 펴자마자 밀려든 졸음으로 깜박 잠이 든 모양이었다. 어둠과 안개를 밀치고 여명과 함께 다가온 새벽 종소리와도 같은 목소리가 나를 깨워 놓았다.

「자릴 잡았으면 빨리 줘요. 얼마나 찾았는데….」

주근깨였다.

옆자리로 눈을 돌린 나는 잠이 확 달아나는 것을 느꼈다. 책은 슬며시 내 자리로 돌아와 있었고, 가방은 바닥에 내동댕이 처져 있었다. 대신 옆자리엔 굴레수염이 파랗게 돋은 남학생이 차지하고 앉아 있었다. 복학생쯤 되어 보였다.

「저, 자리…….」

나는 치밀어 오른 분노로 몸이 떨렸으나 입 밖으로 새어 나오는 목소리는 팍 죽어 버렸다.

「자리에다 말뚝을 박아서 문패라도 걸어놨어요?」 그의 목소리는 우람하고 위협적인 〈바리톤〉이었다. 주근깨는 남의 속사정도 모르고 곁에서 끼들끼들 웃어댔다. 그러더니,

「남자가 어째 그리 신용이 없어요? 숙녀가 사정해 가며 신신당부를 했는데」라고 핀잔까지 먹이는 것이 아닌가.

이쯤 되면 공부고 뭐고 사그리 글러 먹은 사내자식 자존심 문제였다. 나는 그만 벌떡 일어나 「앉으쇼!」하고 주근깨에 자리를 내주고 말았다.

책과 가방을 챙겨 억울한 마음을 머금은 채 어안이 벙벙해져서 그곳을 떠날 때, 뒤에서 굴레수염의 비웃음 섞인 〈바리톤〉과 함께 주근깨의 얄미운 속삭임이 들려왔다.

「야, 이따가 시험 끝나고 〈커피〉는 꼭 사줘라.」

「알았어. 오빠! 호호호.」

입선

第631호 1979년 7월 20일 금요일
제24회 대학신문 학예상 : 시

백정놀이

· 김영배 (경상계열 1학년) ·

검은빛 오랏줄에 목을 걸어라
한 줌 생명에 미련 남아
이토록 몸부림치는가.
어차피 내 고향
흙으로 돌아가는 것을.

어허야 어허야
슬피 울어라
정들었던 산천 모습에
그리도 정이 남았나.

아름드리 큰 나무에 줄을 걸어라
소나무 잎 사이로 달이 떠오니
이 밤은 은빛으로 수를 놓는다.
시간의 수레바퀴 어디쯤 갈까.

어허야 어허야
슬피 울어라 어차피 네 고향
흙으로 돌아가는 것을.

세상 만물 모든 것
검은 줄에 걸리나니
오늘 먼저 가는 것
설워 말아라.

즈믄해를 살 산천 오늘로 이별하니
온 산천 붉은 불타
너의 넋을 보낸다.
저승까지 동반할 자 그 누구런가.

어허야 어허야
슬피 울어라 어차피 네 고향 흙으로 돌아가는 것을.

입선

제631호 1979년 7월 20일 금요일

제24회 대학신문 학예상 : 시조

백련사에서

· 임세규 (무역학과 2학년) ·

1

세월이 한이 되어
달무리를 굽어보니
감긴 채 타고 도는 파도처럼 먼 시련
한 하늘 비우는 소리로 울어 예는 인고(忍苦)들……

2

구천에 길을 물어 우두커니 앉은 모습
어느 넋 달이 뜨면
피고 마는 신음(呻吟)일레
사람도 못 부른 업보(業報) 그림처럼 보인다.

3

영겁(永劫)을 펼친 윤회(輪廻) 꽃잎도 떨리는데
길 잃은 전설 속에 숨 막히는 독경(讀經)소리
호심(湖心)에 두고 온 설화 한 줄기 빛을 캔다

입선

제631호 1979년 7월 20일 금요일
제24회 대학신문 학예상 : 수필

앨범

· 김혜숙 (교육학과 4학년) ·

나는 「앨범」을 자주 보는 편이다. 남의 집을 방문하는 경우, 가끔 나의 호기심을 자극하는 것이 있다. 그것은 호화스럽게 장식된 가구도 아니고, 그렇다고 사치스럽게 진열된 풍성한 서가(書架)도 아니다. 가끔 책장의 한구석에 놓여 있는 「앨범」이다. 집에 돌아와서도 매사가 짜증나고 마음이 불안하거나 초조해지면, 「앨범」을 보는 습관이 있다.

과거의 사진을 들추어 보며, 단지 잊어버릴 추억을 재현시키고 자기 도취에 빠지려는 것은 물론 아니다. 안일하고 반복된 생활을 잠시라도 잊고 마음의 평정을 찾고 싶은 소치(所致)이다.

나에게 「앨범」이 일기처럼 나의 기록을 대신해 주기 때문에, 다른 사람보다 사진 찍기를 자주 한다. 일기는 마음속에 감추어진 비밀을 토로한다는 자체가 어색하기 때문에 꺼린다. 뒷 날 읽어보면, 과거의 일기 속에 반사된 피사체가 어쩐지 추하게 느껴지기 때문이기도 하다.

일기와는 달리 「앨범」속에서 접하는 나 자신은 항시 새롭다. 개운하고 졸음이 오는 듯한 신록 속에서 뿐만이 아니라, 엎어지며 달려와 넘어져 반겨주는 파도가 이는 바닷가에서도 나 자신을 찾을 수 있다. 그리고 심산유곡의 홍대한 천고의 비밀을 엿보려고나 하듯이 기암괴석으로 둘러싸인 산속에서도, 내 모습을 발견할 수가 있다. 이처럼 앨범을 통해서 삼라만상 속에 파묻힌 자신을 다시 볼 수 있다는 것은 즐거운 일이 아닐 수 없다.

머리 위의 푸른 하늘과 4계절이 바뀌는 것조차 모르며 매우 바쁘게 동분서주하다가 보면, 자기 생활을 재음미해 보고 발견할 시간적 여유를 갖지 못한다. 가끔 횡설수설하는 타인에 대해서는 자기 나름대로 생각해 본 적은 있지만, 정작 제일 가까이 존재하는 자아(自我)를 직접 투영해 보고 성찰할 기회는 드문 것 같다.

길거리를 걸으면서도 〈쇼 윈도우〉에 비친 자신의 모습에 관심을 가지며 자신을 발견하고자 하는 욕망은 계속되나, 실제로 자신을 객관화해 본다는 것은 그리 용이한 일이 아니니다. 이런 나에게 바쁜 생활 속에서도, 좌정관천(坐井觀天)하는 자세로 틈틈이 자신과 직접 대면하고 성찰하며 성장의 면모를 찾을 수 있는 것이 앨범이다.

어린 시절에 찍었던 돌잔치 날의 사진을 보는 동안 나의 머릿속에는 고통과 욕망이 들어설 여유를 주지 않는다. 고요하다는 고요한 것을 모두 모아서 그중 고요한 것만을 골라 가지고 있으며, 평화라고 하는 평화 중에 그중 훌륭한 평화만을 가진 것이 아기였을 때의 얼굴이다. 이런 얼굴을 「앨범」에서 보는 동안, 우울과 고통에서 자유로울 수가 있으며 오직 희열과 풍요를 느낄 수 있다.

중·고등학교 시절의 얼굴을 보면, 애수와 감상에 물들어서 우유부단하게 생활했던 시절이 회상된다. 어딘지 모르게 황당무계했던 시절이었지만, 그때에는 이상(理想)과 포부를 가지고 있었으며 두려움도 모르던 시절이었다. 체면이나 획책(劃策)도 모르던 시절이다. 배고프면 먹고, 싫으면 찡그리고 즐거우면 웃던 시절이다. 칼을 들고 협박해도 무서움을 모를 정도로 정의와 혈기가 살아 있던 시절이다.

이런 얼굴을 보는 동안 나의 정신은 혼탁하지 않고 질서를 찾을 수 있으며 아련한 기쁨과 위안, 그리고 반성을 찾을 수 있을 듯하다.

그런데 요즈음의 얼굴을 보면, 안일하게 생활하는 흔적이 엿보이는 듯한 천편일률적인 모습이다. 마치 〈야누스〉의 얼굴처럼 선과 악 등 무수한 모양의 얼굴을 지니고 살게 되는지 모른다. 이상보다는 현실, 정의보다는 불의와 타협하려는 듯한 얼굴이 보인다. 자꾸 무력해 지고 비굴해지는 듯한 현재의 얼굴이 미래의 앨범에는 어떻게 나타날 것인지를 생각해보면 두렵기만 하다.

평상시 만나는 꺼먼 얼굴 누런 얼굴, 하얀 얼굴 등 천차만상의 얼굴에서 볼 수 있는 불안과 초조를 「앨범」에서는 찾기 힘들다. 「앨범」에서 만나는 사람의 얼굴은 우울하거나 슬프지 않다. 모두가 환한 얼굴이다. 이해관계에 얽매이어 어쩔 수 없이 만나는 모임과는 달리, 마음과는 상통하는 사람들과의 해후이다. 고향의 죽마고우, 존경하는 스승, 그리고 나를 길러준 부모님 등 모두 사심(私心)과 이해타산이 없다.

이처럼 가난하지만, 궁상스럽지 않고 다정한 얼굴을 지닌 분들을 「앨범」에서 만날 수 있다. 이들은 인생을 너무 크게 보지 않고 작은 것에서 찾으려는 안분지족(安分知足)의 사람들이다. 이런 얼굴을 가만히 보고 있노라면, 무디고 둔한 감성에서도 희열을 맛볼 수 있다.

또한 「앨범」을 통하여 여행의 즐거움이나 감격 어린 영광의 기쁨도 다시 한번 찾을 수 있다. 그러나 사랑하는 사람과 스승 등 어쩔 수 없는 이별을 반추하게 함으로써 우리를 슬프게 한다. 허지만 이런 애수는 이별이 있기 때문이 아니라 이별을 느낄 수 있는 감성이 우리를 슬프게 하는지 모른다. 이처럼 순수하고 무구(無垢)한 마음의 자세는 삶을 풍성하고 다양하게 인도해 준다. 이런 슬픔은 일상생활에 흔히 있는 육체적 고통을 떠난 정신적 고통이며, 인간의 운명에 관련된 〈노스탈지어〉인지 모른다.

아무튼 「앨범」은 내가 기우(杞憂)로 고생했던 시절도 영화관의 〈스크린〉처럼 반사 시켜주는 거울이며 비록 단편적이고 연결성이 희박한 약박성이 있지만, 시간과 공간이 표현된 자화상이다.

입선

제631호 1979년 7월 20일 금요일

제24회 대학신문 학예상 : 꽁트

고독(孤獨)

· 하태현 (금속공학과 2학년) ·

담배 연기가 자유를 찾은 듯이 춤을 추며 침침한 공간에 흐느적거린다. 고향을 떠나 멀리 미국에 와서도 낯섦 없이 신이 난 듯 울려 퍼지고 있는 〈팝송〉은 무슨 뜻을 노래하는지 몰라도 삭막한 도시에서 방황하는 세대들의 감정을 폭발시키듯 요란하고도 어지럽게 될 대로 되라는 듯이 내뿜어 대고 있다. 도시의 소음을 차단한 벽 막이 안의 〈스피커〉가 춤을 추고 있는 이곳을 다른 세상이라도 온 것 같은 설레는 마음을 가지고 담배 하나를 입에 가져간다.

나는 왜 이렇게 고독할까 내게는 왜 밝은 것, 뚜렷한 것, 아름다운 것 하나가 없고 안개 속인 양 모든 것이 희미하고 침침하고 마음이 무겁기만 하는 걸까? 왜 이렇게 어두울까?

어제저녁이었는지 밤이었는지 혹은 한낮이었는지 모른다. 태양을 숨겨놓은 방에서는 항상 밤이었고, 어둠뿐이었다. 오늘 낮이 지나 어제저녁이 돌아온 듯한 몽롱한 기분 속에서, 잠에서 꿈으로 생각은 이어지고 그게 고독이라기보다는 차라리 비참하다는 생각은 오후 늦게까지 이어지고 있었다. 그렇게 뒤척이다 보니 짜증이 나기도 해서 무거운 걸음으로 어슬렁거리는 발이 디뎌놓은 곳이 여기 「음악다방」이라는 데였고, 그 기분은 계속되었다.

〈스피커〉에서는 남성의 굵은 목소리가 나오고 있다.

「×××의 Solitary man을 신청하신 분 신청곡 띄어 드립니다. 신청하신 분은 고독을 즐기시는 모양이죠? 좀 고상하신 분 같습니다. 신청곡 감사합니다.」

고독을 즐기는 분? 고상하신 분? 우스운 D · J라고 생각하는 동안 〈스피커〉에서 또다시 뜻 모를 매혹적인 〈리듬〉이 흘러나온다.

고독을 즐긴다. 고독을 즐긴다. 마음속으로 음악을 들으면서 읊조리다 보니 나도 고독을 한번 즐기고 싶다는 마음이 퍼뜩 스친다. 그러나 난 곧 그런 생각을 포기할 수밖에 없었다.

고독과 싸우다 지쳐서 여기까지 와서 새삼스럽게 고독을 즐긴다고 자신을 합리화시키려 들다니 역시 난 고독하고는 어울릴 수 없는 놈인가 보다 하고는 음악 소리에 귀를 기울였다.

음악 소리는 알아들을 수 없는 말로 노래를 해도 마음은 약간 뭉클하게 느껴진다. 많은 곡을 이제껏 들어 왔지만 그렇게 좋은 곡이 있을 줄 몰랐다. 환상의 세계를 헤매며 음악을 계속 듣다 보니 그 곡은 끝나고 다른 곡이 울려 퍼진다.

노래가 꽤 좋은데 생각하고는 처음에 D · J가 말해준 노래 명과 가수 이름을 생각하려 했으나 생각이 나지 않았다. 다시 신청할 수 없음을 느끼고는 다음 울려 퍼지는 노래에 귀를 기울이고 있는데 귓전에 음악 소리 말고 다른 소리가 들리는 듯했다.

「무얼로 드시겠어요.」하고 아름다운 목소리가 들려온다. 나는 엉겁결에

「커피요」하고 말하고 나서 얼굴을 쳐다보았다.

아니 이건 별천지가 아닌가 그전에 들은 음악도 그렇지만 이렇게 청순하고 아름다운 아가씨가 이런 삭막한 도시에도 있을까 하고 생각하니 나의 안개 같은 마음에 별이 반짝인 듯했다. 주문을 받고 가는 아가씨의 뒷모습을 멍하니 푸른 하늘을 보듯 바라보았다. 계속해서 응시해 봐도 나의 눈은 지칠 줄 몰랐다. 나의 응시에도 아랑곳하지 않고 그 아가씨는 차를 나르는 일을 계속하였다. 조금 있으니까 그 아가씨는 내가 시킨 〈커피〉를 들고 왔다. 한참 동안 그녀를 보니까 그 아가씨는 이상 하다는 듯이 〈커피〉를 놓고 가버렸다. 〈커피〉가 옆에서 식어 가는 줄 모르고 음악이 나오는 줄도 모른 채 나의 응시는 계속되고 있었는데 그녀는 나를 향해 걸어오는 것 같았다.

나의 가슴은 방망이가 후려 쳐대고 나의 얼굴은 〈히타〉열이 유난히 더웁다고 느껴졌다.

「무엇 부탁할 일 있으세요?」

대답이 잘 나오지를 않는다.

「아…니요.」

하고 떨리는 목소리를 토해냈다. 그러자 그녀는 또 자기 할 일을 하려 내 곁을 떠나갔다. 그래도 내 응시는 계속되었다. 눈이 몇 번 마주쳤다. 가슴이 뛴다. 마구 뛴다. 얼굴이 화끈 거린다.

그녀와 이야기를 나눈다면 난 고독을 즐긴다는 사람들을 어리석은 사람이라고 마구 비웃어 줄 텐데 하고 생각을 하면서 그녀를 계속해서 바라보니 또 그녀는 내게로 다가왔다. 그녀는 무슨 종이쪽지 같은 것을 내게 주고는 또 가버린다. 종이에는 Re-Quest Music Paper라고 쓰여 있었다.

아마 이 종이는 자기와 이야기를 나누고 싶거나 알고 싶어 하면 이 종

이에 쓰라고 한 것 같았다. 떨리는 손으로 〈포켓〉에서 〈볼펜〉꺼내,

「난 당신을 사랑합니다. 당신과 이야기를 나누고 싶습니다. 나를 고독에서 해방시켜 주십시오.」

라고 쓸려고 하니 도저히 용기가 나지 않는다. 작은 공간에서 헤매었던 내가 생각이 난다. 안개 같은 내 마음에 별빛이 비쳤는데 놓칠 순 없다고 생각하고는 「난 당신을 사랑합니다.」라는 빼고 그녀가 준 종이에 「당신과 이야기를 나누고 싶습니다. 나를 고독에서 해방시켜 주십시오.」라고 썼다.

그런데 어떻게 주느냐가 문제였다. 또 나의 마음은 찬 겨울바람에 흔들리는 가로수와 같이 흔들렸다. 나의 눈은 그녀에게 다시 한번 보내어 줬다. 눈이 마주치자 그녀는 내게로 와서 접어진 종이를 기다리기나 한 듯이 가져간다. 가슴이 터질 것 같다. 바깥 찬바람에도 아랑곳하지 않고 나의 등에 식은땀이 흐른다. 오늘 운에 맡기자 생각하고는 고개를 떨구고서 담배 한 대를 입에 가져갔다. 손이 떨려서 그런지 담뱃불이 잘 붙질 않는다. 우연히 나의 눈길은 그녀에게로 갔는데, 어떻게 된 일인지 그녀는 태연히 자기 일만 하는 게 아닌가.

무슨 일이 생긴 것도 같고 그렇지 않으면 나를 가엾게 봐서 눈 감아 주는 것도 같고 아무튼 일은 제대로 되지 않는 것은 사실이라 생각하고 나서 담뱃불을 끄고서 나오려 했는데 또 듣기 좋은 음악은 흘러나온다. 처음 들은 곡과는 틀리는 것 같은데 내게 느낀 감정은 같은 것 같다. 이 곡만 끝나면 작은 방에서 또다시 싸워야지 생각하며 계속해서 들었다.

그 곡이 끝나고 또 굵은 D · J의 목소리가 울려 퍼진다.

「Request Music Paper에 고독에서 해방시켜 주십시오. 하고 글 써주신 분을 위해 ×××의 침묵의 소리를 들려 드렸습니다. 글 주신 분 잘 들으

셨는지요. 그리고 이야기를 나누고 싶으면 제가 00시에 끝나니까 그때까지 기다려 주십시오. 굉장히 수줍음을 많이 타신 여자분인 것 같아요. 글씨가 굉장히 떨려 있는 것을 보니까요. 조금만 기다려주십시오. 감사합니다.」

라고.

개교 70주년 기념 전북대신문방송사 문학상 당선작 전집 ❷

학술문학상 II
(1970~1979)

지은이 한식, 박경옥, 송근배, 김선경, 김창섭, 진동규, 정옥자, 최재한, 김원영, 문정근, 신점란, 손종철, 전미화, 이경자, 박승자, 최명희, 유철종, 이영옥, 이원호, 이민숙, 박구홍, 고주상, 임명진, 오현철, 서주홍, 배정희, 김일모, 양동섭, 정인섭, 김윤덕, 유효진, 박구홍, 임판환, 김태삼, 이종화, 조연순, 최성권, 김수창, 최월옥, 송동한, 민경헌, 오용기, 김병선, 최민예, 한병순, 이준재, 강영배, 정순백, 장욱, 최정기, 최동현, 장우익, 최선영, 조재현, 권정숙, 김익두, 유영수, 백현종, 설민호, 강종훈, 김영배, 임세규, 김혜숙, 하태현
펴낸이 이남호
펴낸곳 전북대학교출판문화원

초판 1쇄 인쇄 2017. 9. 20
초판 1쇄 발행 2017. 10. 13

전북대학교출판문화원 전라북도 전주시 완산구 어진길 32 (풍남동2가)
전화 (063) 219-5321~2
FAX (063) 219-5323
출판등록 2012년 8월 20일 제465-2012-000021호

값 19,800원

ISBN 979-11-87892-55-7 04810
ISBN 979-11-87892-53-3 (세트) 04810

이 도서의 국립중앙도서관 출판예정도서목록(CIP)은 서지정보유통지원시스템 홈페이지(http://seoji.nl.go.kr)와 국가자료공동목록시스템(http://www.nl.go.kr/kolisnet)에서 이용하실 수 있습니다. (CIP제어번호 : CIP2017023862)